3次元
コンピュータビジョン
計算ハンドブック

金谷 健一, 菅谷 保之, 金澤 靖 共著

森北出版

まえがき

今日，コンピュータビジョンの技術はさまざまな用途に用いられている．そして，その原理やシステム構成を述べた多くの教科書や解説書が存在する．また，新たな手法が世界中で次々と開発され，誰でも利用できる形にプログラムコードとして Web 上に公開されている．このため，新たにコンピュータビジョンの研究や開発に取り組もうとする学生や研究者にとっては，十分に環境が整っているように見える．

しかし，出来上がったプログラムは実行するのは容易でも，それを改良したり，別の応用のために書き換えたりするのは困難である．それは，プログラムを読んだだけではプログラム作者の意図を理解するのが難しいからである．一方，多くの教科書や解説書はアルゴリズムの原理やデモンストレーション例で構成されているので，具体的にどのようにプログラムを書いたらよいかわからないことが多い．大まかな方針が書かれていても，実際のプログラミングで遭遇する細かい注意事項にまで立ち入ることは少ない．本書はそのギャップを埋めるものであり，画像からのシーンの 3 次元解析に関連する課題に対して，プログラミングのための計算手順を詳細に述べるものである．本書に示す手法は今日の最先端の考え方に基づき，それに忠実かつわかりやすい形をしていて，著者らが実用上最も適切と考えているものである．

本文中ではアルゴリズムの導出や正当性の証明を省略しているが，理論面に関心がある人のために，章末の演習問題と巻末の解答の形で導出や証明を与えている．また，各章末に歴史的な経過，および関連する理論や文献を補足している．このような理論の詳細は，これまでオリジナル論文にその著者の流儀で書かれ，統一的にまとめた書物がなかったので，本書は理論書としての役割も兼ね備えているといえる．なお，読者の実装を容易にするために，よく使われているツールの説明書，および各章の代表的な手順のサンプルコードを出版社の Web サイト[1]上に置いている．

1) http://www.morikita.co.jp/books/mid/081791

本書の題材は，著者らが岡山大学および豊橋技術科学大学において，学生実験，卒業研究や大学院生（修士，博士）の学位指導に用いたものをもとにしている．大学ではコンピュータビジョンの研究を希望して研究室に配属される学生が毎年現れるが，著者らの経験では，十分な知識のない学生には，まず本書にあるような課題の中からやさしいものを選び，自分でプログラミングさせてみるのが非常に有効であった．それによってプログラム技法が習得でき，興味が湧くにつれて背景にある理論の理解も進むようである．その意味で，本書がコンピュータビジョンの最先端の研究者の助けになるだけでなく，入門レベルの学生の有用な指導教材となることを期待している．本書に原稿段階で目を通していろいろご指摘を頂いた慶應義塾大学の斎藤英雄教授，森尚平氏，（株）朋栄の松永力氏，NTT メディアインテリジェンス研究所の宮川勲氏に感謝します．最後に，本書の編集の労をとられた森北出版（株）の加藤義之氏，福島崇史氏にお礼申し上げます．なお，本書の一部に，著者らが以前の著作（巻末の参考文献 [61]）で用いた説明や図面を許可を得て使用している．

2016 年 8 月

金谷健一，菅谷保之，金澤　靖

目　次

第1章 序 論

本書の背景，目的，構成，およびその他の特徴を述べる．

1.1 本書の背景

3次元シーンを撮影した画像をコンピュータで解析して，シーンに関する情報を抽出しようとする「コンピュータビジョン」（「画像理解」ともよばれる）は，1960年代にアメリカで誕生した．これは，それ以前から行われていた2次元パターンの解析を対象とする「パターン認識」（代表的な応用は文字認識）の自然な発展であり，識別の手がかりとなる特徴を抽出したり，対象の意味を把握したりするための各種の画像処理の技法（代表的なものはエッジ検出，2値化，および細線化）が1970年代に発展した．当初は，そのような処理を組み合わせて3次元シーンに適用すればよいと考えられ，さまざまな研究がアメリカを中心として盛んに行われた．そして，コンピュータビジョンは，シーンに対する人間の知識や常識とif-then-else的な命題論理を組み合わせて問題解決を行う「人工知能」の典型だと考えられた．

しかし，すぐに3次元シーンの理解は，2次元パターン認識の手法を組み合わせたのでは不可能であること，3次元シーンから画像へのカメラの撮像の幾何学的関係とそれに基づいた3次元空間の数学的な解析が不可欠であることに研究者が気がついた．そして，1980年代に数学的な手法を用いる研究が起こった．代表的な成果は「エピ極線幾何学」とよばれる体系であり，それによって画像から3次元物体の形状を復元することが可能になった．これが契機となって，コンピュータビジョン研究の命題論理的な人工知能から，数理解析による幾何学理論への転換が起こった．

この1980年代の新しいコンピュータビジョンの数理体系を記述した最初の和書は，当時アメリカでそのような研究を行っていた著者の一人（金谷）による『画像理解：3次元認識の数理』（森北出版, 1990）であった．このようなコンピュータビジョンの数理的解析を行う研究者は当時は世界的に少数であり，わが国ではほとんど著者らのグループのみであった．しかし，数理的手法，とくに射影幾何学に基づく方法が1990年代にイギリス，フランス，スウェーデンを代表とするヨーロッパ諸国で急拡大し，今日ではコンピュータビジョン研究の中核といっても過言ではない．わが国のコンピュータビジョン研究者，とくに大学の研究者の間には，過去には数理的方法に批判的な意見があったが，ロボットの制御，車両の自動走行，3次元コンピュータグラフィクスによる仮想現実構築など，コンピュータビジョンの応用が進むに従って，今日では数理解析がコンピュータビジョンの中心となっている．

本書は，上述の著書『画像理解：3次元認識の数理』（以下，「前書」とよぶ）のその後の発展を含めた最新の成果に基づいて，コンピュータビジョンの基礎技術と画像からの3次元復元の手法を，プログラミングの実装の観点から記述したものである．

1.2　本書の構成

上述のように，本書は前書の増補であるといえる．しかし，この25年間の進歩は著しい．今日のコンピュータビジョンの発展は，コンピュータの処理能力の爆発的な向上に負うところが大きいのはもちろんであるが，それ以上に理論的な進歩が著しく，前書の時点では知られていなかった理論的な成果が非常に多い．本書は2部構成であり，第I部ではコンピュータビジョンの基礎技術の実装法を示し，第II部では多画像からシーンの3次元形状を計算するアルゴリズムとその実装法を述べる．第I部で取り上げる基礎技術の多くはすでに1980年代に得られていて，前書に当時の最新の成果がまとめられている．一方，第II部の多画像の解析は1990年代になってから急速に研究され始めたテーマであり，前書では扱っていない．以下に，各章ごとに前書以降の進展および新たな成果についてまとめる．文献などを含んだより詳細な説明は，各章末の「さらに勉強したい人へ」に示している．

第2章　楕円当てはめ

円形物体は画像上では楕円に投影されるので，楕円の当てはめは円形物体の解析に必要である．このため，これはコンピュータが使われるようになった1970年代から研究が始まった．当時は，データに誤差がなければ0となる式の2乗和を最小にするようにパラメータを計算する「最小2乗法」（あるいは「代数距離最小化」）が主であった．前書では直接には楕円当てはめを取り上げていないが，図形の当てはめには最小2乗法を用いていた．しかし，1990年代になって，各点の誤差の統計的な性質を考慮して最適に当てはめるという考え方が，主として著者らの研究によって広まった．その代表的な手法の一つは，著者らが 1990 年代に発表した「くりこみ法」である．そして 2000 年に，これに影響を受けた研究者によって「FNS 法」，「HEIV 法」などがくりこみ法を改良する手法として提案された．その後 2000 年代から 2010 年代にかけて，「超精度補正」，「超精度最小 2 乗法」，「超精度くりこみ法」などのさらに精度を高める手法が著者らによって発表された．本章では，これらの計算手順を示す．

第 3 章　基礎行列の計算

「基礎行列」は 2 画像間の対応から計算される行列であり，これからその 2 画像を撮影したカメラの相対位置が計算できる．1980 年代には，各カメラの焦点距離は既知とされ，この行列は「基本行列」とよばれていた．しかし，1990 年代になると，焦点距離が未知のままこれを計算して，焦点距離が計算によって定まることが発見され，「基礎行列」とよばれるようになった．前書では，基本行列のみを扱っている．

基礎行列や基本行列を画像間の対応点から計算することは，数学的には楕円当てはめと同じ構造をしているので，くりこみ法，FNS 法，超精度くりこみ法などがそのまま使える．しかし，基礎行列や基本行列にはその行列式が 0 であるという「ランク拘束」があり，本章では主にこのランク拘束の処理法に焦点を当てている．これに対して 1980 年代から，まず行列式を考慮しないで計算し，特異値分解して最小特異値を 0 で置き換えるという「事後補正」が行われていた．前書では，基本行列の計算には当時の主流の最小 2 乗法を，ランク拘束に対しては特異値分解による事後補正を述べている．しかし，1990 年代には，計算した基礎行列の信頼性を評価して統計的に最適にランクを補正する「最適補正」，2000 年代には自動的に行列式 0 の解に収束する反復計算（「拡張 FNS 法」）や，基礎行列を常に行列式が 0 であるようにパラメータ化して最適化する手法が，著者らによって発表された．本章では，これらの計算手順を示す．

第 4 章　三角測量

相対位置の定まったカメラの画像間の点の対応からその 3 次元位置を計算する「三角測量」は，3 次元復元の最終段階で必要になる．前書では，簡単に計算できる最小 2 乗法による手順を示している．実用的にはこれで十分である．しかし，その後に理論的な観点から対応点の誤差を考慮した最適な計算法に関心がもたれ，その手順が1990年代から2000年代にかけて，著者らやHartleyらによって発表された．Hartleyらの方法では，代数的な計算によって反復を用いずに大域解が得られることが強調されている．しかし，得られる解は著者らの反復計算と同一であり，著者らの方法のほうが効率的である．本章で著者らの方法の実装法を示す．

第5章　2画像からの3次元復元

これは1980年代にほぼ確立され，前書にも示されている．本章の内容も基本的には同じであるが，一つの違いは，前書で既知としていたカメラの焦点距離を画像の対応点から計算していることである．このような計算ができることは，1990年代にBougnouxや著者らを含む多くの研究者によって発見された．もう一つの違いは，前書では焦点距離を既知とする基本行列を最小2乗法で計算していたのに対して，焦点距離を未知とする基礎行列を第3章に示した最適な計算法を用いていることである．

第6章　射影変換の計算

平面を撮影した2画像間の対応点から，それらの射影変換を計算すれば平面の3次元位置が計算できることは古くから知られていた．前書にその最小2乗法による計算法が示されている．本書では，第3, 4章の楕円当てはめや基礎行列の最適計算を射影変換にも適用し，著者らの2000年代から2010年代にかけての研究に基づいて，くりこみ法，超精度くりこみ法，FNS法，幾何学的距離最小化，超精度補正の実装法を示す．

第7章　平面三角測量

これは，第4章の三角測量に，復元位置が指定された平面上にあるという制約を加えたものである．その最適計算法は著者らが1995年に示した．これは，対応点の誤差の高次の微小量を省いた第1近似であるが，実用的には十分である．後に著者らは2011年に，これを反復して厳密な解を計算する方法を示した．本章ではその手順を述べる．一方，Chumらは2002年に，理論的観点から，Hartleyらの三角測量に対応して，8次方程式の解法に帰着させる代数的方法を示した．解は同一であるが，本章の計算法のほうが効率的である．

第 8 章 平面の 3 次元復元

これは，見ている物体が平面であるという知識があるときに，2 画像の対応からその 3 次元位置を計算する問題である．その解法は，コンピュータビジョン研究が始まる前の 1960 年代に，知覚心理学に関連してすでに得られていた．そして 1980 年代には，Longuet-Higgins をはじめとするいろいろな研究者によって，洗練された数学的な定式化が与えられた．前書では，Longuet-Higgins の 1986 年の定式化を示している．これは，まず 2 画像間の射影変換を計算し，次に平面の位置を計算するという 2 段階からなる．本章も前書と基本的には同じ定式化であるが，前書で射影変換の計算に用いていた最小 2 乗法を，第 6 章に示した最適計算に変えている．

第 9 章 楕円の解析と円の 3 次元計算

円形物体は画像上には楕円として撮影され，その楕円から円形物体の位置や向きや大きさが計算できる．これは，1990 年代になってから著者らを含むいろいろな研究者によって研究されたので，前書では取り上げていない．円形物体復元する解析的手順を初めて示したのは 1991 年の Forsyth らであり，1993 年に著者らによって楕円形物体に拡張された．本章では，第 1 章の楕円当てはめ最適計算を用いる 3 次元解析の応用を示す．

第 10 章 多視点三角測量

これは，第 4 章の 2 画像からの三角測量を多画像に拡張するものであり，カメラ位置が既知の複数の画像の対応から 3 次元位置を計算する方法である．これについては，1990 年代末から 2000 年代はじめにかけて，大域的最適化に関連して多くの研究がなされた．本章では，第 4 章の反復手法を多画像に拡張する著者らが 2010 年に発表した計算法を述べる．これは計算が非常に効率的であり，実用面では最善である．

第 11 章 バンドル調整

これは，同一シーンを撮影した複数の画像から，撮影したカメラに関する知識なしに，すべてのカメラの位置や向きや内部パラメータ，および対象の 3 次元形状を計算する方法である．具体的には，初期値を与え，計算した 3 次元形状と観測画像とが透視投影の関係をよりよく満たすように，すべての未知数を反復更新するものである．その原理は，コンピュータビジョン研究が始まる前に写真測量学において知られていたが，膨大な未知数に対する大量の計算が必要であり，2000 年代になってコンピュータの性能向上とともに，さまざまな計算ツールが提供されるようになった．課題は，膨大な未知数をどのようにメモリに格納するか，大部分の要素が 0 の巨大な行列の計算をどのように省いて効率化するかである．本章では，著者らが 2011 年に発表した手法に基づいた具体的な実装法を示す．

第 12 章　アフィンカメラの自己校正

バンドル調整を行うには初期値が必要である．そのために，3 次元復元を近似的に計算する方法として，カメラの撮像の遠近感を無視する近似が行われた．その近似を「アフィンカメラ」とよび，1990 年に入って Kanade らによって平行投影，弱透視投影，疑似透視投影を用いる計算が行われた．これは，行列を二つの行列の積に分解する計算を含むことから，「因子分解法」とよばれた．しかし，平行投影，弱透視投影，疑似透視投影には互いの関連がない．たとえば，平行投影は弱透視投影の特別の場合ではなく，弱透視投影も疑似透視投影の特別の場合でもない．これに対して 2007 年に著者らは，これらがすべて「対称アフィンカメラ」の特別の場合であることを示し，対称アフィンカメラの仮定のみから 3 次元復元ができることを指摘した．本章では，その計算手順を述べるとともに，パラメータを特定の値に選んで得られる疑似透視投影，弱透視投影，平行投影の場合の手順も示す．

第 13 章　透視投影カメラの自己校正

1990 年代後半から，アフィンカメラによる自己校正（「自己校正」とは，カメラパラメータが未知のままで 3 次元復元を行い，結果的にカメラ校正が行われることを指す）を通常の透視投影カメラに拡張する研究が行われるようになった．これは，射影幾何学を用いる高度な数学理論に基づくもので，コンピュータビジョン研究の最大の成果の一つである．基本的な発想は，奥行きに関する量（「射影的奥行き」とよばれる）を指定して，撮像をアフィンカメラとみなして因子分解法を適用し，その解を，透視投影カメラの関係が満たされるように反復的に更新することである．そのようにして得られる 3 次元形状は，真の形状に射影変換を施したものであり，「射影復元」とよばれる．これを正しい形状に直す操作を「ユークリッド化」とよぶ．これらの計算は，多数の未知数に対する大量の反復計算が必要であり，計算の効率化が課題である．射影復元もユークリッド化もいろいろな研究者によってさまざまな方式が提案されているが，本章では，それらの中から最善と思われるものを組み合わせた2008年の著者らの実装法を示す．

1.3　本書の特徴

本書の最大の特徴は，記述の順序である．コンピュータビジョンの多くの教科書では，まず基本となる数学的事項を述べてから，それから構成される手順を示している．前書もそうであった．そのため，難解な数学書のような印象を与えることがある．それに対して，本書はまず簡単に原理を述べてから，すぐに具体的な計算手順を述べている．これは，導出の理論を知らなくても，そのとおりに計算すれば解が得られることを強調するためである．本書に示す計算手順は，最先端の考え方に基づき，原理に忠実かつわかりやすい形をしていて，著者らが実用上最も適切と考えているものである．ただし，これらがどのような考え方で導出されたかに興味をもつ読者のために，手順の後で「解説」としてその概略を述べている．このように，数学的理論を詳しく述べないことが本書の最大の特徴である．

しかし，手順の導出法や正当性の証明の詳細を知りたい読者もいるはずである．そこで，導出や証明のほぼすべてを章末の「演習問題」と巻末の「解答」によって与えた．このことは，他書（たとえば前書）の定理や命題とその証明が，本書では演習問題と解答という形に置き換わっているといえる．これによって，本書は実用書であると同時に，実質的に高度な数学的理論書の役割も果たしている．このような構成により，理論にこだわらずにコンピュータビジョンのアルゴリズムをただちに実装したいという実務家と，理論を詳しく学びたいという数理研究者の両方の要求を満足させることができるであろう．

各章には，その章の手順を用いるとどのような結果が得られるかが感覚的に把握できるような，シミュレーションや実画像による実験例を示している．そして，「さらに勉強したい人へ」の節で，その章の内容の歴史的な背景や文献を示すとともに，章中では取り上げなかった関連する項目や数学的知識を補足している．論文や教科書では，まず序論としてそのような背景を述べてから本論に進むのが普通であるが，本書はこの点でも順序が逆であり，全体的な解説が章末に来ている．これも，具体的な手順をただちに実装したいという実践的な要求を優先したためである．

本書に示す計算手順は，その計算式を具体的に列挙しているので，どのようなコンピュータ言語（C, C++, MATLABなど）にもただちに置き換えることができる．それに含まれる基本演算（ベクトルや行列の四則や固有値計算など）は，各種のツールがWeb上に提供されているので，どれを用いてもよい．本書では，まったくの初心者の参考のために，代表的なツールEigenの使い方の説明書および，各章に示した手順の代表的なものを実装したサンプルコードを出版社のWebサイト[1]上に置いた．

1) http://www.morikita.co.jp/books/mid/081791

第I部

コンピュータビジョンの基礎技術

第2章 楕円当てはめ

画像中の楕円をなすエッジを抽出して，それに楕円の方程式を当てはめることは，コンピュータビジョンの最も基本的な処理の一つである．それは，日常シーンに存在する円形物体が画像上では楕円として撮影されるためであり，当てはめた楕円の方程式からその円形物体の 3 次元位置関係がわかる．これに関する応用は第 9 章で述べる．本章では，エッジ点の誤差の統計的性質を考慮して精度よく当てはめる代表的な手法の原理と手順を示す．これは，代数的方法（最小 2 乗法，重み反復法，Taubin 法，くりこみ法，超精度最小 2 乗法，超精度くりこみ法）と幾何学的方法（FNS 法，幾何学的距離最小化，超精度補正）とに大別できる．また，双曲線や放物線を避ける楕円限定法（Fitzgibbon らの方法，ランダムサンプリングの方法）も述べる．そして，楕円をなさない点列（アウトライア）を除去する RANSAC の手順を示す．本章の内容は，以下の章で述べる，2 画像から基礎行列や射影変換を計算してシーンの 3 次元解析を行う手法の理論的背景となる．

2.1 楕円の表現

画像上に撮像された楕円は，式を用いると次のように書ける．

$$Ax^2 + 2Bxy + Cy^2 + 2f_0(Dx + Ey) + f_0^2F = 0 \tag{2.1}$$

ただし，f_0 はスケールを調節する定数である．理論的には 1 でよいが，有限長の計算機による数値計算では x/f_0, y/f_0 が 1 程度になるのが都合がよい．このため，xy 座標系の原点を画面の左上ではなく，画面の中央にとり，楕円を含む正方形領域を想定して，その一辺の大きさを f_0 とする（たとえば，楕円が 600×600 画素領域に含まれているなら $f_0 = 600$）．式 (2.1) は，A, B, C, D, E, F の全体を何倍しても同じ楕円を表すので，定数倍して

$$A^2 + B^2 + C^2 + D^2 + E^2 + F^2 = 1 \tag{2.2}$$

と正規化する．6 次元ベクトル

$$\boldsymbol{\xi} = \begin{pmatrix} x^2 \\ 2xy \\ y^2 \\ 2f_0x \\ 2f_0y \\ f_0^2 \end{pmatrix}, \qquad \boldsymbol{\theta} = \begin{pmatrix} A \\ B \\ C \\ D \\ E \\ F \end{pmatrix} \tag{2.3}$$

を定義し，ベクトル $\boldsymbol{a}$, $\boldsymbol{b}$ の内積を $(\boldsymbol{a}, \boldsymbol{b})$ と書けば，式 (2.1) は次のように書ける．

$$(\boldsymbol{\xi}, \boldsymbol{\theta}) = 0 \tag{2.4}$$

ベクトル $\boldsymbol{\theta}$ には定数倍の不定性がある．式 (2.2) は，$\|\boldsymbol{\theta}\| = 1$ と単位ベクトルに正規化することに等価である．

2.2　最小2乗法

誤差のあるデータ点 $(x_1, y_1), \ldots, (x_N, y_N)$ に式 (2.1) の形の楕円を当てはめることは，

$$Ax_\alpha^2 + 2Bx_\alpha y_\alpha + Cy_\alpha^2 + 2f_0(Dx_\alpha + Ey_\alpha) + f_0^2F \approx 0, \qquad \alpha = 1, \ldots, N \tag{2.5}$$

となる A, B, C, D, E, F を計算することである（**図 2.1**）．式 (2.3) の $\boldsymbol{\xi}$ の $x = x_\alpha$, $y = y_\alpha$ に対する値を $\boldsymbol{\xi}_\alpha$ と書けば，式 (2.5) は次のように書ける．

$$(\boldsymbol{\xi}_\alpha, \boldsymbol{\theta}) \approx 0, \qquad \alpha = 1, \ldots, N \tag{2.6}$$

本章の課題は，このような単位ベクトル $\boldsymbol{\theta}$ を計算することである．最も原始的な方法は次の**最小2乗法**である．

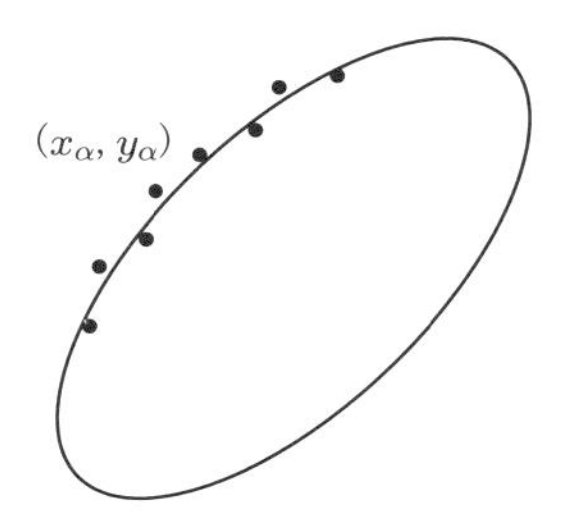

図 2.1　誤差のある点列に楕円を当てはめる．

手順 2.1　最小 2 乗法

1. 次の 6×6 行列 $\boldsymbol{M}$ を計算する．

$$\boldsymbol{M} = \frac{1}{N}\sum_{\alpha=1}^{N} \boldsymbol{\xi}_\alpha \boldsymbol{\xi}_\alpha^\top \tag{2.7}$$

2. 固有値問題

$$\boldsymbol{M}\boldsymbol{\theta} = \lambda\boldsymbol{\theta} \tag{2.8}$$

を解いて，最小固有値 λ に対する単位固有ベクトル $\boldsymbol{\theta}$ を返す．

解説　これは，点列への直線の当てはめ（$\hookrightarrow$ 演習問題 2.1）をそのまま楕円に一般化したものであり，2 乗和

$$J = \frac{1}{N}\sum_{\alpha=1}^{N}(\boldsymbol{\xi}_\alpha, \boldsymbol{\theta})^2 = \frac{1}{N}\sum_{\alpha=1}^{N}\boldsymbol{\theta}^\top\boldsymbol{\xi}_\alpha\boldsymbol{\xi}_\alpha^\top\boldsymbol{\theta} = (\boldsymbol{\theta}, \boldsymbol{M}\boldsymbol{\theta}) \tag{2.9}$$

を条件 $\|\boldsymbol{\theta}\| = 1$ のもとで最小化する．これは $\boldsymbol{\theta}$ の 2 次形式であり，線形代数でよく知られているように，これを最小化する単位ベクトル $\boldsymbol{\theta}$ は係数行列 $\boldsymbol{M}$ の最小固有値に対する単位ベクトルで与えられる．式 (2.9) は（長さの次元ではないが）**代数距離**ともよばれるので，最小 2 乗法は**代数距離最小化**ともよばれる．

最小 2 乗法は，計算が単純で解が直接的に得られるので，広く用いられてきた．しかし，精度が低く，点列が楕円の一部しか覆っていないときは，真の形状とはかけ離れた小さい偏平な楕円が当てはまりやすいことが知られている（実験例は 2.8 節に示す）．これをどう改善するかが研究者の課題であった．

2.3　誤差と共分散行列

最小 2 乗法の精度が低い理由は，データに含まれる誤差の性質をまったく考慮していないためである．そこで，誤差の性質を明示的に記述する．データ x_α, y_α は，その真値 $\bar{x}_\alpha$, $\bar{y}_\alpha$ に誤差 Δx_α, Δy_α が加わったものとして

$$x_\alpha = \bar{x}_\alpha + \Delta x_\alpha, \qquad y_\alpha = \bar{y}_\alpha + \Delta y_\alpha \tag{2.10}$$

と書く．これらを $\boldsymbol{\xi}_\alpha$ に代入すると，次のようになる．

$$\boldsymbol{\xi}_\alpha = \bar{\boldsymbol{\xi}}_\alpha + \Delta_1\boldsymbol{\xi}_\alpha + \Delta_2\boldsymbol{\xi}_\alpha \tag{2.11}$$

ただし，$\bar{\boldsymbol{\xi}}_\alpha$ は $\boldsymbol{\xi}_\alpha$ の $x_\alpha = \bar{x}_\alpha$, $y_\alpha = \bar{y}_\alpha$ に対する値であり，$\Delta_1\boldsymbol{\xi}_\alpha$, $\Delta_2\boldsymbol{\xi}_\alpha$ はそれぞれ1次の誤差項（Δx_α, Δy_α の1次の項），および2次の誤差項（Δx_α, Δy_α の2次の項）である．展開すると次のようになる．

$$\Delta_1\boldsymbol{\xi}_\alpha = \begin{pmatrix} 2\bar{x}_\alpha\Delta x_\alpha \\ 2\Delta x_\alpha\bar{y}_\alpha + 2\bar{x}_\alpha\Delta y_\alpha \\ 2\bar{y}_\alpha\Delta y_\alpha \\ 2f_0\Delta x_\alpha \\ 2f_0\Delta y_\alpha \\ 0 \end{pmatrix}, \qquad \Delta_2\boldsymbol{\xi}_\alpha = \begin{pmatrix} \Delta x_\alpha^2 \\ 2\Delta x_\alpha\Delta y_\alpha \\ \Delta y_\alpha^2 \\ 0 \\ 0 \\ 0 \end{pmatrix} \tag{2.12}$$

誤差 Δx_α, Δy_α を確率変数とみなして，$\boldsymbol{\xi}_\alpha$ の**共分散行列**を次のように定義する．

$$V[\boldsymbol{\xi}_\alpha] = E[\Delta_1\boldsymbol{\xi}_\alpha\Delta_1\boldsymbol{\xi}_\alpha^\top] \tag{2.13}$$

ただし，$E[\cdot]$ はその分布に関する期待値を表す．Δx_α, Δy_α が互いに独立な期待値0，標準偏差 σ の正規分布に従うなら

$$E[\Delta x_\alpha] = E[\Delta y_\alpha] = 0, \qquad E[\Delta x_\alpha^2] = E[\Delta y_\alpha^2] = \sigma^2, \qquad E[\Delta x_\alpha\Delta y_\alpha] = 0 \tag{2.14}$$

であるから，式 (2.12) を用いると，式 (2.13) の共分散行列は次のように書ける．

$$V[\boldsymbol{\xi}_\alpha] = \sigma^2 V_0[\boldsymbol{\xi}_\alpha], \qquad V_0[\boldsymbol{\xi}_\alpha] = 4\begin{pmatrix} \bar{x}_\alpha^2 & \bar{x}_\alpha\bar{y}_\alpha & 0 & f_0\bar{x}_\alpha & 0 & 0 \\ \bar{x}_\alpha\bar{y}_\alpha & \bar{x}_\alpha^2+\bar{y}_\alpha^2 & \bar{x}_\alpha\bar{y}_\alpha & f_0\bar{y}_\alpha & f_0\bar{x}_\alpha & 0 \\ 0 & \bar{x}_\alpha\bar{y}_\alpha & \bar{y}_\alpha^2 & 0 & f_0\bar{y}_\alpha & 0 \\ f_0\bar{x}_\alpha & f_0\bar{y}_\alpha & 0 & f_0^2 & 0 & 0 \\ 0 & f_0\bar{x}_\alpha & f_0\bar{y}_\alpha & 0 & f_0^2 & 0 \\ 0 & 0 & 0 & 0 & 0 & 0 \end{pmatrix} \tag{2.15}$$

ただし，すべての要素に σ^2 が掛かるので，それを取り出して $V_0[\boldsymbol{\xi}_\alpha]$ と書き，**正規化共分散行列**とよぶ．それに対して，標準偏差 σ を**ノイズレベル**とよぶ．

共分散行列 $V[\boldsymbol{\xi}_\alpha]$ の対角要素は，式 (2.3) のベクトル $\boldsymbol{\xi}_\alpha$ の各要素がどれだけ誤差を受けやすいかを表し，非対角要素は二つの要素の相関を測るものである．式 (2.13) の共分散行列は $\Delta_1\boldsymbol{\xi}_\alpha$ のみを用いているが，$\Delta_2\boldsymbol{\xi}_\alpha$ を加えても以降の結果にほとんど影響しないことが知られている．これは，通常 $\Delta_2\boldsymbol{\xi}_\alpha$ が $\Delta_1\boldsymbol{\xi}_\alpha$ に比べて極

めて小さいためである．また，式 (2.15) の $V_0[\boldsymbol{\xi}_\alpha]$ は真値 $\bar{x}_\alpha$, $\bar{y}_\alpha$ を含んでいるが，実際の計算では観測値 x_α, y_α に置き換える．これも，結果にほとんど影響を与えないことが知られている．

以下では，この共分散行列によって記述される誤差の統計的な性質を考慮して，最小 2 乗法の精度を向上させるさまざまな手法を示す．

2.4 代数的方法

代数的方法とは，未知数 $\boldsymbol{\theta}$ を含んだある方程式を直接的に，あるいは反復的に解く方法である．

2.4.1 重み反復法

共分散行列を考慮する代数的方法として古くから知られていたものに，次の**重み反復法** (iterative reweight) がある．

手順 2.2 重み反復法

1. $\boldsymbol{\theta}_0 = \mathbf{0}$ とし，$W_\alpha = 1$ とおく ($\alpha = 1, \dots, N$).
2. 次の 6×6 行列 $\boldsymbol{M}$ を計算する．

$$\boldsymbol{M} = \frac{1}{N}\sum_{\alpha=1}^{N} W_\alpha \boldsymbol{\xi}_\alpha \boldsymbol{\xi}_\alpha^\top \tag{2.16}$$

3. 固有値問題

$$\boldsymbol{M\theta} = \lambda\boldsymbol{\theta} \tag{2.17}$$

を解いて，最小固有値 λ に対する単位固有ベクトル $\boldsymbol{\theta}$ を計算する．

4. 符号を除いて $\boldsymbol{\theta} \approx \boldsymbol{\theta}_0$ なら $\boldsymbol{\theta}$ を返して終了する．そうでなければ，次のように更新してステップ 2 に戻る．

$$W_\alpha \leftarrow \frac{1}{(\boldsymbol{\theta}, V_0[\boldsymbol{\xi}_\alpha]\boldsymbol{\theta})}, \qquad \boldsymbol{\theta}_0 \leftarrow \boldsymbol{\theta} \tag{2.18}$$

解説 線形代数でよく知られているように，式 (2.16) の行列 $\boldsymbol{M}$ の最小固有値に対する単位固有ベクトルを計算することは，2 次形式 $(\boldsymbol{\theta}, \boldsymbol{M\theta})$ を最小にする単位ベクトル $\boldsymbol{\theta}$ を計算することでもある．これは $\boldsymbol{M}$ の定義より，

$$(\boldsymbol{\theta}, \boldsymbol{M}\boldsymbol{\theta}) = \left(\boldsymbol{\theta}, \left(\frac{1}{N}\sum_{\alpha=1}^{N} W_\alpha \boldsymbol{\xi}_\alpha \boldsymbol{\xi}_\alpha^\top\right)\boldsymbol{\theta}\right) = \frac{1}{N}\sum_{\alpha=1}^{N} W_\alpha (\boldsymbol{\theta}, \boldsymbol{\xi}_\alpha \boldsymbol{\xi}_\alpha^\top \boldsymbol{\theta})$$
$$= \frac{1}{N}\sum_{\alpha=1}^{N} W_\alpha (\boldsymbol{\xi}_\alpha, \boldsymbol{\theta})^2 \tag{2.19}$$

と書けるから，$(\boldsymbol{\xi}_\alpha, \boldsymbol{\theta})^2$ に重み W_α を付けた重み付き2乗和を最小にする $\boldsymbol{\theta}$ を計算している．これは**重み付き最小2乗法**とよばれる．統計学によれば，重み W_α は各項の分散の逆数に比例するように（したがって，誤差が小さい項は大きく，誤差が大きい項は小さく）とるのが最適であることが知られている．$(\boldsymbol{\xi}_\alpha, \boldsymbol{\theta}) = (\bar{\boldsymbol{\xi}}_\alpha, \boldsymbol{\theta}) + (\Delta_1\boldsymbol{\xi}_\alpha, \boldsymbol{\theta}) + (\Delta_2\boldsymbol{\xi}_\alpha, \boldsymbol{\theta})$ であり，$(\bar{\boldsymbol{\xi}}_\alpha, \boldsymbol{\theta}) = 0$ であるから，分散は，高次の項を除けば，式 (2.13), (2.15) より

$$E[(\boldsymbol{\xi}_\alpha, \boldsymbol{\theta})^2] = E[(\boldsymbol{\theta}, \Delta_1\boldsymbol{\xi}_\alpha \Delta_1\boldsymbol{\xi}_\alpha^\top \boldsymbol{\theta})] = (\boldsymbol{\theta}, E[\Delta_1\boldsymbol{\xi}_\alpha \Delta_1\boldsymbol{\xi}_\alpha^\top]\boldsymbol{\theta})$$
$$= \sigma^2(\boldsymbol{\theta}, V_0[\boldsymbol{\xi}_\alpha]\boldsymbol{\theta}) \tag{2.20}$$

となる．したがって，$W_\alpha = 1/(\boldsymbol{\theta}, V_0[\boldsymbol{\xi}_\alpha]\boldsymbol{\theta})$ にとればよいが，$\boldsymbol{\theta}$ が未知である．そこで，反復の前ステップの W_α を用いて計算し，それを式 (2.18) のように更新する．反復の最初に計算される解 $\boldsymbol{\theta}$ を，以下**初期解**とよぶ．反復の初期には $W_\alpha = 1$ であるから，式 (2.19) からわかるように，最小2乗法の解を計算している．ステップ4で「符号を除いて」とあるのは，固有ベクトルに符号の不定性があるからである．このため，$\boldsymbol{\theta}$ と $\boldsymbol{\theta}_0$ の比較のためには向きを揃える必要がある．具体的には，$(\boldsymbol{\theta}, \boldsymbol{\theta}_0) < 0$ であれば $\boldsymbol{\theta} \leftarrow -\boldsymbol{\theta}$ と符号を変える．

2.4.2　くりこみ法と Taubin 法

実験によれば，重み反復法も最小2乗法と同様に，当てはめる楕円弧が短いときに精度が低く，小さい偏った楕円が当てはまりやすいことが知られている．これを改良するのが**くりこみ法** (renormalization) である．これは次のように計算する．

手順 2.3　くりこみ法

1. $\boldsymbol{\theta}_0 = \boldsymbol{0}$ とし，$W_\alpha = 1$ とおく $(\alpha = 1, \ldots, N)$.
2. 次の 6×6 行列 $\boldsymbol{M}$, $\boldsymbol{N}$ を計算する．

$$\boldsymbol{M} = \frac{1}{N}\sum_{\alpha=1}^{N} W_\alpha \boldsymbol{\xi}_\alpha \boldsymbol{\xi}_\alpha^\top, \qquad \boldsymbol{N} = \frac{1}{N}\sum_{\alpha=1}^{N} W_\alpha V_0[\boldsymbol{\xi}_\alpha] \tag{2.21}$$

3. 一般固有値問題

$$M\theta = \lambda N\theta \tag{2.22}$$

を解いて，絶対値最小の一般固有値 λ に対する単位一般固有ベクトル θ を計算する．

4. 符号を除いて $\theta \approx \theta_0$ なら θ を返して終了する．そうでなければ，次のように更新してステップ 2 に戻る．

$$W_\alpha \leftarrow \frac{1}{(\theta, V_0[\xi_\alpha]\theta)}, \qquad \theta_0 \leftarrow \theta \tag{2.23}$$

解説　線形代数でよく知られているように，対称行列 M, N に対して式 (2.22) の一般固有値問題を解くことは，制約 $(\theta, N\theta) =$ (定数) のもとで 2 次形式 $(\theta, M\theta)$ を最小にする θ を計算することでもある．反復の最初で $W_\alpha = 1$ とするから，$(\theta, (\sum_{\alpha=1}^{N} V_0[\xi_\alpha])\theta) =$（定数）のもとで $\sum_{\alpha=1}^{N}(\xi_\alpha, \theta)^2$ を最小にする解を計算している．これは **Taubin 法**とよばれる（↪ 演習問題 2.2）．式 (2.22) の形の一般固有値問題を解くプログラムツールは通常 N を正値対称行列と仮定しているが，式 (2.15) からわかるように，行列 $V_0[\xi_\alpha]$ は第 6 列，第 6 行が 0 のみからなるので，正値ではない．したがって，N は正値ではない．しかし，式 (2.22) は

$$N\theta = \frac{1}{\lambda}M\theta \tag{2.24}$$

と書き換えることができる．データに誤差があれば M は正値対称行列であるから，プログラムツールが適用できる．そして，最大の一般固有値 $1/\lambda$ に対する単位一般固有ベクトル θ を計算する．行列 M が正値でないのはデータが厳密な場合であるから，実際の応用では考える必要はないが，もし M が固有値 0 をもつなら，データに誤差がないことになり，固有値 0 の単位固有ベクトルが真の解 θ になる．

■ 2.4.3　超精度くりこみ法と超精度最小 2 乗法

実験によれば, Taubin 法は精度が高く, くりこみ法はさらに精度が高いことが知られている．その精度をさらに高めるのが**超精度くりこみ法** (hyper-renormalization) とよばれる手法である．これは次のように計算する．

手順 2.4　超精度くりこみ法

1. $\boldsymbol{\theta}_0 = \mathbf{0}$ とし，$W_\alpha = 1$ とおく $(\alpha = 1, \dots, N)$.
2. 次の 6×6 行列 $\boldsymbol{M}$, $\boldsymbol{N}$ を計算する．

$$\boldsymbol{M} = \frac{1}{N} \sum_{\alpha=1}^{N} W_\alpha \boldsymbol{\xi}_\alpha \boldsymbol{\xi}_\alpha^\top, \tag{2.25}$$

$$\begin{aligned}\boldsymbol{N} = & \frac{1}{N} \sum_{\alpha=1}^{N} W_\alpha \left(V_0[\boldsymbol{\xi}_\alpha] + 2\mathcal{S}[\boldsymbol{\xi}_\alpha \boldsymbol{e}^\top] \right) \\ & - \frac{1}{N^2} \sum_{\alpha=1}^{N} W_\alpha^2 \left((\boldsymbol{\xi}_\alpha, \boldsymbol{M}_5^- \boldsymbol{\xi}_\alpha) V_0[\boldsymbol{\xi}_\alpha] + 2\mathcal{S}[V_0[\boldsymbol{\xi}_\alpha] \boldsymbol{M}_5^- \boldsymbol{\xi}_\alpha \boldsymbol{\xi}_\alpha^\top] \right)\end{aligned} \tag{2.26}$$

3. 一般固有値問題

$$\boldsymbol{M\theta} = \lambda \boldsymbol{N\theta} \tag{2.27}$$

を解いて，絶対値最小の一般固有値 λ に対する単位一般固有ベクトル $\boldsymbol{\theta}$ を計算する．

4. 符号を除いて $\boldsymbol{\theta} \approx \boldsymbol{\theta}_0$ なら $\boldsymbol{\theta}$ を返して終了する．そうでなければ，次のように更新してステップ 2 に戻る．

$$W_\alpha \leftarrow \frac{1}{(\boldsymbol{\theta}, V_0[\boldsymbol{\xi}_\alpha]\boldsymbol{\theta})}, \qquad \boldsymbol{\theta}_0 \leftarrow \boldsymbol{\theta} \tag{2.28}$$

解説　式 (2.26) において $\mathcal{S}[\cdot]$ は**対称化作用素**であり，$\mathcal{S}[\boldsymbol{A}] = (\boldsymbol{A} + \boldsymbol{A}^\top)/2$ と定義する．式 (2.26) 中の $\boldsymbol{e}$ は，式 (2.12) の $\Delta_2 \boldsymbol{\xi}_\alpha$ に対して $E[\Delta_2 \boldsymbol{\xi}_\alpha] = \sigma^2 \boldsymbol{e}$ となるベクトルである．これは，式 (2.14) より次のようになる．

$$\boldsymbol{e} = (1, 0, 1, 0, 0, 0)^\top \tag{2.29}$$

式 (2.26) 中の $\boldsymbol{M}_5^-$ は $\boldsymbol{M}$ のランク 5 の一般逆行列であり，$\boldsymbol{M}$ の固有値を $\mu_1 \geq \cdots \geq \mu_6$，対応する単位固有ベクトルを $\boldsymbol{\theta}_1, \dots, \boldsymbol{\theta}_6$ とするとき，次のように計算される．

$$\boldsymbol{M}_5^- = \frac{1}{\mu_1} \boldsymbol{\theta}_1 \boldsymbol{\theta}_1^\top + \cdots + \frac{1}{\mu_5} \boldsymbol{\theta}_5 \boldsymbol{\theta}_5^\top \tag{2.30}$$

式 (2.26) の行列 $\boldsymbol{N}$ は正値ではないから，式 (2.27) を通常のプログラムツールを使って解くには，式 (2.24) の形に書き直して，絶対値最大の一般固有値 $1/\lambda$ に対する単位一般固有ベクトルを計算する．この方法の初期解は，$W_\alpha = 1$ とおい

た式 (2.26) の行列 $\boldsymbol{N}$ に対して $(\boldsymbol{\theta}, \boldsymbol{N\theta}) =$（定数）のもとで $\sum_{\alpha=1}^{N}(\boldsymbol{\xi}_\alpha, \boldsymbol{\theta})^2$ を最小にしている．これは**超精度最小 2 乗法** (hyperLS) とよばれる方法である（$\hookrightarrow$ 演習問題 2.3）．

2.4.4 代数的方法のまとめ

以上のすべての方法は結局は，方程式

$$\boldsymbol{M\theta} = \lambda \boldsymbol{N\theta} \tag{2.31}$$

を満たす $\boldsymbol{\theta}$ を求めている．ただし，$\boldsymbol{M}$, $\boldsymbol{N}$ はデータからつくられる行列であり，一般に未知数 $\boldsymbol{\theta}$ を含んでいる．そして，$\boldsymbol{M}$, $\boldsymbol{N}$ の選び方によって異なる方法が得られる．まとめると次のようになる．

$$\boldsymbol{M} = \begin{cases} \dfrac{1}{N}\displaystyle\sum_{\alpha=1}^{N}\boldsymbol{\xi}_\alpha\boldsymbol{\xi}_\alpha^\top & \text{（最小 2 乗法，Taubin 法，超精度最小 2 乗法）} \\ \dfrac{1}{N}\displaystyle\sum_{\alpha=1}^{N}\dfrac{\boldsymbol{\xi}_\alpha\boldsymbol{\xi}_\alpha^\top}{(\boldsymbol{\theta}, V_0[\boldsymbol{\xi}_\alpha]\boldsymbol{\theta})} & \text{（重み反復法，くりこみ法，超精度くりこみ法）} \end{cases} \tag{2.32}$$

$$\boldsymbol{N} = \begin{cases} \boldsymbol{I} \text{（単位行列）} & \text{（最小 2 乗法，重み反復法）} \\ \dfrac{1}{N}\displaystyle\sum_{\alpha=1}^{N}V_0[\boldsymbol{\xi}_\alpha] & \text{（Taubin 法）} \\ \dfrac{1}{N}\displaystyle\sum_{\alpha=1}^{N}\dfrac{V_0[\boldsymbol{\xi}_\alpha]}{(\boldsymbol{\theta}, V_0[\boldsymbol{\xi}_\alpha]\boldsymbol{\theta})} & \text{（くりこみ法）} \\ \dfrac{1}{N}\displaystyle\sum_{\alpha=1}^{N}\Big(V_0[\boldsymbol{\xi}_\alpha] + 2\mathcal{S}[\boldsymbol{\xi}_\alpha\boldsymbol{e}^\top]\Big) \\ \quad -\dfrac{1}{N^2}\displaystyle\sum_{\alpha=1}^{N}\Big((\boldsymbol{\xi}_\alpha, \boldsymbol{M}_5^-\boldsymbol{\xi}_\alpha)V_0[\boldsymbol{\xi}_\alpha] + 2\mathcal{S}[V_0[\boldsymbol{\xi}_\alpha]\boldsymbol{M}_5^-\boldsymbol{\xi}_\alpha\boldsymbol{\xi}_\alpha^\top]\Big) & \text{（超精度最小 2 乗法）} \\ \dfrac{1}{N}\displaystyle\sum_{\alpha=1}^{N}\dfrac{1}{(\boldsymbol{\theta}, V_0[\boldsymbol{\xi}_\alpha]\boldsymbol{\theta})}\Big(V_0[\boldsymbol{\xi}_\alpha] + 2\mathcal{S}[\boldsymbol{\xi}_\alpha\boldsymbol{e}^\top]\Big) \\ \quad -\dfrac{1}{N^2}\displaystyle\sum_{\alpha=1}^{N}\dfrac{1}{(\boldsymbol{\theta}, V_0[\boldsymbol{\xi}_\alpha]\boldsymbol{\theta})^2}\Big((\boldsymbol{\xi}_\alpha, \boldsymbol{M}_5^-\boldsymbol{\xi}_\alpha)V_0[\boldsymbol{\xi}_\alpha] + 2\mathcal{S}[V_0[\boldsymbol{\xi}_\alpha]\boldsymbol{M}_5^-\boldsymbol{\xi}_\alpha\boldsymbol{\xi}_\alpha^\top]\Big) & \text{（超精度くりこみ法）} \end{cases} \tag{2.33}$$

最小2乗法，Taubin 法，超精度最小2乗法の $\boldsymbol{M}$ も $\boldsymbol{N}$ も $\boldsymbol{\theta}$ を含んでいないので，式 (2.31) はそのまま一般固有値問題となっている．したがって，これを直接に解けばよい．それ以外（重み反復法，くりこみ法，超精度くりこみ法）は，$\boldsymbol{\theta}$ が $\boldsymbol{M}, \boldsymbol{N}$ の式中の分母に含まれているので，反復を行う．すなわち，分母を W_α とし，これを直前のステップで計算した $\boldsymbol{\theta}$ によって計算して，式 (2.31) の一般固有値問題を解く．そして，その解を用いて W_α を更新し，これを反復する．

実験によれば，超精度最小2乗法はくりこみ法に匹敵する精度があり，超精度くりこみ法はさらに精度が高い．これは，精度の高い超精度最小2乗法から出発するので，少ない反復回数で解が得られる（通常は3, 4回）．

2.5　幾何学的方法

幾何学的方法とは，各観測点 (x_α, y_α) の楕円からの距離がなるべく小さくなるように楕円を定める方法である（図 2.2）．

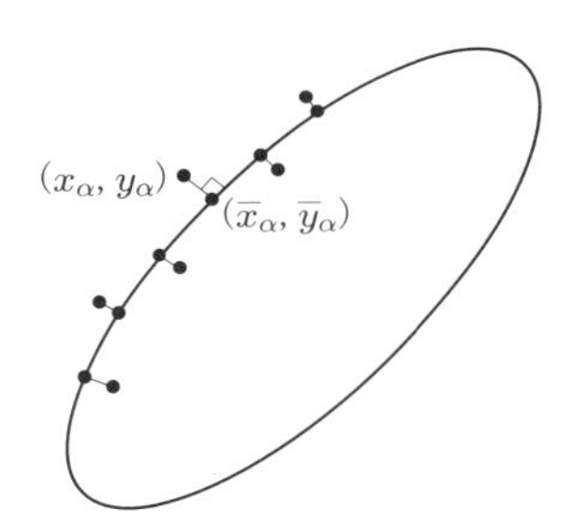

図 2.2　各点との距離がなるべく小さい楕円を当てはめる．

2.5.1　幾何学的距離とサンプソン誤差

点 (x_α, y_α) から最も近い楕円上の点を $(\bar{x}_\alpha, \bar{y}_\alpha)$ とし，その距離を d_α とするとき，その2乗和の平均

$$S = \frac{1}{N}\sum_{\alpha=1}^{N}\left((x_\alpha - \bar{x}_\alpha)^2 + (y_\alpha - \bar{y}_\alpha)^2\right) = \frac{1}{N}\sum_{\alpha=1}^{N} d_\alpha^2 \tag{2.34}$$

を**幾何学的距離**とよぶ（次元が（長さ）^{2} であるが，この用語が広く用いられている）．点 $(\bar{x}_\alpha, \bar{y}_\alpha)$ を (x_α, y_α) の真の位置とみなすと，式 (2.10) から，式 (2.34) は $S = (1/N)\sum_{\alpha=1}^{N}(\Delta x_\alpha^2 + \Delta y_\alpha^2)$ とも書ける（ただし，ここでは $\Delta x_\alpha, \Delta y_\alpha$ を確率

変数ではなく，未知数とみなしている）．点 (x_α, y_α) が楕円に近いとき，距離 d_α の 2 乗は Δx_α, Δy_α の高次の微小量を除いて次のように書ける（$\hookrightarrow$ 演習問題 2.4）．

$$d_\alpha^2 = (x_\alpha - \bar{x}_\alpha)^2 + (y_\alpha - \bar{y}_\alpha)^2 \approx \frac{(\boldsymbol{\xi}_\alpha, \boldsymbol{\theta})^2}{(\boldsymbol{\theta}, V_0[\boldsymbol{\xi}_\alpha]\boldsymbol{\theta})} \tag{2.35}$$

したがって，式 (2.34) の幾何学的距離は関数

$$J = \frac{1}{N}\sum_{\alpha=1}^{N} \frac{(\boldsymbol{\xi}_\alpha, \boldsymbol{\theta})^2}{(\boldsymbol{\theta}, V_0[\boldsymbol{\xi}_\alpha]\boldsymbol{\theta})} \tag{2.36}$$

で近似できる．これを**サンプソン誤差**とよぶ．

■ 2.5.2 FNS 法

式 (2.36) のサンプソン誤差を最小化する代表的な方法に **FNS 法** (Fundamental Numerical Scheme) がある．その計算手順は次のようになる．

手順 2.5 FNS 法

1. $\boldsymbol{\theta} = \boldsymbol{\theta}_0 = \boldsymbol{0}$ とし，$W_\alpha = 1$ とおく $(\alpha = 1, \dots, N)$．
2. 次の 6×6 行列 $\boldsymbol{M}$, $\boldsymbol{L}$ を計算する．

$$\boldsymbol{M} = \frac{1}{N}\sum_{\alpha=1}^{N} W_\alpha \boldsymbol{\xi}_\alpha \boldsymbol{\xi}_\alpha^\top, \qquad \boldsymbol{L} = \frac{1}{N}\sum_{\alpha=1}^{N} W_\alpha^2 (\boldsymbol{\xi}_\alpha, \boldsymbol{\theta})^2 V_0[\boldsymbol{\xi}_\alpha] \tag{2.37}$$

3. 6×6 行列 $\boldsymbol{X}$ を次のようにおく．

$$\boldsymbol{X} = \boldsymbol{M} - \boldsymbol{L} \tag{2.38}$$

4. 固有値問題

$$\boldsymbol{X}\boldsymbol{\theta} = \lambda\boldsymbol{\theta} \tag{2.39}$$

を解き，最小固有値 λ に対する単位固有ベクトル $\boldsymbol{\theta}$ を計算する．

5. 符号を除いて $\boldsymbol{\theta} \approx \boldsymbol{\theta}_0$ なら $\boldsymbol{\theta}$ を返して終了する．そうでなければ，次のように更新してステップ 2 に戻る．

$$W_\alpha \leftarrow \frac{1}{(\boldsymbol{\theta}, V_0[\boldsymbol{\xi}_\alpha]\boldsymbol{\theta})}, \qquad \boldsymbol{\theta}_0 \leftarrow \boldsymbol{\theta} \tag{2.40}$$

解説 この方法は，式 (2.36) のサンプソン誤差 J に対して $\nabla_{\boldsymbol{\theta}} J = \boldsymbol{0}$ となる $\boldsymbol{\theta}$ を

計算するものである．ただし，$\nabla_{\boldsymbol{\theta}} J$ は J の勾配であり，第 i 成分が $\partial J/\partial \theta_i$ のベクトルである．式 (2.36) を微分すると，次のようになる（↪ 演習問題 2.5(1)）．

$$\nabla_{\boldsymbol{\theta}} J = 2(\boldsymbol{M} - \boldsymbol{L})\boldsymbol{\theta} = 2\boldsymbol{X}\boldsymbol{\theta} \tag{2.41}$$

ただし，$\boldsymbol{M}$, $\boldsymbol{L}$, $\boldsymbol{X}$ は式 (2.37), (2.38) で与えられる行列である．FNS 法の反復が収束した時点では，式 (2.39) の λ は 0 であることが示されるので（↪ 演習問題 2.5(2)），$\nabla_{\boldsymbol{\theta}} J = \boldsymbol{0}$ となる $\boldsymbol{\theta}$ が計算される．反復の初期には $\boldsymbol{\theta} = \boldsymbol{0}$ であるから，式 (2.37) の $\boldsymbol{L}$ は $\boldsymbol{O}$ であり，式 (2.39) は $\boldsymbol{M}\boldsymbol{\theta} = \lambda\boldsymbol{\theta}$ となる．すなわち，FNS 法は最小 2 乗法から反復を始めていることになる．

■ 2.5.3　幾何学的距離最小化

上記の FNS 法で求めた解 $\boldsymbol{\theta}$ を用いてデータ $\boldsymbol{\xi}_\alpha$ を修正し，修正したデータに対するサンプソン誤差を最小化し，その解を用いてデータを修正し，これを数回反復すると，式 (2.34) の幾何学的距離を厳密に最小化する解 $\boldsymbol{\theta}$ が計算される．その手順は次のようになる．

手順 2.6　幾何学的距離最小化

1. $J_0 = \infty$ とし（∞ は十分大きい数），$\hat{x}_\alpha = x_\alpha$, $\hat{y}_\alpha = y_\alpha$, $\tilde{x}_\alpha = \tilde{y}_\alpha = 0$ とおく ($\alpha = 1, \ldots, N$).
2. 式 (2.15) の $V_0[\boldsymbol{\xi}_\alpha]$ の $\bar{x}_\alpha$, $\bar{y}_\alpha$ を，それぞれ $\hat{x}_\alpha$, $\hat{y}_\alpha$ に置き換えた正規化共分散行列 $V_0[\hat{\boldsymbol{\xi}}_\alpha]$ を計算する．
3. 次の 6 次元ベクトル $\boldsymbol{\xi}^*_\alpha$ を計算する．

$$\boldsymbol{\xi}^*_\alpha = \begin{pmatrix} \hat{x}_\alpha^2 + 2\hat{x}_\alpha\tilde{x}_\alpha \\ 2(\hat{x}_\alpha\hat{y}_\alpha + \hat{y}_\alpha\tilde{x}_\alpha + \hat{x}_\alpha\tilde{y}_\alpha) \\ \hat{y}_\alpha^2 + 2\hat{y}_\alpha\tilde{y}_\alpha \\ 2f_0(\hat{x}_\alpha + \tilde{x}_\alpha) \\ 2f_0(\hat{y}_\alpha + \tilde{y}_\alpha) \\ f_0^2 \end{pmatrix} \tag{2.42}$$

4. 次の**修正サンプソン誤差**を最小化する $\boldsymbol{\theta}$ を計算する．

$$J^* = \frac{1}{N}\sum_{\alpha=1}^{N} \frac{(\boldsymbol{\xi}^*_\alpha, \boldsymbol{\theta})^2}{(\boldsymbol{\theta}, V_0[\hat{\boldsymbol{\xi}}_\alpha]\boldsymbol{\theta})} \tag{2.43}$$

5. $\tilde{x}_\alpha, \tilde{y}_\alpha$ を次のように更新する．

$$\begin{pmatrix} \tilde{x}_\alpha \\ \tilde{y}_\alpha \end{pmatrix} \leftarrow \frac{2(\boldsymbol{\xi}_\alpha^*, \boldsymbol{\theta})}{(\boldsymbol{\theta}, V_0[\hat{\boldsymbol{\xi}}_\alpha]\boldsymbol{\theta})} \begin{pmatrix} \theta_1 & \theta_2 & \theta_4 \\ \theta_2 & \theta_3 & \theta_5 \end{pmatrix} \begin{pmatrix} \hat{x}_\alpha \\ \hat{y}_\alpha \\ f_0 \end{pmatrix} \tag{2.44}$$

6. $\hat{x}_\alpha, \hat{y}_\alpha$ を次のように更新する．

$$\hat{x}_\alpha \leftarrow x_\alpha - \tilde{x}_\alpha, \qquad \hat{y}_\alpha \leftarrow y_\alpha - \tilde{y}_\alpha \tag{2.45}$$

7. 次の J^* を計算する．

$$J^* = \frac{1}{N}\sum_{\alpha=1}^{N}(\tilde{x}_\alpha^2 + \tilde{y}_\alpha^2) \tag{2.46}$$

$J^* \approx J_0$ であれば $\boldsymbol{\theta}$ を返して終了する．そうでなければ，$J_0 \leftarrow J^*$ として
ステップ 2 に戻る．

解説　反復の初期には $\hat{x}_\alpha = x_\alpha$, $\hat{y}_\alpha = y_\alpha$, $\tilde{x}_\alpha = \tilde{y}_\alpha = 0$ であるから，式 (2.42) の $\boldsymbol{\xi}_\alpha^*$ は $\boldsymbol{\xi}_\alpha$ と同じであり，式 (2.43) の J^* は式 (2.36) の J と同じである．そして，それを最小化する $\boldsymbol{\theta}$ がまず計算される．式 (2.34) は，次のように書き換えることができる．

$$\begin{aligned} S &= \frac{1}{N}\sum_{\alpha=1}^{N}\left((\hat{x}_\alpha + (x_\alpha - \hat{x}_\alpha) - \bar{x}_\alpha)^2 + (\hat{y}_\alpha + (y_\alpha - \hat{y}_\alpha) - \bar{y}_\alpha)^2\right) \\ &= \frac{1}{N}\sum_{\alpha=1}^{N}\left((\hat{x}_\alpha + \tilde{x}_\alpha - \bar{x}_\alpha)^2 + (\hat{y}_\alpha + \tilde{y}_\alpha - \bar{y}_\alpha)^2\right) \end{aligned} \tag{2.47}$$

ただし，次のようにおいた．

$$\tilde{x}_\alpha = x_\alpha - \hat{x}_\alpha, \qquad \tilde{y}_\alpha = y_\alpha - \hat{y}_\alpha \tag{2.48}$$

次のステップでは，補正した $(\hat{x}_\alpha, \hat{y}_\alpha)$ を入力データとみなし，式 (2.47) を最小にする $(\bar{x}_\alpha, \bar{y}_\alpha)$ の値 $(\hat{\hat{x}}_\alpha, \hat{\hat{y}}_\alpha)$ を計算している．そして，$\hat{x}_\alpha - \bar{x}_\alpha$, $\hat{y}_\alpha - \bar{y}_\alpha$ の高次の微小量を無視して式 (2.47) を書き直すと，式 (2.43) の修正サンプソン誤差 J^* が得られる（$\hookrightarrow$ 演習問題 2.6）．これを最小化し，$(\hat{\hat{x}}_\alpha, \hat{\hat{y}}_\alpha)$ を改めて $(\hat{x}_\alpha, \hat{y}_\alpha)$ とみなして同じ操作を反復する．現在の $(\hat{x}_\alpha, \hat{y}_\alpha)$ が $(\bar{x}_\alpha, \bar{y}_\alpha)$ の最良の近似であるから，式 (2.48) より $\tilde{x}_\alpha^2 + \tilde{y}_\alpha^2$ が $(\bar{x}_\alpha - x_\alpha)^2 + (\bar{y}_\alpha - y_\alpha)^2$ の近似である．そこで，式 (2.46) によって幾何学的距離 S を評価する．反復のたびに無視する高

次の微小量が減少するので，最終的には S を最小にする $\boldsymbol{\theta}$ が得られ，式 (2.46) が S に一致する．しかし，この手順によって解を修正しても，変化はわずかであり，有効数字 3, 4 桁は変化しないことが知られている．このため，得られた楕円を図示しても，FNS 法によって得られる楕円と重なって区別できない．この意味で，FNS 法は実質的に幾何学的距離を最小化する方法とみなせる．

2.5.4　超精度補正

幾何学的距離最小化にせよ，サンプソン誤差最小化にせよ，幾何学的方法の解はわずかであるが**偏差**があることが知られている．偏差というのは，解 $\boldsymbol{\theta}$ の期待値 $E[\boldsymbol{\theta}]$ が真値 $\bar{\boldsymbol{\theta}}$ に一致しないことをいう．計算した解 $\hat{\boldsymbol{\theta}}$ を

$$\hat{\boldsymbol{\theta}} = \bar{\boldsymbol{\theta}} + \Delta_1\boldsymbol{\theta} + \Delta_2\boldsymbol{\theta} + \cdots \tag{2.49}$$

と書くとき（$\Delta_k\boldsymbol{\theta}$ はデータの誤差 Δx_α, Δy_α の k 次の項），$\Delta_1\boldsymbol{\theta}$ は Δx_α, Δy_α の 1 次式であるため $E[\Delta_1\boldsymbol{\theta}] = \mathbf{0}$ であるが，$E[\Delta_2\boldsymbol{\theta}] \neq \mathbf{0}$ である．したがって，誤差解析によって $E[\Delta_2\boldsymbol{\theta}]$ を評価して，これを $\hat{\boldsymbol{\theta}}$ から引けば，

$$\tilde{\boldsymbol{\theta}} = \hat{\boldsymbol{\theta}} - E[\Delta_2\boldsymbol{\theta}] \tag{2.50}$$

はより精度の高い解となり，$E[\tilde{\boldsymbol{\theta}}] = \bar{\boldsymbol{\theta}} + O(\sigma^4)$ である（σ はノイズレベル）．これは $\Delta_3\boldsymbol{\theta}$ が Δx_α, Δy_α の 3 次式であるため，$E[\Delta_3\boldsymbol{\theta}] = \mathbf{0}$ となるからである．式 (2.50) のように，計算値から $E[\Delta_2\boldsymbol{\theta}]$ を引いてより精度を向上させる操作を**超精度補正** (hyperaccurate correction) という．その計算手順は次のようになる．

手順 2.7　超精度補正

1. FNS 法（手順 2.5）によって $\boldsymbol{\theta}$ を計算する．
2. 次のように σ^2 を推定する．

$$\hat{\sigma}^2 = \frac{(\boldsymbol{\theta}, \boldsymbol{M}\boldsymbol{\theta})}{1 - 5/N} \tag{2.51}$$

   ただし，行列 $\boldsymbol{M}$ は FNS 法の終了時点での値である．

3. 次の補正項を計算する．

$$\Delta_c\boldsymbol{\theta} = -\frac{\hat{\sigma}^2}{N}\boldsymbol{M}_5^- \sum_{\alpha=1}^{N} W_\alpha(\boldsymbol{e}, \boldsymbol{\theta})\boldsymbol{\xi}_\alpha + \frac{\hat{\sigma}^2}{N^2}\boldsymbol{M}_5^- \sum_{\alpha=1}^{N} W_\alpha^2(\boldsymbol{\xi}_\alpha, \boldsymbol{M}_5^- V_0[\boldsymbol{\xi}_\alpha]\boldsymbol{\theta})\boldsymbol{\xi}_\alpha \tag{2.52}$$

ただし，W_α は FNS 法の終了時点での値であり，$\boldsymbol{e}$ は式 (2.29) のベクトルである．また，$\boldsymbol{M}_5^-$ は式 (2.30) で計算されるランク 5 の一般逆行列である．

4. 次のように $\boldsymbol{\theta}$ を補正する．

$$\boldsymbol{\theta} \leftarrow \mathcal{N}[\boldsymbol{\theta} - \Delta_c \boldsymbol{\theta}] \tag{2.53}$$

ただし，$\mathcal{N}[\,\cdot\,]$ は単位ベクトルへの正規化作用素である ($\mathcal{N}[\boldsymbol{a}] = \boldsymbol{a}/\|\boldsymbol{a}\|$).

解説　実験によれば，幾何学的距離最小化はくりこみ法よりも精度が高いが，超精度くりこみ法には及ばない．しかし，超精度補正を行うと，超精度くりこみ法に匹敵する精度が得られることが知られている．

2.6 楕円限定法

式 (2.1) は，必ずしも楕円を表すとは限らない．係数によっては双曲線や放物線を表したり，あるいは曲線を表さない**退化**（2 直線となったり，式を満たす (x, y) が存在しない場合）が生じたりする．式 (2.1) が楕円を表すのは

$$AC - B^2 > 0 \tag{2.54}$$

のときである（これについては第 9 章で述べる）．データが楕円を表す点列であれば，通常は式 (2.1) を当てはめると楕円が得られるが，点列が非常に短い場合に双曲線が当てはまることがある（放物線は厳密に $AC - B^2 = 0$ を満たす場合であり，実際の計算では考えなくてよい）．双曲線が当てはまるのはデータが不十分なためであり，楕円を当てはめる意味がないから，実際問題ではそのような点列は無視すればよいが，理論的な関心から，強制的に楕円を当てはめる方法もいろいろ考えられてきた．そのような方法を**楕円限定法** (ellipse-specific method) とよぶ．

2.6.1 Fitzgibbon らの方法

楕円に限定して当てはめる代表的なものは，次の Fitzgibbon らの方法である．

手順 2.8　Fitzgibbon らの方法

1. 次の 6×6 行列 $\boldsymbol{M}$, $\boldsymbol{N}$ を計算する.

$$\boldsymbol{M} = \frac{1}{N}\sum_{\alpha=1}^{N} \boldsymbol{\xi}_\alpha \boldsymbol{\xi}_\alpha^\top, \qquad \boldsymbol{N} = \begin{pmatrix} 0 & 0 & 1 & 0 & 0 & 0 \\ 0 & -2 & 0 & 0 & 0 & 0 \\ 1 & 0 & 0 & 0 & 0 & 0 \\ 0 & 0 & 0 & 0 & 0 & 0 \\ 0 & 0 & 0 & 0 & 0 & 0 \\ 0 & 0 & 0 & 0 & 0 & 0 \end{pmatrix} \tag{2.55}$$

2. 一般固有値問題

$$\boldsymbol{M\theta} = \lambda \boldsymbol{N\theta} \tag{2.56}$$

を解いて，最小の一般固有値 λ に対する単位一般固有ベクトル $\boldsymbol{\theta}$ を返す.

解説　これは代数的方法であり，式 (2.54) が満たされるように，制約条件 $AC - B^2 = 1$ のもとで代数距離 $\sum_{\alpha=1}^{N}(\boldsymbol{\xi}_\alpha, \boldsymbol{\theta})^2$ を最小化している．ただし，くりこみ法や超精度くりこみ法と同様に，式 (2.56) の行列 $\boldsymbol{N}$ は正値ではないので，式 (2.56) を式 (2.24) の形に書き換えて，プログラムツールを用いて最大一般固有値に対する単位一般固有ベクトル $\boldsymbol{\theta}$ を計算する．実験によれば，Fitzgibbon らの方法では解の偏差が大きく，小さく偏平な楕円が当てはまりやすい.

■ 2.6.2　ランダムサンプリングの方法

必ず楕円を得るには，まず楕円の条件を考えずに（たとえば超精度くりこみ法を用いて）当てはめを行い，楕円でなければ，それを楕円に補正すればよい．これを行う単純でかつ精度がよい方法に，ランダムサンプリングがある．これは次のように行う.

手順 2.9　ランダムサンプリング

1. 入力画素列に楕円の条件を考えずに当てはめを行い，解 $\boldsymbol{\theta}$ が

$$\theta_1\theta_3 - \theta_2^2 > 0 \tag{2.57}$$

を満たせば，それを解として終了する.

2. そうでなければ，入力画素列から 5 点をランダムに選び，それらに対する

式 (2.3) のベクトルを $\boldsymbol{\xi}_1, \ldots, \boldsymbol{\xi}_5$ とする．

3. 次の行列の最小固有値に対する単位固有ベクトル $\boldsymbol{\theta}$ を計算する．

$$\boldsymbol{M}_5 = \sum_{\alpha=1}^{5} \boldsymbol{\xi}_\alpha \boldsymbol{\xi}_\alpha^\top \tag{2.58}$$

4. その $\boldsymbol{\theta}$ が式 (2.57) を満たさなければその解を捨て，異なる 5 点を新しく選び直し，楕円を計算する．
5. その $\boldsymbol{\theta}$ が式 (2.57) を満たせば，それを候補楕円として記録する．また，式 (2.36) のサンプソン誤差 J を計算して記録する．
6. これを多数回反復し，候補楕円の中からサンプソン誤差 J が最も小さい $\boldsymbol{\theta}$ を選ぶ．

解説 ステップ 2 では，一様乱数を発生させては，得られた番号の画素を 5 個取り出す．重複があればやり直す．ステップ 3 では，5 点を通る楕円を計算している．5 点を通る楕円は，各点の座標を式 (2.1) に代入して得られる $A, B, \ldots, F$ に関する連立 1 次方程式を解けば，定数倍を除いて解が定まる（その後で式 (2.2) にように正規化する）．しかし，最小 2 乗法（式 (2.32) の右辺第 1 行の $\boldsymbol{M}$ の最小固有値に対する単位固有ベクトルの計算）を用いても同じ解が得られ，しかも計算がわかりやすい（行列 $\boldsymbol{M}_5$ に係数 1/5 があってもなくても解は同じ）．ステップ 4 では，解が楕円かどうかを調べている．理論的には，どのように 5 点を選んでも双曲線となることがありえるが（たとえば点列が双曲線上からサンプルされたときなど），そのような例外的な場合はここでは考えていない．ステップ 5 では，計算した J がすでに記録されている値より大きければ，その楕円を記録せずに次のサンプリングに進めばよい．そして，記録されている J の現在の最小値がある一定回数連続して更新されなければ，サンプリングを終了する．

しかし，実際問題では，通常の方法で楕円が当てはまらないとき，Fitzgibbon らの方法やランダムサンプリングの方法のような楕円限定法によって強制的に楕円を当てはめても，実用的にはあまり意味がない（2.8 節に実験例を示す）．

2.7 アウトライア除去

実画像中の楕円弧に楕円を当てはめるには，楕円弧をなす画素列を抽出する必要がある．しかし，楕円を含む画像であっても，エッジ検出フィルタによって取り出したひと続きの画素列は，必ずしも楕円上の点のみからなるとは限らず，ほかの物体の境界を含んでいる可能性がある．そのような楕円をなしていない画素列を**アウトライア**とよぶ．注意すべきは，ここで考えているのは，画像処理の不正確さによって正しい位置からランダムにずれた画素ではないことである（そのような画素があれば，それもアウトライアではあるが）．ここで考えているアウトライアは主に，楕円弧につながった別の物体の境界をなす画素列のことである．それに対して，楕円をなす画素は**インライア**とよぶ．アウトライアがあっても影響されにくい当てはめを，一般に**ロバスト当てはめ**とよぶ．基本的な考え方は，「当てはめた楕円に近い点数がなるべく多くなる」ような楕円を計算することである．そして，当てはめた楕円からの隔たりが大きい画素を，楕円上にはないと判定して除去する．代表的な方法に **RANSAC** (Random Sample Consensus) がある．これは 2.6.2 項のランダムサンプリングと共通点が多く，次のように行う．

手順 2.10　RANSAC

1. 入力画素列から 5 点をランダムに選び，それらに対する式 (2.3) のベクトルを $\boldsymbol{\xi}_1, \dots, \boldsymbol{\xi}_5$ とする．
2. 次の行列の最小固有値に対する単位固有ベクトル $\boldsymbol{\theta}$ を計算する．

$$\boldsymbol{M}_5 = \sum_{\alpha=1}^{5} \boldsymbol{\xi}_\alpha \boldsymbol{\xi}_\alpha^\top \tag{2.59}$$

   そして，それを候補楕円として記録する．
3. その楕円の $\boldsymbol{\theta}$ に対して，入力画素列のすべての画素の中で

$$\frac{(\boldsymbol{\xi}, \boldsymbol{\theta})^2}{(\boldsymbol{\theta}, V_0[\boldsymbol{\xi}]\boldsymbol{\theta})} < d^2 \tag{2.60}$$

   を満たす画素の数 n を数え，その数を記録する．ただし，$\boldsymbol{\xi}$ はその画素に対して式 (2.3) で定義されるベクトルであり，$V_0[\boldsymbol{\xi}]$ は式 (2.15) で与えられる正規化共分散行列である．定数 d は，当てはめた楕円からのずれをどの程度許容するかというしきい値である（たとえば $d = 2$）．
4. 入力画素列から別の 5 点をランダムに選び，同じ操作を行う．これを何度も行い，候補楕円の中から n が最も大きいものを選ぶ．
5. 最終的に選ばれた楕円に対して，式 (2.60) を満たさない画素をアウトライアとみなして除去する．

解説　ステップ 1 のランダムサンプリングは，2.6.2 項に述べたように行う．ステップ 2 では，選んだ 5 点を通る楕円を計算している．ステップ 3 では，点の楕円との距離を式 (2.35) で測っている．このとき，2.6.2 項と同様に，数えた n がすでに記録されている値よりも小さければ，その楕円を記録せずに次のサンプリングに進めばよい．記録されている n の現在の最大値が，ある一定回数連続して更新されなければサンプリングを終了する．

2.8　実験例

図 2.3(a) は，円形物体を含む画像から検出したエッジ画像である．図中に示した 160 個のエッジ点にいろいろな手法で楕円を当てはめ，原画像上に重ねて表示すると図 2.3(b) のようになる．ただし，わかりやすくするために，隠れた部分を半透明で合成している．この例では，最小 2 乗法と重み反復法は小さい楕円が当てはまり，それ以外の手法はどれも真の楕円に近い結果を与えている．

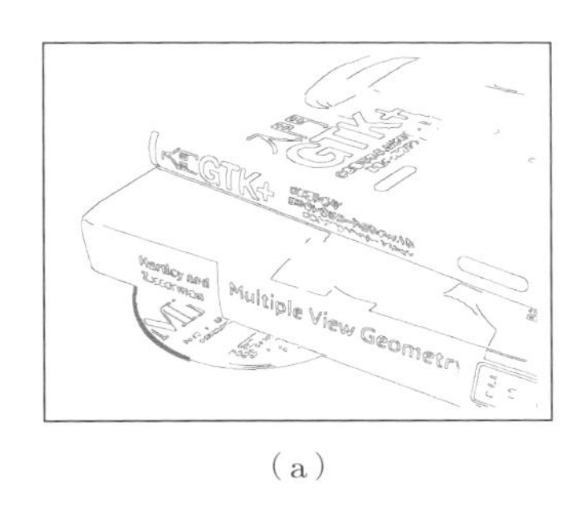

(a)

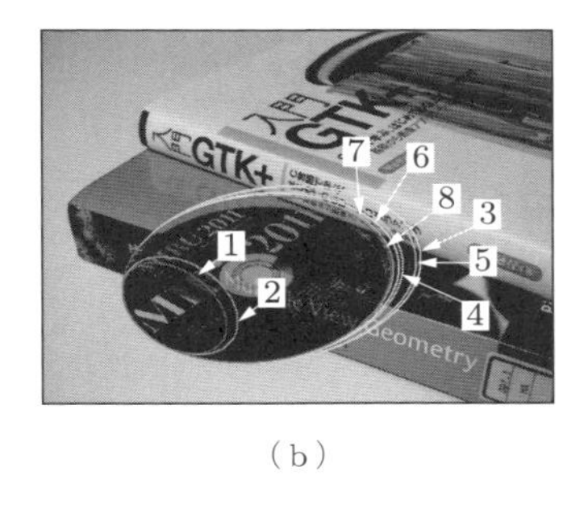

(b)

図 2.3　(a) 円形物体を含む画像から検出したエッジ画像と，楕円を当てはめたエッジ点（160 個）．(b) 当てはめた楕円を原画像上に重ねて表示したもの．隠れた部分を半透明で合成している．1) 最小 2 乗法，2) 重み反復法，3) Taubin 法，4) くりこみ法，5) 超精度最小 2 乗法，6) 超精度くりこみ法，7) FNS 法，8) FNS 法の超精度補正．この例では，内側から 1)，2)，8)，7)，6)，4)，5)，3) の順になっている．

図 2.4(a) は，円形物体を含む別の画像から検出したエッジ画像であり，図 2.4(b) に示した 140 個のエッジ点に当てはめた楕円を原画像上に重ねて表示したものである．この例では，超精度くりこみ法を用いると双曲線が当てはまる．それに対して，Fitzgibbon らの方法では偏平な楕円が当てはまる．楕円に限定する方法として，楕円でない解に対する罰金項を付けて，式 (2.36) のサンプソン誤差を最小化する方法を Szpak らが提案している．これは，通常の方法で楕円が当てはまる場

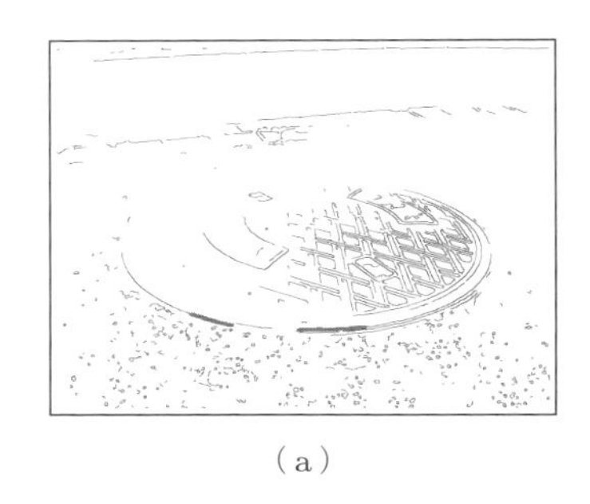

(a)

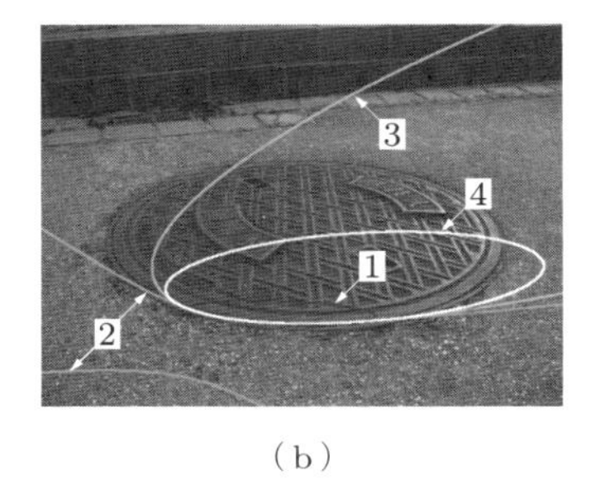

(b)

図 2.4　(a) 円形物体を含む画像から検出したエッジ画像と，楕円を当てはめたエッジ点（140 個）．(b) 当てはめた楕円を原画像上に重ねて表示したもの．1) Fitzgibbon らの方法，2) 超精度くりこみ法，3) Szpak らの方法，4) ランダムサンプリングの方法．

合は FNS 法と同じ結果となるが，この例では超精度くりこみ法による双曲線に近い大きな楕円が当てはまっている．それに対してランダムサンプリングの方法は，Fitzgibbon らの方法と Szpak らの方法の中間の楕円が得られている．しかし，正しい楕円であるとは到底いえない．要するに，通常の方法で双曲線が当てはまる場合は，データ不足でそもそも楕円を当てはめる意味がない．このため，楕円限定法は理論的な意味はあっても，実用には向いていない．

2.9　さらに勉強したい人へ

誤差のある点列への楕円の当てはめの考え方は，菅谷らの解説記事 [96] を，詳しい理論的背景は解説書 [61] を参照するとよい．くりこみ法は金谷 [30, 31] が提案した．その詳細は教科書 [33] に詳しい．Taubin 法は Taubin [99] によって提案されたが，共分散行列や誤差の統計的な性質を考慮するものではなく，やや発見的な導出である．しかし，結果としては，本章に述べたように解釈することができる．超精度最小 2 乗法は金谷ら [50, 51, 82] が提案し，それが金谷ら [41, 42] によって超精度くりこみ法に発展した．

これまでに知られている代数的方法がすべて式 (2.31) の形に書けることは，金谷 [42] が指摘している．データを確率変数（確率分布によって発生する量）とみなしているので，計算した $\boldsymbol{\theta}$ も確率変数となり，したがって確率分布をもつ．このとき，式 (2.31) の行列 $\boldsymbol{M}$, $\boldsymbol{N}$ をどう選ぶかによって $\boldsymbol{\theta}$ の確率分布が影響される．金谷 [42] の誤差解析によると，行列 $\boldsymbol{M}$ の選び方によって $\boldsymbol{\theta}$ の共分散行列が変化し（図 2.5(a)），行列 $\boldsymbol{N}$ の選び方によって $\boldsymbol{\theta}$ の偏差が変化する（図 2.5(b)）．そ

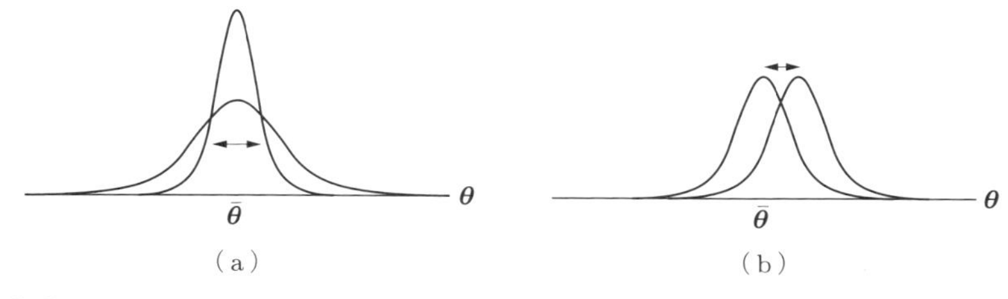

図 2.5 (a) 行列 $\boldsymbol{M}$ は解 $\boldsymbol{\theta}$ の共分散を左右する．(b) 行列 $\boldsymbol{N}$ は解 $\boldsymbol{\theta}$ の偏差を左右する．

して，$\boldsymbol{M}$ を式 (2.32) の第 2 行のように選べば，$\boldsymbol{\theta}$ の共分散行列は $O(\sigma^4)$ の項を除いて「KCR 下界」とよばれる精度の理論限界を達成することが示される．一方，$\boldsymbol{N}$ を式 (2.33) の第 5 行のように選べば，$\boldsymbol{\theta}$ の偏差は $O(\sigma^4)$ の項を除いて 0 となる．したがって，σ の高次の項を除いて，超精度くりこみ法の精度はもやはこれ以上に改善できない．この意味で，超精度くりこみ法は最適である．そして，サンプソン誤差最小化の超精度補正も理論的には同程度の精度があり，金谷ら [58] や解説書 [61] に詳細な実験的比較が示されている．

サンプソン誤差を最小化する FNS 法は，Chojnacki ら [5] が示した．しかし，彼らは式 (2.36) を「近似最尤関数」(AML: approximated maximum likelihood) とよんでいる．その後，「サンプソン誤差」という名称がよく使われるようになったが，これは早い時期に楕円当てはめを研究した Sampson [86] にちなんでいる．Sampson が示した方法は，実質的には本章で述べた重み反復法に相当している．なお，FNS 法の手順 2.5 のステップ 4 では，絶対値最小の固有値に対する単位固有ベクトルを計算してもよいが，Chojnacki ら [5] や金谷ら [53] の実験によれば，単に最小固有値を計算したほうが収束が速いことが確認されている．サンプソン誤差を最小化する手法として，FNS 法に似た「HEIV 法」(heteroscedastic errors-in-variables) が Meer ら [67, 73] によって提案されているが，得られる解は同一である．サンプソン誤差最小化を繰り返せば厳密な幾何学的距離最小化ができることの一般論は金谷ら [55, 56] が，楕円当てはめへの適用は金谷ら [54] が示している．

幾何学的距離最小化は，誤差が正規分布のときは統計学でいう「最尤推定」に等価であるが，解に偏差があることは古くから知られていた．その原因は，楕円が凸曲線であるためである．すなわち，楕円上の点をランダムにずらすと，楕円の外側にずれる確率が内側にずれる確率より大きい．ずれた点から楕円上の最も近い点は，そこから楕円に下ろした垂線の足であるが，その点が真の位置のどちら側に偏りやすいかは，その近傍の楕円の形状や曲率に依存する．Okatani ら [78] は，これを解析して偏差を除去しようとしている．また，「射影スコア」という手法を用いて偏差を除去する試みもある [79]．本章に述べた超精度補正は，金谷ら [37, 38, 58] が発表している．

Fitzgibbon らの楕円限定法は，文献 [8] で発表されている．Szpak らの方法は文献 [98] に，ランダムサンプリングの方法は益崎ら [76] に発表されている．これらの詳しい実験的比較は，解説書 [61] に示されている．

アウトライア除去のための RANSAC は，Fischler ら [7] が提案した．これは，ランダムに最小数の点を選んで図形を当てはめ，その図形の近くにあるデータ点数を数え，これを何度も繰り返して最も多くのデータ点の近くを通るものを探す方法である．このため，少数の点は図形から著しく離れていてもよい（それらをアウトライアとみなす）．それに対して，候補図形の近くの点数を数えるのではなく，図形からの距離をソートしてメジアン（中央値）を計算し，これが最も小さくなるものを探索する「最小メジアン法」(LMedS) という方法もある [84]．これによっても，図形から著しく離れている少数の点は無視される．あるいは，点の図形からのずれを普通の距離で測るのではなく，著しく離れている点を無視するような距離関数を用いる「M 推定」という方法もあり，そのような距離関数がいろいろ考えられている [19]．解説書 [61] には，楕円弧をなす部分と楕円弧でない部分がつながった画素列に対して，RANSAC によって楕円弧の部分だけに楕円を当てはめる実例が示されている．一方，曲線弧を直接に楕円部分とそれ以外に切り分ける方法も研究されている [76]．

演習問題

2.1 与えられた点列 (x_α, y_α) $(\alpha = 1, \ldots, N)$ に直線 $n_1 x + n_2 y + n_3 f_0 = 0$ を当てはめる問題は

$$\boldsymbol{\xi}_\alpha = \begin{pmatrix} x_\alpha \\ y_\alpha \\ f_0 \end{pmatrix}, \qquad \boldsymbol{n} = \begin{pmatrix} n_1 \\ n_2 \\ n_3 \end{pmatrix} \tag{2.61}$$

とおくとき，$(\boldsymbol{n}, \boldsymbol{\xi}_\alpha) \approx 0$ $(\alpha = 1, \ldots, N)$ となる $\boldsymbol{n}$ を計算することである（$\boldsymbol{n}$ は単位ベクトルとしてよい）．

(1) これを計算する最小 2 乗法の手順を示せ．

(2) x_α, y_α の誤差 Δx_α, Δy_α が互いに独立な期待値 0，標準偏差 σ の正規分布に従うなら，共分散行列 $V[\boldsymbol{\xi}_\alpha]$ はどのように定義されるか．

2.2 手順 2.3 の初期解を計算する Taubin 法の手順を具体的に示せ．

2.3 手順 2.4 の初期解を計算する超精度最小 2 乗法の手順を具体的に示せ．

2.4 (1) ベクトル $\boldsymbol{x}$ と対称行列 $\boldsymbol{Q}$ を

$$\boldsymbol{x} = \begin{pmatrix} x/f_0 \\ y/f_0 \\ 1 \end{pmatrix}, \qquad \boldsymbol{Q} = \begin{pmatrix} A & B & D \\ B & C & E \\ D & E & F \end{pmatrix} \tag{2.62}$$

と定義すると，式 (2.1) の楕円の式が次のように書けることを示せ．

$$(\boldsymbol{x}, \boldsymbol{Q}\boldsymbol{x}) = 0 \tag{2.63}$$

(2) 点 (x_α, y_α) と式 (2.63) の楕円との距離 d_α の 2 乗は，高次の微小量を除いて次のように表せることを示せ．

$$d_\alpha^2 \approx \frac{f_0^2}{4} \frac{(\boldsymbol{x}_\alpha, \boldsymbol{Q}\boldsymbol{x}_\alpha)^2}{(\boldsymbol{Q}\boldsymbol{x}_\alpha, \boldsymbol{P_k}\boldsymbol{Q}\boldsymbol{x}_\alpha)} \tag{2.64}$$

ただし，$\boldsymbol{P_k}$ は次のように定義した行列である．

$$\boldsymbol{P_k} = \begin{pmatrix} 1 & 0 & 0 \\ 0 & 1 & 0 \\ 0 & 0 & 0 \end{pmatrix} \tag{2.65}$$

(3) 式 (2.3) のベクトル $\boldsymbol{\xi}$, $\boldsymbol{\theta}$ を用いると，式 (2.64) は次のように書けることを示せ．

$$d_\alpha^2 \approx \frac{(\boldsymbol{\xi}_\alpha, \boldsymbol{\theta})^2}{(\boldsymbol{\theta}, V_0[\boldsymbol{\xi}_\alpha]\boldsymbol{\theta})} \tag{2.66}$$

2.5 (1) 式 (2.36) の微分が式 (2.41) となることを示せ．

(2) FNS 法の反復が収束したとき，式 (2.39) の λ は 0 であることを示せ．

2.6 (1) 楕円を式 (2.63) のように表すと，式 (2.47) を最小にする $(\bar{x}_\alpha, \bar{y}_\alpha)$ は，$\hat{x}_\alpha - \bar{x}_\alpha$, $\hat{y}_\alpha - \bar{y}_\alpha$ の高次の微小量を無視すると，次のように近似できることを示せ．

$$\begin{pmatrix} \hat{\hat{x}}_\alpha \\ \hat{\hat{y}}_\alpha \end{pmatrix} = \begin{pmatrix} x_\alpha \\ y_\alpha \end{pmatrix} - \frac{(\hat{\boldsymbol{x}}_\alpha, \boldsymbol{Q}\hat{\boldsymbol{x}}'_\alpha) + 2(\boldsymbol{Q}\hat{\boldsymbol{x}}'_\alpha, \tilde{\boldsymbol{x}}_\alpha)}{2(\boldsymbol{Q}\hat{\boldsymbol{x}}_\alpha, \boldsymbol{P_k}\boldsymbol{Q}\hat{\boldsymbol{x}}_\alpha)} \begin{pmatrix} A & B & D \\ B & C & E \end{pmatrix} \begin{pmatrix} \hat{x}_\alpha \\ \hat{y}_\alpha \\ f_0 \end{pmatrix} \tag{2.67}$$

ただし，A, B, C, D, E は式 (2.62) の行列 $\boldsymbol{Q}$ の要素であり，次のようにおいた（$(\tilde{x}_\alpha, \tilde{y}_\alpha)$ は式 (2.48) で定義される）.

$$\hat{\boldsymbol{x}}_\alpha = \begin{pmatrix} \hat{x}_\alpha/f_0 \\ \hat{y}_\alpha/f_0 \\ 1 \end{pmatrix}, \qquad \tilde{\boldsymbol{x}}_\alpha = \begin{pmatrix} \tilde{x}_\alpha/f_0 \\ \tilde{y}_\alpha/f_0 \\ 0 \end{pmatrix} \tag{2.68}$$

(2) 9次元ベクトル $\boldsymbol{\xi}^*_\alpha$ を式 (2.42) のように定義すれば，式 (2.67) は次のように書けることを示せ.

$$\begin{pmatrix} \hat{\hat{x}}_\alpha \\ \hat{\hat{y}}_\alpha \end{pmatrix} = \begin{pmatrix} x_\alpha \\ y_\alpha \end{pmatrix} - \frac{2(\boldsymbol{\xi}^*_\alpha, \boldsymbol{\theta})}{(\boldsymbol{\theta}, V_0[\hat{\boldsymbol{\xi}}_\alpha]\boldsymbol{\theta})} \begin{pmatrix} \theta_1 & \theta_2 & \theta_4 \\ \theta_2 & \theta_3 & \theta_5 \end{pmatrix} \begin{pmatrix} \hat{x}_\alpha \\ \hat{y}_\alpha \\ f_0 \end{pmatrix} \tag{2.69}$$

ただし，$V_0[\hat{\boldsymbol{\xi}}_\alpha]$ は式 (2.15) 中の $(\bar{x}, \bar{y})$ を $(\hat{x}_\alpha, \hat{y}_\alpha)$ に置き換えた正規化共分散行列である.

(3) 式 (2.34) 中の $(\bar{x}_\alpha, \bar{y}_\alpha)$ を $(\hat{\hat{x}}_\alpha, \hat{\hat{y}}_\alpha)$ で置き換えると，幾何学的距離 S が式 (2.43) のように書けることを示せ.

第3章 基礎行列の計算

同一シーンを異なる地点から撮影した2画像間には「エピ極線方程式」とよばれる関係式が成り立つ．これは「基礎行列」とよばれる行列によって定まり，2画像から基礎行列を計算することによって，シーンの3次元形状を解析することができる．これに関する応用は第4, 5章で述べる．本章では，2画像から抽出した対応点の誤差の統計的性質を考慮して精度よく基礎行列を計算する代表的な手法の原理と手順を示す．これも楕円当てはめと同様に，代数的方法と幾何学的方法とに大別されるが，基礎行列は行列式が0であるという「ランク拘束」を満たさなければならない．これを課す方法として，事後補正法（ランク補正），隠れ変数法，拡張FNS法を紹介する．そして，これらを用いて幾何学的距離最小の解を計算する手法を述べる．さらに，誤った対応（アウトライア）を除去するRANSACの手順を示す．

3.1 基礎行列

2台のカメラで同一シーンを撮影したとき，シーンのある点が一つのカメラ（以後，「第1カメラ」とよぶ）の撮影画像の点 (x, y) に写り，他方のカメラ（以後「第2カメラ」とよぶ）の撮影画像の点 (x', y') に写るとする．これらの間に次の関係が成り立つ（詳細は第4, 5章で述べる）．

$$\left(\begin{pmatrix} x/f_0 \\ y/f_0 \\ 1 \end{pmatrix}, \boldsymbol{F} \begin{pmatrix} x'/f_0 \\ y'/f_0 \\ 1 \end{pmatrix} \right) = 0 \tag{3.1}$$

ただし，f_0 は楕円当てはめと同様に，スケールを調節する定数である．これは理論的には1でよいが，有限長の計算機による数値計算では x/f_0, y/f_0 が1程度になるのが都合がよい．このため，第2章と同様に，xy 座標の原点を画面の中央にとり，たとえば注目するシーンが 600×600 画素領域であれば $f_0 = 600$ とする．$\boldsymbol{F} = (F_{ij})$ は，2台のカメラの相対位置やそのパラメータ（焦点距離など）から定ま

る 3×3 行列であり，**基礎行列** (fundamental matrix) とよばれる．式 (3.1) は**エピ極線拘束条件** (epipolar constraint)，あるいは**エピ極線方程式** (epipolar equation) とよばれる．式 (3.1) は $\boldsymbol{F}$ は何倍しても同じ式を表すので，定数倍して

$$\|\boldsymbol{F}\| \left(\equiv \sqrt{\sum_{i,j=1}^{3} F_{ij}^2} \right) = 1 \tag{3.2}$$

に正規化する．9 次元ベクトル

$$\boldsymbol{\xi} = \begin{pmatrix} xx' \\ xy' \\ f_0 x \\ yx' \\ yy' \\ f_0 y \\ f_0 x' \\ f_0 y' \\ f_0^2 \end{pmatrix}, \qquad \boldsymbol{\theta} = \begin{pmatrix} F_{11} \\ F_{12} \\ F_{13} \\ F_{21} \\ F_{22} \\ F_{23} \\ F_{31} \\ F_{32} \\ F_{33} \end{pmatrix} \tag{3.3}$$

を定義すると，式 (3.1) の左辺は $(\boldsymbol{\xi}, \boldsymbol{\theta})/f_0^2$ になっていることがわかる．ゆえに，式 (3.1) のエピ極線方程式は次のようにも書ける．

$$(\boldsymbol{\xi}, \boldsymbol{\theta}) = 0 \tag{3.4}$$

ベクトル $\boldsymbol{\theta}$ には定数倍の不定性がある．式 (3.2) は，$\|\boldsymbol{\theta}\| = 1$ と単位ベクトルに正規化することに等価である．このように，形の上では式 (3.4) は楕円当てはめの式 (2.4) と同じになる．

3.2　共分散行列と代数的方法

2 画像の対応点から基礎行列 $\boldsymbol{F}$ を計算することは，さまざまなコンピュータビジョンの応用の基礎となる（図 3.1）．誤差のある対応点 (x_α, y_α), (x'_α, y'_α) $(\alpha = 1, \ldots, N)$ から式 (3.1) を満たす基礎行列 $\boldsymbol{F}$ を計算することは，数学的には次のような単位ベクトル $\boldsymbol{\theta}$ を計算することである．

$$(\boldsymbol{\xi}_\alpha, \boldsymbol{\theta}) \approx 0, \qquad \alpha = 1, \ldots, N \tag{3.5}$$

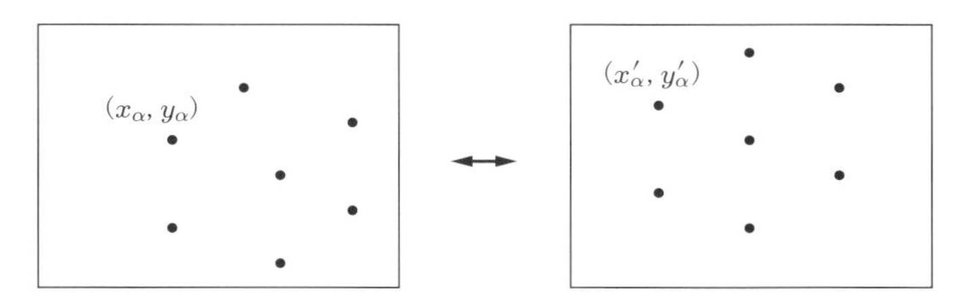

図 3.1 誤差のある対応点から基礎行列を計算する.

ただし，$\boldsymbol{\xi}_\alpha$ は式 (3.3) の $\boldsymbol{\xi}$ の $x = x_\alpha$, $y = y_\alpha$, $x' = x'_\alpha$, $y' = y'_\alpha$ に対する値である．データ x_α, y_α, x'_α, y'_α は，その真値 $\bar{x}_\alpha$, $\bar{y}_\alpha$, $\bar{x}'_\alpha$, $\bar{y}'_\alpha$ に誤差 Δx_α, Δy_α, $\Delta x'_\alpha$, $\Delta y'_\alpha$ が加わったものとして

$$x_\alpha = \bar{x}_\alpha + \Delta x_\alpha, \quad y_\alpha = \bar{y}_\alpha + \Delta y_\alpha, \quad x'_\alpha = \bar{x}'_\alpha + \Delta x'_\alpha, \quad y'_\alpha = \bar{y}'_\alpha + \Delta y'_\alpha \tag{3.6}$$

と書く．これを式 (3.3) から得られる $\boldsymbol{\xi}_\alpha$ に代入すると，次のようになる．

$$\boldsymbol{\xi}_\alpha = \bar{\boldsymbol{\xi}}_\alpha + \Delta_1\boldsymbol{\xi}_\alpha + \Delta_2\boldsymbol{\xi}_\alpha \tag{3.7}$$

ただし，$\bar{\boldsymbol{\xi}}_\alpha$ は $\boldsymbol{\xi}_\alpha$ の $x_\alpha = \bar{x}_\alpha$, $y_\alpha = \bar{y}_\alpha$, $x'_\alpha = \bar{x}'_\alpha$, $y'_\alpha = \bar{y}'_\alpha$ に対する値であり，$\Delta_1\boldsymbol{\xi}_\alpha$, $\Delta_2\boldsymbol{\xi}_\alpha$ はそれぞれ 1 次の誤差項，2 次の誤差項である．展開すると次のようになる．

$$\Delta_1\boldsymbol{\xi}_\alpha = \begin{pmatrix} \bar{x}'_\alpha\Delta x_\alpha + \bar{x}_\alpha\Delta x'_\alpha \\ \bar{y}'_\alpha\Delta x_\alpha + \bar{x}_\alpha\Delta y'_\alpha \\ f_0\Delta x_\alpha \\ \bar{x}'_\alpha\Delta y_\alpha + \bar{y}_\alpha\Delta x'_\alpha \\ \bar{y}'_\alpha\Delta y_\alpha + \bar{y}_\alpha\Delta y'_\alpha \\ f_0\Delta y_\alpha \\ f_0\Delta x'_\alpha \\ f_0\Delta y'_\alpha \\ 0 \end{pmatrix}, \qquad \Delta_2\boldsymbol{\xi}_\alpha = \begin{pmatrix} \Delta x_\alpha\Delta x'_\alpha \\ \Delta x_\alpha\Delta y'_\alpha \\ 0 \\ \Delta y_\alpha\Delta x'_\alpha \\ \Delta y_\alpha\Delta y'_\alpha \\ 0 \\ 0 \\ 0 \\ 0 \end{pmatrix} \tag{3.8}$$

誤差 Δx_α, Δy_α を確率変数とみなして，$\boldsymbol{\xi}_\alpha$ の共分散行列を次のように定義する．

$$V[\boldsymbol{\xi}_\alpha] = E[\Delta_1\boldsymbol{\xi}_\alpha\Delta_1\boldsymbol{\xi}_\alpha^\top] \tag{3.9}$$

ただし，$E[\cdot]$ はその分布に関する期待値を表す．Δx_α, Δy_α, $\Delta x'_\alpha$, $\Delta y'_\alpha$ が互いに独立な期待値 0，標準偏差 σ の正規分布に従うなら

$$
\begin{aligned}
&E[\Delta x_\alpha] = E[\Delta y_\alpha] = E[\Delta x'_\alpha] = E[\Delta y'_\alpha] = 0,\\
&E[\Delta x_\alpha^2] = E[\Delta y_\alpha^2] = E[\Delta {x'_\alpha}^2] = E[\Delta {y'_\alpha}^2] = \sigma^2,\\
&E[\Delta x_\alpha \Delta y_\alpha] = E[\Delta x'_\alpha \Delta y'_\alpha] = E[\Delta x_\alpha \Delta y'_\alpha] = E[\Delta x'_\alpha \Delta y_\alpha] = 0
\end{aligned} \tag{3.10}
$$

であるから，式 (3.8) を用いると，式 (3.9) の共分散行列は次のように書ける．

$$
V[\boldsymbol{\xi}_\alpha] = \sigma^2 V_0[\boldsymbol{\xi}_\alpha] \tag{3.11}
$$

ただし，すべての要素に σ^2 が掛かるので，それを取り出した次の行列を $V_0[\boldsymbol{\xi}_\alpha]$ と書き，**正規化共分散行列**とよぶ．

$$
V_0[\boldsymbol{\xi}_\alpha] = \begin{pmatrix}
\bar{x}_\alpha^2 + \bar{x}_\alpha'^2 & \bar{x}'_\alpha \bar{y}'_\alpha & f_0 \bar{x}'_\alpha & \bar{x}_\alpha \bar{y}_\alpha & 0 & 0 & f_0 \bar{x}_\alpha & 0 & 0\\
\bar{x}'_\alpha \bar{y}'_\alpha & \bar{x}_\alpha^2 + \bar{y}_\alpha'^2 & f_0 \bar{y}'_\alpha & 0 & \bar{x}_\alpha \bar{y}_\alpha & 0 & 0 & f_0 \bar{x}_\alpha & 0\\
f_0 \bar{x}'_\alpha & f_0 \bar{y}'_\alpha & f_0^2 & 0 & 0 & 0 & 0 & 0 & 0\\
\bar{x}_\alpha \bar{y}_\alpha & 0 & 0 & \bar{y}_\alpha^2 + \bar{x}_\alpha'^2 & \bar{x}'_\alpha \bar{y}'_\alpha & f_0 \bar{x}'_\alpha & f_0 \bar{y}_\alpha & 0 & 0\\
0 & \bar{x}_\alpha \bar{y}_\alpha & 0 & \bar{x}'_\alpha \bar{y}'_\alpha & \bar{y}_\alpha^2 + \bar{y}_\alpha'^2 & f_0 \bar{y}'_\alpha & 0 & f_0 \bar{y}_\alpha & 0\\
0 & 0 & 0 & f_0 \bar{x}'_\alpha & f_0 \bar{y}'_\alpha & f_0^2 & 0 & 0 & 0\\
f_0 \bar{x}_\alpha & 0 & 0 & f_0 \bar{y}_\alpha & 0 & 0 & f_0^2 & 0 & 0\\
0 & f_0 \bar{x}_\alpha & 0 & 0 & f_0 \bar{y}_\alpha & 0 & 0 & f_0^2 & 0\\
0 & 0 & 0 & 0 & 0 & 0 & 0 & 0 & 0
\end{pmatrix} \tag{3.12}
$$

楕円当てはめと同様に，式 (3.9) の共分散行列に $\Delta_2 \boldsymbol{\xi}_\alpha$ を考慮する必要はない．また，式 (3.12) の $\bar{x}_\alpha$, $\bar{y}_\alpha$, $\bar{x}'_\alpha$, $\bar{y}'_\alpha$ は，実際の計算では観測値 x_α, y_α, x'_α, y'_α に置き換える．

誤差のある対応点対から基礎行列 $\boldsymbol{F}$ を計算することは，共分散行列 $V[\boldsymbol{\xi}_\alpha]$ で表される誤差の性質を考慮して，式 (3.5) を満たす $\boldsymbol{\theta}$ を計算することである．これは形の上で楕円当てはめと同じである．したがって，代数的方法，すなわち最小2乗法，Taubin 法，超精度最小2乗法，重み反復法，くりこみ法，超精度くりこみ法によって解が計算できる．これらの基本は，手順 2.1 の最小2乗法である．

手順 3.1　最小2乗法

1. 次の 9×9 行列 $\boldsymbol{M}$ を計算する．

$$
\boldsymbol{M} = \frac{1}{N} \sum_{\alpha=1}^{N} \boldsymbol{\xi}_\alpha \boldsymbol{\xi}_\alpha^\top \tag{3.13}
$$

2. 固有値問題 $\boldsymbol{M}\boldsymbol{\theta} = \lambda\boldsymbol{\theta}$ を解いて，最小固有値 λ に対する単位固有ベクトル $\boldsymbol{\theta}$ を返す．

その次に単純なのは，次の Taubin 法である（$\hookrightarrow$ 演習問題 2.2）．

手順 3.2 Taubin 法

1. 次の 9×9 行列 $\boldsymbol{M}$, $\boldsymbol{N}$ を計算する．

$$\boldsymbol{M} = \frac{1}{N}\sum_{\alpha=1}^{N} \boldsymbol{\xi}_\alpha \boldsymbol{\xi}_\alpha^\top, \qquad \boldsymbol{N} = \frac{1}{N}\sum_{\alpha=1}^{N} V_0[\boldsymbol{\xi}_\alpha] \tag{3.14}$$

2. 一般固有値問題 $\boldsymbol{M}\boldsymbol{\theta} = \lambda\boldsymbol{N}\boldsymbol{\theta}$ を解いて，最小一般固有値 λ に対する単位一般固有ベクトル $\boldsymbol{\theta}$ を返す．

行列 $\boldsymbol{N}$ は正値ではないので，プログラムツールを使うには式 (2.24) のように変形する．Taubin 法は最小 2 乗法より精度がよいことが確認されている．重み反復法とくりこみ法は，楕円の場合とまったく同一である．超精度最小 2 乗法と超精度くりこみ法も，式 (2.26) 中の $\boldsymbol{M}_5^-$ が $\boldsymbol{M}_8^-$ になることと $\boldsymbol{e} = \boldsymbol{0}$ であること以外は，楕円の場合と同一である．

3.3 幾何学的距離とサンプソン誤差

基礎行列を計算する幾何学的方法は，与えられた対応点 (x_α, y_α), (x'_α, y'_α) を，ある行列 $\boldsymbol{F}$ に対する式 (3.1) のエピ極線方程式が成り立つように $(\bar{x}_\alpha, \bar{y}_\alpha)$, $(\bar{x}'_\alpha, \bar{y}'_\alpha)$ に移動し，移動距離の 2 乗の平均

$$S = \frac{1}{N}\sum_{\alpha=1}^{N} \left((x_\alpha - \bar{x}_\alpha)^2 + (y_\alpha - \bar{y}_\alpha)^2 + (x'_\alpha - \bar{x}'_\alpha)^2 + (y'_\alpha - \bar{y}'_\alpha)^2\right) \tag{3.15}$$

が最小になるようにすることである．すなわち，制約

$$\left(\begin{pmatrix} \bar{x}_\alpha/f_0 \\ \bar{y}_\alpha/f_0 \\ 1 \end{pmatrix}, \boldsymbol{F}\begin{pmatrix} \bar{x}'_\alpha/f_0 \\ \bar{y}'_\alpha/f_0 \\ 1 \end{pmatrix}\right) = 0 \tag{3.16}$$

のもとで式 (3.15) を最小にすることである．点 $(\bar{x}_\alpha, \bar{y}_\alpha)$, $(\bar{x}'_\alpha, \bar{y}'_\alpha)$ を観測点

(x_α, y_α), (x'_α, y'_α) の真の位置とみなすと，式 (3.6) から，式 (3.15) は $S = (1/N)\sum_{\alpha=1}^{N}(\Delta x_\alpha^2 + \Delta y_\alpha^2 + \Delta x'^{\,2}_\alpha + \Delta y'^{\,2}_\alpha)$ とも書ける（ただし，Δx_α などを確率変数ではなく，未知数とみなしている）．式 (3.15) を（次元が (長さ)^2 であるが）**幾何学的距離**，または**再投影誤差** (reprojection error) とよぶ．

式 (3.16) の制約条件のもとで

$$S_\alpha = \Delta x_\alpha^2 + \Delta y_\alpha^2 + \Delta x'^{\,2}_\alpha + \Delta y'^{\,2}_\alpha \tag{3.17}$$

の $(\bar{x}_\alpha, \bar{y}_\alpha)$, $(\bar{x}'_\alpha, \bar{y}'_\alpha)$ に関する最小値は，Δx_α, Δy_α, $\Delta x'_\alpha$, $\Delta y'_\alpha$ の高次の項を無視すると，次の式で近似できる（↪ 演習問題 3.1）．

$$S_\alpha \approx \frac{f_0^2(\boldsymbol{x}_\alpha, \boldsymbol{F}\boldsymbol{x}'_\alpha)^2}{\|\boldsymbol{P}_{\boldsymbol{k}}\boldsymbol{F}\boldsymbol{x}'_\alpha\|^2 + \|\boldsymbol{P}_{\boldsymbol{k}}\boldsymbol{F}^\top\boldsymbol{x}_\alpha\|^2} \tag{3.18}$$

ただし，ベクトル $\boldsymbol{x}_\alpha$, $\boldsymbol{x}'_\alpha$ を次のようにおいた．

$$\boldsymbol{x}_\alpha = \begin{pmatrix} x_\alpha/f_0 \\ y_\alpha/f_0 \\ 1 \end{pmatrix}, \qquad \boldsymbol{x}'_\alpha = \begin{pmatrix} x'_\alpha/f_0 \\ y'_\alpha/f_0 \\ 1 \end{pmatrix} \tag{3.19}$$

また，行列 $\boldsymbol{P}_{\boldsymbol{k}}$ を次のように定義した．

$$\boldsymbol{P}_{\boldsymbol{k}} \equiv \begin{pmatrix} 1 & 0 & 0 \\ 0 & 1 & 0 \\ 0 & 0 & 0 \end{pmatrix} \tag{3.20}$$

この行列を左から掛けることは，ベクトルの第3成分を0に置き換えることを意味する．次の関係が恒等的に成り立つことが，左辺に式 (3.3) を代入することによって確かめられる．

$$(\boldsymbol{\theta}, V_0[\boldsymbol{\xi}_\alpha]\boldsymbol{\theta}) = f_0^2\left(\|\boldsymbol{P}_{\boldsymbol{k}}\boldsymbol{F}\boldsymbol{x}'_\alpha\|^2 + \|\boldsymbol{P}_{\boldsymbol{k}}\boldsymbol{F}^\top\boldsymbol{x}_\alpha\|^2\right) \tag{3.21}$$

ただし，$V_0[\boldsymbol{\xi}_\alpha]$ は式 (3.12) の真値 $\bar{x}_\alpha$, $\bar{y}_\alpha$, $\bar{x}'_\alpha$, $\bar{y}'_\alpha$ を観測値 x_α, y_α, x'_α, y'_α に置き換えたものである．式 (3.3) の $\boldsymbol{\xi}$, $\boldsymbol{\theta}$ の定義より $(\boldsymbol{\xi}_\alpha, \boldsymbol{\theta}) = f_0^2(\boldsymbol{x}_\alpha, \boldsymbol{F}\boldsymbol{x}'_\alpha)$ であるから，式 (3.18) は次のように書き直せる．

$$S_\alpha \approx \frac{(\boldsymbol{\xi}_\alpha, \boldsymbol{\theta})^2}{(\boldsymbol{\theta}, V_0[\boldsymbol{\xi}_\alpha]\boldsymbol{\theta})} \tag{3.22}$$

これを用いると，式 (3.15) の幾何学的距離は次式で近似できる．

$$J = \frac{1}{N} \sum_{\alpha=1}^{N} \frac{(\boldsymbol{\xi}_\alpha, \boldsymbol{\theta})^2}{(\boldsymbol{\theta}, V_0[\boldsymbol{\xi}_\alpha]\boldsymbol{\theta})} \tag{3.23}$$

これは，式 (2.36) の**サンプソン誤差**にほかならない．楕円の場合と同様に，これが式 (3.15) の幾何学的距離の非常によい近似であることが知られている．

このように，形の上では楕円当てはめと同じになるから，2.5.2 項の FNS 法によってサンプソン誤差が最小化できる．また，2.5.3 項に示したように，それを反復することによって幾何学的距離そのものを最小化することもできる．さらに，2.5.4 項のようにして超精度補正を行うこともできる．ただし，基礎行列の場合は式 (2.51) の右辺の分母が $1 - 8/N$ になり，式 (2.52) 中の $\boldsymbol{M}_5^-$ が $\boldsymbol{M}_8^-$ になり，$\boldsymbol{e} = \boldsymbol{0}$ である．

3.4 ランク拘束

以上に述べたように，誤差のある対応点対から基礎行列 $\boldsymbol{F}$ を計算することは，形の上で楕円当てはめと同じであり，代数的方法や幾何学的方法が適用できる．しかし，楕円当てはめと大きく異なる点が一つある．それは，式 (3.1) を満たす基礎行列 $\boldsymbol{F}$ はランクが 2 であること，すなわち，

$$\det \boldsymbol{F} = 0 \tag{3.24}$$

であることが幾何学的考察から導かれることである（詳細は 3.11 節で述べる）．これを**ランク拘束**とよぶ．これを満たすように $\boldsymbol{F}$ を計算する手法は，次の三つに大別される．

- まず，ランク拘束を考慮せずに通常の方法（代数的，幾何学的方法）で $\boldsymbol{\theta}$ を計算する．データに誤差がなければ式 (3.24) を満たす解が計算されるが，誤差が微小であれば得られる基礎行列 $\boldsymbol{F}$ は $\det \boldsymbol{F} \approx 0$ である．そこで，$\boldsymbol{F}$ を式 (3.24) を満たすように**事後補正**する．
- ある**隠れ変数** $\boldsymbol{u}$ を導入して $\boldsymbol{\theta}$ の各成分を $\boldsymbol{u}$ の関数で表し，$\boldsymbol{\theta}(\boldsymbol{u})$ が恒等的にランク拘束を満たすようにする．そして，式 (3.5) を満たすような $\boldsymbol{u}$ の値を探索する．たとえば，式 (3.23) のサンプソン誤差を最小化する．
- 隠れ変数を用いず直接に $\boldsymbol{\theta}$ に関する反復を行い，反復ごとに $\boldsymbol{\theta}$ が次第に真値に

近づき，収束の時点でランク拘束が自動的に満たされるようにする．

以下，これらを順に述べる．

3.5　事後補正法

まず通常の方法で $\boldsymbol{\theta}$，すなわち $\boldsymbol{F}$ を計算して，式 (3.24) を満たすように事後補正する．計算した基礎行列 $\boldsymbol{F}$ を行列式が 0 になるようにランク補正するよく知られた方法は，**特異値分解** (SDV: singular value decomposition) を用いることである．具体的には，次のようになる．

手順 3.3　特異値分解によるランク補正

1. 通常の方法で基礎行列 $\boldsymbol{F}$ を計算する．
2. 得られた $\boldsymbol{F}$ を次のように特異値分解する．

$$\boldsymbol{F} = \boldsymbol{U}\begin{pmatrix} \sigma_1 & 0 & 0 \\ 0 & \sigma_2 & 0 \\ 0 & 0 & \sigma_3 \end{pmatrix}\boldsymbol{V}^\top \tag{3.25}$$

　ただし，$\sigma_1 \geq \sigma_2 \geq \sigma_3$ (> 0) は特異値であり，$\boldsymbol{U}, \boldsymbol{V}$ は直交行列である．

3. $\boldsymbol{F}$ を次のように書き換える．

$$\boldsymbol{F} \leftarrow \boldsymbol{U}\begin{pmatrix} \sigma_1/\sqrt{\sigma_1^2+\sigma_2^2} & 0 & 0 \\ 0 & \sigma_2/\sqrt{\sigma_1^2+\sigma_2^2} & 0 \\ 0 & 0 & 0 \end{pmatrix}\boldsymbol{V}^\top \tag{3.26}$$

解説　二つの対角要素を $\sqrt{\sigma_1^2+\sigma_2^2}$ で割っているのは $\|\boldsymbol{F}\| = 1$ と正規化するためである（$\hookrightarrow$ 演習問題 3.2）．

手順 3.3 は，式 (3.12) で表される誤差の性質をまったく考慮していない．合理的な方法は，計算した $\boldsymbol{F}$ の信頼性を式 (3.12) から評価し，$\boldsymbol{F}$ の信頼性がなるべく低下しないように $\boldsymbol{\theta}$ を補正する**最適補正**である．これは次のように行う．

手順 3.4 最適ランク補正

1. 通常の方法で基礎行列を表すベクトル $\boldsymbol{\theta}$ を計算する．
2. 次の 9×9 行列 $\hat{\boldsymbol{M}}$ を計算する．

$$\hat{\boldsymbol{M}} = \frac{1}{N}\sum_{\alpha=1}^{N}\frac{(\boldsymbol{P}_{\boldsymbol{\theta}}\boldsymbol{\xi}_\alpha)(\boldsymbol{P}_{\boldsymbol{\theta}}\boldsymbol{\xi}_\alpha)^\top}{(\boldsymbol{\theta}, V_0[\boldsymbol{\xi}_\alpha]\boldsymbol{\theta})} \tag{3.27}$$

ただし，次のように定義する．

$$\boldsymbol{P}_{\boldsymbol{\theta}} \equiv \boldsymbol{I} - \boldsymbol{\theta}\boldsymbol{\theta}^\top \tag{3.28}$$

3. 行列 $\hat{\boldsymbol{M}}$ の固有値 $\lambda_1 \geq \cdots \geq \lambda_9$ $(= 0)$ に対応する単位固有ベクトルを $\boldsymbol{u}_1, \ldots, \boldsymbol{u}_9$ $(= \boldsymbol{\theta})$ とし，次の行列 $V_0[\boldsymbol{\theta}]$ を計算する．

$$V_0[\boldsymbol{\theta}] = \frac{1}{N}\Big(\frac{\boldsymbol{u}_1\boldsymbol{u}_1^\top}{\lambda_1} + \cdots + \frac{\boldsymbol{u}_8\boldsymbol{u}_8^\top}{\lambda_8}\Big) \tag{3.29}$$

4. 次の 9 次元ベクトル $\boldsymbol{\theta}^\dagger$ を計算する．

$$\boldsymbol{\theta}^\dagger = \begin{pmatrix} \theta_5\theta_9 - \theta_8\theta_6 \\ \theta_6\theta_7 - \theta_9\theta_4 \\ \theta_4\theta_8 - \theta_7\theta_5 \\ \theta_8\theta_3 - \theta_2\theta_9 \\ \theta_9\theta_1 - \theta_3\theta_7 \\ \theta_7\theta_2 - \theta_1\theta_8 \\ \theta_2\theta_6 - \theta_5\theta_3 \\ \theta_3\theta_4 - \theta_6\theta_1 \\ \theta_1\theta_5 - \theta_4\theta_2 \end{pmatrix} \tag{3.30}$$

5. $\boldsymbol{\theta}$ と $V_0[\boldsymbol{\theta}]$ を次のように更新する．

$$\boldsymbol{\theta} \leftarrow \mathcal{N}\left[\boldsymbol{\theta} - \frac{(\boldsymbol{\theta}^\dagger, \boldsymbol{\theta})V_0[\boldsymbol{\theta}]\boldsymbol{\theta}^\dagger}{3(\boldsymbol{\theta}^\dagger, V_0[\boldsymbol{\theta}]\boldsymbol{\theta}^\dagger)}\right], \qquad V_0[\boldsymbol{\theta}] \leftarrow \boldsymbol{P}_{\boldsymbol{\theta}}V_0[\boldsymbol{\theta}]\boldsymbol{P}_{\boldsymbol{\theta}} \tag{3.31}$$

ただし，$\mathcal{N}[\,\cdot\,]$ は単位ベクトルへの正規化であり $(\mathcal{N}[\boldsymbol{a}] = \boldsymbol{a}/\|\boldsymbol{a}\|)$，第 2 式の $\boldsymbol{P}_{\boldsymbol{\theta}}$ は，第 1 式で更新した $\boldsymbol{\theta}$ を用いて式 (3.28) によって計算した行列である．

6. $(\boldsymbol{\theta}^\dagger, \boldsymbol{\theta}) \approx 0$ であれば $\boldsymbol{\theta}$ を返して終了する．そうでなければ，ステップ 4 に戻る．

解説　式 (3.28) の行列 $\boldsymbol{P}_{\boldsymbol{\theta}}$ は，任意のベクトル $\boldsymbol{v}$ を $\boldsymbol{\theta}$ に垂直な平面上へ射影する**射影行列**である（$\hookrightarrow$ 演習問題 3.3）．したがって，式 (3.27) の $\hat{\boldsymbol{M}}$ に対しては $\hat{\boldsymbol{M}}\boldsymbol{\theta} = \boldsymbol{0}$ であり，$\boldsymbol{\theta}$ が固有値 0 の単位固有ベクトルになっている．形からわかるように，$\hat{\boldsymbol{M}}$ はランク 8 の半正値対称行列であり，式 (3.29) の $V_0[\boldsymbol{\theta}]$ はその一般逆行列 $\hat{\boldsymbol{M}}^-$（$\hookrightarrow$ 式 (2.30)）を N で割ったものである．明らかに $V_0[\boldsymbol{\theta}]\boldsymbol{\theta} = \boldsymbol{0}$ が成り立つ．このとき，$\sigma^2 V_0[\boldsymbol{\theta}]$ は，最適に計算した $\boldsymbol{\theta}$ の共分散行列 $V[\boldsymbol{\theta}]$ に $O(\sigma^4)$ の項を除いて一致していることが知られている（$\hookrightarrow$ 演習問題 3.4）．

式 (3.30) のベクトル $\boldsymbol{\theta}^\dagger$ は，その形からわかるように，基礎行列 $\boldsymbol{F}$ の**余因子行列** $\boldsymbol{F}^\dagger$ の転置 $\boldsymbol{F}^{\dagger\top}$ の要素を式 (3.3) の $\boldsymbol{\theta}$ と同じ順に並べたものである．そして，式 (3.30) の表現から，

$$(\boldsymbol{\theta}^\dagger, \boldsymbol{\theta}) = 3 \det \boldsymbol{F} \tag{3.32}$$

であることが確かめられる．詳細は文献に譲るが，$\boldsymbol{F}$（すなわち $\boldsymbol{\theta}$）を微小量 $\Delta\boldsymbol{F}$（すなわち $\Delta\boldsymbol{\theta}$）だけ変化させて $\det \boldsymbol{F} = 0$（すなわち $(\boldsymbol{\theta}^\dagger, \boldsymbol{\theta}) = 0$）となるようにする最適な補正量 $\Delta\boldsymbol{\theta}$ は，$(\Delta\boldsymbol{\theta}, V_0[\boldsymbol{\theta}]^-\Delta\boldsymbol{\theta})$ を最小にするものである．ここに，$V_0[\boldsymbol{\theta}]^-$ は式 (3.29) の正規化共分散行列 $V_0[\boldsymbol{\theta}]$（ランク 8）の一般逆行列である．これから $\Delta\boldsymbol{\theta}$ を高次の微小量を無視して計算し，補正した $\boldsymbol{\theta}$ を単位ベクトルに正規化すれば，式 (3.31) の第 1 式が得られる（$\hookrightarrow$ 演習問題 3.5）．これは $\Delta\boldsymbol{\theta}$ を高次の微小量を無視しているので，得られた $\boldsymbol{\theta}$ に再び同じ操作を適用する．式 (3.31) の第 2 式の更新は，常に $V_0[\boldsymbol{\theta}]\boldsymbol{\theta} = \boldsymbol{0}$ が成り立つようにするためである．この反復は通常は 1, 2 回で十分であり，それ以上反復しても変化はわずかである．

3.6　隠れ変数法

$\boldsymbol{F}$ が常にランク 2 であるように表す方法はいろいろ存在するが，最も直接的なのは，その特異値分解を

$$\boldsymbol{F} = \boldsymbol{U} \begin{pmatrix} \sigma_1 & 0 & 0 \\ 0 & \sigma_2 & 0 \\ 0 & 0 & 0 \end{pmatrix} \boldsymbol{V}^\top \tag{3.33}$$

として，特異値 σ_1,σ_2 と直交行列 $\boldsymbol{U}$, $\boldsymbol{V}$ を未知数とみなすことである．正規化条件 $\|\boldsymbol{F}\| = 1$ は $\sigma_1^2 + \sigma_2^2 = 1$ と同値であるから（$\hookrightarrow$ 演習問題 3.2），次のようにパラ

メータ化する．

$$\sigma_1 = \cos\phi, \qquad \sigma_2 = \sin\phi \tag{3.34}$$

そして，式 (3.23) のサンプソン誤差 J が減少するように，直交行列 $\boldsymbol{U}, \boldsymbol{V}$，および ϕ を探索する．この探索にはさまざまなアルゴリズムが適用できるが，コンピュータビジョンにおいて最もよく利用されているのは**レーベンバーグ - マーカート法**である．これを用いると次の手順が得られる．

手順 3.5 隠れ変数法

1. 簡単な方法で，$\det\boldsymbol{F} = 0$, $\|\boldsymbol{F}\| = 1$ となる初期値 $\boldsymbol{F}$ を計算する（たとえば手順 3.1 の最小 2 乗法，あるいは手順 3.2 の Taubin 法で $\boldsymbol{F}$ を計算し，手順 3.3 の特異値分解によるランク補正を行う）．そして，それを特異値分解によって次のように表す．

$$\boldsymbol{F} = \boldsymbol{U}\begin{pmatrix} \cos\phi & 0 & 0 \\ 0 & \sin\phi & 0 \\ 0 & 0 & 0 \end{pmatrix}\boldsymbol{V}^\top \tag{3.35}$$

2. 式 (3.23) の J を計算し，$c = 0.0001$ とおく．
3. 次の 9×3 行列 $\boldsymbol{F}_U$, $\boldsymbol{F}_V$ を計算する．

$$\boldsymbol{F}_U = \begin{pmatrix} 0 & F_{31} & -F_{21} \\ 0 & F_{32} & -F_{22} \\ 0 & F_{33} & -F_{23} \\ -F_{31} & 0 & F_{11} \\ -F_{32} & 0 & F_{12} \\ -F_{33} & 0 & F_{13} \\ F_{21} & -F_{11} & 0 \\ F_{22} & -F_{12} & 0 \\ F_{23} & -F_{13} & 0 \end{pmatrix}, \qquad \boldsymbol{F}_V = \begin{pmatrix} 0 & F_{13} & -F_{12} \\ -F_{13} & 0 & F_{11} \\ F_{12} & -F_{11} & 0 \\ 0 & F_{23} & -F_{22} \\ -F_{23} & 0 & F_{21} \\ F_{22} & -F_{21} & 0 \\ 0 & F_{33} & -F_{32} \\ -F_{33} & 0 & F_{31} \\ F_{32} & -F_{31} & 0 \end{pmatrix} \tag{3.36}$$

   ただし，F_{ij} は $\boldsymbol{F}$ の (i, j) 要素である．
4. 次の 9 次元ベクトル $\boldsymbol{\theta}_\phi$ を計算する．

$$\boldsymbol{\theta}_\phi = \begin{pmatrix} \sigma_1 U_{12}V_{12} - \sigma_2 U_{11}V_{11} \\ \sigma_1 U_{12}V_{22} - \sigma_2 U_{11}V_{21} \\ \sigma_1 U_{12}V_{32} - \sigma_2 U_{11}V_{31} \\ \sigma_1 U_{22}V_{12} - \sigma_2 U_{21}V_{11} \\ \sigma_1 U_{22}V_{22} - \sigma_2 U_{21}V_{21} \\ \sigma_1 U_{22}V_{32} - \sigma_2 U_{21}V_{31} \\ \sigma_1 U_{32}V_{12} - \sigma_2 U_{31}V_{11} \\ \sigma_1 U_{32}V_{22} - \sigma_2 U_{31}V_{21} \\ \sigma_1 U_{32}V_{32} - \sigma_2 U_{31}V_{31} \end{pmatrix} \tag{3.37}$$

ただし，U_{ij}, V_{ij} はそれぞれ行列 $\boldsymbol{U}$, $\boldsymbol{V}$ の (i,j) 要素である．

5. 式 (3.35) の $\boldsymbol{F}$ を式 (3.3) のようにベクトル $\boldsymbol{\xi}$ で表し，次の 9×9 行列 $\boldsymbol{M}$, $\boldsymbol{L}$ を計算する．

$$\boldsymbol{M} = \frac{1}{N}\sum_{\alpha=1}^{N}\frac{\boldsymbol{\xi}_\alpha\boldsymbol{\xi}_\alpha^\top}{(\boldsymbol{\theta}, V_0[\boldsymbol{\xi}_\alpha]\boldsymbol{\theta})}, \qquad \boldsymbol{L} = \frac{1}{N}\sum_{\alpha=1}^{N}\frac{(\boldsymbol{\xi}_\alpha, \boldsymbol{\theta})^2}{(\boldsymbol{\theta}, V_0[\boldsymbol{\xi}_\alpha]\boldsymbol{\theta})^2}V_0[\boldsymbol{\xi}_\alpha] \tag{3.38}$$

6. 次の 9×9 行列 $\boldsymbol{X}$ を計算する．

$$\boldsymbol{X} = \boldsymbol{M} - \boldsymbol{L} \tag{3.39}$$

7. J の1階微分 $\nabla_{\boldsymbol{\omega}}J$, $\nabla_{\boldsymbol{\omega}'}J$, $\partial J/\partial\phi$ を次のように計算する．

$$\nabla_{\boldsymbol{\omega}}J = 2\boldsymbol{F}_U^\top\boldsymbol{X}\boldsymbol{\theta}, \qquad \nabla_{\boldsymbol{\omega}'}J = 2\boldsymbol{F}_V^\top\boldsymbol{X}\boldsymbol{\theta}, \qquad \frac{\partial J}{\partial\phi} = 2(\boldsymbol{\theta}_\phi, \boldsymbol{X}\boldsymbol{\theta}) \tag{3.40}$$

8. J の2階微分を次のように計算する．

$$\nabla_{\boldsymbol{\omega}\boldsymbol{\omega}}J = 2\boldsymbol{F}_U^\top\boldsymbol{X}\boldsymbol{F}_U, \qquad \nabla_{\boldsymbol{\omega}'\boldsymbol{\omega}'}J = 2\boldsymbol{F}_V^\top\boldsymbol{X}\boldsymbol{F}_V, \qquad \nabla_{\boldsymbol{\omega}\boldsymbol{\omega}'}J = 2\boldsymbol{F}_U^\top\boldsymbol{X}\boldsymbol{F}_V,$$
$$\frac{\partial^2 J}{\partial\phi^2} = 2(\boldsymbol{\theta}_\phi, \boldsymbol{X}\boldsymbol{\theta}_\phi), \qquad \frac{\partial\nabla_{\boldsymbol{\omega}}J}{\partial\phi} = 2\boldsymbol{F}_U^\top\boldsymbol{X}\boldsymbol{\theta}_\phi, \qquad \frac{\partial\nabla_{\boldsymbol{\omega}'}J}{\partial\phi} = 2\boldsymbol{F}_V^\top\boldsymbol{X}\boldsymbol{\theta}_\phi \tag{3.41}$$

9. 次の 9×9 行列 $\boldsymbol{H}$ を計算する．

$$\boldsymbol{H} = \begin{pmatrix} \nabla_{\boldsymbol{\omega}\boldsymbol{\omega}}J & \nabla_{\boldsymbol{\omega}\boldsymbol{\omega}'}J & \partial\nabla_{\boldsymbol{\omega}}J/\partial\phi \\ (\nabla_{\boldsymbol{\omega}\boldsymbol{\omega}'}J)^\top & \nabla_{\boldsymbol{\omega}'\boldsymbol{\omega}'}J & \partial\nabla_{\boldsymbol{\omega}'}J/\partial\phi \\ (\partial\nabla_{\boldsymbol{\omega}}J/\partial\phi)^\top & (\partial\nabla_{\boldsymbol{\omega}'}J/\partial\phi)^\top & \partial^2 J/\partial\phi^2 \end{pmatrix} \tag{3.42}$$

10. 次の9次元連立1次方程式を解いて $\Delta\boldsymbol{\omega}$, $\Delta\boldsymbol{\omega}'$, $\Delta\phi$ を計算する．

$$(\boldsymbol{H} + cD[\boldsymbol{H}])\begin{pmatrix} \Delta\boldsymbol{\omega} \\ \Delta\boldsymbol{\omega}' \\ \Delta\phi \end{pmatrix} = -\begin{pmatrix} \nabla_{\boldsymbol{\omega}} J \\ \nabla_{\boldsymbol{\omega}'} J \\ \partial J/\partial\phi \end{pmatrix} \tag{3.43}$$

ただし，$D[\cdot]$ は対角要素のみを取り出した対角行列を表す．

11. $\boldsymbol{U}$, $\boldsymbol{V}$, ϕ を次のように更新する．

$$\boldsymbol{U}' = \boldsymbol{R}(\Delta\boldsymbol{\omega})\boldsymbol{U}, \qquad \boldsymbol{V}' = \boldsymbol{R}(\Delta\boldsymbol{\omega}')\boldsymbol{V}, \qquad \phi' = \phi + \Delta\phi \tag{3.44}$$

ただし，$\boldsymbol{R}(\boldsymbol{w})$ は回転軸 $\boldsymbol{w}$ の周りの右ねじ方向の回転角 $\|\boldsymbol{w}\|$ の回転行列である．

12. $\boldsymbol{F}$ を次のように更新する．

$$\boldsymbol{F}' = \boldsymbol{U}'\begin{pmatrix} \cos\phi' & 0 & 0 \\ 0 & \sin\phi' & 0 \\ 0 & 0 & 0 \end{pmatrix}\boldsymbol{V}'^{\top} \tag{3.45}$$

13. $\boldsymbol{F}'$ に対する式 (3.23) の値を J' とする．
14. $J' < J$ または $J' \approx J$ でなければ，$c \leftarrow 10c$ としてステップ 10 に戻る．
15. $\boldsymbol{F}' \approx \boldsymbol{F}$ なら $\boldsymbol{F}'$ を返して終了．そうでなければ，$\boldsymbol{F} \leftarrow \boldsymbol{F}'$, $\boldsymbol{U} \leftarrow \boldsymbol{U}'$, $\boldsymbol{V} \leftarrow \boldsymbol{V}'$, $\phi \leftarrow \phi'$, $c \leftarrow c/10$, $J \leftarrow J'$ としてステップ 3 に戻る．

解説 上記の方法の出発点は，式 (3.23) のサンプソン誤差 J の $\boldsymbol{\theta}$ に関する微分（勾配）が次のように書けることである（↪ 演習問題 2.5(1)）．

$$\nabla_{\boldsymbol{\theta}} J = \frac{1}{N}\sum_{\alpha=1}^{N}\frac{2(\boldsymbol{\xi}_\alpha, \boldsymbol{\theta})\boldsymbol{\xi}_\alpha}{(\boldsymbol{\theta}, V_0[\boldsymbol{\xi}_\alpha]\boldsymbol{\theta})} - \frac{1}{N}\sum_{\alpha=1}^{N}\frac{2(\boldsymbol{\xi}_\alpha, \boldsymbol{\theta})^2 V_0[\boldsymbol{\xi}_\alpha]\boldsymbol{\theta}}{(\boldsymbol{\theta}, V_0[\boldsymbol{\xi}_\alpha]\boldsymbol{\theta})^2} = 2(\boldsymbol{M} - \boldsymbol{L})\boldsymbol{\theta} = 2\boldsymbol{X}\boldsymbol{\theta} \tag{3.46}$$

ただし，$\boldsymbol{M}$, $\boldsymbol{L}$ は式 (3.38) で定義される行列であり，$\boldsymbol{X}$ は式 (3.39) の行列である．この関係を用いて，式 (3.23) が最小になるように式 (3.35) の $\boldsymbol{U}$, $\boldsymbol{V}$, ϕ を定める．ポイントは，直交行列 $\boldsymbol{U}$, $\boldsymbol{V}$ の探索の仕方である．直交行列は座標系の姿勢（反転を含めた回転）を表すから，自由度は 3 である．それをオイラー角などで表すこともできるが，非常に複雑になる．簡潔に処理する方法は，姿勢の微小変化を考えることである（↪ 演習問題 3.6(1)）．具体的には，$\boldsymbol{U}$ に対して x, y, z 軸周りの微小角度 $\Delta\omega_1$, $\Delta\omega_2$, $\Delta\omega_3$ の回転を考え，$\boldsymbol{V}$ に対しても

x, y, z 軸周りの微小角度 $\Delta\omega'_1$, $\Delta\omega'_2$, $\Delta\omega'_3$ を考える．そして，パラメータ ϕ を $\phi+\Delta\phi$ と変化させる．このとき，式 (3.35) の $\boldsymbol{F}$ の変化量 $\Delta\boldsymbol{F}$ を $\Delta\omega_1$, $\Delta\omega_2$, $\Delta\omega_3$, $\Delta\omega'_1$, $\Delta\omega'_2$, $\Delta\omega'_3$, $\Delta\phi$ によって表すことができる（$\hookrightarrow$ 演習問題 3.6(2)）．その関係から，式 (3.23) のサンプソン誤差 J が減少するように $\Delta\omega_1$, $\Delta\omega_2$, $\Delta\omega_3$, $\Delta\omega'_1$, $\Delta\omega'_2$, $\Delta\omega'_3$, $\Delta\phi$ を選び，それに対応して $\boldsymbol{U}$, $\boldsymbol{V}$, ϕ を変化させる．そして，これを反復する．

サンプソン誤差 J の最適化のためには，J の各パラメータに関する微分が必要となる．$\boldsymbol{U}$, $\boldsymbol{V}$ に関しては，J が直接には $\boldsymbol{U}$, $\boldsymbol{V}$ では表されてはいないが，その「変化量」は計算できる．したがって，微分が定義できる．たとえば，パラメータ ϕ を $\Delta\phi$ だけ変化させたときの J の変化量 ΔJ の $\Delta\phi$ に関する 1 次の項は，$(\partial J/\partial\phi)\Delta\phi$ である．同様に，$\boldsymbol{U}$ で表される姿勢を x 軸の周りに微小角度 $\Delta\omega_1$ だけ回転させたときの変化量 ΔJ の $\Delta\omega_1$ に関する 1 次の項が $(\partial J/\partial\omega_1)\Delta\omega_1$ となるように，「微分」$\partial J/\partial\omega_1$ を定義する．残りの $\Delta\omega_2$, $\Delta\omega_3$, $\Delta\omega'_1$, $\Delta\omega'_2$, $\Delta\omega'_3$ に対しても同様に微分を定義する．そして，微分をベクトルで表して

$$\nabla_{\boldsymbol{\omega}} J \equiv \begin{pmatrix} \partial J/\partial\omega_1 \\ \partial J/\partial\omega_2 \\ \partial J/\partial\omega_3 \end{pmatrix}, \qquad \nabla_{\boldsymbol{\omega}'} J \equiv \begin{pmatrix} \partial J/\partial\omega'_1 \\ \partial J/\partial\omega'_2 \\ \partial J/\partial\omega'_3 \end{pmatrix} \tag{3.47}$$

と定義すると，式 (3.40) が得られる（$\hookrightarrow$ 演習問題 3.6(3)）．

同様に考えれば，2 階微分も定義できる．すなわち，角度 ϕ を $\Delta\phi$ だけ変化させたときの J の変化量 ΔJ の $\Delta\phi$ に関する 2 次の項が $(1/2)(\partial^2 J/\partial^2\phi)\Delta\phi^2$ であるように，「2 階微分」$\partial^2 J/\partial^2\phi$ が定義される．同様に，$\boldsymbol{U}$ を $\Delta\omega_1$ だけ変化させたときの ΔJ の $\Delta\omega_1^2$ の項が $(1/2)(\partial^2 J/\partial^2\omega_1)\Delta\omega_1^2$ であるように 2 階微分 $\partial^2 J/\partial^2\Delta\omega_1$ を定義し，$\boldsymbol{U}$ を $\Delta\omega_1$, $\Delta\omega_2$ だけ変化させたときの ΔJ の $\Delta\omega_1\Delta\omega_2$ の項が $(\partial^2 J/\partial\omega_1\partial\omega_2)\Delta\omega_1\Delta\omega_2$ であるように 2 階微分 $\partial^2 J/\partial\omega_1\partial\omega_2$ $(=\partial^2 J/\partial\omega_2\partial\omega_1)$ を定義する．変数のほかの組み合わせに対しても同様である．これらを厳密に計算すると複雑になるが，探索における 2 階微分は収束の速度を決めるもので，最終的な解の精度には影響しない．したがって，高次の微小量を無視する近似を行ってよい．その結果，式 (3.41) が得られる（$\hookrightarrow$ 演習問題 3.6(4)）．

式 (3.42) は，関数 J の**ヘッセ行列** (Hessian) である．レーベンバーグ - マーカート法はよく知られたニュートン法を変形したものであり，式 (3.43) で $c=0$

とするとニュートン法の反復となる．ニュートン法は非常に収束が速いのが特徴であるが，そのために関数形によっては誤った解に収束する可能性もある．そこで，式 (3.43) で $c > 0$ として更新をやや減速し，毎回の反復で関数値 J が減少しているかを確認している．そして，減少していなければ，c の値を増やして次の値を計算し直す．一方，減少が確認されれば，c の値を減らしてニュートン法に近づける．なお，ステップ 11 では，指定した回転軸と回転角の回転を表す関数 $\boldsymbol{R}(\cdot)$ を用いているが，よく知られているように回転軸 $\boldsymbol{l}$（単位ベクトル）の周りの右ねじ方向の回転角 Ω の回転行列は次の形をしている．

$$\boldsymbol{R}(\Omega\boldsymbol{l})$$
$$= \begin{pmatrix} \cos\Omega+l_1^2(1-\cos\Omega) & l_1l_2(1-\cos\Omega)-l_3\sin\Omega & l_1l_3(1-\cos\Omega)+l_2\sin\Omega \\ l_2l_1(1-\cos\Omega)+l_3\sin\Omega & \cos\Omega+l_2^2(1-\cos\Omega) & l_2l_3(1-\cos\Omega)-l_1\sin\Omega \\ l_3l_1(1-\cos\Omega)-l_2\sin\Omega & l_3l_2(1-\cos\Omega)+l_1\sin\Omega & \cos\Omega+l_3^2(1-\cos\Omega) \end{pmatrix} \tag{3.48}$$

3.7 拡張 FNS 法

隠れ変数を用いず直接に $\boldsymbol{\theta}$ に関する反復を行い，反復ごとに $\boldsymbol{\theta}$ が次第に真値に近づき，収束の時点でランク拘束が自動的に満たされるようにするには，2.5.2 項の FNS 法を次のように拡張すればよい．

手順 3.6 拡張 FNS 法

1. $\boldsymbol{\theta}$ を初期化する．
2. 次の 9×9 行列 $\boldsymbol{M}, \boldsymbol{L}$ を計算する．

$$\boldsymbol{M} = \frac{1}{N}\sum_{\alpha=1}^{N}\frac{\boldsymbol{\xi}_\alpha\boldsymbol{\xi}_\alpha^\top}{(\boldsymbol{\theta}, V_0[\boldsymbol{\xi}_\alpha]\boldsymbol{\theta})}, \qquad \boldsymbol{L} = \frac{1}{N}\sum_{\alpha=1}^{N}\frac{(\boldsymbol{\xi}_\alpha, \boldsymbol{\theta})^2}{(\boldsymbol{\theta}, V_0[\boldsymbol{\xi}_\alpha]\boldsymbol{\theta})^2}V_0[\boldsymbol{\xi}_\alpha] \tag{3.49}$$

3. 式 (3.30) の 9 次元ベクトル $\boldsymbol{\theta}^\dagger$ を計算し，次のように 9×9 行列 $\boldsymbol{P}_{\boldsymbol{\theta}^\dagger}$ を定義する．

$$\boldsymbol{P}_{\boldsymbol{\theta}^\dagger} = \boldsymbol{I} - \frac{\boldsymbol{\theta}^\dagger\boldsymbol{\theta}^{\dagger\top}}{\|\boldsymbol{\theta}^\dagger\|^2} \tag{3.50}$$

4. 次の 9×9 行列 $\boldsymbol{X}, \boldsymbol{Y}$ を計算する．

$$\boldsymbol{X} = \boldsymbol{M} - \boldsymbol{L}, \qquad \boldsymbol{Y} = \boldsymbol{P}_{\boldsymbol{\theta}^\dagger}\boldsymbol{X}\boldsymbol{P}_{\boldsymbol{\theta}^\dagger} \tag{3.51}$$

5. $\boldsymbol{Y}$ の小さい二つの固有値に対する単位固有ベクトル $\boldsymbol{v}_1$, $\boldsymbol{v}_2$ を計算し，次のベクトル $\hat{\boldsymbol{\theta}}$ を計算する．

$$\hat{\boldsymbol{\theta}} = (\boldsymbol{\theta}, \boldsymbol{v}_1)\boldsymbol{v}_1 + (\boldsymbol{\theta}, \boldsymbol{v}_2)\boldsymbol{v}_2 \tag{3.52}$$

6. 次のベクトル $\boldsymbol{\theta}'$ を計算する．

$$\boldsymbol{\theta}' = \mathcal{N}[\boldsymbol{P}_{\boldsymbol{\theta}^\dagger}\hat{\boldsymbol{\theta}}] \tag{3.53}$$

7. 符号を除いて $\boldsymbol{\theta}' \approx \boldsymbol{\theta}$ であれば，$\boldsymbol{\theta}'$ を $\boldsymbol{\theta}$ として返して終了する．そうでなければ，

$$\boldsymbol{\theta} \leftarrow \mathcal{N}[\boldsymbol{\theta} + \boldsymbol{\theta}'] \tag{3.54}$$

としてステップ 2 に戻る．

解説　式 (3.50) の行列 $\boldsymbol{P}_{\boldsymbol{\theta}^\dagger}$ は，任意のベクトルを単位ベクトル $\boldsymbol{\theta}^\dagger/\|\boldsymbol{\theta}^\dagger\|$ に垂直な平面上へ射影する射影行列である（↪ 演習問題 3.3）．式 (3.32) より，式 (3.24) のランク拘束は $(\boldsymbol{\theta}^\dagger, \boldsymbol{\theta}) = 0$ と書ける．2.5.2 項に示すように，通常の FNS 法は式 (3.51) の行列 $\boldsymbol{X}$ の固有ベクトルを計算しているが，ここでは $\boldsymbol{X}$ を $\boldsymbol{\theta}^\dagger$ に垂直な平面上へ射影する操作を行って得られる行列 $\boldsymbol{Y}$ の最小固有値だけでなく，2 番目に小さい固有値との両方に対して単位固有ベクトル $\boldsymbol{v}_1$, $\boldsymbol{v}_2$ を計算し，式 (3.52) で現在の $\boldsymbol{\theta}$ を $\boldsymbol{v}_1$, $\boldsymbol{v}_2$ の張る平面上に射影している．そして，さらにその結果を式 (3.53) で $\boldsymbol{\theta}^\dagger$ に垂直な平面上に射影している．ただし，$\boldsymbol{\theta}$ を更新すると $\boldsymbol{\theta}^\dagger$ も変化するので，ランク拘束 $(\boldsymbol{\theta}^\dagger, \boldsymbol{\theta}) = 0$ が厳密には満たされるわけではない．そこで，これを反復する．式 (3.54) は収束を早める工夫であり，$\boldsymbol{\theta}$ と現在の値と一つ前の値の平均をとって，変動を「平滑化」している（$\mathcal{N}[\boldsymbol{\theta} + \boldsymbol{\theta}'] = \mathcal{N}[(\boldsymbol{\theta} + \boldsymbol{\theta}')/2]$ に注意する）．この反復が収束すれば $(\boldsymbol{\theta}^\dagger, \boldsymbol{\theta}) = 0$ が満たされるが，同時に $\boldsymbol{Y}$ の小さい二つの固有値がとも 0 になることが示される（↪ 演習問題 3.7）．このことから，得られる解 $\boldsymbol{\theta}$ がランク拘束を満たすという制約のもとで，式 (3.23) のサンプソン誤差 J が最小化される．

3.8　幾何学的距離最小化

上記の拡張 FNS 法によって求めた解 $\boldsymbol{\theta}$ を用いて，式 (2.42), (2.43) のようにして，サンプソン誤差を反復的に修正して幾何学的距離最小化を行うこともできる．

その手順は次のようになる.

手順 3.7 幾何学的距離最小化

1. $J_0 = \infty$ とし（∞ は十分大きい数）, $\hat{x}_\alpha = x_\alpha$, $\hat{y}_\alpha = y_\alpha$, $\hat{x}'_\alpha = x'_\alpha$, $\hat{y}'_\alpha = y'_\alpha$, $\tilde{x}_\alpha = \tilde{y}_\alpha = \tilde{x}'_\alpha = \tilde{y}'_\alpha = 0$ とおく ($\alpha = 1, \ldots, N$).
2. 式 (3.12) の $V_0[\boldsymbol{\xi}_\alpha]$ の $\bar{x}_\alpha$, $\bar{y}_\alpha$, $\bar{x}'_\alpha$, $\bar{y}'_\alpha$ を，それぞれ $\hat{x}_\alpha$, $\hat{y}_\alpha$, $\hat{x}'_\alpha$, $\hat{y}'_\alpha$ に置き換えた正規化共分散行列 $V_0[\hat{\boldsymbol{\xi}}_\alpha]$ を計算する.
3. 次の 9 次元ベクトル $\boldsymbol{\xi}^*_\alpha$ を計算する.

$$\boldsymbol{\xi}^*_\alpha = \begin{pmatrix} \hat{x}_\alpha\hat{x}'_\alpha + \hat{x}'_\alpha\tilde{x}_\alpha + \hat{x}_\alpha\tilde{x}'_\alpha \\ \hat{x}_\alpha\hat{y}'_\alpha + \hat{y}'_\alpha\tilde{x}_\alpha + \hat{x}_\alpha\tilde{y}'_\alpha \\ f_0(\hat{x}_\alpha + \tilde{x}_\alpha) \\ \hat{y}_\alpha\hat{x}'_\alpha + \hat{x}'_\alpha\tilde{y}_\alpha + \hat{y}_\alpha\tilde{x}'_\alpha \\ \hat{y}_\alpha\hat{y}'_\alpha + \hat{y}'_\alpha\tilde{y}_\alpha + \hat{y}_\alpha\tilde{y}'_\alpha \\ f_0(\hat{y}_\alpha + \tilde{y}_\alpha) \\ f_0(\hat{x}'_\alpha + \tilde{x}'_\alpha) \\ f_0(\hat{y}'_\alpha + \tilde{y}'_\alpha) \\ f_0^2 \end{pmatrix} \tag{3.55}$$

4. 次の**修正サンプソン誤差**を最小化する $\boldsymbol{\theta}$ を計算する.

$$J^* = \frac{1}{N}\sum_{\alpha=1}^{N} \frac{(\boldsymbol{\xi}^*_\alpha, \boldsymbol{\theta})^2}{(\boldsymbol{\theta}, V_0[\hat{\boldsymbol{\xi}}_\alpha]\boldsymbol{\theta})} \tag{3.56}$$

5. $\tilde{x}_\alpha$, $\tilde{y}_\alpha$, $\tilde{x}'_\alpha$, $\tilde{y}'_\alpha$ を次のように更新する.

$$\begin{pmatrix} \tilde{x}_\alpha \\ \tilde{y}_\alpha \end{pmatrix} \leftarrow \frac{(\boldsymbol{\xi}^*_\alpha, \boldsymbol{\theta})}{(\boldsymbol{\theta}, V_0[\hat{\boldsymbol{\xi}}_\alpha]\boldsymbol{\theta})} \begin{pmatrix} \theta_1 & \theta_2 & \theta_3 \\ \theta_4 & \theta_5 & \theta_6 \end{pmatrix} \begin{pmatrix} \hat{x}'_\alpha \\ \hat{y}'_\alpha \\ f_0 \end{pmatrix},$$

$$\begin{pmatrix} \tilde{x}'_\alpha \\ \tilde{y}'_\alpha \end{pmatrix} \leftarrow \frac{(\boldsymbol{\xi}^*_\alpha, \boldsymbol{\theta})}{(\boldsymbol{\theta}, V_0[\hat{\boldsymbol{\xi}}_\alpha]\boldsymbol{\theta})} \begin{pmatrix} \theta_1 & \theta_4 & \theta_7 \\ \theta_2 & \theta_5 & \theta_8 \end{pmatrix} \begin{pmatrix} \hat{x}_\alpha \\ \hat{y}_\alpha \\ f_0 \end{pmatrix} \tag{3.57}$$

6. $\hat{x}_\alpha$, $\hat{y}_\alpha$, $\hat{x}'_\alpha$, $\hat{y}'_\alpha$ を次のように更新する.

$$\hat{x}_\alpha \leftarrow x_\alpha - \tilde{x}_\alpha, \qquad \hat{y}_\alpha \leftarrow y_\alpha - \tilde{y}_\alpha, \qquad \hat{x}'_\alpha \leftarrow x'_\alpha - \tilde{x}'_\alpha, \qquad \hat{y}'_\alpha \leftarrow y'_\alpha - \tilde{y}'_\alpha \tag{3.58}$$

7. 次の J^* を計算する.

$$J^* = \frac{1}{N}\sum_{\alpha=1}^{N}(\tilde{x}_\alpha^2 + \tilde{y}_\alpha^2 + \tilde{x}'^{\,2}_\alpha + \tilde{y}'^{\,2}_\alpha) \tag{3.59}$$

$J^* \approx J_0$ であれば $\boldsymbol{\theta}$ を返して終了する. そうでなければ, $J_0 \leftarrow J^*$ としてステップ 2 に戻る.

解説　反復の初期には, $\hat{x}_\alpha = x_\alpha$, $\hat{y}_\alpha = y_\alpha$, $\hat{x}'_\alpha = x'_\alpha$, $\hat{y}'_\alpha = y'_\alpha$, $\tilde{x}_\alpha = \tilde{y}_\alpha = \tilde{x}'_\alpha = \tilde{y}'_\alpha = 0$ であるから, 式 (3.55) の $\boldsymbol{\xi}^*_\alpha$ は $\boldsymbol{\xi}_\alpha$ と同じであり, 式 (3.56) の J^* は式 (3.23) の J と同じである. そして, それを最小化する $\boldsymbol{\theta}$ がまず計算される. 式 (3.15) は次のように書き換えることができる.

$$\begin{aligned}
S &= \frac{1}{N}\sum_{\alpha=1}^{N}\Big((\hat{x}_\alpha + (x_\alpha - \hat{x}_\alpha) - \bar{x}_\alpha)^2 + (\hat{y}_\alpha + (y_\alpha - \hat{y}_\alpha) - \bar{y}_\alpha)^2 \\
&\quad + (\hat{x}'_\alpha + (x'_\alpha - \hat{x}'_\alpha) - \bar{x}'_\alpha)^2 + (\hat{y}'_\alpha + (y'_\alpha - \hat{y}'_\alpha) - \bar{y}'_\alpha)^2\Big) \\
&= \frac{1}{N}\sum_{\alpha=1}^{N}\Big((\hat{x}_\alpha + \tilde{x}_\alpha - \bar{x}_\alpha)^2 + (\hat{y}_\alpha + \tilde{y}_\alpha - \bar{y}_\alpha)^2 \\
&\quad + (\hat{x}'_\alpha + \tilde{x}'_\alpha - \bar{x}'_\alpha)^2 + (\hat{y}'_\alpha + \tilde{y}'_\alpha - \bar{y}'_\alpha)^2\Big)
\end{aligned} \tag{3.60}$$

ただし, 次のようにおいた.

$$\tilde{x}_\alpha = x_\alpha - \hat{x}_\alpha, \qquad \tilde{y}_\alpha = y_\alpha - \hat{y}_\alpha, \qquad \tilde{x}'_\alpha = x'_\alpha - \hat{x}'_\alpha, \qquad \tilde{y}'_\alpha = y'_\alpha - \hat{y}'_\alpha \tag{3.61}$$

次のステップでは, 補正した $(\hat{x}_\alpha, \hat{y}_\alpha)$, $(\hat{x}'_\alpha, \hat{y}'_\alpha)$ を入力データとみなし, 式 (3.16) のもとでの式 (3.60) を最小にする $(\bar{x}_\alpha, \bar{y}_\alpha)$, $(\bar{x}'_\alpha, \bar{y}'_\alpha)$ の値 $(\hat{\hat{x}}_\alpha, \hat{\hat{y}}_\alpha)$, $(\hat{\hat{x}}'_\alpha, \hat{\hat{y}}'_\alpha)$ を計算している. そして, $\hat{x}_\alpha - \bar{x}_\alpha$, $\hat{y}_\alpha - \bar{y}_\alpha$, $\hat{x}'_\alpha - \bar{x}'_\alpha$, $\hat{y}'_\alpha - \bar{y}'_\alpha$ の高次の微小量を無視して式 (3.60) を書き直すと, 式 (3.56) の修正サンプソン誤差 J^* が得られる (↪ 演習問題 3.8). これを最小化し, $(\hat{\hat{x}}_\alpha, \hat{\hat{y}}_\alpha)$, $(\hat{\hat{x}}'_\alpha, \hat{\hat{y}}'_\alpha)$ を改めて $(\hat{x}_\alpha, \hat{y}_\alpha)$, $(\hat{x}'_\alpha, \hat{y}'_\alpha)$ とみなして同じ操作を反復する. 現在の $(\hat{x}_\alpha, \hat{y}_\alpha)$, $(\hat{x}'_\alpha, \hat{y}'_\alpha)$ が $(\bar{x}_\alpha, \bar{y}_\alpha)$, $(\bar{x}'_\alpha, \bar{y}'_\alpha)$ の最良の近似であるから, 式 (3.61) より $\tilde{x}_\alpha^2 + \tilde{y}_\alpha^2 + \tilde{x}'^{\,2}_\alpha + \tilde{y}'^{\,2}_\alpha$ が $(\bar{x}_\alpha - x_\alpha)^2 + (\bar{y}_\alpha - y_\alpha)^2 + (\bar{x}'_\alpha - x'_\alpha)^2 + (\bar{y}'_\alpha - y'_\alpha)^2$ の近似である. そこで, 式 (3.59) によって幾何学的距離 S を評価する. 反復のたびに無視する高次の微小量が減少するので, 最終的には S を最小にする $\boldsymbol{\theta}$ が得られ, 式 (3.59) が S に一致する. しかし, この手順によって解を修正しても, 変化はわずかであり, 有

効数字 3, 4 桁は変化しないことが知られている．この意味で，FNS 法は実質的に幾何学的距離を最小化する方法とみなせる．

3.9 アウトライア除去

同一シーンを撮影した 2 画像から対応点を検出するには，何らかの類似性の基準によってシーン中の似ている点を見つければよい．そのためのさまざまな手法が開発されているが，完全ではなく，実際には対応していない点をしばしば対応点として検出する．そのような偽の対応を**アウトライア**とよび，実際に対応しているものを**インライア**とよぶ．基礎行列の計算は，楕円の当てはめと同じ形をしているから，楕円の場合と同じアウトライア除去の手法が利用できる．基本的な考え方は，「エピ極線方程式をほぼ満たす点数がなるべく多くなる」ような基礎行列を計算することである．代表的な方法は第 2 章で述べた RANSAC であり，次のように行う．

手順 3.8　RANSAC

1. 対応点の組から 8 組をランダムに選び，それらに対する式 (3.3) のベクトル $\boldsymbol{\xi}$ を $\boldsymbol{\xi}_1, \ldots, \boldsymbol{\xi}_8$ とする．
2. 次の行列の最小固有値に対する単位固有ベクトル $\boldsymbol{\theta}$ を計算する．

$$\boldsymbol{M}_8 = \sum_{\alpha=1}^{8} \boldsymbol{\xi}_\alpha \boldsymbol{\xi}_\alpha^\top \tag{3.62}$$

3. その解 $\boldsymbol{\theta}$ を候補として保存する．そして，すべての対応点の組の中で

$$\frac{(\boldsymbol{\xi}, \boldsymbol{\theta})^2}{(\boldsymbol{\theta}, V_0[\boldsymbol{\xi}]\boldsymbol{\theta})} < 2d^2 \tag{3.63}$$

   を満たす組の数 n を数え，その数を記録する．定数 d は，対応点のずれをどの程度許容するかというしきい値である（たとえば $d = 2$）．
4. 対応点の組から別の 8 組をランダムに選び，同じ操作を行う．これを何度も行い，n が最も大きい解を選ぶ．
5. 最終的に選ばれた $\boldsymbol{\theta}$ に対して，式 (3.63) を満たさない対応をアウトライアとみなして除去する．

解説　ステップ 2 では，ステップ 1 で選んだ 8 組の対応から基礎行列を計算し

ている．基礎行列 $\boldsymbol{F}$ は 9 個の要素をもつが，定数倍の不定性があるので，8 組の対応点が得られれば，それら 8 点に対する式 (3.1) のエピ極線方程式を連立させて，$\boldsymbol{F}$ を定数倍を除いて定めることができる（その後で式 (3.2) のように正規化する）．しかし，手順 3.1 の最小 2 乗法のほうが便利である（行列 $\boldsymbol{M}_8$ に係数 1/8 があってもなくても解は同じ）．式 (3.24) のランク拘束が考慮されていないが，アウトライア除去のためには精度は要求されないので考える必要はない．ステップ 3 は，各点が $\boldsymbol{\theta}$ の定めるエピ極線方程式をどの程度満たしているかを判定している．これは，対応点 (x, y), (x', y') がエピ極線方程式を満たすように最短に $(\bar{x}, \bar{y})$, $(\bar{x}', \bar{y}')$ へ移動するための式 (3.17) の移動距離の 2 乗和で測る．これは式 (3.22) で近似できる．ステップ 3 では，楕円の場合と同様に，数えた n がすでに記録されている値よりも小さければ，その基礎行列を記録せずに次のサンプリングに進めばよい．記録されている n の現在の最大値が，ある一定回数連続して更新されなければサンプリングを終了する．

3.10　実験例

図 3.2 は，曲面格子パターンを 2 方向から見たシミュレーション画像であり，600×600 画素と想定している．各格子点の x, y 座標には期待値 0，標準偏差 1 画素の正規分布に従う乱数誤差を加えている．この 2 画像間の基礎行列の理論的な値は，次のようになる．

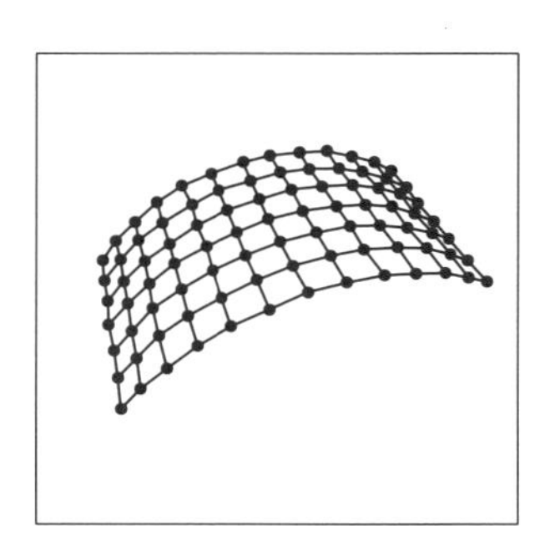
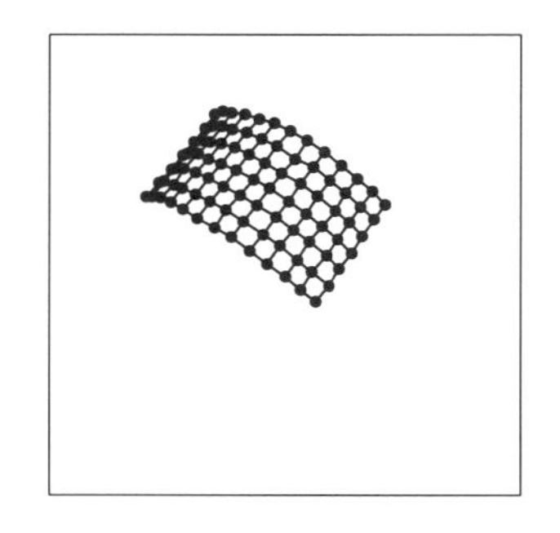

図 3.2　曲面格子パターンを 2 方向から見たシミュレーション画像．

$$\bar{\boldsymbol{F}} = \begin{pmatrix} 0.07380 & -0.34355 & -0.28357 \\ 0.21858 & 0.41655 & 0.33508 \\ 0.66823 & -0.08789 & -0.09100 \end{pmatrix} \tag{3.64}$$

誤差のある格子点を対応点として計算した基礎行列は次のようになる．

$$\boldsymbol{F}^{(0)} = \begin{pmatrix} 0.21115 & -0.52234 & -0.38029 \\ 0.32188 & 0.32504 & 0.18557 \\ 0.53935 & 0.05232 & -0.02506 \end{pmatrix},$$

$$\boldsymbol{F}^{(1)} = \begin{pmatrix} 0.09599 & -0.41151 & -0.34263 \\ 0.25978 & 0.36820 & 0.28133 \\ 0.64538 & -0.02586 & -0.06821 \end{pmatrix} \tag{3.65}$$

ただし，$\boldsymbol{F}^{(0)}$ は最小 2 乗法（手順 3.1）で計算して特異値分解によるランク補正（手順 3.3）を加えたものであり，$\boldsymbol{F}^{(1)}$ は FNS 法（手順 2.5）で計算して特異値分解によるランク補正を加えたものである．FNS 法で計算して最適ランク補正（手順 3.4）を加えたものを $\boldsymbol{F}^{(2)}$ とし，さらに隠れ変数法（手順 3.5）による解を $\boldsymbol{F}^{(3)}$ とすると，次のようになる．

$$\boldsymbol{F}^{(2)} = \begin{pmatrix} 0.07506 & -0.34616 & -0.27188 \\ 0.21826 & 0.43547 & 0.33471 \\ 0.65834 & -0.09763 & -0.09158 \end{pmatrix},$$

$$\boldsymbol{F}^{(3)} = \begin{pmatrix} 0.09265 & -0.36657 & -0.30765 \\ 0.24157 & 0.40747 & 0.33578 \\ 0.65177 & -0.05101 & -0.07704 \end{pmatrix} \tag{3.66}$$

拡張 FNS 法（手順 3.6）の解を $\boldsymbol{F}^{(4)}$，およびそれを反復する幾何学的距離最小化（手順 3.7）の解を $\boldsymbol{F}^{(5)}$ とすると，次のようになる．

$$\boldsymbol{F}^{(4)} = \begin{pmatrix} 0.06067 & -0.33702 & -0.27208 \\ 0.21213 & 0.42767 & 0.33980 \\ 0.66834 & -0.10005 & -0.09306 \end{pmatrix},$$

$$\boldsymbol{F}^{(5)} = \begin{pmatrix} 0.06068 & -0.33706 & -0.27210 \\ 0.21215 & 0.42764 & 0.33979 \\ 0.66833 & -0.10002 & -0.09306 \end{pmatrix} \tag{3.67}$$

計算した $\boldsymbol{F} = (F_{ij})$ の誤差を

$$E = \sqrt{\sum_{i,j=1}^{3} (F_{ij} - \bar{F}_{ij})^2} \tag{3.68}$$

によって評価すると，**表 3.1** のようになる．これからわかるように，最小 2 乗法よりも FNS 法を用いると精度が高く，特異値分解によるランク補正ではなく最適補正を行うと，さらに精度が向上する．また，隠れ変数による方法も拡張 FNS 法も，ほぼそれと同じ精度である．一方，幾何学的距離の最小化を行っても，拡張 FNS 法の解はほとんど改善されない．

表 3.1　いろいろな方法で計算した基礎行列の計算誤差

方法	E
最小 2 乗法＋特異値分解	0.370992
FNS 法＋特異値分解	0.142874
FNS 法＋最適補正	0.026385
隠れ変数法	0.062475
拡張 FNS 法	0.026202
幾何学的距離最小化	0.026149

3.11　さらに勉強したい人へ

同一シーンを撮影した 2 画像間に成立する式 (3.1) のエピ極線拘束条件は，コンピュータビジョンの最も重要な基礎の一つであり，多くの教科書に解説されている [16, 21, 28, 29, 32, 33]．式 (3.1) 中の (x, y) を固定すると，これは $x'y'$ 平面上の直線を表し，点 (x, y) の「エピ極線」(epiploar line) とよばれる．また，(x', y') を固定すると，xy 平面上の直線を表し，点 (x', y') の「エピ極線」とよばれる．式 (3.1) は，対応点が互いに他方の点の定めるエピ極線上にあることを意味するので，対応点を検出するには，他方の点のエピ極線上を探索すればよい．これが，2 画像によるステレオ視の対応点探索の原理となっている．このように，基礎行列を計算することは，多くのビジョン応用の最初のステップになっている．

上記の関係から，2 台のカメラの画像について次のことがわかる．第 1 カメラのレンズ中心は，第 1 カメラの画像面上に存在しない．しかし，第 2 カメラからは原理的には（すなわち，画像面が十分広ければ），それが見える．第2カメラのその点 (x'_e, y'_e)（第1カメラの視点の像）を第2カメラ画像の「エピ極点」(epiploe) とよぶ．同様に，第1カメラ画像上の第2カメラのレンズ中心の像 (x_e, y_e) を第1カメラ画像の「エピ極点」(epipole) とよぶ．これらを式 (3.19) のようにベクトルで表したものをそれぞれ $\boldsymbol{x}'_e$, $\boldsymbol{x}_e$ とすれば，これらに対する式 (3.1) のエピ極線方程式 $(\boldsymbol{a}, \boldsymbol{F}\boldsymbol{x}'_e) = 0$, $(\boldsymbol{x}_e, \boldsymbol{F}\boldsymbol{b})$ $(= (\boldsymbol{F}^\top \boldsymbol{x}_e, \boldsymbol{b})) = 0$ を満たすような第3成分が1となるベクトル $\boldsymbol{a}$, $\boldsymbol{b}$ は存在しない（なぜなら，カメラのレンズ中心が他方のカメラ画像上には見えるとしても，そのカメラ画像上には見えないから）．このことは，$\boldsymbol{F}\boldsymbol{x}'_e = \boldsymbol{0}$, $\boldsymbol{F}^\top \boldsymbol{x}_e = \boldsymbol{0}$ であること，すなわち，$\boldsymbol{x}'_e$, $\boldsymbol{x}_e$ がそれぞれ $\boldsymbol{F}$, $\boldsymbol{F}^\top$ の固有値0の固有ベクトルになっていることを意味する．式 (3.24) のランク拘束は，この事実に対応している．そして，このことから他方の画像の対応点の定めるエピ極線全体は，その画像上のエピ極点を始点として放射状に配置することがわかる．

エピ極線方程式は，1980年代，1990年代の文献では，本章の式 (3.1) のように書かれていた．ところが，2000年代になって出版された Hartley らの教科書 [16] では，式 (3.1) の左辺の左側の x, y を x', y' と，右側の x', y' を x, y と書いている．これは2画像の順序を入れ替えることを意味するが，$\boldsymbol{F}$ をその転置 $\boldsymbol{F}^\top$ に置き換えることでもある．この教科書が非常によく読まれたため，現在のコンピュータビジョンの多くの文献で彼らの定義が使われるようになり，2000年以前と以後で $\boldsymbol{F}$ と $\boldsymbol{F}^\top$ が入れ替わっている．文献を読むときはどちらの定義に従っているか注意する必要がある．また，基礎行列 $\boldsymbol{F}$ の各要素の数値は，画像座標系のとり方（原点が左上か中央か，各軸がどちら向きか）やスケール定数 f_0 のとり方（多くの文献では $f_0 = 1$）に依存する．このため，実験結果の数値を文献と比較するときにも注意が必要である．

基礎行列は，8組の対応点から式 (3.1) を8個連立させれば，定数倍を除いて求まる．そして，特異値分解によってランク拘束を満たすように補正できる．これは，最も古くから知られている基礎行列の計算法であり，「8点法」(8-point algorithm) とよばれた．8組以上の対応点があれば，最小2乗法で $\boldsymbol{F}$ を求めてから特異値分解によってランク補正を行う．これは単なる拡張なので，8点以上あってもやはり「8点法」とよばれるようになった．そして，著名な理論家である Hartley がこれを取り上げた論文 [11] を書いたため，今日でも「Hartley の8点法」とよばれて広く用いられている．しかし，これは Hartley の論文 [11] に対する誤解に基づくところが大きい．論文をよく読むと，Hartley は8点法を精度の高い方法として推奨しているわけではなく，論文の中心テーマは画像原点のとり方と画像座標のスケールの選び方の精度への影響である．そして，データのオーダーが 1 になるように画像の原点とスケールを選ぶことを推奨している．本章で，画像原点を画像の左上でなく中心にとり，スケール定数 f_0 を用いているのもそのためである．しかし，Hartley の定評のために，Hartley が 8 点法を推奨しているという誤解が多くの研究者に広まった．実際は Hartley の 8 点法は，今日まで考えられた基礎行列の計算法の中で最も精度の低い方法である．これは，本章の実験例からもわかる．

誤差のある対応点による基礎行列の計算は，ランク拘束を除けば楕円当てはめと同じであるため，多くの研究は楕円当てはめと合わせて行われ，くりこみ法 [30, 31, 33] も FNS 法 [5] も基礎行列の計算をその一つの目的としている．とくに，基礎行列に対する考え方は，菅谷らの解説記事 [96] を参照するとよい．3.5 節の最適ランク補正の原理は教科書 [33] に述べられているが，基礎行列に対する応用は金谷らの文献 [48, 52, 53] に示されている．これは，数値解析で知られているニュートン法 [36] に相当する．このため反復は 2 次収束し，反復ごとに変化量が急激に減少する．実用上は，1, 2 回の反復で十分である．

3.5 節で「$(\sigma^2/N)V_0[\boldsymbol{\theta}]$ は，最適に計算した $\boldsymbol{\theta}$ の共分散行列 $V[\boldsymbol{\theta}]$ に $O(\sigma^4)$ の項を除いて一致している」と書かれている共分散行列 $V[\boldsymbol{\theta}]$ は「KCR 下界」とよばれ，一定の条件のもとに，どんな方法で推定した $\boldsymbol{\theta}$ に対しても，その共分散行列の下界を与えることが示せる．その原理は，教科書 [33] や金谷の文献 [34] に示されている．これは，統計学でよく知られている「クラメル－ラオの下界」を楕円当てはめや基礎行列の計算に適用できるように変形したものである．そのため，当初は単にクラメル－ラオの下界と書かれていたが，形の上で統計学に現れるものとかなり異なっているので，Chernov ら [4] が KCR (Kanatani–Cramer–Rao) 下界とよんだ．その理論解析によれば，FNS 法も幾何学的距離最小化も，得られる解 $\boldsymbol{\theta}$ の共分散行列は KCR 下界に $O(\sigma^4)$ を除いて一致することが示される．その意味で，これらの方法の解の分散は実質的にそれ以上改良できない．さまざまな方法の解の共分散や偏差の解析，および KCR 下界の導出と解析は，金谷 [38] の論文に詳しい．

3.6 節の隠れ変数法は，菅谷ら [94, 95] が示した．彼らが用いた，直交行列を 3 パラメータで表して，その 3 パラメータ空間を探索するのではなく，それらの微小変化を表す 3 パラメータについて最適化を行う方法は「リー代数の方法」として知られている．回転，並進，アフィン変換，相似変換などの空間の連続的な変換は合成に関して群をつくり，「リー群」とよばれる．そして，その微小変化全体は加減，スカラー倍，および「交換子積」とよばれる演算に関して閉じた「代数系」をつくり，それをそのリー群の「リー代数」とよぶ．その数学的基礎とコンピュータビジョンへの応用は，教科書 [27] を見るとよい．それを用いた回転の最適化は，教科書 [29] に示されている．手順 3.5 の後の解説中で，2 階微分の計算に「高次の微小量を無視する近似を行ってよい」とあるのは，データに誤差がなければ $(\boldsymbol{\xi}_\alpha, \boldsymbol{\theta}) = 0$（エピ極線方程式）が成り立つことから，$(\boldsymbol{\xi}_\alpha, \boldsymbol{\theta})$ を含む項を省略する近似を行うことであり，数値解析で知られている「ガウス – ニュートン近似」に相当している．ガウス – ニュートン近似およびレーベンバーグ – マーカート法の説明は，教科書 [36] がわかりやすい．

手順 3.6 の拡張 FNS 法の一般論は金谷ら [45] が，基礎行列への適用は金谷ら [57] が示している．楕円当てはめと同様に，反復による方法では対応点データに大きな誤差があるときに反復が収束しないことがある．とくに拡張 FNS 法は，解から離れた値から始めると，常に収束するとは限らない．初期化には手順 3.1 の最小 2 乗法で十分であるが，手順 3.2 の Taubin 法を用いると収束性が向上する．

本章で述べた事後補正法，隠れ変数法，拡張 FNS 法は，次のように図式的にイメージすることができる．目的は，指定した評価関数（最小 2 乗誤差，サンプソン誤差，幾何学的距離など）をランク拘束 $\det \boldsymbol{F} = 0$ のもとで最小化することである．事後補正法は，ランク拘束を考えずに解空間で評価関数を最小にする位置を求め，その点からランク拘束 $\det \boldsymbol{F} = 0$ を表す超曲面上へ移動することである（図 3.3(a)）．このとき，超曲面へ垂直に移動するのが特異値分解を用いる方法であり，

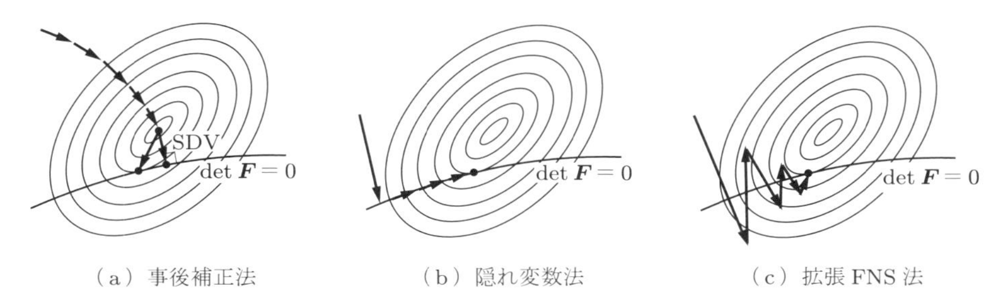

図 3.3　(a) ランク拘束を考えずに評価関数（図中に等高線で示す）を最小にした位置から $\det \boldsymbol{F} = 0$ が指定する超曲面（図中に曲線で示す）上へ移動する．特異値分解を用いる方法は超曲面へ垂直に移動し，最適補正は評価関数の増加が最も少ない方向に移動する．(b) 超曲面 $\det \boldsymbol{F} = 0$ をパラメータ化し，その超曲面上でパラメータを探索する．(c) 各ステップでなるべく評価関数が減り，かつランク拘束がより満たされるように反復を行い，最終的にランク拘束が満たされ，それ以上に評価関数が減少しないことを保証する．

評価関数の増加が最も少ない方向に移動するのが最適補正である．隠れ変数法は，その超曲面をパラメータ化し，その超曲面上を探索する方法である（図3.3(b)）．それに対して拡張FNS法は，各ステップでなるべく評価関数が減り，かつランク拘束がより満たされるように反復を行い，収束した時点でランク拘束が満たされ，かつそれ以上に評価関数が減少しないことを保証する手法である（図3.3(c)）．手順3.7によってサンプソン誤差最小化を繰り返せば厳密な幾何学的距離最小化ができることは，一般論は金谷ら[55, 56]が，基礎行列への適用は金谷ら[57]が示した．

注意するべきことは，対応点データに誤差がないとき，それらがシーン中で同一平面上にあったり，対称性をもつ特殊な配置（たとえば正六面体の頂点）にあるとき，基礎行列が一意的に定まらないことである．誤差のある実際のデータではこのようなことは起きないが，シミュレーション実験では手間を省くために，特殊な配置を設定しがちなので注意が必要である．基礎行列が定まらない配置については，金谷らの解説記事[60]を参照するとよい．3.9節のアウトライア除去のためのRANSACは，ここに述べた以外のさまざまな変形が研究されている．最小メジアン法やM推定も用いることもできる．

演習問題

3.1 式(3.16)のエピ極線方程式のもとで式(3.17)の最小値は，$\Delta x_\alpha, \Delta y_\alpha, \Delta x'_\alpha, \Delta y'_\alpha$の高次の項を無視すると，式(3.18)で近似できることを示せ．

3.2 $\boldsymbol{F}$を式(3.25)のように表すとき，$\|\boldsymbol{F}\|^2 = \sigma_1^2 + \sigma_2^2 + \sigma_2^3$であることを示せ．

3.3 (1) 単位ベクトル$\boldsymbol{u}$に直交する平面上にベクトル$\boldsymbol{v}$を射影したものは$\boldsymbol{P_u v}$と書けることを示せ（図3.4）．ただし，$\boldsymbol{P_u}$は次のように定義する**射影行列**である．

$$\boldsymbol{P_u} \equiv \boldsymbol{I} - \boldsymbol{u}\boldsymbol{u}^\top \tag{3.69}$$

(2) 式(3.69)の射影行列$\boldsymbol{P_u}$は定義より対称行列であるが，これが**べき等**(idempo-

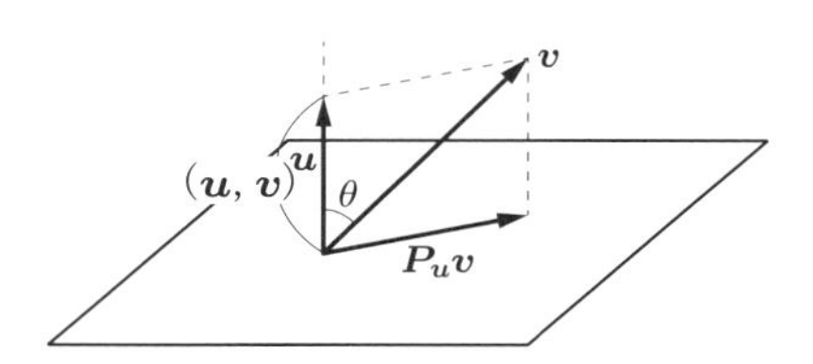

図3.4　ベクトル$\boldsymbol{v}$の単位ベクトル$\boldsymbol{u}$に直交する平面上への射影$\boldsymbol{P_u v}$.

tent) であること，すなわち

$$\boldsymbol{P}_{\boldsymbol{u}}^2 = \boldsymbol{P}_{\boldsymbol{u}} \tag{3.70}$$

が成り立つことを示せ．これは，一度射影したら，もう一度射影しても変化しないという幾何学的意味を表している．

3.4 (1) $\boldsymbol{\xi}_\alpha$, $\boldsymbol{\theta}$ の真値をそれぞれ $\bar{\boldsymbol{\xi}}_\alpha$, $\bar{\boldsymbol{\theta}}$ とし，$\boldsymbol{\xi}_\alpha = \bar{\boldsymbol{\xi}}_\alpha + \Delta_1\boldsymbol{\xi}_\alpha + \Delta_2\boldsymbol{\xi}_\alpha$, $\boldsymbol{\theta} = \bar{\boldsymbol{\theta}} + \Delta_1\boldsymbol{\theta} + \Delta_2\boldsymbol{\theta} + \cdots$ とおく．ただし，Δ_k は σ（対応点の誤差の標準偏差）に関する k 次の項を表す．これらを式 (3.23) のサンプソン誤差 J に代入すると，次のように書けることを示せ．

$$J = \frac{1}{N}\sum_{\alpha=1}^{N}\frac{(\bar{\boldsymbol{\xi}}_\alpha, \Delta_1\boldsymbol{\theta})^2 + 2(\bar{\boldsymbol{\xi}}_\alpha, \Delta_1\boldsymbol{\theta})(\Delta_1\boldsymbol{\xi}_\alpha, \bar{\boldsymbol{\theta}}) + (\Delta_1\boldsymbol{\xi}_\alpha, \bar{\boldsymbol{\theta}})^2}{(\bar{\boldsymbol{\theta}}, V_0[\boldsymbol{\xi}_\alpha]\bar{\boldsymbol{\theta}})} + O(\sigma^3) \tag{3.71}$$

(2) $O(\sigma^3)$ の項を無視すると，式 (3.71) を最小化する $\Delta_1\boldsymbol{\theta}$ が次のように書けることを示せ．

$$\Delta_1\boldsymbol{\theta} = -\bar{\boldsymbol{M}}^-\left(\frac{1}{N}\sum_{\alpha=1}^{N}\frac{\bar{\boldsymbol{\xi}}_\alpha\bar{\boldsymbol{\theta}}^\top}{(\bar{\boldsymbol{\theta}}, V_0[\boldsymbol{\xi}_\alpha]\bar{\boldsymbol{\theta}})}\Delta_1\boldsymbol{\xi}_\alpha\right), \qquad \bar{\boldsymbol{M}} \equiv \frac{1}{N}\sum_{\alpha=1}^{N}\frac{\bar{\boldsymbol{\xi}}_\alpha\bar{\boldsymbol{\xi}}_\alpha^\top}{(\bar{\boldsymbol{\theta}}, V_0[\boldsymbol{\xi}_\alpha]\bar{\boldsymbol{\theta}})} \tag{3.72}$$

(3) 式 (3.23) のサンプソン誤差 J を最小化する $\boldsymbol{\theta}$ の共分散行列 $V[\boldsymbol{\theta}]$ を $E[\Delta_1\boldsymbol{\theta}\Delta_1\boldsymbol{\theta}^\top]$ で定義する．$V[\boldsymbol{\theta}] = \sigma^2 V_0[\boldsymbol{\theta}]$ と書くとき，正規化共分散行列 $V_0[\boldsymbol{\theta}]$ が次のように書けることを示せ．

$$V_0[\boldsymbol{\theta}] = \frac{1}{N}\bar{\boldsymbol{M}}^- \tag{3.73}$$

3.5 (1) 任意の行列 $\boldsymbol{A} = (A_{ij})$ と微小量 ε に対して，次の関係が成り立つことを示せ．

$$\det[\boldsymbol{I} - \varepsilon\boldsymbol{A}] = 1 - \varepsilon\mathrm{tr}[\boldsymbol{A}] + O(\varepsilon^2) \tag{3.74}$$

ただし，tr は行列のトレースを表す．次にこれを用いて，任意の行列 $\boldsymbol{A} = (A_{ij})$, $\boldsymbol{B} = (B_{ij})$ と微小量 ε に対して，次の関係が成り立つことを示せ．

$$\det[\boldsymbol{A} - \varepsilon\boldsymbol{B}] = \det\boldsymbol{A} - \varepsilon\mathrm{tr}[\boldsymbol{A}^\dagger\boldsymbol{B}] + O(\varepsilon^2) \tag{3.75}$$

ただし，$\boldsymbol{A}^\dagger$ は行列 $\boldsymbol{A}$ の余因子行列である．

(2) $\det\boldsymbol{F} \approx 0$ である基礎行列 $\boldsymbol{F}$ を，微小量 $\Delta\boldsymbol{F}$ だけ補正して $\det[\boldsymbol{F} - \Delta\boldsymbol{F}] = 0$ としたい．$\boldsymbol{F}$, $\Delta\boldsymbol{F}$ を 9 次元ベクトルで表したものをそれぞれ $\boldsymbol{\theta}$, $\Delta\boldsymbol{\theta}$ とするとき，$\Delta\boldsymbol{\theta}$ の高次の項を除いて次のように書けることを示せ．

$$(\boldsymbol{\theta}^\dagger, \Delta\boldsymbol{\theta}) = \frac{1}{3}(\boldsymbol{\theta}^\dagger, \boldsymbol{\theta}) \tag{3.76}$$

(3) 式 (3.76) の制約のもとで，式 (3.73) の $V_0[\boldsymbol{\theta}]$ に対する $(\Delta\boldsymbol{\theta}, V_0[\boldsymbol{\theta}]^-\Delta\boldsymbol{\theta})$ を最小にする $\Delta\boldsymbol{\theta}$ は，次のように与えられることを示せ．

$$\Delta\boldsymbol{\theta} = \frac{(\boldsymbol{\theta}^\dagger, \boldsymbol{\theta})V_0[\boldsymbol{\theta}]\boldsymbol{\theta}^\dagger}{3(\boldsymbol{\theta}^\dagger, V_0[\boldsymbol{\theta}]\boldsymbol{\theta}^\dagger)} \tag{3.77}$$

3.6 (1) $\boldsymbol{U}$ が直交行列のとき，その微小変化を $\boldsymbol{U} + \Delta\boldsymbol{U}$ と書けば，ある微小なベクトル $\Delta\boldsymbol{\omega}$ があって，高次の微小量を除いて

$$\Delta\boldsymbol{U} = \Delta\boldsymbol{\omega} \times \boldsymbol{U} \tag{3.78}$$

と書けることを示せ．ただし，右辺はベクトル $\Delta\boldsymbol{\omega}$ と $\boldsymbol{U}$ の各列とのベクトル積を列とする行列を表す（$\boldsymbol{F}$ の各列を $\Delta\boldsymbol{\omega}$ の周りに $\|\Delta\boldsymbol{\omega}\|$ だけ回転することに相当する）．

(2) 式 (3.35) の $\boldsymbol{F}$ に対して，直交行列 $\boldsymbol{U}$ を微小ベクトル $\Delta\boldsymbol{\omega}$ によって式 (3.78) のように $\boldsymbol{U} + \Delta\boldsymbol{U}$ と変化させ，同様に直交行列 $\boldsymbol{V}$ を微小ベクトル $\Delta\boldsymbol{\omega}'$ によって $\boldsymbol{V} + \Delta\boldsymbol{V}$ と変化させ，ϕ を $\phi + \Delta\phi$ と微小変化させる．このときの $\boldsymbol{F}$ の微小変化を $\Delta\boldsymbol{F}$ とするとき，これを 9 次元ベクトルの形で $\Delta\boldsymbol{\theta}$ と書くと，次のように表せることを示せ．

$$\Delta\boldsymbol{\theta} = \boldsymbol{F}_U\Delta\boldsymbol{\omega} + \boldsymbol{\theta}_\phi\Delta\phi + \boldsymbol{F}_V\Delta\boldsymbol{\omega}' + \cdots \tag{3.79}$$

ただし，$\boldsymbol{F}_U$, $\boldsymbol{F}_V$ は式 (3.36) で定義される行列であり，$\boldsymbol{\theta}_\phi$ は式 (3.37) で定義されるベクトルである．そして，$\cdots$ は微小変化量の高次の項である．

(3) 式 (3.23) のサンプソン誤差 J の $\boldsymbol{\omega}$, $\boldsymbol{\omega}'$, ϕ に関する 1 階微分が式 (3.40) のように与えられることを示せ．

(4) 式 (3.23) のサンプソン誤差 J の $\boldsymbol{\omega}$, $\boldsymbol{\omega}'$, ϕ に関する 2 階微分が式 (3.41) のように与えられることを示せ．

3.7 (1) 式 (3.24) のランク拘束を満たすという制約のもとで式 (3.23) のサンプソン誤差 J を最小化する $\boldsymbol{\theta}$ は，次の式を満たすことを示せ．

$$\boldsymbol{P}_{\boldsymbol{\theta}^\dagger}\boldsymbol{\theta} = \boldsymbol{\theta}, \qquad \boldsymbol{Y}\boldsymbol{\theta} = \boldsymbol{0} \tag{3.80}$$

ただし，$\boldsymbol{P}_{\boldsymbol{u}^\dagger}$, $\boldsymbol{Y}$ はそれぞれ式 (3.50), (3.51) の行列である．

(2) $\boldsymbol{\theta}$ がランク拘束を満たせば，次の関係が恒等的に成り立つことを示せ．

$$(\boldsymbol{\theta}, \boldsymbol{Y}\boldsymbol{\theta}) = 0 \tag{3.81}$$

(3) 拡張 FNS 法の収束時に $\boldsymbol{Y}$ の小さい二つの固有値がともに 0 であれば，得られる解 $\boldsymbol{\theta}$ は式 (3.80) を満たすことを示せ．

3.8 (1) 式 (3.16) のエピ極線方程式のもとでの式 (3.60) を最小にする $(\bar{x}_\alpha, \bar{y}_\alpha)$, $(\bar{x}'_\alpha, \bar{y}'_\alpha)$ は，$\hat{x}_\alpha - \bar{x}_\alpha$, $\hat{y}_\alpha - \bar{y}_\alpha$, $\hat{x}'_\alpha - \bar{x}'_\alpha$, $\hat{y}'_\alpha - \bar{y}'_\alpha$ の高次の微小量を無視すると，次のように近似できることを示せ．

$$\begin{pmatrix} \hat{\hat{x}}_\alpha \\ \hat{\hat{y}}_\alpha \end{pmatrix} = \begin{pmatrix} x_\alpha \\ y_\alpha \end{pmatrix} - \frac{(\hat{\boldsymbol{x}}_\alpha, \boldsymbol{F}\hat{\boldsymbol{x}}'_\alpha) + (\boldsymbol{F}\hat{\boldsymbol{x}}'_\alpha, \tilde{\boldsymbol{x}}_\alpha) + (\boldsymbol{F}^\top \hat{\boldsymbol{x}}_\alpha, \tilde{\boldsymbol{x}}'_\alpha)}{(\boldsymbol{F}\hat{\boldsymbol{x}}'_\alpha, \boldsymbol{P_k}\boldsymbol{F}\hat{\boldsymbol{x}}'_\alpha) + (\boldsymbol{F}^\top \hat{\boldsymbol{x}}_\alpha, \boldsymbol{P_k}\boldsymbol{F}^\top \hat{\boldsymbol{x}}_\alpha)} \begin{pmatrix} F_{11} & F_{12} & F_{13} \\ F_{21} & F_{22} & F_{23} \end{pmatrix} \begin{pmatrix} \hat{x}'_\alpha \\ \hat{y}'_\alpha \\ f_0 \end{pmatrix},$$

$$\begin{pmatrix} \hat{\hat{x}}'_\alpha \\ \hat{\hat{y}}'_\alpha \end{pmatrix} = \begin{pmatrix} x'_\alpha \\ y'_\alpha \end{pmatrix} - \frac{(\hat{\boldsymbol{x}}_\alpha, \boldsymbol{F}\hat{\boldsymbol{x}}'_\alpha) + (\boldsymbol{F}\hat{\boldsymbol{x}}'_\alpha, \tilde{\boldsymbol{x}}_\alpha) + (\boldsymbol{F}^\top \hat{\boldsymbol{x}}_\alpha, \tilde{\boldsymbol{x}}'_\alpha)}{(\boldsymbol{F}\hat{\boldsymbol{x}}'_\alpha, \boldsymbol{P_k}\boldsymbol{F}\hat{\boldsymbol{x}}'_\alpha) + (\boldsymbol{F}^\top \hat{\boldsymbol{x}}_\alpha, \boldsymbol{P_k}\boldsymbol{F}^\top \hat{\boldsymbol{x}}_\alpha)} \begin{pmatrix} F_{11} & F_{21} & F_{31} \\ F_{12} & F_{22} & F_{32} \end{pmatrix} \begin{pmatrix} \hat{x}_\alpha \\ \hat{y}_\alpha \\ f_0 \end{pmatrix} \tag{3.82}$$

ただし，次のようにおいた（$\tilde{x}_\alpha$, $\tilde{y}_\alpha$, $\tilde{x}'_\alpha$, $\tilde{y}'_\alpha$ は式 (3.61) で定義される）．

$$\hat{\boldsymbol{x}}_\alpha = \begin{pmatrix} \hat{x}_\alpha/f_0 \\ \hat{y}_\alpha/f_0 \\ 1 \end{pmatrix}, \quad \hat{\boldsymbol{x}}'_\alpha = \begin{pmatrix} \hat{x}'_\alpha/f_0 \\ \hat{y}'_\alpha/f_0 \\ 1 \end{pmatrix}, \quad \tilde{\boldsymbol{x}}_\alpha = \begin{pmatrix} \tilde{x}_\alpha/f_0 \\ \tilde{y}_\alpha/f_0 \\ 0 \end{pmatrix}, \quad \tilde{\boldsymbol{x}}' = \begin{pmatrix} \tilde{x}'_\alpha/f_0 \\ \tilde{y}'_\alpha/f_0 \\ 0 \end{pmatrix} \tag{3.83}$$

(2) 9 次元ベクトル $\boldsymbol{\xi}^*_\alpha$ を式 (3.55) のように定義すれば，式 (3.82) は次のように書けることを示せ．

$$\begin{pmatrix} \hat{\hat{x}}_\alpha \\ \hat{\hat{y}}_\alpha \end{pmatrix} = \begin{pmatrix} x_\alpha \\ y_\alpha \end{pmatrix} - \frac{(\boldsymbol{\xi}^*_\alpha, \boldsymbol{\theta})}{(\boldsymbol{\theta}, V_0[\hat{\boldsymbol{\xi}}_\alpha]\boldsymbol{\theta})} \begin{pmatrix} \theta_1 & \theta_2 & \theta_3 \\ \theta_4 & \theta_5 & \theta_6 \end{pmatrix} \begin{pmatrix} \hat{x}'_\alpha \\ \hat{y}'_\alpha \\ f_0 \end{pmatrix},$$

$$\begin{pmatrix} \hat{\hat{x}}'_\alpha \\ \hat{\hat{y}}'_\alpha \end{pmatrix} = \begin{pmatrix} x'_\alpha \\ y'_\alpha \end{pmatrix} - \frac{(\boldsymbol{\xi}^*_\alpha, \boldsymbol{\theta})}{(\boldsymbol{\theta}, V_0[\hat{\boldsymbol{\xi}}_\alpha]\boldsymbol{\theta})} \begin{pmatrix} \theta_1 & \theta_4 & \theta_7 \\ \theta_2 & \theta_5 & \theta_8 \end{pmatrix} \begin{pmatrix} \hat{x}_\alpha \\ \hat{y}_\alpha \\ f_0 \end{pmatrix} \tag{3.84}$$

ただし，$V_0[\hat{\boldsymbol{\xi}}_\alpha]$ は式 (3.12) 中の $(\bar{x}, \bar{y})$, $(\bar{x}', \bar{y}')$ をそれぞれ $(\hat{x}_\alpha, \hat{y}_\alpha)$, $(\hat{x}'_\alpha, \hat{y}'_\alpha)$ に置き換えた正規化共分散行列である．

(3) 式 (3.15) 中の $(\bar{x}_\alpha, \bar{y}_\alpha)$, $(\bar{x}'_\alpha, \bar{y}'_\alpha)$ を $(\hat{\hat{x}}_\alpha, \hat{\hat{y}}_\alpha)$, $(\hat{\hat{x}}'_\alpha, \hat{\hat{y}}'_\alpha)$ で置き換えると，幾何学的距離 S が式 (3.56) のように書けることを示せ．

第4章 三角測量

本章では，2 画像間の対応点と，それを撮影した各カメラの位置や向きや内部パラメータ（「カメラ行列」によって指定される）から点の 3 次元位置を復元する「三角測量」の原理と手順を述べる．まず，カメラの透視投影による撮像の幾何学的関係を説明する．次に，対応点をそれが定義する視線がシーン中の 1 点で交わるように，画像の誤差の統計的性質を考慮して最適に補正する手順を示す．これは，前章の基礎行列の最適計算の原理と密接に関連する．

4.1 透視投影

2 台のカメラで同一シーンを撮影すると，それぞれのカメラの位置や向きや内部パラメータがわかっていれば，対応点の 3 次元位置が復元できる．それは，各カメラのレンズ中心を始点とするその点の視線が定まるので，2 台のカメラのレンズ中心とシーン中のその点を結ぶ三角形が計算できるからである．これは，土地測量と同じ原理であり，**三角測量** (triangulation)，あるいは**ステレオ視** (stereo vision) とよばれる．

これを行うには，カメラの撮像を数学的に記述する必要がある．シーン中に XYZ 座標系を固定し，これを**世界座標系**とよぶ．一方，それとは別に，カメラのレンズ中心を O_c とし，**光軸**（レンズの中心を通る対称軸）を Z_c 軸とするカメラに固定した $X_cY_cZ_c$ 座標系を考える．これを**カメラ座標系**とよぶ．また，カメラに固定した xy 座標系をもつ平面を考える．これを画像と同一視して，**画像面**とよぶ．そして，シーン中の点 (X, Y, Z) は，その点とレンズ中心 O_c を通る直線と画像面との交点 (x, y) に撮影されるとする（**図 4.1**）．このようなモデルを**透視投影**という．そして，レンズ中心 O_c を**視点** (viewpoint)，それと点 (x, y) を通る直線を**視線** (line of sight, ray) とよび，画像面と光軸との交点 (u_0, v_0) を**光軸点** (principal point) とよぶ．通常のカメラは，この透視投影モデルでよく記述できる（画像面とカメラ座標系のより具体的な関係は，5.1 節で述べる）．

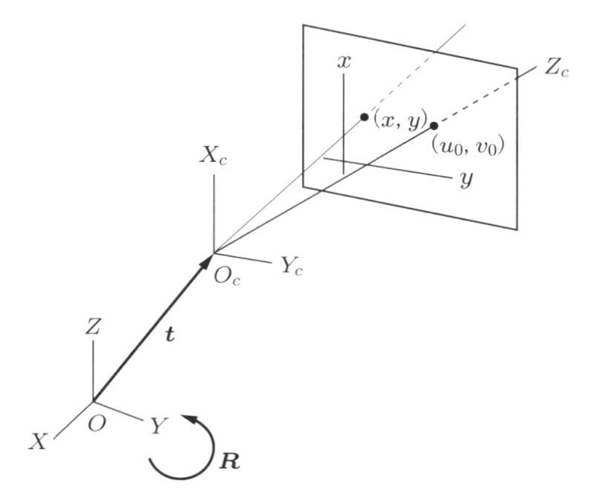

図 4.1 カメラの撮像の透視投影モデル.

視点 O_c の位置を世界座標系で表したベクトルを $\boldsymbol{t}$ とし，$X_cY_cZ_c$ カメラ座標系の XYZ 世界座標系に対する回転行列を $\boldsymbol{R}$ とすると，カメラの位置と向きは$\{\boldsymbol{t}, \boldsymbol{R}\}$で指定できる．これをカメラの**運動パラメータ**とよび，$\boldsymbol{t}$, $\boldsymbol{R}$ はそれぞれこのカメラの**並進**，**回転**とよぶ．

4.2 カメラ行列と三角測量

シーン中の点 (X, Y, Z) が画像上に投影される点 (x, y) は，透視投影のモデルから，次のような分数式で表されることが導ける（詳細は第 5 章で扱う）．

$$x = f_0 \frac{P_{11}X + P_{12}Y + P_{13}Z + P_{14}}{P_{31}X + P_{32}Y + P_{33}Z + P_{34}}, \qquad y = f_0 \frac{P_{21}X + P_{22}Y + P_{23}Z + P_{24}}{P_{31}X + P_{32}Y + P_{33}Z + P_{34}} \tag{4.1}$$

ただし，f_0 は第 2, 3 章で用いたものと同じスケール定数であり，P_{ij} ($i = 1, 2, 3$, $j = 1, \ldots, 4$) はカメラの内部定数（焦点距離など）と運動パラメータ$\{\boldsymbol{t}, \boldsymbol{R}\}$から定まる係数である．式 (4.1) は，次のように書き直せる（$\hookrightarrow$ 演習問題 4.1）．

$$\begin{pmatrix} x/f_0 \\ y/f_0 \\ 1 \end{pmatrix} \simeq \begin{pmatrix} P_{11} & P_{12} & P_{13} & P_{14} \\ P_{21} & P_{22} & P_{23} & P_{24} \\ P_{31} & P_{32} & P_{33} & P_{34} \end{pmatrix} \begin{pmatrix} X \\ Y \\ Z \\ 1 \end{pmatrix} \tag{4.2}$$

ただし，記号 $\simeq$ は左辺が右辺の零でない定数倍であることを表す．右辺の 3×4

行列 $\boldsymbol{P} = (P_{ij})$ を**カメラ行列**とよぶ．三角測量を行うには，あらかじめカメラ行列 $\boldsymbol{P}$ を計算しておく必要がある．これを**カメラ校正** (camera calibration) とよぶ．本章では，カメラは校正されているとする（$\boldsymbol{P}$ を定める方法は以降の章で扱う）．

2 台のカメラ（以下，第 1 カメラ，第 2 カメラとよぶ）のカメラ行列をそれぞれ $\boldsymbol{P} = (P_{ij})$, $\boldsymbol{P}' = (P'_{ij})$ とする．シーン中の点 (X, Y, Z) がそれぞれの画像上の点 (x, y), (x', y') に観測されるとき，観測に誤差がなければ，(x, y), (x', y') から (X, Y, Z) が次のように計算できる．

手順 4.1　カメラ行列による三角測量

1. 次の 4×3 行列 $\boldsymbol{T}$ と 4 次元ベクトル $\boldsymbol{p}$ を計算する．

$$\boldsymbol{T} = \begin{pmatrix} f_0 P_{11} - xP_{31} & f_0 P_{12} - xP_{32} & f_0 P_{13} - xP_{33} \\ f_0 P_{21} - yP_{31} & f_0 P_{22} - yP_{32} & f_0 P_{23} - yP_{33} \\ f_0 P'_{11} - x'P'_{31} & f_0 P'_{12} - x'P'_{32} & f_0 P'_{13} - x'P'_{33} \\ f_0 P'_{21} - y'P'_{31} & f_0 P'_{22} - y'P'_{32} & f_0 P'_{23} - y'P'_{33} \end{pmatrix},$$

$$\boldsymbol{p} = \begin{pmatrix} f_0 P_{14} - xP_{34} \\ f_0 P_{24} - yP_{34} \\ f_0 P'_{14} - x'P'_{34} \\ f_0 P'_{24} - y'P'_{34} \end{pmatrix} \tag{4.3}$$

2. 次の連立 1 次方程式を解いて X, Y, Z を求める．

$$\boldsymbol{T}^\top \boldsymbol{T} \begin{pmatrix} X \\ Y \\ Z \end{pmatrix} = -\boldsymbol{T}^\top \boldsymbol{p} \tag{4.4}$$

解説　式 (4.1) の分母を払って整理し，第 2 カメラについても同様にすると，X, Y, Z に関する次の連立 1 次方程式を得る．

$$\begin{aligned} &(f_0 P_{11} - xP_{31})X + (f_0 P_{12} - xP_{32})Y + (f_0 P_{13} - xP_{33})Z + f_0 P_{14} - xP_{34} = 0, \\ &(f_0 P_{21} - yP_{31})X + (f_0 P_{22} - yP_{32})Y + (f_0 P_{23} - yP_{33})Z + f_0 P_{24} - yP_{34} = 0, \\ &(f_0 P'_{11} - x'P'_{31})X + (f_0 P'_{12} - x'P'_{32})Y + (f_0 P'_{13} - x'P'_{33})Z + f_0 P'_{14} - x'P'_{34} = 0, \\ &(f_0 P'_{21} - y'P'_{31})X + (f_0 P'_{22} - y'P'_{32})Y + (f_0 P'_{23} - y'P'_{33})Z + f_0 P'_{24} - y'P'_{34} = 0 \end{aligned} \tag{4.5}$$

これは 3 個の未知数 X, Y, Z に関する 4 個の方程式であるが，これらは互いに線形従属で，独立なものは 3 個である．したがって，これら 4 個から任意の 3 個を抜き出して解を計算すれば，残りの式が自動的に満たされる．しかし，これらを同時に解いても同じ解が求まる．具体的には，式 (4.3) の行列 $\boldsymbol{T}$ とベクトル $\boldsymbol{p}$ を用いて，式 (4.5) を

$$\boldsymbol{T}\begin{pmatrix} X \\ Y \\ Z \end{pmatrix} = -\boldsymbol{p} \tag{4.6}$$

と書いて，両辺に左から $\boldsymbol{T}^\top$ を掛けた式 (4.4) を解けばよい．$\boldsymbol{T}^\top\boldsymbol{T}$ は 3×3 行列，$\boldsymbol{T}^\top\boldsymbol{p}$ は 3 次元ベクトルである．これは，式 (4.6) に最小 2 乗法を適用していることにほかならない（↪ 演習問題 4.2）．式 (4.6) に解が存在する限り，最小 2 乗法で解いても，3 個の式を抜き出して解いても同じ解が得られる．

4.3 誤差のある対応点からの三角測量

観測点 (x, y), (x', y') に誤差があると，2 台のカメラの定める視線は必ずしも一点で交わらない．このような場合，2 本の視線に最も近い点，すなわち視線を最短距離で結ぶ線分の中点を (X, Y, Z) とすることが古くから行われていた（**図 4.2**）．これは**中点法**とよばれている．視線は，第 1 カメラについては図 4.1 の視点 O_c と画像上の点 (x, y) を通る直線であるが，これは式 (4.5) の最初の 2 式を解いて得られる．3 個の未知数 X, Y, Z に対して二つの式しかないので，1 パラメータを含む（たとえば Z をパラメータとする）解として直線が定まる．同様に，第 2 カメラの視線は，式 (4.5) の最後の 2 式を 1 パラメータを含んで解けば得られる．

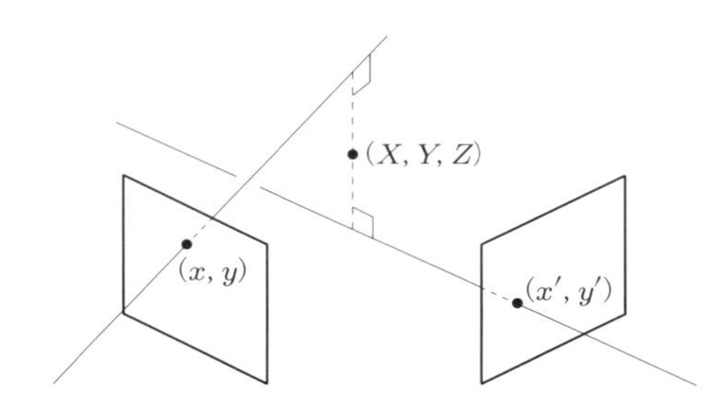

図 4.2 観測点の誤差のため 2 台のカメラの視線が交わらないとき，視線を最短に結ぶ線分の中点を求める．

しかし，誤差は画像上で生じるのであるから，シーン中で「視線に近い」ということにあまり意味がない．合理的な方法は，観測した対応点 (x, y), (x', y') を視線が交わる位置に画像上で最短に補正して（図 4.3），手順 4.1 によって 3 次元位置 (X, Y, Z) を計算することである．「視線が交わる」というのは，式 (4.5) が唯一の解をもつこと，すなわち，3 式のみが線形独立で，残りの式が自動的に満たされることである．式 (4.5) が線形従属である条件を書き直すと，次の形になる（$\hookrightarrow$ 演習問題 4.3）．

$$\left(\begin{pmatrix} x/f_0 \\ y/f_0 \\ 1 \end{pmatrix}, \boldsymbol{F}\begin{pmatrix} x'/f_0 \\ y'/f_0 \\ 1 \end{pmatrix}\right) = 0 \tag{4.7}$$

ただし，$\boldsymbol{F}$ はカメラ行列 $\boldsymbol{P}$, $\boldsymbol{P}'$ から定まるある 3×3 行列である．これは，式 (3.1) のエピ極線方程式にほかならない．ゆえに，$\boldsymbol{F}$ は基礎行列である．すなわち，視線の交わる必要十分条件がエピ極線方程式であり，基礎行列 $\boldsymbol{F}$ はカメラ行列 $\boldsymbol{P}$, $\boldsymbol{P}'$ から定まる．本章では，カメラは校正済みで $\boldsymbol{P}$, $\boldsymbol{P}'$ は既知と仮定するから，基礎行列 $\boldsymbol{F}$ も既知である．

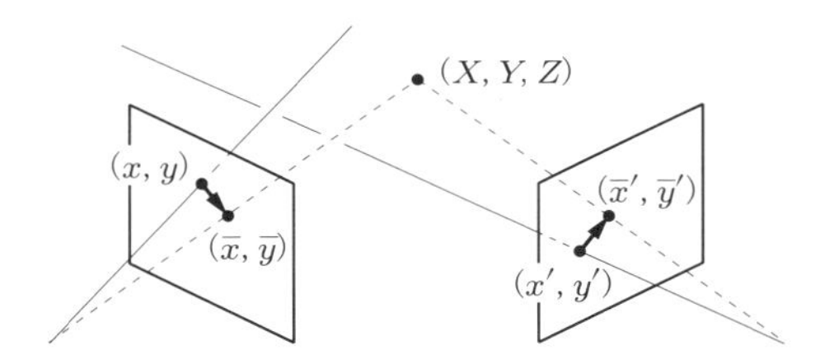

図 4.3　観測した対応点を，視線が交わるように最短に補正する．

観測した対応点 (x, y), (x', y') を，式 (4.7) のエピ極線式を満たす位置 $(\bar{x}, \bar{y})$, $(\bar{x}', \bar{y}')$ に最短に補正することを考える．「最短に」というのは，補正のための移動距離の 2 乗和

$$S = (x - \bar{x})^2 + (y - \bar{y})^2 + (x' - \bar{x}')^2 + (y' - \bar{y}')^2 \tag{4.8}$$

が最小になることである．この S を**再投影誤差** (reprojection error) とよぶ．この用語は，3 次元点を画像上に投影して得られる観測点 (x, y), (x', y') から 3 次元位置 (X, Y, Z) を復元し，その (X, Y, Z) を画像上に“再び”投影した位置 $(\bar{x}, \bar{y})$, $(\bar{x}', \bar{y}')$ と観測位置 (x, y), (x', y') の食い違いを測っているという意味である．

4.4 対応点の最適補正

基礎行列 $\boldsymbol{F}$ を既知とし，式 (3.3) のように $\boldsymbol{F}$ を 9 次元ベクトル $\boldsymbol{\theta}$ で表す．9 次元ベクトル $\boldsymbol{\xi}$ を式 (3.3) のように定義すれば，式 (4.7) のエピ極線方程式は $(\boldsymbol{\xi}, \boldsymbol{\theta}) = 0$ と書ける．式 (4.7) のもとで式 (4.8) を最小にする $(\hat{x}, \hat{y})$, $(\hat{x}', \hat{y}')$ は，次の手順で計算できる．

手順 4.2 対応点の最適補正

1. $S_0 = \infty$ とし（∞ は十分大きい数），$\hat{x} = x$, $\hat{y} = y$, $\hat{x}' = x'$, $\hat{y}' = y'$, $\tilde{x} = \tilde{y} = \tilde{x}' = \tilde{y}' = 0$ とおく．
2. 式 (3.12) の $V_0[\boldsymbol{\xi}]$ の $\bar{x}$, $\bar{y}$, $\bar{x}'$, $\bar{y}'$ を，それぞれ $\hat{x}$, $\hat{y}$, $\hat{x}'$, $\hat{y}'$ に置き換えた正規化共分散行列 $V_0[\hat{\boldsymbol{\xi}}]$ を計算する．
3. 次の $\boldsymbol{\xi}^*$ を計算する．

$$\boldsymbol{\xi}^* = \begin{pmatrix} \hat{x}\hat{x}' + \hat{x}'\tilde{x} + \hat{x}\tilde{x}' \\ \hat{x}\hat{y}' + \hat{y}'\tilde{x} + \hat{x}\tilde{y}' \\ f_0(\hat{x} + \tilde{x}) \\ \hat{y}\hat{x}' + \hat{x}'\tilde{y} + \hat{y}\tilde{x}' \\ \hat{y}\hat{y}' + \hat{y}'\tilde{y} + \hat{y}\tilde{y}' \\ f_0(\hat{y} + \tilde{y}) \\ f_0(\hat{x}' + \tilde{x}') \\ f_0(\hat{y}' + \tilde{y}') \\ f_0^2 \end{pmatrix} \tag{4.9}$$

4. $\tilde{x}$, $\tilde{y}$, $\tilde{x}'$, $\tilde{y}'$ を次のように更新する．

$$\begin{pmatrix} \tilde{x} \\ \tilde{y} \end{pmatrix} \leftarrow \frac{(\boldsymbol{\xi}^*, \boldsymbol{\theta})}{(\boldsymbol{\theta}, V_0[\hat{\boldsymbol{\xi}}]\boldsymbol{\theta})} \begin{pmatrix} \theta_1 & \theta_2 & \theta_3 \\ \theta_4 & \theta_5 & \theta_6 \end{pmatrix} \begin{pmatrix} \hat{x}' \\ \hat{y}' \\ f_0 \end{pmatrix},$$
$$\begin{pmatrix} \tilde{x}' \\ \tilde{y}' \end{pmatrix} \leftarrow \frac{(\boldsymbol{\xi}^*, \boldsymbol{\theta})}{(\boldsymbol{\theta}, V_0[\hat{\boldsymbol{\xi}}]\boldsymbol{\theta})} \begin{pmatrix} \theta_1 & \theta_4 & \theta_7 \\ \theta_2 & \theta_5 & \theta_8 \end{pmatrix} \begin{pmatrix} \hat{x} \\ \hat{y} \\ f_0 \end{pmatrix} \tag{4.10}$$

5. $\hat{x}$, $\hat{y}$, $\hat{x}'$, $\hat{y}'$ を次のように更新する．

$$\hat{x} \leftarrow x - \tilde{x}, \quad \hat{y} \leftarrow y - \tilde{y}, \quad \hat{x}' \leftarrow x' - \tilde{x}', \quad \hat{y}' \leftarrow y' - \tilde{y}' \tag{4.11}$$

6. 次の S を計算する．

$$S = \tilde{x}^2 + \tilde{y}^2 + \tilde{x}'^2 + \tilde{y}'^2 \tag{4.12}$$

そして，$S \approx S_0$ であれば $(\hat{x}, \hat{y})$, $(\hat{x}', \hat{y}')$ を返して終了する．そうでなければ，$S_0 \leftarrow S$ としてステップ 2 に戻る．

解説　これは，手順 3.7 と**ステップ 4 を除いて同一**である．本章では，カメラ行列を，したがって基礎行列を既知としている．それに対して，前章の幾何学的距離最小化は，**三角測量を行いながら，毎回の反復で基礎行列を表す $\boldsymbol{\theta}$ を更新している**とみなせる．上の手順の導出は手順 3.7 と同じであり，最初の補正位置 $(\hat{x}, \hat{y})$, $(\hat{x}', \hat{y}')$ が得られたら，式 (4.8) を次のように書き換える．

$$\begin{aligned} S &= (\hat{x} + (x - \hat{x}) - \bar{x})^2 + (\hat{y} + (y - \hat{y}) - \bar{y})^2 + (\hat{x}' + (x' - \hat{x}') - \bar{x}')^2 \\ &\quad + (\hat{y}' + (y' - \hat{y}') - \bar{y}')^2 \\ &= (\hat{x} + \tilde{x} - \bar{x})^2 + (\hat{y} + \tilde{y} - \bar{y})^2 + (\hat{x}' + \tilde{x}' - \bar{x}')^2 + (\hat{y}' + \tilde{y}' - \bar{y}')^2 \end{aligned} \tag{4.13}$$

ただし，次のようにおく．

$$\tilde{x} = x - \hat{x}, \quad \tilde{y} = y - \hat{y}, \quad \tilde{x}' = x' - \hat{x}', \quad \tilde{y}' = y' - \hat{y}' \tag{4.14}$$

これらは補正の移動量を表す．そして，$(\hat{x}, \hat{y})$, $(\hat{x}', \hat{y}')$ を入力位置とみなして，ラグランジュの未定乗数法によって，式 (4.13) を最小にする $(\bar{x}, \bar{y})$, $(\bar{x}', \bar{y}')$ の値 $(\hat{\hat{x}}, \hat{\hat{y}})$, $(\hat{\hat{x}}', \hat{\hat{y}}')$ を計算する．このとき，$\hat{x} - \bar{x}$, $\hat{y} - \bar{y}$, $\hat{x}' - \bar{x}'$, $\hat{y} - \bar{y}'$ の高次の微小量を無視する（$\hookrightarrow$ 演習問題 4.4(1),(2)）．$\hat{x} - \bar{x}$, $\hat{y} - \bar{y}$, $\hat{x}' - \bar{x}'$, $\hat{y} - \bar{y}'$ は $x - \bar{x}$, $y - \bar{y}$, $x' - \bar{x}'$, $y - \bar{y}'$ に比べて微小であるから，得られる解 $(\hat{\hat{x}}, \hat{\hat{y}})$, $(\hat{\hat{x}}', \hat{\hat{y}}')$ は $(\hat{x}, \hat{y})$, $(\hat{x}', \hat{y}')$ に比べて $(\bar{x}, \bar{y})$, $(\bar{x}', \bar{y}')$ のよりよい近似である．そこで，$(\hat{\hat{x}}, \hat{\hat{y}})$, $(\hat{\hat{x}}', \hat{\hat{y}}')$ を改めて $(\hat{x}, \hat{y})$, $(\hat{x}', \hat{y}')$ とおき，式 (4.8) を式 (4.13) の形に書き直す（$\hookrightarrow$ 演習問題 4.4(3),(4)）．以下，同様の操作を行えば，反復のたびによりよい近似が得られる．補正のための移動距離の 2 乗和が変化しなくなったら終了する．これによって，最終的に式 (4.12) の S は式 (4.8) の S に一致する．反復ごとに補正量は急激に減少し，実用上は 1, 2 回の反復で十分である．

4.5 実験例

図 4.4 は，前章の誤差の加わった曲面格子の図 3.2 に手順 4.2 を適用して，各格子点位置を最適に補正した結果である．**図 4.5**(a) は，それから手順 4.1 によって各格子点の 3 次元位置を計算し，復元した円筒形の軸方向から見た図（端の格子点のみ線で結んだもの）である．比較のために，図 4.5(b) に真の形状を同じ方向から見た図を示す．画像上の誤差のために，復元した形状も多少影響を受けていることがわかる．

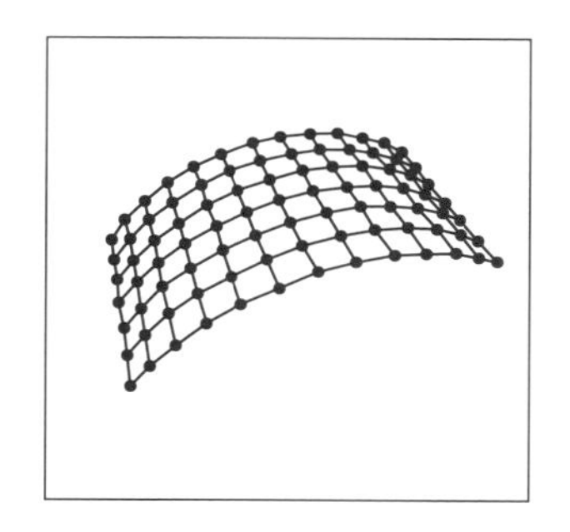
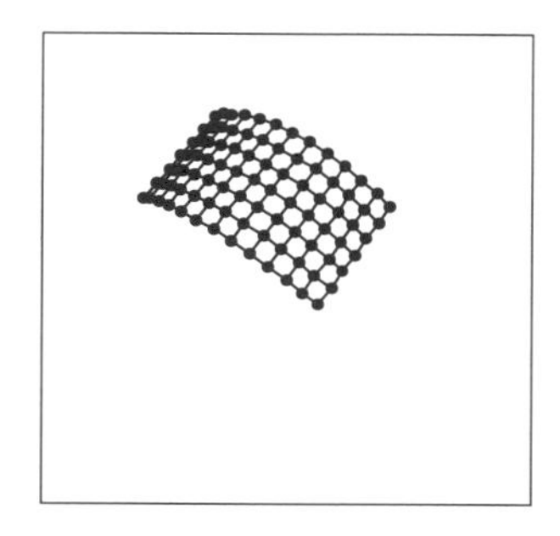

図 4.4 図 3.2 の格子点位置を手順 4.2 によって最適に補正した画像．

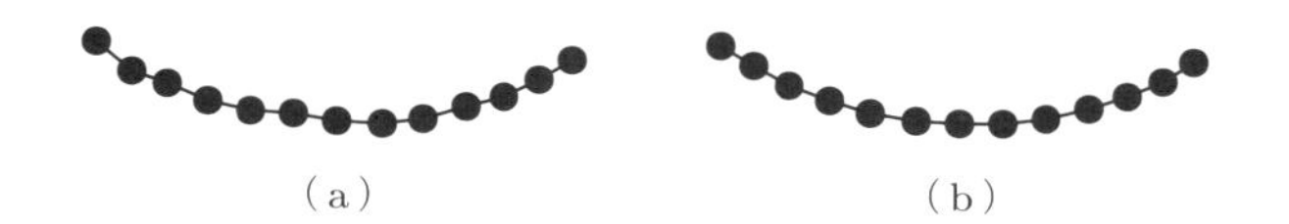

図 4.5 (a) 図 4.4 から三角測量によって復元して得られる格子点位置を，ある方向（円筒形の軸方向）から見た図．(b) 真の格子点位置を同じ方向から見た図．

4.6 さらに勉強したい人へ

「三角測量」と「ステレオ視」は実質的に同じ意味であるが，実際に行うには各カメラの校正と 2 画像間の対応点を検出する必要がある．「ステレオ視」はそのための画像処理を含めた処理系に重点をおいた用語であり，「三角測量」は 3 次元位置や 3 次元形状を計算する手順に重点をおいた用語である．式 (4.1), (4.2) による透視投影カメラのモデル化は，教科書 [16, 21] に詳しい説明がある．式 (4.6) のような未知数の数より多い式に最小 2 乗法を適用して，式 (4.4) のように変形して解く原理と応用は，教科書 [36] に詳しい．

手順 4.2 の対応点の最適補正の手順は，金谷ら [62] が発表している．ここで用いているラグランジュ未定乗数法については，教科書 [36] を参照するとよい．手順 4.2 は反復を伴うが，解を直接に計算する方法を Hartley ら [15] が発表している．これは，計算を 6 次方程式の解法に帰着させるものである．これが多くの人に広まっている理由は，Hartley の知名度もあるが，原理が全数探索であって理論的に大域的最適解が得られるという点である．確かに，勾配に基づく探索では，求める解から非常に離れた初期値を任意に指定すれば，局所解に陥る可能性がある．しかし，本章の反復は**対応点の観測位置**から出発するので，補正はその近傍に収束する．そして，通常は 2, 3 回の反復で十分である．また，Hartley らの方法では，一方の画像上の対応点の位置が他方のカメラの視点の像の位置（エピ極点）にあれば，これが特異点となって計算が破綻する．それ以外では手順 4.2 とまったく同一の解が得られるが，6 次方程式を解くのに計算時間を要し，手順 4.2 と比較して著しく非効率である（金谷ら [62] が実行時間を比較している）．したがって，実際の応用でこれを用いる理由がない．幾何学的距離最小化による基礎行列の計算から基礎行列の更新部分を除けば，この三角測量の手順が得られることは，金谷ら [55, 56] が示している．

演習問題

4.1 式 (4.2) が式 (4.1) を表していることを示せ．

4.2 (1) $\boldsymbol{A}$ が $m \times n$ 行列 $(m > n)$ のとき，$\|\boldsymbol{A}\boldsymbol{x} - \boldsymbol{b}\|^2$ を最小化する n 次元ベクトル $\boldsymbol{x}$ は，次の**正規方程式**を解いて得られることを示せ．

$$\boldsymbol{A}^\top \boldsymbol{A}\boldsymbol{x} = \boldsymbol{A}^\top \boldsymbol{b} \tag{4.15}$$

(2) $n \times m$ 行列 $\boldsymbol{A}$ に対して $(m > n)$，$\boldsymbol{A}^\top \boldsymbol{A}$ が正則行列のとき，$\boldsymbol{A}$ の**一般逆行列**を $\boldsymbol{A}^- = (\boldsymbol{A}^\top \boldsymbol{A})^{-1}\boldsymbol{A}^\top$ と定義すると，式 (4.15) の正規方程式の解が次のように書けることを示せ．

$$\boldsymbol{x} = \boldsymbol{A}^- \boldsymbol{b} \tag{4.16}$$

4.3 (1) 式 (4.5) の 4 式が線形従属である条件が，次のように書けることを示せ．

$$\begin{vmatrix} P_{11} & P_{12} & P_{13} & P_{14} & x/f_0 & 0 \\ P_{21} & P_{22} & P_{23} & P_{24} & y/f_0 & 0 \\ P_{31} & P_{32} & P_{33} & P_{34} & 1 & 0 \\ P'_{11} & P'_{12} & P'_{13} & P'_{14} & 0 & x'/f_0 \\ P'_{21} & P'_{22} & P'_{23} & P'_{24} & 0 & y'/f_0 \\ P'_{31} & P'_{32} & P'_{33} & P'_{34} & 0 & 1 \end{vmatrix} = 0 \tag{4.17}$$

(2) 式 (4.17) は，ある行列 $\boldsymbol{F}$ を用いて式 (4.7) の形に書けることを示せ．そして，$\boldsymbol{F}$ の各要素を P_{ij}, P'_{ij} $(i = 1, 2, 3, j = 1, \ldots, 4)$ によって表せ．

4.4 (1) 式 (4.7) の制約条件のもとで式 (4.8) を最小にする $\bar{x}$, $\bar{y}$, $\bar{x}'$, $\bar{y}'$ の値をそれぞれ $\hat{x}$, $\hat{y}$, $\hat{x}'$, $\hat{y}'$ と書くとき，$x - \bar{x}$, $y - \bar{y}$, $x' - \bar{x}'$, $y - \bar{y}'$ の高次の微小量を無視すると，次の形に書けることを示せ．

$$\begin{pmatrix} \hat{x} \\ \hat{y} \end{pmatrix} = \begin{pmatrix} x \\ y \end{pmatrix} - \frac{(\boldsymbol{x}, \boldsymbol{F}\boldsymbol{x}')}{(\boldsymbol{F}\boldsymbol{x}', \boldsymbol{P}_{\boldsymbol{k}}\boldsymbol{F}\boldsymbol{x}') + (\boldsymbol{F}^\top\boldsymbol{x}, \boldsymbol{P}_{\boldsymbol{k}}\boldsymbol{F}^\top\boldsymbol{x})} \begin{pmatrix} F_{11} & F_{12} & F_{13} \\ F_{21} & F_{22} & F_{23} \end{pmatrix} \begin{pmatrix} x' \\ y' \\ f_0 \end{pmatrix},$$

$$\begin{pmatrix} \hat{x}' \\ \hat{y}' \end{pmatrix} = \begin{pmatrix} x' \\ y' \end{pmatrix} - \frac{(\boldsymbol{x}, \boldsymbol{F}\boldsymbol{x}')}{(\boldsymbol{F}\boldsymbol{x}', \boldsymbol{P}_{\boldsymbol{k}}\boldsymbol{F}\boldsymbol{x}') + (\boldsymbol{F}^\top\boldsymbol{x}, \boldsymbol{P}_{\boldsymbol{k}}\boldsymbol{F}^\top\boldsymbol{x})} \begin{pmatrix} F_{11} & F_{21} & F_{31} \\ F_{12} & F_{22} & F_{32} \end{pmatrix} \begin{pmatrix} x \\ y \\ f_0 \end{pmatrix} \tag{4.18}$$

ただし，次のようにおいた．

$$\boldsymbol{x} = \begin{pmatrix} x/f_0 \\ y/f_0 \\ 1 \end{pmatrix}, \quad \boldsymbol{x}' = \begin{pmatrix} x'/f_0 \\ y'/f_0 \\ 1 \end{pmatrix}, \quad \boldsymbol{P}_{\boldsymbol{k}} = \begin{pmatrix} 1 & 0 & 0 \\ 0 & 1 & 0 \\ 0 & 0 & 0 \end{pmatrix} \tag{4.19}$$

(2) 式 (3.3) のように $\boldsymbol{F}$ を 9 次元ベクトル $\boldsymbol{\theta}$ で表し，9 次元ベクトル $\boldsymbol{\xi}$ を式 (3.3) のように定義すれば，式 (4.18) は次のように書けることを示せ．

$$\begin{pmatrix} \hat{x} \\ \hat{y} \end{pmatrix} = \begin{pmatrix} x \\ y \end{pmatrix} - \frac{(\boldsymbol{\xi}, \boldsymbol{\theta})}{(\boldsymbol{\theta}, V_0[\boldsymbol{\xi}]\boldsymbol{\theta})} \begin{pmatrix} \theta_1 & \theta_2 & \theta_3 \\ \theta_4 & \theta_5 & \theta_6 \end{pmatrix} \begin{pmatrix} x' \\ y' \\ f_0 \end{pmatrix},$$

$$\begin{pmatrix} \hat{x}' \\ \hat{y}' \end{pmatrix} = \begin{pmatrix} x' \\ y' \end{pmatrix} - \frac{(\boldsymbol{\xi}, \boldsymbol{\theta})}{(\boldsymbol{\theta}, V_0[\boldsymbol{\xi}]\boldsymbol{\theta})} \begin{pmatrix} \theta_1 & \theta_4 & \theta_7 \\ \theta_2 & \theta_5 & \theta_8 \end{pmatrix} \begin{pmatrix} x \\ y \\ f_0 \end{pmatrix} \tag{4.20}$$

ただし，$V_0[\boldsymbol{\xi}]$ は式 (3.12) 中の $\bar{x}$, $\bar{y}$, $\bar{x}'$, $\bar{y}'$ をそれぞれ x, y, x', y' に置き換えた正規化共分散行列である．

(3) 式 (4.7) の制約条件のもとで式 (4.8) を書き換えた式 (4.13) を最小にする $\bar{x}$, $\bar{y}$, $\bar{x}'$, $\bar{y}'$ の値をそれぞれ $\hat{x}$, $\hat{y}$, $\hat{x}'$, $\hat{y}'$ と書くとき，$\hat{x}-\bar{x}$, $\hat{y}-\bar{y}$, $\hat{x}'-\bar{x}'$, $\hat{y}-\bar{y}'$ の高次の微小量を無視すると，次の形に書けることを示せ．

$$\begin{pmatrix}\hat{\hat{x}}\\ \hat{\hat{y}}\end{pmatrix}=\begin{pmatrix}x\\ y\end{pmatrix}-\frac{(\hat{\boldsymbol{x}},\boldsymbol{F}\hat{\boldsymbol{x}}')+(\boldsymbol{F}\hat{\boldsymbol{x}}',\tilde{\boldsymbol{x}})+(\boldsymbol{F}^{\top}\hat{\boldsymbol{x}},\tilde{\boldsymbol{x}}')}{(\boldsymbol{F}\hat{\boldsymbol{x}}',\boldsymbol{P_k}\boldsymbol{F}\hat{\boldsymbol{x}}')+(\boldsymbol{F}^{\top}\hat{\boldsymbol{x}},\boldsymbol{P_k}\boldsymbol{F}^{\top}\hat{\boldsymbol{x}})}\begin{pmatrix}F_{11} & F_{12} & F_{13}\\ F_{21} & F_{22} & F_{23}\end{pmatrix}\begin{pmatrix}\hat{x}'\\ \hat{y}'\\ f_0\end{pmatrix},$$

$$\begin{pmatrix}\hat{\hat{x}}'\\ \hat{\hat{y}}'\end{pmatrix}=\begin{pmatrix}x'\\ y'\end{pmatrix}-\frac{(\hat{\boldsymbol{x}},\boldsymbol{F}\hat{\boldsymbol{x}}')+(\boldsymbol{F}\hat{\boldsymbol{x}}',\tilde{\boldsymbol{x}})+(\boldsymbol{F}^{\top}\hat{\boldsymbol{x}},\tilde{\boldsymbol{x}}')}{(\boldsymbol{F}\hat{\boldsymbol{x}}',\boldsymbol{P_k}\boldsymbol{F}\hat{\boldsymbol{x}}')+(\boldsymbol{F}^{\top}\hat{\boldsymbol{x}},\boldsymbol{P_k}\boldsymbol{F}^{\top}\hat{\boldsymbol{x}})}\begin{pmatrix}F_{11} & F_{21} & F_{31}\\ F_{12} & F_{22} & F_{32}\end{pmatrix}\begin{pmatrix}\hat{x}\\ \hat{y}\\ f_0\end{pmatrix} \tag{4.21}$$

ただし，次のようにおいた（$\tilde{x}$, $\tilde{y}$, $\tilde{x}'$, $\tilde{y}'$ は式 (4.14) で定義される）．

$$\hat{\boldsymbol{x}}=\begin{pmatrix}\hat{x}/f_0\\ \hat{y}/f_0\\ 1\end{pmatrix},\qquad \hat{\boldsymbol{x}}'=\begin{pmatrix}\hat{x}'/f_0\\ \hat{y}'/f_0\\ 1\end{pmatrix},\qquad \tilde{\boldsymbol{x}}=\begin{pmatrix}\tilde{x}/f_0\\ \tilde{y}/f_0\\ 0\end{pmatrix},\qquad \tilde{\boldsymbol{x}}'=\begin{pmatrix}\tilde{x}'/f_0\\ \tilde{y}'/f_0\\ 0\end{pmatrix} \tag{4.22}$$

(4) 9次元ベクトル $\boldsymbol{\xi}^*$ を式 (4.9) のように定義すれば，式 (4.21) は次のように書けることを示せ．

$$\begin{pmatrix}\hat{\hat{x}}\\ \hat{\hat{y}}\end{pmatrix}=\begin{pmatrix}x\\ y\end{pmatrix}-\frac{(\boldsymbol{\xi}^*,\boldsymbol{\theta})}{(\boldsymbol{\theta},V_0[\hat{\boldsymbol{\xi}}]\boldsymbol{\theta})}\begin{pmatrix}\theta_1 & \theta_2 & \theta_3\\ \theta_4 & \theta_5 & \theta_6\end{pmatrix}\begin{pmatrix}\hat{x}'\\ \hat{y}'\\ f_0\end{pmatrix},$$

$$\begin{pmatrix}\hat{\hat{x}}'\\ \hat{\hat{y}}'\end{pmatrix}=\begin{pmatrix}x'\\ y'\end{pmatrix}-\frac{(\boldsymbol{\xi}^*,\boldsymbol{\theta})}{(\boldsymbol{\theta},V_0[\hat{\boldsymbol{\xi}}]\boldsymbol{\theta})}\begin{pmatrix}\theta_1 & \theta_4 & \theta_7\\ \theta_2 & \theta_5 & \theta_8\end{pmatrix}\begin{pmatrix}\hat{x}\\ \hat{y}\\ f_0\end{pmatrix} \tag{4.23}$$

ただし，$V_0[\hat{\boldsymbol{\xi}}]$ は式 (3.12) 中の $\bar{x}$, $\bar{y}$, $\bar{x}'$, $\bar{y}'$ をそれぞれ $\hat{x}$, $\hat{y}$, $\hat{x}'$, $\hat{y}'$ に置き換えた正規化共分散行列である．

第5章 2画像からの3次元復元

本章では，2画像間の対応点からの3次元復元，すなわち，対応点の3次元位置を計算する方法を述べる．そのためには，2台のカメラの位置や向きや焦点距離などを指定するカメラ行列が必要であるが，これを2画像間の基礎行列のみから推定する．この操作を「自己校正」とよぶ．最初に，基礎行列を2台のカメラの位置や向きと焦点距離によって表す．次に，2台のカメラの焦点距離が基礎行列から解析的な公式によって計算できることを示す．その結果を用いると，2台のカメラの位置や向きが計算され，カメラ行列が定まる．カメラ行列が得られれば，各対応点の3次元位置は前章の三角測量によって得られる．

5.1 カメラモデルと自己校正

前章の三角測量を行うためには，2台のカメラのカメラ行列 $\boldsymbol{P}$, $\boldsymbol{P}'$ が既知でなければならない．そのためのカメラ校正は，専用装置を用いて実験室内で行うことができるが，撮影した2画像間の基礎行列 $\boldsymbol{F}$ を計算して，直接に $\boldsymbol{P}$, $\boldsymbol{P}'$ を定めることも可能である．このように，事前の校正を行わずに撮影した画像から直接にカメラ行列を定めることを**自己校正** (self-calibration) とよぶ．しかし，これができるためには条件が必要である．2画像間の基礎行列 $\boldsymbol{F}$ は定数倍を除いて定まり，かつランク拘束条件 $\det \boldsymbol{F} = 0$ があるので，自由度（独立な要素数）は7である．一方，式 (4.2) からわかるように，3×4 のカメラ行列は定数倍の不定性があるから，自由度は11であり，$\boldsymbol{P}$, $\boldsymbol{P}'$ は合わせて自由度22である．したがって，2画像から自己校正できるためには，カメラ行列 $\boldsymbol{P}$, $\boldsymbol{P}'$ を7個のパラメータで表す必要がある．

まず最初に，第1カメラのカメラ座標系を世界座標系とみなす．すなわち，第1カメラの視点 O_c を世界座標系の原点とし，$X_cY_cZ_c$ 座標系を XYZ 世界座標系と一致させる（**図 5.1**）．次に，光軸点は既知（ほとんどのカメラでは画像面の中央）であると仮定する．そして，光軸点を原点 o とする xy 座標系をとる．さらに，画像には歪みがないと仮定し，x 軸，y 軸は X 軸，Y 軸に平行で，画像面は光軸

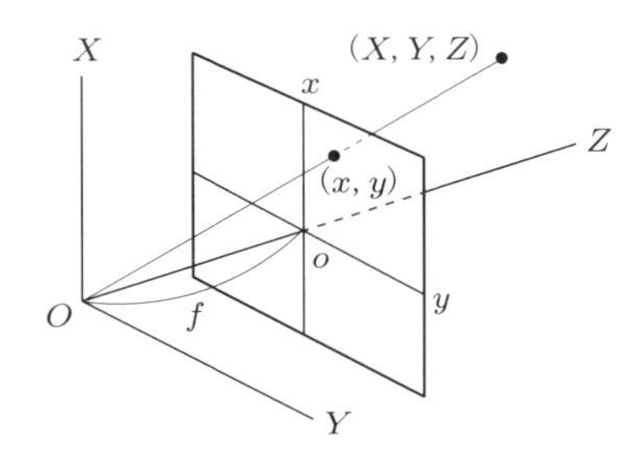

図 5.1 カメラ座標系を世界座標系と一致させた理想的な透視投影.

(= Z 軸) に直交するとする (図 5.1).

画像上に xy 座標系をとるとき，光軸 (Z 軸) 方向は画像の向こう側に伸びる (ガラス窓からシーンを眺めているイメージ) とみなすのが自然である．その結果，図 5.1 からわかるように，**画像上の x 軸と y 軸の相対的な向きが普通と逆になる**．たとえば，x 軸が画像の上方，y 軸が右方を向くよう定める．あるいは，x 軸が画像の右方，y 軸が下方を向くように定めてもよい．

以上の条件が満たされるとき，シーン中の点 (X, Y, Z) が投影される画像上の位置 (x, y) は次のようになる．

$$x = f\frac{X}{Z}, \qquad y = f\frac{Y}{Z} \tag{5.1}$$

ただし，f は画像面と XY 面の距離であり，通常，**焦点距離** (focal length) とよばれる (図 5.1)．式 (5.1) は，次のように書き直せる．

$$\begin{pmatrix} x/f_0 \\ y/f_0 \\ 1 \end{pmatrix} \simeq \begin{pmatrix} f & 0 & 0 \\ 0 & f & 0 \\ 0 & 0 & f_0 \end{pmatrix} \begin{pmatrix} X \\ Y \\ Z \end{pmatrix} \tag{5.2}$$

第2カメラについても，$X'_cY'_cZ'_c$ 座標系に対して (X'_c, Y'_c, Z'_c) と表される点の投影像を (x', y') とすると，次のように書ける．

$$\begin{pmatrix} x'/f_0 \\ y'/f_0 \\ 1 \end{pmatrix} \simeq \begin{pmatrix} f' & 0 & 0 \\ 0 & f' & 0 \\ 0 & 0 & f_0 \end{pmatrix} \begin{pmatrix} X'_c \\ Y'_c \\ Z'_c \end{pmatrix} \tag{5.3}$$

ただし，f' は第2カメラの焦点距離である．しかし，$X'_cY'_cZ'_c$ 座標系は，XYZ 世界座標系 (= 第1カメラの座標系) に対して回転行列 $\boldsymbol{R}$ だけ回転しているから，

点 (X'_c, Y'_c, Z'_c) の XYZ 世界座標系に対する向きは $\boldsymbol{R}(X'_c, Y'_c, Z'_c)^\top$ である．さらに，$X'_cY'_cZ'_c$ 座標系の原点 O'_c は，XYZ 世界座標系に対して位置 $\boldsymbol{t}$ にあるから，点 (X'_c, Y'_c, Z'_c) の XYZ 世界座標系に対する位置は

$$\begin{pmatrix} X \\ Y \\ Z \end{pmatrix} = \boldsymbol{R} \begin{pmatrix} X'_c \\ Y'_c \\ Z'_c \end{pmatrix} + \boldsymbol{t} \tag{5.4}$$

である（**図 5.2**）．これと式 (5.3) を組み合わせると，次のように書ける（$\boldsymbol{R}$ は回転行列であるから，逆行列は $\boldsymbol{R}^{-1} = \boldsymbol{R}^\top$）．

$$\begin{pmatrix} x'/f_0 \\ y'/f_0 \\ 1 \end{pmatrix} \simeq \begin{pmatrix} f' & 0 & 0 \\ 0 & f' & 0 \\ 0 & 0 & f_0 \end{pmatrix} \boldsymbol{R}^\top \left(\begin{pmatrix} X \\ Y \\ Z \end{pmatrix} - \boldsymbol{t} \right) = \begin{pmatrix} f' & 0 & 0 \\ 0 & f' & 0 \\ 0 & 0 & f_0 \end{pmatrix} \begin{pmatrix} \boldsymbol{R}^\top & -\boldsymbol{R}^\top \boldsymbol{t} \end{pmatrix} \begin{pmatrix} X \\ Y \\ Z \\ 1 \end{pmatrix} \tag{5.5}$$

以上より，式 (5.2), (5.5) を式 (4.2) に対応させて

$$\begin{pmatrix} x/f_0 \\ y/f_0 \\ 1 \end{pmatrix} \simeq \boldsymbol{P} \begin{pmatrix} X \\ Y \\ Z \\ 1 \end{pmatrix}, \qquad \begin{pmatrix} x'/f_0 \\ y'/f_0 \\ 1 \end{pmatrix} \simeq \boldsymbol{P}' \begin{pmatrix} X \\ Y \\ Z \\ 1 \end{pmatrix} \tag{5.6}$$

と書くと，カメラ行列 $\boldsymbol{P}$, $\boldsymbol{P}'$ は次のように書ける（$\boldsymbol{I}$ は単位行列）．

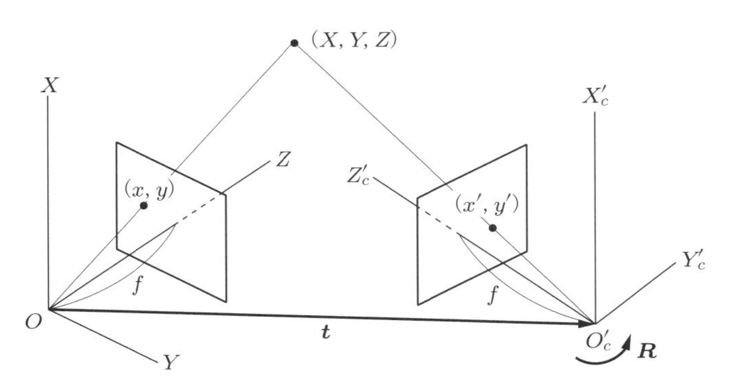

図 5.2　2 台のカメラの座標系の関係．

$$
\boldsymbol{P} = \begin{pmatrix} f & 0 & 0 \\ 0 & f & 0 \\ 0 & 0 & f_0 \end{pmatrix} \begin{pmatrix} \boldsymbol{I} & \boldsymbol{0} \end{pmatrix}, \qquad \boldsymbol{P}' = \begin{pmatrix} f' & 0 & 0 \\ 0 & f' & 0 \\ 0 & 0 & f_0 \end{pmatrix} \begin{pmatrix} \boldsymbol{R}^\top & -\boldsymbol{R}^\top \boldsymbol{t} \end{pmatrix} \tag{5.7}
$$

したがって，2画像からカメラ行列 $\boldsymbol{P}$, $\boldsymbol{P}'$ を定めるには，f, f', $\boldsymbol{R}$, $\boldsymbol{t}$ を定めればよい．しかし，原理的に並進 $\boldsymbol{t}$ の大きさを定めることはできない．なぜなら，画像には奥行き情報がないので，観測した2画像が遠くのシーンに対してカメラを大きく移動して撮影したのか，近くのシーンに対してカメラを少し移動して撮影したのか，画像のみからは区別できないからである．そこで，移動距離を1とする，すなわち $\|\boldsymbol{t}\| = 1$ と仮定する．こうすると，三角測量によって得られるシーンの形状は，真の形状を定数倍したものとなる．すなわち，2画像からの3次元復元には定数倍の不定性が残る．

この状況のもとで，計算すべき未知数には f, f' に2自由度，回転 $\boldsymbol{R}$ に3自由度，並進 $\boldsymbol{t}$ に2自由度の合計7自由度がある．2画像間の基礎行列 $\boldsymbol{F}$ は7自由度をもつから，原理的には $\boldsymbol{F}$ から f, f', $\boldsymbol{R}$, $\boldsymbol{t}$ が計算できる．

5.2　基礎行列の表現

カメラ行列 $\boldsymbol{P} = (P_{ij})$, $\boldsymbol{P}' = (P'_{ij})$ を式 (5.7) で与えると，式 (4.5) の4式が線形従属になる条件は次のように書ける．

$$
\left| \begin{pmatrix} x \\ y \\ f \end{pmatrix}, \boldsymbol{t}, \boldsymbol{R} \begin{pmatrix} x' \\ y' \\ f' \end{pmatrix} \right| = 0 \tag{5.8}
$$

ただし，$|\boldsymbol{a}, \boldsymbol{b}, \boldsymbol{c}|$ はベクトル $\boldsymbol{a}$, $\boldsymbol{b}$, $\boldsymbol{c}$ のスカラ三重積である．幾何学的には次のように解釈できる．図5.1からわかるように，第1カメラの視点 O から画像面上の点 (x, y) を指すベクトルは $(x, y, f)^\top$ である．同様に，第2カメラの視点 O'_c から画像面上の点 (x', y') を指すベクトルは，$X'_cY'_cZ'_c$ 座標系に対して $(x', y', f')^\top$ である．しかし，$X'_cY'_cZ'_c$ 座標系は XYZ 座標系に対して $\boldsymbol{R}$ だけ回転しているので，(x', y') の向きは世界座標系に対しては $\boldsymbol{R}(x', y', f')^\top$ である．式 (5.8) は，これらの視線方向と視点の移動 $\boldsymbol{t}$ が同一平面上にあることを意味している（図5.2）．明らかに，これが二つの視線が交わる条件である．

ベクトル解析でよく知られているように，式 (5.8) は内積とベクトル積を用いて次のように書ける．

$$\left(\begin{pmatrix} x \\ y \\ f \end{pmatrix}, \boldsymbol{t} \times \boldsymbol{R} \begin{pmatrix} x' \\ y' \\ f' \end{pmatrix}\right) = 0 \tag{5.9}$$

ここで新しい記法を導入する．ベクトル $\boldsymbol{a} = (a_i)$ に対して "行列" $\boldsymbol{a}\times$ を次のように定義する．

$$\boldsymbol{a}\times = \begin{pmatrix} 0 & -a_3 & a_2 \\ a_3 & 0 & -a_1 \\ -a_2 & a_1 & 0 \end{pmatrix} \tag{5.10}$$

この定義より，ベクトル $\boldsymbol{a}$, $\boldsymbol{b}$ に対して $\boldsymbol{a} \times \boldsymbol{b}$ を $\boldsymbol{a}$, $\boldsymbol{b}$ のベクトル積とみなしても，"行列" $\boldsymbol{a}\times$ とベクトル $\boldsymbol{b}$ の積とみなしてもよい．この記法を用いると，式 (5.9) の左辺は次のように書き直せる．

$$\begin{aligned} &\left(\begin{pmatrix} f_0 & 0 & 0 \\ 0 & f_0 & 0 \\ 0 & 0 & f \end{pmatrix} \begin{pmatrix} x/f_0 \\ y/f_0 \\ 1 \end{pmatrix}, (\boldsymbol{t} \times \boldsymbol{R}) \begin{pmatrix} f_0 & 0 & 0 \\ 0 & f_0 & 0 \\ 0 & 0 & f' \end{pmatrix} \begin{pmatrix} x'/f_0 \\ y'/f_0 \\ 1 \end{pmatrix}\right) \\ &= \left(\begin{pmatrix} x/f_0 \\ y/f_0 \\ 1 \end{pmatrix}, \begin{pmatrix} f_0 & 0 & 0 \\ 0 & f_0 & 0 \\ 0 & 0 & f \end{pmatrix} (\boldsymbol{t} \times \boldsymbol{R}) \begin{pmatrix} f_0 & 0 & 0 \\ 0 & f_0 & 0 \\ 0 & 0 & f' \end{pmatrix} \begin{pmatrix} x'/f_0 \\ y'/f_0 \\ 1 \end{pmatrix}\right) \end{aligned} \tag{5.11}$$

これと式 (4.7) を比較すると，基礎行列 $\boldsymbol{F}$ が次のように表されることがわかる．

$$\boldsymbol{F} \simeq \begin{pmatrix} f_0 & 0 & 0 \\ 0 & f_0 & 0 \\ 0 & 0 & f \end{pmatrix} (\boldsymbol{t} \times \boldsymbol{R}) \begin{pmatrix} f_0 & 0 & 0 \\ 0 & f_0 & 0 \\ 0 & 0 & f' \end{pmatrix} \tag{5.12}$$

ただし $\boldsymbol{t} \times \boldsymbol{R}$ は "行列" $\boldsymbol{t}\times$ と行列 $\boldsymbol{R}$ の積である．これは，$\boldsymbol{R}$ の各列を $\boldsymbol{r}_1$, $\boldsymbol{r}_2$, $\boldsymbol{r}_3$ とするとき，$\boldsymbol{t}$ と各列とのベクトル積 $\boldsymbol{t} \times \boldsymbol{r}_1$, $\boldsymbol{t} \times \boldsymbol{r}_2$, $\boldsymbol{t} \times \boldsymbol{r}_3$ を列とする行列に等しい．以上より，カメラ行列 $\boldsymbol{P}$, $\boldsymbol{P}'$ の自己校正は，与えられた基礎行列 $\boldsymbol{F}$ から式 (5.12) を満たす f, f', $\boldsymbol{t}$, $\boldsymbol{R}$ を計算することに帰着する．

5.3 焦点距離の計算

基礎行列 $\boldsymbol{F}$ が与えられたとき，式 (5.12) を満たす f, f' が次のように計算できる（$\hookrightarrow$ 演習問題 5.1）．

手順 5.1　焦点距離の計算

1. 行列 $\boldsymbol{F}\boldsymbol{F}^\top$, $\boldsymbol{F}^\top\boldsymbol{F}$ の最小固有値に対する単位固有ベクトルを，それぞれ $\boldsymbol{e}$, $\boldsymbol{e}'$ とする．
2. 次の ξ, η を計算する．

$$\xi = \frac{\|\boldsymbol{F}\boldsymbol{k}\|^2 - (\boldsymbol{k}, \boldsymbol{F}\boldsymbol{F}^\top\boldsymbol{F}\boldsymbol{k})\|\boldsymbol{e}' \times \boldsymbol{k}\|^2/(\boldsymbol{k}, \boldsymbol{F}\boldsymbol{k})}{\|\boldsymbol{e}' \times \boldsymbol{k}\|^2\|\boldsymbol{F}^\top\boldsymbol{k}\|^2 - (\boldsymbol{k}, \boldsymbol{F}\boldsymbol{k})^2},$$

$$\eta = \frac{\|\boldsymbol{F}^\top\boldsymbol{k}\|^2 - (\boldsymbol{k}, \boldsymbol{F}\boldsymbol{F}^\top\boldsymbol{F}\boldsymbol{k})\|\boldsymbol{e} \times \boldsymbol{k}\|^2/(\boldsymbol{k}, \boldsymbol{F}\boldsymbol{k})}{\|\boldsymbol{e} \times \boldsymbol{k}\|^2\|\boldsymbol{F}\boldsymbol{k}\|^2 - (\boldsymbol{k}, \boldsymbol{F}\boldsymbol{k})^2} \tag{5.13}$$

   ただし，$\boldsymbol{k} = (0, 0, 1)^\top$ である．
3. 次のように f, f' を計算する．

$$f = \frac{f_0}{\sqrt{1+\xi}}, \qquad f' = \frac{f_0}{\sqrt{1+\eta}} \tag{5.14}$$

解説　ステップ1で計算される $\boldsymbol{e}$, $\boldsymbol{e}'$ は，それぞれ $\boldsymbol{F}^\top$, $\boldsymbol{F}$ の固有値0に対応する単位固有ベクトルである（$\det\boldsymbol{F} = 0$ であるから，$\boldsymbol{F}$ は固有値0をもつ）．したがって，$\boldsymbol{F}^\top\boldsymbol{e} = \boldsymbol{0}$, $\boldsymbol{F}\boldsymbol{e}' = \boldsymbol{0}$ を解けばよいが，通常の固有値計算ツールは対称行列を入力としている．そこで，$\boldsymbol{F}\boldsymbol{F}^\top\boldsymbol{e} = \boldsymbol{0}$, $\boldsymbol{F}^\top\boldsymbol{F}\boldsymbol{e}' = \boldsymbol{0}$ と変形して，対称行列の固有値問題に帰着させている．この形の対称行列の固有値は非負であるから（$\hookrightarrow$ 演習問題 5.2），固有値0は“最小固有値”でもある（数値計算では，たとえば 10^{-10} のような小さい数になる）．

ベクトル $\boldsymbol{e}$ は第1カメラの視点 O から見た第2カメラの視点の位置 O' の方向であり，その画像上の位置を第2カメラの**エピ極点** (epipole) とよぶ．同様に，$\boldsymbol{e}'$ は第2カメラの視点 O' から見た第1カメラの視点 O の位置の方向であり，その画像上の位置を第1カメラのエピ極点とよぶ．式 (5.13) の計算は，式 (5.13) 中の分母に現れる $(\boldsymbol{k}, \boldsymbol{F}\boldsymbol{k})$ ($= F_{33}$) が0になると計算が破綻する．ベクトル $\boldsymbol{k} = (0, 0, 1)^\top$ は，式 (4.7) 中のベクトル $(x/f_0, y/f_0, 1)^\top$, $(x'/f_0, y'/f_0, 1)^\top$ の $(x, y) = (0, 0)$, $(x', y') = (0, 0)$ の場合を表しているから，$(\boldsymbol{k}, \boldsymbol{F}\boldsymbol{k}) = 0$ は第1

画像と第 2 画像の原点どうしが対応していることを表す．これは，両方のカメラの光軸が交わっていることを意味する（図 5.3(a)）．特別な場合として，光軸が平行な場合（図 5.3(b)）を含む（交点が無限遠方の極限）．このとき，2 台のカメラは**注視の位置**にあるという．このような撮影は最も普通であるが，焦点距離の計算が破綻するので，自己校正のためには避けなければならない．これは，2 画像しか用いないことの大きな制約である．

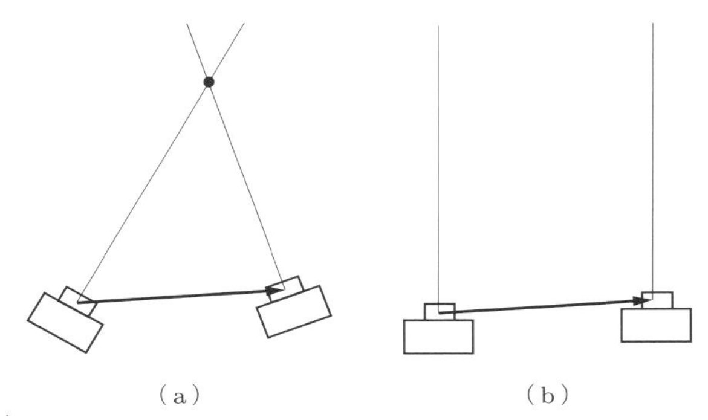

図 5.3　2 台のカメラの注視の位置．(a) カメラの光軸が交わる．(b) 光軸が平行（無限遠方で交わる）．

もう一つの問題は，式 (5.13) で計算される ξ, η の一方，あるいは両方が -1 より小さくなる可能性である．その場合は，式 (5.14) から実数の f, f' が計算できない．これは，**虚数焦点距離の問題**とよばれる．これは，2 画像の対応点の観測位置に大きな誤差があったり，光軸点が想定する位置から大きくずれているときなどによく生じる．そのような場合は，f, f' として推定値（撮影時のカメラの電子データ，それ以前の撮影から得られた経験値など）を用いる必要がある．

5.4　運動パラメータの計算

焦点距離 f, f' が定まれば，運動パラメータ，すなわちカメラの相対的な並進 $\boldsymbol{t}$ と回転 $\boldsymbol{R}$ は次のように計算できる．計算には，基礎行列 $\boldsymbol{F}$ だけでなく，それを計算した対応点の組 $(x_\alpha, y_\alpha), (x'_\alpha, y'_\alpha)$ $(\alpha = 1, \ldots, N)$ も必要となる．

手順 5.2　運動パラメータの計算

1. 次の行列 $\boldsymbol{E}$ を計算する．

$$\boldsymbol{E} = \begin{pmatrix} 1/f_0 & 0 & 0 \\ 0 & 1/f_0 & 0 \\ 0 & 0 & 1/f \end{pmatrix} \boldsymbol{F} \begin{pmatrix} 1/f_0 & 0 & 0 \\ 0 & 1/f_0 & 0 \\ 0 & 0 & 1/f' \end{pmatrix} \tag{5.15}$$

2. 対称行列 $\boldsymbol{E}\boldsymbol{E}^\top$ の最小固有値に対する単位固有ベクトルを $\boldsymbol{t}$ とする．
3. 対応点の組 (x_α, y_α), (x'_α, y'_α) を次のベクトルで表す $(\alpha = 1, \ldots, N)$.

$$\boldsymbol{x}_\alpha = \begin{pmatrix} x_\alpha/f \\ y_\alpha/f \\ 1 \end{pmatrix}, \qquad \boldsymbol{x}'_\alpha = \begin{pmatrix} x'_\alpha/f' \\ y'_\alpha/f' \\ 1 \end{pmatrix} \tag{5.16}$$

4. 次の条件が成り立たなければ $\boldsymbol{t}$ の符号を変える．

$$\sum_{\alpha=1}^{N} |\boldsymbol{t}, \boldsymbol{x}_\alpha, \boldsymbol{E}\boldsymbol{x}'_\alpha| > 0 \tag{5.17}$$

ただし，$|\boldsymbol{a}, \boldsymbol{b}, \boldsymbol{c}|$ はベクトル $\boldsymbol{a}$, $\boldsymbol{b}$, $\boldsymbol{c}$ のスカラ三重積である．

5. 行列 $\boldsymbol{K}$ を

$$\boldsymbol{K} = -\boldsymbol{t} \times \boldsymbol{E} \tag{5.18}$$

とおく．ただし，$\boldsymbol{t} \times \boldsymbol{E}$ は“行列” $\boldsymbol{t}\times$ と行列 $\boldsymbol{E}$ の積（$= \boldsymbol{t}$ と $\boldsymbol{E}$ の各列とのベクトル積を列とする行列）である．そして，次のように特異値分解する．

$$\boldsymbol{K} = \boldsymbol{U}\boldsymbol{\Lambda}\boldsymbol{V}^\top, \qquad \boldsymbol{\Lambda} = \begin{pmatrix} \sigma_1 & 0 & 0 \\ 0 & \sigma_2 & 0 \\ 0 & 0 & \sigma_3 \end{pmatrix}, \qquad \sigma_1 \geq \sigma_2 \geq \sigma_3 \ (= 0) \tag{5.19}$$

6. 回転行列 $\boldsymbol{R}$ を次のように計算する．

$$\boldsymbol{R} = \boldsymbol{U} \begin{pmatrix} 1 & 0 & 0 \\ 0 & 1 & 0 \\ 0 & 0 & \det(\boldsymbol{U}\boldsymbol{V}^\top) \end{pmatrix} \boldsymbol{V}^\top \tag{5.20}$$

解説　式 (5.15) のように定義した行列 $\boldsymbol{E}$ は，**基本行列** (essential matrix) とよばれている．これを用いると，式 (5.12) から

$$\boldsymbol{E} \simeq \boldsymbol{t} \times \boldsymbol{R} \tag{5.21}$$

となる．そして，$\boldsymbol{x}_\alpha, \boldsymbol{x}'_\alpha$ を式 (5.16) のように定義すれば，対応点の位置 (x_α, y_α), (x'_α, y'_α) に誤差がなければ，式 (5.9) のエピ極線方程式は次のように書ける．

$$(\boldsymbol{x}_\alpha, \boldsymbol{E}\boldsymbol{x}'_\alpha) = 0 \tag{5.22}$$

ステップ 2 で $\boldsymbol{t}$ が計算されるのは，誤差がなければ式 (5.21) より $\boldsymbol{E}^\top\boldsymbol{t} = \boldsymbol{0}$，したがって $\boldsymbol{E}\boldsymbol{E}^\top\boldsymbol{t} = \boldsymbol{0}$ となるためである．ステップ 4 の判定が必要になるのは，並進 $\boldsymbol{t}$ はステップ 2 で固有ベクトルとして計算され，固有ベクトルは符号が不定（符号を変えても固有ベクトル）であるためである．式 (5.17) は，観測されるシーン中のすべての点が両方のカメラの同じ側にあることを表している（↪ 演習問題 5.3）．回転行列 $\boldsymbol{R}$ は，式 (5.21) より，ある比例定数 c に対して

$$\|c\boldsymbol{E} - \boldsymbol{t} \times \boldsymbol{R}\|^2 \tag{5.23}$$

を最小にするように定める．ただし，$\|\cdot\|$ は行列ノルムであり，$\|\boldsymbol{A}\|^2 = \sum_{i,j=1}^{3} A_{ij}^2 \ (= \mathrm{tr}[\boldsymbol{A}^\top\boldsymbol{A}])$ と定義する（↪ 式 (3.2)）．そして，$\boldsymbol{E}$ の符号が正しく選ばれていて，$c > 0$ であると仮定する（これについては次節で述べる）．このとき，行列 $\boldsymbol{K}$ を式 (5.18) のように定義すると，式 (5.23) を最小にする回転行列 $\boldsymbol{R}$ は $\mathrm{tr}[\boldsymbol{K}^\top\boldsymbol{R}]$ を最大にすることが示せる（↪ 演習問題 5.4(1)）．そして，その解は，$\boldsymbol{K}$ を特異値分解することによって式 (5.20) のように得られる（↪ 演習問題 5.4(3)）．このとき，基礎行列 $\boldsymbol{F}$ は，したがって基本行列 $\boldsymbol{E}$ は，行列式が 0 である ($\det\boldsymbol{F} = \det\boldsymbol{E} = 0$)．このため，$\det\boldsymbol{K} = \det(-\boldsymbol{t}\times)\det\boldsymbol{E} = 0$ であり，$\boldsymbol{K}$ の最小特異値 σ_3 が 0 になる．

5.5　3 次元形状の計算

焦点距離 f, f' と運動パラメータ $\{\boldsymbol{t}, \boldsymbol{R}\}$ が計算されれば，次のようにして対応点 (x_α, y_α), (x'_α, y'_α) $(\alpha = 1, \ldots, N)$ の 3 次元位置が $\|\boldsymbol{t}\| = 1$ とするスケールで計算できる．

手順 5.3　3 次元形状の計算

1. 式 (5.7) によってカメラ行列 $\boldsymbol{P}$, $\boldsymbol{P}'$ を計算する．
2. 手順 4.2 によって対応点 (x_α, y_α), (x'_α, y'_α) を $(\hat{x}_\alpha, \hat{y}_\alpha)$, $(\hat{x}'_\alpha, \hat{y}'_\alpha)$ に最適補正する．

3. 補正した対応点位置を用いて，手順 4.1 によって 3 次元位置 $(X_\alpha, Y_\alpha, Z_\alpha)$ を計算する．
4. 得られた Z_α が

$$\sum_{\alpha=1}^{N} \mathrm{sgn}(Z_\alpha) > 0 \tag{5.24}$$

でなければ，すべての $(X_\alpha, Y_\alpha, Z_\alpha)$ の符号を変える．ただし，$\mathrm{sgn}(x)$ は符号関数であり，$x > 0$, $x = 0$, $x < 0$ に応じてそれぞれ 1, 0, -1 を返す．

解説　ステップ 4 の判定が必要なのは，基礎行列 $\boldsymbol{F}$ の符号を選択するためである．第 3 章に示したように，基礎行列 $\boldsymbol{F}$ は符号を除いて定義される．そして，基礎行列 $\boldsymbol{F}$ を表す 9 次元ベクトル $\boldsymbol{\theta}$ を固有値問題，あるいは一般固有値問題を解いて定めると，符号は任意に選ばれる．手順 5.1 の焦点距離の計算では，式 (5.13) で $\boldsymbol{F}$ の符号を変えても結果に影響を与えない．しかし，手順 5.2 では，$\boldsymbol{F}$ の符号を変えると，式 (5.15) の基本行列 $\boldsymbol{E}$ の符号が変わる．すると，式 (5.17) で定まる $\boldsymbol{t}$ の符号が逆になる．しかし，$\boldsymbol{E}$ と $\boldsymbol{t}$ の符号を同時に変えても式 (5.18) の $\boldsymbol{K}$ や式 (5.23) は影響を受けず，回転 $\boldsymbol{R}$ は正しく計算される．その結果，その $\boldsymbol{t}$, $\boldsymbol{R}$ を用いたカメラ行列によって三角測量を行うと，2 台のカメラの後ろ側に反転した 3 次元形状（鏡像）が復元される．これは，カメラの透視投影を表す式，すなわち視線と画像面の交点が像であるという関係が，シーンがカメラの前方にあるか後方にあるかに無関係に成り立つことによる．式 (5.17) の判定は，シーンが 2 台のカメラの「同じ側」（ともに前方，あるいはともに後方）にある条件であり，ともに後方にある場合が排除されていない．そこで，式 (5.24) によって，ほとんどの Z_α が正であるかを判定している．本来はすべての Z_α が正であるべきであるが，遠方の点で 2 台のカメラから見た視線が平行に近い場合，誤差のためにその交点がカメラの後方に計算されることがある．式 (5.24) で左辺を $\sum_{\alpha=1}^{N} Z_\alpha$ とせずに，符号関数 $\mathrm{sgn}(x)$ を用いているのはそのためである．

5.6　実験例

図 3.2 の誤差の加わった曲面格子の格子点の対応から基礎行列を計算し（手順 3.7 の幾何学的距離最小化を用いた），それを用いて本章の自己校正法でカメラ行列を定め，3 次元形状を復元した．**図 5.4**(a) は，計算した各格子点の 3 次元位置を

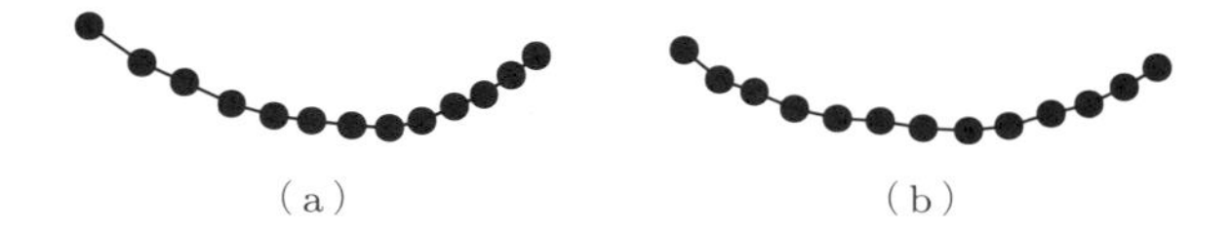

図 5.4 (a) 図 3.2 の格子点の対応から基礎行列を計算し，本章の自己校正法で復元した格子点位置をある方向（円筒形の軸方向）から見た図．(b) カメラ行列を既知として三角測量を行った結果（図 4.5(a) と同じ）．

復元した円筒形の軸方向から見た図である．比較のために，図 5.4(b) にカメラ行列を既知として三角測量を行った結果（図 4.5 と同じ）を示す．ただし，基礎行列を用いる自己校正では，3 次元形状は $\|\boldsymbol{t}\| = 1$ とするスケールでしか得られないので，真の形状と同じスケールに合わせている．これからわかるように，誤差のある対応点から計算した基礎行列の誤差のために，自己校正したカメラ行列が多少不正確になり，復元形状もやや影響を受けている．

5.7 さらに勉強したい人へ

2 画像間の対応から 3 次元形状を計算することは，1980 年代にアメリカでコンピュータビジョン研究が始まるより以前に，写真測量学者によって主としてドイツで研究され，その数学的基礎は Erwin Kruppa (1885–1967) らによって確立されていた．8 点の対応から基礎行列を定めると，それを分解して 3 次元形状やカメラの運動パラメータが解析的に求まることは，イギリスの物理学者かつ知覚心理学者の H. C. Longuet-Higgins (1923–2004) が 1981 年の論文 [68] で示した．コンピュータビジョンの立場からは，アメリカの Tsai ら [104] が同じ結果を導いた．これらの解析では焦点距離は既知とされていたが，基礎行列 $\boldsymbol{F}$ から焦点距離 f, f' を計算する解析的な公式を導いたのは Bougnoux [2] である．式 (5.13) はこれを変形したものであり，導出は金谷ら [46, 60] が示している．金谷ら [44] は，異なる計算法も述べている．これらの文献では，2 台のカメラが注視の位置にあると焦点距離 f, f' の計算が破綻することが述べられているが，焦点距離が固定されているとき，すなわち $f = f'$ を仮定すると，注視の位置でも計算できることが示されている．ただし，その場合でも，二つの光軸の交点と 2 台のカメラの視点が二等辺三角形をつくる場合は計算できないことが指摘されている．

2 台のカメラからの 3 次元復元では注視の配置を避けなければならないこと，および虚数焦点距離がしばしば生じるのが問題であるが，これを解決するために，金

澤ら [65] は3台のカメラを用いる方法を提案している．これは，3画像間の3個の基礎行列から3台のカメラの焦点距離や運動パラメータを計算するものであり，注視の配置でも計算が可能であり，虚数焦点距離も生じにくい．

焦点距離がわかれば基礎行列 $\boldsymbol{F}$ から式 (5.15) の基本行列 $\boldsymbol{E}$ が得られ，これが式 (5.21) を満たすように $\boldsymbol{t}$, $\boldsymbol{R}$ を計算することは1980年代から知られていた．その解析は，教科書 [28, 29] でも詳しく説明されている．本章の記述は，金谷らの解説記事 [60] に基づいている．

演習問題

5.1 以下の順序に従って，焦点距離を計算する手順5.1を導け．

(1) ベクトル $\boldsymbol{a}, \boldsymbol{b}$ と正則行列 $\boldsymbol{A}$ に対して，$\boldsymbol{a}' = \boldsymbol{A}\boldsymbol{a}$, $\boldsymbol{b}' = \boldsymbol{A}\boldsymbol{b}$ とおくとき，次の関係が成り立つことを示せ（$|\boldsymbol{A}|$ は $\boldsymbol{A}$ の行列式）．

$$\boldsymbol{a}' \times \boldsymbol{b}' = |\boldsymbol{A}|(\boldsymbol{A}^{-1})^\top(\boldsymbol{a} \times \boldsymbol{b}) \tag{5.25}$$

そして，これから任意の正則行列 $\boldsymbol{T}$ に対して，次式が成り立つことを示せ．

$$\boldsymbol{T}(\boldsymbol{a}\times) = |\boldsymbol{T}|((\boldsymbol{T}^{-1})^\top\boldsymbol{a}) \times (\boldsymbol{T}^{-1})^\top \tag{5.26}$$

(2) 式 (5.12) の基礎行列 $\boldsymbol{F}$ に対して，$\boldsymbol{F}^\top$, $\boldsymbol{F}$ の固有値0の固有ベクトル $\boldsymbol{e}, \boldsymbol{e}'$ が次のように与えられることを示せ．

$$\boldsymbol{e} \simeq \begin{pmatrix} 1/f_0 & 0 & 0 \\ 0 & 1/f_0 & 0 \\ 0 & 0 & 1/f \end{pmatrix} \boldsymbol{t}, \qquad \boldsymbol{e}' \simeq \begin{pmatrix} 1/f_0 & 0 & 0 \\ 0 & 1/f_0 & 0 \\ 0 & 0 & 1/f' \end{pmatrix} \boldsymbol{R}^\top \boldsymbol{t} \tag{5.27}$$

(3) 次の関係を導け．

$$\boldsymbol{F} \simeq \boldsymbol{e} \times \begin{pmatrix} 1/f_0 & 0 & 0 \\ 0 & 1/f_0 & 0 \\ 0 & 0 & 1/f \end{pmatrix} \boldsymbol{R} \begin{pmatrix} f_0 & 0 & 0 \\ 0 & f_0 & 0 \\ 0 & 0 & f' \end{pmatrix} \tag{5.28}$$

$$\boldsymbol{F}^\top \simeq \boldsymbol{e}' \times \begin{pmatrix} 1/f_0 & 0 & 0 \\ 0 & 1/f_0 & 0 \\ 0 & 0 & 1/f' \end{pmatrix} \boldsymbol{R}^\top \begin{pmatrix} f_0 & 0 & 0 \\ 0 & f_0 & 0 \\ 0 & 0 & f \end{pmatrix} \tag{5.29}$$

(4) 行列によって表した次の**クルッパの方程式**を導け．

$$\boldsymbol{F}\begin{pmatrix}1 & 0 & 0\\ 0 & 1 & 0\\ 0 & 0 & f_0^2/f'^2\end{pmatrix}\boldsymbol{F}^\top \simeq \boldsymbol{e}\times\begin{pmatrix}1 & 0 & 0\\ 0 & 1 & 0\\ 0 & 0 & f_0^2/f^2\end{pmatrix}\times\boldsymbol{e} \tag{5.30}$$

$$\boldsymbol{F}^\top\begin{pmatrix}1 & 0 & 0\\ 0 & 1 & 0\\ 0 & 0 & f_0^2/f^2\end{pmatrix}\boldsymbol{F} \simeq \boldsymbol{e}'\times\begin{pmatrix}1 & 0 & 0\\ 0 & 1 & 0\\ 0 & 0 & f_0^2/f'^2\end{pmatrix}\times\boldsymbol{e}' \tag{5.31}$$

ただし，ベクトル $\boldsymbol{a}$ に対して $(\boldsymbol{a}\times)^\top$ $(= -\boldsymbol{a}\times)$ を $\times\boldsymbol{a}$ と書いた．

(5) ξ, η を

$$\xi = \left(\frac{f_0}{f}\right)^2 - 1, \qquad \eta = \left(\frac{f_0}{f'}\right)^2 - 1 \tag{5.32}$$

とおくと，式 (5.30), (5.31) は，それぞれある定数 c, c' を用いて次のように書けることを示せ．

$$\boldsymbol{F}\boldsymbol{F}^\top\boldsymbol{k} + \eta(\boldsymbol{k}, \boldsymbol{F}\boldsymbol{k})\boldsymbol{F}\boldsymbol{k} = c\boldsymbol{P}_{\boldsymbol{e}}\boldsymbol{k} \tag{5.33}$$

$$\boldsymbol{F}^\top\boldsymbol{F}\boldsymbol{k} + \xi(\boldsymbol{k}, \boldsymbol{F}\boldsymbol{k})\boldsymbol{F}^\top\boldsymbol{k} = c'\boldsymbol{P}_{\boldsymbol{e}'}\boldsymbol{k} \tag{5.34}$$

ただし，行列 $\boldsymbol{P}_{\boldsymbol{e}}$, $\boldsymbol{P}_{\boldsymbol{e}'}$ を次のように定義した．

$$\boldsymbol{P}_{\boldsymbol{e}} = \boldsymbol{I} - \boldsymbol{e}\boldsymbol{e}^\top, \qquad \boldsymbol{P}_{\boldsymbol{e}'} = \boldsymbol{I} - \boldsymbol{e}'\boldsymbol{e}'^\top \tag{5.35}$$

(6) 焦点距離 f, f' が式 (5.13), (5.14) のように計算されることを示せ．

5.2 任意の行列 $\boldsymbol{A}$ に対して，$\boldsymbol{A}^\top\boldsymbol{A}$, $\boldsymbol{A}\boldsymbol{A}^\top$ の固有値はすべて非負であることを示せ．

5.3 式 (5.16) に対応するシーン中の点 P_α が 2 台のカメラの同じ側にある条件が次のように書けることを示せ．

$$|\boldsymbol{t}, \boldsymbol{x}_\alpha, \boldsymbol{E}\boldsymbol{x}'_\alpha| > 0 \tag{5.36}$$

5.4 以下の順序に従って，回転 $\boldsymbol{R}$ が式 (5.19), (5.20) によって得られることを導け．

(1) 式 (5.23) を最小にする回転行列 $\boldsymbol{R}$ は，行列 $\boldsymbol{K}$ を式 (5.18) のように定義すると，$\mathrm{tr}[\boldsymbol{K}^\top\boldsymbol{R}]$ を最大にすることを示せ．

(2) 式 (5.19) の対角行列 $\boldsymbol{\Lambda}$ に対して，$\mathrm{tr}[\boldsymbol{T}\boldsymbol{\Lambda}]$ を最大にする直交行列 $\boldsymbol{T}$ は，$\boldsymbol{I}$（単位行列）か $\mathrm{diag}(1, 1, -1)$（対角要素が順に 1, 1, −1 の対角行列）であることを示せ．

(3) 行列 $\boldsymbol{K}$ の特異値分解が式 (5.19) のように与えられるとき，$\mathrm{tr}[\boldsymbol{K}^\top\boldsymbol{R}]$ を最大にする回転行列 $\boldsymbol{R}$ は式 (5.20) であることを示せ．

射影変換の計算

平面を異なる地点から撮影した 2 画像は，「射影変換」とよばれる関係で結ばれる．2 画像の対応から射影変換を計算することは，コンピュータビジョンの最も基本的な処理の一つである．これは計算した射影変換から，シーン中の平面や 2 台のカメラの 3 次元位置関係がわかるからである．これに関する応用は第 7, 8 章で述べる．本章では，2 画像から抽出した対応点の誤差の統計的性質を考慮して精度よく射影変換を計算する原理と手順を示す．これも楕円当てはめと同様に，代数的方法（最小 2 乗法，重み反復法，Taubin 法，くりこみ法，超精度最小 2 乗法，超精度くりこみ法）と幾何学的方法（FNS 法，幾何学的距離最小化，超精度補正）とに大別できる．また，誤った対応（アウトライア）を除去する RANSAC の手順を示す．

6.1　射影変換

平面を 2 台のカメラで撮影したとき，一つの画像の点 (x, y) が他方の画像の点 (x', y') に対応するとする．このとき，次の関係が成り立つことが知られている（詳細は第 7, 8 章で述べる）．

$$x' = f_0 \frac{H_{11}x + H_{12}y + H_{13}f_0}{H_{31}x + H_{32}y + H_{33}f_0}, \qquad y' = f_0 \frac{H_{21}x + H_{22}y + H_{23}f_0}{H_{31}x + H_{32}y + H_{33}f_0} \tag{6.1}$$

楕円当てはめや基礎行列の計算と同様に，f_0 はスケールを調節する定数であり，理論的には 1 でよいが，有限長の数値計算を考慮して x/f_0, y/f_0 が 1 程度となるようにとる．そして，xy 座標の原点を画面の中央にとり，たとえば，平面領域が 600×600 画素程度であれば $f_0 = 600$ とする．

式 (6.1) は，次のように書き直せる（$\simeq$ は，左辺が右辺の零でない定数倍であることを表す）．

$$\begin{pmatrix} x'/f_0 \\ y'/f_0 \\ 1 \end{pmatrix} \simeq \begin{pmatrix} H_{11} & H_{12} & H_{13} \\ H_{21} & H_{22} & H_{23} \\ H_{31} & H_{32} & H_{33} \end{pmatrix} \begin{pmatrix} x/f_0 \\ y/f_0 \\ 1 \end{pmatrix} \tag{6.2}$$

このような (x,y) から (x',y') への写像は，$\boldsymbol{H}=(H_{ij})$ が正則行列のとき，**射影変換**とよばれる．式 (6.2) は，左辺と右辺が平行なベクトルであることを表すので，次のように書き直せる．

$$\begin{pmatrix} x'/f_0 \\ y'/f_0 \\ 1 \end{pmatrix} \times \begin{pmatrix} H_{11} & H_{12} & H_{13} \\ H_{21} & H_{22} & H_{23} \\ H_{31} & H_{32} & H_{33} \end{pmatrix} \begin{pmatrix} x/f_0 \\ y/f_0 \\ 1 \end{pmatrix} = \begin{pmatrix} 0 \\ 0 \\ 0 \end{pmatrix} \tag{6.3}$$

正則行列 $\boldsymbol{H}=(H_{ij})$ は，2 台のカメラの相対位置やそのパラメータ（焦点距離など），および平面シーンの位置や向きから定まり，**射影変換行列**とよばれる．これは，全体を何倍しても同じ射影変換を表すので，定数倍して

$$\|\boldsymbol{H}\| \left(\equiv \sqrt{\sum_{i,j=1}^{3} H_{ij}^2} \right) = 1 \tag{6.4}$$

に正規化する．9 次元ベクトル

$$\boldsymbol{\theta} = \begin{pmatrix} H_{11} \\ H_{12} \\ H_{13} \\ H_{21} \\ H_{22} \\ H_{23} \\ H_{31} \\ H_{32} \\ H_{33} \end{pmatrix}, \quad \boldsymbol{\xi}^{(1)} = \begin{pmatrix} 0 \\ 0 \\ 0 \\ -f_0 x \\ -f_0 y \\ -f_0^2 \\ xy' \\ yy' \\ f_0 y' \end{pmatrix}, \quad \boldsymbol{\xi}^{(2)} = \begin{pmatrix} f_0 x \\ f_0 y \\ f_0^2 \\ 0 \\ 0 \\ 0 \\ -xx' \\ -yx' \\ -f_0 x' \end{pmatrix}, \quad \boldsymbol{\xi}^{(3)} = \begin{pmatrix} -xy' \\ -yy' \\ -f_0 y' \\ xx' \\ yx' \\ f_0 x' \\ 0 \\ 0 \\ 0 \end{pmatrix} \tag{6.5}$$

を定義すると，式 (6.3) のベクトル方程式の三つの成分は次のように書ける．

$$(\boldsymbol{\xi}^{(1)}, \boldsymbol{\theta}) = 0, \qquad (\boldsymbol{\xi}^{(2)}, \boldsymbol{\theta}) = 0, \qquad (\boldsymbol{\xi}^{(3)}, \boldsymbol{\theta}) = 0 \tag{6.6}$$

ベクトル $\boldsymbol{\theta}$ には定数倍の不定性がある．式 (6.4) は，$\|\boldsymbol{\theta}\|=1$ と単位ベクトルに正規化することに等価である．

6.2 誤差と共分散行列

図 6.1 のように，平面を撮影した 2 枚の画像の対応点から射影変換行列 $\boldsymbol{H}$ を計

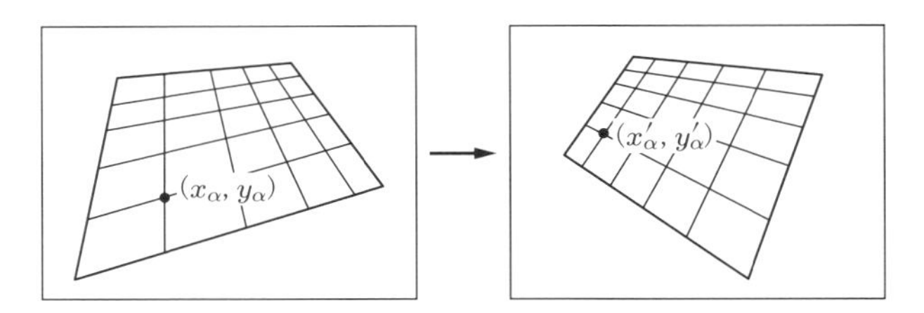

図 6.1　誤差のある対応点から射影変換行列を計算する.

算することは，さまざまなコンピュータビジョン応用の基礎となる処理である．誤差のある対応点 (x_α, y_α), (x'_α, y'_α) $(\alpha = 1, \ldots, N)$ から式 (6.1) を満たす射影変換行列 $\boldsymbol{H}$ を計算することは，数学的には次のような単位ベクトル $\boldsymbol{\theta}$ を計算することである．

$$(\boldsymbol{\xi}_\alpha^{(1)}, \boldsymbol{\theta}) \approx 0, \qquad (\boldsymbol{\xi}_\alpha^{(2)}, \boldsymbol{\theta}) \approx 0, \qquad (\boldsymbol{\xi}_\alpha^{(3)}, \boldsymbol{\theta}) \approx 0, \qquad \alpha = 1, \ldots, N \tag{6.7}$$

ただし，$\boldsymbol{\xi}_\alpha^{(k)}$ は $\boldsymbol{\xi}^{(k)}$ の $x = x_\alpha$, $y = y_\alpha$, $x' = x'_\alpha$, $y' = y'_\alpha$ に対する値である．データ x_α, y_α, x'_α, y'_α は，その真値 $\bar{x}_\alpha$, $\bar{y}_\alpha$, $\bar{x}'_\alpha$, $\bar{y}'_\alpha$ に誤差 Δx_α, Δy_α, $\Delta x'_\alpha$, $\Delta y'_\alpha$ が加わったものとして

$$x_\alpha = \bar{x}_\alpha + \Delta x_\alpha, \quad y_\alpha = \bar{y}_\alpha + \Delta y_\alpha, \quad x'_\alpha = \bar{x}'_\alpha + \Delta x'_\alpha, \quad y'_\alpha = \bar{y}'_\alpha + \Delta y'_\alpha \tag{6.8}$$

と書く．これらを $\boldsymbol{\xi}_\alpha^{(k)}$ に代入すると，次のようになる．

$$\boldsymbol{\xi}_\alpha^{(k)} = \bar{\boldsymbol{\xi}}_\alpha^{(k)} + \Delta_1 \boldsymbol{\xi}_\alpha^{(k)} + \Delta_2 \boldsymbol{\xi}_\alpha^{(k)} \tag{6.9}$$

ただし，$\bar{\boldsymbol{\xi}}_\alpha^{(k)}$ は $\boldsymbol{\xi}_\alpha^{(k)}$ の $x_\alpha = \bar{x}_\alpha$, $y_\alpha = \bar{y}_\alpha$, $x'_\alpha = \bar{x}'_\alpha$, $y'_\alpha = \bar{y}'_\alpha$ に対する値であり，$\Delta_1 \boldsymbol{\xi}_\alpha^{(k)}$, $\Delta_2 \boldsymbol{\xi}_\alpha^{(k)}$ はそれぞれ 1 次の誤差項，2 次の誤差項である．1 次の誤差項は次のように書ける．

$$\Delta_1 \boldsymbol{\xi}_\alpha^{(k)} = \boldsymbol{T}_\alpha^{(k)} \begin{pmatrix} \Delta x_\alpha \\ \Delta y_\alpha \\ \Delta x'_\alpha \\ \Delta y'_\alpha \end{pmatrix} \tag{6.10}$$

行列 $\boldsymbol{T}_\alpha^{(k)}$ は，$\boldsymbol{\xi}_\alpha^{(k)}$ をそれぞれ x_α, y_α, x'_α, y'_α で微分して列として並べたものであり，次のようになる．

$$
\boldsymbol{T}_\alpha^{(1)} = \begin{pmatrix} 0 & 0 & 0 & 0 \\ 0 & 0 & 0 & 0 \\ 0 & 0 & 0 & 0 \\ -f_0 & 0 & 0 & 0 \\ 0 & -f_0 & 0 & 0 \\ 0 & 0 & 0 & 0 \\ \bar{y}'_\alpha & 0 & 0 & \bar{x}_\alpha \\ 0 & \bar{y}'_\alpha & 0 & \bar{y}_\alpha \\ 0 & 0 & 0 & f_0 \end{pmatrix}, \qquad \boldsymbol{T}_\alpha^{(2)} = \begin{pmatrix} f_0 & 0 & 0 & 0 \\ 0 & f_0 & 0 & 0 \\ 0 & 0 & 0 & 0 \\ 0 & 0 & 0 & 0 \\ 0 & 0 & 0 & 0 \\ 0 & 0 & 0 & 0 \\ -\bar{x}'_\alpha & 0 & -\bar{x}_\alpha & 0 \\ 0 & -\bar{x}'_\alpha & -\bar{y}_\alpha & 0 \\ 0 & 0 & -f_0 & 0 \end{pmatrix},
$$

$$
\boldsymbol{T}_\alpha^{(3)} = \begin{pmatrix} -\bar{y}'_\alpha & 0 & 0 & -\bar{x}_\alpha \\ 0 & -\bar{y}'_\alpha & 0 & -\bar{y}_\alpha \\ 0 & 0 & 0 & -f_0 \\ \bar{x}'_\alpha & 0 & \bar{x}_\alpha & 0 \\ 0 & \bar{x}'_\alpha & \bar{y}_\alpha & 0 \\ 0 & 0 & f_0 & 0 \\ 0 & 0 & 0 & 0 \\ 0 & 0 & 0 & 0 \\ 0 & 0 & 0 & 0 \end{pmatrix} \tag{6.11}
$$

2 次の誤差項は次のようになる.

$$
\Delta_2\boldsymbol{\xi}_\alpha^{(1)} = \begin{pmatrix} 0 \\ 0 \\ 0 \\ 0 \\ 0 \\ 0 \\ \Delta x_\alpha \Delta y'_\alpha \\ \Delta y_\alpha \Delta y'_\alpha \\ 0 \end{pmatrix}, \quad \Delta_2\boldsymbol{\xi}_\alpha^{(2)} = \begin{pmatrix} 0 \\ 0 \\ 0 \\ 0 \\ 0 \\ 0 \\ -\Delta x'_\alpha \Delta x_\alpha \\ -\Delta x'_\alpha \Delta y_\alpha \\ 0 \end{pmatrix}, \quad \Delta_2\boldsymbol{\xi}_\alpha^{(3)} = \begin{pmatrix} -\Delta y'_\alpha \Delta x_\alpha \\ -\Delta y'_\alpha \Delta y_\alpha \\ 0 \\ \Delta x'_\alpha \Delta x_\alpha \\ \Delta x'_\alpha \Delta y_\alpha \\ 0 \\ 0 \\ 0 \\ 0 \end{pmatrix} \tag{6.12}
$$

誤差 Δx_α, $\Delta y_\alpha, \Delta x'_\alpha, \Delta y'_\alpha$ を確率変数とみなして，$\boldsymbol{\xi}_\alpha^{(k)}$, $\boldsymbol{\xi}_\alpha^{(l)}$ の共分散行列を次の

ように定義する．

$$V^{(kl)}[\boldsymbol{\xi}_\alpha] = E[\Delta_1\boldsymbol{\xi}_\alpha^{(k)}\Delta_1\boldsymbol{\xi}_\alpha^{(l)\top}] \tag{6.13}$$

ただし，$E[\cdot]$ はその分布に関する期待値を表す．Δx_α, Δy_α, $\Delta x'_\alpha$, $\Delta y'_\alpha$ が互いに独立な期待値 0，標準偏差 σ の正規分布に従うなら，

$$E[\Delta x_\alpha] = E[\Delta y_\alpha] = E[\Delta x'_\alpha] = E[\Delta y'_\alpha] = 0,$$
$$E[\Delta x_\alpha^2] = E[\Delta y_\alpha^2] = E[\Delta {x'_\alpha}^2] = E[\Delta {y'_\alpha}^2] = \sigma^2,$$
$$E[\Delta x_\alpha \Delta y_\alpha] = E[\Delta x'_\alpha \Delta y'_\alpha] = E[\Delta x_\alpha \Delta y'_\alpha] = E[\Delta x'_\alpha \Delta y_\alpha] = 0 \tag{6.14}$$

である．式 (6.13) の共分散行列は式 (6.10) を用いると，次のように書ける．

$$V^{(kl)}[\boldsymbol{\xi}_\alpha] = \sigma^2 V_0^{(kl)}[\boldsymbol{\xi}_\alpha], \qquad V_0^{(kl)}[\boldsymbol{\xi}_\alpha] = \boldsymbol{T}_\alpha^{(k)}\boldsymbol{T}_\alpha^{(l)\top} \tag{6.15}$$

行列 $V_0^{(kl)}[\boldsymbol{\xi}_\alpha]$ を**正規化共分散行列**とよぶ．楕円当てはめや基礎行列と同様に，$\Delta_2\boldsymbol{\xi}_\alpha^{(k)}$ は考慮する必要はない．また，式 (6.11) の $\bar{x}_\alpha$, $\bar{y}_\alpha$, $\bar{x}'_\alpha$, $\bar{y}'_\alpha$ は実際の計算では観測値 x_α, y_α, x'_α, y'_α に置き換える．

6.3　代数的方法

誤差のある対応点から射影変換行列 $\boldsymbol{H}$ を計算することは，共分散行列 $V^{(kl)}[\boldsymbol{\xi}_\alpha]$ で表される誤差の性質を考慮して，式 (6.7) を満たす単位ベクトル $\boldsymbol{\theta}$ を計算することである．これは，楕円当てはめや基礎行列の場合と同じ形であるが，方程式の数が増えている．しかし，少し変形すれば，楕円や基礎行列の場合の代数的方法（最小 2 乗法，Taubin 法，超精度最小 2 乗法，重み反復法，くりこみ法，超精度くりこみ法）が適用できる．重み反復法の手順は次のようになる．

手順 6.1　重み反復法

1. $\boldsymbol{\theta}_0 = \boldsymbol{0}$ とし，$W_\alpha^{(kl)} = \delta_{kl}$ とおく $(\alpha = 1, \ldots, N,\ k, l = 1, 2, 3)$．ただし，$\delta_{kl}$ は**クロネッカーデルタ** ($k = l$ のとき 1，それ以外は 0) である．
2. 次の 9×9 行列 $\boldsymbol{M}$ を計算する．

$$\boldsymbol{M} = \frac{1}{N}\sum_{\alpha=1}^{N}\sum_{k,l=1}^{3} W_\alpha^{(kl)}\boldsymbol{\xi}_\alpha^{(k)}\boldsymbol{\xi}_\alpha^{(l)\top} \tag{6.16}$$

3. 固有値問題

$$M\theta = \lambda\theta \tag{6.17}$$

を解いて，最小固有値 λ に対する単位固有ベクトル θ を計算する．

4. 符号を除いて $\theta \approx \theta_0$ なら θ を返して終了する．そうでなければ，次のように更新してステップ 2 に戻る．

$$W_\alpha^{(kl)} \leftarrow \left((\theta, V_0^{(kl)}[\xi_\alpha]\theta)\right)_2^-, \qquad \theta_0 \leftarrow \theta \tag{6.18}$$

解説　式 (6.18) 中の $\left((\theta, V_0^{(kl)}[\xi_\alpha]\theta)\right)_2^-$ は，$(\theta, V_0^{(kl)}[\xi_\alpha]\theta)$ を (k,l) 要素とする行列の，ランク 2 の一般逆行列の (k,l) 要素である．すなわち，次の行列の略記である．

$$\begin{pmatrix} (\theta, V_0^{(11)}[\xi_\alpha]\theta) & (\theta, V_0^{(12)}[\xi_\alpha]\theta) & (\theta, V_0^{(13)}[\xi_\alpha]\theta) \\ (\theta, V_0^{(21)}[\xi_\alpha]\theta) & (\theta, V_0^{(22)}[\xi_\alpha]\theta) & (\theta, V_0^{(23)}[\xi_\alpha]\theta) \\ (\theta, V_0^{(31)}[\xi_\alpha]\theta) & (\theta, V_0^{(32)}[\xi_\alpha]\theta) & (\theta, V_0^{(33)}[\xi_\alpha]\theta) \end{pmatrix}_2^- \tag{6.19}$$

対称行列 A のランク r の一般逆行列 A_r^- とは，A の固有値を $\lambda_1 \geq \lambda_2 \geq \cdots$ とし，対応する単位固有ベクトルの正規直交系を $u_1, u_2, \ldots$ とするとき，$A_r^- = u_1 u_1^\top/\lambda_1 + \cdots + u_r u_r^\top/\lambda_r$ である（↪ 式 (2.30)，(3.29)）．楕円当てはめと同様に，対称行列 M の最小固有値に対する単位固有ベクトルの計算は，2 次形式 $(\theta, M\theta)$ を最小にする単位ベクトル θ を計算することでもある．これは，

$$\begin{aligned}(\theta, M\theta) &= \left(\theta, \left(\frac{1}{N}\sum_{\alpha=1}^{N}\sum_{k,l=1}^{3} W_\alpha^{(kl)} \xi_\alpha^{(k)} \xi_\alpha^{(k)\top}\right)\theta\right) \\ &= \frac{1}{N}\sum_{\alpha=1}^{N}\sum_{k,l=1}^{3} W_\alpha^{(kl)} (\theta, \xi_\alpha^{(k)} \xi_\alpha^{(k)\top}\theta) \\ &= \frac{1}{N}\sum_{\alpha=1}^{N}\sum_{k,l=1}^{3} W_\alpha^{(kl)} (\theta, \xi_\alpha^{(k)})(\theta, \xi_\alpha^{(l)}) \end{aligned} \tag{6.20}$$

であるから，$\sum_{\alpha=1}^{N}\sum_{k,l=1}^{3} W_\alpha^{(kl)}(\theta, \xi_\alpha^{(k)})(\theta, \xi_\alpha^{(l)})$ を最小にする単位ベクトル θ を計算している．これは**重み付き最小 2 乗法**とよばれる．統計学によれば，重み $W_\alpha^{(kl)}$ はその項の共分散行列の逆行列の要素に比例するように（したがって，誤差が小さい項は大きく，誤差が大きい項は小さく）とるのが最適であることが知られている．$(\xi_\alpha^{(k)}, \theta) = (\bar{\xi}_\alpha^{(k)}, \theta) + (\Delta_1\xi_\alpha^{(k)}, \theta) + (\Delta_2\xi_\alpha^{(k)}, \theta)$ であり，

$(\bar{\boldsymbol{\xi}}_\alpha^{(k)}, \boldsymbol{\theta}) = 0$ であるから，共分散行列は式 (6.13), (6.15) より，

$$E[(\Delta_1\boldsymbol{\xi}_\alpha^{(k)}, \boldsymbol{\theta})(\Delta_1\boldsymbol{\xi}_\alpha^{(l)}, \boldsymbol{\theta})] = (\boldsymbol{\theta}, E[\Delta_1\boldsymbol{\xi}_\alpha^{(k)}\Delta_1\boldsymbol{\xi}_\alpha^{(l)\top}]\boldsymbol{\theta}) = \sigma^2(\boldsymbol{\theta}, V_0^{(kl)}[\boldsymbol{\xi}_\alpha]\boldsymbol{\theta}) \tag{6.21}$$

となる．したがって，行列 $\Big((\boldsymbol{\theta}, V_0^{(kl)}[\boldsymbol{\xi}_\alpha]\boldsymbol{\theta})\Big)$ の逆行列の (k, l) 要素を重み $W_\alpha^{(kl)}$ にとればよい．しかし，データに誤差がないとき，$\Big((\boldsymbol{\theta}, V_0^{(kl)}[\boldsymbol{\xi}_\alpha]\boldsymbol{\theta})\Big)$ は行列式が 0 であり，逆行列が存在しない．これは，式 (6.6) の 3 式が線形従属であるためである．実際，式 (6.5) から $x'\boldsymbol{\xi}^{(1)} - y'\boldsymbol{\xi}^{(2)} = \boldsymbol{\xi}^{(3)}$ となる．したがって，式 (6.6) の 3 式は本来は無駄であり，たとえば第 1, 2 式があれば第 3 式が自動的に満たされる．このため，二つの式のみを使えばよいが，どの二つを指定するかが一意的でない．指定せずに済ませるには，逆行列の代わりにランク 2 の一般逆行列を使えばよい．これは，どの式かを指定せずに式 (6.6) の 2 式を使うことに相当する．しかし，$\boldsymbol{\theta}$ が未知である．そこで，反復の前ステップで計算した重み $W_\alpha^{(kl)}$ を使って $\boldsymbol{\theta}$ を計算し，式 (6.18) のように更新する．反復の初期には $W_\alpha^{(kl)} = \delta_{kl}$ であるから，式 (6.20) より 2 乗和 $\sum_{\alpha=1}^N \sum_{k=1}^3 (\boldsymbol{\theta}, \boldsymbol{\xi}_\alpha^{(k)})^2$ を最小にしている．これは，式 (6.7) に対する**最小 2 乗法**である（$\hookrightarrow$ 手順 2.1，手順 3.1）．ステップ 4 で「符号を除いて」とあるのは，一般固有ベクトルに符号の不定性があるからである．このため，$(\boldsymbol{\theta}, \boldsymbol{\theta}_0) < 0$ であれば $\boldsymbol{\theta} \leftarrow -\boldsymbol{\theta}$ と符号を変えて比較する．

くりこみ法の手順は次のように書ける．

手順 6.2　くりこみ法

1. $\boldsymbol{\theta}_0 = \boldsymbol{0}$ とし，$W_\alpha^{(kl)} = \delta_{kl}$ とおく $(\alpha = 1, \ldots, N,\ k, l = 1,\ 2,\ 3)$.
2. 次の 9×9 行列 $\boldsymbol{M}$, $\boldsymbol{N}$ を計算する．

$$\boldsymbol{M} = \frac{1}{N}\sum_{\alpha=1}^N \sum_{k,l=1}^3 W_\alpha^{(kl)}\boldsymbol{\xi}_\alpha^{(k)}\boldsymbol{\xi}_\alpha^{(l)\top}, \qquad \boldsymbol{N} = \frac{1}{N}\sum_{\alpha=1}^N \sum_{k,l=1}^3 W_\alpha^{(kl)} V_0^{(kl)}[\boldsymbol{\xi}_\alpha] \tag{6.22}$$

3. 一般固有値問題

$$\boldsymbol{M}\boldsymbol{\theta} = \lambda\boldsymbol{N}\boldsymbol{\theta} \tag{6.23}$$

を解いて，絶対値最小の一般固有値に対する単位一般固有ベクトル $\boldsymbol{\theta}$ を計算する．

4. 符号を除いて $\boldsymbol{\theta} \approx \boldsymbol{\theta}_0$ なら $\boldsymbol{\theta}$ を返して終了する．そうでなければ，次のよう

に更新してステップ 2 に戻る．

$$W_\alpha^{(kl)} \leftarrow \Big((\boldsymbol{\theta}, V_0^{(kl)}[\boldsymbol{\xi}_\alpha]\boldsymbol{\theta}) \Big)_2^-, \qquad \boldsymbol{\theta}_0 \leftarrow \boldsymbol{\theta} \tag{6.24}$$

解説 楕円当てはめと同様に，対称行列 $\boldsymbol{M}$, $\boldsymbol{N}$ に対して式 (6.23) の一般固有値問題を解くことは，制約 $(\boldsymbol{\theta}, \boldsymbol{N}\boldsymbol{\theta}) =$（定数）のもとで 2 次形式 $(\boldsymbol{\theta}, \boldsymbol{M}\boldsymbol{\theta})$ を最小にする $\boldsymbol{\theta}$ を計算することでもある．反復の最初は $W_\alpha^{(kl)} = \delta_{kl}$ であるから，$(\boldsymbol{\theta}, (\sum_{\alpha=1}^N \sum_{k=1}^3 V_0^{(kk)}[\boldsymbol{\xi}_\alpha])\boldsymbol{\theta}) =$（定数）のもとで $\sum_{\alpha=1}^N \sum_{k=1}^3 (\boldsymbol{\xi}_\alpha^{(k)}, \boldsymbol{\theta})^2$ を最小にする解を計算している．これは，楕円当てはめの Taubin 法の変形であり，これも **Taubin 法**とよぶ（↪ 演習問題 6.2）．これは，最小 2 乗法や重み反復法よりはるかに精度が高いことが実験的に確認されている．しかし，くりこみ法のほうがさらに精度が高い．式 (6.22) の $\boldsymbol{N}$ は正値とは限らないので，式 (6.23) にプログラムツールを使うには，式 (2.24) のように変形する．

超精度くりこみ法の手順は次のようになる．

手順 6.3 超精度くりこみ法

1. $\boldsymbol{\theta}_0 = \boldsymbol{0}$ とし，$W_\alpha^{(kl)} = \delta_{kl}$ とおく ($\alpha = 1, \ldots, N$, $k, l = 1, 2, 3$).
2. 次の 9×9 行列 $\boldsymbol{M}$, $\boldsymbol{N}$ を計算する．

$$\boldsymbol{M} = \frac{1}{N} \sum_{\alpha=1}^{N} \sum_{k,l=1}^{3} W_\alpha^{(kl)} \boldsymbol{\xi}_\alpha^{(k)} \boldsymbol{\xi}_\alpha^{(l)\top},$$

$$\begin{aligned} \boldsymbol{N} =& \frac{1}{N} \sum_{\alpha=1}^{N} \sum_{k,l=1}^{3} W_\alpha^{(kl)} V_0^{(kl)}[\boldsymbol{\xi}_\alpha] \\ & - \frac{1}{N^2} \sum_{\alpha=1}^{N} \sum_{k,l,m,n=1}^{3} W_\alpha^{(kl)} W_\alpha^{(mn)} \\ & \Big((\boldsymbol{\xi}_\alpha^{(k)}, \boldsymbol{M}_8^- \boldsymbol{\xi}_\alpha^{(m)}) V_0^{(ln)}[\boldsymbol{\xi}_\alpha] + 2\mathcal{S}[V_0^{(km)}[\boldsymbol{\xi}_\alpha] \boldsymbol{M}_8^- \boldsymbol{\xi}_\alpha^{(l)} \boldsymbol{\xi}_\alpha^{(n)\top}] \Big) \end{aligned} \tag{6.25}$$

3. 一般固有値問題

$$\boldsymbol{M}\boldsymbol{\theta} = \lambda \boldsymbol{N}\boldsymbol{\theta} \tag{6.26}$$

を解いて，絶対値最小の一般固有値 λ に対する単位一般固有ベクトル $\boldsymbol{\theta}$ を計算する．

4. 符号を除いて $\boldsymbol{\theta} \approx \boldsymbol{\theta}_0$ なら $\boldsymbol{\theta}$ を返して終了する．そうでなければ，次のよう

に更新してステップ2に戻る．

$$W_\alpha^{(kl)} \leftarrow \Big((\boldsymbol{\theta}, V_0^{(kl)}[\boldsymbol{\xi}_\alpha]\boldsymbol{\theta}) \Big)_2^-, \qquad \boldsymbol{\theta}_0 \leftarrow \boldsymbol{\theta} \tag{6.27}$$

解説　楕円当てはめと同様に，式 (6.25) の $\mathcal{S}[\cdot]$ は対称化作用素であり ($\mathcal{S}[\boldsymbol{A}] = (\boldsymbol{A} + \boldsymbol{A}^\top)/2$)，$\boldsymbol{M}_8^-$ は $\boldsymbol{M}$ のランク8の一般逆行列である．反復の最初は，$W_\alpha^{(kl)} = \delta_{kl}$ とおいた式 (6.25) の $\boldsymbol{N}$ に対して，$(\boldsymbol{\theta}, \boldsymbol{N}\boldsymbol{\theta}) =$（定数）のもとで $\sum_{\alpha=1}^N \sum_{k=1}^3 (\boldsymbol{\xi}_\alpha^{(k)}, \boldsymbol{\theta})^2$ を最小にする解を計算している．これは，楕円当てはめの場合と同じく**超精度最小2乗法**とよばれる（$\hookrightarrow$ 演習問題 6.3）．式 (6.22) の $\boldsymbol{N}$ は正値とは限らないので，式 (6.26) にプログラムツールを使うには式 (2.24) のように変形する．ただし，下記 6.9 節の実験例に示すように，射影変換の計算では，超精度最小2乗法の精度は Taubin 法とほとんど変わらず，超精度くりこみ法を使っても，精度はくりこみ法に比べてあまり改善しないことが知られている．

6.4　幾何学的距離とサンプソン誤差

射影変換を計算する幾何学的方法は，与えられた対応 (x_α, y_α), (x'_α, y'_α) が射影変換となるように $(\bar{x}_\alpha, \bar{y}_\alpha)$, $(\bar{x}'_\alpha, \bar{y}'_\alpha)$ に移動して，移動距離の2乗の平均

$$S = \frac{1}{N}\sum_{\alpha=1}^{N} \Big((x_\alpha - \bar{x}_\alpha)^2 + (y_\alpha - \bar{y}_\alpha)^2 + (x'_\alpha - \bar{x}'_\alpha)^2 + (y'_\alpha - \bar{y}'_\alpha)^2 \Big) \tag{6.28}$$

を最小することである．すなわち，$(\bar{x}_\alpha, \bar{y}_\alpha)$, $(\bar{x}'_\alpha, \bar{y}'_\alpha)$ を式 (6.5) のようにベクトルで表したものを $\bar{\boldsymbol{\xi}}_\alpha^{(k)}$ とし，制約 $(\bar{\boldsymbol{\xi}}_\alpha^{(k)}, \boldsymbol{\theta}) = 0$ ($\alpha = 1, \ldots, N$, $k = 1$, 2, 3) のもとで式 (6.28) を最小にすることである．点 $(\bar{x}_\alpha, \bar{y}_\alpha)$, $(\bar{x}'_\alpha, \bar{y}'_\alpha)$ を観測点 (x_α, y_α), (x'_α, y'_α) の真の位置とみなすと，式 (6.8) から式 (6.28) は $S = (1/N)\sum_{\alpha=1}^N (\Delta x_\alpha^2 + \Delta y_\alpha^2 + \Delta x'^2_\alpha + \Delta y'^2_\alpha)$ とも書ける（ただし，Δx_α などを確率変数ではなく，未知数とみなしている）．式 (6.28) を（次元が (長さ)^2 であるが）**幾何学的距離**（または**再投影誤差**）(reprojection error) とよぶ．

制約 $(\bar{\boldsymbol{\xi}}_\alpha^{(k)}, \boldsymbol{\theta}) = 0$ ($k = 1, 2, 3$) のもとで

$$S_\alpha = \Delta x_\alpha^2 + \Delta y_\alpha^2 + \Delta x'^2_\alpha + \Delta y'^2_\alpha \tag{6.29}$$

の $(\bar{x}_\alpha, \bar{y}_\alpha)$, $(\bar{x}'_\alpha, \bar{y}'_\alpha)$ に関する最小値は，Δx_α, Δy_α, $\Delta x'_\alpha$, $\Delta y'_\alpha$ の高次の項を無視

すると，次の式で近似できる（↪ 演習問題 6.4）．

$$S_\alpha \approx \sum_{k,l=1}^{3} W_\alpha^{(kl)}(\boldsymbol{\xi}_\alpha^{(k)}, \boldsymbol{\theta})(\boldsymbol{\xi}_\alpha^{(l)}, \boldsymbol{\theta}), \qquad W_\alpha^{(kl)} = \Big((\boldsymbol{\theta}, V_0^{(kl)}[\boldsymbol{\xi}_\alpha]\boldsymbol{\theta})\Big)_2^- \tag{6.30}$$

これを用いると，式 (6.28) の幾何学的距離 S は次式で近似できる．

$$J = \frac{1}{N}\sum_{\alpha=1}^{N}\sum_{k,l=1}^{3} W_\alpha^{(kl)}(\boldsymbol{\xi}_\alpha^{(k)}, \boldsymbol{\theta})(\boldsymbol{\xi}_\alpha^{(l)}, \boldsymbol{\theta}), \qquad W_\alpha^{(kl)} = \Big((\boldsymbol{\theta}, V_0^{(kl)}[\boldsymbol{\xi}_\alpha]\boldsymbol{\theta})\Big)_2^- \tag{6.31}$$

これを射影変換の計算の**サンプソン誤差**とよぶ．これは，式 (6.28) の幾何学的距離 S の非常によい近似であることが知られている．

6.5 FNS 法

式 (6.31) のサンプソン誤差は，楕円当てはめの FNS 法を変形した方法で最小化できる．これも **FNS 法**とよぶ．

手順 6.4 FNS 法

1. $\boldsymbol{\theta} = \boldsymbol{\theta}_0 = \boldsymbol{0}$ とし，$W_\alpha^{(kl)} = \delta_{kl}$ とおく ($\alpha = 1, \ldots, N,\ k, l = 1,\ 2,\ 3$)．
2. 次の 9×9 行列 $\boldsymbol{M}$, $\boldsymbol{L}$ を計算する．

$$\boldsymbol{M} = \frac{1}{N}\sum_{\alpha=1}^{N}\sum_{k,l=1}^{3} W_\alpha^{(kl)}\boldsymbol{\xi}_\alpha^{(k)}\boldsymbol{\xi}_\alpha^{(l)\top}, \qquad \boldsymbol{L} = \frac{1}{N}\sum_{\alpha=1}^{N}\sum_{k,l=1}^{3} v_\alpha^{(k)} v_\alpha^{(l)} V_0^{(kl)}[\boldsymbol{\xi}_\alpha] \tag{6.32}$$

ただし，次のようにおく．

$$v_\alpha^{(k)} = \sum_{l=1}^{3} W_\alpha^{(kl)}(\boldsymbol{\xi}_\alpha^{(l)}, \boldsymbol{\theta}) \tag{6.33}$$

3. 9×9 行列 $\boldsymbol{X}$ を次のようにおく．

$$\boldsymbol{X} = \boldsymbol{M} - \boldsymbol{L} \tag{6.34}$$

4. 固有値問題

$$\boldsymbol{X}\boldsymbol{\theta} = \lambda\boldsymbol{\theta} \tag{6.35}$$

を解き，最小固有値 λ に対する単位固有ベクトル $\boldsymbol{\theta}$ を計算する．

5. 符号を除いて $\boldsymbol{\theta} \approx \boldsymbol{\theta}_0$ なら $\boldsymbol{\theta}$ を返して終了する．そうでなければ，次のように更新してステップ2に戻る．

$$W_\alpha^{(kl)} \leftarrow \left((\boldsymbol{\theta}, V_0^{(kl)}[\boldsymbol{\xi}_\alpha]\boldsymbol{\theta})\right)_2^-, \qquad \boldsymbol{\theta}_0 \leftarrow \boldsymbol{\theta} \tag{6.36}$$

解説　これは，式 (6.31) のサンプソン誤差 J に対して $\nabla_{\boldsymbol{\theta}} J = \boldsymbol{0}$ となる $\boldsymbol{\theta}$ を計算する手順である．式 (6.31) を微分すると次のようになる（↪ 演習問題 6.5(1),(2)）．

$$\nabla_{\boldsymbol{\theta}} J = 2(\boldsymbol{M} - \boldsymbol{L})\boldsymbol{\theta} = 2\boldsymbol{X}\boldsymbol{\theta} \tag{6.37}$$

ただし，$\boldsymbol{M}$, $\boldsymbol{L}$, $\boldsymbol{X}$ は式 (6.32), (6.34) で与えられる行列である．FNS 法の反復が収束した時点では式 (6.35) の λ は 0 であることが示されるので（↪ 演習問題 6.5(3)），$\nabla_{\boldsymbol{\theta}} J = \boldsymbol{0}$ となる $\boldsymbol{\theta}$ が計算される．反復の初期には $\boldsymbol{\theta} = \boldsymbol{0}$ であるから，式 (6.33) の $v_\alpha^{(k)}$ は 0 であり，$\boldsymbol{L} = \boldsymbol{O}$ である．したがって，式 (6.35) は $\boldsymbol{M}\boldsymbol{\theta} = \lambda\boldsymbol{\theta}$ となる．すなわち，FNS 法は最小2乗法から反復を始めていることになる．

6.6　幾何学的距離最小化

上記の FNS 法で求めた解 $\boldsymbol{\theta}$ を用いてデータ $\boldsymbol{\xi}_\alpha^{(k)}$ を修正し，修正したデータに対するサンプソン誤差を最小化し，その解を用いてデータを修正し，これを数回反復すると，式 (6.28) の幾何学的距離 S を厳密に最小化する解 $\boldsymbol{\theta}$ が計算される．その手順は次のようになる．

手順 6.5　幾何学的距離最小化

1. $J_0^* = \infty$ とし（∞ は十分大きい数），$\hat{x}_\alpha = x_\alpha$, $\hat{y}_\alpha = y_\alpha$, $\hat{x}'_\alpha = x'_\alpha$, $\hat{y}'_\alpha = y'_\alpha$, $\tilde{x}_\alpha = \tilde{y}_\alpha = \tilde{x}'_\alpha = \tilde{y}'_\alpha = 0$ とおく $(\alpha = 1, \ldots, N)$．そして，次の4次元ベクトルを定義する．

$$\boldsymbol{p}_\alpha = \begin{pmatrix} x_\alpha \\ y_\alpha \\ x'_\alpha \\ y'_\alpha \end{pmatrix}, \qquad \hat{\boldsymbol{p}}_\alpha = \begin{pmatrix} \hat{x}_\alpha \\ \hat{y}_\alpha \\ \hat{x}'_\alpha \\ \hat{y}'_\alpha \end{pmatrix}, \qquad \tilde{\boldsymbol{p}}_\alpha = \begin{pmatrix} \tilde{x}_\alpha \\ \tilde{y}_\alpha \\ \tilde{x}'_\alpha \\ \tilde{y}'_\alpha \end{pmatrix} \tag{6.38}$$

2. 式 (6.11) の $\boldsymbol{T}_\alpha^{(k)}$ 中の $\bar{x}_\alpha$, $\bar{y}_\alpha$, $\bar{x}'_\alpha$, $\bar{y}'_\alpha$ をそれぞれ $\hat{x}_\alpha$, $\hat{y}_\alpha$, $\hat{x}'_\alpha$, $\hat{y}'_\alpha$ に置き換えた $\hat{\boldsymbol{T}}_\alpha^{(k)}$ を計算し，正規化共分散行列 $V_0^{(kl)}[\hat{\boldsymbol{\xi}}_\alpha]$ を次のように計算する $(k, l = 1, 2, 3)$.

$$V_0^{(kl)}[\hat{\boldsymbol{\xi}}_\alpha] = \hat{\boldsymbol{T}}_\alpha^{(k)} \hat{\boldsymbol{T}}_\alpha^{(l)} \tag{6.39}$$

3. 次の $\hat{W}_\alpha^{(kl)}$ を計算する $(k, l = 1, 2, 3)$.

$$\hat{W}_\alpha^{(kl)} = \left((\boldsymbol{\theta}, V_0^{(kl)}[\hat{\boldsymbol{\xi}}_\alpha]\boldsymbol{\theta}) \right)_2^- \tag{6.40}$$

4. 次の 9 次元ベクトル $\boldsymbol{\xi}_\alpha^{(1)*}$, $\boldsymbol{\xi}_\alpha^{(2)*}$, $\boldsymbol{\xi}_\alpha^{(3)*}$ を計算する.

$$\boldsymbol{\xi}_\alpha^{(1)*} = \begin{pmatrix} 0 \\ 0 \\ 0 \\ -f_0\hat{x}_\alpha \\ -f_0\hat{y}_\alpha \\ -f_0^2 \\ \hat{x}_\alpha\hat{y}'_\alpha \\ \hat{y}_\alpha\hat{y}'_\alpha \\ f_0\hat{y}'_\alpha \end{pmatrix} + \hat{\boldsymbol{T}}_\alpha^{(1)}\tilde{\boldsymbol{p}}_\alpha, \qquad \boldsymbol{\xi}_\alpha^{(2)*} = \begin{pmatrix} f_0\hat{x}_\alpha \\ f_0\hat{y}_\alpha \\ f_0^2 \\ 0 \\ 0 \\ 0 \\ -\hat{x}_\alpha\hat{x}'_\alpha \\ -\hat{y}_\alpha\hat{x}'_\alpha \\ -f_0\hat{x}'_\alpha \end{pmatrix} + \hat{\boldsymbol{T}}_\alpha^{(2)}\tilde{\boldsymbol{p}}_\alpha,$$

$$\boldsymbol{\xi}_\alpha^{(3)*} = \begin{pmatrix} -\hat{x}_\alpha\hat{y}'_\alpha \\ -\hat{y}_\alpha\hat{y}'_\alpha \\ -f_0\hat{y}'_\alpha \\ \hat{x}_\alpha\hat{x}'_\alpha \\ \hat{y}_\alpha\hat{x}'_\alpha \\ f_0\hat{x}'_\alpha \\ 0 \\ 0 \\ 0 \end{pmatrix} + \hat{\boldsymbol{T}}_\alpha^{(3)}\tilde{\boldsymbol{p}}_\alpha \tag{6.41}$$

5. 次の**修正サンプソン誤差**を最小化する $\boldsymbol{\theta}$ を計算する.

$$J^* = \frac{1}{N}\sum_{\alpha=1}^{N}\sum_{k,l=1}^{3} \hat{W}_\alpha^{(kl)} (\boldsymbol{\xi}_\alpha^{(k)*}, \boldsymbol{\theta})(\boldsymbol{\xi}_\alpha^{(l)*}, \boldsymbol{\theta}) \tag{6.42}$$

6. $\tilde{\boldsymbol{p}}_\alpha$, $\hat{\boldsymbol{p}}_\alpha$ を次のように更新する.

$$\tilde{\boldsymbol{p}}_\alpha \leftarrow \sum_{k,l=1}^{3} \hat{W}_\alpha^{(kl)}(\boldsymbol{\xi}_\alpha^{(k)*}, \boldsymbol{\theta})\hat{\boldsymbol{T}}_\alpha^{(l)\top}\boldsymbol{\theta}, \qquad \hat{\boldsymbol{p}}_\alpha \leftarrow \boldsymbol{p}_\alpha - \tilde{\boldsymbol{p}}_\alpha \tag{6.43}$$

7. 次の J^* を計算する．

$$J^* = \frac{1}{N}\sum_{\alpha=1}^{N}\|\tilde{\boldsymbol{p}}_\alpha\|^2 \tag{6.44}$$

$J^* \approx J_0$ であれば $\boldsymbol{\theta}$ を返して終了する．そうでなければ，$J_0 \leftarrow J^*$ としてステップ2に戻る．

解説　反復の初期には $\hat{x}_\alpha = x_\alpha$, $\hat{y}_\alpha = y_\alpha$, $\hat{x}'_\alpha = x'_\alpha$, $\hat{y}'_\alpha = y'_\alpha$, $\tilde{x}_\alpha = \tilde{y}_\alpha = \tilde{x}'_\alpha = \tilde{y}'_\alpha = 0$ であるから，式 (6.41) の $\boldsymbol{\xi}_\alpha^{(k)*}$ は $\boldsymbol{\xi}_\alpha^{(k)}$ と同じであり，式 (6.42) の J^* は式 (6.31) の J と同じである．そして，それを最小化する $\boldsymbol{\theta}$ がまず計算される．式 (6.38) の $\boldsymbol{p}_\alpha$ の $x_\alpha = \bar{x}_\alpha$, $y_\alpha = \bar{y}_\alpha$, $x'_\alpha = \bar{x}'_\alpha$, $y'_\alpha = \bar{y}'_\alpha$ に対する値を $\bar{\boldsymbol{p}}_\alpha$ と書くと，式 (6.28) は $S = (1/N)\sum_{\alpha=1}^{N}\|\boldsymbol{p}_\alpha - \bar{\boldsymbol{p}}_\alpha\|^2$ と書ける．これを次のように書き換える．

$$S = \frac{1}{N}\sum_{\alpha=1}^{N}\|\hat{\boldsymbol{p}}_\alpha + (\boldsymbol{p}_\alpha - \hat{\boldsymbol{p}}_\alpha) - \bar{\boldsymbol{p}}_\alpha\|^2 = \frac{1}{N}\sum_{\alpha=1}^{N}\|\hat{\boldsymbol{p}}_\alpha + \tilde{\boldsymbol{p}}_\alpha - \bar{\boldsymbol{p}}_\alpha\|^2 \tag{6.45}$$

ただし，$\tilde{\boldsymbol{p}}_\alpha = \boldsymbol{p}_\alpha - \hat{\boldsymbol{p}}_\alpha$ である．

次のステップでは，補正した $(\hat{x}_\alpha, \hat{y}_\alpha)$, $(\hat{x}'_\alpha, \hat{y}'_\alpha)$ をベクトルで表した $\hat{\boldsymbol{p}}_\alpha$ を入力データとみなし，式 (6.45) を最小にする $\bar{\boldsymbol{p}}_\alpha$ の値 $\hat{\hat{\boldsymbol{p}}}_\alpha$ を計算する．そして，$\hat{\boldsymbol{p}}_\alpha - \bar{\boldsymbol{p}}_\alpha$ の高次の微小量を無視して式 (6.45) を書き直すと，式 (6.42) の修正サンプソン誤差 J^* が得られる（$\hookrightarrow$ 演習問題 6.6）．これを最小化し，$\hat{\hat{\boldsymbol{p}}}_\alpha$ を改めて $\hat{\boldsymbol{p}}_\alpha$ とみなして同じ操作を反復する．現在の $\hat{\boldsymbol{p}}_\alpha$ が $\bar{\boldsymbol{p}}_\alpha$ の最良の近似であるから，式 (6.43) の第2式より $\|\tilde{\boldsymbol{p}}_\alpha\|^2$ が $\|\bar{\boldsymbol{p}}_\alpha - \boldsymbol{p}_\alpha\|^2$ の近似である．そこで，式 (6.44) によって幾何学的距離 S を評価する．反復のたびに無視する高次の微小量が減少するので，最終的には S を最小にする $\boldsymbol{\theta}$ が得られ，式 (6.44) が S に一致する．しかし，この手順によって解を修正しても，変化はわずかであり，有効数字 3, 4 桁は変化しないことが知られている．この意味で，FNS 法は実質的に幾何学的距離を最小化する方法とみなせる．

6.7 超精度補正

楕円当てはめと同様に，FNS 法や幾何学的距離最小化の解には理論的には偏差があり，それを差し引く超精度補正によって精度を向上させることができる．ただし，これは理論上であり，下記 6.9 節の実験例に示すように，実質的な変化はほとんどない．手順は次のようになる．

手順 6.6 超精度補正

1. FNS 法（手順 6.4）によって $\boldsymbol{\theta}$ を計算する．
2. 次のように σ^2 を推定する．

$$\hat{\sigma}^2 = \frac{(\boldsymbol{\theta}, \boldsymbol{M}\boldsymbol{\theta})}{2(1-4/N)} \tag{6.46}$$

ただし，行列 $\boldsymbol{M}$ は FNS 法の終了時点での値である．

3. 次の補正項を計算する．

$$\Delta_c\boldsymbol{\theta} = \frac{\hat{\sigma}^2}{N^2}\boldsymbol{M}_8^- \sum_{\alpha=1}^{N}\sum_{k,l=1}^{3} W_\alpha^{(km)}W_\alpha^{(ln)}(\boldsymbol{\xi}_\alpha^{(l)}, \boldsymbol{M}_8^- V_0^{(mn)}[\boldsymbol{\xi}_\alpha]\boldsymbol{\theta})\boldsymbol{\xi}_\alpha^{(k)} \tag{6.47}$$

ただし，$W_\alpha^{(kl)}$ は FNS 法の終了時点での値である．

4. 次のように $\boldsymbol{\theta}$ を補正する．

$$\boldsymbol{\theta} \leftarrow \mathcal{N}[\boldsymbol{\theta} - \Delta_c\boldsymbol{\theta}] \tag{6.48}$$

ただし，$\mathcal{N}[\cdot]$ は単位ベクトルへの正規化作用素である．

6.8 アウトライア除去

射影変換を計算するには，2 画像間の対応点を抽出する必要がある．これは，基礎行列の場合と同様であり，さまざまな手法が開発されているが，誤った対応，すなわちアウトライアが含まれる可能性がある．基礎行列の場合は，3.9 節に示したように，「エピ極線方程式を満たす点数がなるべく多くなる」ような基礎行列を計算する．射影変換の場合も同じように考えて，「射影変換を満たす点数がなるべく多くなる」ような射影変換を計算すればよい．その代表的な手法であるRANSACは次のように行う．

手順 6.7　RANSAC

1. 対応点の組から4組をランダムに選び，それらに対する式 (6.5) のベクトル $\boldsymbol{\xi}^{(k)}$ を $\boldsymbol{\xi}_1^{(k)}, \ldots, \boldsymbol{\xi}_4^{(k)}$ とする ($k = 1, 2, 3$).
2. 次の行列の最小固有値に対する単位固有ベクトル $\boldsymbol{\theta}$ を計算する．
$$\boldsymbol{M}_4 = \sum_{\alpha=1}^{4}\sum_{k=1}^{3}\boldsymbol{\xi}_\alpha^{(k)}\boldsymbol{\xi}_\alpha^{(k)\top} \tag{6.49}$$
3. その解 $\boldsymbol{\theta}$ を候補として保存する．そして，すべての対応点の組の中で
$$\sum_{k,l=1}^{3} W^{(kl)}(\boldsymbol{\xi}^{(k)}, \boldsymbol{\theta})(\boldsymbol{\xi}^{(l)}, \boldsymbol{\theta}) < 2d^2, \qquad W^{(kl)} = \Big((\boldsymbol{\theta}, V_0^{(kl)}[\boldsymbol{\xi}]\boldsymbol{\theta})\Big)_2^{-} \tag{6.50}$$
を満たす組の数 n を数え，その数を記録する．定数 d は，対応点のずれをどの程度許容するかというしきい値である（たとえば $d = 2$）.
4. 対応点の組から別の4組をランダムに選び，同じ操作を行う．これを何度も行い，n が最も大きいものを選ぶ．
5. 最終的に選ばれた $\boldsymbol{\theta}$ に対して，式 (6.50) を満たさない対応をアウトライアとみなして除去する．

解説　ステップ2では，ステップ1で選んだ4組の対応から射影変換を計算している．射影変換行列 $\boldsymbol{H}$ は9個の要素をもつが，定数倍の不定性があるので8自由度がある．1組の対応点間で式 (6.1) の2個の式が成り立つ（式 (6.6) のように書いても独立なものは2個である）．したがって，4組の対応点が得られれば，それらに対する式 (6.1)，あるいは式 (6.6) を連立させて $\boldsymbol{H}$ を定めることができる．しかし，最小2乗法のほうが便利である（行列 $\boldsymbol{M}_4$ に係数1/4があってもなくても解は同じ）．ステップ3は，各点が $\boldsymbol{\theta}$ の定める射影変換をどの程度満たしているかを判定している．これは，対応 (x, y), (x', y') が射影変換となるように $(\bar{x}, \bar{y})$, $(\bar{x}', \bar{y}')$ へ補正する移動量を，式 (6.29) の2乗和で測っている．これは式 (6.30) で近似できる．ステップ3では楕円や基礎行列の場合と同様に，数えた n がすでに記録されている値よりも小さければ，その射影変換を記録せずに次のサンプリングに進めばよい．記録されている n の現在の最大値がある一定回数

連続して更新されなければ，サンプリングを終了する．

6.9 実験例

図 6.2 は，平面格子パターンを 2 方向から見たシミュレーション画像であり，大きさを 500×500 画素と想定している．各格子点の x, y 座標には，期待値 0，標準偏差 2 画素の正規分布に従う乱数誤差を加えている．この 2 画像間の射影変換行列の理論的な値は，次のようになる．

$$\bar{\boldsymbol{H}} = \begin{pmatrix} 0.57773 & 0.00000 & 0.00000 \\ 0.00000 & 0.47171 & 0.00000 \\ 0.00000 & -0.31587 & 0.57773 \end{pmatrix} \tag{6.51}$$

誤差のある格子点を対応点として計算した射影変換行列は，次のようになる．

$$\boldsymbol{H}^{(0)} = \begin{pmatrix} 0.57483 & -0.00026 & -0.00018 \\ 0.00153 & 0.47107 & -0.00010 \\ -0.00706 & -0.33990 & 0.57626 \end{pmatrix},$$

$$\boldsymbol{H}^{(1)} = \begin{pmatrix} 0.57690 & -0.00023 & -0.00018 \\ 0.00155 & 0.47284 & 0.00001 \\ -0.00679 & -0.33143 & 0.57768 \end{pmatrix} \tag{6.52}$$

ただし，$\boldsymbol{H}^{(0)}$ は最小 2 乗法（$\hookrightarrow$ 演習問題 6.1）の解，$\boldsymbol{H}^{(1)}$ は超精度くりこみ法（手順 6.3）の解である．FNS 法（手順 6.4），およびそれを反復する幾何学的距離最小化（手順 6.5）の解は，それぞれ次のようになる．

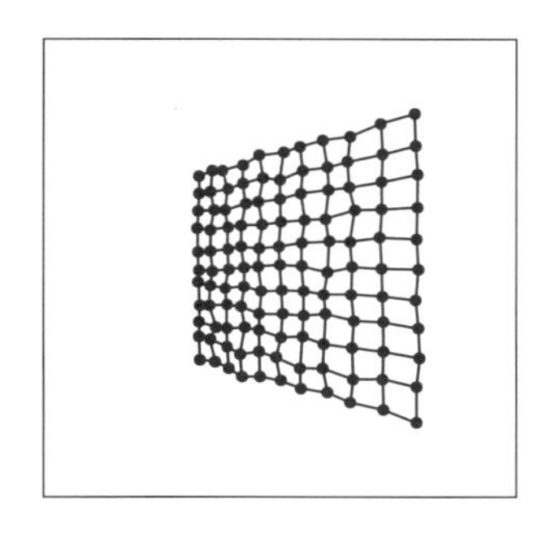
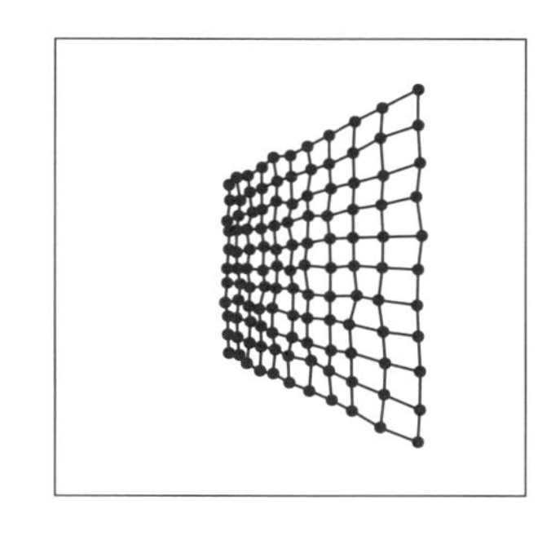

図 6.2 平面格子パターンを 2 方向から見たシミュレーション画像．

$$
\boldsymbol{H}^{(2)} = \begin{pmatrix} 0.57694 & -0.00020 & -0.00018 \\ 0.00158 & 0.47282 & 0.00001 \\ -0.00671 & -0.33138 & 0.57769 \end{pmatrix},
$$

$$
\boldsymbol{H}^{(3)} = \begin{pmatrix} 0.57695 & -0.00020 & -0.00018 \\ 0.00158 & 0.47282 & 0.00001 \\ -0.00571 & -0.33135 & 0.57769 \end{pmatrix} \tag{6.53}
$$

これら以外の解を含めて，計算した $\boldsymbol{H} = (H_{ij})$ の計算誤差を

$$
E = \sqrt{\sum_{i,j=1}^{3} (H_{ij} - \bar{H}_{ij})^2} \tag{6.54}
$$

によって評価すると，**表 6.1** のようになる．これからわかるように，最小 2 乗法と重み反復法は精度が低いが，それ以外はどれもよい精度である．この例では FNS 法の超精度補正が最も誤差が小さいが，FNS 法や幾何学的距離最小化との差はわずかである．

表 6.1　いろいろな方法で計算した射影変換行列の計算誤差

方法	E
最小 2 乗法	1.15042×10^{-2}
重み反復法	1.07295×10^{-2}
Taubin 法	0.73568×10^{-2}
くりこみ法	0.71149×10^{-2}
超精度最小 2 乗法	0.73513×10^{-2}
超精度くりこみ法	0.71154×10^{-2}
FNS 法	0.70337×10^{-2}
幾何学的距離最小化	0.70304×10^{-2}
FNS 法の超精度補正	0.70296×10^{-2}

6.10　さらに勉強したい人へ

平面を撮影した 2 画像間の式 (6.1) の射影変換は，コンピュータビジョンの最も基礎的な原理の一つであり，多くの教科書に解説されている [16, 21, 28, 29, 32, 33].

遠方の3次元シーンは遠方に置かれた平面に描かれた絵とみなせるので，ある程度（たとえば10 m）以上離れたシーンでは，式(6.1)の射影変換がよく成立する．

くりこみ法は第2, 3章で述べたように，楕円当てはめや基礎行列の計算に対して考えられたが，これを複数の方程式で表される射影変換に拡張したのは金谷ら[49]である．ただし，手順6.2とは形が異なっている．手順6.2の形にまとめたのは金谷ら[42]である．

楕円当てはめや基礎行列に対するTaubin法が射影変換の計算に拡張できることを最初に示したのはRangarajanら[83]である．これを超精度最小2乗法に発展させたのは金谷ら[51]である．その後，金谷ら[42]は手順6.3の超精度くりこみ法を導いた．

楕円当てはめや基礎行列に対するFNS法が射影変換にも適用できることを最初に示したのはScoleriら[85]であるが，これは多次元空間の手続きとして記述してあり，計算には数式処理ソフトが必要であった．これを手順6.4のように直接的な数値計算の形に書いたのは金谷ら[47]である．

手順6.5の幾何学的距離最小化は，楕円当てはめや基礎行列に対する方法を拡張したものであり，これも金谷ら[47]によって示された．手順6.6の超精度補正も楕円当てはめや基礎行列に対する方法を拡張したものであり，金谷ら[58]に述べられている．

6.9節の実験例からわかるように，最小2乗法と重み反復法以外のすべての方法は精度がほぼ同じである．これは，どの解も偏差が非常に小さいからであり，このことは実験的に確認できる．その理由は次のように推測できる．楕円の式にはx^2やy^2のような2次の項が含まれるが，射影変換には式(6.5)からわかるように，xx'やxy'のような積からなり，どの変数についても**双1次形式**である．そして，異なる変数の誤差は独立と仮定している．とくに，楕円当てはめの超精度くりこみ法や超精度補正で$E[\Delta_2\boldsymbol{\xi}_\alpha] = \sigma^2\boldsymbol{e}$によって定義されるベクトル$\boldsymbol{e}$は，射影変換の場合は式(6.12)からわかるように$\boldsymbol{0}$である．このことは基礎行列の計算でも，また複数画像からの計算でも一般的にいえる．それは，各画像の誤差は，ほかの画像の誤差とは独立と仮定されるからである．

演習問題

6.1 手順 6.1 の初期解を計算する最小 2 乗法の手順を具体的に示せ．

6.2 手順 6.2 の初期解を計算する Taubin 法の手順を具体的に示せ．

6.3 手順 6.3 の初期解を計算する超精度最小 2 乗法の手順を具体的に示せ．

6.4 制約 $(\bar{\boldsymbol{\xi}}_\alpha^{(k)}, \boldsymbol{\theta}) = 0$ $(k, l = 1, 2, 3)$ のもとで式 (6.29) の最小値は，Δx_α, Δy_α, $\Delta x'_\alpha$, $\Delta y'_\alpha$ の高次の項を無視すると，式 (6.30) で近似できることを示せ．

6.5 (1) 式 (6.31) の $W_\alpha^{(kl)}$ の微分が次のように書けることを示せ．

$$\nabla_{\boldsymbol{\theta}} W_\alpha^{(kl)} = -2 \sum_{m,n=1}^{3} W_\alpha^{(km)} W_\alpha^{(ln)} V_0^{(mn)}[\boldsymbol{\xi}_\alpha]\boldsymbol{\theta} \tag{6.55}$$

(2) 式 (6.31) の J を微分すると，式 (6.37) のように書けることを示せ．

(3) FNS 法の反復が収束した時点では，式 (6.35) の λ は 0 であることを示せ．

6.6 式 (6.45) の S の最小値は，$\hat{\boldsymbol{p}}_\alpha - \bar{\boldsymbol{p}}_\alpha$ の高次の微小量を無視すると，式 (6.42) の修正サンプソン誤差 J^* となることを示せ（ヒント：$\Delta\hat{\boldsymbol{p}}_\alpha = \hat{\boldsymbol{p}}_\alpha - \bar{\boldsymbol{p}}_\alpha$ をおいて，式 (6.45) を $S = (1/N)\sum_{\alpha=1}^{N} \|\tilde{\boldsymbol{p}}_\alpha + \Delta\hat{\boldsymbol{p}}_\alpha\|^2$ と書き，これを最小にする $\Delta\hat{\boldsymbol{p}}_\alpha$ を推定する）．

第7章 平面三角測量

本章では，既知の平面を撮影した 2 画像間の対応点と各カメラのカメラ行列から，その 3 次元位置を復元する三角測量（「平面三角測量」とよぶ）の原理と手順を述べる．これは，第 4 章の三角測量に，復元位置が指定された平面上にあるという制約を加えたものである．まず，平面とカメラ行列が既知であれば，観測する 2 画像間の射影変換が定まることを示す．次に，対応点が定義する視線をシーン中の既知の平面上で交わるように，画像の統計的性質を考慮して最適に補正する手順を示す．これは，前章の射影変換の計算の原理と密接に関連する．

7.1 平面の透視投影

2 台のカメラで平面を撮影することを考える．それぞれのカメラ行列を $\boldsymbol{P}$, $\boldsymbol{P}'$ とし，平面上の点 (X,Y,Z) がそれぞれの画像上の点 (x,y), (x',y') に撮影されるとすると，式 (4.2) から次の関係が成り立つ．

$$\begin{pmatrix} x/f_0 \\ y/f_0 \\ 1 \end{pmatrix} \simeq \boldsymbol{P} \begin{pmatrix} X \\ Y \\ Z \\ 1 \end{pmatrix}, \qquad \begin{pmatrix} x'/f_0 \\ y'/f_0 \\ 1 \end{pmatrix} \simeq \boldsymbol{P}' \begin{pmatrix} X \\ Y \\ Z \\ 1 \end{pmatrix} \tag{7.1}$$

平面の方程式を $Z = aX + bY + c$ とする（Z 軸に平行な平面が表せないが，その場合は $X = aY + bZ + c$，あるいは $Y = aX + bZ + c$ とすればよい．以下の議論は同じである）．これは

$$\begin{pmatrix} X \\ Y \\ Z \\ 1 \end{pmatrix} = \boldsymbol{C} \begin{pmatrix} X \\ Y \\ 1 \end{pmatrix}, \qquad \boldsymbol{C} \equiv \begin{pmatrix} 1 & 0 & 0 \\ 0 & 1 & 0 \\ a & b & c \\ 0 & 0 & 1 \end{pmatrix} \tag{7.2}$$

と書けるから，式 (7.1) は次のようになる．

$$\begin{pmatrix} x/f_0 \\ y/f_0 \\ 1 \end{pmatrix} \simeq \tilde{\boldsymbol{P}} \begin{pmatrix} X \\ Y \\ 1 \end{pmatrix}, \quad \begin{pmatrix} x'/f_0 \\ y'/f_0 \\ 1 \end{pmatrix} \simeq \tilde{\boldsymbol{P}}' \begin{pmatrix} X \\ Y \\ 1 \end{pmatrix}, \quad \tilde{\boldsymbol{P}} \equiv \boldsymbol{PC}, \quad \tilde{\boldsymbol{P}}' \equiv \boldsymbol{P}'\boldsymbol{C} \tag{7.3}$$

平面上の点とその画像上の撮影位置は 1 対 1 であるから，3×3 行列 $\tilde{\boldsymbol{P}}$, $\tilde{\boldsymbol{P}}'$ はともに正則行列である．これは，**平面から画像への透視投影，およびその逆は射影変換である**ということを意味する．2 画像間の対応はそれらの合成であるから，次のように書ける（図 7.1(a)）．

$$\begin{pmatrix} x'/f_0 \\ y'/f_0 \\ 1 \end{pmatrix} \simeq \boldsymbol{H} \begin{pmatrix} x/f_0 \\ y/f_0 \\ 1 \end{pmatrix}, \qquad \boldsymbol{H} \equiv \tilde{\boldsymbol{P}}'\tilde{\boldsymbol{P}}^{-1} \tag{7.4}$$

これは式 (6.2) にほかならない．$\boldsymbol{H} = \tilde{\boldsymbol{P}}'\tilde{\boldsymbol{P}}^{-1}$ は正則行列であるから，これは射影変換である．射影変換の全体は，合成に関して**射影変換群**とよばれる群をつくる（↪ 演習問題 7.1）．射影変換によって直線は直線に写像されるから（↪ 演習問題 7.2），四辺形は四辺形に写像される．しかし，長さや角度や比は保たれないので，正方形は一般の四辺形に写像される（図 7.1(b)）．一方，楕円は楕円に写像され，円は楕円となる．式 (7.4) からわかるように，平面を撮影した 2 画像間の射影変換行列 $\boldsymbol{H}$ は，二つのカメラ行列 $\boldsymbol{P}$, $\boldsymbol{P}'$ とその平面の方程式から定まる．

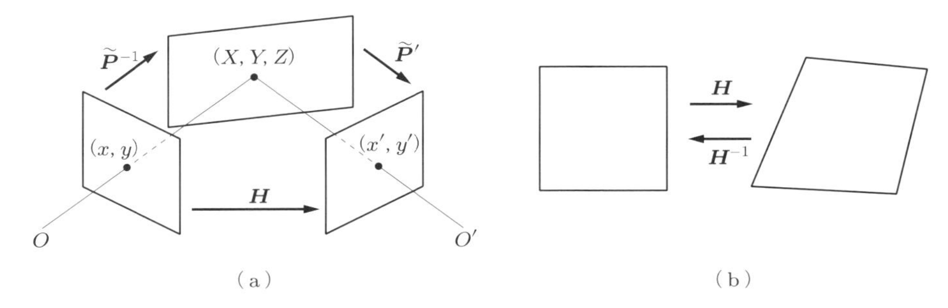

図 7.1　(a) 平面から画像への透視投影，およびその逆は射影変換である．画像間の射影変換はそれらの合成である．(b) 射影変換によって，正方形は一般の四辺形に変換される．

7.2 平面三角測量

以下，カメラ行列 $\boldsymbol{P}$, $\boldsymbol{P}'$ と平面の方程式は既知であるとする．したがって，射影変換行列 $\boldsymbol{H}$ も既知である．対応点 (x,y), (x',y') が観測されると，カメラ行列 $\boldsymbol{P}$, $\boldsymbol{P}'$ が既知であれば，第 4 章の三角測量の手順によって 3 次元位置 (X,Y,Z) が復元できる．しかし，対応点 (x,y), (x',y') に誤差があると，復元点 (X,Y,Z) は指定した平面上にあるとは限らない．対応点の 3 次元位置を，指定した平面上に復元することを**平面三角測量** (planar triangulation) とよぶ．素朴な方法は，まず第 4 章に述べた方法で三角測量を行い，得られた点を指定した平面上の最短点（下ろした垂線の足）に置き換えることである．しかし，誤差は画像上で生じるのであるから，シーン中で「近い」ということに合理的な意味はない．

第 4 章では，誤差のある (x,y), (x',y') を，「それらの視線が交わる」ように最短に $(\bar{x},\bar{y})$, $(\bar{x}',\bar{y}')$ に補正した．このことから，平面が既知のときは，(x,y), (x',y') を，それらの視線が交わり，**かつその交点がその平面上にある**ように最短に $(\bar{x},\bar{y})$, $(\bar{x}',\bar{y}')$ に補正するのが合理的である（**図 7.2**）．これは，数学的には，$(\bar{x},\bar{y})$, $(\bar{x}',\bar{y}')$ が式 (7.4) の射影変換を満たすという制約のもとに，補正のための移動距離の 2 乗和，すなわち**再投影誤差** (reprojection error)

$$S = (x-\bar{x})^2 + (y-\bar{y})^2 + (x'-\bar{x}')^2 + (y-\bar{y}')^2 \tag{7.5}$$

を最小にすることである．

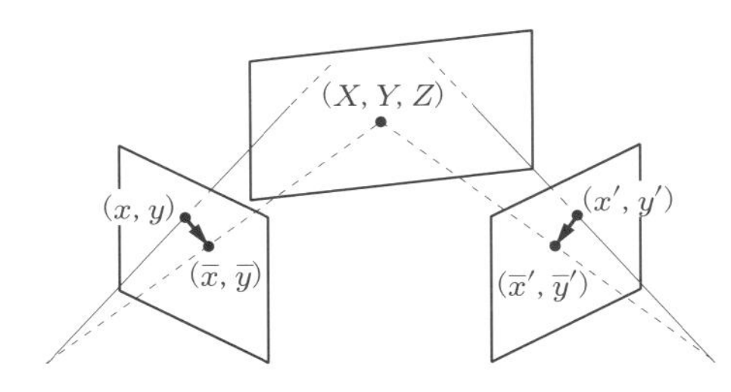

図 7.2　観測した対応点を，視線が交わり，かつその交点が指定した平面上にあるように，最短に補正する．

7.3 平面三角測量の手順

射影変換行列 $\boldsymbol{H}$ を既知とし，式 (6.5) のように $\boldsymbol{H}$ を 9 次元ベクトル $\boldsymbol{\theta}$ で表

す．9 次元ベクトル $\boldsymbol{\xi}^{(k)}$ を式 (6.5) のように定義すれば，式 (7.4) の射影変換は $(\boldsymbol{\xi}^{(k)}, \boldsymbol{\theta}) = 0$ と書ける ($k = 1, 2, 3$)．式 (7.4) のもとで式 (7.5) を最小にする $(\hat{x}, \hat{y})$, $(\hat{x}', \hat{y}')$ は，次の手順で計算できる．

手順 7.1　対応点の最適補正

1. $S = \infty$ とし（∞ は十分大きい数），$\hat{x} = x$, $\hat{y} = y$, $\hat{x}' = x'$, $\hat{y}' = y'$, $\tilde{x} = \tilde{y} = \tilde{x}' = \tilde{y}' = 0$ とおく．そして，次の 4 次元ベクトルを定義する．

$$\boldsymbol{p} = \begin{pmatrix} x \\ y \\ x' \\ y' \end{pmatrix}, \qquad \hat{\boldsymbol{p}} = \begin{pmatrix} \hat{x} \\ \hat{y} \\ \hat{x}' \\ \hat{y}' \end{pmatrix}, \qquad \tilde{\boldsymbol{p}} = \begin{pmatrix} \tilde{x} \\ \tilde{y} \\ \tilde{x}' \\ \tilde{y}' \end{pmatrix} \tag{7.6}$$

2. 9×4 行列 $\boldsymbol{T}^{(k)}$ を次のように定義する ($k = 1, 2, 3$)．

$$\boldsymbol{T}^{(1)} = \begin{pmatrix} 0 & 0 & 0 & 0 \\ 0 & 0 & 0 & 0 \\ 0 & 0 & 0 & 0 \\ -f_0 & 0 & 0 & 0 \\ 0 & -f_0 & 0 & 0 \\ 0 & 0 & 0 & 0 \\ \hat{y}' & 0 & 0 & \hat{x} \\ 0 & \hat{y}' & 0 & \hat{y} \\ 0 & 0 & 0 & f_0 \end{pmatrix}, \qquad \boldsymbol{T}^{(2)} = \begin{pmatrix} f_0 & 0 & 0 & 0 \\ 0 & f_0 & 0 & 0 \\ 0 & 0 & 0 & 0 \\ 0 & 0 & 0 & 0 \\ 0 & 0 & 0 & 0 \\ 0 & 0 & 0 & 0 \\ -\hat{x}' & 0 & -\hat{x} & 0 \\ 0 & -\hat{x}' & -\hat{y} & 0 \\ 0 & 0 & -f_0 & 0 \end{pmatrix},$$

$$\boldsymbol{T}^{(3)} = \begin{pmatrix} -\hat{y}' & 0 & 0 & -\hat{x} \\ 0 & -\hat{y}' & 0 & -\hat{y} \\ 0 & 0 & 0 & -f_0 \\ \hat{x}' & 0 & \hat{x} & 0 \\ 0 & \hat{x}' & \hat{y} & 0 \\ 0 & 0 & f_0 & 0 \\ 0 & 0 & 0 & 0 \\ 0 & 0 & 0 & 0 \\ 0 & 0 & 0 & 0 \end{pmatrix} \tag{7.7}$$

3. 9 × 9 行列 $V_0^{(kl)}[\hat{\boldsymbol{\xi}}]$ と係数 $\hat{W}^{(kl)}$ を次のように計算する $(k, l = 1, 2, 3)$.

$$V_0^{(kl)}[\hat{\boldsymbol{\xi}}] = \hat{\boldsymbol{T}}^{(k)}\hat{\boldsymbol{T}}^{(l)}, \qquad \hat{W}^{(kl)} = \Big((\boldsymbol{\theta}, V_0^{(kl)}[\hat{\boldsymbol{\xi}}]\boldsymbol{\theta})\Big)_2^- \tag{7.8}$$

4. 9 次元ベクトル $\boldsymbol{\xi}^{(1)*}, \boldsymbol{\xi}^{(2)*}, \boldsymbol{\xi}^{(3)*}$ を次のように計算する.

$$\boldsymbol{\xi}^{(1)*} = \begin{pmatrix} 0 \\ 0 \\ 0 \\ -f_0\hat{x} \\ -f_0\hat{y} \\ -f_0^2 \\ \hat{x}\hat{y}' \\ \hat{y}\hat{y}' \\ f_0\hat{y}' \end{pmatrix} + \hat{\boldsymbol{T}}^{(1)}\tilde{\boldsymbol{p}}, \qquad \boldsymbol{\xi}^{(2)*} = \begin{pmatrix} f_0\hat{x} \\ f_0\hat{y} \\ f_0^2 \\ 0 \\ 0 \\ 0 \\ -\hat{x}\hat{x}' \\ -\hat{y}\hat{x}' \\ -f_0\hat{x}' \end{pmatrix} + \hat{\boldsymbol{T}}^{(2)}\tilde{\boldsymbol{p}},$$

$$\boldsymbol{\xi}^{(3)*} = \begin{pmatrix} -\hat{x}\hat{y}' \\ -\hat{y}\hat{y}' \\ -f_0\hat{y}' \\ \hat{x}\hat{x}' \\ \hat{y}\hat{x}' \\ f_0\hat{x}' \\ 0 \\ 0 \\ 0 \end{pmatrix} + \hat{\boldsymbol{T}}^{(3)}\tilde{\boldsymbol{p}} \tag{7.9}$$

5. $\tilde{\boldsymbol{p}}, \hat{\boldsymbol{p}}$ を次のように更新する.

$$\tilde{\boldsymbol{p}} \leftarrow \sum_{k,l=1}^{3} \hat{W}^{(kl)}(\boldsymbol{\xi}^{(k)*}, \boldsymbol{\theta})\hat{\boldsymbol{T}}^{(l)\top}\boldsymbol{\theta}, \qquad \hat{\boldsymbol{p}} \leftarrow \boldsymbol{p} - \tilde{\boldsymbol{p}} \tag{7.10}$$

6. $\|\tilde{\boldsymbol{p}}\|^2 \approx S$ であれば, $(\hat{x}, \hat{y}), (\hat{x}', \hat{y}')$ を返して終了する. そうでなければ, $S \leftarrow \|\tilde{\boldsymbol{p}}\|^2$ としてステップ 2 に戻る.

解説 これは, 手順 6.5 の幾何学的距離最小化と**ステップ 5 を除いて同一**である. 本章ではカメラ行列を, したがって射影変換行列を既知としている. それに

対して，前章の幾何学的距離最小化は，**平面三角測量を行いながら，毎回の反復で射影変換行列を表す $\boldsymbol{\theta}$ を更新している**とみなせる．この手順の導出は，基本的には手順 6.5 と同じである．式 (7.6) の $\boldsymbol{p}$ の $x = \bar{x}$, $y = \bar{y}$, $x' = \bar{x}'$, $y' = \bar{y}'$ に対する値を $\bar{\boldsymbol{p}}$ と書くと，式 (7.5) は $S = \|\boldsymbol{p} - \bar{\boldsymbol{p}}\|^2$ と書ける．最初の補正で $\hat{\boldsymbol{p}}$ が得られたら，これを次のように書き換える．

$$S = \|\hat{\boldsymbol{p}} + (\boldsymbol{p} - \hat{\boldsymbol{p}}) - \bar{\boldsymbol{p}}\|^2 = \|\hat{\boldsymbol{p}} + \tilde{\boldsymbol{p}} - \bar{\boldsymbol{p}}\|^2 \tag{7.11}$$

ただし，$\tilde{\boldsymbol{p}} = \boldsymbol{p} - \hat{\boldsymbol{p}}$ であり，補正の移動量を表す．そして，$\hat{\boldsymbol{p}}$ を入力データとみなし，ラグランジュの未定乗数法によって式 (7.11) を最小にする $\bar{\boldsymbol{p}}$ の値 $\hat{\hat{\boldsymbol{p}}}$ を計算する．このとき，$\hat{\boldsymbol{p}} - \bar{\boldsymbol{p}}$ の高次の微小量を無視する（↪ 演習問題 7.3）．$\hat{\boldsymbol{p}} - \bar{\boldsymbol{p}}$ は $\boldsymbol{p} - \bar{\boldsymbol{p}}$ に比べて微小であるから，解 $\hat{\hat{\boldsymbol{p}}}$ は $\hat{\boldsymbol{p}}$ に比べて $\bar{\boldsymbol{p}}$ のよい近似である．そこで，$\hat{\hat{\boldsymbol{p}}}$ を改めて $\hat{\boldsymbol{p}}$ とおき，S を式 (7.11) の形に書き直す．以下，同様の操作を行えば，反復のたびによりよい近似が得られる．補正の移動量が変化しなくなったら終了する．これによって，最終的に $\|\tilde{\boldsymbol{p}}\|^2$ が式 (7.5) の S に一致する．

このようにして得られる $(\hat{x}, \hat{y})$, $(\hat{x}', \hat{y}')$ は，指定した射影変換を厳密に満たすから（同時にエピ極線方程式も満たす ↪ 演習問題 7.4），手順 4.1 によって 3 次元位置 (X, Y, Z) を計算すれば，これは指定した平面上にある．

7.4　実験例

図 7.3 は，図 6.2 の格子点位置を手順 7.1 によって最適に補正した結果である（カメラ行列と平面位置は指定している）．図 6.2 と比較すると，平面性の知識によって誤差が若干減少している．**図 7.4** の太線は，図 7.3 の 2 画像から手順 4.1 に

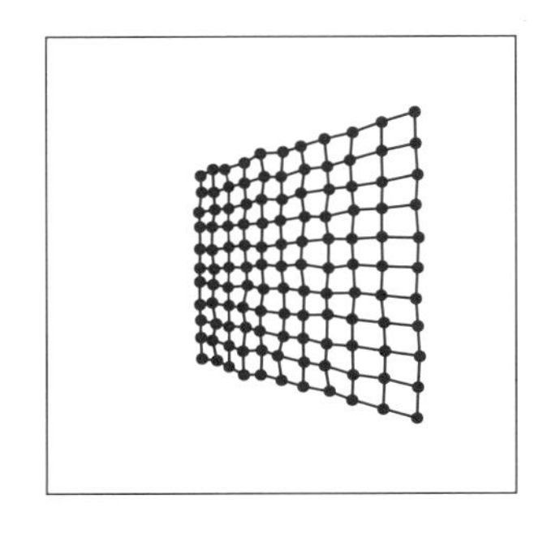
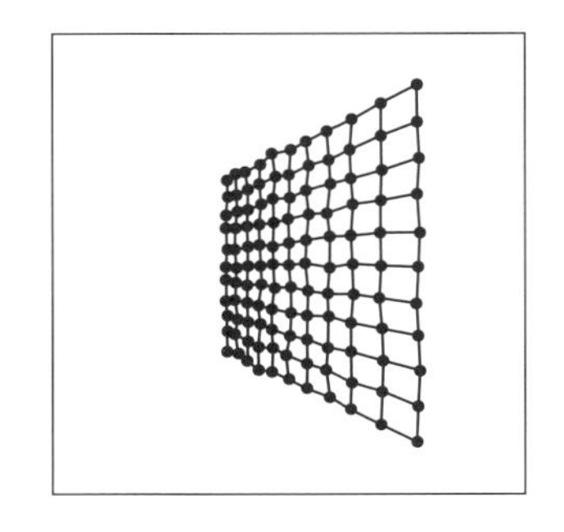

図 7.3　図 6.2 の格子点位置を手順 7.1 によって最適に補正した画像．

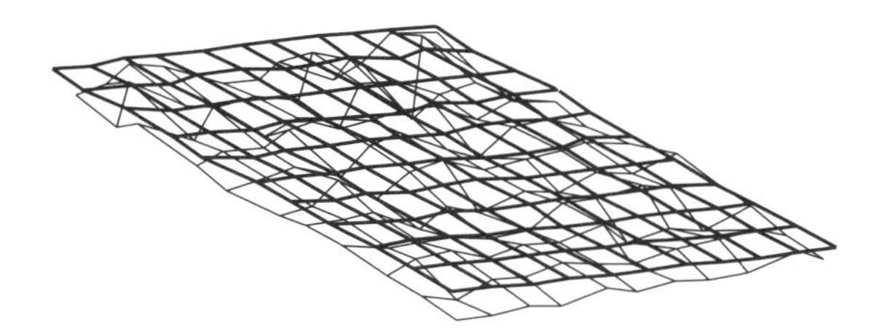

図 7.4　太線は，図 7.3 の 2 画像から手順 4.1 によって各格子点の 3 次元位置を復元し，得られた格子をある方向から見たもの．細線は，平面性を考慮せずに復元し，同じ方向から見たもの．

よって各格子点の 3 次元位置を復元し，得られた格子をある方向から見たものである．細線は，平面性を考慮せずに復元し，同じ方向から見たものである（カメラ行列は指定している）．手順 7.1 の補正によって，各格子点の 3 次元位置が平面上にあることがわかる．また，平面性を考慮しない場合に比べて，格子点のゆがみが多少減少している．

7.5　さらに勉強したい人へ

射影変換とそれに関連する「射影幾何学」の入門的な解説は教科書 [35] にある．2 台のカメラ画像の対応点から，その 3 次元位置を指定した平面上に復元する手法は，最初に金澤ら [64] が発表した．これは，手順 7.1 の最初の反復に相当する．これを反復して厳密な解を計算する手順 7.1 は，金谷ら [47] が発表している．そして，これが幾何学的距離最小化による射影変換の計算から射影変換の更新部分を除いたものであることも指摘している．

一方，Chum ら [6] は，計算を 8 次方程式の解法に帰着させた．しかし，これは平面性を仮定しない三角測量の Hartley らの方法 [15] と同様に，大域的最適解を求めるという理論的な関心からであり，実際問題ではあまり意味がない．なぜなら，本章のような反復計算は**対応点の観測位置**から出発するので，補正はその近傍に収束するからである．しかも，計算は効率的で，普通は 2, 3 回の反復で十分である．

演習問題

7.1 画像間の射影変換は合成に関して群をつくること，すなわち，結合則を満たし，恒等変換と逆変換が存在することを示せ．

7.2 行列 $\boldsymbol{H}$ による射影変換によって，直線 $ax + by + cf_0 = 0$ はどのような直線に写像されるか．

7.3 $\boldsymbol{p}$ の近似値 $\hat{\boldsymbol{p}}$ が与えられたとき，式 (7.11) を最小にする $\bar{\boldsymbol{p}}$ は，$\hat{\boldsymbol{p}} - \bar{\boldsymbol{p}}$ の高次の微小量を無視すると，次のように推定されることを示せ（ヒント：$\Delta\hat{\boldsymbol{p}} = \hat{\boldsymbol{p}} - \bar{\boldsymbol{p}}$ とおいて，式 (7.11) を $S = \|\tilde{\boldsymbol{p}} + \Delta\hat{\boldsymbol{p}}\|^2$ と書き，これを最小にする $\Delta\hat{\boldsymbol{p}}$ を推定する）．

$$\hat{\hat{\boldsymbol{p}}} = \boldsymbol{p} - \sum_{k=1}^{3}\sum_{l=1}^{3} \hat{W}^{(kl)}(\boldsymbol{\xi}^{*(k)}, \boldsymbol{\theta})\hat{\boldsymbol{T}}^{(l)\top}\boldsymbol{\theta} \tag{7.12}$$

7.4 平面を撮影した2画像間の射影変換行列を $\boldsymbol{H}$ とし，この2画像間の基礎行列を $\boldsymbol{F}$ とするとき，次の関係が成り立つことを示せ．

$$\boldsymbol{F}\boldsymbol{H} + \boldsymbol{H}^\top \boldsymbol{F}^\top = \boldsymbol{O} \tag{7.13}$$

第8章 平面の3次元復元

本章では，平面を撮影した2画像間の対応点から，その平面の位置や2台のカメラの位置と向きを計算する方法を述べる．まず，2画像間の射影変換を平面の位置，および2台のカメラの位置や向きによって表す．そして，その関係を用いて，射影変換行列から平面の位置，およびカメラの位置や向きを計算する手順を示す．このとき複数の解が得られるので，それらから正しい解を選択する手順を述べる．カメラの位置や向きからカメラ行列を定めれば，各対応点の3次元位置は前章の平面三角測量によって得られる．

8.1 平面による自己校正

前章の平面三角測量を行うには，2台のカメラのカメラ行列 $\boldsymbol{P}$, $\boldsymbol{P}'$ と平面の方程式が必要である．これを，2画像間の射影変換行列 $\boldsymbol{H}$ のみから計算する自己校正を考える．射影変換行列は定数倍の不定性があり，8自由度をもつ．平面の方程式は3個のパラメータで定まる．したがって，自己校正するには，カメラ行列 $\boldsymbol{P}$, $\boldsymbol{P}'$ を5個のパラメータで表す必要がある．第5章のように，第1カメラを基準にする世界座標系をとり，画像に歪みがなく，光軸点が既知であるとし，カメラの並進が定数倍を除いてしか定まらないことを考慮しても，未知数は2個の焦点距離 f, f' とカメラの相対的な並進 $\boldsymbol{t}$（2自由度）と回転 $\boldsymbol{R}$（3自由度）であり，合計7自由度をもつ．これを5自由度にするために，焦点距離 f, f' が既知であるとする．これは何を撮影するかによらないから，事前に基準パターンを用いて校正しておくことができる．あるいは，今日のデジタルカメラで撮影するときに得られる電子データを用いてもよい．

平面は次の形で表される．

$$n_1X + n_2Y + n_3Z = h \tag{8.1}$$

全体を何倍しても同じ平面を表すから，定数倍して $\boldsymbol{n} = (n_1,\ n_2,\ n_3)^\top$ が単位ベクトルになるように正規化する．こうすると，$\boldsymbol{n}$ がこの平面の単位法線ベクトルとなり，h は原点からこの平面までの（符号付き）距離となる（図 8.1）．h の符号は $\boldsymbol{n}$ の方向を正，反対方向を負とする．$\boldsymbol{n}$ と h を合わせて**平面パラメータ**とよぶ．そして，射影変換行列 $\boldsymbol{H}$ から，カメラの運動パラメータ$\{\boldsymbol{t}, \boldsymbol{R}\}$と平面パラメータ$\{\boldsymbol{n}, h\}$の両方を計算する方法を考える．第 5 章で指摘したように，画像のみからの計算では，シーンの絶対的なスケールは不定である．そこで第 5 章と同様に，カメラの並進 $\boldsymbol{t}$ は $\boldsymbol{0}$ でないとし，その長さを 1 とする解を計算する．

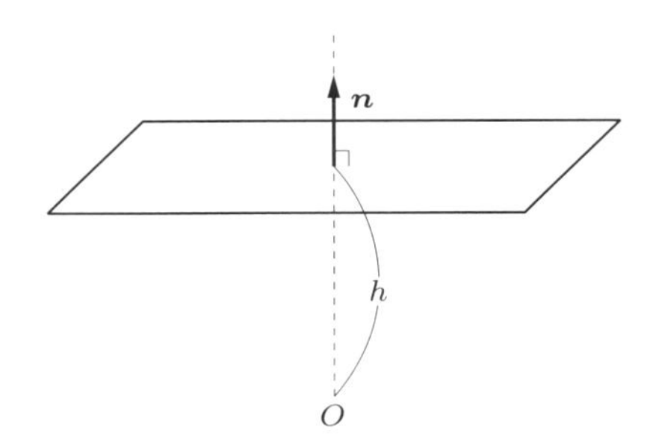

図 8.1　平面は，単位法線ベクトル $\boldsymbol{n}$ と原点からの距離 h で指定される．

8.2　平面パラメータと運動パラメータの計算

2 台のカメラの焦点距離 f, f' が既知のとき，射影変換行列 $\boldsymbol{H}$ からカメラの運動パラメータ$\{\boldsymbol{t}, \boldsymbol{R}\}$と平面パラメータ$\{\boldsymbol{n}, h\}$は次のように計算される．ただし，次のことを仮定する．

- カメラの並進は $\boldsymbol{0}$ でない（異なる地点から平面を見ている）．
- 平面はどちらのカメラの視点も通過しない（平面として見えている）．
- 撮影位置は平面の同じ側である（平面の同じ面を見ている）．
- 平面までの距離は $h > 0$ とする（平面の単位法線ベクトル $\boldsymbol{n}$ をカメラから遠ざかる方向にとる）．

このとき，次のように 4 組の解が得られる（$\hookrightarrow$ 演習問題 8.2〜8.5）．

手順 8.1　平面と運動の計算

1. 射影変換行列 $\boldsymbol{H}$ を次のように変換する．

$$\tilde{\boldsymbol{H}} = \begin{pmatrix} f_0 & 0 & 0 \\ 0 & f_0 & 0 \\ 0 & 0 & f' \end{pmatrix} \boldsymbol{H} \begin{pmatrix} 1/f_0 & 0 & 0 \\ 0 & 1/f_0 & 0 \\ 0 & 0 & 1/f \end{pmatrix} \tag{8.2}$$

2. 行列 $\tilde{\boldsymbol{H}}$ を次のように行列式 1 に正規化する.

$$\tilde{\boldsymbol{H}} \leftarrow \frac{\tilde{\boldsymbol{H}}}{\sqrt[3]{|\tilde{\boldsymbol{H}}|}} \tag{8.3}$$

3. $\tilde{\boldsymbol{H}}$ を次のように特異値分解する ($\boldsymbol{U}$, $\boldsymbol{V}$ は直交行列).

$$\tilde{\boldsymbol{H}} = \boldsymbol{U} \begin{pmatrix} \sigma_1 & 0 & 0 \\ 0 & \sigma_2 & 0 \\ 0 & 0 & \sigma_3 \end{pmatrix} \boldsymbol{V}^\top, \qquad \sigma_1 \geq \sigma_2 \geq \sigma_3 > 0 \tag{8.4}$$

4. 行列 $\boldsymbol{V}$ の列ベクトルを $\boldsymbol{v}_1, \boldsymbol{v}_2, \boldsymbol{v}_3$ とし, 平面パラメータ$\{\boldsymbol{n}, h\}$を次のように計算する ($\mathcal{N}[\cdot]$ は単位ベクトルへの正規化).

$$\boldsymbol{n} = \mathcal{N}\left[\sqrt{\sigma_1^2 - \sigma_2^2}\boldsymbol{v}_1 \pm \sqrt{\sigma_2^2 - \sigma_3^2}\boldsymbol{v}_3\right], \qquad h = \frac{\sigma_2}{\sigma_1 - \sigma_3} \tag{8.5}$$

5. 運動パラメータ$\{\boldsymbol{t}, \boldsymbol{R}\}$を次のように計算する (複号 $\pm$ は式 (8.5) と同順).

$$\boldsymbol{t} = \mathcal{N}\left[-\sigma_3\sqrt{\sigma_1^2 - \sigma_2^2}\boldsymbol{v}_1 \pm \sigma_1\sqrt{\sigma_2^2 - \sigma_3^2}\boldsymbol{v}_3\right], \quad \boldsymbol{R} = \frac{1}{\sigma_2}\left(\boldsymbol{I} + \frac{\sigma_2^3 \boldsymbol{n}\boldsymbol{t}^\top}{h}\right)\tilde{\boldsymbol{H}}^\top \tag{8.6}$$

6. $\boldsymbol{n}$ と $\boldsymbol{t}$ の符号を同時に変えたものも解とする.

8.3 解の選択

手順 8.1 で複数の解が得られるのは, カメラの撮像を図 4.1 のような透視投影によってモデル化するためである. これは, 3 次元点とカメラの視点を通る視線が画像面と交わる点を像とするものであり, 3 次元点がどこにあるかを考慮していない. このため, 数学的にはカメラの後方にある 3 次元点も画像上に見えることになる (図 8.2(a)). 第 5 章の 2 画像からの 3 次元復元では, カメラの前方にある 3 次元形状とカメラの後方にあるその鏡像が計算され, 最後の段階で復元形状のカメラに対する前後関係を判定して鏡像解を除いた. 平面シーンの場合は次のようになる.

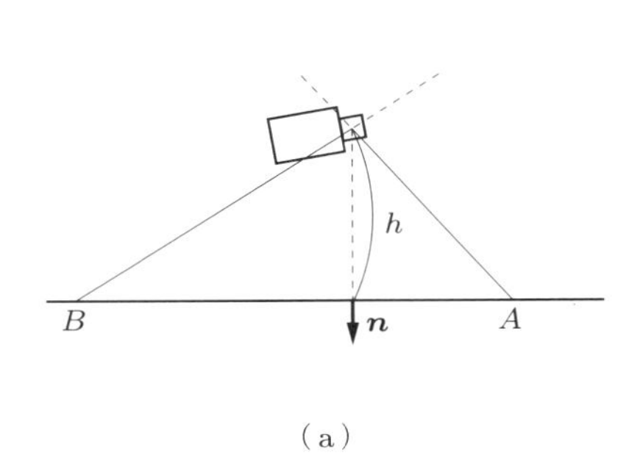

(a)

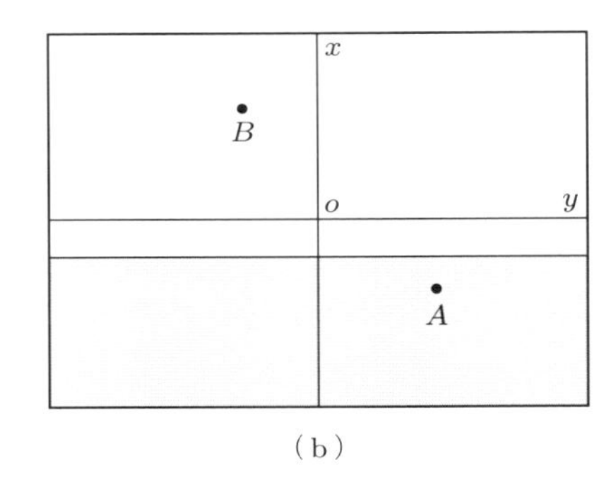

(b)

図 8.2　(a) 透視投影の数学的モデルによれば，カメラの後方の点も見える．(b) 無限に広い平面の像は消失線の一方が実際に見える面であり，他方はカメラの後方部分に対応する．A は (a) の点 A の像であり，B は (a) の点 B の「数学的な像」である．

無限に広がった平面を撮影すると，それは画像の一部にしか写らず，その境界線は**消失線** (vanishing line) とよばれる．図 8.2(b) では，消失線の下部が実際の平面の像であるが，数学的には，消失線の上方がカメラの後方にある平面部分の像になっている．したがって，図 8.2(b) のような画像が与えられたとき，どの部分が平面かが指定されていなければ，点 A, B は数学的にはどちらも平面上の点の像と解釈される（図 8.2(a)）．

そこで，次のことを仮定する．実際問題では平面は無限には広がらず，画像中のある領域が平面部分となるが，次の二つの場合が判定できるとする．

場合 1　光軸点は平面部分（あるいはその延長）の中にある．

場合 2　光軸点は平面部分（あるいはその延長）の外にある．

たとえば，図 8.2(b) では光軸点 o は平面部分の外にあり，場合 2 であることがほかの情報からわかるとする．このような知識があるときは，手順 8.1 の 4 個の解から，次の手順で解を選択する．

手順 8.2　解の選択 1

1. 第 1 画像が場合 1 であれば，$\boldsymbol{n}$ の Z 成分が正の解を選ぶ．場合 2 であれば，$\boldsymbol{n}$ の Z 成分が負の解を選ぶ．
2. 第 2 画像が場合 1 であれば，$\boldsymbol{R}^\top\boldsymbol{n}$ の Z 成分が正の解を選ぶ．場合 2 であれば，$\boldsymbol{R}^\top\boldsymbol{n}$ の Z 成分が負の解を選ぶ．

解説 本章では，第1カメラの視点を世界座標系の原点 O とし，そのカメラの光軸方向を Z 軸としている．そして，平面までの距離 h は正であり，平面の単位法線ベクトル $\boldsymbol{n}$ は O から遠ざかる方向と約束している．したがって，第1画像が場合1であれば，$\boldsymbol{n}$ はカメラから見て遠ざかる方向，すなわち Z 成分が正の方向にある．場合2であれば，$\boldsymbol{n}$ はカメラに近づく方向にあり，Z 成分は負である（図8.2(a)）．第2カメラは第1カメラに対して $\boldsymbol{R}$ だけ回転しているから，第2カメラから見ると，平面の単位法線ベクトルは $\boldsymbol{R}^\top$ だけ逆回転して見える．したがって，第2カメラが場合1であれば $\boldsymbol{R}^\top\boldsymbol{n}$ の Z 成分は正であり，場合2であれば負である．

手順8.2によって，ほとんどの場合は4個の解から1個が選ばれるが，数学的には2個以上の解が残る可能性もある．そのような場合，あるいは平面部分が小さくて，光軸点がその延長部分に含まれるのか，その外にあるのかが判定できない場合は，射影変換を計算するのに用いた対応点 (x_α, x_α), (x'_α, x'_α) $(\alpha = 1, \ldots, N)$ すべての3次元位置を計算して，それらが両方のカメラの前方にあるかどうかを判定する．具体的な手順は次のようになる．

手順 8.3 解の選択2

1. すべての対応点 (x_α, y_α), (x'_α, y'_α) $(\alpha = 1, \ldots, N)$ から平面三角測量を行って3次元点 $(X_\alpha, Y_\alpha, Z_\alpha)$ を計算し，すべての α について，$Z_\alpha > 0$ となる解を選ぶ．
2. 選ばれた解の中で，すべての α について $\boldsymbol{R}^\top((X_\alpha,\ Y_\alpha,\ Z_\alpha)^\top - \boldsymbol{t})$ の Z 成分が正である解を選ぶ．

解説 平面三角測量では，まず入力した射影変換行列 $\boldsymbol{H}$ から，手順7.1によって対応点 (x_α, y_α), (x'_α, y'_α) を $(\hat{x}_\alpha, \hat{y}_\alpha)$, $(\hat{x}'_\alpha, \hat{y}'_\alpha)$ に最適に補正する．射影変換行列 $\boldsymbol{H}$ の計算に手順6.5の幾何学的距離最小化を用いれば，補正位置 $(\hat{x}_\alpha, \hat{y}_\alpha)$, $(\hat{x}'_\alpha, \hat{y}'_\alpha)$ はこの手順の結果としてすでに得られている．次に，計算した$\{\boldsymbol{t}, \boldsymbol{R}\}$と既知の f, f' から式(5.7)によってカメラ行列 $\boldsymbol{P}$, $\boldsymbol{P}'$ を計算し，手順4.1によって3次元位置 $(X_\alpha, Y_\alpha, Z_\alpha)$ を計算する．

数学的には画像は無限に広く，対応点はどこにあってもよいと仮定するので，手順8.3によって解が一つに絞れるという保証はない．しかし，そのようなことが起こりうるのは非常に変則的な場合である．実際問題ではほとんどの場合，手順 8.2 のみで 1 組の解が得られる．

8.4 実験例

図 8.3 は，図 6.2 の 2 画像から計算した射影変換行列 $\boldsymbol{H}$ を用いて，手順 7.1 によって最適に補正した画像である．図 7.4 では平面の方程式やカメラ行列が既知であるとして，それから定める射影変換行列を用いていたが，ここでは誤差のある 2 画像から計算した射影変換行列 $\boldsymbol{H}$ を用いている（計算には幾何学的距離最小化を用いた）．そして，それから手順 8.1 によって平面の方程式やカメラの運動パラメータを計算した．この場合は，二つの画像がともに場合 1 であるとすると，手順 8.2 によって解が一意的に定まる．**図 8.4** の太線は，それから定まるカメラ行列を用いて各格子点の 3 次元位置を復元し，ある方向から見たものである．細線は，真の格子点位置を同じ方向から見たものである．ただし，画像のみからは絶対的なスケー

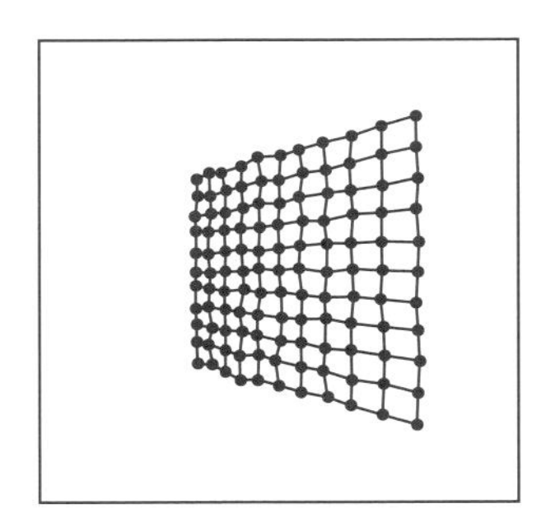
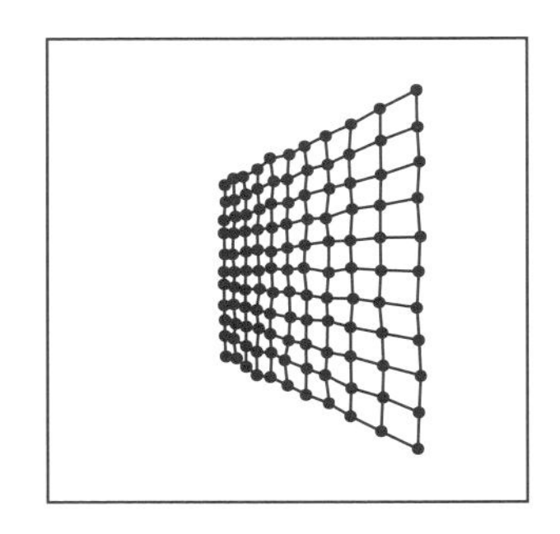

図 8.3　図 6.2 の格子点位置を，それから計算した射影変換行列 $\boldsymbol{H}$ を用いて，手順 7.1 によって最適に補正した画像．

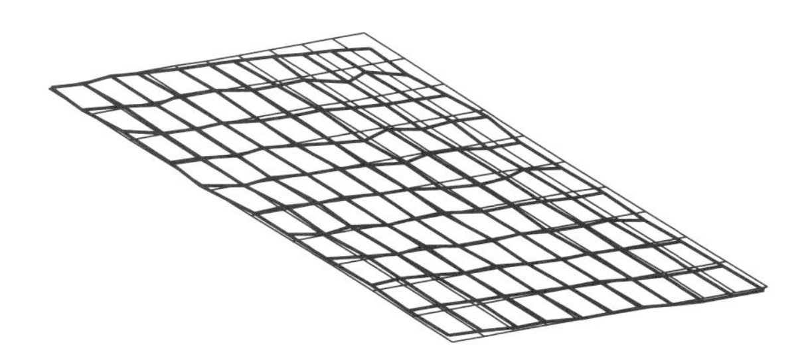

図 8.4　太線は，図 8.3 の 2 画像から計算した射影変換行列 $\boldsymbol{H}$ を用いて手順 8.1 によってカメラ位置を計算し，それから復元した各格子点の 3 次元位置をある方向から見たもの．細線は，スケールを合わせた真の格子点位置を同じ方向から見たもの．

ルが定まらないので，カメラの並進 $\boldsymbol{t}$ が $\|\boldsymbol{t}\| = 1$ となるようにスケールを調節している．この図から，画像の誤差による射影変換行列の計算誤差のため，推定した平面の位置に多少の誤差が生じていることがわかる．

8.5 さらに勉強したい人へ

カメラを移動したときの平面の見え方の変化から，その平面と視点の位置関係を推定することは古いテーマであり，1980 年代にコンピュータビジョン研究が始まるより以前から研究されていた．これに関心をもったのは，J. J. Gibson (1904–1979) を代表とする知覚心理学者であった．とくに注目されたのは，平面に対して視点を微小に移動したときに生じる「オプティカルフロー」，すなわち画像上の微小変化であった．そして，同一のオプティカルフローを生じる複数の平面位置と視点の運動が存在することが知られていた．Gibson らは，渡り鳥が地面の相対的な動きから自身の運動や位置を知覚していると考え，ときに鳥が誤った飛行をするのは複数の解の誤った解を知覚するからではないかと考えた．オプティカルフローではなく，異なる 2 地点から見た平面画像の厳密な 3 次元解析は，これも知覚心理学者の J. C. Hay [17] によって 1966 年に発表されている．その後，1980 年代に同じ結果が，コンピュータビジョンの立場から Tsai ら [103, 105, 106] によって与えられた．これに洗練された数学的定式化を与えたのは H. C. Longuet-Higgins (1923–2004) である．本章の手順 8.1 は，彼が 1986 年に発表した論文 [69]，およびそれに紹介した教科書 [28, 29, 33] に基づいている．

本章では平面の 2 画像を仮定しているが，既知のパターンが描かれた平面であれば 1 画像のみでよい．なぜなら，既知のパターンを正面から見た画像を人工的に生成して，それを第 1 画像とみなせばよいからである．これを応用すれば，カメラを自由に移動させながら既知のパターンを撮影することにより，カメラの各瞬間の位置や向きを計算することができる．これについては，松永ら [74] を参照するとよい．

演習問題

8.1 (1) 任意のベクトル $\boldsymbol{a}, \boldsymbol{b}$ に対して，次の恒等式が成り立つことを示せ．

$$|\boldsymbol{I} + \boldsymbol{a}\boldsymbol{b}^\top| = 1 + (\boldsymbol{a}, \boldsymbol{b}) \tag{8.7}$$

(2) 任意のベクトル $\boldsymbol{a}$, $\boldsymbol{b}$ に対して，次の恒等式が成り立つことを示せ．

$$(\boldsymbol{I} + \boldsymbol{a}\boldsymbol{b}^\top)^{-1} = \boldsymbol{I} - \frac{\boldsymbol{a}\boldsymbol{b}^\top}{1 + (\boldsymbol{a}, \boldsymbol{b})} \tag{8.8}$$

(3) $\boldsymbol{a} \neq \boldsymbol{0}$, $\boldsymbol{b} \neq \boldsymbol{0}$ のとき，$\boldsymbol{I} + \boldsymbol{a}\boldsymbol{b}^\top$ は直交行列でないことを示せ．

8.2 (1) 対応点 (x, y), (x', y') に対して

$$\boldsymbol{x} = \begin{pmatrix} x \\ y \\ f \end{pmatrix}, \qquad \boldsymbol{x}' = \begin{pmatrix} x' \\ y' \\ f' \end{pmatrix} \tag{8.9}$$

とおくと，(x, y) から (x', y') への写像は，式 (8.2) の行列 $\tilde{\boldsymbol{H}}$ を用いて，次のように書けることを示せ．

$$\boldsymbol{x}' \simeq \tilde{\boldsymbol{H}}\boldsymbol{x} \tag{8.10}$$

(2) 式 (8.3) のように正規化した $\tilde{\boldsymbol{H}}$ は，次のように書けることを示せ．

$$\tilde{\boldsymbol{H}} = \frac{1}{k}\boldsymbol{R}^\top \left(\boldsymbol{I} - \frac{\boldsymbol{t}\boldsymbol{n}^\top}{h} \right), \qquad k = \sqrt[3]{1 - \frac{(\boldsymbol{n}, \boldsymbol{t})}{h}} \tag{8.11}$$

(3) 式 (8.11) において $(\boldsymbol{n}, \boldsymbol{t}) < h$ であり，したがって $k > 0$ であることを示せ．

8.3 式 (8.4) において，$\sigma_1\sigma_2\sigma_3 = 1$ であること，および $\sigma_1 = \sigma_2 = \sigma_3 = 1$ ではないことを示せ．

8.4 式 (8.2) の行列 $\boldsymbol{V}$ を用いてベクトル $\boldsymbol{\tau} = (\tau_i)$, $\boldsymbol{\nu} = (\nu_i)$ を

$$\boldsymbol{\tau} = \boldsymbol{V}^\top \boldsymbol{t}, \qquad \boldsymbol{\nu} = \frac{\boldsymbol{V}^\top \boldsymbol{n}}{h} \tag{8.12}$$

と定義すると，式 (8.2), (8.11) から次の関係が得られることを示せ．

$$k^2 \begin{pmatrix} \sigma_1^2 & 0 & 0 \\ 0 & \sigma_2^2 & 0 \\ 0 & 0 & \sigma_3^2 \end{pmatrix} = \begin{pmatrix} 1 - 2\nu_1\tau_1 + \nu_1^2 & -\tau_1\nu_2 - \nu_1\tau_2 + \nu_1\nu_2 & -\tau_1\nu_3 - \nu_1\tau_3 + \nu_1\nu_3 \\ -\tau_2\nu_1 - \nu_2\tau_1 + \nu_2\nu_1 & 1 - 2\nu_2\tau_2 + \nu_2^2 & -\tau_2\nu_3 - \nu_2\tau_3 + \nu_2\nu_3 \\ -\tau_3\nu_1 - \nu_3\tau_1 + \nu_3\nu_1 & -\tau_3\nu_2 - \nu_3\tau_2 + \nu_3\nu_2 & 1 - 2\nu_3\tau_3 + \nu_3^2 \end{pmatrix} \tag{8.13}$$

8.5 (1) $\nu_1 \neq 0$, $\nu_2 = 0$, $\nu_3 \neq 0$ とすると，式 (8.13) から，ν_i, τ_i $(i = 1, 2, 3)$ は

$$\nu_1 = \frac{1}{\sigma_2}\sqrt{\frac{\sigma_1 - \sigma_3}{\sigma_1 + \sigma_3}}\sqrt{\sigma_1^2 - \sigma_2^2}, \quad \nu_2 = 0, \quad \nu_3 = \pm\frac{1}{\sigma_2}\sqrt{\frac{\sigma_1 - \sigma_3}{\sigma_1 + \sigma_3}}\sqrt{\sigma_2^2 - \sigma_3^2} \tag{8.14}$$

$$\tau_1 = -\frac{\sigma_3}{\sigma_2}\sqrt{\frac{\sigma_1^2 - \sigma_2^2}{\sigma_1^2 - \sigma_3^2}}, \qquad \tau_2 = 0, \qquad \tau_3 = \pm\frac{\sigma_1}{\sigma_2}\sqrt{\frac{\sigma_2^2 - \sigma_3^2}{\sigma_1^2 - \sigma_3^2}} \tag{8.15}$$

および全体の符号を反転したものであることを示せ.

(2) 式 (8.13) を満たす $\nu_2 \neq 0$ の解は存在しないことを示せ.

(3) $\nu_2 = 0$ であれば, $\nu_1 = 0$ または $\nu_3 = 0$ であっても式 (8.14), (8.15) の解が得られることを示せ.

(4) 式 (8.14), (8.15) より, $\boldsymbol{n}$, $\boldsymbol{t}$ が式 (8.5), (8.6), および全体の符号を変えたものになることを示せ.

(5) 平面までの距離 h が式 (8.5) のように与えられることを示せ.

(6) 回転 $\boldsymbol{R}$ が式 (8.6) のように与えられることを示せ.

第9章 楕円の解析と円の3次元計算

シーン中の円形物体を撮影すると，画像上では楕円となる．その画像上の楕円に第2章で述べたようにして楕円の方程式を当てはめることにより，シーン中の円形物体の3次元的な性質が計算できる．本章では，その代表的な問題の計算手順を述べる．まず，画像上の楕円の交点や楕円の中心，接線，垂線の計算法をまとめる．そして，円を撮影した楕円からその円の向きや位置を計算する手順や，その円の中心の位置を計算する手順を述べる．これを応用すると，撮影画像から，円を正面に見たときの画像が生成できる．これらの計算の原理となるのは，カメラを視点の周りに仮想的に回転した場合に得られる画像の計算である．これは，第7, 8章で述べた射影変換，および射影幾何学の考え方に基づいている．

9.1 楕円の交点

楕円の式

$$Ax^2 + 2Bxy + Cy^2 + 2f_0(Dx + Ey) + f_0^2 F = 0 \tag{9.1}$$

は，式(2.1)はベクトル$\boldsymbol{x}$と行列$\boldsymbol{Q}$を用いて次のように書ける．

$$(\boldsymbol{x}, \boldsymbol{Q}\boldsymbol{x}) = 0, \qquad \boldsymbol{x} = \begin{pmatrix} x/f_0 \\ y/f_0 \\ 1 \end{pmatrix}, \qquad \boldsymbol{Q} = \begin{pmatrix} A & B & D \\ B & C & E \\ D & E & F \end{pmatrix} \tag{9.2}$$

ただし，式(9.1)は必ずしも楕円を表すとは限らない．式(9.1)が曲線を表すのは$\boldsymbol{Q}$が正則行列，すなわち$|\boldsymbol{Q}| \neq 0$のときである（$|\boldsymbol{Q}|$は$\boldsymbol{Q}$の行列式）．$|\boldsymbol{Q}| = 0$なら，実または虚の2直線となる．$|\boldsymbol{Q}| \neq 0$のときは，式(9.1)は楕円（ただし，$x^2 + y^2 = -1$のような「虚の楕円」も含む），放物線，または双曲線を表す（$\hookrightarrow$演習問題9.1）．楕円，放物線，双曲線は総称して「円錐曲線」(conic)とよばれる．

二つの楕円$(\boldsymbol{x}, \boldsymbol{Q}_1\boldsymbol{x}) = 0$, $(\boldsymbol{x}, \boldsymbol{Q}_2\boldsymbol{x}) = 0$が交わるとき，その交点は次のように計算できる（交点は実の点とする．本書では，虚の点や虚の直線，曲線は考えない）．

手順 9.1 楕円の交点

1. 次の λ に関する 3 次方程式の一つの解を計算する.

$$|\lambda \boldsymbol{Q}_1 + \boldsymbol{Q}_2| = 0 \tag{9.3}$$

2. その λ に対する x, y の 2 次式

$$(\boldsymbol{x}, (\lambda \boldsymbol{Q}_1 + \boldsymbol{Q}_2)\boldsymbol{x}) = 0 \tag{9.4}$$

   の表す 2 直線を求める.

3. 各々の直線と楕円 $(\boldsymbol{x}, \boldsymbol{Q}_1\boldsymbol{x}) = 0$（または $(\boldsymbol{x}, \boldsymbol{Q}_2\boldsymbol{x}) = 0$）の交点を返す.

解説　二つの楕円 $(\boldsymbol{x}, \boldsymbol{Q}_1\boldsymbol{x}) = 0$, $(\boldsymbol{x}, \boldsymbol{Q}_2\boldsymbol{x}) = 0$ に交点 $\boldsymbol{x}$ があるとすれば，それは任意の λ に対して $\lambda(\boldsymbol{x}, \boldsymbol{Q}_1\boldsymbol{x}) + (\boldsymbol{x}, \boldsymbol{Q}_2\boldsymbol{x}) = 0$ を満たす．すなわち，式 (9.4) を満たす．これは，二つの楕円のすべての交点を通る曲線または直線を表す（虚の図形かもしれない）．λ を式 (9.3) を満たすように選べば，これは実または虚の 2 直線の式である（$\hookrightarrow$ 演習問題 9.2）．実の交点が存在すると仮定しているから，これを因数分解すれば交点を通る 2 直線が得られる（$\hookrightarrow$ 演習問題 9.3）．ゆえに，各直線と一方の楕円（どちらでもよい）の交点を計算すればよい（$\hookrightarrow$ 演習問題 9.4）．二つの楕円が 4 点で交わるときは，式 (9.3) の 3 次方程式は 3 個の実数解をもち，それぞれの解から 2 直線が得られるが，それらは楕円内で交わる 2 直線，および楕円外で交わる（あるいは平行な）2 組の 2 直線となる（**図 9.1**）．楕円が 2 点で交わるときは，得られる 6 本の（実または虚の）直線のうちの少なくとも

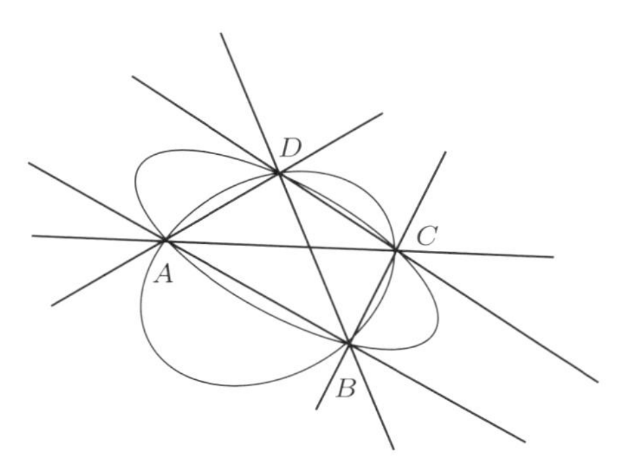

図 9.1　4 点 A, B, C, D で交わる二つの楕円と 3 組の交点を通る直線対$\{AC, BD\}$, $\{AB, CD\}$, $\{AD, BC\}$.

一つの実の直線がそれら2点を通る．明らかに，以上のことは $(\boldsymbol{x}, \boldsymbol{Q}_1\boldsymbol{x}) = 0$ または $(\boldsymbol{x}, \boldsymbol{Q}_2\boldsymbol{x}) = 0$，あるいは両方が双曲線または放物線でも成り立ち，交点が存在すればこの手順で求まる．

9.2　楕円の中心，接線，垂線

式 (9.1) の楕円の中心 (x_c, y_c)（図 9.2）は，次のように与えられる．

$$x_c = f_0\frac{-CD+BE}{AC-B^2}, \qquad y_c = f_0\frac{BD-AE}{AC-B^2} \tag{9.5}$$

これは，式 (9.1) の楕円の式を $F(x,y)=0$ とするとき，$\partial F/\partial x = 0$, $\partial F/\partial y = 0$，すなわち

$$Ax + By + f_0D = 0, \qquad Bx + Cy + f_0E = 0 \tag{9.6}$$

の解である．式 (9.5) を用いれば，式 (9.1) は次のように書き直せる．

$$A(x-x_c)^2+2B(x-x_c)(y-y_c)+C(y-y_c)^2 = Ax_c^2+2Bx_cy_c+Cy_c^2-f_0F \tag{9.7}$$

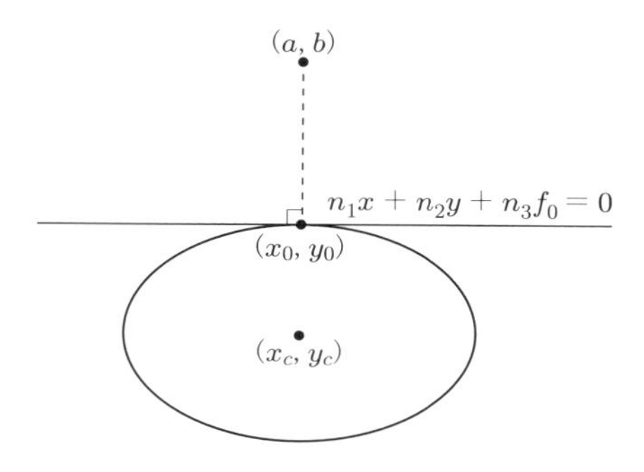

図 9.2　楕円の中心 (x_c, y_c)，楕円上の点 (x_0, y_0) における接線 $n_1x + n_2y + n_3f_0 = 0$，および点 (a, b) から点 (x_0, y_0) に下ろした垂線．

式 (9.1) の楕円上の点 (x_0, y_0) における接線 $n_1x + n_2y + n_3f_0 = 0$（図 9.2）は，次のように与えられる．

$$n_1 = Ax_0 + By_0 + Df_0, \quad n_2 = Bx_0 + Cy_0 + Ef_0, \quad n_3 = Dx_0 + Ey_0 + Ff_0 \tag{9.8}$$

式 (9.2) の $\boldsymbol{x}$ の $x = x_0$, $y = y_0$ に対する値を $\boldsymbol{x}_0$ とし，n_1, n_2, n_3 を成分とするベ

クトルを $\boldsymbol{n}$ とすると，式 (9.8) は $\boldsymbol{n} \simeq \boldsymbol{Q}\boldsymbol{x}_0$ であることを意味している（直線の係数に任意の定数 ($\neq 0$) を掛けても同じ直線を表すことに注意する）．式 (9.8) は，式 (9.1) を微分することによって簡単に得られる（$\hookrightarrow$ 演習問題 9.5）．

点 (a, b) から式 (9.1) の楕円に下ろした垂線の足，すなわち最短点（図 9.2）は次のように計算できる．

手順 9.2　楕円への垂線の足

1. 行列 $\boldsymbol{D}$ を次のように定義する．

$$\boldsymbol{D} = \begin{pmatrix} B & (C-A)/2 & (Ab-Ba+Ef_0)/2f_0 \\ (C-A)/2 & -B & (Bb-Ca-Df_0)/2f_0 \\ (Ab-Ba+Ef_0)/2f_0 & (Bb-Ca-Df_0)/2f_0 & (Db-Ea)/f_0 \end{pmatrix} \tag{9.9}$$

2. 楕円 $(\boldsymbol{x}, \boldsymbol{Q}\boldsymbol{x}) = 0$ と 2 次曲線 $(\boldsymbol{x}, \boldsymbol{D}\boldsymbol{x}) = 0$ の交点 (x_0, y_0) を，手順 9.1 によって計算する．
3. 得られた交点 (x_0, y_0) の中で $(a - x_0)^2 + (b - y_0)^2$ が最小のものを返す．

解説　点 (a, b) から楕円に下ろした垂線の足を (x_0, y_0) とすると，点 (a, b), (x_0, y_0) を通る直線は次のようになる．

$$(b - y_0)x + (x_0 - a)y + (ay_0 - bx_0) = 0 \tag{9.10}$$

点 (x_0, y_0) における楕円の接線を $n_1 x + n_2 y + n_3 f_0 = 0$ とすると，上の直線が接線と直交する条件は

$$(b - y_0)n_1 + (x_0 - a)n_2 = 0 \tag{9.11}$$

である．式 (9.8) を代入して，整理すると次のようになる．

$$Bx_0^2 + (C - A)x_0 y_0 - By_0^2 + (Ab - Ba + Ef_0)x_0 + (Bb - Ca - Df_0)y_0 + (Db - Ea)f_0 = 0 \tag{9.12}$$

これは，式 (9.9) のように行列 $\boldsymbol{D}$ を定義すると，点 (x_0, y_0) が 2 次曲線 $(\boldsymbol{x}, \boldsymbol{D}\boldsymbol{x}) = 0$ の上にあることを意味する．一方，点 (x_0, y_0) は楕円 $(\boldsymbol{x}, \boldsymbol{Q}\boldsymbol{x}) = 0$

の上の点であるから，手順9.1によってこの二つの2次曲線の交点として (x_0, y_0) が求まる．手順9.1は，$(\boldsymbol{x}, \boldsymbol{D}\boldsymbol{x}) = 0$ が楕円を表さない場合でも成立することに注意する．この手順は解析的な計算であるが，第2章の幾何学的距離最小化による楕円当てはめを変形して，反復によって求めることもできる（$\hookrightarrow$ 演習問題9.6）．

9.3　円の投影と3次元復元

シーン中の円は，画像面上には，通常は楕円として投影される（カメラ位置によっては放物線，双曲線になることもある）．これは第7章で述べたように，シーン中の平面から画像への透視投影は射影変換であり，射影変換によって円錐曲線は円錐曲線に写像されるからである．具体的には，円錐曲線 $(\boldsymbol{x}, \boldsymbol{Q}\boldsymbol{x}) = 0$ は射影変換 $\boldsymbol{x}' \simeq \boldsymbol{H}\boldsymbol{x}$ によって，次の形の円錐曲線 $(\boldsymbol{x}', \boldsymbol{Q}'\boldsymbol{x}') = 0$ に写像される．

$$\boldsymbol{Q}' \simeq \boldsymbol{H}^{-\top}\boldsymbol{Q}\boldsymbol{H}^{-1} \tag{9.13}$$

ただし，$\boldsymbol{H}^{-\top}$ は $(\boldsymbol{H}^{-1})^{\top}$ $(= (\boldsymbol{H}^{\top})^{-1})$ のことである（$\hookrightarrow$ 演習問題9.7）．実際，$\boldsymbol{x} \simeq \boldsymbol{H}^{-1}\boldsymbol{x}'$ より，$(\boldsymbol{x}, \boldsymbol{Q}\boldsymbol{x}) = 0$ なら $(\boldsymbol{H}^{-1}\boldsymbol{x}', \boldsymbol{Q}\boldsymbol{H}^{-1}\boldsymbol{x}') = (\boldsymbol{x}', \boldsymbol{H}^{-\top}\boldsymbol{Q}\boldsymbol{H}^{-1}\boldsymbol{x}') = 0$ となる．そして，$\boldsymbol{H}$ が正則行列であれば，$|\boldsymbol{Q}| \neq 0$ なら $|\boldsymbol{Q}'| \neq 0$ でもある．

重要な射影変換として，カメラ回転がある．カメラを視点の周りに回転すると，画像の変化は射影変換である．シーンは平面であっても，平面でなくてもよい．本章の以下の解析では，第5, 8章と同様に，カメラの視点を原点 O に一致させ，光軸方向に Z 軸をとり，画像面に歪みはなく，画像座標の原点 o は光軸点に一致しているとする．このとき，カメラを $\boldsymbol{R}$ だけ回転すると，次のような射影変換 $\boldsymbol{x}' \simeq \boldsymbol{H}\boldsymbol{x}$ となる．

$$\boldsymbol{H} = \begin{pmatrix} 1/f_0 & 0 & 0 \\ 0 & 1/f_0 & 0 \\ 0 & 0 & 1/f \end{pmatrix} \boldsymbol{R}^{\top} \begin{pmatrix} f_0 & 0 & 0 \\ 0 & f_0 & 0 \\ 0 & 0 & f \end{pmatrix} \tag{9.14}$$

これは，次のことからわかる．図5.1に示すように，ベクトル $(x, y, f)^{\top}$ は見ているシーン中の点 (X, Y, Z) の視線方向を指す．カメラを $\boldsymbol{R}$ だけ回転すると，シーンはカメラに対して $\boldsymbol{R}^{-1}$ $(= \boldsymbol{R}^{\top})$ だけ逆回転するように見えるから，ベクトル $(x, y, f)^{\top}$ の方向は $\boldsymbol{R}^{\top}(x, y, f)^{\top}$ に移動する（図9.3）．これが回転後の点 (x', y') の視線方向 $(x', y', f)^{\top}$ であるから，次の関係が成り立つ．

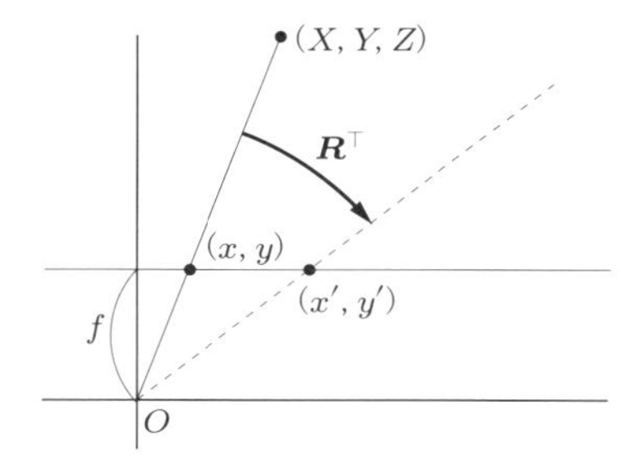

図 9.3　カメラを視点 O の周りに $\boldsymbol{R}$ だけ回転すると，シーンはカメラに対して $\boldsymbol{R}^{-1}$ $(=\boldsymbol{R}^\top)$ だけ回転するように見える．その結果，(x,y) の視線方向は (x',y') の視線方向に回転する．

$$
\begin{pmatrix} x'/f_0 \\ y'/f_0 \\ 1 \end{pmatrix} = \begin{pmatrix} 1/f_0 & 0 & 0 \\ 0 & 1/f_0 & 0 \\ 0 & 0 & 1/f \end{pmatrix} \begin{pmatrix} x' \\ y' \\ f \end{pmatrix} \simeq \begin{pmatrix} 1/f_0 & 0 & 0 \\ 0 & 1/f_0 & 0 \\ 0 & 0 & 1/f \end{pmatrix} \boldsymbol{R}^\top \begin{pmatrix} x \\ y \\ f \end{pmatrix}
$$

$$
= \begin{pmatrix} 1/f_0 & 0 & 0 \\ 0 & 1/f_0 & 0 \\ 0 & 0 & 1/f \end{pmatrix} \boldsymbol{R}^\top \begin{pmatrix} f_0 & 0 & 0 \\ 0 & f_0 & 0 \\ 0 & 0 & f \end{pmatrix} \begin{pmatrix} x/f_0 \\ y/f_0 \\ 1 \end{pmatrix} \tag{9.15}
$$

以上の関係を用いると，円を撮影した画像中の楕円から円の 3 次元的配置がわかる．シーン中の円が乗っている平面を，その円の**支持平面** (supporting plane) とよぶ．その単位法線ベクトルを $\boldsymbol{n}$ とし，原点 O からの距離（$\boldsymbol{n}$ の方向が正）を h とする．カメラの焦点距離 f は既知であるとする．円の半径を r とすると，$\boldsymbol{n}$, h は次のように計算できる．

手順 9.3　支持平面の 3 次元復元

1. 観測した楕円 $(\boldsymbol{x}, \boldsymbol{Q}\boldsymbol{x}) = 0$ の係数行列 $\boldsymbol{Q}$ を次のように変換する．

$$
\bar{\boldsymbol{Q}} = \begin{pmatrix} 1/f_0 & 0 & 0 \\ 0 & 1/f_0 & 0 \\ 0 & 0 & 1/f \end{pmatrix} \boldsymbol{Q} \begin{pmatrix} 1/f_0 & 0 & 0 \\ 0 & 1/f_0 & 0 \\ 0 & 0 & 1/f \end{pmatrix} \tag{9.16}
$$

2. 行列 $\bar{\boldsymbol{Q}}$ を次のように，行列式 -1 に正規化する．

$$
\bar{\boldsymbol{Q}} \leftarrow \frac{\bar{\boldsymbol{Q}}}{\sqrt[3]{-|\bar{\boldsymbol{Q}}|}} \tag{9.17}
$$

3. 行列 $\bar{\boldsymbol{Q}}$ の固有値 λ_1, λ_2, λ_3 を計算し，$\lambda_2 \geq \lambda_1 > 0 > \lambda_3$ の順に並べる．

そして，対応する単位固有ベクトルを $\boldsymbol{u}_1$, $\boldsymbol{u}_2$, $\boldsymbol{u}_3$ とする．

4. 支持平面の単位法線ベクトル $\boldsymbol{n}$ を次のように計算する．

$$\boldsymbol{n} = \mathcal{N}[\sqrt{\lambda_2 - \lambda_1}\boldsymbol{u}_2 + \sqrt{\lambda_1 - \lambda_3}\boldsymbol{u}_3] \tag{9.18}$$

5. 支持平面までの距離 h を次のように計算する．

$$h = \lambda_1^{3/2} r \tag{9.19}$$

解説　式 (9.16) のように $\bar{\boldsymbol{Q}}$ を定義すると，式 (9.2) より，

$$\bar{\boldsymbol{Q}} = \begin{pmatrix} A/f_0^2 & B/f_0^2 & D/f_0 f \\ B/f_0^2 & C/f_0^2 & E/f_0 f \\ D/f_0 f & E/f_0 f & F/f^2 \end{pmatrix} \simeq \begin{pmatrix} A & B & (f_0/f)D \\ B & C & (f_0/f)E \\ (f_0/f)D & (f_0/f)E & (f_0/f)^2 F \end{pmatrix} \tag{9.20}$$

となる．$\bar{\boldsymbol{Q}}$ の要素にバーを付けて $\bar{A}, \bar{B}, \ldots$ などと書くと，すぐわかるように，

$$\bar{A}x^2 + 2\bar{B}xy + \bar{C}y^2 + 2f(\bar{D}x + \bar{E}y) + f^2\bar{F} = 0 \tag{9.21}$$

は式 (9.1) と同じである．すなわち，行列 $\bar{\boldsymbol{Q}}$ を用いることは，定数 f_0 を焦点距離 f に置き換えることに相当している．式 (9.14) を書き直すと

$$\boldsymbol{H}^{-1} = \begin{pmatrix} 1/f_0 & 0 & 0 \\ 0 & 1/f_0 & 0 \\ 0 & 0 & 1/f \end{pmatrix} \boldsymbol{R} \begin{pmatrix} f_0 & 0 & 0 \\ 0 & f_0 & 0 \\ 0 & 0 & f \end{pmatrix} \tag{9.22}$$

であるから，カメラの回転による楕円の変換は，式 (9.13) より

$$\begin{aligned} \boldsymbol{Q}' &\simeq \begin{pmatrix} f_0 & 0 & 0 \\ 0 & f_0 & 0 \\ 0 & 0 & f \end{pmatrix} \boldsymbol{R}^\top \begin{pmatrix} 1/f_0 & 0 & 0 \\ 0 & 1/f_0 & 0 \\ 0 & 0 & 1/f \end{pmatrix} \boldsymbol{Q} \begin{pmatrix} 1/f_0 & 0 & 0 \\ 0 & 1/f_0 & 0 \\ 0 & 0 & 1/f \end{pmatrix} \boldsymbol{R} \begin{pmatrix} f_0 & 0 & 0 \\ 0 & f_0 & 0 \\ 0 & 0 & f \end{pmatrix} \\ &= \begin{pmatrix} f_0 & 0 & 0 \\ 0 & f_0 & 0 \\ 0 & 0 & f \end{pmatrix} \boldsymbol{R}^\top \bar{\boldsymbol{Q}} \boldsymbol{R} \begin{pmatrix} f_0 & 0 & 0 \\ 0 & f_0 & 0 \\ 0 & 0 & f \end{pmatrix} \end{aligned} \tag{9.23}$$

となる．すなわち $\bar{\boldsymbol{Q}}' \simeq \boldsymbol{R}^\top \bar{\boldsymbol{Q}} \boldsymbol{R}$ である．しかし，$\bar{\boldsymbol{Q}}$ も $\bar{\boldsymbol{Q}}'$ も行列式が -1 になるように正規化してあり，回転 $\boldsymbol{R}$, $\boldsymbol{R}^\top$ を掛けても行列式は変化しない．ゆえに，

$$\bar{\boldsymbol{Q}}' = \boldsymbol{R}^\top \bar{\boldsymbol{Q}} \boldsymbol{R} \tag{9.24}$$

が成立する．この関係を用いて，まず画像上の楕円が標準形，すなわち画像原点 o を中心として，長軸が x 方向，短軸が y 方向の場合を考える（↪ 演習問題 9.8(1)）．次に，一般の楕円の場合に，カメラを視点の周りに回転して楕円が標準形になるようにする．それには，光軸方向が円の中心を指すようにカメラを回転して，楕円の中心が画像原点 o に来るようにし，カメラを光軸の周りに回転して長軸が x 方向，短軸が y 方向にあるようにする．そして，標準形の結果と組み合わせれば，手順 9.3 が得られる（↪ 演習問題 9.8(2)）．

観測している円の半径 r によって支持平面までの距離を定めているので，これが未知の場合は距離の不定性を残して支持平面が定まる．円の 3 次元位置を知るには，画像上の楕円の各点を**逆投影** (back-projection) すればよい．すなわち，視線と支持平面の交点を計算すればよい（↪ 演習問題 9.9）．

9.4 円の中心

支持平面の単位法線ベクトル $\boldsymbol{n}$ がわかると，円の中心の位置 (x_C, y_C)（画像上の楕円の中心 (x_c, y_c) には必ずしも一致しない）は次のように計算できる．

手順 9.4 円の中心

1. 次のベクトル $\boldsymbol{m} = (m_i)$ を計算する．

$$\boldsymbol{m} = \begin{pmatrix} f_0 & 0 & 0 \\ 0 & f_0 & 0 \\ 0 & 0 & f \end{pmatrix} \boldsymbol{Q}^{-1} \begin{pmatrix} f_0 & 0 & 0 \\ 0 & f_0 & 0 \\ 0 & 0 & f \end{pmatrix} \begin{pmatrix} n_1 \\ n_2 \\ n_3 \end{pmatrix} \tag{9.25}$$

2. 次の (x_C, y_C) を返す．

$$x_C = f\frac{m_1}{m_3}, \qquad y_C = f\frac{m_2}{m_3} \tag{9.26}$$

解説 式 (9.16) の $\bar{\boldsymbol{Q}}$ を用いると，式 (9.25) の右辺は $\bar{\boldsymbol{Q}}^{-1}\boldsymbol{n}$ と書ける．したがって，式 (9.26) より，式 (9.25) は次の関係を表している．

$$\boldsymbol{n} \simeq \bar{\boldsymbol{Q}} \begin{pmatrix} x_C \\ y_C \\ f \end{pmatrix} \tag{9.27}$$

円の支持平面が光軸に垂直になるようにカメラを回転したとすると（図9.4），この関係が成り立つ（↪ 演習問題9.10(1)）．そして，この関係はカメラを任意に回転しても成立する（↪ 演習問題9.10(2)）．ゆえに，任意のカメラ位置でこれが成り立つ．

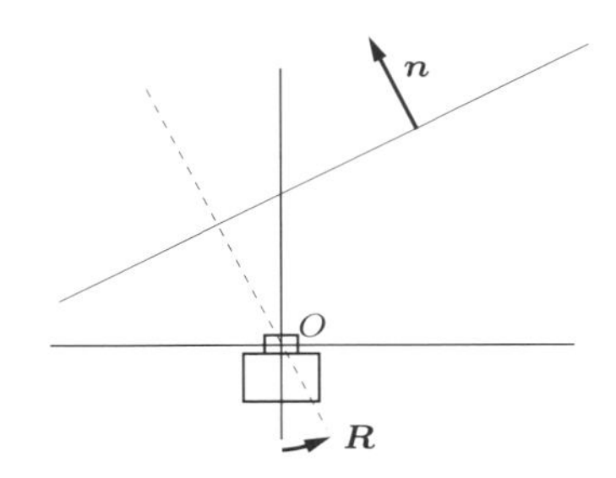

図9.4　円の支持平面が光軸に垂直になるようにカメラを回転すると，画像面上に円が観測される．

9.5　円の正面画像

画像上に楕円として観測した円の支持平面を手順9.3で定めると，その支持平面を垂直に眺めて，その円の中心が画像原点 o に来るように変換することができる．まず，画像上の平行移動も射影変換であることに注意する．実際，x 軸，y 軸方向に a, b だけの平行移動 $x' = x + a, y' = y + b$ は，次の形の射影変換になっている．

$$\begin{pmatrix} x'/f_0 \\ y'/f_0 \\ 1 \end{pmatrix} = \begin{pmatrix} (x+a)/f_0 \\ (y+b)/f_0 \\ 1 \end{pmatrix} = \begin{pmatrix} 1 & 0 & a/f_0 \\ 0 & 1 & b/f_0 \\ 0 & 0 & 1 \end{pmatrix} \begin{pmatrix} x/f_0 \\ y/f_0 \\ 1 \end{pmatrix} \tag{9.28}$$

逆変換は，a, b をそれぞれ $-a, -b$ としたものとなる．円を正面から眺めた画像は，次の手順で計算できる．

手順 9.5 円の正面画像

1. 手順 9.4 によって，円の画像上の中心位置 (x_C, y_C) を計算する．
2. 支持平面の単位法線ベクトル $\boldsymbol{n}$ が光軸方向に向くようなカメラの回転行列を $\boldsymbol{R}$ とし，対応する射影変換行列 $\boldsymbol{H}$ を式 (9.14) によって計算する．
3. そのようにカメラを回転したときの画像上の円の中心位置 (x'_C, y'_C) を，次の関係から計算する．

$$\begin{pmatrix} x'_C/f_0 \\ y'_C/f_0 \\ 1 \end{pmatrix} \simeq \boldsymbol{H} \begin{pmatrix} x_C/f_0 \\ y_C/f_0 \\ 1 \end{pmatrix} \tag{9.29}$$

4. 点 (x'_C, y'_C) を画像原点 o に平行移動する次の射影変換行列を計算する．

$$\boldsymbol{H}_0 = \begin{pmatrix} 1 & 0 & -x_C/f_0 \\ 0 & 1 & -y_C/f_0 \\ 0 & 0 & 1 \end{pmatrix} \tag{9.30}$$

5. 新しい画像領域を用意し，その各 (x, y) 画素に対して次の関係を満たす点 $(\bar{x}, \bar{y})$ を計算する．

$$\begin{pmatrix} \bar{x}/f_0 \\ \bar{y}/f_0 \\ 1 \end{pmatrix} \simeq \boldsymbol{H}^{-1}\boldsymbol{H}_0^{-1} \begin{pmatrix} x/f_0 \\ y/f_0 \\ 1 \end{pmatrix} \tag{9.31}$$

そして，原画像上の画素 $(\bar{x}, \bar{y})$ の画素値を (x, y) 画素に書き込む．$(\bar{x}, \bar{y})$ が整数値でない場合は，その画素値は周辺の画素値から補間する．

解説　単位ベクトル $\boldsymbol{n}$ を光軸方向に向ける回転は，光軸周りの回転の不定性があるので一意的ではないが（図 9.4），任意の一つを選べばよい．最も簡単なのは，$\boldsymbol{n}$ と光軸のなす角を Ω とし，$\boldsymbol{n}$ と光軸の両方に直交する軸の周りに Ω だけ回転することである（$\hookrightarrow$ 演習問題 9.11）．すると，式 (9.30) による平行移動と合わせた射影変換 $\boldsymbol{H}_0\boldsymbol{H}$ によって，円の中心が画像原点 o に来る支持平面を垂直に見た画像が得られる．

よく知られているように，原画像にある変換を施した結果を生成するには，変換画像を格納する領域の各画素にその逆変換を施して，原画像上のその位置の画素値をコピーして書き込めばよい．$(\boldsymbol{H}_0\boldsymbol{H})^{-1} = \boldsymbol{H}^{-1}\boldsymbol{H}_0^{-1}$ であり，$\boldsymbol{H}^{-1}$ は式 (9.22) によって与えられる．$\boldsymbol{H}_0^{-1}$ は式 (9.30) で x_C, y_C の符号を変えればよい．画像座標が整数値でないときは，単に四捨五入によって整数化してもよいが，より正確でかつ計算が単純なのは，周りの画素値からの双 1 次補間（x 方向，y 方向の比例配分）である（↪ 演習問題 9.12）．

9.6　実験例

図 9.5(a) は，円を斜めから撮影した画像である．これから円の境界をエッジ検出によって抽出し，楕円を当てはめれば，手順 9.3 によってカメラに対する支持平面の向きと位置が計算できる．図 9.5(b) はその知識を利用して，コンピュータグラフィックスによって生成したある 3 次元対象物を，あたかもその支持平面上に置かれているかのように表示したものである．

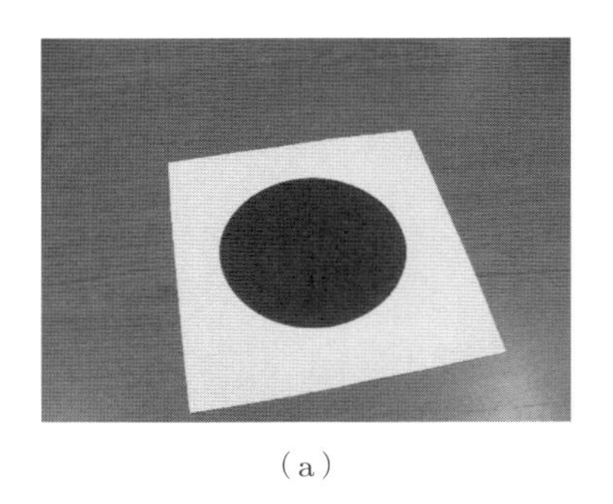
(a)

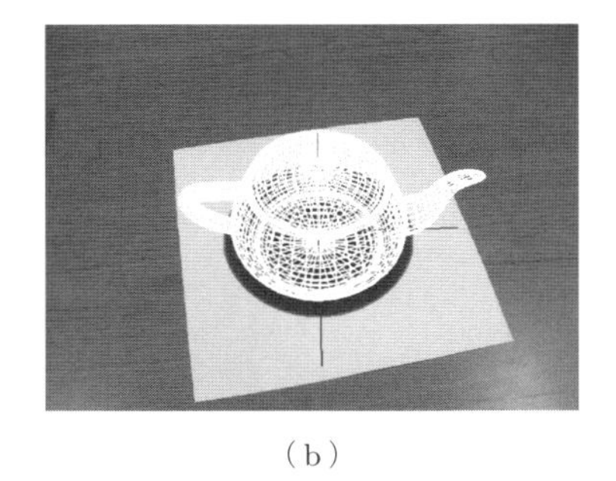
(b)

図 9.5　(a) 円を斜めから撮影した画像．(b) 手順 9.3 によってカメラに対する円の支持平面の向きと位置を計算して，生成した 3 次元対象物を配置した 3 次元グラフィックス画像．

図 9.6(a) は，屋外の表示板を斜めから撮影した画像である．板上に描かれている円形マーク（図では白線で囲んである）をエッジ検出によって抽出し，楕円を当てはめて，手順 9.3 によってカメラに対する表示板の向きを計算した．その知識を利用して，手順 9.5 によってカメラを仮想的に回転し，この表示板をあたかも正面から見たかのように変換したのが図 9.6(b) である．ただし，見やすいように適当に平行移動している．

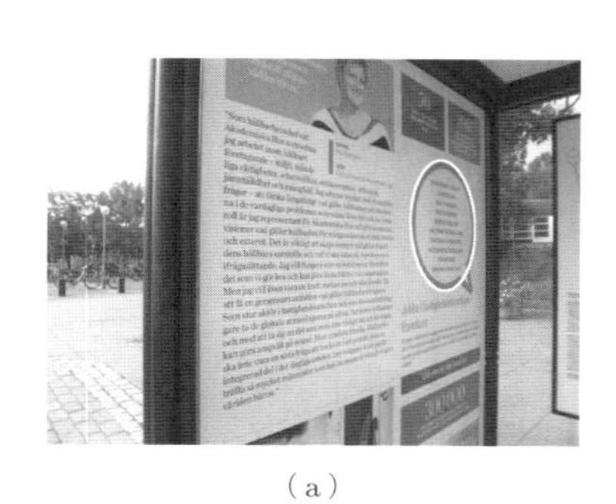

(a)

(b)

図 9.6　(a) 平面表示板を斜めから撮影した画像．板上に円形マーク（白線で囲んでいる）が描かれている．(b) 円形マークを利用して，手順 9.3 によって表示板のカメラに相対的な向きを計算し，手順 9.5 によってカメラを仮想的に回転して得られる正面画像．

9.7　さらに勉強したい人へ

式 (9.1) が表す図形には，実の 2 次曲線（楕円，双曲線，放物線），虚の楕円，実の 2 直線（交わる 2 直線，平行線），実の 1 直線，虚の 2 直線（実の 1 点で交わる虚の 2 直線，虚の平行線）がある．これらについては多くの教科書 [29, 33, 35] で解説されているが，詳細な分類の導出は教科書 [32] に示されている．射影幾何学の立場では，2 個の楕円は常に 4 点で交わり，それらの交点は実または虚である．そして，楕円と直線は必ず 2 点で交わる．接点は 2 交点が重なったものであり，平面上に交点がない場合は虚の 2 交点で交わっていると解釈する．古典的な射影幾何学の教科書に Semple ら [87] がある．複素数に拡張した一般の代数曲線の解析は「代数幾何学」とよばれ，古典的な教科書には Semple ら [88] がある．

式 (9.8) による接線の表現は，式 (9.1) が楕円以外の 2 次曲線（放物線や双曲線）であっても成立する．点 (x_0, y_0) が式 (9.1) の円錐曲線上になくても，式 (9.8)，あるいは $\boldsymbol{n} \simeq \boldsymbol{Q}\boldsymbol{x}_0$ によって直線が定義されるが，これは式 (9.1) の円錐曲線に関する点 (x_0, y_0) の「極線」(polar) とよばれ，点 (x_0, y_0) は直線 $n_1 x + n_2 y + n_1 f_0 = 0$ の「極点」(pole) とよばれる．楕円の外にある点 (x_0, y_0) に対しては，その点から楕円に引いた 2 本の接線の接点を通る直線が極線となる（図 9.7(a)）．極点が極線上にある条件は，極点が円錐曲線上にあり，極線がその点での接線になることであ

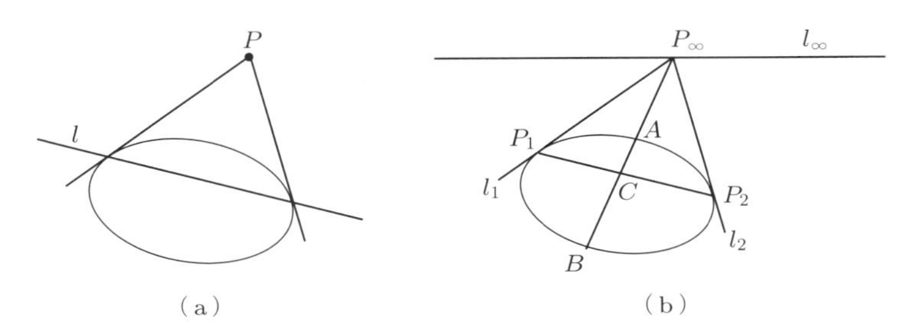

図 9.7　(a) 楕円の極点 P と極線 l．(b) 楕円の中心，接線，消失点，消失線の関係．

る．接線（あるいは極線）の方程式は，円錐曲線の「極分解」(polar decomposition) によっても得られる．これは，曲線の方程式において，x^2, xy, y^2, x, y をそれぞれ x_0x, $(x_0y+xy_0)/2$, y_0y, $(x+x_0)/2$, $(y+y_0)/2$ で置き換えることである．

極点と極線は，図形の3次元解釈と密接に関連している．画像上の楕円はある楕円（円でもよい）を斜めから見たものであると解釈する．その楕円の実際の中心を C とし（「実際」というのは「その図形を正面から見た場合の」という意味である），C を通る任意の弦を P_1P_2 とする（図 9.7(b)）．P_1, P_2 における楕円の接線をそれぞれ l_1, l_2 とすると，それらは実際には楕円をはさむ平行線となっている．それらの交点 P_∞ は「消失点」(vanishing point) であり，実際には無限遠方に位置する．弦 P_1P_2 は任意であり，このようにして得られる消失点はある直線 l_∞ 上にある．これが「消失線」(vanishing line) であり，見ている実際の平面の無限遠方の境界である．このとき，消失線 l_∞ は中心 C の極線であり，中心 C は消失線 l_∞ の極点である．手順 9.4 はこの関係に基づいている．

消失点 P_∞ と中心 C を結ぶ直線と楕円との交点を A, B とすると，$[P_\infty, A, C, B]$ は「複比」(cross-ratio) が -1 となる「調和点列」(harmonic range) とよばれる系列になっている．同様な関係が消失線 l_∞，接線 l_1, l_2, 中心線 $P_\infty C$ にも成り立ち，$[l_\infty,\ l_1, P_\infty C, l_2]$ が「複比」が -1 の「調和線束」(harmonic pencil) とよばれる系列になっている．これらのことは教科書 [29] に詳しい．

手順 9.3 の円の3次元復元の計算法を示したのは Forsyth ら [9] である．これは，金谷ら [43] によって形状既知の楕円の3次元復元に拡張された．その考え方の基礎となる，カメラを回転したときの画像の変換については教科書 [27–29] が詳しい．

演習問題

9.1 $|\boldsymbol{Q}| \neq 0$ のとき，2 次曲線 $(\boldsymbol{x}, \boldsymbol{Qx}) = 0$ が楕円を表すのは

$$AC - B^2 > 0 \tag{9.32}$$

の場合であることを示せ（ただし，虚の楕円も含む）．そして，$AC - B^2 = 0$, $AC - B^2 < 0$ がそれぞれ放物線，双曲線に対応することを示せ．

9.2 (1) 任意の正方行列 $\boldsymbol{A}$ に対して，次の関係が成り立つことを示せ．

$$|\lambda \boldsymbol{I} + \boldsymbol{A}| = \lambda^3 + \lambda^2 \mathrm{tr}[\boldsymbol{A}] + \lambda \mathrm{tr}[\boldsymbol{A}]^\dagger + |\boldsymbol{A}| \tag{9.33}$$

ただし，$\boldsymbol{A}^\dagger$ は $\boldsymbol{A}$ の余因子行列（(i, j) 要素が A_{ji} 要素を含む行と列を除いた小行列式に符号 $(-1)^{i+j}$ を付けたもの）である．すなわち，

$$\boldsymbol{A}^\dagger = \begin{pmatrix} A_{22}A_{33} - A_{32}A_{23} & A_{32}A_{13} - A_{12}A_{33} & A_{12}A_{23} - A_{22}A_{13} \\ A_{31}A_{23} - A_{21}A_{33} & A_{11}A_{33} - A_{31}A_{13} & A_{12}A_{23} - A_{21}A_{13} \\ A_{21}A_{32} - A_{31}A_{22} & A_{31}A_{12} - A_{11}A_{32} & A_{11}A_{22} - A_{21}A_{12} \end{pmatrix} \tag{9.34}$$

である．

(2) 任意の正方行列 $\boldsymbol{A}$, $\boldsymbol{B}$ に対して，次の関係が成り立つことを示せ．

$$|\lambda \boldsymbol{A} + \boldsymbol{B}| = \lambda^3 |\boldsymbol{A}| + \lambda^2 \mathrm{tr}[\boldsymbol{A}^\dagger \boldsymbol{B}] + \lambda \mathrm{tr}[\boldsymbol{A}\boldsymbol{B}^\dagger] + |\boldsymbol{B}| \tag{9.35}$$

9.3 $|\boldsymbol{Q}| = 0$ かつ $B^2 - AC > 0$ のとき，式 (9.1) は次の 2 直線を表すことを示せ．

$$Ax + (B - \sqrt{B^2 - AC})y + \left(D - \frac{BD - AE}{\sqrt{B^2 - AC}}\right) f_0 = 0,$$

$$Ax + (B + \sqrt{B^2 - AC})y + \left(D + \frac{BD - AE}{\sqrt{B^2 - AC}}\right) f_0 = 0 \tag{9.36}$$

9.4 式 (9.1) の楕円と直線 $n_1 x + n_2 y + n_3 f_0 = 1$ の 2 交点 (x_1, y_1), (x_2, y_2) を計算する手順を述べよ．

9.5 式 (9.1) の 2 次曲線上の点 (x_0, y_0) における接線 $n_1 x + n_2 y + n_3 f_0 = 0$ が式 (9.8) で与えられることを示せ．

9.6 第 2 章の幾何学的距離最小化による楕円当てはめを変形して，指定した点から楕円への垂線の足を反復によって計算する手順を示せ．

9.7 任意の正則行列 $\boldsymbol{A}$ に対して，$(\boldsymbol{A}^{-1})^\top = (\boldsymbol{A}^\top)^{-1}$ であることを示せ．

9.8 (1) 画像上の楕円像が標準形

$$x^2 + \alpha y^2 = \gamma, \qquad \alpha \geq 1, \qquad \gamma > 0 \tag{9.37}$$

のとき，支持平面の傾き角 θ は

$$\sin\theta = \pm\sqrt{\frac{\alpha - 1}{\alpha + \gamma/f^2}}, \qquad \cos\theta = \sqrt{\frac{1 + \gamma/f^2}{\alpha + \gamma/f^2}} \tag{9.38}$$

で与えられ，支持平面までの距離 h が次のようになることを示せ．

$$h = \frac{fr}{\sqrt{\alpha\gamma}} \tag{9.39}$$

(2) 一般の場合に式 (9.18), (9.19) が成り立つことを示せ．

9.9 画像上の点 (x, y) を，単位法線ベクトル $\boldsymbol{n}$，原点 O からの距離 h の平面に逆投影した点 (X, Y, Z) は，次のようになることを示せ．

$$\begin{pmatrix} X \\ Y \\ Z \end{pmatrix} = \frac{h}{n_1 x + n_2 y + n_3 f} \begin{pmatrix} x \\ y \\ f \end{pmatrix} \tag{9.40}$$

9.10 (1) 式 (9.27) は，円の支持平面がカメラの光軸に垂直な場合に成立することを示せ．

(2) 式 (9.27) の関係は，カメラを視点の周りに任意に回転しても成立することを示せ．

9.11 単位ベクトル $\boldsymbol{n}$ を Z 軸方向に向けるような回転行列 $\boldsymbol{R}$ を示せ．

9.12 整数値ではない画像座標 (x, y) の画素値を，周辺の画素値の双1次補間によって定める計算法を示せ．

第II部

多画像からの３次元復元

第10章 多視点三角測量

第4章では，2画像間の点対応と各カメラのカメラ行列からその点の3次元位置を復元する三角測量の手順を示した．本章では，それを多画像に拡張し，複数の画像間の点対応とカメラ行列から3次元位置を復元する手順を述べる．基本原理は2画像の場合と同じであり，各点が定義する視線がシーン中の1点で交わるように，各画像上の観測位置を最適に補正する．まず，3画像の場合を考える．2画像間では，対応点の視線がシーン中で交わる条件が基礎行列によるエピ極線拘束条件であるのに対して，3画像間で視線が交わる条件は「三重線形拘束条件」となる．そして，この条件を用いて最適な三角測量を行う．次に，これを一般の M 画像に拡張し，連続する3画像ごとに三重線形拘束条件を適用して最適な三角測量を行う．

10.1 三重線形拘束条件

シーン中のある点が3枚の画像（以下，第0, 1, 2画像とよぶ）の (x_0, y_0), (x_1, y_1), (x_2, y_2) に撮影されているとする．これらを次のベクトルで表す．

$$\boldsymbol{x}_\kappa = \begin{pmatrix} x_\kappa/f_0 \\ y_\kappa/f_0 \\ 1 \end{pmatrix}, \qquad \kappa = 0, 1, 2 \tag{10.1}$$

ただし，f_0 は本書で使われている画像のスケール定数である．以下，ベクトル $\boldsymbol{x}_\kappa$ で表される点を単に「点 $\boldsymbol{x}_\kappa$」とよぶ．

図 10.1 のように3点 $\boldsymbol{x}_0$, $\boldsymbol{x}_1$, $\boldsymbol{x}_2$ の定義する視線がシーン中の1点で交わる必要十分条件は，次のように書ける（10.2.4項の説明参照）．

$$\sum_{i,j,k,l,m=1}^{3} \varepsilon_{ljp}\varepsilon_{mkq}T_i^{lm}x_{0(i)}x_{1(j)}x_{2(k)} = 0 \tag{10.2}$$

ここに ε_{ijk} は順列符号，すなわち，(i, j, k) が (1,2,3) の偶置換（偶数回の入れ替え

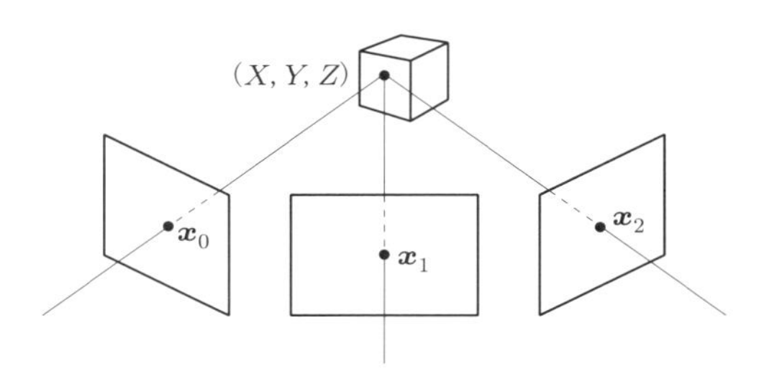

図 10.1　3 画像上の点 $\boldsymbol{x}_0$, $\boldsymbol{x}_1$, $\boldsymbol{x}_2$ の視線が 1 点で交わる必要十分条件は，式 (10.2) の三重線形拘束条件が成り立つことである．

で得られる順列）では 1，奇置換（奇数回の入れ替えで得られる順列）では -1，それ以外（重複を含むとき）は 0 をとる記号である．また，$x_{\kappa(i)}$ はベクトル $\boldsymbol{x}_\kappa$ の第 i 成分である．係数 T_i^{lm} は 3 台のカメラの相対的配置のみから定まる定数であり，**三重焦点テンソル** (trifocal tensor) とよばれる．これは，各カメラのカメラ行列 $\boldsymbol{P}_0$, $\boldsymbol{P}_1$, $\boldsymbol{P}_2$ が与えられれば，次のように計算できる（10.2.4 項の説明参照）．

$$T_1^{jk}=\begin{vmatrix} P_{0(21)} & P_{0(22)} & P_{0(23)} & P_{0(24)} \\ P_{0(31)} & P_{0(32)} & P_{0(33)} & P_{0(34)} \\ P_{1(j1)} & P_{1(j2)} & P_{1(j3)} & P_{1(j4)} \\ P_{2(k1)} & P_{2(k2)} & P_{2(k3)} & P_{2(k4)} \end{vmatrix}, \quad T_2^{jk}=\begin{vmatrix} P_{0(31)} & P_{0(32)} & P_{0(33)} & P_{0(34)} \\ P_{0(11)} & P_{0(12)} & P_{0(13)} & P_{0(14)} \\ P_{1(j1)} & P_{1(j2)} & P_{1(j3)} & P_{1(j4)} \\ P_{2(k1)} & P_{2(k2)} & P_{2(k3)} & P_{2(k4)} \end{vmatrix},$$

$$T_3^{jk}=\begin{vmatrix} P_{0(11)} & P_{0(12)} & P_{0(13)} & P_{0(14)} \\ P_{0(21)} & P_{0(22)} & P_{0(23)} & P_{0(24)} \\ P_{1(j1)} & P_{1(j2)} & P_{1(j3)} & P_{1(j4)} \\ P_{2(k1)} & P_{2(k2)} & P_{2(k3)} & P_{2(k4)} \end{vmatrix} \tag{10.3}$$

ただし，$\boldsymbol{P}_\kappa$ の (i,j) 要素を $P_{\kappa(ij)}$ と書いている．式 (10.2) は**三重線形拘束条件** (trilinear constraint) とよばれる．これは，2 画像間のエピ極線拘束条件を 3 画像に拡張したものであり，三重焦点テンソルが 2 画像間の基礎行列に対応する．ただし，式 (10.2) の $p,q=1,2,3$ に対する 9 個の式は，線形独立ではなく，4 個のみが独立である（$\hookrightarrow$ 演習問題 10.1）．

10.2　3 画像からの三角測量

3 画像の誤差のある対応点からその 3 次元位置を計算する手順を，いくつかの段階に分けて記述する.

■ 10.2.1 対応点の最適補正

本章では，各カメラのカメラ行列 $\boldsymbol{P}_\kappa$ は既知であるとする．したがって，三重焦点テンソル T_i^{lm} も既知である．観測した対応点 $\boldsymbol{x}_0$, $\boldsymbol{x}_1$, $\boldsymbol{x}_2$ が誤差を含むときの三角測量は，第 4, 7 章の場合と同様に，$\boldsymbol{x}_0$, $\boldsymbol{x}_1$, $\boldsymbol{x}_2$ を式 (10.2) の三重線形拘束条件が成り立つ位置 $\bar{\boldsymbol{x}}_0$, $\bar{\boldsymbol{x}}_1$, $\bar{\boldsymbol{x}}_2$ に最適に補正することである．「最適に」というのも第 4, 7 章と同様に，補正のための移動距離の 2 乗和，すなわち**再投影誤差** (reprojection error)

$$E = \sum_{\kappa=0}^{2} \|\boldsymbol{x}_\kappa - \bar{\boldsymbol{x}}_\kappa\|^2 \tag{10.4}$$

が最小になるという意味である．これは次の手順で計算できる．

手順 10.1 3 画像の対応点の最適補正

1. $E_0 = \infty$（十分大きい数），$\hat{\boldsymbol{x}}_\kappa = \boldsymbol{x}_\kappa$, $\tilde{\boldsymbol{x}}_\kappa = \boldsymbol{0}$ とおく ($\kappa = 0, 1, 2$).
2. 次の P_{pqs}, Q_{pqs}, R_{pqs} を計算する ($p, q, s = 1, 2, 3$).

$$P_{pqs} = \sum_{i,j,k,l,m=1}^{3} \varepsilon_{ljp}\varepsilon_{mkq} T_i^{lm} P_{\boldsymbol{k}(si)} \hat{x}_{1(j)} \hat{x}_{2(k)},$$
$$Q_{pqs} = \sum_{i,j,k,l,m=1}^{3} \varepsilon_{ljp}\varepsilon_{mkq} T_i^{lm} \hat{x}_{0(i)} P_{\boldsymbol{k}(sj)} \hat{x}_{2(k)},$$
$$R_{pqs} = \sum_{i,j,k,l,m=1}^{3} \varepsilon_{ljp}\varepsilon_{mkq} T_i^{lm} \hat{x}_{0(i)} \hat{x}_{1(j)} P_{\boldsymbol{k}(sk)} \tag{10.5}$$

ただし，$P_{\boldsymbol{k}(ij)}$ は行列

$$\boldsymbol{P}_{\boldsymbol{k}} = \begin{pmatrix} 1 & 0 & 0 \\ 0 & 1 & 0 \\ 0 & 0 & 0 \end{pmatrix} \tag{10.6}$$

の (i, j) 要素である．

3. 次の C_{pqrs}, F_{pq} を計算する．

$$C_{pqrs} = \sum_{i,j,k,l,m=1}^{3} \varepsilon_{ljp}\varepsilon_{mkq} T_i^{lm} \Big(P_{rsi} \hat{x}_{1(j)} \hat{x}_{2(k)} + \hat{x}_{0(i)} Q_{rsj} \hat{x}_{2(k)}$$

$$+\hat{x}_{0(i)}\hat{x}_{1(j)}R_{rsk}\Big),$$

$$F_{pq}=\sum_{i,j,k,l,m=1}^{3}\varepsilon_{ljp}\varepsilon_{mkq}T_i^{lm}\big(\hat{x}_{0(i)}\hat{x}_{1(j)}\hat{x}_{2(k)}+\tilde{x}_{0(i)}\hat{x}_{1(j)}\hat{x}_{2(k)}$$
$$+\hat{x}_{0(i)}\tilde{x}_{1(j)}\hat{x}_{2(k)}+\hat{x}_{0(i)}\hat{x}_{1(j)}\tilde{x}_{2(k)}\big) \tag{10.7}$$

4. 次の連立1次方程式をランク3の一般逆行列を用いて解き，λ_{pq} を定める．

$$\sum_{r,s=1}^{3}C_{pqrs}\lambda_{rs}=F_{pq} \tag{10.8}$$

5. $\tilde{\boldsymbol{x}}_\kappa$, $\hat{\boldsymbol{x}}_\kappa$ を次のように更新する ($\kappa=0$, 1, 2).

$$\tilde{x}_{0(i)}\leftarrow\sum_{p,q=1}^{3}P_{pqi}\lambda_{pq},\quad \tilde{x}_{1(i)}\leftarrow\sum_{p,q=1}^{3}Q_{pqi}\lambda_{pq},\quad \tilde{x}_{2(i)}\leftarrow\sum_{p,q=1}^{3}R_{pqi}\lambda_{pq},$$
$$\hat{\boldsymbol{x}}_\kappa\leftarrow\boldsymbol{x}_\kappa-\tilde{\boldsymbol{x}}_\kappa \tag{10.9}$$

6. 次の再投影誤差 E を計算する．

$$E=\sum_{\kappa=0}^{2}\|\tilde{\boldsymbol{x}}_\kappa\|^2 \tag{10.10}$$

7. $E\approx E_0$ なら E と $\hat{\boldsymbol{x}}_\kappa$ を返して終了する ($\kappa=0$, 1, 2). そうでなければ，$E_0\leftarrow E$ としてステップ2に戻る．

解説　上記の手順は，エピ極線拘束条件に基づいて2画像間の対応点を最適に補正する手順4.2と同じ原理に基づいている．すなわち，補正すべき位置 $\bar{\boldsymbol{x}}_0$, $\bar{\boldsymbol{x}}_1$, $\bar{\boldsymbol{x}}_2$ を

$$\bar{\boldsymbol{x}}_\kappa=\boldsymbol{x}_\kappa-\Delta\boldsymbol{x}_\kappa,\qquad \kappa=0,1,2 \tag{10.11}$$

とおいて，式 (10.2) の三重線形拘束条件に代入する．これを補正量 $\Delta\boldsymbol{x}_\kappa$ に関してテイラー展開し，高次の項を無視する．そして，式 (10.4) の再投影誤差 E が最小になる位置 $\hat{\boldsymbol{x}}_\kappa$ を計算する．次に，その位置と $\bar{\boldsymbol{x}}_\kappa$ との食い違いを $\Delta\hat{\boldsymbol{x}}_\kappa$ とし，式 (10.2) を $\Delta\hat{\boldsymbol{x}}_\kappa$ に関してテイラー展開して，高次の項を無視する．そして，式 (10.4) が最小になる位置を計算する．以下同様にして，補正が行われなくなり，再投影誤差 E が変化しなくなるまでこれを反復する（$\hookrightarrow$ 演習問題10.2）．

■ 10.2.2　連立 1 次方程式の解法

手順 10.1 のステップ 4 で「ランク 3 の一般逆行列を用いて解き」と書いてあるのは，正確には次の意味である．式 (10.8) の連立 1 次方程式の未知数 λ_{pq} は，式 (10.10) の E を最小化するときのラグランジュ乗数である．式 (10.8) を具体的に書くと次のようになる．

$$\begin{pmatrix} C_{1111} & C_{1112} & C_{1113} & C_{1121} & C_{1122} & C_{1123} & C_{1131} & C_{1132} & C_{1133} \\ C_{1211} & C_{1212} & C_{1213} & C_{1221} & C_{1222} & C_{1223} & C_{1231} & C_{1232} & C_{1233} \\ C_{1311} & C_{1312} & C_{1313} & C_{1321} & C_{1322} & C_{1323} & C_{1331} & C_{1332} & C_{1333} \\ C_{2111} & C_{2112} & C_{2113} & C_{2121} & C_{2122} & C_{2123} & C_{2131} & C_{2132} & C_{2133} \\ C_{2211} & C_{2212} & C_{2213} & C_{2221} & C_{2222} & C_{2223} & C_{2231} & C_{2232} & C_{2233} \\ C_{2311} & C_{2312} & C_{2313} & C_{2321} & C_{2322} & C_{2323} & C_{2331} & C_{2332} & C_{2333} \\ C_{3111} & C_{3112} & C_{3113} & C_{3121} & C_{3122} & C_{3123} & C_{3131} & C_{3132} & C_{3133} \\ C_{3211} & C_{3212} & C_{3213} & C_{3221} & C_{3222} & C_{3223} & C_{3231} & C_{3232} & C_{3233} \\ C_{3311} & C_{3312} & C_{3313} & C_{3321} & C_{3322} & C_{3323} & C_{3331} & C_{3332} & C_{3333} \end{pmatrix} \begin{pmatrix} \lambda_{11} \\ \lambda_{12} \\ \lambda_{13} \\ \lambda_{21} \\ \lambda_{22} \\ \lambda_{23} \\ \lambda_{31} \\ \lambda_{32} \\ \lambda_{33} \end{pmatrix} = \begin{pmatrix} F_{11} \\ F_{12} \\ F_{13} \\ F_{21} \\ F_{22} \\ F_{23} \\ F_{31} \\ F_{32} \\ F_{33} \end{pmatrix} \tag{10.12}$$

問題は，この係数行列のランクが 6（すなわち，6 本の列および行しか独立でない）であり，解が一意的に定まらないことである．その理由は，定めたい 3 点の補正成分が Δx_0, Δy_0, Δx_1, Δy_1, Δx_2, Δy_2 の 6 個しかないのに，方程式が 9 個あるためである．これは，式 (10.1) からわかるように，$\boldsymbol{x}_\kappa$ の第 3 成分は定数 1 であって $\Delta\boldsymbol{x}_\kappa$ の第 3 成分は 0 であるにもかかわらず，$\Delta\boldsymbol{x}_0$, $\Delta\boldsymbol{x}_1$, $\Delta\boldsymbol{x}_2$ の 9 個の成分をすべて未知数としているからである．したがって，式 (10.12) の 9 個の式のうち，6 個を抜き出して計算すればよい．

ところが，さらに問題となるのは，$\boldsymbol{x}_\kappa$ が厳密に式 (10.2) を満たすとき，この係数行列のランクが 3 に低下することである．その理由は，式 (10.2) は p, $q = 1, 2, 3$ に対する 9 個の方程式であるが，そのうちの 3 個しか独立ではないからである．これは次のように考えるとわかる．式 (10.2) の各方程式は，x_0, y_0, x_1, y_1, x_2, y_2 のつくる 6 次元空間に 3 次多項式超曲面を定義し，その交わりが解（3 本の視線が 1 点で交わる対応点位置）である．その解空間は 3 次元空間でなければならない．なぜなら，シーンの各点と 3 画像上でそれを見る 3 点の組（＝視線が 1 点で交わる対応点の組）とが 1 対 1 対応しているからである．6 次元空間では 3 個の超曲面の交わりが 3 次元空間となるから，9 個の超曲面のうちの 3 個のみが独立であり，その 3 個の交わりを残りの 6 個の超曲面が通る．もちろん，観測した値や計算途中の値は式 (10.2) を厳密には満たさないから，式 (10.12) の係数行列のランクは 6 である．しかし，6 個の式を抜き出したのでは，収束する極限で 3 個しか独立でなくなるので，収束するに従って数値計算が不安定になる（計算誤差が増幅される）．これに対処するには，式 (10.12) の 9 個の式から最も独立性の高い 3 個を選んで解けばよい．これは，係数行列を特異値分解して，大きい 3 個の特異値に関する方程式を解くことであり，ランクを 3 に制約した一般逆行列を用いることと等価である．具体的には，式 (10.12) を

$$\boldsymbol{C}\boldsymbol{\lambda} = \boldsymbol{f} \tag{10.13}$$

と書くとき，$\boldsymbol{C}$ を

$$\boldsymbol{C} = \boldsymbol{U}\begin{pmatrix} \sigma_1 & \cdots & 0 \\ \vdots & \ddots & \vdots \\ 0 & \cdots & \sigma_9 \end{pmatrix}\boldsymbol{V}^\top \tag{10.14}$$

と特異値分解し，ランク 3 の一般逆行列

$$\boldsymbol{C}_3^- = \boldsymbol{V}\begin{pmatrix} 1/\sigma_1 & 0 & 0 & \\ 0 & 1/\sigma_2 & 0 & \boldsymbol{O} \\ 0 & 0 & 1/\sigma_3 & \\ & \boldsymbol{O} & & \boldsymbol{O} \end{pmatrix}\boldsymbol{U}^\top \tag{10.15}$$

を計算する．そして，$\boldsymbol{\lambda}$ を次のように計算する．

$$\boldsymbol{\lambda} = \boldsymbol{C}_3^- \boldsymbol{f} \tag{10.16}$$

■ 10.2.3　計算の効率化

手順 10.1 には，$\boldsymbol{T}(\boldsymbol{x}, \boldsymbol{y}, \boldsymbol{z})$ の形の行列関数が何度も現れる．これは，三つのベクトル $\boldsymbol{x} = (x_i)$, $\boldsymbol{y} = (y_i)$, $\boldsymbol{z} = (z_i)$ を引数として，次の行列 $\boldsymbol{T} = (T_{pq})$ を返す関数である．

$$T_{pq} = \sum_{i,j,k,l,m=1}^{3} \varepsilon_{ljp}\varepsilon_{mkq} T_i^{lm} x_i y_j z_k \tag{10.17}$$

これは，和をとる項数が $3^5 = 243$ 個あり，それを $p, q = 1, 2, 3$ に対して計算すると 2187 個になる．この形の式が繰り返して現れるので，その計算に多くの時間が

かかる．これを次のように工夫して効率化することができる．式 (10.17) は次のように書き直せる．

$$T_{pq}=\frac{1}{4}\sum_{i,j,k,l,m=1}^{3}\varepsilon_{ljp}\varepsilon_{mkq}x_i\bigl(T_i^{lm}y_jz_k-T_i^{jm}y_lz_k-T_i^{lk}y_jz_m+T_i^{jk}y_lz_m\bigr) \tag{10.18}$$

順列符号 ε_{ijk} の性質から，$\sum_{i,j,k,l=1}^{3}$ 以下の 4 項はどれも式 (10.17) に等しいことが確かめられる．しかも，l, j に対する項とそれを入れ替えた項，たとえば $l=1$, $j=2$ の項と $l=2$, $j=1$ の項は値が等しい（そうなるように書き換えている）．したがって，一方の項のみを計算して 2 倍すればよい．このとき，ε_{ljp} を掛けているから，l, j として p に等しい値は考えなくてよい．すなわち，$\{1,2,3\}$ の p 以外で $\varepsilon_{ljp}=1$ となる l, j の組のみを計算すればよい．同様に，m, k についても，$\{1,2,3\}$ の q 以外で $\varepsilon_{mkq}=1$ となる m, k の組のみを計算すればよい．これを行うには，mod 3 の和 $\oplus$ を用いればよい．すなわち，$1\oplus1=2$, $1\oplus2=3$, $3\oplus1=1$ などと約束すれば，$\varepsilon_{p\oplus1,p\oplus2,p}=1$, $\varepsilon_{q\oplus1,q\oplus2,q}=1$ であるから，式 (10.18) は次のように書ける．

$$\begin{aligned}T_{pq}=&\sum_{i=1}^{3}x_i\bigl(T_i^{p\oplus1,q\oplus1}y_{p\oplus2}z_{q\oplus2}-T_i^{p\oplus2,q\oplus1}y_{p\oplus1}z_{q\oplus2}-T_i^{p\oplus1,q\oplus2}y_{p\oplus2}z_{q\oplus1}\\&+T_i^{p\oplus2,q\oplus2}y_{p\oplus1}z_{q\oplus1}\bigr)\end{aligned} \tag{10.19}$$

こうすると和をとる項数が 12 個となり，式 (10.17) に比べて約 1/20 になる．演算 $\oplus$ はインライン関数として定義すればよい．

■ 10.2.4　3 次元位置の計算

手順 10.1 によって，対応点を視線が 1 点で交わるように補正したとすると，対応する 3 点 (x_0,y_0), (x_1,y_1), (x_2,y_2) からその 3 次元位置 (X,Y,Z) は，第 4 章の 2 画像の場合の手順 4.1 と同じようにして，カメラ行列 $\boldsymbol{P}_0$, $\boldsymbol{P}_1$, $\boldsymbol{P}_2$ を用いて計算できる．手順 4.1 を 3 画像の場合に対して書き直すと，次のようになる．

手順 10.2　対応点からの 3 次元位置の計算

1. 次の 6×3 行列 $\boldsymbol{T}$ と 6 次元ベクトル $\boldsymbol{p}$ を計算する．

$$
\boldsymbol{T} = \begin{pmatrix} f_0P_{0(11)} - x_0P_{0(31)} & f_0P_{0(12)} - x_0P_{0(32)} & f_0P_{0(13)} - x_0P_{0(33)} \\ f_0P_{0(21)} - y_0P_{0(31)} & f_0P_{0(22)} - y_0P_{0(32)} & f_0P_{0(23)} - y_0P_{0(33)} \\ f_0P_{1(11)} - x_1P_{1(31)} & f_0P_{1(12)} - x_1P_{1(32)} & f_0P_{1(13)} - x_1P_{1(33)} \\ f_0P_{1(21)} - y_1P_{1(31)} & f_0P_{1(22)} - y_1P_{1(32)} & f_0P_{1(23)} - y_1P_{1(33)} \\ f_0P_{2(11)} - x_2P_{2(31)} & f_0P_{2(12)} - x_2P_{2(32)} & f_0P_{2(13)} - x_2P_{2(33)} \\ f_0P_{2(21)} - y_2P_{2(31)} & f_0P_{2(22)} - y_2P_{2(32)} & f_0P_{2(23)} - y_2P_{2(33)} \end{pmatrix}, \tag{10.20}
$$

$$
\boldsymbol{p} = \begin{pmatrix} f_0P_{0(14)} - x_0P_{0(34)} \\ f_0P_{0(24)} - y_0P_{0(34)} \\ f_0P_{1(14)} - x_1P_{1(34)} \\ f_0P_{1(24)} - y_1P_{1(34)} \\ f_0P_{2(14)} - x_2P_{2(34)} \\ f_0P_{2(24)} - y_2P_{2(34)} \end{pmatrix} \tag{10.21}
$$

2. 次の連立1次方程式を解いて X, Y, Z を求める．

$$
\boldsymbol{T}^\top\boldsymbol{T}\begin{pmatrix} X \\ Y \\ Z \end{pmatrix} = -\boldsymbol{T}^\top\boldsymbol{p} \tag{10.22}
$$

解説　式 (10.20) の行列のランクは3である．これは，未知数が X, Y, Z の3個しかないためである．したがって，式 (10.20) の $\boldsymbol{T}$ の任意の3行と式 (10.21) の $\boldsymbol{p}$ の対応する要素を抜き出して，連立1次方程式

$$
\boldsymbol{T}\begin{pmatrix} X \\ Y \\ Z \end{pmatrix} = -\boldsymbol{p} \tag{10.23}
$$

を解けば解が一意的に定まる．3行を選ぶ代わりに，全部の行に最小2乗法を適用したのが式 (10.22) である（$\hookrightarrow$ 演習問題4.2）．この形にすると，たとえ3点の視線が厳密に1点で交わらなくても X, Y, Z の近似値が得られるという利点がある．

3個の対応点の視線が1点で交わる条件は，式 (10.23) が唯一の解をもつことである．線形代数でよく知られているように，これは，$\boldsymbol{T}$ と $\boldsymbol{p}$ を並べて得られる

6×4 行列 $\begin{pmatrix} \boldsymbol{T} & \boldsymbol{p} \end{pmatrix}$ の任意の 4×4 小行列式がすべて 0 になることである．それを具体的に書き下して余因子展開すると，式 (10.3) の三重焦点テンソル T_i^{jk} の定義より，式 (10.2) の三重線形拘束条件が得られる（$\hookrightarrow$ 演習問題 10.3）．これは，2 画像の場合に式 (4.3) の行列 $\boldsymbol{T}$ とベクトル $\boldsymbol{p}$ に対して，式 (4.6) の連立 1 次方程式に解が存在するための条件からエピ極線方程式と基礎行列の表現が得られるのとまったく同じ原理である（$\hookrightarrow$ 演習問題 4.3）．

10.3 多画像からの三角測量

一般の M 枚の画像上の対応点 $\boldsymbol{x}_\kappa$ $(\kappa = 0, \ldots, M-1)$ が得られている場合を考える．ただし，各カメラのカメラ行列 $\boldsymbol{P}_\kappa$ は既知とする．この場合も，各点の視線が 1 点で交わるという条件のもとに再投影誤差

$$E = \sum_{\kappa=0}^{M-1} \|\boldsymbol{x}_\kappa - \bar{\boldsymbol{x}}_\kappa\|^2 \tag{10.24}$$

が最小になる補正位置 $\bar{\boldsymbol{x}}_\kappa$ を計算する（図 10.2）．視線が 1 点で交わる条件としては，連続する 3 画像の三重線形拘束条件

$$\sum_{i,j,k,l,m=1}^{3} \varepsilon_{ljp}\varepsilon_{mkq} T_{(\kappa)i}^{lm} x_{\kappa(i)} x_{\kappa+1(j)} x_{\kappa+2(k)} = 0, \qquad \kappa = 0, \ldots, M-3 \tag{10.25}$$

を用いる．ただし，$T_{(\kappa)i}^{jk}$ は第 κ, $\kappa+1$, $\kappa+2$ 画像間の三重焦点テンソルであり，$x_{\kappa(i)}$ は $\boldsymbol{x}_\kappa$ の第 i 成分である．3 画像の場合の手順 10.1 を M 画像に拡張すると，次のようになる．

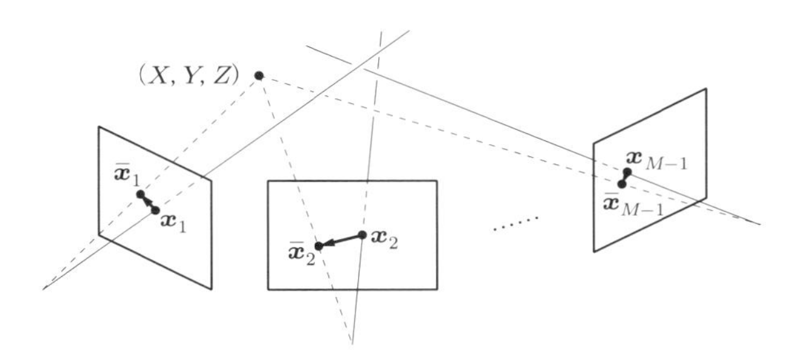

図 10.2 観測した対応点を，その視線がシーン中の 1 点で交わるように，再投影誤差（再投影点の観測位置からの距離の 2 乗和）が最小になる位置に補正する．

手順 10.3　M 画像の対応点の最適補正

1. $E_0 = \infty$（十分大きい数），$\hat{\boldsymbol{x}}_\kappa = \boldsymbol{x}_\kappa$，$\tilde{\boldsymbol{x}}_\kappa = \boldsymbol{0}$ とおく ($\kappa = 0, \dots, M-1$).
2. 次の $P_{\kappa(pqs)}$，$Q_{\kappa(pqs)}$，$R_{\kappa(pqs)}$ を計算する ($\kappa = 0, \dots, M-1$, p, q, $s = 1$, 2, 3).

$$
\begin{aligned}
P_{\kappa(pqs)} &= \sum_{i,j,k,l,m=1}^{3} \varepsilon_{ljp}\varepsilon_{mkq} T_{(\kappa)i}^{lm} P_{\boldsymbol{k}(si)} \hat{x}_{\kappa+1(j)} \hat{x}_{\kappa+2(k)}, \\
Q_{\kappa(pqs)} &= \sum_{i,j,k,l,m=1}^{3} \varepsilon_{ljp}\varepsilon_{mkq} T_{(\kappa-1)i}^{lm} \hat{x}_{\kappa-1(i)} P_{\boldsymbol{k}(sj)} \hat{x}_{\kappa+1(k)}, \\
R_{\kappa(pqs)} &= \sum_{i,j,k,l,m=1}^{3} \varepsilon_{ljp}\varepsilon_{mkq} T_{(\kappa-2)i}^{lm} \hat{x}_{\kappa-2(i)} \hat{x}_{\kappa-1(j)} P_{\boldsymbol{k}(sk)}
\end{aligned}
\tag{10.26}
$$

3. 次の $A_{\kappa(pqrs)}$，$B_{\kappa(pqrs)}$，$C_{\kappa(pqrs)}$，$D_{\kappa(pqrs)}$，$E_{\kappa(pqrs)}$，$F_{\kappa(pqrs)}$ を計算する．

$$
\begin{aligned}
A_{\kappa(pqrs)} &= \sum_{i,j,k,l,m=1}^{3} \varepsilon_{ljp}\varepsilon_{mkq} T_{(\kappa)i}^{lm} R_{\kappa(rsi)} \hat{x}_{\kappa+1(j)} \hat{x}_{\kappa+2(k)}, \\
B_{\kappa(pqrs)} &= \sum_{i,j,k,l,m=1}^{3} \varepsilon_{ljp}\varepsilon_{mkq} T_{(\kappa)i}^{lm} \big(Q_{\kappa(rsi)} \hat{x}_{\kappa+1(j)} \hat{x}_{\kappa+2(k)} \\
&\qquad + \hat{x}_{\kappa(i)} R_{\kappa+1(rsj)} \hat{x}_{\kappa+2(k)} \big), \\
C_{\kappa(pqrs)} &= \sum_{i,j,k,l,m=1}^{3} \varepsilon_{ljp}\varepsilon_{mkq} T_{\kappa(i)}^{lm} \big(P_{\kappa(rsi)} \hat{x}_{\kappa+1(j)} \hat{x}_{\kappa+2(k)} \\
&\qquad + \hat{x}_{\kappa(i)} Q_{\kappa+1(rsj)} \hat{x}_{\kappa+2(k)} + \hat{x}_{\kappa(i)} \hat{x}_{\kappa+1(j)} R_{\kappa+2(rsk)} \big), \\
D_{\kappa(pqrs)} &= \sum_{i,j,k,l,m=1}^{3} \varepsilon_{ljp}\varepsilon_{mkq} T_{(\kappa)i}^{lm} \big(\hat{x}_{\kappa(i)} \hat{P}_{\kappa+1(rsj)} \hat{x}_{\kappa+2(k)} \\
&\qquad + \hat{x}_{\kappa(i)} \hat{x}_{\kappa+1(j)} Q_{\kappa+2(rsk)} \big), \\
E_{\kappa(pqrs)} &= \sum_{i,j,k,l,m=1}^{3} \varepsilon_{ljp}\varepsilon_{mkq} T_{(\kappa)i}^{lm} \hat{x}_{\kappa(i)} \hat{x}_{\kappa+1(j)} P_{\kappa+2(rsk)}, \\
F_{\kappa(pq)} &= \sum_{i,j,k,l,m=1}^{3} \varepsilon_{ljp}\varepsilon_{mkq} T_{(\kappa)i}^{lm} \big(\hat{x}_{\kappa(i)} \hat{x}_{\kappa+1(j)} \hat{x}_{\kappa+2(k)} + \tilde{x}_{\kappa(i)} \hat{x}_{\kappa+1(j)} \hat{x}_{\kappa+2(k)} \\
&\qquad + \hat{x}_{\kappa(i)} \tilde{x}_{\kappa+1(j)} \hat{x}_{\kappa+2(k)} + \hat{x}_{\kappa(i)} \hat{x}_{\kappa+1(j)} \tilde{x}_{\kappa+2(k)} \big)
\end{aligned}
\tag{10.27}
$$

4. 次の連立 1 次方程式をランク $2M-3$ の一般逆行列を用いて解き，$\lambda_{\kappa(pq)}$

を定める ($\kappa = 0, \dots, M-1$, p, $q = 1, 2, 3$).

$$\sum_{r,s=1}^{3} A_{\kappa(pqrs)}\lambda_{\kappa-2(rs)} + \sum_{r,s=1}^{3} B_{\kappa(pqrs)}\lambda_{\kappa-1(rs)} + \sum_{r,s=1}^{3} C_{\kappa(pqrs)}\lambda_{\kappa(rs)} + \sum_{r,s=1}^{3} D_{\kappa(pqrs)}\lambda_{\kappa+1(rs)} + \sum_{r,s=1}^{3} E_{\kappa(pqrs)}\lambda_{\kappa+2(rs)} = F_{\kappa(pq)} \quad (10.28)$$

5. $\tilde{\boldsymbol{x}}_\kappa$, $\hat{\boldsymbol{x}}_\kappa$ を次のように更新する ($\kappa = 0, \dots, M-1$).

$$\tilde{x}_{\kappa(i)} \leftarrow \sum_{p,q=1}^{3} P_{\kappa(pqi)}\lambda_{\kappa(pq)} + \sum_{p,q=1}^{3} Q_{\kappa(pqi)}\lambda_{\kappa-1(pq)} + \sum_{p,q=1}^{3} R_{\kappa(pqi)}\lambda_{\kappa-2(pq)}, \quad (10.29)$$

$$\hat{\boldsymbol{x}}_{(\kappa)} \leftarrow \boldsymbol{x}_\kappa - \tilde{\boldsymbol{x}}_\kappa \quad (10.30)$$

6. 次の再投影誤差 E を計算する.

$$E = \sum_{\kappa=0}^{M-1} \|\tilde{\boldsymbol{x}}_\kappa\|^2 \quad (10.31)$$

7. $E \approx E_0$ なら E と $\hat{\boldsymbol{x}}_\kappa$ を返して終了する ($\kappa = 0, \dots, M-1$). そうでなければ, $E_0 \leftarrow E$ としてステップ 2 に戻る.

解説 原理は手順 10.1 と同じであり, 補正すべき位置 $\bar{\boldsymbol{x}}_\kappa$ を

$$\bar{\boldsymbol{x}}_\kappa = \boldsymbol{x}_\kappa - \Delta\boldsymbol{x}_\kappa, \qquad \kappa = 0, \dots, M-1 \quad (10.32)$$

とおいて, 式 (10.25) に代入する. これを補正量 $\Delta\boldsymbol{x}_\kappa$ に関してテイラー展開し, 高次の項を無視する. そして, 式 (10.24) の再投影誤差 E が最小になる $\bar{\boldsymbol{x}}_\kappa$ の位置 $\hat{\boldsymbol{x}}_\kappa$ を計算する. 次に, その位置と $\bar{\boldsymbol{x}}_\kappa$ との食い違いを $\Delta\hat{\boldsymbol{x}}_\kappa$ として, 式 (10.25) を $\Delta\hat{\boldsymbol{x}}_\kappa$ に関してテイラー展開し, 高次の項を無視する. そして, 式 (10.24) が最小になる位置を計算する. 以下同様にして, 補正が行われなくなり, 再投影誤差 E が変化しなくなるまでこれを反復する (↪ 演習問題 10.4).

式 (10.26) では, たとえば $\kappa = 0$ に対して式中の $T^{lm}_{(\kappa-1)i}$ や $T^{lm}_{(\kappa-2)i}$ が計算できない. このような定義できない量は, 最終的な計算には現れない. したがって, 式 (10.26), (10.27) では, 定義されない量は計算しないか, あるいは任意の値を割り当てておけばよい.

手順 10.3 のステップ 4 で「ランク $2M-3$ の一般逆行列を用いて解き」と

書いたのは，正確には次の意味である．式 (10.28) の連立 1 次方程式の未知数 $\lambda_{\kappa(pq)}$ は，式 (10.24) の E を最小化するときのラグランジュ乗数である．添字の組 $(p,q) = (1,1),(1,2),\ldots,(3,3)$ に通し番号 $\alpha = 1,\ldots,9$ を付け，添字の組 $(r,s) = (1,1),(1,2),\ldots,(3,3)$ にも通し番号 $\beta = 1,\ldots,9$ を付け，$A_{\kappa(pqrs)}$ を 9×9 行列 $\boldsymbol{A}_\kappa = (A_{\kappa(\alpha\beta)})$ $(\alpha,\ \beta = 1,\ldots,9)$ とみなす．同様に，$B_{\kappa(pqrs)}$, $C_{\kappa(pqrs)}$, $D_{\kappa(pqrs)}$, $E_{\kappa(pqrs)}$ も 9×9 行列 $\boldsymbol{B}_\kappa$, $\boldsymbol{C}_\kappa$, $\boldsymbol{D}_\kappa$, $\boldsymbol{E}_\kappa$ とみなす．さらに，(p,q) にも通し番号を付け，$F_{\kappa(pq)}$, $\lambda_{\kappa(pq)}$ をそれぞれ 9 次元ベクトル $\boldsymbol{f}_\kappa$, $\boldsymbol{\lambda}_\kappa$ とみなす．すると，式 (10.28) は次のように書ける．

$$\boldsymbol{A}_\kappa \boldsymbol{\lambda}_{\kappa-2} + \boldsymbol{B}_\kappa \boldsymbol{\lambda}_{\kappa-1} + \boldsymbol{C}_\kappa \boldsymbol{\lambda}_\kappa + \boldsymbol{D}_\kappa \boldsymbol{\lambda}_{\kappa+1} + \boldsymbol{E}_\kappa \boldsymbol{\lambda}_{\kappa+2} = \boldsymbol{f}_\kappa, \quad \kappa = 0,\ldots,M-3 \tag{10.33}$$

これは，$\boldsymbol{\lambda}_0,\ldots,\boldsymbol{\lambda}_{M-1}$ の合計 $9(M-2)$ 個の成分を未知数とする $9(M-2)$ 個の連立 1 次方程式である．しかし，その係数行列のランクは $2M$ しかない．その理由は 3 画像のときと同じであり，定めたい補正成分が $\Delta x_0, \Delta y_0, \ldots, \Delta x_{M-1}$, Δy_{M-1} の $2M$ 個しかないためである．方程式が $9(M-2)$ 個あるのは，$\Delta \boldsymbol{x}_\kappa$ の第 3 成分が 0 であるにもかかわらず，$\Delta \boldsymbol{x}_0, \ldots, \Delta \boldsymbol{x}_M$ の成分をすべて未知数として扱っているからである．したがって，式 (10.33) の $9(M-2)$ 個の式のうち，$2M$ 個を抜き出して計算すればよい．

しかし，3 画像の場合と同じ理由により，すべての $\boldsymbol{x}_\kappa$ が厳密に式 (10.25) を満たすとき，係数行列のランクが $2M-3$ に低下する．なぜなら，式 (10.25) を満たす $\boldsymbol{x}_\kappa$ の集合は視線が交わる $\boldsymbol{x}_\kappa$ の全体であり，これは視線の交点と 1 対 1 対応するからである．視線の交点はシーンのどこにあってもよいから，全体は 3 次元空間である．式 (10.25) は，$\kappa = 0,\ldots,M-1$, p, $q = 1, 2, 3$ に対する $9(M-2)$ 個の方程式からなる．各々の方程式は $x_0, y_0, \ldots, x_{M-1}, y_{M-1}$ のつくる $2M$ 次元空間に 3 次多項式超曲面を定義するから，その $2M-3$ 個の交わりが 3 次元空間となる（1 枚の超曲面は $2M-1$ 次元，2 枚の交わりが $2M-2$ 次元，3 枚の交わりが $2M-3$ 次元，…）．したがって，残りの $7M-15$ 枚の超曲面は，すべてその 3 次元空間と交わる．ゆえに，原理的には式 (10.33) の $9(M-2)$ 個の式のうち，$2M-3$ 個を抜き出して計算すればよい．しかし，観測した値や計算途中では，式 (10.25) は厳密には満たされないから，式 (10.33) のうち $2M$ 個が独立である．それが，収束する極限では $2M-3$ 個しか独立でなくなるので，収束するに従って数値計算が不安定になる．これに対処するには，3 画像の場合と同様に，式 (10.33) の $9(M-2)$ 個の式から最も独立性の高い $2M-3$ 個を選んで解く，すなわち，次のようにランクを $2M-3$ に制約した一般逆行列を用いればよい．

$$\begin{pmatrix} \boldsymbol{\lambda}_0 \\ \boldsymbol{\lambda}_1 \\ \boldsymbol{\lambda}_2 \\ \boldsymbol{\lambda}_3 \\ \vdots \\ \boldsymbol{\lambda}_{M-6} \\ \boldsymbol{\lambda}_{M-5} \\ \boldsymbol{\lambda}_{M-4} \\ \boldsymbol{\lambda}_{M-3} \end{pmatrix} = \begin{pmatrix} \boldsymbol{C}_0 & \boldsymbol{D}_0 & \boldsymbol{E}_0 & & & & & & \\ \boldsymbol{B}_1 & \boldsymbol{C}_1 & \boldsymbol{D}_1 & \boldsymbol{E}_1 & & & & & \\ \boldsymbol{A}_2 & \boldsymbol{B}_2 & \boldsymbol{C}_2 & \boldsymbol{D}_2 & \boldsymbol{E}_2 & & & & \\ & \boldsymbol{A}_3 & \boldsymbol{B}_3 & \boldsymbol{C}_3 & \boldsymbol{D}_3 & & & & \\ & & \ddots & \ddots & \ddots\ddots & \ddots & & & \\ & & & \boldsymbol{A}_{M-6} & \boldsymbol{B}_{M-6} & \boldsymbol{C}_{M-6} & \boldsymbol{D}_{M-6} & \boldsymbol{E}_{M-6} & \\ & & & & \boldsymbol{A}_{M-5} & \boldsymbol{B}_{M-5} & \boldsymbol{C}_{M-5} & \boldsymbol{D}_{M-5} & \boldsymbol{E}_{M-5} \\ & & & & & \boldsymbol{A}_{M-4} & \boldsymbol{B}_{M-4} & \boldsymbol{C}_{M-4} & \boldsymbol{D}_{M-4} \\ & & & & & & \boldsymbol{A}_{M-3} & \boldsymbol{B}_{M-3} & \boldsymbol{C}_{M-3} \end{pmatrix}^{-}_{2M-3} \begin{pmatrix} \boldsymbol{f}_0 \\ \boldsymbol{f}_1 \\ \boldsymbol{f}_2 \\ \boldsymbol{f}_3 \\ \vdots \\ \boldsymbol{f}_{M-6} \\ \boldsymbol{f}_{M-5} \\ \boldsymbol{f}_{M-4} \\ \boldsymbol{f}_{M-3} \end{pmatrix} \tag{10.34}$$

この $(\cdot)^{-}_{2M-3}$ は，式 (10.14), (10.15) のように定義した（ただし，この場合は $2M-3$ 個の特異値を残す）ランク $2M-3$ の一般逆行列である．計算過程で現れる $\sum_{i,j,k,l,m=1}^{3} \varepsilon_{ljp}\varepsilon_{mkq}T_{(\kappa)i}^{lm}(\cdots)$ の形の計算も，式 (10.19) のように計算することによって効率化できる．

このようにして視線が 1 点で交わるように補正すれば，対応点 (x_κ, y_κ) $(\kappa = 0, \dots, M-1)$ の 3 次元位置 (X, Y, Z) は，カメラ行列 $\boldsymbol{P}_\kappa = (P_{\kappa(ij)})$ $(\kappa = 0, \dots, M-1)$ を用いて手順 10.2 のようにして計算できる．ただし，式 (10.20), (10.22) を次の $2M \times 3$ 行列 $\boldsymbol{T}$ と $2M$ 次元ベクトル $\boldsymbol{p}$ に置き換える．

$$\boldsymbol{T} = \begin{pmatrix} f_0P_{0(11)} - x_0P_{0(31)} & f_0P_{0(12)} - x_0P_{0(32)} & f_0P_{0(13)} - x_0P_{0(33)} \\ f_0P_{0(21)} - y_0P_{0(31)} & f_0P_{0(22)} - y_0P_{0(32)} & f_0P_{0(23)} - y_0P_{0(33)} \\ \vdots & \vdots & \vdots \\ f_0P_{M-1(21)} - x_{M-1}P_{M-1(31)} & f_0P_{M-1(22)} - x_{M-1}P_{M-1(32)} & f_0P_{M-1(23)} - x_{M-1}P_{M-1(33)} \\ f_0P_{M-1(21)} - y_{M-1}P_{M-1(31)} & f_0P_{M-1(22)} - y_{M-1}P_{M-1(32)} & f_0P_{M-1(23)} - y_{M-1}P_{M-1(33)} \end{pmatrix} \tag{10.35}$$

$$\boldsymbol{p} = \begin{pmatrix} f_0P_{0(14)} - x_0P_{0(34)} \\ f_0P_{0(24)} - y_0P_{0(34)} \\ \vdots \\ f_0P_{M-1(14)} - x_{M-1}P_{M-1(34)} \\ f_0P_{M-1(24)} - y_{M-1}P_{M-1(34)} \end{pmatrix} \tag{10.36}$$

そして，式 (10.22) を解いて X, Y, Z が定まる．

10.4 実験例

図 10.3(a) は，イギリスのオックスフォード大学が提供している実測データ[1]の 1 フレームである．これは恐竜の模型を回転台に載せて，36 方向から撮影した実画像データベースである．抽出した特徴点は合計 4983 個あり，それぞれ $M = 2 \sim 21$ フレームにわたって対応付けられている．そして，各フレームのカメラ行列 $\boldsymbol{P}_\kappa$ が推定されている．

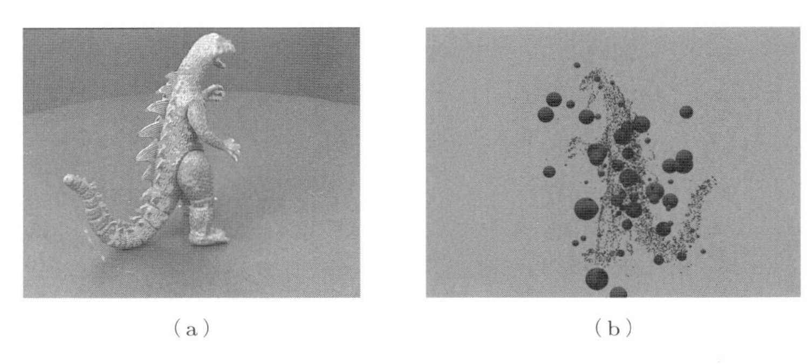

図 10.3　(a)36 枚の入力画像の一つ．(b) 復元した 3 次元位置をある方向から見たもの．各点の大きさは，その不確定性を表す．

図 10.3(b) は，復元した各点の 3 次元位置をある方向から見たものである．ただし，各点の大きさ（直径）は，最終的な式 (10.31) の再投影誤差 E から推定した各対応点あたりの画像上の誤差 $\sqrt{E/M}$ に比例する大きさで描画している．これは各点の不確定性を表しており，点ごとに信頼性にばらつきかある．ただし，描画できないほど小さい点が多くあり，それらは識別できる大きさに描いている．不確定性が非常に大きいものは，画像間の対応付けを誤った結果であると考えられる．

10.5 さらに勉強したい人へ

2 画像および多画像からの三角測量はこれまで多くの研究がなされたが，ほとんどすべては理論的な関心からである．それは，これが大域的最適化の非常によ

1) http://www.robots.ox.ac.uk/~vgg/data.html

い例題となるからである．従来の標準的な定式化は次のとおりである．計算したい 3 次元位置を (X, Y, Z) とすると，各カメラ行列 $\boldsymbol{P}_\kappa$ が既知であるから，それを第 κ 画像に投影した位置 $\bar{\boldsymbol{x}}_\kappa$ が (X, Y, Z) の関数として計算できる．したがって，再投影誤差 E を，それと実際に観察した位置 $\boldsymbol{x}_\kappa$ との食い違いの 2 乗和として式 (10.24) のように定義すると，これも (X, Y, Z) の関数となる．ゆえに，問題は関数 $E(X, Y, Z)$ の最小値を計算することである．しかし，この関数は非常に多くの極小値（局所解）をもつことがわかるので，レーベンバーグ－マーカート法のような勾配による探索では，最小値（大域解）に到達できるとは限らない．どうすれば大域解が求まるか，これが従来の三角測量の研究の主眼であった．第 4 章で触れた，2 画像の三角測量を 6 次方程式に帰着させる Hartley らの方法 [15] や，第 7 章で触れた，平面三角測量を 8 次方程式に帰着させる Chum らの方法 [6] もその観点からの研究である．

大域的最小化の方法として試みられているアプローチには次のようなものがある（Hartley ら [12] が解説論文を書いている）．

・**代数的解法**

E を X, Y, Z で微分して 0 とおいた代数方程式を解く．これはグレブナー基底を用いると多項式に帰着し，3, 4, 5, 6, 7 画像の場合はそれぞれ 47 次，148 次，336 次，638 次，1081 次式となる．グレブナー基底の数値的な計算は非常に不安定なので，これを安定化する手法もいろいろ検討されている [3]．

・**分枝限定法** (branch-and-bound)

局所的に E の下限を与える関数を導入し，探索範囲を区分して，その下限がすでに調べた値を上回るような領域を除外し，そうでない領域を再帰的に細分する [23, 71]．これは，下限の解析が非常に複雑で，多くの計算時間を要する．

・**行列不等式解法**

変数変換によって行列不等式（不等式 $\boldsymbol{A} \succ \boldsymbol{B}$ は，$\boldsymbol{A} - \boldsymbol{B}$ が半正値対称行列であることを意味する）を拘束条件とする多項式の最小化問題に変換する [24]．これは，「凸半正値計画」(SDP: semi-definite problem) とよばれる問題となり，Matlab 上で動く解法ソフト GloptiPoly が公開されている．得られる解は近似値であるが，変数変換の次数を上げるにつれて精度が向上し（ただし，それにつれて変数の数と行列のサイズが増える），極限において真値に収束する．しかし，その手続きは非常に複雑である．

・L_∞ 最適化

再投影位置と観測位置の距離の2乗和（「L_2 ノルム」）の最小化は，誤差が正規分布に従うときの最尤推定の意味があって合理的であるが，解法が困難である．そこで，解きやすいように目的関数を変えてしまう．これを距離の最大値（「L_∞ ノルム」）に変えると，目的関数が「疑凸関数」(quasi-convex function)となり，局所解が存在しない．大域的最小値を求めるには，しきい値を0から順に（あるいは2分探索法で）増加させ，目的関数がそのしきい値以上の値をとる解があるかどうかを調べる [13, 22, 66]．これは，「2次円錐計画」(SOCP: second order conic program) とよばれる問題となり，Matlab 上で動く解法ソフト SeDuMi が公開されている．

これらはどれも非常に複雑な手続きと多くの計算時間を要し，理論研究として非常に興味深いが，とても実用的とはいえない．そこで，最近は最適解を探索するのではなく，勾配による方法（たとえばレーベンバーグ‐マーカート法など）で求めた解が局所解か大域解かを判定する方法も検討されている [14].

しかし，このような研究はすべて理論的関心からであり，実際問題では用いる必要はない．というのは，「関数 $E(X, Y, Z)$ に多くの極小値があって勾配による探索が局所解に陥る」のは，3次元 XYZ 空間中の「任意の初期値」から出発する場合であり，解の近似値がわかっている場合は，そこから出発すれば数回の反復で正しい解に収束するからである．実際，最小2乗法で計算した初期値から探索を始めると局所解に収束するという例は，これまでに知られていない．一方，本章の方法は第4, 7章と同様に，視線がシーン中の1点で交わるための補正を**対応点の観測位置**から出発して反復しているので，補正はその近傍に収束する．本章の方法は，金谷ら [63] が発表している．そこに示されているように，数回の反復で最適解が得られ，計算時間はこれまで知られているどの大域的最適化の方法に対しても比較にならないほど少ない．

たとえば，本章の実験例では，三重焦点テンソルの計算および3次元位置の復元を含む全体の実行時間は2.22秒（1点あたり0.000446秒）であった（C++ 言語，CPU は Intel Core2Duo E6850, 3.0 GHz，主メモリ 4 GB，OS は Windows Vista）．これを Matlab で実装された Kahl ら [23] のプログラム[1]で実行すると，5030秒（1点あたり1.01秒）であった（CPU は Intel Core2Duo E6400 2.13 GHz,

---

1) http://www.cs.washington.edu/homes/sagarwal/code.html

主メモリ 2 GB, OS は WindowsXP). この実行時間のほとんど (98%) は, SeDuMi という部分的に C で書かれた Matlab 最適化ツールに費やされている. しかも, 得られる解は理論的には等価であるはずであるのに, 本章の方法のほうがより小さい再投影誤差となる. これは, 最適化ツール SeDuMi の反復打ち切りの設定に起因すると推定される. 別の復元データを使った例で, Lu ら [71] の分枝限定法の C++ による実装では 1 点あたり約 0.02 秒で, Kahl らのアルゴリズムの純粋な Matlab の実装では 1 点あたり約 6 秒ということである. このように, 大域的最適化法は理論的には興味深いが実用的ではなく, 実際の問題では本章の方法が適している.

演習問題

10.1 式 (10.2) の三重線形拘束条件は $p, q = 1, 2, 3$ の 9 個の式からなるが, そのうちの 4 個のみが線形独立で, 残りはそれらの線形結合で表せることを示せ.

10.2 3 画像の対応点の最適補正が手順 10.1 で計算できることを示せ.

10.3 式 (10.23) が唯一の解をもつことから, 式 (10.2) の三重線形拘束条件と式 (10.3) の三重焦点テンソル T_i^{jk} が得られることを示せ.

10.4 M 画像の対応点の最適補正が手順 10.3 で計算できることを示せ.

第11章 バンドル調整

前章では，同一シーンを撮影した複数の画像からシーンの 3 次元形状を計算するのに各画像のカメラ行列を既知としたが，本章ではカメラ行列を未知とし，画像上の対応点のみからシーンの 3 次元形状と各画像を撮影したすべてのカメラの位置，向き，内部パラメータを同時に計算する方法を述べる．これは，初期値を与えて，計算した 3 次元形状と観測した各画像とが透視投影の関係をよりよく満たすように，すべての未知数を反復更新するものであり，「バンドル調整」とよばれる．数学的には単純な関数の最小化であるが，未知数の数が膨大なので，変数の格納法や無駄な計算を除く工夫が必要になる．本章では，そのための代表的なプログラミングの技法を紹介する．

11.1 バンドル調整の原理

バンドル調整 (bundle adjustment) とは，3 次元シーンを複数のカメラで撮影した画像から，シーンの 3 次元形状と各カメラの撮影位置や内部パラメータをすべて同時に，カメラの透視投影モデルに合致するように定めることである．一つの世界座標系を固定し，第 κ カメラ ($\kappa = 1, \dots, M$) の視点位置を $\boldsymbol{t}_\kappa$ とする．そして，各カメラの座標系が世界座標系に対して $\boldsymbol{R}_\kappa$ だけ回転しているとし，その焦点距離を f_κ，光軸点を $(u_{0\kappa}, v_{0\kappa})$ とする．

第 α 番目の点 $(X_\alpha, Y_\alpha, Z_\alpha)$ ($\alpha = 1, \dots, N$) の第 κ 画像上の投影位置を $(x_{\alpha\kappa}, y_{\alpha\kappa})$ とする（図 **11.1**）．透視投影の関係は，式 (4.2) より次のように書ける．

$$
\begin{pmatrix} x_{\alpha\kappa}/f_0 \\ y_{\alpha\kappa}/f_0 \\ 1 \end{pmatrix} \simeq \boldsymbol{P}_\kappa \begin{pmatrix} X_\alpha \\ Y_\alpha \\ Z_\alpha \\ 1 \end{pmatrix} \tag{11.1}
$$

第 κ カメラのカメラ行列 $\boldsymbol{P}_\kappa$ は，式 (5.7) からわかるように次の形をしている．

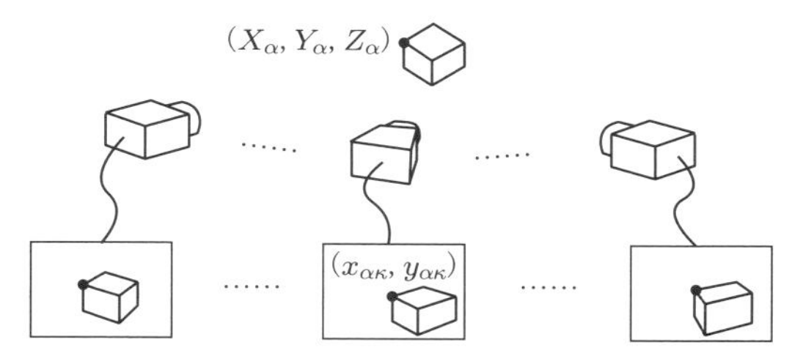

図 11.1 N 個の点を M 台のカメラで撮影する．第 α 点 $(X_\alpha, Y_\alpha, Z_\alpha)$ が第 κ カメラの画像上の点 $(x_{\alpha\kappa}, y_{\alpha\kappa})$ に投影されるとする．

$$\boldsymbol{P}_\kappa = \begin{pmatrix} f_\kappa & 0 & u_{0\kappa} \\ 0 & f_\kappa & v_{0\kappa} \\ 0 & 0 & f_0 \end{pmatrix} \begin{pmatrix} \boldsymbol{R}_\kappa^\top & -\boldsymbol{R}_\kappa^\top \boldsymbol{t}_\kappa \end{pmatrix} \tag{11.2}$$

式 (5.7) では光軸点が画像座標の原点にあると仮定していたが，ここでは画像座標の原点から $(u_{0\kappa}, v_{0\kappa})$ だけずれているとしている（↪ 演習問題 11.1）．式 (11.2) は次のようにも書ける．

$$\boldsymbol{P}_\kappa = \boldsymbol{K}_\kappa \boldsymbol{R}_\kappa^\top \begin{pmatrix} \boldsymbol{I} & -\boldsymbol{t}_\kappa \end{pmatrix}, \qquad \boldsymbol{K}_\kappa \equiv \begin{pmatrix} f_\kappa & 0 & u_{0\kappa} \\ 0 & f_\kappa & v_{0\kappa} \\ 0 & 0 & f_0 \end{pmatrix} \tag{11.3}$$

$\boldsymbol{K}_\kappa$ を第 κ カメラの**内部パラメータ行列** (intrinsic parameter matrix) とよぶ．

式 (11.1) を $x_{\alpha\kappa}$, $y_{\alpha\kappa}$ について解くと，式 (4.1) に示すように次のように書ける．

$$x_{\alpha\kappa} = f_0 \frac{P_{\kappa(11)}X_\alpha + P_{\kappa(12)}Y_\alpha + P_{\kappa(13)}Z_\alpha + P_{\kappa(14)}}{P_{\kappa(31)}X_\alpha + P_{\kappa(32)}Y_\alpha + P_{\kappa(33)}Z_\alpha + P_{\kappa(34)}},$$
$$y_{\alpha\kappa} = f_0 \frac{P_{\kappa(21)}X_\alpha + P_{\kappa(22)}Y_\alpha + P_{\kappa(23)}Z_\alpha + P_{\kappa(24)}}{P_{\kappa(31)}X_\alpha + P_{\kappa(32)}Y_\alpha + P_{\kappa(33)}Z_\alpha + P_{\kappa(34)}} \tag{11.4}$$

ただし，$\boldsymbol{P}_\kappa$ の (i, j) 要素を $P_{\kappa(ij)}$ と書いている．バンドル調整の原理は，この関係がなるべくよく成立するように，

$$E = \sum_{\alpha=1}^{N}\sum_{\kappa=1}^{M} I_{\alpha\kappa}\Biggl(\biggl(\frac{x_{\alpha\kappa}}{f_0} - \frac{P_{\kappa(11)}X_\alpha + P_{\kappa(12)}Y_\alpha + P_{\kappa(13)}Z_\alpha + P_{\kappa(14)}}{P_{\kappa(31)}X_\alpha + P_{\kappa(32)}Y_\alpha + P_{\kappa(33)}Z_\alpha + P_{\kappa(34)}}\biggr)^2 + \biggl(\frac{y_{\alpha\kappa}}{f_0} - \frac{P_{\kappa(21)}X_\alpha + P_{\kappa(22)}Y_\alpha + P_{\kappa(23)}Z_\alpha + P_{\kappa(24)}}{P_{\kappa(31)}X_\alpha + P_{\kappa(32)}Y_\alpha + P_{\kappa(33)}Z_\alpha + P_{\kappa(34)}}\biggr)^2\Biggr) \tag{11.5}$$

を最小にする 3 次元位置 $(X_\alpha, Y_\alpha, Z_\alpha)$ とカメラ行列 $\boldsymbol{P}_\kappa$ のすべてを，観測した $(x_{\alpha\kappa}, y_{\alpha\kappa})$ $(\alpha = 1, \ldots, N,\ \kappa = 1, \ldots, M)$ から定めることである．ただし，$I_{\alpha\kappa}$ は**可視性指標** (visibility index) であり，第 α 点が第 κ 画像に写っているときは 1，そうでないとき 0 である．式 (11.5) は，3 次元位置とカメラ行列を与えたときに，透視投影から定まる撮影位置と実際に観測された位置の食い違い（f_0 を単位とする長さで測っている）の 2 乗和であり，**再投影誤差** (reprojection error) とよばれる．

11.2　バンドル調整のアルゴリズム

式 (11.5) の再投影誤差 E を最小化するために反復を行う．すなわち，すべての未知数に初期値を与えて，毎回の反復で E が減少するように更新する．未知数は，各点の 3 次元位置 $\boldsymbol{X}_\alpha = (X_\alpha, Y_\alpha, Z_\alpha)^\top$ $(\alpha = 1, \ldots, N)$，および各カメラの焦点距離 f_κ，光軸点位置 $(u_{0\kappa}, v_{0\kappa})$，並進 $\boldsymbol{t}_\kappa$，回転 $\boldsymbol{R}_\kappa$ $(\kappa = 1, \ldots, M)$ である．問題は，回転 $\boldsymbol{R}_\kappa$ の更新である．これには，3.6 節の隠れ変数法で行ったように，カメラを各軸の周りに微小に $\Delta\omega_{\kappa 1}$，$\Delta\omega_{\kappa 2}$，$\Delta\omega_{\kappa 3}$（まとめてベクトルとして $\Delta\boldsymbol{\omega}_\kappa = (\Delta\omega_{\kappa 1}, \Delta\omega_{\kappa 2}, \Delta\omega_{\kappa 3})^\top$ と書く）だけ回転させて，E の変化を計算する．そして，それぞれに対する E の変化率を，3.6 節のように $\partial E/\partial\omega_{\kappa 1}$，$\partial E/\partial\omega_{\kappa 2}$，$\partial E/\partial\omega_{\kappa 3}$ と書く．

未知数の更新量は，$\Delta\boldsymbol{X}_\alpha$，$\Delta f_\kappa$，$(\Delta u_{0\kappa}, \Delta v_{0\kappa})$，$\Delta\boldsymbol{t}_\kappa$，$\Delta\boldsymbol{\omega}_\kappa$ $(\alpha = 1, \ldots, N,\ \kappa = 1, \ldots, M)$ の合計 $3N + 9M$ 個ある．しかし，これらをすべて定めることはできない．それは，カメラと 3 次元形状の位置が相対的であり，絶対的な位置が決められないからである．さらに，絶対的なスケールも定めることができない．これは第 5 章でも指摘したように，画像には奥行き情報がないので，観測した M 枚の画像が遠くのシーンに対してカメラを大きく移動しながら撮影したのか，近くのシーンに対してカメラを少し移動しながら撮影したのか，画像のみからは区別できないからである．そこで，次のように正規化する．

$$\boldsymbol{R}_1 = \boldsymbol{I}, \qquad \boldsymbol{t}_1 = \boldsymbol{0}, \qquad t_{22} = 1 \tag{11.6}$$

これは，第 5 章と同様に，第 1 カメラを基準とする世界座標系を用いることを意味する．そして，スケールは，第 2 カメラの第 1 カメラに対する Y 軸方向の移動を 1 とする．これは，第 5 章のように $\|\boldsymbol{t}_2\| = 1$ とすると，非線形な制約となって扱いにくいからである．第 2 カメラは Y 軸方向の移動成分をもつと仮定しているが，

X 軸方向，あるいは Z 軸方向に移動していることがわかっていれば，$t_{21}=1$ または $t_{23}=1$ としてもよい．式 (11.6) のように正規化すると，未知数は 7 個減って，$3N+9M-7$ 個となる．

便宜上，$3M+9N-7$ 個の未知数の補正量 $\Delta\boldsymbol{X}_\alpha$, Δf_κ, $(\Delta u_{0\kappa}, \Delta v_{0\kappa})$, $\Delta\boldsymbol{t}_\kappa$, $\Delta\boldsymbol{\omega}_\kappa$ に通し番号を付けて，$\Delta\xi_1, \Delta\xi_2, \ldots, \Delta\xi_{3N+9M-7}$ と書く．そして，最小化には 3.6 節の隠れ変数法と同様に，レーベンバーグ - マーカート法を用いる．全体の手順は次のようになる．

手順 11.1　バンドル調整

1. 初期値 $\boldsymbol{X}_\alpha$, f_κ, $(u_{0\kappa}, v_{0\kappa})$, $\boldsymbol{t}_\kappa$, $\boldsymbol{R}_\kappa$ を与え，それに対する再投影誤差 E を計算し，$c=0.0001$ とおく．
2. 1 階および 2 階微分 $\partial E/\partial\xi_k$, $\partial^2 E/\partial\xi_k\partial\xi_l$ $(k, l=1,\ldots,3N+9M-7)$ を計算する．
3. 次の連立 1 次方程式を解いて $\Delta\xi_k$ $(k=1,\ldots,3N+9M-7)$ を計算する．

$$\begin{pmatrix} (1+c)\partial^2 E/\partial\xi_1^2 & \partial^2 E/\partial\xi_1\partial\xi_2 & \partial^2 E/\partial\xi_1\partial\xi_3 & \cdots \\ \partial^2 E/\partial\xi_2\partial\xi_1 & (1+c)\partial^2 E/\partial\xi_2^2 & \partial^2 E/\partial\xi_2\partial\xi_3 & \cdots \\ \partial^2 E/\partial\xi_3\partial\xi_1 & \partial^2 E/\partial\xi_3\partial\xi_2 & (1+c)\partial^2 E/\partial\xi_3^2 & \cdots \\ \vdots & \vdots & \vdots & \ddots \end{pmatrix} \begin{pmatrix} \Delta\xi_1 \\ \Delta\xi_2 \\ \Delta\xi_3 \\ \vdots \end{pmatrix} = -\begin{pmatrix} \partial E/\partial\xi_1 \\ \partial E/\partial\xi_2 \\ \partial E/\partial\xi_3 \\ \vdots \end{pmatrix} \tag{11.7}$$

4. $\boldsymbol{X}_\alpha$, f_κ, $(u_{0\kappa}, v_{0\kappa})$, $\boldsymbol{t}_\kappa$, $\boldsymbol{R}_\kappa$ を次のように更新する．

$$\tilde{\boldsymbol{X}}_\alpha \leftarrow \boldsymbol{X}_\alpha + \Delta\boldsymbol{X}_\alpha, \qquad \tilde{f}_\kappa \leftarrow f_\kappa + \Delta f_\kappa,$$
$$(\tilde{u}_{0\kappa}, \tilde{v}_{0\kappa}) \leftarrow (u_{0\kappa} + \Delta u_{0\kappa}, v_{0\kappa} + \Delta v_{0\kappa}) \tag{11.8}$$

$$\tilde{\boldsymbol{t}}_\kappa \leftarrow \boldsymbol{t}_\kappa + \Delta\boldsymbol{t}_\kappa, \qquad \tilde{\boldsymbol{R}}_\kappa \leftarrow \boldsymbol{R}(\Delta\boldsymbol{\omega}_\kappa)\boldsymbol{R}_\kappa \tag{11.9}$$

ただし，$\boldsymbol{R}(\Delta\boldsymbol{\omega}_\kappa)$ は回転軸 $\Delta\boldsymbol{\omega}_\kappa$ 周りの回転角 $\|\Delta\boldsymbol{\omega}_\kappa\|$ の回転行列である（$\hookrightarrow$ 式 (3.48)）．

5. $\tilde{\boldsymbol{X}}_\alpha$, $\tilde{f}_\kappa$, $(\tilde{u}_{0\kappa}, \tilde{v}_{0\kappa})$, $\tilde{\boldsymbol{t}}_\kappa$, $\tilde{\boldsymbol{R}}_\kappa$ に対する再投影誤差 $\tilde{E}$ を計算し，$\tilde{E} > E$ なら $c \leftarrow 10c$ としてステップ 3 に戻る．

6. 未知数を

$$\boldsymbol{X}_\alpha \leftarrow \tilde{\boldsymbol{X}}_\alpha, \quad f_\kappa \leftarrow \tilde{f}, \quad (u_{0\kappa}, v_{0\kappa}) \leftarrow (\tilde{u}_{0\kappa}, \tilde{v}_{0\kappa}), \quad \boldsymbol{t}_\kappa \leftarrow \tilde{\boldsymbol{t}}_\kappa, \quad \boldsymbol{R}_\kappa \leftarrow \tilde{\boldsymbol{R}}_\kappa \tag{11.10}$$

と更新し，$|\tilde{E} - E| \leq \delta$ であれば終了する（δ は微小な定数）．そうでなければ，$E \leftarrow \tilde{E}$, $c \leftarrow c/10$ としてステップ 2 に戻る．

解説　ステップ 1 の初期値としては，式 (11.6) の正規化に従う解を仮定している．これを考慮しないで計算した初期値 $\boldsymbol{X}_\alpha$, $\boldsymbol{t}_\kappa$, $\boldsymbol{R}_\kappa$ を用いる場合は，世界座標系を回転して $\boldsymbol{R}_1$ が $\boldsymbol{I}$ になるようにし，平行移動して $\boldsymbol{t}_1$ が原点に来るようにし，$\boldsymbol{X}_\alpha$ と $\boldsymbol{t}_\kappa$ のスケールを $t_{22} = 1$ になるように調節する．具体的には，$\boldsymbol{X}_\alpha$, $\boldsymbol{t}_\kappa$, $\boldsymbol{R}_\kappa$ を次の $\boldsymbol{X}'_\alpha$, $\boldsymbol{t}'_\kappa$, $\boldsymbol{R}'_\kappa$ に変換する．

$$\boldsymbol{X}'_\alpha = \frac{1}{s}\boldsymbol{R}_1^\top \Big(\boldsymbol{X}_\alpha - \boldsymbol{t}_1\Big), \qquad \boldsymbol{R}'_\kappa = \boldsymbol{R}_1^\top \boldsymbol{R}_\kappa, \qquad \boldsymbol{t}'_\kappa = \frac{1}{s}\boldsymbol{R}_1^\top (\boldsymbol{t}_\kappa - \boldsymbol{t}_1) \tag{11.11}$$

ただし，$s = (\boldsymbol{j}, \boldsymbol{R}_1^\top (\boldsymbol{t}_2 - \boldsymbol{t}_1))$ であり，$\boldsymbol{j} = (0, 1, 0)^\top$ である．ステップ 2 の微分の計算については以下で述べる．

通常の反復計算ではすべての未知数が変化しなくなるまで続けるが，バンドル調整では未知数が数千，数万になることもあり，すべての未知数の有効数字を収束させるには膨大な反復時間が必要となる．しかし，バンドル調整の目的は再投影誤差を最小にする解を見つけることであり，再投影誤差が変化がしなくなれば停止するのが実際的である．上記の手順はそのようにしている．たとえば，1 点あたりの再投影誤差の変化量が ε（画素）以下になったとき終了するとすれば，ステップ 6 の微小定数 δ は $\delta = n\varepsilon^2/f_0^2$ となる．ただし，$n = \sum_{\alpha=1}^N \sum_{\kappa=1}^M I_{\alpha\kappa}$（見える画像上の点の個数）である．実際問題では，$\varepsilon = 0.01$ 画素程度まで減少させれば十分であろう．

11.3　微分の計算

手順 11.1 のレーベンバーグ - マーカート法を行うには，式 (11.5) の再投影誤差 E の各変数に関する 1 階および 2 階の導関数が必要となる．以下，その計算の原理と具体的な計算法を示す．

■ 11.3.1 ガウス - ニュートン近似

式を見やすくするために,

$$
\begin{aligned}
p_{\alpha\kappa} &= P_{\kappa(11)}X_\alpha + P_{\kappa(12)}Y_\alpha + P_{\kappa(13)}Z_\alpha + P_{\kappa(14)}, \\
q_{\alpha\kappa} &= P_{\kappa(21)}X_\alpha + P_{\kappa(22)}Y_\alpha + P_{\kappa(23)}Z_\alpha + P_{\kappa(24)}, \\
r_{\alpha\kappa} &= P_{\kappa(31)}X_\alpha + P_{\kappa(32)}Y_\alpha + P_{\kappa(33)}Z_\alpha + P_{\kappa(34)}
\end{aligned} \tag{11.12}
$$

とおいて, 式 (11.5) を次のように書き直す.

$$
E = \sum_{\alpha=1}^{N}\sum_{\kappa=1}^{M} I_{\alpha\kappa}\Big(\Big(\frac{p_{\alpha\kappa}}{r_{\alpha\kappa}} - \frac{x_{\alpha\kappa}}{f_0}\Big)^2 + \Big(\frac{q_{\alpha\kappa}}{r_{\alpha\kappa}} - \frac{y_{\alpha\kappa}}{f_0}\Big)^2\Big) \tag{11.13}
$$

この微分は次のように書ける.

$$
\begin{aligned}
\frac{\partial E}{\partial \xi_k} = 2\sum_{\alpha=1}^{N}\sum_{\kappa=1}^{M} \frac{I_{\alpha\kappa}}{r_{\alpha\kappa}^2}\Big(&\Big(\frac{p_{\alpha\kappa}}{r_{\alpha\kappa}} - \frac{x_{\alpha\kappa}}{f_0}\Big)\Big(r_{\alpha\kappa}\frac{\partial p_{\alpha\kappa}}{\partial \xi_k} - p_{\alpha\kappa}\frac{\partial r_{\alpha\kappa}}{\partial \xi_k}\Big) \\
&+ \Big(\frac{q_{\alpha\kappa}}{r_{\alpha\kappa}} - \frac{y_{\alpha\kappa}}{f_0}\Big)\Big(r_{\alpha\kappa}\frac{\partial q_{\alpha\kappa}}{\partial \xi_k} - q_{\alpha\kappa}\frac{\partial r_{\alpha\kappa}}{\partial \xi_k}\Big)\Big)
\end{aligned} \tag{11.14}
$$

次に 2 階微分を計算する. このとき, 反復が進行して式 (11.13) が減少するにつれて $p_{\alpha\kappa}/r_{\alpha\kappa} - x_{\alpha\kappa}/f_0 \approx 0$, $q_{\alpha\kappa}/r_{\alpha\kappa} - y_{\alpha\kappa}/f_0 \approx 0$ となる. そこで, $p_{\alpha\kappa}/r_{\alpha\kappa} - x_{\alpha\kappa}/f_0$, $q_{\alpha\kappa}/r_{\alpha\kappa} - y_{\alpha\kappa}/f_0$ を含む項を無視する. これを**ガウス - ニュートン近似**とよぶ. 反復計算では, 2 階微分は収束の速度に影響を与えるが, $\partial E/\partial \xi_\kappa$ を 0 にする解を計算するので, 解の精度自体には影響しない. ガウス - ニュートン近似を用いると, 2 階微分は次のようになる.

$$
\begin{aligned}
\frac{\partial^2 E}{\partial \xi_k \partial \xi_l} = 2\sum_{\alpha=1}^{N}\sum_{\kappa=1}^{M} \frac{I_{\alpha\kappa}}{r_{\alpha\kappa}^4}\Big(&\Big(r_{\alpha\kappa}\frac{\partial p_{\alpha\kappa}}{\partial \xi_k} - p_{\alpha\kappa}\frac{\partial r_{\alpha\kappa}}{\partial \xi_k}\Big)\Big(r_{\alpha\kappa}\frac{\partial p_{\alpha\kappa}}{\partial \xi_l} - p_{\alpha\kappa}\frac{\partial r_{\alpha\kappa}}{\partial \xi_l}\Big) \\
&+\Big(r_{\alpha\kappa}\frac{\partial q_{\alpha\kappa}}{\partial \xi_k} - q_{\alpha\kappa}\frac{\partial r_{\alpha\kappa}}{\partial \xi_k}\Big)\Big(r_{\alpha\kappa}\frac{\partial q_{\alpha\kappa}}{\partial \xi_l} - q_{\alpha\kappa}\frac{\partial r_{\alpha\kappa}}{\partial \xi_l}\Big)\Big)
\end{aligned} \tag{11.15}
$$

この結果, E の 1 階微分 $\partial E/\partial \xi_k$, 2 階微分 $\partial^2 E/\partial \xi_k \partial \xi_l$ を計算するには, **単に $p_{\alpha\kappa}$, $q_{\alpha\kappa}$, $r_{\alpha\kappa}$ の 1 階微分 $\partial p_{\alpha\kappa}/\partial \xi_k$, $\partial q_{\alpha\kappa}/\partial \xi_k$, $\partial r_{\alpha\kappa}/\partial \xi_k$ を計算するだけでよい**ことがわかる.

■ 11.3.2 3 次元位置に関する微分

X_β, Y_β, Z_β に関する微分をベクトル演算子 $\nabla_{\boldsymbol{X}_\beta} = (\partial/\partial X_\beta, \partial/\partial Y_\beta, \partial/\partial Z_\beta)^\top$

の形で表すと，$p_{\alpha\kappa}$, $q_{\alpha\kappa}$, $r_{\alpha\kappa}$ の微分は次のようになる（↪ 演習問題 11.2(1)）.

$$\nabla_{\boldsymbol{X}_\beta} p_{\alpha\kappa} = \delta_{\alpha\beta} \begin{pmatrix} P_{\kappa(11)} \\ P_{\kappa(12)} \\ P_{\kappa(13)} \end{pmatrix}, \quad \nabla_{\boldsymbol{X}_\beta} q_{\alpha\kappa} = \delta_{\alpha\beta} \begin{pmatrix} P_{\kappa(21)} \\ P_{\kappa(22)} \\ P_{\kappa(23)} \end{pmatrix},$$

$$\nabla_{\boldsymbol{X}_\beta} r_{\alpha\kappa} = \delta_{\alpha\beta} \begin{pmatrix} P_{\kappa(31)} \\ P_{\kappa(32)} \\ P_{\kappa(33)} \end{pmatrix} \tag{11.16}$$

ただし，$\delta_{\alpha\beta}$ はクロネッカーデルタ（$\alpha = \beta$ のとき 1，それ以外は 0）である.

■ 11.3.3　焦点距離に関する微分

$p_{\alpha\kappa}$, $q_{\alpha\kappa}$, $r_{\alpha\kappa}$ の f_λ に関する微分は，次のようになる（↪ 演習問題 11.2(2)）.

$$\frac{\partial p_{\alpha\kappa}}{\partial f_\lambda} = \frac{\delta_{\kappa\lambda}}{f_\kappa}\Bigl(p_{\alpha\kappa} - \frac{u_0}{f_0} r_{\alpha\kappa}\Bigr), \qquad \frac{\partial q_{\alpha\kappa}}{\partial f_\lambda} = \frac{\delta_{\kappa\lambda}}{f_\kappa}\Bigl(q_{\alpha\kappa} - \frac{v_0}{f_0} r_{\alpha\kappa}\Bigr), \qquad \frac{\partial r_{\alpha\kappa}}{\partial f_\lambda} = 0 \tag{11.17}$$

■ 11.3.4　光軸点に関する微分

$u_{0\lambda}$, $v_{0\lambda}$ に関する微分をベクトル演算子 $\nabla_{\boldsymbol{u}_{0\lambda}} = (\partial/\partial u_{0\lambda}, \partial/\partial u_{0\lambda})^\top$ の形で表すと，$p_{\alpha\kappa}$, $q_{\alpha\kappa}$, $r_{\alpha\kappa}$ の微分は次のようになる（↪ 演習問題 11.2(3)）.

$$\nabla_{\boldsymbol{u}_{0\lambda}} p_{\alpha\kappa} = \begin{pmatrix} \delta_{\kappa\lambda} r_{\alpha\kappa}/f_0 \\ 0 \end{pmatrix}, \qquad \nabla_{\boldsymbol{u}_{0\lambda}} q_{\alpha\kappa} = \begin{pmatrix} 0 \\ \delta_{\kappa\lambda} r_{\alpha\kappa}/f_0 \end{pmatrix}, \qquad \nabla_{\boldsymbol{u}_{0\lambda}} r_{\alpha\kappa} = \begin{pmatrix} 0 \\ 0 \end{pmatrix} \tag{11.18}$$

■ 11.3.5　並進に関する微分

$t_{\lambda 1}$, $t_{\lambda 2}$, $t_{\lambda 3}$ に関する微分をベクトル演算子 $\nabla_{\boldsymbol{t}_\lambda} = (\partial/\partial t_{\lambda 1}, \partial/\partial t_{\lambda 2}, \partial/\partial t_{\lambda 3})^\top$ の形で表すと，$p_{\alpha\kappa}$, $q_{\alpha\kappa}$, $r_{\alpha\kappa}$ の微分は次のようになる（↪ 演習問題 11.2(4)）.

$$\begin{aligned} \nabla_{\boldsymbol{t}_\lambda} p_{\alpha\kappa} &= -\delta_{\kappa\lambda}(f_\kappa \boldsymbol{r}_{\kappa 1} + u_0 \boldsymbol{r}_{\kappa 3}), \\ \nabla_{\boldsymbol{t}_\lambda} q_{\alpha\kappa} &= -\delta_{\kappa\lambda}(f_\kappa \boldsymbol{r}_{\kappa 2} + v_0 \boldsymbol{r}_{\kappa 3}), \\ \nabla_{\boldsymbol{t}_\lambda} r_{\alpha\kappa} &= -\delta_{\kappa\lambda} f_0 \boldsymbol{r}_{\kappa 3} \end{aligned} \tag{11.19}$$

ただし，$\boldsymbol{r}_{\kappa 1}$, $\boldsymbol{r}_{\kappa 2}$, $\boldsymbol{r}_{\kappa 3}$ は回転 $\boldsymbol{R}_\kappa$ の第 1, 2, 3 列であり，次のように書ける（$R_{\kappa(ij)}$

は $\boldsymbol{R}_\kappa$ の (i,j) 要素).

$$\boldsymbol{r}_{\kappa 1} = \begin{pmatrix} R_{\kappa(11)} \\ R_{\kappa(21)} \\ R_{\kappa(31)} \end{pmatrix}, \qquad \boldsymbol{r}_{\kappa 2} = \begin{pmatrix} R_{\kappa(12)} \\ R_{\kappa(22)} \\ R_{\kappa(32)} \end{pmatrix}, \qquad \boldsymbol{r}_{\kappa 3} = \begin{pmatrix} R_{\kappa(13)} \\ R_{\kappa(23)} \\ R_{\kappa(33)} \end{pmatrix} \tag{11.20}$$

■ 11.3.6 回転に関する微分

回転 $\boldsymbol{R}_\lambda$ に関する微分をベクトル演算子 $\nabla_{\boldsymbol{\omega}_\lambda} = (\partial/\partial\omega_{\lambda 1}, \partial/\partial\omega_{\lambda 2}, \partial/\partial\omega_{\lambda 3})^\top$ の形で表すと, $p_{\alpha\kappa}$, $q_{\alpha\kappa}$, $r_{\alpha\kappa}$ の微分は次のようになる (↪ 演習問題 11.2(5)).

$$\begin{aligned} \nabla_{\boldsymbol{\omega}_\lambda} p_{\alpha\kappa} &= \delta_{\kappa\lambda}(f_\kappa \boldsymbol{r}_{\kappa 1} + u_{0\kappa}\boldsymbol{r}_{\kappa 3}) \times (\boldsymbol{X}_\alpha - \boldsymbol{t}_\kappa), \\ \nabla_{\boldsymbol{\omega}_\lambda} q_{\alpha\kappa} &= \delta_{\kappa\lambda}(f_\kappa \boldsymbol{r}_{\kappa 2} + v_{0\kappa}\boldsymbol{r}_{\kappa 3}) \times (\boldsymbol{X}_\alpha - \boldsymbol{t}_\kappa), \\ \nabla_{\boldsymbol{\omega}_\lambda} r_{\alpha\kappa} &= \delta_{\kappa\lambda} f_0 \boldsymbol{r}_{\kappa 3} \times (\boldsymbol{X}_\alpha - \boldsymbol{t}_\kappa) \end{aligned} \tag{11.21}$$

■ 11.3.7 計算とメモリの効率化

式 (11.14), (11.15) 中の和 $\sum_{\alpha=1}^{N}\sum_{\kappa=1}^{M}$ の MN 個の項の相当部分が 0 であり, そのまま計算すると実行時間の多くが 0 の計算に費やされる. これを防ぐために, 0 でない項のみを選択する. 式 (11.14) の $\partial E/\partial\xi_k$ において, $\Delta\xi_k$ が第 β 点の補正 $\Delta\boldsymbol{X}_\beta$ の成分のときは, 式 (11.16) 中の $\delta_{\alpha\beta}$ のために和 $\sum_{\alpha=1}^{N}$ の $\alpha=\beta$ の項のみを計算すればよい. $\Delta\xi_k$ が第 λ 画像に関する f_λ, $(u_{0\lambda}, v_{0\lambda})$, $\boldsymbol{t}_\lambda$, または $\boldsymbol{R}_\lambda$ の補正であれば, 式 (11.17)〜(11.19), (11.21) 中の $\delta_{\kappa\lambda}$ のために和 $\sum_{\kappa=1}^{M}$ の $\kappa=\lambda$ の項のみを計算すればよい. したがって, 式 (11.14) の $\sum_{\alpha=1}^{N}\sum_{\kappa=1}^{M}$ は, α または κ のどちらか一方に関する和のみを計算すればよい. しかもその和は, 第 α 点に対してはそれが見える第 κ 画像についてのみ, 第 κ 画像に対してはそれに含まれる第 α 点についてのみ計算すればよい.

同様に, $\partial^2 E/\partial\xi_k\partial\xi_l$ についても, 式 (11.15) において $\Delta\xi_k$, $\Delta\xi_l$ が両方とも点に関する量であれば, それが異なる点のとき式 (11.15) は 0 となり, 同じ点に関する量のときは $\sum_{\alpha=1}^{N}$ のその点に関する項のみを計算すればよい. $\Delta\xi_k$, $\Delta\xi_l$ が両方とも画像に関する量であれば, それが異なる画像のとき式 (11.15) は 0 となり, 同じ画像に関する量のときは $\sum_{\kappa=1}^{M}$ のその画像に関する項のみを計算すればよい. $\Delta\xi_k$, $\Delta\xi_l$ の一方が点に関する量, 他方が画像に関する量であれば, $\sum_{\alpha=1}^{N}\sum_{\kappa=1}^{M}$ はその点がその画像から見えるときのみ, その点および画像に対する項のみを計算すればよい．

このようにすれば，$\partial E/\partial \xi_k$, $\partial^2 E/\partial \xi_k \partial \xi_l$ の計算時間は最小限に抑えられるが，2階微分 $\partial^2 E/\partial \xi_k \partial \xi_l$ を要素とする行列（ヘッセ行列）$H(k,l)$ は大きさが $(3N+9M-7)\times(3N+9M-7)$ であり，N, M が大きいと計算機内に格納するのが困難になる．これを削減するには，$3N\times 3$ の配列 $\boldsymbol{E}$, $3N\times 9M$ の配列 $\boldsymbol{F}$, $9M\times 9$ の配列 $\boldsymbol{G}$ を用意し，$\boldsymbol{E}$ には $\partial^2 E/\partial X_\alpha^2$, $\partial^2 E/\partial X_\alpha \partial Y_\alpha$ などの特徴点間の2階微分を，$\boldsymbol{F}$ には $\partial^2 E/\partial X_\alpha \partial f_\kappa$, $\partial^2 E/\partial X_\alpha \partial u_{0\kappa}$ などの特徴点とフレーム間の2階微分を，$\boldsymbol{G}$ には $\partial^2 E/\partial f_\kappa^2$, $\partial^2 E/\partial f_\kappa \partial u_{0\kappa}$ のフレーム間の2階微分を格納すればよい．これによって，必要な配列要素は $27NM+9N+81M$ 個となる．ただし，要素に重複があるので，必要な2階微分は $27NM+6N+41M$ 個であり，そのうち $I_{\alpha\kappa}=0$ のものは不要である．このようにして，ヘッセ行列 $H(k,l)$ は“配列”ではなく，その (k,l) 要素を呼び出す“関数”としてプログラムする．

11.4　連立1次方程式の効率的解法

式 (11.7) は $3N+9M-7$ 個の未知数に対する連立1次方程式であり，左辺の行列は $(3N+9M-7)\times(3N+9M-7)$ となる．これは，N, M が大きくなると，計算量（演算のステップ数）が著しく増える．また，途中計算を格納するバッファーが確保できないこともある．これを解決して，効率的に解く方法が存在する．式 (11.7) は，未知数が点の3次元位置の部分とカメラパラメータに関する部分とからなり，次の形をしている．

$$\begin{pmatrix} \boldsymbol{E}_1^{(c)} & & & \boldsymbol{F}_1 \\ & \ddots & & \vdots \\ & & \boldsymbol{E}_N^{(c)} & \boldsymbol{F}_N \\ \boldsymbol{F}_1^\top & \cdots & \boldsymbol{F}_N^\top & \boldsymbol{G}^{(c)} \end{pmatrix} \begin{pmatrix} \Delta\boldsymbol{\xi}_P \\ \Delta\boldsymbol{\xi}_F \end{pmatrix} = -\begin{pmatrix} \boldsymbol{d}_P \\ \boldsymbol{d}_F \end{pmatrix} \tag{11.22}$$

$\Delta\boldsymbol{\xi}_P$ は $\Delta\boldsymbol{\xi}$ の点の3次元位置に関する部分の $3N$ 次元ベクトルであり，$\Delta\boldsymbol{\xi}_F$ はカメラパラメータに関する部分の $9M-7$ 次元ベクトルである．$\boldsymbol{d}_P$, $\boldsymbol{d}_F$ は，式 (11.7) の右辺のベクトルの対応する $3N$ および $9M-7$ 次元の部分である．$\boldsymbol{E}_\alpha^{(c)}$ $(\alpha=1,\dots,N)$ は第 α 点の位置 $(X_\alpha, Y_\alpha, Z_\alpha)$ に関する再投影誤差 E の2階微分を配置した 3×3 行列であり，右肩の (c) は対角要素が $1+c$ 倍されていることを表す．各 $\boldsymbol{F}_\alpha$ は，第 α 点の位置 $(X_\alpha, Y_\alpha, Z_\alpha)$ と第 α 点が写っているフレームのカ

メラパラメータに関する E の 2 階微分を配置した $3 \times (9M-7)$ 行列である．一方，$\boldsymbol{G}^{(c)}$ はカメラパラメータ間の E の 2 階微分を配置した $(9M-7) \times (9M-7)$ 行列であり，対角要素が $1+c$ 倍されている．式 (11.22) は，次のように解くことができる．

手順 11.2　連立 1 次方程式の効率的解法

1. 各 α について $\nabla_{\boldsymbol{X}_\alpha} E$ を次のようにおく．

$$\nabla_{\boldsymbol{X}_\alpha} E = \begin{pmatrix} \partial E/\partial X_\alpha \\ \partial E/\partial Y_\alpha \\ \partial E/\partial Z_\alpha \end{pmatrix} \tag{11.23}$$

2. 次の $9M-7$ 次元連立 1 次方程式を $\Delta\boldsymbol{\xi}_F$ について解く．

$$\Bigl(\boldsymbol{G}^{(c)} - \sum_{\alpha=1}^{N} \boldsymbol{F}_\alpha^\top \boldsymbol{E}_\alpha^{(c)-1} \boldsymbol{F}_\alpha\Bigr)\Delta\boldsymbol{\xi}_F = \sum_{\alpha=1}^{N} \boldsymbol{F}_\alpha^\top \boldsymbol{E}_{\boldsymbol{X}_\alpha}^{(c)-1} \nabla_{\boldsymbol{X}_\alpha} E - \boldsymbol{d}_F \tag{11.24}$$

3. 第 α 点に関する $\Delta X_\alpha, \Delta Y_\alpha, \Delta Z_\alpha$ を次のように計算する．

$$\begin{pmatrix} \Delta X_\alpha \\ \Delta Y_\alpha \\ \Delta Z_\alpha \end{pmatrix} = -\boldsymbol{E}_\alpha^{(c)-1}(\boldsymbol{F}_\alpha \Delta\boldsymbol{\xi}_F + \nabla_{\boldsymbol{X}_\alpha} E) \tag{11.25}$$

解説　連立 1 次方程式の解法としては，係数行列が対称行列のときは**コレスキー分解**，一般の行列のときは **LU 分解**が一般的である．しかし，どういう解法を用いても，その計算量は未知数の個数のほぼ 3 乗に比例する．したがって，式 (11.7) をそのまま解くと，計算量は $(3N+9M-7)^3$ 程度になる．しかし，上の手順では，解くべき連立 1 次方程式は式 (11.24) であり，計算量はほぼ $(9M-7)^3$ である．これは，N（= 点の個数）が非常に大きく，M（= 画像の枚数）が小さいときは著しい効率化となる．また，途中計算を格納する領域としては，3×3 行列 $\boldsymbol{E}_\alpha^{(c)}$ が N 個，$3 \times (9M-7)$ 行列 $\boldsymbol{F}_\alpha$ が N 個，$(9M-7) \times (9M-7)$ 行列 $\boldsymbol{G}^{(c)}$ が 1 個，$3N$ 次元ベクトル $\boldsymbol{d}_P$，$9M-7$ 次元ベクトル $\boldsymbol{d}_F$ のみとなる．

手順 11.2 は次のようにして得られる（$\hookrightarrow$ 演習問題 11.3）．式 (11.22) は，次の二つの式に分解される．

$$\begin{pmatrix} \boldsymbol{E}_1^{(c)} & & \\ & \ddots & \\ & & \boldsymbol{E}_N^{(c)} \end{pmatrix} \Delta\boldsymbol{\xi}_P + \begin{pmatrix} \boldsymbol{F}_1 \\ \vdots \\ \boldsymbol{F}_N \end{pmatrix} \Delta\boldsymbol{\xi}_F = -\boldsymbol{d}_P \tag{11.26}$$

$$\begin{pmatrix} \boldsymbol{F}_1^\top & \cdots & \boldsymbol{F}_N^\top \end{pmatrix} \Delta\boldsymbol{\xi}_P + \boldsymbol{G}^{(c)} \Delta\boldsymbol{\xi}_F = -\boldsymbol{d}_F \tag{11.27}$$

まず，式 (11.26) を $\Delta\boldsymbol{\xi}_P$ について解く．$\boldsymbol{d}_P$ が式 (11.23) の $\nabla_{\boldsymbol{X}_\alpha} E$ を $\alpha = 1, \ldots, N$ にわたって縦に並べたベクトルであることに注意すると，解は次のように書ける．

$$\begin{aligned} \Delta\boldsymbol{\xi}_P &= -\begin{pmatrix} \boldsymbol{E}_1^{(c)-1} & & \\ & \ddots & \\ & & \boldsymbol{E}_N^{(c)-1} \end{pmatrix} \begin{pmatrix} \boldsymbol{F}_1 \\ \vdots \\ \boldsymbol{F}_N \end{pmatrix} \Delta\boldsymbol{\xi}_F - \begin{pmatrix} \boldsymbol{E}^{(c)-1} & & \\ & \ddots & \\ & & \boldsymbol{E}^{(c)-1} \end{pmatrix} \boldsymbol{d}_P \\ &= -\begin{pmatrix} \boldsymbol{E}_1^{(c)-1}\boldsymbol{F}_1 \\ \vdots \\ \boldsymbol{E}_N^{(c)-1}\boldsymbol{F}_N \end{pmatrix} \Delta\boldsymbol{\xi}_F - \begin{pmatrix} \boldsymbol{E}_1^{(c)-1}\nabla_{\boldsymbol{X}_1} E \\ \vdots \\ \boldsymbol{E}_N^{(c)-1}\nabla_{\boldsymbol{X}_N} E \end{pmatrix} \end{aligned} \tag{11.28}$$

これを式 (11.27) に代入すると，次のようになる．

$$\begin{aligned} &-\begin{pmatrix} \boldsymbol{F}_1^\top & \cdots & \boldsymbol{F}_N^\top \end{pmatrix} \begin{pmatrix} \boldsymbol{E}_1^{(c)-1}\boldsymbol{F}_1 \\ \vdots \\ \boldsymbol{E}_N^{(c)-1}\boldsymbol{F}_N \end{pmatrix} \Delta\boldsymbol{\xi}_F - \begin{pmatrix} \boldsymbol{F}_1^\top & \cdots & \boldsymbol{F}_N^\top \end{pmatrix} \begin{pmatrix} \boldsymbol{E}_1^{(c)-1}\nabla_{\boldsymbol{X}_1} E \\ \vdots \\ \boldsymbol{E}_N^{(c)-1}\nabla_{\boldsymbol{X}_N} E \end{pmatrix} \\ &+ \boldsymbol{G}^{(c)} \Delta\boldsymbol{\xi}_F = -\boldsymbol{d}_F \end{aligned} \tag{11.29}$$

これを書き直すと，式 (11.24) が得られる．そして，式 (11.28) の各 $\boldsymbol{X}_\alpha$ に対応する部分が式 (11.25) のように書ける．

11.5　実験例

図 10.3 の実験例で用いたイギリスのオックスフォード大学の実測データに，本章のバンドル調整を適用する．このデータには，各フレームのカメラ行列 $\boldsymbol{P}_\kappa$ が付与されているが，必ずしも正確とは限らない．そこで，これを式 (11.2) の形に分解して f_κ, $(u_{0\kappa}, v_{0\kappa})$, $\boldsymbol{t}_\kappa$, $\boldsymbol{R}_\kappa$ の初期値を定めた（$\boldsymbol{P}_\kappa$ の式 (11.2) の形への分解は第

13 章で述べる ↪ 演習問題 13.11）．そして，前章の三角測量の結果を $\boldsymbol{X}_\alpha$ の初期値とした．

未知数が 15266 個あるので，式 (11.7) の行列要素は約 2 億個になり，計算機内に格納できない．しかし，11.3.7 項の方法を用いれば，約 41 万個（約 6 百分の 1）のメモリに格納できる．しかも，各点が見えるフレーム数は限られているため，その多くが 0 である．図 11.2(a) は，この 4983 個の点から 100 点を抜き出した場合の 1008×1008 ヘッセ行列の零要素を白，非零要素を黒として画像として表示したものである．このように，非零要素はわずかである（割合にして 13%）．

画像上に現れる点数 $n = \sum_{\alpha=1}^{N} \sum_{\kappa=1}^{M} I_{\alpha\kappa}$ は 16432 個である．再投影誤差 E を 1 点あたりの画素単位に換算した

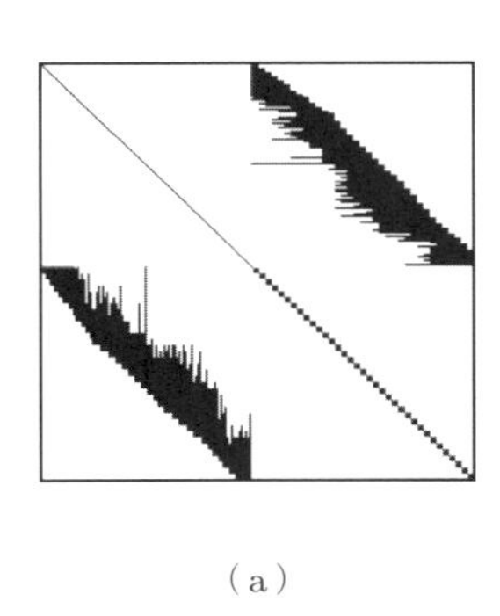

(a)

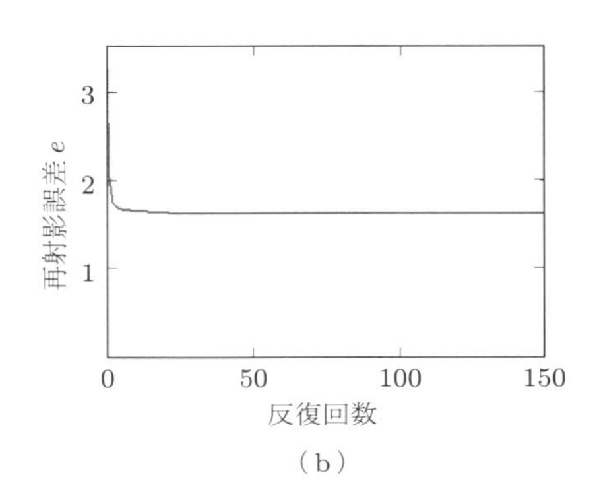

(b)

回	再投影誤差	回	再投影誤差
0	3.277965703463469	⋮	⋮
1	2.037807322757024	140	1.626138870635717
2	1.767180606187605	141	1.626109073343624
3	1.721032319350261	142	1.626079434501709
4	1.698429496315309	143	1.626049951753774
5	1.684614811452468	144	1.626020622805242
6	1.675366012050569	145	1.625991445421568
7	1.668829491793228	146	1.625962417425169
8	1.664028486785132	147	1.625933536694230
9	1.660393246948761	148	1.625904801160639
10	1.657569357560945	149	1.625876208807785

(c)

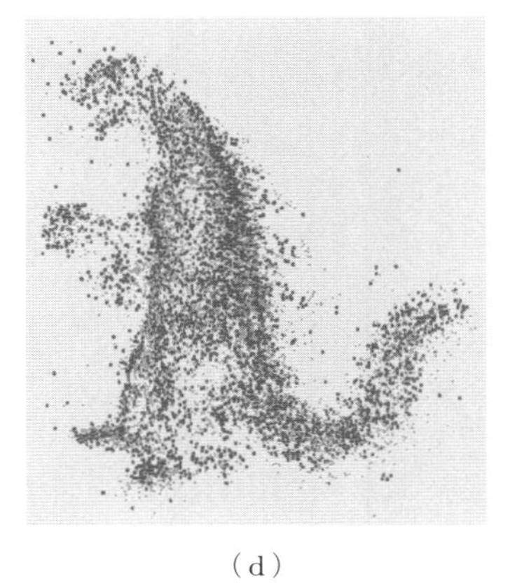

(d)

図 11.2 (a) 100 点を抜き出した場合のヘッセ係数行列の非零パターン．(b) 反復回数に対する再投影誤差 e のグラフ．(c) 反復回数に対する再投影誤差 e の値．(d) 3 次元復元．薄い色の点：初期位置．濃い色の点：収束位置．

$$e = f_0 \sqrt{\frac{E}{2n - (3N + 9M - 7)}} \tag{11.30}$$

で測ると，初期復元の再投影誤差は $e = 3.27797$ 画素であったが，バンドル調整の結果 $e = 1.625876$ 画素に低下した．反復回数による e の変化を図 11.2(b) に，その具体的な数値を図 11.2(c) に示す．反復回数は 149 回であった．図 11.2(d) は，復元した各点の 3 次元位置をある方向から眺めたものである．薄い色の点は三角測量による初期位置であり，濃い色の点が最終的な復元位置である．不自然な位置に飛び散っていた点の多くが物体に近い部分に集結していることがわかる．逆に飛び散った点もあるが，おそらくそれらは誤対応点で，カメラ行列の精度が改善したために移動したものと思われる．

11.6　さらに勉強したい人へ

「バンドル」とは「束」を意味し，「バンドル調整」とは，各カメラの視点から出てシーンの各点に達する視線の束を，透視投影の関係が成り立つように調整することを意味する．これは，コンピュータビジョン研究が起こる前に，複数の写真から地図作製のために 3 次元形状を計算する「写真測量学」で使われていた用語である．これをコンピュータで計算する技術が近年，著しく進歩し，さまざまなソフトウェアツールが公開されている．代表的なのは Lourakis ら [70] による SBA とよばれるものである[1]．そして，これを対応点抽出と組み合わせた Snaverly ら [90, 91] の bundler というツールがよく知られている[2]．本章の計算手順は，岩本ら [20] の文献に基づいている．再投影誤差の反復最小化には通常，レーベンバーグ - マーカート法が用いられる．これは，3.6 節の隠れ変数法にも用いた方法であり，その原理は教科書 [36] がわかりやすい．具体的な計算は解説書 [81] が詳しい．

バンドル調整の最大の問題は，未知数が非常に多く（通常，数万個），毎回の反復で解く連立 1 次方程式（式 (11.7), (11.22)）の係数行列が非常に大きくなることである．しかも，図 11.2(a) からわかるように，そのほとんどの要素が 0 であり，そのまま計算すると計算時間のほとんどが 0 の計算に費やされる．そのような行列は「疎行列」とよばれ，無駄な計算を省くさまざまな技法がいろいろ研究されている．

1) http://users.ics.forth.gr/~lourakis/sba/
2) http://www.cs.cornell.edu/~snavely/bundler/

バンドル調整への適用については，岡谷 [77] や Triggs ら [102] の解説がある．一つの技法は，演習問題 11.3 の式 (11.31) の形の連立 1 次方程式を式 (11.32), (11.33) に分解することであるが，これによって計算が効率化されるかどうかは，各小行列 $\boldsymbol{A}$, $\boldsymbol{B}$, $\boldsymbol{C}$, $\boldsymbol{D}$ のサイズやその構造や零要素の割合に依存する．11.5 節の実験例でもわかるように，式 (11.22) のような構造に対しては非常に有効である．

式 (11.33), (11.34) に現れる $\boldsymbol{A}-\boldsymbol{B}\boldsymbol{D}^{-1}\boldsymbol{C}$ は，「シューアの補行列」(Schur complement) とよばれている．連立 1 次方程式を解くための計算量は，逆行列を計算する計算量に等しいが，式 (11.32), (11.33) からわかるように，式 (11.31) を解くために逆行列を計算する必要があるのは，$\boldsymbol{D}$ とシューアの補行列 $\boldsymbol{A}-\boldsymbol{B}\boldsymbol{D}^{-1}\boldsymbol{C}$ のみである．

演習問題

11.1 光軸点が $(u_{0\kappa}, v_{0\kappa})$ のとき，カメラ行列が式 (11.2) の形になることを示せ．

11.2 (1) $p_{\alpha\kappa}$, $q_{\alpha\kappa}$, $r_{\alpha\kappa}$ の X_β, Y_β, Z_β に関する微分が式 (11.16) のように書けることを示せ．

(2) $p_{\alpha\kappa}$, $q_{\alpha\kappa}$, $r_{\alpha\kappa}$ の f_λ に関する微分が式 (11.17) のように書けることを示せ．

(3) $p_{\alpha\kappa}$, $q_{\alpha\kappa}$, $r_{\alpha\kappa}$ の $u_{0\lambda}$, $v_{0\lambda}$ に関する微分が式 (11.18) のように書けることを示せ．

(4) $p_{\alpha\kappa}$, $q_{\alpha\kappa}$, $r_{\alpha\kappa}$ の $t_{\lambda 1}$, $t_{\lambda 2}$, $t_{\lambda 3}$ に関する微分が式 (11.19) のように書けることを示せ．

(5) $p_{\alpha\kappa}$, $q_{\alpha\kappa}$, $r_{\alpha\kappa}$ の $\boldsymbol{R}_\lambda$ に関する微分が式 (11.21) のように書けることを示せ．

11.3 (1) $\boldsymbol{x}$, $\boldsymbol{y}$ に関する連立 1 次方程式

$$\begin{pmatrix} \boldsymbol{A} & \boldsymbol{B} \\ \boldsymbol{C} & \boldsymbol{D} \end{pmatrix} \begin{pmatrix} \boldsymbol{x} \\ \boldsymbol{y} \end{pmatrix} = \begin{pmatrix} \boldsymbol{a} \\ \boldsymbol{b} \end{pmatrix} \tag{11.31}$$

が次の 2 段階の計算で解けることを示せ．

1. 次の $\boldsymbol{x}$ に関する連立 1 次方程式を解く．

$$(\boldsymbol{A}-\boldsymbol{B}\boldsymbol{D}^{-1}\boldsymbol{C})\boldsymbol{x} = \boldsymbol{a}-\boldsymbol{B}\boldsymbol{D}^{-1}\boldsymbol{b} \tag{11.32}$$

2. 得られた $\boldsymbol{x}$ から $\boldsymbol{y}$ を次のように計算する．

$$\boldsymbol{y} = -\boldsymbol{D}^{-1}\boldsymbol{C}\boldsymbol{x} + \boldsymbol{D}^{-1}\boldsymbol{b} \tag{11.33}$$

(2) 上の手順が次の行列の逆転公式を意味することを示せ.

$$\begin{pmatrix} \boldsymbol{A} & \boldsymbol{B} \\ \boldsymbol{C} & \boldsymbol{D} \end{pmatrix}^{-1}$$
$$= \begin{pmatrix} (\boldsymbol{A}-\boldsymbol{B}\boldsymbol{D}^{-1}\boldsymbol{C})^{-1} & -(\boldsymbol{A}-\boldsymbol{B}\boldsymbol{D}^{-1}\boldsymbol{C})^{-1}\boldsymbol{B}\boldsymbol{D}^{-1} \\ -\boldsymbol{D}^{-1}\boldsymbol{C}(\boldsymbol{A}-\boldsymbol{B}\boldsymbol{D}^{-1}\boldsymbol{C})^{-1} & \boldsymbol{D}^{-1}+\boldsymbol{D}^{-1}\boldsymbol{C}(\boldsymbol{A}-\boldsymbol{B}\boldsymbol{D}^{-1}\boldsymbol{C})^{-1}\boldsymbol{B}\boldsymbol{D}^{-1} \end{pmatrix} \tag{11.34}$$

第12章 アフィンカメラの自己校正

前章のバンドル調整を行うには，反復を開始する初期値が必要である．本章では，それを簡単な手順で近似的に計算する手法を示す．それは，実際には透視投影のカメラを「アフィンカメラ」とよぶ単純なモデルで近似することである．本章では，アフィンカメラによる「アフィン復元」，およびそれを正しい「ユークリッド復元」に近づける「計量条件」の手順を述べる．この計算は，行列の特異値分解を用いることから「因子分解法」ともよばれる．そして，透視投影をよく近似する「対称アフィンカメラ」，およびその特別な場合として「疑似透視投影カメラ」，「弱透視投影カメラ」，「平行投影カメラ」に対する自己校正（3 次元形状とカメラ運動の計算）の手順を具体的に記述する．

12.1 アフィンカメラ

透視投影カメラの撮像は式 (11.1) で記述される．これを次式で近似するのが**アフィンカメラ**によるモデル化である．

$$\begin{pmatrix} x_{\alpha\kappa}/f_0 \\ y_{\alpha\kappa}/f_0 \\ 1 \end{pmatrix} = \boldsymbol{P}_\kappa \begin{pmatrix} X_\alpha \\ Y_\alpha \\ Z_\alpha \\ 1 \end{pmatrix} \tag{12.1}$$

違いは，関係 $\simeq$ が等号 $=$ に置き換わっていることである．これは透視投影ではないが，シーンが遠方にあれば，あるいは，復元したい部分が光軸点の周りの焦点距離に比べて小さい領域に集中していれば，透視投影のよい近似になっていることが知られている．透視投影の関係 $\simeq$ が表す未知の比例定数を消去すると，式 (11.5) のような非線形な関係となるが，アフィンカメラの近似を用いれば式が線形になるので，解析的な計算が容易になる．

すべての画像ですべての点が観測されていれば，式 (12.1) は次のように簡単化される．まず，各画像の座標系を平行移動して，画像中の観測位置 $(x_{\alpha\kappa}, y_{\alpha\kappa})$ の重心が画像座標の原点に来るようにする．その結果，

$$\sum_{\alpha=1}^{N} x_{\alpha\kappa} = 0, \qquad \sum_{\alpha=1}^{N} y_{\alpha\kappa} = 0 \quad (\kappa = 1, \ldots, M) \tag{12.2}$$

となる．次に，世界座標の原点を点 $(X_\alpha, Y_\alpha, Z_\alpha)$ の重心に一致するように選ぶ．その結果，

$$\sum_{\alpha=1}^{N} X_\alpha = 0, \qquad \sum_{\alpha=1}^{N} Y_\alpha = 0, \qquad \sum_{\alpha=1}^{N} Z_\alpha = 0 \tag{12.3}$$

となる．したがって，式 (12.1) の両辺に $(1/N)\sum_{\alpha=1}^{N}$ を施すと $(0,\ 0,\ 1)^\top = \boldsymbol{P}_\kappa(0,\ 0,\ 0,\ 1)^\top$ となる．このことは，式 (12.1) が次のように書けることを意味する．

$$\begin{pmatrix} x_{\alpha\kappa}/f_0 \\ y_{\alpha\kappa}/f_0 \\ 1 \end{pmatrix} = \begin{pmatrix} & \boldsymbol{\Pi}_\kappa & & 0 \\ & & & 0 \\ 0 & 0 & 0 & 1 \end{pmatrix} \begin{pmatrix} X_\alpha \\ Y_\alpha \\ Z_\alpha \\ 1 \end{pmatrix} \tag{12.4}$$

ここに，$\boldsymbol{\Pi}_\kappa$ はある 2×3 行列である．上式を書き直すと次のようになる．

$$\begin{pmatrix} x_{\alpha\kappa} \\ y_{\alpha\kappa} \end{pmatrix} = \boldsymbol{\Pi}_\kappa \begin{pmatrix} X_\alpha \\ Y_\alpha \\ Z_\alpha \end{pmatrix} \tag{12.5}$$

左辺にスケール定数 f_0 がないが，これは，f_0 は式 (12.4) の左辺の成分をどれも同じオーダーにするものであったためである．しかし，式 (12.5) のように書けば，$f_0 = 1$ としてよい．この $\boldsymbol{\Pi}_\kappa$ をアフィンカメラの**カメラ行列**とよぶ．アフィンカメラの**自己校正**とは，観測点 $(x_{\alpha\kappa}, y_{\alpha\kappa})$ $(\alpha = 1, \ldots, N,\ \kappa = 1, \ldots, M)$ からすべての3次元点 $(X_\alpha, Y_\alpha, Z_\alpha)$ $(\alpha = 1, \ldots, N)$ とすべてのカメラ行列 $\boldsymbol{\Pi}_\kappa$ $(\kappa = 1, \ldots, M)$ を計算することである．

12.2　因子分解法とアフィン復元

すべてのカメラ行列 $\boldsymbol{\Pi}_\kappa$ とすべての3次元位置 $(X_\alpha, Y_\alpha, Z_\alpha)$ を，次の行列の形

に並べる．

$$\boldsymbol{M} = \begin{pmatrix} \boldsymbol{\Pi}_1 \\ \vdots \\ \boldsymbol{\Pi}_M \end{pmatrix}, \qquad \boldsymbol{S} = \begin{pmatrix} X_1 & \cdots & X_N \\ Y_1 & \cdots & Y_N \\ Z_1 & \cdots & Z_N \end{pmatrix} \tag{12.6}$$

$2M \times 3$ 行列 $\boldsymbol{M}$ を**運動行列** (motion matrix)，$3 \times N$ 行列 $\boldsymbol{S}$ を**形状行列** (shape matrix) とよぶ．一方，すべての観測点位置 $(x_{\alpha\kappa}, y_{\alpha\kappa})$ を次の行列の形に並べる．

$$\boldsymbol{W} = \begin{pmatrix} x_{11} & x_{21} & \cdots & x_{N1} \\ y_{11} & y_{21} & \cdots & y_{N1} \\ x_{12} & x_{22} & \cdots & x_{N2} \\ y_{12} & y_{22} & \cdots & y_{N2} \\ \vdots & \vdots & \ddots & \vdots \\ x_{1M} & x_{2M} & \cdots & x_{NM} \\ y_{1M} & y_{2M} & \cdots & y_{NM} \end{pmatrix} \tag{12.7}$$

この $2M \times N$ 行列を**観測行列** (observation matrix) とよぶ．すると，式 (12.5) と行列 $\boldsymbol{S}$, $\boldsymbol{M}$ の定義から，次の関係が成り立つ（$\hookrightarrow$ 演習問題 12.1）．

$$\boldsymbol{W} = \boldsymbol{M}\boldsymbol{S} \tag{12.8}$$

しかし，実際の画像は透視投影カメラで撮影されているので，$\boldsymbol{W}$ をこのような形状行列 $\boldsymbol{S}$ と運動行列 $\boldsymbol{M}$ の積に厳密に分解することはできない．これを次のように近似的に分解する．

手順 12.1　因子分解法

1. 観測行列 $\boldsymbol{W}$ を次のように特異値分解する．

$$\boldsymbol{W} = \boldsymbol{U}_{2M\times L}\boldsymbol{\Sigma}_L\boldsymbol{V}_{N\times L}^\top, \qquad \boldsymbol{\Sigma}_L = \begin{pmatrix} \sigma_1 & \cdots & 0 \\ \vdots & \ddots & \vdots \\ 0 & \cdots & \sigma_L \end{pmatrix} \tag{12.9}$$

   ただし，$L = \min(2M, N)$ であり，$\boldsymbol{U}_{2M\times L}$, $\boldsymbol{V}_{N\times L}$ はそれぞれ直交する列からなる $2M \times L$, $N \times L$ 行列である．$\boldsymbol{\Sigma}_L$ は，特異値 $\sigma_1 \geq \cdots \geq \sigma_L$ (≥ 0) が対角要素に並ぶ対角行列である．

2. 次のように運動行列 $\boldsymbol{M}$ と形状行列 $\boldsymbol{S}$ を定める．

$$\boldsymbol{M} = \boldsymbol{U}, \qquad \boldsymbol{S} = \boldsymbol{\Sigma}\boldsymbol{V}^\top, \qquad \boldsymbol{\Sigma} = \begin{pmatrix} \sigma_1 & 0 & 0 \\ 0 & \sigma_2 & 0 \\ 0 & 0 & \sigma_3 \end{pmatrix} \tag{12.10}$$

ただし，$\boldsymbol{U}$ は $\boldsymbol{U}_{2M\times L}$ の最初の3列からなる $2M \times 3$ 行列であり，$\boldsymbol{V}$ は $\boldsymbol{V}_{N\times L}$ の最初の3列からなる $N \times 3$ 行列である．

解説　式(12.5)のアフィンカメラで撮影されていれば，観測行列 $\boldsymbol{W}$ は式(12.8)のように分解される．これは，$\boldsymbol{W}$ が高々ランク3であることを意味する．すなわち，式(12.9)の特異値は $\sigma_i = 0$ $(i = 4, \ldots, L)$ である．透視投影カメラではこれは成り立たないが，シーンが十分遠方にあれば，あるいは復元対象が画像の中心付近に集中していれば，アフィンカメラで近似できるので，$\sigma_i \approx 0$ $(i = 4, \ldots, L)$ である．したがって，式(12.9), (12.10)から近似的に $\boldsymbol{W} \approx \boldsymbol{M}\boldsymbol{S}$ と分解される．特異値分解によって行列を二つの因子の積に分解することから，この方法は**因子分解法** (factorization) とよばれる．しかし，分解は一意的ではない．なぜなら，得られた $\boldsymbol{M}$, $\boldsymbol{S}$ に対して，ある 3×3 正則行列 $\boldsymbol{A}$ を用いて

$$\boldsymbol{M}' = \boldsymbol{M}\boldsymbol{A}, \qquad \boldsymbol{S}' = \boldsymbol{A}^{-1}\boldsymbol{S} \tag{12.11}$$

としても，$\boldsymbol{M}\boldsymbol{S} = \boldsymbol{M}'\boldsymbol{S}'$ が成り立つからである．第2式は，式(12.6)からわかるように，$\boldsymbol{S}$ の各列 $(X_\alpha, Y_\alpha, Z_\alpha)^\top$ に行列 $\boldsymbol{A}^{-1}$ を掛けることを意味し，3次元形状が線形変換を受ける．すなわち，因子分解法による復元形状は，真の形状にある線形変換 $\boldsymbol{A}$ を施したものである．画像のみからの復元では絶対的な位置が定まらないので，このような位置が不定の線形変換を**アフィン変換**とよぶ．アフィン変換を施しても，直線性や平面性は保たれる（**図12.1**）．すなわち，同一直線上の点は同一直線上の点に写像され，同一平面上の点は同一平面上の点に写像さ

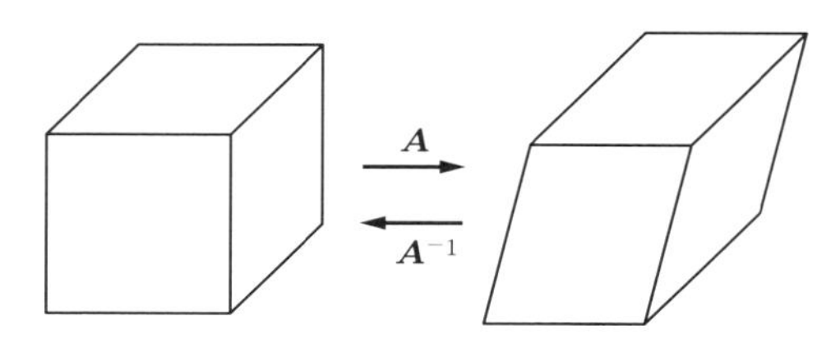

図12.1　アフィン復元．復元した形状は，真の形状にあるアフィン変換 $\boldsymbol{A}$ を施したものである．これによって長さや角度が変化するが，比は保たれ，直線や平面は直線や平面に写像される．

れる．各部分の長さの比も保たれる．その結果，平行な直線は平行な直線に，平行な平面は平行な平面に写像される．しかし，スケールや角度は変化するので，たとえば立方体は平行六面体になる．このようなアフィン変換の不定性を含む3次元復元を**アフィン復元** (affine reconstruction) とよぶ．

このアフィン変換の不定性を除いて3次元形状を一意的に定めるには，2通りのアプローチがある．

- **シーンに関する知識を用いる方法**
  シーンのある部分のスケールやある部分の角度（直交するなど）が既知であれば，そのスケールや角度が正しくなるような変換行列 $\boldsymbol{A}^{-1}$ を形状行列 $\boldsymbol{S}$ に左から掛ける．
- **カメラに関する知識を用いる方法**
  カメラに関して何らかの性質が既知であれば，その性質を成立させるような変換行列 $\boldsymbol{A}$ を運動行列 $\boldsymbol{M}$ に右から掛ける．

このようにして得られる形状を**ユークリッド復元** (Euclidean reconstrution) とよぶ．画像から復元する限り，スケールと絶対位置は不定であるが，習慣的にこの用語が用いられている．ユークリッド復元を得る操作を**ユークリッド化** (Euclidean upgrading) とよぶ．

12.3 アフィンカメラの計量条件

カメラに関する知識を用いるユークリッド化を考える．そのために，式 (12.11) を考慮して，$\boldsymbol{M}$, $\boldsymbol{S}$ を式 (12.10) ではなく，

$$\boldsymbol{M} = \boldsymbol{U}\boldsymbol{A}, \qquad \boldsymbol{S} = \boldsymbol{A}^{-1}\boldsymbol{\Sigma}\boldsymbol{V}^\top \tag{12.12}$$

とおいて，カメラの性質から 3×3 行列 $\boldsymbol{A}$ が満たすべき条件を考える．$2M \times 3$ 行列 $\boldsymbol{U}$ の要素を次のように書く．

$$\boldsymbol{U} = \begin{pmatrix} \boldsymbol{u}_{1(1)}^\top \\ \boldsymbol{u}_{1(2)}^\top \\ \vdots \\ \boldsymbol{u}_{M(1)}^\top \\ \boldsymbol{u}_{M(2)}^\top \end{pmatrix} \tag{12.13}$$

すなわち，3次元ベクトル $\boldsymbol{u}_{\kappa(1)}$, $\boldsymbol{u}_{\kappa(2)}$ を転置した $\boldsymbol{u}_{\kappa(1)}^\top$, $\boldsymbol{u}_{\kappa(2)}^\top$ が $\boldsymbol{U}$ の第 $2\kappa-1$ 行，第 2κ 行である．これを用いると，$\boldsymbol{M}=\boldsymbol{U}\boldsymbol{A}$ は次のように書ける．

$$\boldsymbol{M}=\begin{pmatrix} \begin{pmatrix}\boldsymbol{u}_{1(1)}^\top \\ \boldsymbol{u}_{1(2)}^\top\end{pmatrix}\boldsymbol{A} \\ \vdots \\ \begin{pmatrix}\boldsymbol{u}_{2M(1)}^\top \\ \boldsymbol{u}_{2M(2)}^\top\end{pmatrix}\boldsymbol{A} \end{pmatrix} \tag{12.14}$$

これと式 (12.6) の $\boldsymbol{M}$ の定義から，カメラ行列 $\boldsymbol{\Pi}_\kappa$ が次のように書ける．

$$\boldsymbol{\Pi}_\kappa=\begin{pmatrix}\boldsymbol{u}_{\kappa(1)}^\top \\ \boldsymbol{u}_{\kappa(2)}^\top\end{pmatrix}\boldsymbol{A} \tag{12.15}$$

これにこの転置を掛けると，次式を得る．

$$\begin{aligned}\boldsymbol{\Pi}_\kappa\boldsymbol{\Pi}_\kappa^\top &= \begin{pmatrix}\boldsymbol{u}_{\kappa(1)}^\top \\ \boldsymbol{u}_{\kappa(2)}^\top\end{pmatrix}\boldsymbol{A}\boldsymbol{A}^\top\begin{pmatrix}\boldsymbol{u}_{\kappa(1)} & \boldsymbol{u}_{\kappa(2)}\end{pmatrix} \\ &= \begin{pmatrix}(\boldsymbol{u}_{\kappa(1)},\boldsymbol{T}\boldsymbol{u}_{\kappa(1)}) & (\boldsymbol{u}_{\kappa(1)},\boldsymbol{T}\boldsymbol{u}_{\kappa(2)}) \\ (\boldsymbol{u}_{\kappa(2)},\boldsymbol{T}\boldsymbol{u}_{\kappa(1)}) & (\boldsymbol{u}_{\kappa(2)},\boldsymbol{T}\boldsymbol{u}_{\kappa(2)})\end{pmatrix}\end{aligned} \tag{12.16}$$

ただし，次のようにおいた．

$$\boldsymbol{T}=\boldsymbol{A}\boldsymbol{A}^\top \tag{12.17}$$

カメラ行列 $\boldsymbol{\Pi}_\kappa$ の (i,j) 要素を $\Pi_{\kappa(ij)}$ と書くと，式 (12.16) から次の3式を得る．

$$(\boldsymbol{u}_{\kappa(1)},\boldsymbol{T}\boldsymbol{u}_{\kappa(1)})=\sum_{i=1}^{3}\Pi_{\kappa(1i)}^2, \qquad (\boldsymbol{u}_{\kappa(1)},\boldsymbol{T}\boldsymbol{u}_{\kappa(2)})=\sum_{i=1}^{3}\Pi_{\kappa(1i)}\Pi_{\kappa(2i)},$$
$$(\boldsymbol{u}_{\kappa(2)},\boldsymbol{T}\boldsymbol{u}_{\kappa(2)})=\sum_{i=1}^{3}\Pi_{\kappa(2i)}^2 \tag{12.18}$$

これをアフィンカメラの**計量条件** (metric condition) とよび，$\boldsymbol{T}$ を**計量行列** (metric matrix) とよぶ．$\kappa=1,\ldots,M$ に対して，合計 $3M$ 個のこのような式が得られる．右辺は未知の $\Pi_{\kappa(ij)}$ を含んでいるから，このままでは $\boldsymbol{T}$ について解くことはできないが，カメラ行列 $\boldsymbol{\Pi}_\kappa$ を未知パラメータを含んだ何らかの式で表すことができれば（次節以下でこれを行う），これらの $3M$ 個の式から未知パラメータを消去して $\boldsymbol{T}$ に関する連立方程式を得ることができる．計量行列 $\boldsymbol{T}$ が定まれば，式 (12.17) を満たす $\boldsymbol{A}$ を求めることができる．直接的な方法はコレスキー分解を用いることであるが，$\boldsymbol{T}$ の固有値，固有ベクトルから $\boldsymbol{A}$ を定めることもできる（$\hookrightarrow$ 演習問題 12.2）．

ただし，行列 $\boldsymbol{A}$ には，したがって計量行列 $\boldsymbol{T}$ には定数倍の不定性がある．なぜなら，$\boldsymbol{S}$ を定数倍することは物体形状を定数倍することであり，$\boldsymbol{M}$ をその逆数で割れば（これはすべてのカメラをその物体に近づけることに相当する），積 $\boldsymbol{MS}$ は変化しないからである．第 5 章でも指摘したように，画像のみからはシーンの絶対的なスケールを定めることはできない．したがって，計量行列 $\boldsymbol{T}$ は定数倍を除いて定まればよい．

12.4　カメラ座標系による記述

カメラに関する知識を用いるユークリッド化を行うには，カメラの撮像をモデル化する必要がある．これは，カメラに固定した座標系を用いるほうが都合がよい．なぜなら，撮像のモデルとは，「そのカメラから見て」周りのシーンがどのように観察されるかを記述するものだからである．

カメラの視点を原点 O とし，光軸を Z 軸とする XYZ 座標系を考える．そして，カメラ座標系に関するシーンの点 $\boldsymbol{r}$ が画像面の (x, y) に撮影されるとする．アフィンカメラは，画像上の観測位置 (x, y) を 3 次元位置 $\boldsymbol{r}$ の 1 次式で表すものなので，次のように書く．

$$\begin{pmatrix} x \\ y \end{pmatrix} = \boldsymbol{Cr} + \boldsymbol{d} \tag{12.19}$$

すなわち，撮像は 2×3 行列 $\boldsymbol{C}$ と 2 次元ベクトル $\boldsymbol{d}$ とで指定される．

この行列 $\boldsymbol{C}$ とベクトル $\boldsymbol{d}$ と，12.1 節の世界座標系に関するカメラ行列 $\boldsymbol{\Pi}_\kappa$ との関係を考える．前章と同様に，世界座標系に関して第 κ カメラの視点は世界座標系の原点から $\boldsymbol{t}_\kappa$ だけ移動し，$\boldsymbol{R}_\kappa$ だけ回転しているとする．すると，第 α 点 $(X_\alpha, Y_\alpha, Z_\alpha)$ を第 κ カメラから見た位置 $\boldsymbol{r}_{\alpha\kappa}$ の向きは，世界座標系から見ると $\boldsymbol{R}_\kappa \boldsymbol{r}_{\alpha\kappa}$ である．したがって，式 (5.4) に対応して次の関係が成り立つ（図 5.2）．

$$\begin{pmatrix} X_\alpha \\ Y_\alpha \\ Z_\alpha \end{pmatrix} = \boldsymbol{t}_\kappa + \boldsymbol{R}_\kappa \boldsymbol{r}_{\alpha\kappa} \tag{12.20}$$

この点を撮影した画像上の位置は，式 (12.5) より次のようになる．

$$\begin{pmatrix} x_{\alpha\kappa} \\ y_{\alpha\kappa} \end{pmatrix} = \boldsymbol{\Pi}_\kappa(\boldsymbol{t}_\kappa + \boldsymbol{R}_\kappa \boldsymbol{r}_{\alpha\kappa}) \tag{12.21}$$

第 κ カメラを記述する行列とベクトルを $\boldsymbol{C}_\kappa$, $\boldsymbol{d}_\kappa$ とすると，カメラ座標系による記述は

$$\begin{pmatrix} x_{\alpha\kappa} \\ y_{\alpha\kappa} \end{pmatrix} = \boldsymbol{C}_\kappa \boldsymbol{r}_{\alpha\kappa} + \boldsymbol{d}_\kappa \tag{12.22}$$

である．ゆえに，次の関係を得る．

$$\boldsymbol{C}_\kappa = \boldsymbol{\Pi}_\kappa \boldsymbol{R}_\kappa, \qquad \boldsymbol{d}_\kappa = \boldsymbol{\Pi}_\kappa \boldsymbol{t}_\kappa \tag{12.23}$$

すなわち，$\boldsymbol{\Pi}_\kappa = \boldsymbol{C}_\kappa \boldsymbol{R}^\top$ である．しかし，式 (12.16) からわかるように，計量条件を定めるのは $\boldsymbol{\Pi}_\kappa \boldsymbol{\Pi}_\kappa^\top$ であり，$\boldsymbol{R}_\kappa$ が打ち消されて，次のように書ける．

$$\boldsymbol{\Pi}_\kappa \boldsymbol{\Pi}_\kappa^\top = \boldsymbol{C}_\kappa \boldsymbol{C}_\kappa^\top \tag{12.24}$$

ゆえに，計量条件を適用するには，それぞれのカメラをその座標系で記述した行列 $\boldsymbol{C}_\kappa$ が与えられればよい．

12.5　対称アフィンカメラ

カメラ座標系に対する点の位置 $\boldsymbol{r}_\alpha$ $(\alpha = 1, \ldots, N)$ の重心を次のようにおく．

$$\boldsymbol{g} = \frac{1}{N} \sum_{\alpha=1}^{N} \boldsymbol{r}_\alpha \tag{12.25}$$

これは 12.1 節の約束より，世界座標系の原点をカメラ座標系から見た位置である．透視投影をアフィンカメラで近似できるのは，観測する点が $\boldsymbol{g}$ の近傍に集中している場合である．アフィンカメラの行列 $\boldsymbol{C}$ とベクトル $\boldsymbol{d}$ をなるべく一般的な形で記述するために，次のようなカメラの撮像が満たすべき最小限の条件を考える．

条件 1：行列 $\boldsymbol{C}$ とベクトル $\boldsymbol{d}$ は，重心 $\boldsymbol{g} = (g_x, g_y, g_z)^\top$ の関数である．

条件 2：重心 $\boldsymbol{g}$ を通り，カメラ座標系の XY 面に平行な平面を撮影すると，透視投影カメラと同じ投影像を生じる．

条件 3：カメラの撮像は Z 軸の周りに軸対称である．

条件 1 は，撮像が世界座標系の原点（＝点の重心）に依存するが，世界座標系の向きにはよらないことを意味する．世界座標系は，記述の便宜上，任意に設定するものだからである．条件 2 は，シーンがカメラの画像面 (XY 面に平行とみなしている）に平行な平面のときは，透視投影カメラと同じように写るということであり，自然な要請である．条件 3 は，シーンを光軸（Z 軸に一致するとみなしている）の周りにある角度 θ だけ回転すると，その投影像も同じ θ だけ回転するという自然な要請である．不変量の理論を用いると，これらの条件を満たす投影モデルは次の形に限られることが知られている．

$$\begin{pmatrix} x \\ y \end{pmatrix} = \frac{1}{\zeta}\left(\begin{pmatrix} X \\ Y \end{pmatrix} + \beta(g_z - Z)\begin{pmatrix} g_x \\ g_y \end{pmatrix}\right) \tag{12.26}$$

ここに，$\boldsymbol{r} = (X, Y, Z)^\top$ はカメラ座標系から見た点の位置であり，ζ, β は $g_x^2 + g_y^2$ および g_z の任意の関数である．式 (12.19) の形に書くと，行列 $\boldsymbol{C}$ とベクトル $\boldsymbol{d}$ は次のようになる．

$$\boldsymbol{C} = \begin{pmatrix} 1/\zeta & 0 & -\beta g_x/\zeta \\ 0 & 1/\zeta & -\beta g_y/\zeta \end{pmatrix}, \qquad \boldsymbol{d} = \begin{pmatrix} \beta g_x g_z/\zeta \\ \beta g_y g_z/\zeta \end{pmatrix} \tag{12.27}$$

このようなモデルを**対称アフィンカメラ** (symmetric affine camera) とよぶ．特別な場合として，次のように簡略化したモデルがよく知られている．

・**疑似透視投影** (paraperspective projection)

関数 ζ, β を次のように選ぶ．

$$\zeta = \frac{g_z}{f}, \qquad \beta = \frac{1}{g_z} \tag{12.28}$$

式 (12.26) は次のようになる．

$$\begin{pmatrix} x \\ y \end{pmatrix} = \frac{f}{g_z}\left(\begin{pmatrix} X \\ Y \end{pmatrix} + \frac{g_z - Z}{g_z}\begin{pmatrix} g_x \\ g_y \end{pmatrix}\right) \tag{12.29}$$

式 (12.19) の形に書くと，行列 $\boldsymbol{C}$ とベクトル $\boldsymbol{d}$ は次のようになる．

$$\boldsymbol{C} = \begin{pmatrix} f/g_z & 0 & -fg_x/g_z^2 \\ 0 & f/g_z & -fg_y/g_z^2 \end{pmatrix}, \qquad \boldsymbol{d} = \begin{pmatrix} fg_x/g_z \\ fg_y/g_z \end{pmatrix} \tag{12.30}$$

これは，図 12.2(a) に示すように，$Z = f$ を画像面とし，シーン中の点 (X, Y, Z) を「$\boldsymbol{g}$ に平行に」平面 $Z = g_z$ に投影してから，透視投影と同様に画像面に投影するものと解釈できる．

・**弱透視投影** (weak perspective projection)

関数 ζ, β を次のように選ぶ．

$$\zeta = \frac{g_z}{f}, \qquad \beta = 0 \tag{12.31}$$

式 (12.26) は次のようになる．

$$\begin{pmatrix} x \\ y \end{pmatrix} = \frac{f}{g_z} \begin{pmatrix} X \\ Y \end{pmatrix} \tag{12.32}$$

式 (12.19) の形に書くと，行列 $\boldsymbol{C}$ とベクトル $\boldsymbol{d}$ は次のようになる．

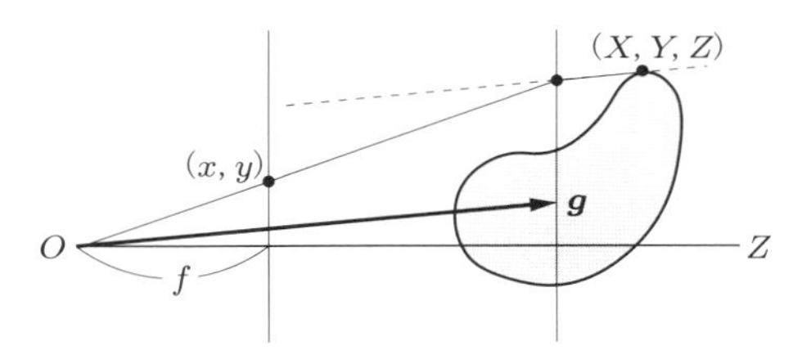

（a）疑似透視投影

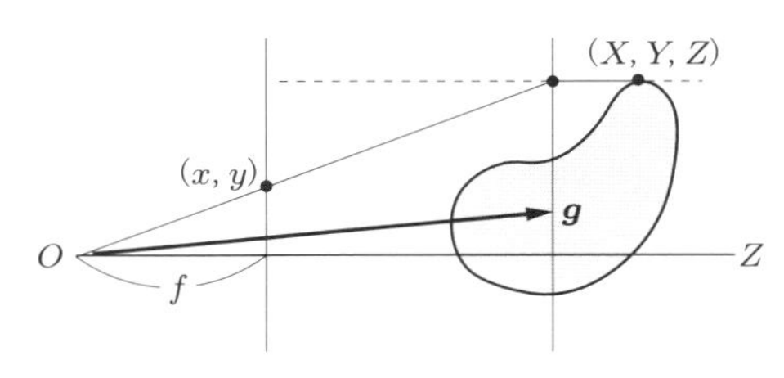

（b）弱透視投影

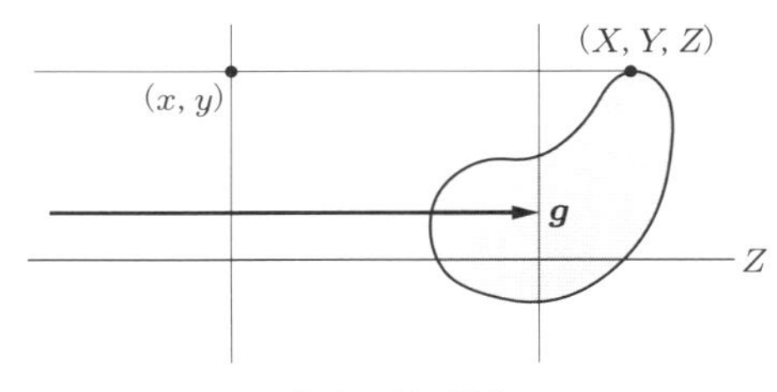

（c）平行投影

図 12.2　簡略化したアフィンカメラモデル

$$\boldsymbol{C} = \begin{pmatrix} f/g_z & 0 & 0 \\ 0 & f/g_z & 0 \end{pmatrix}, \qquad \boldsymbol{d} = \begin{pmatrix} 0 \\ 0 \end{pmatrix} \tag{12.33}$$

これは，図 12.2(b) に示すように，$Z = f$ を画像面とし，シーン中の点 (X, Y, Z) を「光軸に平行に」平面 $Z = g_z$ に投影してから，透視投影と同様に画像面に投影するものと解釈できる．

・**平行投影** (orthographic projection)

関数 ζ, β を次のように選ぶ．

$$\zeta = 1, \qquad \beta = 0 \tag{12.34}$$

式 (12.26) は次のようになる．

$$\begin{pmatrix} x \\ y \end{pmatrix} = \begin{pmatrix} X \\ Y \end{pmatrix} \tag{12.35}$$

式 (12.19) の形に書くと，行列 $\boldsymbol{C}$ とベクトル $\boldsymbol{d}$ は次のようになる．

$$\boldsymbol{C} = \begin{pmatrix} 1 & 0 & 0 \\ 0 & 1 & 0 \end{pmatrix}, \qquad \boldsymbol{d} = \begin{pmatrix} 0 \\ 0 \end{pmatrix} \tag{12.36}$$

これは，図 12.2(c) に示すように，シーン中の点 (X, Y, Z) を「光軸に平行に」画像面に投影するものと解釈できる．これは，透視投影カメラの焦点距離 f が ∞ となる極限である．

12.6 対称アフィンカメラの自己校正

式 (12.26), (12.27) の形の対称アフィンカメラを仮定すると，次の手順で自己校正ができる．

手順 12.2 対称アフィンカメラの自己校正

1. 第 κ 画像に見える点 $(x_{\alpha\kappa}, y_{\alpha\kappa})$ の重心 $(t_{x\kappa}, t_{y\kappa})$ を計算する．

$$t_{x\kappa} = \frac{1}{N}\sum_{\alpha=1}^{N} x_{\alpha\kappa}, \qquad t_{y\kappa} = \frac{1}{N}\sum_{\alpha=1}^{N} y_{\alpha\kappa} \tag{12.37}$$

2. 次のようにおく．

$$A_\kappa = t_{x\kappa} t_{y\kappa}, \qquad C_\kappa = t_{x\kappa}^2 - t_{y\kappa}^2 \tag{12.38}$$

3. 手順12.1の式(12.9)の特異値分解によって行列$\boldsymbol{U}$を定め，式(12.13)によってベクトル$\boldsymbol{u}_{\kappa(1)}$, $\boldsymbol{u}_{\kappa(2)}$ $(\kappa = 1, \ldots, M)$を定める.
4. 次の$3 \times 3 \times 3 \times 3$配列$\mathcal{B} = (B_{ijkl})$を定義する.

$$\begin{aligned}
&B_{ijkl} \\
&= \sum_{\kappa=1}^{M} \Bigl(A_\kappa^2 \bigl((\boldsymbol{u}_{\kappa(1)})_i (\boldsymbol{u}_{\kappa(1)})_j (\boldsymbol{u}_{\kappa(1)})_k (\boldsymbol{u}_{\kappa(1)})_l \\
&\quad + (\boldsymbol{u}_{\kappa(2)})_i (\boldsymbol{u}_{\kappa(2)})_j (\boldsymbol{u}_{\kappa(2)})_k (\boldsymbol{u}_{\kappa(2)})_l \\
&\quad - (\boldsymbol{u}_{\kappa(1)})_i (\boldsymbol{u}_{\kappa(1)})_j (\boldsymbol{u}_{\kappa(2)})_k (\boldsymbol{u}_{\kappa(2)})_l - (\boldsymbol{u}_{\kappa(2)})_i (\boldsymbol{u}_{\kappa(2)})_j (\boldsymbol{u}_{\kappa(1)})_k (\boldsymbol{u}_{\kappa(1)})_l \bigr) \\
&\quad + \frac{1}{4} C_\kappa^2 \bigl((\boldsymbol{u}_{\kappa(1)})_i (\boldsymbol{u}_{\kappa(2)})_j (\boldsymbol{u}_{\kappa(1)})_k (\boldsymbol{u}_{\kappa(2)})_l \\
&\quad + (\boldsymbol{u}_{\kappa(2)})_i (\boldsymbol{u}_{\kappa(1)})_j (\boldsymbol{u}_{\kappa(1)})_k (\boldsymbol{u}_{\kappa(2)})_l \\
&\quad + (\boldsymbol{u}_{\kappa(1)})_i (\boldsymbol{u}_{\kappa(2)})_j (\boldsymbol{u}_{\kappa(2)})_k (\boldsymbol{u}_{\kappa(1)})_l + (\boldsymbol{u}_{\kappa(2)})_i (\boldsymbol{u}_{\kappa(1)})_j (\boldsymbol{u}_{\kappa(2)})_k (\boldsymbol{u}_{\kappa(1)})_l \bigr) \\
&\quad - \frac{1}{2} A_\kappa C_\kappa \bigl((\boldsymbol{u}_{\kappa(1)})_i (\boldsymbol{u}_{\kappa(1)})_j (\boldsymbol{u}_{\kappa(1)})_k (\boldsymbol{u}_{\kappa(2)})_l \\
&\quad + (\boldsymbol{u}_{\kappa(1)})_i (\boldsymbol{u}_{\kappa(1)})_j (\boldsymbol{u}_{\kappa(2)})_k (\boldsymbol{u}_{\kappa(1)})_l \\
&\quad + (\boldsymbol{u}_{\kappa(1)})_i (\boldsymbol{u}_{\kappa(2)})_j (\boldsymbol{u}_{\kappa(1)})_k (\boldsymbol{u}_{\kappa(1)})_l + (\boldsymbol{u}_{\kappa(2)})_i (\boldsymbol{u}_{\kappa(1)})_j (\boldsymbol{u}_{\kappa(1)})_k (\boldsymbol{u}_{\kappa(1)})_l \\
&\quad - (\boldsymbol{u}_{\kappa(1)})_i (\boldsymbol{u}_{\kappa(2)})_j (\boldsymbol{u}_{\kappa(2)})_k (\boldsymbol{u}_{\kappa(2)})_l - (\boldsymbol{u}_{\kappa(2)})_i (\boldsymbol{u}_{\kappa(1)})_j (\boldsymbol{u}_{\kappa(2)})_k (\boldsymbol{u}_{\kappa(2)})_l \\
&\quad - (\boldsymbol{u}_{\kappa(2)})_i (\boldsymbol{u}_{\kappa(2)})_j (\boldsymbol{u}_{\kappa(1)})_k (\boldsymbol{u}_{\kappa(2)})_l - (\boldsymbol{u}_{\kappa(2)})_i (\boldsymbol{u}_{\kappa(2)})_j (\boldsymbol{u}_{\kappa(2)})_k (\boldsymbol{u}_{\kappa(1)})_l \bigr) \Bigr)
\end{aligned} \tag{12.39}$$

ただし，$(\boldsymbol{u}_{\kappa(a)})_i$は$\boldsymbol{u}_{\kappa(a)}$の第$i$成分である$(a = 1, 2, i = 1, 2, 3)$.

5. 次の6×6行列$\boldsymbol{B}$を定義する.

$$\boldsymbol{B} = \begin{pmatrix}
B_{1111} & B_{1122} & B_{1133} & \sqrt{2}B_{1123} & \sqrt{2}B_{1131} & \sqrt{2}B_{1112} \\
B_{2211} & B_{2222} & B_{2233} & \sqrt{2}B_{2223} & \sqrt{2}B_{2231} & \sqrt{2}B_{2212} \\
B_{3311} & B_{3322} & B_{3333} & \sqrt{2}B_{3323} & \sqrt{2}B_{3331} & \sqrt{2}B_{3312} \\
\sqrt{2}B_{2311} & \sqrt{2}B_{2322} & \sqrt{2}B_{2333} & 2B_{2323} & 2B_{2331} & 2B_{2312} \\
\sqrt{2}B_{3111} & \sqrt{2}B_{3122} & \sqrt{2}B_{3133} & 2B_{3123} & 2B_{3131} & 2B_{3112} \\
\sqrt{2}B_{1211} & \sqrt{2}B_{1222} & \sqrt{2}B_{1233} & 2B_{1223} & 2B_{1231} & 2B_{1212}
\end{pmatrix} \tag{12.40}$$

6. 行列$\boldsymbol{B}$の最小固有値に対する6次元単位固有ベクトル$\boldsymbol{\tau} = (\tau_i)$を計算

する．

7. 計量行列 $\boldsymbol{T}$ を次のように定める．

$$\boldsymbol{T} = \begin{pmatrix} \tau_1 & \tau_6/\sqrt{2} & \tau_5/\sqrt{2} \\ \tau_6/\sqrt{2} & \tau_2 & \tau_4/\sqrt{2} \\ \tau_5/\sqrt{2} & \tau_4/\sqrt{2} & \tau_3 \end{pmatrix} \tag{12.41}$$

8. $\det \boldsymbol{T} < 0$ であれば，$\boldsymbol{T}$ の符号を変える．
9. $\boldsymbol{T} = \boldsymbol{A}\boldsymbol{A}^\top$ となる行列 $\boldsymbol{A}$ を定める（↪ 演習問題 12.2）．
10. 式 (12.12) に対応して，次の運動行列 $\boldsymbol{M}$ と形状行列 $\boldsymbol{S}$ を返す（複号同順）．

$$\boldsymbol{M} = \pm \boldsymbol{U}\boldsymbol{A}, \qquad \boldsymbol{S} = \pm \boldsymbol{A}^{-1}\boldsymbol{\Sigma}\boldsymbol{V}^\top \tag{12.42}$$

解説 上の手順は，次のように構成されている．第 κ カメラに関する量に添字 κ を付けて表すと，式 (12.27) より，式 (12.24) は次のようになる．

$$\begin{aligned} \boldsymbol{\Pi}_\kappa \boldsymbol{\Pi}_\kappa^\top &= \begin{pmatrix} 1/\zeta_\kappa & 0 & -\beta_\kappa g_{x\kappa}/\zeta_\kappa \\ 0 & 1/\zeta_\kappa & -\beta_\kappa g_{y\kappa}/\zeta_\kappa \end{pmatrix} \begin{pmatrix} 1/\zeta_\kappa & 0 \\ 0 & 1/\zeta_\kappa \\ -\beta g_{x\kappa}/\zeta_\kappa & -\beta_\kappa g_{y\kappa}/\zeta_\kappa \end{pmatrix} \\ &= \begin{pmatrix} 1/\zeta_\kappa^2 + \beta_\kappa^2 g_{x\kappa}^2/\zeta_\kappa^2 & \beta_\kappa^2 g_{x\kappa} g_{y\kappa}/\zeta_\kappa^2 \\ \beta_\kappa^2 g_{x\kappa} g_{y\kappa}/\zeta_\kappa^2 & 1/\zeta_\kappa^2 + \beta_\kappa^2 g_{y\kappa}^2/\zeta_\kappa^2 \end{pmatrix} \end{aligned} \tag{12.43}$$

これから，式 (12.18) の計量条件が次のように書ける．

$$\begin{aligned} &(\boldsymbol{u}_{\kappa(1)}, \boldsymbol{T}\boldsymbol{u}_{\kappa(1)}) = \frac{1}{\zeta_\kappa^2} + \beta_\kappa^2 t_{x\kappa}^2, \qquad (\boldsymbol{u}_{\kappa(1)}, \boldsymbol{T}\boldsymbol{u}_{\kappa(2)}) = \beta_\kappa^2 t_{x\kappa} t_{y\kappa}, \\ &(\boldsymbol{u}_{\kappa(2)}, \boldsymbol{T}\boldsymbol{u}_{\kappa(2)}) = \frac{1}{\zeta_\kappa^2} + \beta_\kappa^2 t_{y\kappa}^2 \end{aligned} \tag{12.44}$$

ただし，次のようにおいた．

$$t_{x\kappa} = \frac{g_{x\kappa}}{\zeta_\kappa}, \qquad t_{y\kappa} = \frac{g_{y\kappa}}{\zeta_\kappa} \tag{12.45}$$

式 (12.26) で $X = g_x, Y = g_y, Z = g_z$ とおくと，$(x, y) = (g_x/\zeta, g_y/\zeta) = (t_x, t_y)$ となっている．すなわち，$(t_{x\kappa}, t_{y\kappa})$ は第 κ カメラから見たシーン中の N 点の重心の位置 $\boldsymbol{g}_\kappa$ の投影像である．ゆえに，$(t_{x\kappa},\ t_{y\kappa})$ が式 (12.37) によって定まる．

式 (12.44) の第 2 式から，β_κ^2 が次のように書ける．

$$\beta_\kappa^2 = \frac{(\boldsymbol{u}_{\kappa(1)}, \boldsymbol{T}\boldsymbol{u}_{\kappa(2)})}{t_{x\kappa}t_{y\kappa}} \tag{12.46}$$

式 (12.44) の第 1, 3 式にこれを代入すると，次式が得られる．

$$(\boldsymbol{u}_{\kappa(1)}, \boldsymbol{T}\boldsymbol{u}_{\kappa(1)}) = \frac{1}{\zeta_\kappa^2} + \frac{t_{x\kappa}}{t_{y\kappa}}(\boldsymbol{u}_{\kappa(1)}, \boldsymbol{T}\boldsymbol{u}_{\kappa(2)}),$$
$$(\boldsymbol{u}_{\kappa(2)}, \boldsymbol{T}\boldsymbol{u}_{\kappa(2)}) = \frac{1}{\zeta_\kappa^2} + \frac{t_{y\kappa}}{t_{x\kappa}}(\boldsymbol{u}_{\kappa(1)}, \boldsymbol{T}\boldsymbol{u}_{\kappa(2)}) \tag{12.47}$$

辺々を引いて $1/\zeta_\kappa^2$ を消去し，整理すると次式を得る．

$$A_\kappa(\boldsymbol{u}_{\kappa(1)}, \boldsymbol{T}\boldsymbol{u}_{\kappa(1)}) - C_\kappa(\boldsymbol{u}_{\kappa(1)}, \boldsymbol{T}\boldsymbol{u}_{\kappa(2)}) - A_\kappa(\boldsymbol{u}_{\kappa(2)}, \boldsymbol{T}\boldsymbol{u}_{\kappa(2)}) = 0 \tag{12.48}$$

ただし，A_κ, C_κ は式 (12.38) のようにおいたものである．そこで，計量行列 $\boldsymbol{T}$ を次の関数 K を最小にする最小 2 乗法で定める．

$$K = \sum_{\kappa=1}^{M} \Big(A_\kappa(\boldsymbol{u}_{\kappa(1)}, \boldsymbol{T}\boldsymbol{u}_{\kappa(1)}) - C_\kappa(\boldsymbol{u}_{\kappa(1)}, \boldsymbol{T}\boldsymbol{u}_{\kappa(2)}) - A_\kappa(\boldsymbol{u}_{\kappa(2)}, \boldsymbol{T}\boldsymbol{u}_{\kappa(2)})\Big)^2 \tag{12.49}$$

これは展開して，配列 B_{ijkl} を式 (12.39) のように定義すると，次のように書ける．

$$K = \sum_{\kappa=1}^{M} \sum_{i,j,k,l=1}^{3} B_{ijkl} T_{ij} T_{kl} \tag{12.50}$$

計量行列 $\boldsymbol{T} = (T_{ij})$ は定数倍の不定性があり，定数倍を除いて定まればよいから，$\|\boldsymbol{T}\|^2 = \sum_{i,j=1}^{3} T_{ij}^2 = 1$ と正規化してよい．6 次元ベクトル $\boldsymbol{\tau}$ を

$$\boldsymbol{\tau} = \Big(T_{11},\ T_{22},\ T_{33},\ \sqrt{2}T_{23},\ \sqrt{2}T_{31},\ \sqrt{2}T_{12}\Big)^\top \tag{12.51}$$

と定義すると，$\|\boldsymbol{T}\|^2 = 1$ は $\|\boldsymbol{\tau}\|^2 = 1$ と等価である．6×6 行列 $\boldsymbol{B}$ を式 (12.40) のように定義すると，式 (12.49) の K は次のように $\boldsymbol{\tau}$ の 2 次形式の形に書ける．

$$K = (\boldsymbol{\tau}, \boldsymbol{B}\boldsymbol{\tau}) \tag{12.52}$$

これを最小化する単位ベクトル $\boldsymbol{\tau}$ は，行列 $\boldsymbol{B}$ の最小固有値の単位固有ベクトルである．ゆえに，計量行列 $\boldsymbol{T} = (T_{ij})$ が式 (12.41) のように定まる．$\boldsymbol{T}$ は式 (12.17) の定義より，正値対称行列でなければならないが，固有ベクトル $\boldsymbol{\tau}$ は符号が不定である．そこで，ステップ 8 のように $\boldsymbol{T}$ の符号を調節する．手順 12.2

によって計量行列 $\boldsymbol{T}$，運動行列 $\boldsymbol{M}$，形状行列 $\boldsymbol{S}$ が定まれば，各カメラの行列 $\boldsymbol{C}_\kappa$ と回転 $\boldsymbol{R}_\kappa$ を計算することもできる（$\hookrightarrow$ 演習問題 12.3）．

ステップ 10 で二つの解が得られるのは，ステップ 9 で定まる行列 $\boldsymbol{A}$ に符号の不定性があるからである．式 (12.6) の形状行列 $\boldsymbol{S}$ の符号を変えると，すべての点の座標の符号が変わり，形状は鏡像となる．第 5 章に示した透視投影カメラによる 3 次元復元でも鏡像解が得られ，これをシーンがカメラの前方にあるという条件から除去したが，アフィンカメラでは奥行きが不定であり，カメラの前後関係が判定できない．このように**鏡像解が除去できない**ことは，アフィンカメラに固有な性質である．

なお，ステップ 9 で定まる行列 $\boldsymbol{A}$ には符号の不定性のほか，回転の不定性もある．すなわち，任意の回転行列 $\boldsymbol{R}$ に対して $\boldsymbol{A}' = \boldsymbol{A}\boldsymbol{R}$ とおいても，$\boldsymbol{A}\boldsymbol{A}^\top = \boldsymbol{A}'\boldsymbol{A}'^\top$ が成り立つ．この $\boldsymbol{A}'$ を用いることは，式 (12.42) からわかるように，$\boldsymbol{A}$ で定まる形状を $\boldsymbol{R}^\top$ だけ回転することに相当する．これは，点の座標 $(X_\alpha, Y_\alpha, Z_\alpha)$ が世界座標に対して定義され，世界座標系は絶対的な向きが不定であり，任意の向きに定義できることに対応している．

12.7 簡略アフィンカメラの自己校正

上の手順 12.2 の問題点は，式 (12.41) で定まる計量行列 $\boldsymbol{T}$ が正値対称行列でない場合があることである．正値対称行列である必要十分条件は固有値がすべて正であることであり，$\det \boldsymbol{T} > 0$ は必要条件であるが，十分条件ではない．$\boldsymbol{T}$ が正値でなければ，ステップ 9 の $\boldsymbol{T} = \boldsymbol{A}\boldsymbol{A}^\top$ となる行列 $\boldsymbol{A}$ が存在しない．次のような場合に，正値でない $\boldsymbol{T}$ が計算されることがある．

・カメラの透視効果が強く，アフィンカメラで近似できない．
・カメラの移動がほぼ直線的で，十分な奥行き情報が得られない．
・点の対応関係が不正確で，観測行列 $\boldsymbol{W}$ に大きな誤差がある．

これらに対処する一つの方法は，12.5 節の簡略化したアフィンカメラモデルを用いることである．簡略化するほど解は不正確になるが，解が満たすべき条件が単純になるので，解が計算できる可能性が増えるからである．

12.7.1　疑似透視投影カメラ

式 (12.29), (12.30) の疑似透視投影カメラに対しては，次の手順が得られる．

手順 12.3　疑似透視投影カメラの自己校正

1. 第 κ 画像に見える点 $(x_{\alpha\kappa}, y_{\alpha\kappa})$ の重心 $(t_{x\kappa}, t_{y\kappa})$ を計算する．

$$t_{x\kappa} = \frac{1}{N}\sum_{\alpha=1}^{N} x_{\alpha\kappa}, \qquad t_{y\kappa} = \frac{1}{N}\sum_{\alpha=1}^{N} y_{\alpha\kappa} \tag{12.53}$$

2. f_κ $(\kappa = 1, \ldots, M)$ を任意に与え，次のようにおく．

$$\alpha_\kappa = \frac{1}{1 + t_{x\kappa}^2/f_\kappa^2}, \qquad \beta_\kappa = \frac{1}{1 + t_{y\kappa}^2/f_\kappa^2}, \qquad \gamma_\kappa = \frac{t_{x\kappa}t_{y\kappa}}{f_\kappa^2} \tag{12.54}$$

3. 手順 12.1 の式 (12.9) の特異値分解によって行列 $\boldsymbol{U}$ を定め，式 (12.13) によってベクトル $\boldsymbol{u}_{\kappa(1)}$, $\boldsymbol{u}_{\kappa(2)}$ $(\kappa = 1, \ldots, M)$ を定める．
4. 次の $3 \times 3 \times 3 \times 3$ 配列 $\mathcal{B} = (B_{ijkl})$ を定義する．

$$\begin{aligned}
&B_{ijkl} \\
&= \sum_{\kappa=1}^{M} \Big((\gamma_\kappa^2 + 1)\alpha_\kappa^2 (\boldsymbol{u}_{\kappa(1)})_i (\boldsymbol{u}_{\kappa(1)})_j (\boldsymbol{u}_{\kappa(1)})_k (\boldsymbol{u}_{\kappa(1)})_l \\
&\quad + (\gamma_\kappa^2 + 1)\beta_\kappa^2 (\boldsymbol{u}_{\kappa(2)})_i (\boldsymbol{u}_{\kappa(2)})_j (\boldsymbol{u}_{\kappa(2)})_k (\boldsymbol{u}_{\kappa(2)})_l \\
&\quad + (\boldsymbol{u}_{\kappa(1)})_i (\boldsymbol{u}_{\kappa(2)})_j (\boldsymbol{u}_{\kappa(1)})_k (\boldsymbol{u}_{\kappa(2)})_l + (\boldsymbol{u}_{\kappa(1)})_i (\boldsymbol{u}_{\kappa(2)})_j (\boldsymbol{u}_{\kappa(2)})_k (\boldsymbol{u}_{\kappa(1)})_l \\
&\quad + (\boldsymbol{u}_{\kappa(2)})_i (\boldsymbol{u}_{\kappa(1)})_j (\boldsymbol{u}_{\kappa(1)})_k (\boldsymbol{u}_{\kappa(2)})_l + (\boldsymbol{u}_{\kappa(2)})_i (\boldsymbol{u}_{\kappa(1)})_j (\boldsymbol{u}_{\kappa(2)})_k (\boldsymbol{u}_{\kappa(1)})_l \\
&\quad - \alpha_\kappa\gamma_\kappa (\boldsymbol{u}_{\kappa(1)})_i (\boldsymbol{u}_{\kappa(1)})_j (\boldsymbol{u}_{\kappa(1)})_k (\boldsymbol{u}_{\kappa(2)})_l - \alpha_\kappa\gamma_\kappa (\boldsymbol{u}_{\kappa(1)})_i (\boldsymbol{u}_{\kappa(1)})_j (\boldsymbol{u}_{\kappa(2)})_k (\boldsymbol{u}_{\kappa(1)})_l \\
&\quad - \alpha_\kappa\gamma_\kappa (\boldsymbol{u}_{\kappa(1)})_i (\boldsymbol{u}_{\kappa(2)})_j (\boldsymbol{u}_{\kappa(1)})_k (\boldsymbol{u}_{\kappa(1)})_l - \alpha_\kappa\gamma_\kappa (\boldsymbol{u}_{\kappa(2)})_i (\boldsymbol{u}_{\kappa(1)})_j (\boldsymbol{u}_{\kappa(1)})_k (\boldsymbol{u}_{\kappa(1)})_l \\
&\quad - \beta_\kappa\gamma_\kappa (\boldsymbol{u}_{\kappa(2)})_i (\boldsymbol{u}_{\kappa(2)})_j (\boldsymbol{u}_{\kappa(1)})_k (\boldsymbol{u}_{\kappa(2)})_l - \beta_\kappa\gamma_\kappa (\boldsymbol{u}_{\kappa(2)})_i (\boldsymbol{u}_{\kappa(2)})_j (\boldsymbol{u}_{\kappa(2)})_k (\boldsymbol{u}_{\kappa(1)})_l \\
&\quad - \beta_\kappa\gamma_\kappa (\boldsymbol{u}_{\kappa(1)})_i (\boldsymbol{u}_{\kappa(2)})_j (\boldsymbol{u}_{\kappa(2)})_k (\boldsymbol{u}_{\kappa(2)})_l - \beta_\kappa\gamma_\kappa (\boldsymbol{u}_{\kappa(2)})_i (\boldsymbol{u}_{\kappa(1)})_j (\boldsymbol{u}_{\kappa(2)})_k (\boldsymbol{u}_{\kappa(2)})_l \\
&\quad + (\gamma_\kappa^2 - 1)\alpha_\kappa\beta_\kappa (\boldsymbol{u}_{\kappa(1)})_i (\boldsymbol{u}_{\kappa(1)})_j (\boldsymbol{u}_{\kappa(2)})_k (\boldsymbol{u}_{\kappa(2)})_l \\
&\quad + (\gamma_\kappa^2 - 1)\alpha_\kappa\beta_\kappa (\boldsymbol{u}_{\kappa(2)})_i (\boldsymbol{u}_{\kappa(2)})_j (\boldsymbol{u}_{\kappa(1)})_k (\boldsymbol{u}_{\kappa(1)})_l \Big)
\end{aligned} \tag{12.55}$$

ただし，$(\boldsymbol{u}_{\kappa(a)})_i$ は $\boldsymbol{u}_{\kappa(a)}$ の第 i 成分である $(a = 1,\ 2,\ i = 1,\ 2,\ 3)$．

5. 式 (12.40) のように 6×6 行列 $\boldsymbol{B}$ を定義し，$\boldsymbol{B}$ の最小固有値に対する 6 次元単位固有ベクトル $\boldsymbol{\tau} = (\tau_i)$ を計算する．
6. 計量行列 $\boldsymbol{T}$ を式 (12.41) のように定め，$\det \boldsymbol{T} < 0$ であれば，$\boldsymbol{T}$ の符号を

変える.

7. $\boldsymbol{T} = \boldsymbol{A}\boldsymbol{A}^\top$ となる行列 $\boldsymbol{A}$ を定め，式 (12.42) の運動行列 $\boldsymbol{M}$ と形状行列 $\boldsymbol{S}$ を返す.

解説 疑似透視投影は式 (12.29) で与えられ，未知数は f と $\boldsymbol{g} = (g_x, g_y, g_z)^\top$ である．しかし，計量条件を定めるのは，式 (12.24) に示すように行列 $\boldsymbol{C}$ であり，式 (12.30) を見ると，$\boldsymbol{C}$ は f と $\boldsymbol{g}$ の比によって指定されている．すなわち，f と $\boldsymbol{g}$ を定数倍しても $\boldsymbol{C}$ は変化しないので，f の絶対的な値を定めることはできない．そこで，f を任意に指定する（復元した形状は指定した f の値に依存し，実際のカメラの焦点距離から著しくかけ離れた値を用いると，復元形状歪みが増える）．第 κ カメラに関する量に添字 κ を付けて表すと，式 (12.30) より式 (12.24) は次のようになる.

$$\begin{aligned}
\boldsymbol{\Pi}_\kappa\boldsymbol{\Pi}_\kappa^\top &= \begin{pmatrix} f_\kappa/g_{z\kappa} & 0 & -f_\kappa g_{x\kappa}/g_{z\kappa}^2 \\ 0 & f_\kappa/g_{z\kappa} & -f_\kappa g_{y\kappa}/g_{z\kappa}^2 \end{pmatrix} \begin{pmatrix} f_\kappa/g_{z\kappa} & 0 \\ 0 & f_\kappa/g_{z\kappa} \\ -f_\kappa g_{x\kappa}/g_{z\kappa}^2 & -f_\kappa g_{y\kappa}/g_{z\kappa}^2 \end{pmatrix} \\
&= \begin{pmatrix} f_\kappa^2/g_{z\kappa}^2 + f_\kappa^2 g_{x\kappa}^2/g_{z\kappa}^4 & f_\kappa^2 g_{x\kappa} g_{y\kappa}/g_{z\kappa}^4 \\ f_\kappa^2 g_{x\kappa} g_{y\kappa}/g_{z\kappa}^4 & f_\kappa^2/g_{z\kappa}^2 + f_\kappa^2 g_{y\kappa}^2/g_{z\kappa}^4 \end{pmatrix} \\
&= f_\kappa^2 \begin{pmatrix} (1+t_{x\kappa}^2)/g_{z\kappa}^2 & t_{x\kappa} t_{y\kappa}/g_{z\kappa}^2 \\ t_{x\kappa} t_{y\kappa}/g_{z\kappa}^2 & (1+t_{y\kappa}^2)/g_{z\kappa}^2 \end{pmatrix}
\end{aligned} \tag{12.56}$$

ただし，次のようにおいた.

$$t_{x\kappa} = f_\kappa \frac{g_{x\kappa}}{g_{z\kappa}}, \qquad t_{y\kappa} = f_\kappa \frac{g_{y\kappa}}{g_{z\kappa}} \tag{12.57}$$

式 (12.29) で $X = g_x$, $Y = g_y$, $Z = g_z$ とおくと，$(x, y) = (f_\kappa g_x/g_z, f_\kappa g_y/g_z)$ となっている．すなわち，$(t_{x\kappa}, t_{y\kappa})$ は第 κ カメラから見たシーン中の N 個の点の重心の位置 $\boldsymbol{g}_\kappa$ の投影像である．ゆえに，$(t_{x\kappa}, t_{y\kappa})$ が式 (12.53) によって定まる．式 (12.56) より，式 (12.18) の計量条件が次のように書ける.

$$\begin{aligned}
&(\boldsymbol{u}_{\kappa(1)}, \boldsymbol{T}\boldsymbol{u}_{\kappa(1)}) = \frac{f_\kappa^2}{\alpha_\kappa t_{z\kappa}^2}, \qquad (\boldsymbol{u}_{\kappa(1)}, \boldsymbol{T}\boldsymbol{u}_{\kappa(2)}) = \frac{f_\kappa^2 \gamma_\kappa}{t_{z\kappa}^2}, \\
&(\boldsymbol{u}_{\kappa(2)}, \boldsymbol{T}\boldsymbol{u}_{\kappa(2)}) = \frac{f_\kappa^2}{\beta_\kappa t_{z\kappa}^2}
\end{aligned} \tag{12.58}$$

ただし，α_κ, β_κ, γ_κ を式 (12.54) のようにおく．式 (12.58) から $t_{z\kappa}$ を消去すると，次の二つの条件を得る．

$$\alpha_\kappa(\boldsymbol{u}_{\kappa(1)}, \boldsymbol{T}\boldsymbol{u}_{\kappa(1)}) = \beta_\kappa(\boldsymbol{u}_{\kappa(2)}, \boldsymbol{T}\boldsymbol{u}_{\kappa(2)}),$$
$$\gamma_\kappa\left(\alpha_\kappa(\boldsymbol{u}_{\kappa(1)}, \boldsymbol{T}\boldsymbol{u}_{\kappa(1)}) + \beta_\kappa(\boldsymbol{u}_{\kappa(2)}, \boldsymbol{T}\boldsymbol{u}_{\kappa(2)})\right) = 2(\boldsymbol{u}_{\kappa(1)}, \boldsymbol{T}\boldsymbol{u}_{\kappa(2)}) \tag{12.59}$$

そこで，計量行列 $\boldsymbol{T}$ を次の関数 K を最小にする最小 2 乗法で定める．

$$K = \sum_{\kappa=1}^{M}\Big(\big(\alpha_\kappa(\boldsymbol{u}_{\kappa(1)}, \boldsymbol{T}\boldsymbol{u}_{\kappa(1)}) - \beta_\kappa(\boldsymbol{u}_{\kappa(2)}, \boldsymbol{T}\boldsymbol{u}_{\kappa(2)})\big)^2 + \big(\gamma_\kappa\left(\alpha_\kappa(\boldsymbol{u}_{\kappa(1)}, \boldsymbol{T}\boldsymbol{u}_{\kappa(1)}) + \beta_\kappa(\boldsymbol{u}_{\kappa(2)}, \boldsymbol{T}\boldsymbol{u}_{\kappa(2)})\right) - 2(\boldsymbol{u}_{\kappa(1)}, \boldsymbol{T}\boldsymbol{u}_{\kappa(2)})\big)^2\Big) \tag{12.60}$$

これを展開して，配列 B_{ijkl} を式 (12.55) のようにおくと，式 (12.50) のように書ける．以降のステップは手順 12.2 と同じである．

■ 12.7.2　弱透視投影カメラ

式 (12.32), (12.33) の弱透視投影カメラに対しては，次の手順が得られる．

手順 12.4　弱透視投影カメラの自己校正

1. 手順 12.1 の式 (12.9) の特異値分解によって行列 $\boldsymbol{U}$ を定め，式 (12.13) によってベクトル $\boldsymbol{u}_{\kappa(1)}$, $\boldsymbol{u}_{\kappa(2)}$ ($\kappa = 1, \ldots, M$) を定める．
2. 次の $3 \times 3 \times 3 \times 3$ 配列 $\mathcal{B} = (B_{ijkl})$ を定義する．

$$\begin{aligned} B_{ijkl} &= \sum_{\kappa=1}^{M}\Big((\boldsymbol{u}_{\kappa(1)})_i(\boldsymbol{u}_{\kappa(1)})_j(\boldsymbol{u}_{\kappa(1)})_k(\boldsymbol{u}_{\kappa(1)})_l - (\boldsymbol{u}_{\kappa(1)})_i(\boldsymbol{u}_{\kappa(1)})_j(\boldsymbol{u}_{\kappa(2)})_k(\boldsymbol{u}_{\kappa(2)})_l \\ &- (\boldsymbol{u}_{\kappa(2)})_i(\boldsymbol{u}_{\kappa(2)})_j(\boldsymbol{u}_{\kappa(1)})_k(\boldsymbol{u}_{\kappa(1)})_l + (\boldsymbol{u}_{\kappa(2)})_i(\boldsymbol{u}_{\kappa(2)})_j(\boldsymbol{u}_{\kappa(2)})_k(\boldsymbol{u}_{\kappa(2)})_l \\ &+ \frac{1}{4}\big((\boldsymbol{u}_{\kappa(1)})_i(\boldsymbol{u}_{\kappa(2)})_j(\boldsymbol{u}_{\kappa(1)})_k(\boldsymbol{u}_{\kappa(2)})_l + (\boldsymbol{u}_{\kappa(2)})_i(\boldsymbol{u}_{\kappa(1)})_j(\boldsymbol{u}_{\kappa(1)})_k(\boldsymbol{u}_{\kappa(2)})_l \\ &+ (\boldsymbol{u}_{\kappa(1)})_i(\boldsymbol{u}_{\kappa(2)})_j(\boldsymbol{u}_{\kappa(2)})_k(\boldsymbol{u}_{\kappa(1)})_l + (\boldsymbol{u}_{\kappa(2)})_i(\boldsymbol{u}_{\kappa(1)})_j(\boldsymbol{u}_{\kappa(2)})_k(\boldsymbol{u}_{\kappa(1)})_l\big)\Big) \end{aligned} \tag{12.61}$$

ただし，$(\boldsymbol{u}_{\kappa(a)})_i$ は $\boldsymbol{u}_{\kappa(a)}$ の第 i 成分である ($a = 1, 2, i = 1, 2, 3$)．

3. 式 (12.40) のように 6×6 行列 $\boldsymbol{B}$ を定義し，$\boldsymbol{B}$ の最小固有値に対する 6 次元単位固有ベクトル $\boldsymbol{\tau} = (\tau_i)$ を計算する．
4. 計量行列 $\boldsymbol{T}$ を式 (12.41) のように定め，$\det \boldsymbol{T} < 0$ であれば，$\boldsymbol{T}$ の符号を変える．
5. $\boldsymbol{T} = \boldsymbol{A}\boldsymbol{A}^\top$ となる行列 $\boldsymbol{A}$ を定め，式 (12.42) の運動行列 $\boldsymbol{M}$ と形状行列 $\boldsymbol{S}$ を返す．

解説　第 κ カメラに関する量に添字 κ を付けて表すと，式 (12.33) より式 (12.24) は次のようになる．

$$\boldsymbol{\Pi}_\kappa \boldsymbol{\Pi}_\kappa^\top = \begin{pmatrix} f_\kappa/g_{z\kappa} & 0 & 0 \\ 0 & f_\kappa/g_{z\kappa} & 0 \end{pmatrix} \begin{pmatrix} f_\kappa/g_{z\kappa} & 0 \\ 0 & f_\kappa/g_{z\kappa} \\ 0 & 0 \end{pmatrix} = \begin{pmatrix} f_\kappa^2/g_{z\kappa}^2 & 0 \\ 0 & f_\kappa^2/g_{z\kappa}^2 \end{pmatrix} \tag{12.62}$$

式 (12.18) の計量条件は次のように書ける．

$$(\boldsymbol{u}_{\kappa(1)}, \boldsymbol{T}\boldsymbol{u}_{\kappa(1)}) = (\boldsymbol{u}_{\kappa(2)}, \boldsymbol{T}\boldsymbol{u}_{\kappa(2)}) = \frac{f_\kappa^2}{g_{z\kappa}^2}, \qquad (\boldsymbol{u}_{\kappa(1)}, \boldsymbol{T}\boldsymbol{u}_{\kappa(2)}) = 0 \tag{12.63}$$

そこで，計量行列 $\boldsymbol{T}$ を次の関数 K を最小にする最小 2 乗法で定める．

$$K = \sum_{\kappa=1}^{M} \Big(\big((\boldsymbol{u}_{\kappa(1)}, \boldsymbol{T}\boldsymbol{u}_{\kappa(1)}) - (\boldsymbol{u}_{\kappa(2)}, \boldsymbol{T}\boldsymbol{u}_{\kappa(2)}) \big)^2 + (\boldsymbol{u}_{\kappa(1)}, \boldsymbol{T}\boldsymbol{u}_{\kappa(2)})^2 \Big) \tag{12.64}$$

これを展開して，配列 B_{ijkl} を式 (12.61) のようにおくと，式 (12.50) のように書ける．以降のステップは手順 12.2 と同じである．

■ 12.7.3 平行投影カメラ

式 (12.35), (12.36) の平行投影カメラに対しては，次の手順が得られる．

手順 12.5　平行投影カメラの自己校正

1. 手順 12.1 の式 (12.9) の特異値分解によって行列 $\boldsymbol{U}$ を定め，式 (12.13) によってベクトル $\boldsymbol{u}_{\kappa(1)}$, $\boldsymbol{u}_{\kappa(2)}$ $(\kappa = 1, \ldots, M)$ を定める．
2. 次の $3 \times 3 \times 3 \times 3$ 配列 $\mathcal{B} = (B_{ijkl})$ を定義する．

$$
\begin{aligned}
&B_{ijkl}\\
&=\sum_{\kappa=1}^{M}\Bigl((\boldsymbol{u}_{\kappa(1)})_i(\boldsymbol{u}_{\kappa(1)})_j(\boldsymbol{u}_{\kappa(1)})_k(\boldsymbol{u}_{\kappa(1)})_l+(\boldsymbol{u}_{\kappa(2)})_i(\boldsymbol{u}_{\kappa(2)})_j(\boldsymbol{u}_{\kappa(2)})_k(\boldsymbol{u}_{\kappa(2)})_l\\
&\quad+\frac{1}{4}\bigl((\boldsymbol{u}_{\kappa(1)})_i(\boldsymbol{u}_{\kappa(2)})_j+(\boldsymbol{u}_{\kappa(2)})_i(\boldsymbol{u}_{\kappa(1)})_j\bigr)\bigl((\boldsymbol{u}_{\kappa(1)})_k(\boldsymbol{u}_{\kappa(2)})_l+(\boldsymbol{u}_{\kappa(2)})_k(\boldsymbol{u}_{\kappa(1)})_l\bigr)\Bigr)
\end{aligned}
\tag{12.65}
$$

ただし，$(\boldsymbol{u}_{\kappa(a)})_i$ は $\boldsymbol{u}_{\kappa(a)}$ の第 i 成分である $(a = 1, 2, i = 1, 2, 3)$.

3. 式 (12.40) のように 6×6 行列 $\boldsymbol{B}$ を定義し，次の連立 1 次方程式を解いて 6 次元ベクトル $\boldsymbol{\tau} = (\tau_i)$ を定める.

$$
\boldsymbol{B}\boldsymbol{\tau} = \begin{pmatrix} 1 \\ 1 \\ 1 \\ 0 \\ 0 \\ 0 \end{pmatrix}
\tag{12.66}
$$

4. 計量行列 $\boldsymbol{T}$ を式 (12.41) のように定める.
5. $\boldsymbol{T} = \boldsymbol{A}\boldsymbol{A}^\top$ となる行列 $\boldsymbol{A}$ を定め，式 (12.42) の運動行列 $\boldsymbol{M}$ と形状行列 $\boldsymbol{S}$ を返す.

解説　式 (12.36) より，第 κ カメラに対する式 (12.24) は次のようになる.

$$
\boldsymbol{\Pi}_\kappa\boldsymbol{\Pi}_\kappa^\top = \begin{pmatrix} 1 & 0 & 0 \\ 0 & 1 & 0 \end{pmatrix}\begin{pmatrix} 1 & 0 \\ 0 & 1 \\ 0 & 0 \end{pmatrix} = \begin{pmatrix} 1 & 0 \\ 0 & 1 \end{pmatrix}
\tag{12.67}
$$

式 (12.18) の計量条件は次のように書ける.

$$
(\boldsymbol{u}_{\kappa(1)}, \boldsymbol{T}\boldsymbol{u}_{\kappa(1)}) = (\boldsymbol{u}_{\kappa(2)}, \boldsymbol{T}\boldsymbol{u}_{\kappa(2)}) = 1, \qquad (\boldsymbol{u}_{\kappa(1)}, \boldsymbol{T}\boldsymbol{u}_{\kappa(2)}) = 0
\tag{12.68}
$$

そこで，計量行列 $\boldsymbol{T}$ を次の関数 K を最小にする最小 2 乗法で定める.

$$
\begin{aligned}
K = &\sum_{\kappa=1}^{M}\Bigl(\bigl((\boldsymbol{u}_{\kappa(1)}, \boldsymbol{T}\boldsymbol{u}_{\kappa(1)}) - 1\bigr)^2\\
&+ \bigl((\boldsymbol{u}_{\kappa(2)}, \boldsymbol{T}\boldsymbol{u}_{\kappa(2)}) - 1\bigr)^2 + (\boldsymbol{u}_{\kappa(1)}, \boldsymbol{T}\boldsymbol{u}_{\kappa(2)})^2\Bigr)
\end{aligned}
\tag{12.69}
$$

これを展開して T_{ij} で微分して 0 をおくと，次の連立 1 次方程式を得る．

$$\sum_{i,j,k,l=1}^{3} B_{ijkl} T_{kl} = \delta_{ij} \tag{12.70}$$

ただし，B_{ijkl} は式 (12.65) で定義した配列であり，δ_{ij} はクロネッカーデルタ（$i = j$ のとき 1，それ以外は 0）である．式 (12.40) の行列 $\boldsymbol{B}$ と式 (12.50) のベクトル $\boldsymbol{\tau}$ を用いると，これは式 (12.66) のように書ける．これを解いて $\boldsymbol{\tau}$ を定めれば，式 (12.41) から計量行列 $\boldsymbol{T}$ が求まる．

12.8 実験例

図 12.3 は，カメラを移動しながら円筒形物体を撮影した 5 フレームのシミュレーション画像である．いずれも 600×600 画素の画像面を想定し，焦点距離は

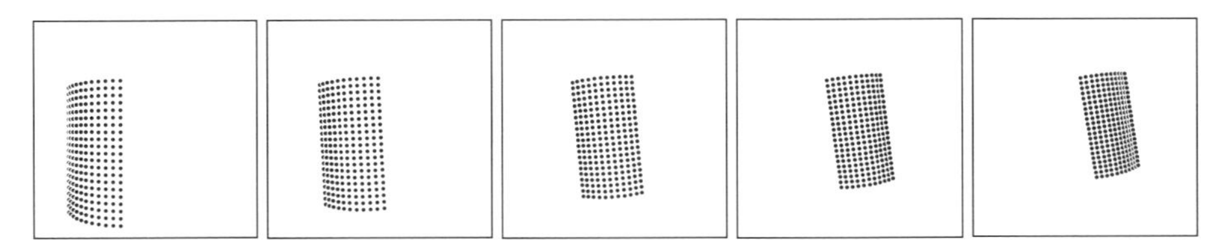

図 12.3 円筒形物体を撮影したシミュレーション画像．

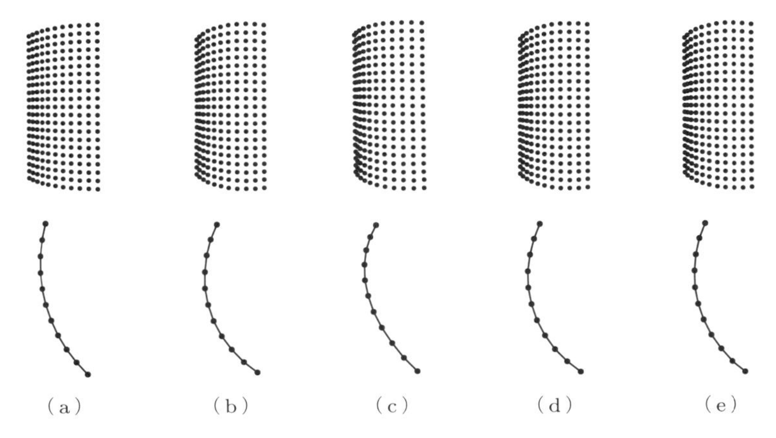

図 12.4 図 12.3 の画像列から復元した 3 次元形状．上段：正面から見た図．下段：軸方向から見た図．(a) 真の形状．(b) 対称アフィンカメラモデル．(c) 疑似透視投影カメラモデル．(d) 弱透視投影カメラモデル．(e) 平行投影カメラモデル．

600 画素としている．**図 12.4** は，これからアフィンカメラを仮定して復元した 3 次元形状を，大きさと向きを揃えて表示したものである．上段は正面方向から見たものであり，下段は軸方向から見たもの（端の格子点のみを線で結んでいる）である．図 (a) は真の形状，図 (b)〜(e) はそれぞれ，対称アフィンカメラモデル，疑似透視投影カメラモデル，弱透視投影カメラモデル，平行投影カメラモデルによるものである．疑似透視投影カメラモデルに対しては $f = 600$ とした．これからわかるように，アフィンカメラを仮定すると厳密な復元はできないが，どのモデルを用いても近似的な復元ができている．

12.9　さらに勉強したい人へ

アフィンカメラを仮定する複数画像からの因子分解法による 3 次元復元は，最初に平行投影カメラに対して Tomasi ら [100] によって発表された．そして，Poelman らによって弱透視投影カメラ，および疑似透視投影カメラに拡張された [26, 80]．しかし，これらのカメラモデルは別々のものであり，相互の関係はなかった．すなわち，平行投影は弱透視投影や疑似透視投影の特別な場合ではなく，独立した存在であり，弱透視投影も疑似透視投影の特別な場合ではなく，別のものである．これに対して金谷ら [59] は，これらのモデルを包括した「対称アフィンカメラ」を提案し，平行投影，弱透視投影，疑似透視投影がどれも対称アフィンカメラの特殊な場合であることを示した．そして，対称アフィンカメラという仮定のみから自己校正を行う方法を示した．

本章では，透視投影カメラをアフィンカメラで近似するために，観測点は世界座標系の原点付近に密集していると仮定し，世界座標系の原点を観測点の重心にとった．そして，疑似透視投影カメラの撮像を定める $\boldsymbol{g}$ は，その世界座標系の原点（= 観測点の重心）とした．しかし，$\boldsymbol{g}$ を任意の点に選び，観測点をカメラ座標系に対して任意に剛体運動させると，任意のアフィンカメラが，ある位置の $\boldsymbol{g}$ とある剛体運動に対する疑似透視投影カメラの撮像と一致することを Basri [1] が示している．

本章では，すべての観測点がすべての画像で見えていると仮定している．しかし，多画像間の点対応は通常はビデオフレームから特徴点を抽出し，それをフレームごとに追跡するのが普通である．このとき，追跡している特徴点がほかの物体の後ろに隠れたり，フレーム外に出たりして完全に追跡できないことがしばしば生じる．このような「欠けた特徴点」を推定するさまざまな手法が研究されている．その基本的な考え方は，式 (12.7) の観測行列 $\boldsymbol{W}$ の欠落要素を式 (12.8) の分解がよく成り立つように推定することである．ただし，式 (12.8) のように分解できるのは各フレームの観測点の重心を画像座標の原点にとる場合であり，欠けた点があれば重心が計算できない．その場合には，式 (12.6) の $\boldsymbol{S}$ と $\boldsymbol{M}$ にそれぞれ新たな行と新たな列を加えた形状行列と運動行列 $\tilde{\boldsymbol{S}}$, $\tilde{\boldsymbol{M}}$ を用いて，$\boldsymbol{W} = \tilde{\boldsymbol{M}}\tilde{\boldsymbol{S}}$ と書けることが簡単な考察からわかる（したがって，$\boldsymbol{W}$ は理想的にはランク 4 である）．これを利用して欠落要素を推定する数学的な解析法がいろいろ研究されているが，一般には非常に難しい問題である．しかし，多くの画像中に見える特徴点の数がある程度あれば，それらから仮の 3 次元復元を行い，計算した 3 次元形状やカメラ位置に適合するように欠けた特徴点の画像上の位置を推定することができる．この計算のための 3 次元復元はアフィン復元で十分であり，12.3 節以降のカメラモデルや計量条件は必要ない．なぜなら，3 次元形状にアフィン変換を加えて，それをアフィン変換されたカメラで観測しても，見える画像は同じだからである．これを利用して，たとえば菅谷ら [93] は，ビデオ画像の特徴点の追跡が途切れても，欠けた点をその不確かさを表す重みを導入して推定し，それを残りのフレームに延長する手法を示している．

演習問題

12.1 (1) 式 (12.7) の第 α 列は，第 α 点の画像上の x 座標と y 座標を M 枚の画像にわたって並べたものであり，第 α 点の「軌跡」とみなせる．すなわち，各点の軌跡は $2M$ 次元空間の 1 点である．式 (12.8) は，N 個の点の軌跡を表す $2M$ 次元空間の点が，すべてある 3 次元部分空間に含まれてることを意味する．これを示せ．

(2) 式 (12.8) が成り立つとき，その 3 次元部分空間の正規直交基底が，$\boldsymbol{W}$ を特異値分解した $\boldsymbol{W} = \boldsymbol{U}\boldsymbol{\Sigma}\boldsymbol{V}^\top$ の $2M \times 3$ 行列 $\boldsymbol{U}$ の列 $\boldsymbol{u}_1$, $\boldsymbol{u}_2$, $\boldsymbol{u}_3$ によって与えられることを示せ．

12.2 $n \times n$ 半正値対称行列 $\boldsymbol{A}$ に対して，$\boldsymbol{A} = \boldsymbol{B}\boldsymbol{B}^\top$ となる行列 $\boldsymbol{B}$ を計算する方法を示せ（解は一意的ではない）．

12.3 (1) 手順 12.2 において，計算した計量行列 $\boldsymbol{T}$ から各カメラのパラメータ ζ_κ, β_κ, および $g_{x\kappa}$, $g_{y\kappa}$ を推定する手順を示せ（ヒント：式 (12.44) の計量条件に最小 2 乗法を適用する）．

(2) 手順12.2で定まるカメラ行列 $\boldsymbol{\Pi}_\kappa$ と，(1)で定めた ζ_κ, β_κ, および $g_{x\kappa}$, $g_{y\kappa}$ から第 κ カメラの回転 $\boldsymbol{R}_\kappa$ を推定する手順を示せ.

第13章 透視投影カメラの自己校正

本章では，前章のアフィンカメラの自己校正法を発展させ，透視投影カメラを自己校正する方法を述べる．まず，各点に「射影的奥行き」という未知数を与えれば，前章のアフィンカメラの場合と同様な因子分解法が適用できることを示す．この射影的奥行きは，観測行列が因子分解できるように定める．その計算法として，観測行列の列のランクが 4 になるように反復的に射影的奥行きを定める方法（「基本法」）と，行のランクが 4 になるように反復する方法（「双対法」）を述べる．しかし，得られる 3 次元形状は真の形状にある射影変換を施した「射影復元」となる．そこで，それを正しい形状に変換する「ユークリッド化」の手順を示す．この自己校正は多くの反復を含むので，計算の効率化が課題である．そこで，計算量の評価や効率化の技法についても考察する．

13.1 同次座標と射影復元

前章では，式 (12.1) のアフィンカメラモデルを考えたが，透視投影カメラの撮像は式 (11.1) で記述される．関係 $\simeq$ が意味する未知の定数を $z_{\alpha\kappa}$ とおくと，式 (11.1) は次のように書ける．

$$z_{\alpha\kappa}\begin{pmatrix} x_{\alpha\kappa}/f_0 \\ y_{\alpha\kappa}/f_0 \\ 1 \end{pmatrix} = \boldsymbol{P}_\kappa \boldsymbol{X}_\alpha \tag{13.1}$$

未知の定数 $z_{\alpha\kappa}$ は，**射影的奥行き** (projective depth) とよばれる．右辺の $\boldsymbol{X}_\alpha$ は，第 α 点の 3 次元座標 X_α, Y_α, Z_α と定数 1 を並べた 4 次元ベクトルであるが，未知の射影的奥行き $z_{\alpha\kappa}$ を導入すると，ベクトル $\boldsymbol{X}_\alpha$ の第 4 成分が 1 であるという条件は考慮する必要がない．なぜなら，$\boldsymbol{X}_\alpha$ を定数倍することは $z_{\alpha\kappa}$ を定数倍することと同じだからである．そこで，3 次元空間の点の位置を $\boldsymbol{X}$ の成分の比 $X_{\alpha(1)} : X_{\alpha(2)} : X_{\alpha(3)} : X_{\alpha(4)}$ で表す．これを**同次座標** (homogeneous coordinates) とよぶ．実際の 3 次元位置 $(X_\alpha, Y_\alpha, Z_\alpha)$ は，次のように計算される．

$$X_\alpha = \frac{X_{\alpha(1)}}{X_{\alpha(4)}}, \qquad Y_\alpha = \frac{X_{\alpha(2)}}{X_{\alpha(4)}}, \qquad Z_\alpha = \frac{X_{\alpha(3)}}{X_{\alpha(4)}} \tag{13.2}$$

そして，$\boldsymbol{X}_\alpha$ の第 4 成分 $X_{\alpha(4)}$ が 0 のときは，$\boldsymbol{X}_\alpha$ が $(X_\alpha, Y_\alpha, Z_\alpha)$ 方向の無限遠方にある**無限遠点**を表すと解釈する．透視投影カメラの**自己校正**とは，観測点 $(x_{\alpha\kappa}, y_{\alpha\kappa})$ $(\alpha = 1, \ldots, N,\ \kappa = 1, \ldots, M)$ から，すべての点の同次座標 $\boldsymbol{X}_\alpha$ $(\alpha = 1, \ldots, N)$ とすべてのカメラのカメラ行列 $\boldsymbol{P}_\kappa$ $(\kappa = 1, \ldots, M)$ を計算することである．

しかし，式 (13.1) を満たす $\boldsymbol{P}_\kappa$, $\boldsymbol{X}_\alpha$ は一意的ではない．なぜなら，任意の 4×4 正則行列 $\boldsymbol{H}$ を用いて

$$\boldsymbol{P}'_\kappa = \boldsymbol{P}_\kappa \boldsymbol{H}, \qquad \boldsymbol{X}'_\alpha = \boldsymbol{H}^{-1} \boldsymbol{X}_\alpha \tag{13.3}$$

としても，$\boldsymbol{P}'_\kappa \boldsymbol{X}'_\alpha = \boldsymbol{P}_\kappa \boldsymbol{X}_\alpha$ が成り立つからである．同次座標のベクトル $\boldsymbol{X}_\alpha$ に正則行列 $\boldsymbol{H}^{-1}$ を掛けることは，式 (7.4) の平面の射影変換を 3 次元空間に拡張した，3 次元空間の **射影変換**を施すことである．このことは，復元した形状が真の形状にある射影変換 $\boldsymbol{H}$ を施したものであることを意味する．平面内の場合と同様に，射影変換によって直線性や平面性は保たれる（**図 13.1**）．すなわち，同一直線上の点は同一直線上の点に写像され，同一平面上の点は同一平面上の点に写像される．しかし，長さや角度や比は保たれないので，たとえば立方体は一般の六面体に写像される．また，楕円体は楕円体に写像され，とくに球は楕円体となる．このように，式 (13.1) から導かれる 3 次元復元は射影変換の不定性を含むので，**射影復元** (projective reconstruction) とよばれる．この射影変換の不定性を除いて，比や角度が正しい**ユークリッド復元** (Euclidean reconstrution) に直す操作を**ユークリッド化** (Euclidean upgrading) とよぶ．前章と同様に，画像から復元する限りスケールと絶対位置は不定であるが，通常この用語が用いられる．ユークリッド化を行う

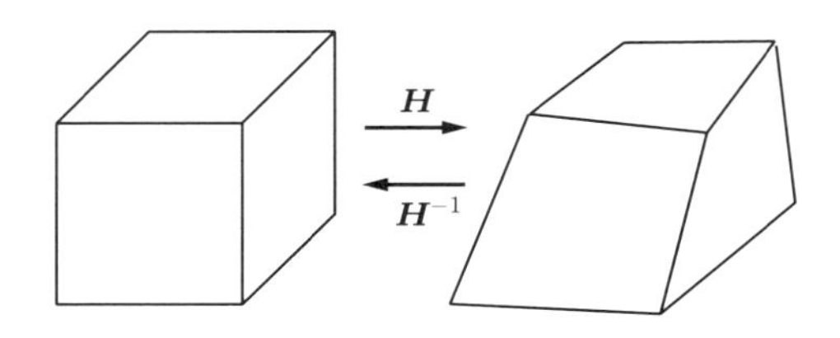

図 13.1　射影復元．復元した形状は，真の形状にある射影変換 $\boldsymbol{H}$ を施したものである．これによって長さや角度や比が変化するが，直線や平面は直線や平面に写像される．

には，前章のアフィン復元の場合と同様に，2 通りのアプローチがある．

- **シーンに関する知識を用いる方法**
  シーンのある部分の長さや角度（直交するなど）が既知であれば，その長さや角度が正しくなるような射影変換行列 $\boldsymbol{H}^{-1}$ を $\boldsymbol{X}_\alpha$ に左から掛ける．
- **カメラに関する知識を用いる方法**
  カメラに関して何らかの性質が既知であれば，その性質を成立させるような射影変換行列 $\boldsymbol{H}$ をカメラ行列 $\boldsymbol{P}_\kappa$ に右から掛ける．

以下では，まず射影復元を計算する手順を示し，その後でカメラに関する知識を用いるユークリッド化の手順を述べる．

13.2 因子分解法による射影復元

因子分解法によって射影復元を計算する原理，および基本法および双対法の計算手順を述べる．

13.2.1 因子分解法の原理

観測したすべての画像座標 $(x_{\alpha\kappa}, y_{\alpha\kappa})$ とすべての射影的奥行き $z_{\alpha\kappa}$ を次の行列の形に並べる．

$$\boldsymbol{W} = \begin{pmatrix} z_{11}x_{11}/f_0 & z_{21}x_{21}/f_0 & \cdots & z_{N1}x_{N1}/f_0 \\ z_{11}y_{11}/f_0 & z_{21}y_{21}/f_0 & \cdots & z_{N1}y_{N1}/f_0 \\ z_{11} & z_{21} & \cdots & z_{N1} \\ \vdots & \vdots & \ddots & \vdots \\ z_{1M}x_{1M}/f_0 & z_{2M}x_{2M}/f_0 & \cdots & z_{NM}x_{NM}/f_0 \\ z_{1M}y_{1M}/f_0 & z_{2M}y_{2M}/f_0 & \cdots & z_{NM}y_{NM}/f_0 \\ z_{1M} & z_{2M} & \cdots & z_{NM} \end{pmatrix} \tag{13.4}$$

アフィンカメラの場合と同じ用語を用い，この $3M \times N$ 行列を**観測行列**とよぶ．そして，すべてのカメラのカメラ行列 $\boldsymbol{P}_\kappa$ とすべての点の同次座標 $\boldsymbol{X}_\alpha$ を次の行列の形に並べる．

$$\boldsymbol{M} = \begin{pmatrix} \boldsymbol{P}_1 \\ \vdots \\ \boldsymbol{P}_M \end{pmatrix}, \qquad \boldsymbol{S} = \begin{pmatrix} \boldsymbol{X}_1 & \cdots & \boldsymbol{X}_N \end{pmatrix} \tag{13.5}$$

そして，$3M \times 4$ 行列 $\boldsymbol{M}$ をカメラの**運動行列**，$4 \times N$ 行列 $\boldsymbol{S}$ を**形状行列**とよぶ．式 (13.1) と行列 $\boldsymbol{S}$, $\boldsymbol{M}$ の定義から，次の関係が成り立つ．

$$\boldsymbol{W} = \boldsymbol{M}\boldsymbol{S} \tag{13.6}$$

したがって，射影的奥行き $z_{\alpha\kappa}$ がわかれば，前章のように特異値分解を用いて $\boldsymbol{W}$ を $\boldsymbol{M}$ と $\boldsymbol{S}$ の積に分解して，カメラ行列 $\boldsymbol{P}_\kappa$ と同次座標 $\boldsymbol{X}_\alpha$ が定めることができる．そこで，式 (13.4) の行列 $\boldsymbol{W}$ が，ある $3M \times 4$ 行列 $\boldsymbol{M}$ とある $4 \times N$ 行列 $\boldsymbol{S}$ の積に分解できるような $z_{\alpha\kappa}$ を求める．行列 $\boldsymbol{W}$ がそのように分解できる条件は，$\boldsymbol{W}$ のランクが 4 となることである．行列のランクとは，列または行のうち線形独立なものの個数であるから，次の二つの方法が考えられる．

- **基本法** (primary method)
  式 (13.4) の N 本の列が 4 次元部分空間を張る，すなわち，ある 4 本の基底ベクトルの線形結合で書けるように $z_{\alpha\kappa}$ を定める．
- **双対法** (dual method)
  式 (13.4) の $3M$ 本の行が 4 次元部分空間を張る，すなわち，ある 4 本の基底ベクトルの線形結合で書けるように $z_{\alpha\kappa}$ を定める．

射影的奥行き $z_{\alpha\kappa}$ が定まれば，アフィンカメラの場合と同様にして，カメラ行列 $\boldsymbol{P}_\kappa$ と 3 次元位置 $\boldsymbol{X}_\alpha$ が $\boldsymbol{W}$ の因子分解によって次のように定まる．

手順 13.1　因子分解法

1. 観測行列 $\boldsymbol{W}$ を次のように特異値分解する．

$$\boldsymbol{W} = \boldsymbol{U}_{3M \times L} \boldsymbol{\Sigma}_L \boldsymbol{V}_{N \times L}^\top, \qquad \boldsymbol{\Sigma}_L = \begin{pmatrix} \sigma_1 & \cdots & 0 \\ \vdots & \ddots & \vdots \\ 0 & \cdots & \sigma_L \end{pmatrix} \tag{13.7}$$

ただし，$L = \min(3M, N)$ であり，$\boldsymbol{U}_{3M \times L}$, $\boldsymbol{V}_{N \times L}$ はそれぞれ直交する列からなる $3M \times L$, $N \times L$ 行列である．$\boldsymbol{\Sigma}_L$ は，特異値 $\sigma_1 \geq \cdots \geq \sigma_L$ (≥ 0) が対角要素に並ぶ対角行列である．

2. $\boldsymbol{U}_{3M\times L}$ の最初の 4 列からなる $3M \times 4$ 行列を $\boldsymbol{U}$ とし，$\boldsymbol{V}_{N\times L}$ の最初の 4 列からなる $N \times 4$ 行列を $\boldsymbol{V}$ とする．そして，$\boldsymbol{\Sigma}$ を次のようにおく．

$$\boldsymbol{\Sigma} = \begin{pmatrix} \sigma_1 & 0 & 0 & 0 \\ 0 & \sigma_2 & 0 & 0 \\ 0 & 0 & \sigma_3 & 0 \\ 0 & 0 & 0 & \sigma_4 \end{pmatrix} \tag{13.8}$$

3. 次のように運動行列 $\boldsymbol{M}$ と形状行列 $\boldsymbol{S}$ を定める．

$$\boldsymbol{M} = \boldsymbol{U}, \qquad \boldsymbol{S} = \boldsymbol{\Sigma}\boldsymbol{V}^\top \qquad \text{または} \tag{13.9}$$

$$\boldsymbol{M} = \boldsymbol{U}\boldsymbol{\Sigma}, \qquad \boldsymbol{S} = \boldsymbol{V}^\top \tag{13.10}$$

4. 式 (13.5) のように，カメラ行列 $\boldsymbol{P}_\kappa$ と 3 次元位置 $\boldsymbol{X}_\alpha$ を定める．

解説　射影的奥行き $z_{\alpha\kappa}$ が正しく計算されていれば，観測行列 $\boldsymbol{W}$ はランクが 4 となり，式 (13.7) の特異値は $\sigma_i = 0$ $(i = 5, \ldots, L)$ である．しかし，$z_{\alpha\kappa}$ が厳密でないと，これは完全には成り立たない．そこで，$\sigma_i = 0$ $(i = 5, \ldots, L)$ とおいて，特異値分解によって近似的に $\boldsymbol{W} \approx \boldsymbol{M}\boldsymbol{S}$ と分解する．射影復元では，$\boldsymbol{M}$ と $\boldsymbol{S}$ は射影変換の不定性があるので，式 (13.9), (13.10) のどちらでもよい．あるいは，$\boldsymbol{M} = \boldsymbol{U}\boldsymbol{\Sigma}^{1/2}$, $\boldsymbol{S} = \boldsymbol{\Sigma}^{1/2}\boldsymbol{V}^\top$ としてもよい．$\boldsymbol{\Sigma}^{1/2}$ は，式 (13.8) で $\sigma_1, \ldots, \sigma_4$ をそれぞれ $\sqrt{\sigma_1}, \ldots, \sqrt{\sigma_4}$ に置き換えた対角行列である．

■ 13.2.2　基本法

3 次元ベクトル $\boldsymbol{x}_{\alpha\kappa}$ を

$$\boldsymbol{x}_{\alpha\kappa} = \begin{pmatrix} x_{\alpha\kappa}/f_0 \\ y_{\alpha\kappa}/f_0 \\ 1 \end{pmatrix} \tag{13.11}$$

とおくと，式 (13.4) の観測行列 $\boldsymbol{W}$ は次のようにも書ける．

$$\boldsymbol{W} = \begin{pmatrix} z_{11}\boldsymbol{x}_{11} & \cdots & z_{N1}\boldsymbol{x}_{N1} \\ \vdots & \ddots & \vdots \\ z_{1M}\boldsymbol{x}_{1M} & \cdots & z_{NM}\boldsymbol{x}_{NM} \end{pmatrix} \tag{13.12}$$

射影的奥行き $z_{\alpha\kappa}$ を計算する基本法の手順は，次のようになる．まず，原理に沿った手順を示し，効率化の工夫は後で解説する．

手順 13.2　基本法

1. 許容再投影誤差 ε（単位は画素）を定め，$z_{\alpha\kappa} = 1$ と初期化する $(\alpha = 1, \ldots, N$, $\kappa = 1, \ldots, M)$.
2. 式 (13.12) の観測行列 $\boldsymbol{W}$ の各列を単位ベクトルに正規化し，式 (13.7) のように特異値分解する．そして，行列 $\boldsymbol{U}_{3M\times L}$ の最初の 4 列を $\boldsymbol{u}_1, \ldots, \boldsymbol{u}_4$ とする．
3. 次の計算を行う $(\alpha = 1, \ldots, N)$.
   (a) 次の $M \times M$ 行列 $\boldsymbol{A}^{(\alpha)} = (A^{(\alpha)}_{\kappa\lambda})$ を定義する．
   $$A^{(\alpha)}_{\kappa\lambda} = \frac{\sum_{i=1}^{4}(\boldsymbol{x}_{\alpha\kappa}, \boldsymbol{u}_{i\kappa})(\boldsymbol{x}_{\alpha\lambda}, \boldsymbol{u}_{i\lambda})}{\|\boldsymbol{x}_{\alpha\kappa}\|\|\boldsymbol{x}_{\alpha\lambda}\|} \tag{13.13}$$
   ただし，$\boldsymbol{u}_{i\kappa}$ は $3M$ 次元ベクトル $\boldsymbol{u}_i$ $(i = 1, \ldots, 4)$ の第 $3(\kappa-1)+1$, $3(\kappa-1)+2$, $3(\kappa-1)+3$ 成分を第 1, 2, 3 成分とする（$\boldsymbol{u}_i$ を上から順に切り分けた）3 次元ベクトルである．
   (b) 行列 $\boldsymbol{A}^{(\alpha)}$ の最大固有値に対する単位固有ベクトル $\boldsymbol{\xi}_\alpha = (\xi_{\alpha\kappa})$ を計算する．符号は次のように選ぶ．
   $$\sum_{\kappa=1}^{M} \xi_{\alpha\kappa} \geq 0 \tag{13.14}$$
   (c) 射影的奥行き $z_{\alpha\kappa}$ を次のように更新する．
   $$z_{\alpha\kappa} \leftarrow \frac{\xi_{\alpha\kappa}}{\|\boldsymbol{x}_{\alpha\kappa}\|} \tag{13.15}$$
4. 手順 13.1 のステップ 3, 4 のようにして，カメラ行列 $\boldsymbol{P}_\kappa$ と 3 次元位置 $\boldsymbol{X}_\alpha$ を定める．
5. 再投影誤差 E を次のように計算する．
   $$E = f_0 \sqrt{\frac{1}{MN}\sum_{\alpha=1}^{N}\sum_{\kappa=1}^{M}\|\boldsymbol{x}_{\alpha\kappa} - \mathcal{Z}[\boldsymbol{P}_\kappa \boldsymbol{X}_\alpha]\|^2} \tag{13.16}$$
   ただし，$\mathcal{Z}[\cdot]$ は第 3 成分を 1 にする正規化を表す $(\mathcal{Z}[(a,\ b,\ c)^\top] = (a/c,\ b/c,\ 1)^\top)$.
6. $E < \varepsilon$ であれば終了する．そうでなければステップ 2 に戻る．

解説 初期値を $z_{\alpha\kappa} = 1$ とすることは，アフィンカメラを仮定することに相当する．同次座標 $\boldsymbol{X}_\alpha$ には定数倍の不定性があるので，射影的奥行き $z_{\alpha\kappa}$ にも定数倍の不定性がある．したがって，式 (13.12) の $\boldsymbol{W}$ の各列が単位ベクトルになるように $z_{\alpha\kappa}$ を各 α ごとに正規化してもよい．$\boldsymbol{W}$ の N 本の列の張る空間は式 (13.7) の行列 $\boldsymbol{U}_{3M\times L}$ の N 本の列の張る空間に等しいから，$z_{\alpha\kappa}$ が正しければ，$\boldsymbol{W}$ の各列はすべてステップ 2 の $\boldsymbol{u}_1, \ldots, \boldsymbol{u}_4$ の張る 4 次元空間 $\mathcal{L}_4$ に含まれる．$\boldsymbol{W}$ の第 α 列を $\boldsymbol{p}_\alpha$ とおくと，その 4 次元空間 $\mathcal{L}_4$ への射影は，よく知られているように次のようになる（図 13.2）．

$$\hat{\boldsymbol{p}}_\alpha = \sum_{i=1}^{4} (\boldsymbol{p}_\alpha, \boldsymbol{u}_i)\boldsymbol{u}_i \tag{13.17}$$

$\boldsymbol{u}_1, \ldots, \boldsymbol{u}_4$ は $\mathcal{L}_4$ の正規直交基底であり，$\|\boldsymbol{p}_\alpha\| = 1$ と正規化しているから，$\boldsymbol{p}_\alpha$ から $\mathcal{L}_4$ に下ろした垂線の長さは次のようになる．

$$\sqrt{\|\boldsymbol{p}_\alpha\|^2 - \|\hat{\boldsymbol{p}}_\alpha\|^2} = \sqrt{1 - \sum_{i=1}^{4} (\boldsymbol{p}_\alpha, \boldsymbol{u}_i)^2} \tag{13.18}$$

$z_{\alpha\kappa}$ が正しければ，これは 0 になるべきであるから，次式を最大化するように $z_{\alpha\kappa}$ を定める．

$$\begin{aligned} J_\alpha &= \sum_{i=1}^{4} (\boldsymbol{p}_\alpha, \boldsymbol{u}_i)^2 = \sum_{i=1}^{4} \left(\sum_{\kappa=1}^{M} (z_{\alpha\kappa}\boldsymbol{x}_{\alpha\kappa}, \boldsymbol{u}_{i\kappa}) \right)^2 \\ &= \sum_{\kappa,\lambda=1}^{M} \left(\sum_{i=1}^{4} (\boldsymbol{x}_{\alpha\kappa}, \boldsymbol{u}_{i\kappa})(\boldsymbol{x}_{\alpha\lambda}, \boldsymbol{u}_{i\lambda}) \right) z_{\alpha\kappa} z_{\alpha\lambda} \end{aligned} \tag{13.19}$$

これを正規化条件

$$\|\boldsymbol{p}_\alpha\|^2 = \sum_{\kappa=1}^{M} z_{\alpha\kappa}^2 \|\boldsymbol{x}_{\alpha\kappa}\|^2 = 1 \tag{13.20}$$

のもとで最大化する．新しい変数 $\xi_{\alpha\kappa}$ を

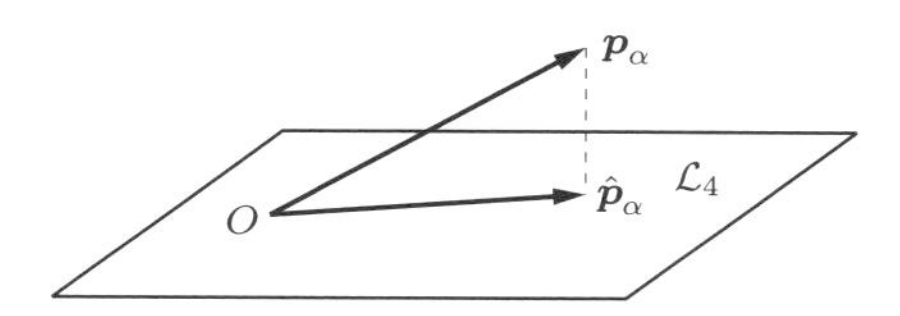

図 13.2 ベクトル $\boldsymbol{p}_\alpha$ を，$\boldsymbol{u}_1, \ldots, \boldsymbol{u}_4$ の張る 4 次元空間 $\mathcal{L}_4$ に射影する．

$$\xi_{\alpha\kappa} = \|\boldsymbol{x}_{\alpha\kappa}\| z_{\alpha\kappa} \tag{13.21}$$

と定義し，$\xi_{\alpha 1}, \ldots, \xi_{\alpha M}$ を成分とする M 次元ベクトルを $\boldsymbol{\xi}_\alpha$ とすると，式 (13.20) は単に $\|\boldsymbol{\xi}_\alpha\| = 1$ と書ける．行列 $\boldsymbol{A}^{(\alpha)}$ を式 (13.13) のように定義すると，式 (13.19) は次のように書ける．

$$J_\alpha = \sum_{\kappa,\lambda=1}^{M} A_{\kappa\lambda}^{(\alpha)} \xi_{\alpha\kappa} \xi_{\alpha\lambda} = (\boldsymbol{\xi}_\alpha, \boldsymbol{A}^{(\alpha)} \boldsymbol{\xi}_\alpha) \tag{13.22}$$

これは $\boldsymbol{\xi}_\alpha$ の 2 次形式であり，これを最大にする単位ベクトル $\boldsymbol{\xi}_\alpha$ は行列 $\boldsymbol{A}^{(\alpha)}$ の最大固有値に対する単位固有ベクトルである．固有ベクトルには符号の不定性があるので，式 (13.21)，およびアフィンカメラでは $z_{\alpha\kappa} = 1$ であることを考慮して，式 (13.14) のように符号を選ぶ．

この計算では，毎回の反復で $\mathcal{L}_4$ の基底 $\boldsymbol{u}_1, \ldots, \boldsymbol{u}_4$ を更新してはすべての $\boldsymbol{\xi}_\alpha$ を計算し直している．これは「EM アルゴリズム」とよばれるものの一種であり，再投影誤差 E が単調に減少することが保証されているが，収束は非常に遅い．そこで，計算を効率化するいろいろな工夫が考えられている．一つは，ステップ 3(b) の $M \times M$ 行列 $\boldsymbol{A}^{(\alpha)}$ の固有ベクトルの計算である．これは，$\alpha = 1, \ldots, N$ にわたって N 回行うので，そのまま計算すると，M, N が大きいとき計算量が非常に大きくなる．これを改善する方法は，$M \times M$ 行列の固有値計算を $M \times 4$ 行列の特異値分解に帰着させることである（↪ 演習問題 13.1）．これによって，はるかに少ない計算量で実行できる．

もう一つの工夫は，ステップ 2 の $3M \times N$ 行列 $\boldsymbol{W}$ の毎回の特異値分解である．これは M, N が大きいと計算量が大きくなるが，更新する必要があるのは式 (13.7) の $\boldsymbol{U}_{3M \times L}$ の最初の 4 列 $\boldsymbol{u}_1, \ldots, \boldsymbol{u}_4$ のみである．これらは行列 $\boldsymbol{W}\boldsymbol{W}^\top$ の固有ベクトルであり，かつ $\boldsymbol{u}_5$ 以降は固有値が非常に小さいと期待される．これを利用して $\boldsymbol{u}_1, \ldots, \boldsymbol{u}_4$ の更新を効率化することが考えられる（↪ 演習問題 13.2）．このようにしても，ステップ 4 の $\boldsymbol{P}_\kappa$ と $\boldsymbol{X}_\alpha$ の更新は $\boldsymbol{W}$ を因子分解せずに $\boldsymbol{u}_1, \ldots, \boldsymbol{u}_4$ のみから計算できる（↪ 演習問題 13.3）．これらの効率化の効果は点数 N，画像数 M に依存し，N, M が大きくなるほど効果が大きくなる．

■ 13.2.3　双対法

式 (13.4) の観測行列 $\boldsymbol{W}$ の第 $3(\kappa-1)+1$, $3(\kappa-1)+2$, $3(\kappa-1)+3$ 行を取り出し（$\boldsymbol{W}$ の行を上から 3 個ずつ切り出した行），N 次元ベクトル $\boldsymbol{q}_{\kappa(1)}$, $\boldsymbol{q}_{\kappa(2)}$,

$\boldsymbol{q}_{\kappa(3)}$ を次のようにおく.

$$\boldsymbol{q}_{\kappa(1)} = \begin{pmatrix} z_{1\kappa}x_{1\kappa}/f_0 \\ \vdots \\ z_{N\kappa}x_{N\kappa}/f_0 \end{pmatrix}, \quad \boldsymbol{q}_{\kappa(2)} = \begin{pmatrix} z_{1\kappa}y_{1\kappa}/f_0 \\ \vdots \\ z_{N\kappa}y_{N\kappa}/f_0 \end{pmatrix}, \quad \boldsymbol{q}_{\kappa(3)} = \begin{pmatrix} z_{1\kappa} \\ \vdots \\ z_{N\kappa} \end{pmatrix} \tag{13.23}$$

これを用いると, $\boldsymbol{W}$ は次のように書ける.

$$\boldsymbol{W} = \begin{pmatrix} \boldsymbol{q}_{1(1)}^\top \\ \boldsymbol{q}_{1(2)}^\top \\ \boldsymbol{q}_{1(3)}^\top \\ \vdots \\ \boldsymbol{q}_{N(1)}^\top \\ \boldsymbol{q}_{N(2)}^\top \\ \boldsymbol{q}_{N(3)}^\top \end{pmatrix} \tag{13.24}$$

射影的奥行き $z_{\alpha\kappa}$ を計算する双対法の手順は, 次のようになる. まず, 原理に沿った手順を示し, 効率化の工夫は後で解説する.

手順 13.3　双対法

1. 許容再投影誤差 ε (単位は画素) を定め, $z_{\alpha\kappa} = 1$ と初期化する ($\alpha = 1, \ldots, N$, $\kappa = 1, \ldots, M$).
2. 各 κ ごとに式 (13.23) の 3 本のベクトルを

$$\sum_{i=1}^{3} \|\boldsymbol{q}_{\kappa(i)}\|^2 = 1 \tag{13.25}$$

と正規化し, 式 (13.24) の観測行列 $\boldsymbol{W}$ を式 (13.7) のように特異値分解する. そして, 行列 $\boldsymbol{V}_{N\times L}$ の最初の 4 列を $\boldsymbol{v}_1, \ldots, \boldsymbol{v}_4$ とする.

3. 次の計算を行う ($\alpha = 1, \ldots, N$).
   (a) 次の $N \times N$ 行列 $\boldsymbol{B}^{(\kappa)} = (B_{\alpha\beta}^{(\kappa)})$ を定義する.

$$B_{\alpha\beta}^{(\kappa)} = \frac{(\boldsymbol{v}_\alpha, \boldsymbol{v}_\beta)(\boldsymbol{x}_{\alpha\kappa}, \boldsymbol{x}_{\beta\kappa})}{\|\boldsymbol{x}_{\alpha\kappa}\|\|\boldsymbol{x}_{\beta\kappa}\|} \tag{13.26}$$

ただし, $\boldsymbol{v}_\alpha$ はベクトル $\boldsymbol{v}_i$ ($i = 1, \ldots, 4$) の第 α 成分を並べた 4 次元ベクトルであり, $\boldsymbol{x}_{\alpha\kappa}$ は式 (13.11) の 3 次元ベクトルである.

(b) 行列 $\boldsymbol{B}^{(\kappa)}$ の最大固有値に対する単位固有ベクトル $\boldsymbol{\xi}_\kappa = (\xi_{\alpha\kappa})$ を計算する．符号は次のように選ぶ．

$$\sum_{\kappa=1}^{M} \xi_{\alpha\kappa} \geq 0 \tag{13.27}$$

(c) 射影的奥行き $z_{\alpha\kappa}$ を次のように更新する．

$$z_{\alpha\kappa} \leftarrow \frac{\xi_{\alpha\kappa}}{\|\boldsymbol{x}_{\alpha\kappa}\|} \tag{13.28}$$

4. 手順 13.1 のステップ 3, 4 のようにして，カメラ行列 $\boldsymbol{P}_\kappa$ と 3 次元位置 $\boldsymbol{X}_\alpha$ を定める．
5. 再投影誤差 E を次のように計算する．

$$E = f_0 \sqrt{\frac{1}{MN} \sum_{\alpha=1}^{N} \sum_{\kappa=1}^{M} \|\boldsymbol{x}_{\alpha\kappa} - \mathcal{Z}[\boldsymbol{P}_\kappa \boldsymbol{X}_\alpha]\|^2} \tag{13.29}$$

6. $E < \varepsilon$ であれば終了する．そうでなければステップ 2 に戻る．

解説　基本法と同様に，初期値はアフィンカメラを仮定して $z_{\alpha\kappa} = 1$ とおく．射影的奥行き $z_{\alpha\kappa}$ には定数倍の不定性があるので，式 (13.24) の観測行列 $\boldsymbol{W}$ の行を各 κ ごとに式 (13.25) のように正規化してもよい．$\boldsymbol{W}$ の $3M$ 本の行の張る空間は，式 (13.7) の行列 $\boldsymbol{V}_{N\times L}$ の $3M$ 本の列の張る空間に等しいから，$z_{\alpha\kappa}$ が正しければ，$\boldsymbol{W}$ の各行を列ベクトルとみなすと，ステップ 2 の $\boldsymbol{v}_1, \ldots, \boldsymbol{v}_4$ の張る 4 次元空間 $\mathcal{L}_4^*$ に含まれる．$\boldsymbol{W}$ の各行を列ベクトルとみなした $\boldsymbol{q}_{\kappa(i)}$ を $\mathcal{L}_4^*$ に射影したものは，次のようになる（図 13.3）．

$$\hat{\boldsymbol{q}}_{\kappa(i)} = \sum_{k=1}^{4} (\boldsymbol{q}_{\kappa(i)}, \boldsymbol{v}_k) \boldsymbol{v}_k \tag{13.30}$$

$\boldsymbol{q}_{\kappa(i)}$ から $\hat{\boldsymbol{q}}_{\kappa(i)}$ までの距離の 2 乗和を $i = 1, 2, 3$ にわたって加えたものは，

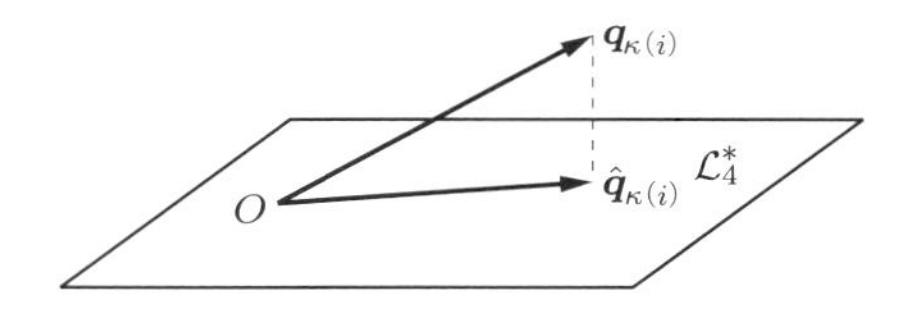

図 13.3　ベクトル $\boldsymbol{q}_{\kappa(i)}$ を，$\boldsymbol{v}_1, \ldots, \boldsymbol{v}_4$ の張る 4 次元空間 $\mathcal{L}_4^*$ に射影する．

$$\sum_{i=1}^{3}\Big(\|\boldsymbol{q}_{\kappa(i)}\|^2 - \|\hat{\boldsymbol{q}}_{\kappa(i)}\|^2\Big) = \sum_{i=1}^{3}\|\boldsymbol{q}_{\kappa(i)}\|^2 - \sum_{i=1}^{3}\sum_{k=1}^{4}(\boldsymbol{q}_{\kappa(i)}, \boldsymbol{v}_k)^2 \tag{13.31}$$

である．$z_{\alpha\kappa}$ が正しければ $\boldsymbol{q}_{\kappa(i)}$ は $\mathcal{L}_4^*$ に含まれるから，これは 0 になるべきである．そこで，これを式 (13.25) の正規化条件のもとで最小化するように $z_{\alpha\kappa}$ を定める．これは，次式を最大にすることでもある．

$$J_\kappa = \sum_{i=1}^{3}\sum_{k=1}^{4}(\boldsymbol{q}_{\kappa(i)}, \boldsymbol{v}_k)^2 \tag{13.32}$$

変数 $\xi_{\alpha\kappa}$ を式 (13.21) によって定義し，$\xi_{1\kappa}, \ldots, \xi_{N\kappa}$ を成分とする N 次元ベクトルを $\boldsymbol{\xi}_\kappa$ とする．式 (13.23) と式 (13.21) から，式 (13.25) は $\|\boldsymbol{\xi}_\kappa\| = 1$ と書ける（$\hookrightarrow$ 演習問題 13.4）．行列 $\boldsymbol{B}^{(\kappa)}$ を式 (13.26) のように定義すると，式 (13.32) は次のように書ける（$\hookrightarrow$ 演習問題 13.5）．

$$J_\kappa = (\boldsymbol{\xi}_\kappa, \boldsymbol{B}^{(\kappa)}\boldsymbol{\xi}_\kappa) \tag{13.33}$$

これを最大にする単位ベクトル $\boldsymbol{\xi}_\kappa$ は，行列 $\boldsymbol{B}^{(\kappa)}$ の最大固有値に対する単位固有ベクトルである．ただし，固有ベクトルには符号の不定性があるので，基本法と同様に，アフィンカメラでは $z_{\alpha\kappa} = 1$ であることを考慮して，式 (13.27) のように符号を選ぶ．

この計算は，観測行列 $\boldsymbol{W}$ の列と行の役割が入れ替っていることを除けば基本法と同じ原理であり，収束に時間がかかる．そこで，基本法と同様に効率化を考える．まず，ステップ 3(b) の $N \times N$ 行列 $\boldsymbol{B}^{(\kappa)}$ の固有ベクトルの計算を特異値分解に帰着させれば，計算量が減少する（$\hookrightarrow$ 演習問題 13.6）．また，ステップ 2 の $3M \times N$ 行列 $\boldsymbol{W}$ の特異値分解に対しても，基本法と同様の工夫ができる．更新する必要があるのは，式 (13.7) の $\boldsymbol{V}_{N\times L}$ の最初の 4 列 $\boldsymbol{v}_1, \ldots, \boldsymbol{v}_4$ のみである．これらは，行列 $\boldsymbol{W}^\top\boldsymbol{W}$ の固有ベクトルであり，$\boldsymbol{W}$ を因子分解せずに更新できる（$\hookrightarrow$ 演習問題 13.7）．このようにしても，ステップ 4 の $\boldsymbol{P}_\kappa$ と $\boldsymbol{X}_\alpha$ の更新は，$\boldsymbol{W}$ を因子分解せずに $\boldsymbol{v}_1, \ldots, \boldsymbol{v}_4$ のみから計算できる（$\hookrightarrow$ 演習問題 13.8）．これらの効率化の効果は点数 N，画像数 M に依存し，N, M が大きくなるほど効果が大きくなる．

13.3　ユークリッド化

前節のようにして基本法あるいは双対法によって得られるものは，真の形状にある射影変換が施された射影復元である．これを正しいユークリッド復元に直すユークリッド化の原理と，具体的な手順を述べる．

13.3.1　ユークリッド化の原理

射影復元によって得られる 3 次元位置 $\boldsymbol{X}_\alpha$ とカメラ行列 $\boldsymbol{P}_\kappa$ は，13.1 節に述べたように真の値にある射影変換 $\boldsymbol{H}$ を施したものである．このため，空間全体にその逆変換 $\boldsymbol{H}^{-1}$ を施して初めて正しい復元（ユークリッド復元）が得られる．これを行うには，シーンが満たすべき何らかの性質を式 (13.3) の $\boldsymbol{X}'_\alpha$ が満たすように $\boldsymbol{H}$ を定めるか（シーンに関する知識を用いる方法），あるいは，カメラ行列が満たすべき何らかの性質を式 (13.3) の $\boldsymbol{P}'_\kappa$ が満たすように $\boldsymbol{H}$ を定める（カメラに関する知識を用いる方法）．ここでは後者を行う．

正しいカメラ行列は式 (11.3) の形をしている．これから並進 $\boldsymbol{t}_\kappa$ と回転 $\boldsymbol{R}_\kappa$ を消去することを考える．3×4 行列 $\boldsymbol{P}_\kappa$ の第 4 列を除けば並進 $\boldsymbol{t}_\kappa$ が除去される．式で表すと次のようになる．

$$\boldsymbol{P}_\kappa \begin{pmatrix} 1 & 0 & 0 & 0 \\ 0 & 1 & 0 & 0 \\ 0 & 0 & 1 & 0 \\ 0 & 0 & 0 & 0 \end{pmatrix} = \boldsymbol{K}_\kappa \begin{pmatrix} \boldsymbol{R}_\kappa^\top & \boldsymbol{0} \end{pmatrix} \tag{13.34}$$

この行列とその転置を掛けると，$\boldsymbol{R}_\kappa^\top \boldsymbol{R}_\kappa = \boldsymbol{I}$ より回転 $\boldsymbol{R}_\kappa$ が消去され，次式を得る．

$$\boldsymbol{P}_\kappa \begin{pmatrix} 1 & 0 & 0 & 0 \\ 0 & 1 & 0 & 0 \\ 0 & 0 & 1 & 0 \\ 0 & 0 & 0 & 0 \end{pmatrix} \boldsymbol{P}_\kappa^\top = \boldsymbol{K}_\kappa \boldsymbol{K}_\kappa^\top \tag{13.35}$$

射影復元で求めたカメラ行列 $\boldsymbol{P}_\kappa$ はこれを満たしているとは限らないので，射影変換した式 (13.3) の $\boldsymbol{P}'_\kappa = \boldsymbol{P}_\kappa \boldsymbol{H}$ がこれを満たすような $\boldsymbol{H}$ を求める．上式の $\boldsymbol{P}_\kappa$ を $\boldsymbol{P}'_\kappa$ で置き換え，射影変換行列 $\boldsymbol{H}$ に定数倍の不定性があることを考慮すると，次式を得る．

$$\boldsymbol{P}_\kappa \boldsymbol{\Omega} \boldsymbol{P}_\kappa^\top \simeq \boldsymbol{K}_\kappa \boldsymbol{K}_\kappa^\top \tag{13.36}$$

ただし，4×4 行列 $\boldsymbol{\Omega}$ を次のように定義した．

$$\boldsymbol{\Omega} \equiv \boldsymbol{H} \begin{pmatrix} 1 & 0 & 0 & 0 \\ 0 & 1 & 0 & 0 \\ 0 & 0 & 1 & 0 \\ 0 & 0 & 0 & 0 \end{pmatrix} \boldsymbol{H}^\top \tag{13.37}$$

そこで，まず式 (13.36) を満たすような $\boldsymbol{\Omega}$ を求め，それを用いて式 (13.37) を満たす $\boldsymbol{H}$ を求める．式 (13.36) は $\kappa = 1, \ldots, M$ に対して，合計 M 個のこのような式を与える．しかし，右辺は未知の $\boldsymbol{K}_\kappa$ を含んでいる．そこで次のような反復を用いる．

1. すべての κ に対してカメラの内部パラメータ行列 $\boldsymbol{K}_\kappa$ を仮定して，式 (13.36) から $\boldsymbol{\Omega}$ を定める．
2. その $\boldsymbol{\Omega}$ に対して式 (13.36) がよく成り立つように，各 $\boldsymbol{K}_\kappa$ を修正する．
3. 修正した $\boldsymbol{K}_\kappa$ に対して $\boldsymbol{\Omega}$ を再計算し，すべての κ に対して式 (13.36) がよく成り立つまでこれを反復する．

このようにして $\boldsymbol{\Omega}$ を定めた後で，式 (13.37) を満たす $\boldsymbol{H}$ を計算する．

13.3.2 Ω の計算

各カメラの焦点距離 f_κ と光軸点 $(u_{0\kappa}, v_{0\kappa})$ の近似値を用いて，式 (11.3) の内部パラメータ行列

$$\boldsymbol{K}_\kappa = \begin{pmatrix} f_\kappa & 0 & u_{0\kappa} \\ 0 & f_\kappa & v_{0\kappa} \\ 0 & 0 & f_0 \end{pmatrix} \tag{13.38}$$

を仮定する．この $\boldsymbol{K}_\kappa$ と射影復元で得られる $\boldsymbol{P}_\kappa$ を用いて，式 (13.36) を満たす $\boldsymbol{\Omega}$ を計算する．式 (13.36) は，次のように書き直せる．

$$\boldsymbol{K}_\kappa^{-1} \boldsymbol{P}_\kappa \boldsymbol{\Omega}^\top \boldsymbol{P}_\kappa^\top \boldsymbol{K}_\kappa^{-1\top} \simeq \boldsymbol{I} \tag{13.39}$$

左辺の行列の $(1,1)$ 要素と $(1,2)$ 要素が等しいこと，および非対角要素が 0 であることから，各 κ に対して $\boldsymbol{\Omega} = (\Omega_{ij})$ の要素に関する 4 個の線形方程式が得られる．その合計 $4M$ 個の式から最小 2 乗法によって $\boldsymbol{\Omega}$ を定める．具体的な手順は次のよ

うになる．

手順 13.4　Ω の計算

1. 次の 3×4 行列 $\boldsymbol{Q}_\kappa$ を計算する $(\kappa = 1, \ldots, M)$.

$$\boldsymbol{Q}_\kappa = \boldsymbol{K}_\kappa^{-1}\boldsymbol{P}_\kappa \tag{13.40}$$

2. 次の $4 \times 4 \times 4 \times 4$ 配列 $\mathcal{A} = (A_{ijkl})$ を定義する．

$$\begin{aligned}
A_{ijkl} = \sum_{\kappa=1}^{M}\Big(& Q_{\kappa(1i)}Q_{\kappa(1j)}Q_{\kappa(1k)}Q_{\kappa(1l)} - Q_{\kappa(1i)}Q_{\kappa(1j)}Q_{\kappa(2k)}Q_{\kappa(2l)} \\
& - Q_{\kappa(2i)}Q_{\kappa(2j)}Q_{\kappa(1k)}Q_{\kappa(1l)} + Q_{\kappa(2i)}Q_{\kappa(2j)}Q_{\kappa(2k)}Q_{\kappa(2l)} \\
& + \frac{1}{4}(Q_{\kappa(1i)}Q_{\kappa(2j)}Q_{\kappa(1k)}Q_{\kappa(2l)} + Q_{\kappa(2i)}Q_{\kappa(1j)}Q_{\kappa(1k)}Q_{\kappa(2l)} \\
& + Q_{\kappa(1i)}Q_{\kappa(2j)}Q_{\kappa(2k)}Q_{\kappa(1l)} + Q_{\kappa(2i)}Q_{\kappa(1j)}Q_{\kappa(2k)}Q_{\kappa(1l)}) \\
& + \frac{1}{4}(Q_{\kappa(2i)}Q_{\kappa(3j)}Q_{\kappa(2k)}Q_{\kappa(3l)} + Q_{\kappa(3i)}Q_{\kappa(2j)}Q_{\kappa(2k)}Q_{\kappa(3l)} \\
& + Q_{\kappa(2i)}Q_{\kappa(3j)}Q_{\kappa(3k)}Q_{\kappa(2l)} + Q_{\kappa(3i)}Q_{\kappa(2j)}Q_{\kappa(3k)}Q_{\kappa(2l)}) \\
& + \frac{1}{4}(Q_{\kappa(3i)}Q_{\kappa(1j)}Q_{\kappa(3k)}Q_{\kappa(1l)} + Q_{\kappa(1i)}Q_{\kappa(3j)}Q_{\kappa(3k)}Q_{\kappa(1l)} \\
& + Q_{\kappa(3i)}Q_{\kappa(1j)}Q_{\kappa(1k)}Q_{\kappa(3l)} + Q_{\kappa(1i)}Q_{\kappa(3j)}Q_{\kappa(1k)}Q_{\kappa(3l)})\Big)
\end{aligned} \tag{13.41}$$

ただし，$Q_{\kappa(ij)}$ は $\boldsymbol{Q}_\kappa$ の (i, j) 要素である．

3. 次の 10×10 行列 $\boldsymbol{A}$ を定義する．

$$\boldsymbol{A} = \begin{pmatrix}
A_{1111} & A_{1122} & A_{1133} & A_{1144} & \sqrt{2}A_{1112} \\
A_{2211} & A_{2222} & A_{2233} & A_{2244} & \sqrt{2}A_{2212} \\
A_{3311} & A_{3322} & A_{3333} & A_{3344} & \sqrt{2}A_{3312} \\
A_{4411} & A_{4422} & A_{4433} & A_{4444} & \sqrt{2}A_{4412} \\
\sqrt{2}A_{1211} & \sqrt{2}A_{1222} & \sqrt{2}A_{1233} & \sqrt{2}A_{1244} & 2A_{1212} \\
\sqrt{2}A_{1311} & \sqrt{2}A_{1322} & \sqrt{2}A_{1333} & \sqrt{2}A_{1344} & 2A_{1312} \\
\sqrt{2}A_{1411} & \sqrt{2}A_{1422} & \sqrt{2}A_{1433} & \sqrt{2}A_{1444} & 2A_{1412} \\
\sqrt{2}A_{2311} & \sqrt{2}A_{2322} & \sqrt{2}A_{2333} & \sqrt{2}A_{2344} & 2A_{2312} \\
\sqrt{2}A_{2411} & \sqrt{2}A_{2422} & \sqrt{2}A_{2433} & \sqrt{2}A_{2444} & 2A_{2412} \\
\sqrt{2}A_{3411} & \sqrt{2}A_{3422} & \sqrt{2}A_{3433} & \sqrt{2}A_{3444} & 2A_{3412}
\end{pmatrix}$$

$$\begin{pmatrix} \sqrt{2}A_{1113} & \sqrt{2}A_{1114} & \sqrt{2}A_{1123} & \sqrt{2}A_{1124} & \sqrt{2}A_{1134} \\ \sqrt{2}A_{2213} & \sqrt{2}A_{2214} & \sqrt{2}A_{2223} & \sqrt{2}A_{2224} & \sqrt{2}A_{2234} \\ \sqrt{2}A_{3313} & \sqrt{2}A_{3314} & \sqrt{2}A_{3323} & \sqrt{2}A_{3324} & \sqrt{2}A_{3334} \\ \sqrt{2}A_{4413} & \sqrt{2}A_{4414} & \sqrt{2}A_{4423} & \sqrt{2}A_{4424} & \sqrt{2}A_{4434} \\ 2A_{1213} & 2A_{1214} & 2A_{1223} & 2A_{1224} & 2A_{1234} \\ 2A_{1313} & 2A_{1314} & 2A_{1323} & 2A_{1324} & 2A_{1334} \\ 2A_{1413} & 2A_{1414} & 2A_{1423} & 2A_{1424} & 2A_{1434} \\ 2A_{2313} & 2A_{2314} & 2A_{2323} & 2A_{2324} & 2A_{2334} \\ 2A_{2413} & 2A_{2414} & 2A_{2423} & 2A_{2424} & 2A_{2434} \\ 2A_{3413} & 2A_{3414} & 2A_{3423} & 2A_{3424} & 2A_{3434} \end{pmatrix} \tag{13.42}$$

4. 行列 $\boldsymbol{A}$ の最小固有値に対する 10 次元単位ベクトル $\boldsymbol{\omega} = (\omega_i)$ を計算する．
5. 行列 $\boldsymbol{\Omega}$ を次のように定める．

$$\boldsymbol{\Omega} = \begin{pmatrix} \omega_1 & \omega_5/\sqrt{2} & \omega_6/\sqrt{2} & \omega_7/\sqrt{2} \\ \omega_5/\sqrt{2} & \omega_2 & \omega_8/\sqrt{2} & \omega_9/\sqrt{2} \\ \omega_6/\sqrt{2} & \omega_8/\sqrt{2} & \omega_3 & \omega_{10}/\sqrt{2} \\ \omega_7/\sqrt{2} & \omega_9/\sqrt{2} & \omega_{10}/\sqrt{2} & \omega_4 \end{pmatrix} \tag{13.43}$$

6. $\boldsymbol{\Omega}$ の固有値 $\sigma_1 \geq \cdots \geq \sigma_4$ に対する単位固有ベクトル $\boldsymbol{w}_1, \ldots, \boldsymbol{w}_4$ を計算する．
7. $\boldsymbol{\Omega}$ を次のように再定義する．

$$\boldsymbol{\Omega} = \begin{cases} \sigma_1\boldsymbol{w}_1\boldsymbol{w}_1^\top + \sigma_2\boldsymbol{w}_2\boldsymbol{w}_2^\top + \sigma_3\boldsymbol{w}_3\boldsymbol{w}_3^\top, & \sigma_3 > 0 \\ -\sigma_4\boldsymbol{w}_4\boldsymbol{w}_4^\top - \sigma_3\boldsymbol{w}_3\boldsymbol{w}_3^\top - \sigma_2\boldsymbol{w}_2\boldsymbol{w}_2^\top, & \sigma_2 < 0 \end{cases} \tag{13.44}$$

解説　行列 $\boldsymbol{Q}_\kappa$ を式 (13.40) のようにおくと，式 (13.39) は

$$\boldsymbol{Q}_\kappa \boldsymbol{\Omega} \boldsymbol{Q}_\kappa^\top \simeq \boldsymbol{I} \tag{13.45}$$

と書ける．左辺の $(1,1)$ 要素と $(1,2)$ 要素が等しいこと，および非対角要素が 0 であることは次のように書ける．

$$\sum_{i,j=1}^{4} Q_{\kappa(1i)} Q_{\kappa(1j)} \Omega_{ij} - \sum_{i,j=1}^{4} Q_{\kappa(2i)} Q_{\kappa(2j)} \Omega_{ij} = 0,$$

$$\sum_{i,j=1}^{4} Q_{\kappa(1i)}Q_{\kappa(2j)}\Omega_{ij} = 0, \quad \sum_{i,j=1}^{4} Q_{\kappa(2i)}Q_{\kappa(3j)}\Omega_{ij} = 0,$$
$$\sum_{i,j=1}^{4} Q_{\kappa(3i)}Q_{\kappa(1j)}\Omega_{ij} = 0 \tag{13.46}$$

これらをすべて厳密に満たす $\boldsymbol{\Omega}$ が存在するとは限らないので，これらの左辺の 2 乗の $\kappa = 1, \dots, M$ にわたる和 K を最小にする $\boldsymbol{\Omega}$ を計算する．式 (13.41) のように A_{ijkl} を定義すれば，K は次のように書ける．

$$K = \sum_{i,j,k,l=1}^{4} A_{ijkl}\Omega_{ij}\Omega_{kl} \tag{13.47}$$

10×10 対称行列 $\boldsymbol{A}$ を式 (13.42) のようにおき，10 次元ベクトル $\boldsymbol{\omega} = (\omega_i)$ を式 (13.43) のように定義すると，上式は次のように $\boldsymbol{\omega}$ の 2 次形式の形に書き直せる．

$$K = (\boldsymbol{\omega}, \boldsymbol{A}\boldsymbol{\omega}) \tag{13.48}$$

行列 $\boldsymbol{\Omega}$ は式 (13.45) からわかるように，定数倍を除いてしか定まらないので，$\|\boldsymbol{\Omega}\|^2 = \sum_{i,j=1}^{4} \Omega_{ij}^2 = 1$ と正規化する．これは，式 (13.43) から $\|\boldsymbol{\omega}\|^2 = 1$ と等価である．式 (13.48) を最小にする単位ベクトル $\boldsymbol{\omega}$ は，行列 $\boldsymbol{A}$ の最小固有値に対する単位固有ベクトルである．したがって，その要素を式 (13.43) のように配置すれば $\boldsymbol{\Omega}$ が定まる．ただし，式 (13.37) の定義より，$\boldsymbol{\Omega}$ はランク 3 の半正値対称行列でなければならない．$\boldsymbol{\Omega}$ の固有値を $\sigma_1 \geq \cdots \geq \sigma_4$ とし，対応する単位固有ベクトルを $\boldsymbol{\omega}_1, \dots, \boldsymbol{\omega}_4$ とすると

$$\boldsymbol{\Omega} = \sigma_1 \boldsymbol{w}_1 \boldsymbol{w}_1^\top + \sigma_2 \boldsymbol{w}_2 \boldsymbol{w}_2^\top + \sigma_3 \boldsymbol{w}_3 \boldsymbol{w}_3^\top + \sigma_4 \boldsymbol{w}_4 \boldsymbol{w}_4^\top \tag{13.49}$$

と書けるから，最小固有値に対する固有ベクトルを除去し，大きい 3 個の固有値とその固有ベクトルによって再定義する．このとき，固有ベクトル $\boldsymbol{\omega}$ の符号が不定で，したがって，式 (13.43) の $\boldsymbol{\Omega}$ も符号が不定である．そこで，固有値が正になるように $\boldsymbol{\Omega}$ の符号を選び，式 (13.44) のようにランク 3 に強制する．

■ 13.3.3　$\boldsymbol{K}_\kappa$ の修正

計算した $\boldsymbol{\Omega}$ に対して式 (13.36) が成り立っていればよいが，$\boldsymbol{K}_\kappa$ は必ずしも正しくないので，厳密に成り立つとは限らない．そこで，これがよりよく成り立つよう

に，現在仮定している $\boldsymbol{K}_\kappa$ に単位行列に近い修正項 $\delta\boldsymbol{K}_\kappa$ を掛けて，$\boldsymbol{K}_\kappa\delta\boldsymbol{K}_\kappa$ の形に修正する．すなわち，

$$\boldsymbol{P}_\kappa\boldsymbol{\Omega}\boldsymbol{P}_\kappa \simeq (\boldsymbol{K}_\kappa\delta\boldsymbol{K}_\kappa)(\boldsymbol{K}_\kappa\delta\boldsymbol{K}_\kappa)^\top \tag{13.50}$$

がよく成り立つように $\delta\boldsymbol{K}_\kappa$ を定める．この式を書き直すと，

$$\boldsymbol{K}_\kappa^{-1}\boldsymbol{P}_\kappa\boldsymbol{\Omega}\boldsymbol{P}_\kappa\boldsymbol{K}_\kappa^{\top-1} \simeq \delta\boldsymbol{K}_\kappa\delta\boldsymbol{K}_\kappa \tag{13.51}$$

となる．左辺は $\boldsymbol{Q}_\kappa\boldsymbol{\Omega}\boldsymbol{Q}_\kappa^\top$ であるから，$\boldsymbol{Q}_\kappa\boldsymbol{\Omega}\boldsymbol{Q}_\kappa^\top$ が $\delta\boldsymbol{K}_\kappa\delta\boldsymbol{K}_\kappa$ の定数倍になるように $\delta\boldsymbol{K}_\kappa$ を定めればよい．具体的な手順は次のようになる．

手順 13.5　$\boldsymbol{K}_\kappa$ の修正

1. 計算した $\boldsymbol{Q}_\kappa\boldsymbol{\Omega}\boldsymbol{Q}_\kappa^\top$ の要素を次のようにおく．

$$\boldsymbol{Q}_\kappa\boldsymbol{\Omega}\boldsymbol{Q}_\kappa^\top = \begin{pmatrix} c_{\kappa(11)} & c_{\kappa(12)} & c_{\kappa(13)} \\ c_{\kappa(21)} & c_{\kappa(22)} & c_{\kappa(23)} \\ c_{\kappa(31)} & c_{\kappa(32)} & c_{\kappa(33)} \end{pmatrix} \tag{13.52}$$

2. 次の F_κ を計算する．

$$F_\kappa = \frac{c_{\kappa(11)} + c_{\kappa(22)}}{c_{\kappa(33)}} - \left(\frac{c_{\kappa(13)}}{c_{\kappa(33)}}\right)^2 - \left(\frac{c_{\kappa(23)}}{c_{\kappa(33)}}\right)^2 \tag{13.53}$$

3. $c_{\kappa(33)} \leq 0$ または $F_\kappa \leq 0$ であれば，$\boldsymbol{K}_\kappa$ は修正せずに終了する．
4. そうでなければ，光軸点 $(u_{0\kappa}, v_{0\kappa})$ と焦点距離 f_κ の修正量を次のように計算する．

$$\delta u_{0\kappa} = \frac{c_{\kappa(13)}}{c_{\kappa(33)}}, \quad \delta v_{0\kappa} = \frac{c_{\kappa(23)}}{c_{\kappa(33)}},$$
$$\delta f_\kappa = \sqrt{\frac{1}{2}\left(\frac{c_{\kappa(11)} + c_{\kappa(22)}}{c_{\kappa(33)}} - \delta u_{0\kappa}^2 - \delta v_{0\kappa}^2\right)} \tag{13.54}$$

5. $\delta\boldsymbol{K}_\kappa$ を次のように計算する．

$$\delta\boldsymbol{K}_\kappa = \begin{pmatrix} \delta f_\kappa & 0 & \delta u_{0\kappa} \\ 0 & \delta f_\kappa & \delta v_{0\kappa} \\ 0 & 0 & 1 \end{pmatrix} \tag{13.55}$$

6. $\boldsymbol{K}_\kappa$ を次のように修正する．

$$\boldsymbol{K}_\kappa \leftarrow \boldsymbol{K}_\kappa\delta\boldsymbol{K}_\kappa, \qquad \boldsymbol{K}_\kappa \leftarrow \sqrt{c_{\kappa(33)}}\boldsymbol{K}_\kappa \tag{13.56}$$

解説　式 (13.38) より，$\boldsymbol{K}_\kappa$ の修正量を式 (13.55) のようにおく．$\delta u_{0\kappa}$, $\delta v_{0\kappa}$ は 0 に近い補正量であり，δf_κ は 1 に近い補正比である．$\delta\boldsymbol{K}_\kappa\delta\boldsymbol{K}_\kappa^\top$ は次のようになる．

$$\delta\boldsymbol{K}_\kappa\delta\boldsymbol{K}_\kappa^\top = \begin{pmatrix} \delta f_\kappa^2 + \delta u_{0\kappa}^2 & \delta u_{0\kappa}\delta v_{0\kappa} & \delta u_{0\kappa} \\ \delta u_{0\kappa}\delta v_{0\kappa} & \delta f_\kappa^2 + \delta v_{0\kappa}^2 & \delta v_{0\kappa} \\ \delta u_{0\kappa} & \delta v_{0\kappa} & 1 \end{pmatrix} \tag{13.57}$$

これが式 (13.52) の定数倍になるように，$\delta u_{0\kappa}$, $\delta v_{0\kappa}$ を式 (13.54) の第 1, 2 式のように定める．δf_κ は (1,1) 要素と (2,2) 要素の平均をとって式 (13.54) の第 3 式のように定める．ただし，式 (13.52) の $(3,3)$ 要素が正でない，あるいは式 (13.54) の根号内が正でない場合は修正しない．式 (13.52) は，定数倍の不定性のため，要素間の比のみに意味があるが，要素があまりにも大きかったり小さかったりするのは，比が一定でも計算上望ましくない．そこで，式 (13.52) が単位行列により近くなるように，$\boldsymbol{Q}_\kappa$ を $\sqrt{c_{\kappa(33)}}$ で割っておく．このことは，式 (13.40) から，$\boldsymbol{K}_\kappa$ を $\sqrt{c_{\kappa(33)}}$ 倍することに相当する．これを式 (13.56) の最後に行っている．

■ 13.3.4　$\boldsymbol{H}$ の計算

得られた $\boldsymbol{\Omega}$ から式 (13.37) を満たす 4×4 射影変換行列 $\boldsymbol{H}$ を定めることを考える．$\boldsymbol{H}$ の列を $\boldsymbol{h}_1, \ldots, \boldsymbol{h}_4$ とすると，式 (13.37) は次のように書ける．

$$\boldsymbol{\Omega} = \boldsymbol{h}_1\boldsymbol{h}_1^\top + \boldsymbol{h}_2\boldsymbol{h}_2^\top + \boldsymbol{h}_3\boldsymbol{h}_3^\top \tag{13.58}$$

したがって，第 4 列 $\boldsymbol{h}_4$ を定めることができない．これは，式 (13.34) によって並進 $\boldsymbol{t}_\kappa$ を除去したためであり，世界座標系の絶対位置が定まらないことに対応している．したがって，$\boldsymbol{h}_4$ は $\boldsymbol{H}$ が正則行列になるように任意に設定してよい．簡単な方法は，$\boldsymbol{\Omega}$ が固有値と固有ベクトルを用いて式 (13.49) のように表せることから，σ_1, σ_2, σ_3 が正になるように $\boldsymbol{\Omega}$ を選び，$\sqrt{\sigma_1}\boldsymbol{w}_1$, $\sqrt{\sigma_2}\boldsymbol{w}_2$, $\sqrt{\sigma_3}\boldsymbol{w}_3$ を $\boldsymbol{h}_1$, $\boldsymbol{h}_2$, $\boldsymbol{h}_3$ とし，$\boldsymbol{w}_4$ を $\boldsymbol{h}_4$ とすればよい．具体的には，式 (13.44) に対応して次のようにすればよい．

$$\boldsymbol{H} = \begin{cases} \begin{pmatrix} \sqrt{\sigma_1}\boldsymbol{w}_1 & \sqrt{\sigma_2}\boldsymbol{w}_2 & \sqrt{\sigma_3}\boldsymbol{w}_3 & \boldsymbol{w}_4 \end{pmatrix}, & \sigma_3 > 0 \\ \begin{pmatrix} \sqrt{-\sigma_4}\boldsymbol{w}_4 & \sqrt{-\sigma_3}\boldsymbol{w}_3 & \sqrt{-\sigma_2}\boldsymbol{w}_2 & \boldsymbol{w}_1 \end{pmatrix}, & \sigma_2 < 0 \end{cases} \tag{13.59}$$

13.3.5 ユークリッド化の手順

ユークリッド化を行うには，以上を組み合わせればよい．いろいろな組み合わせが考えられる．その一例は，次の手順である．

手順 13.6 ユークリッド化

1. $\hat{J}_{\rm med} = \infty$（十分大きい数）とおき，式 (13.38) のように内部パラメータ行列 $\boldsymbol{K}_\kappa$ の初期値を入力する ($\kappa = 1, \ldots, M$).
2. $\boldsymbol{\Omega}$ を手順 13.4 によって計算する．
3. 手順 13.4 中で得られる値を用い，$\boldsymbol{H}$ を式 (13.59) によって計算する．
4. 各 $\boldsymbol{K}_\kappa$ を手順 13.5 によって修正する．
5. 手順 13.5 で $\boldsymbol{K}_\kappa$ が修正されたときは，手順中で得られる値を用いて各 κ に対して次のようにおく．

$$J_\kappa = \Big(\frac{c_{\kappa(11)}}{c_{\kappa(33)}} - 1\Big)^2 + \Big(\frac{c_{\kappa(22)}}{c_{\kappa(33)}} - 1\Big)^2 + 2\frac{c_{\kappa(12)}^2 + c_{\kappa(23)}^2 + c_{\kappa(31)}^2}{c_{\kappa(33)}^2} \quad (13.60)$$

   $\boldsymbol{K}_\kappa$ が修正されないときは $J_\kappa = \infty$（十分大きい数）とする．
6. 次のメジアンを計算する．

$$J_{\rm med} = {\rm med}_{\kappa=1}^M J_\kappa \quad (13.61)$$

7. $J_{\rm med} \approx 0$ であれば，$\boldsymbol{H}$, $\boldsymbol{K}_\kappa$ を返して終了する．
8. そうでなくても，$J_{\rm med} \geq \hat{J}_{\rm med}$ であれば $\boldsymbol{H}$, $\boldsymbol{K}_\kappa$ を返して終了する．
9. そうでなければ，$\hat{J}_{\rm med} \leftarrow J_{\rm med}$ としてステップ 2 に戻る．

解説 式 (13.53) の F_κ は，式 (13.52) がどれだけ単位行列の定数倍に近いかを測っている．理想的にはすべての κ に対して $F_\kappa \approx 0$ となるまで反復すべきであるが，実際のデータでは誤差のためにそこまで到達しないことが多い．その原因はいろいろ考えられる．まず，画像間の対応付けの誤りのために，各画像の点の位置がすべて正しいとは限らない．また，13.2 節の射影復元の計算では，基本法を用いても双対法を用いても，必ずしも正確なカメラ行列 $\boldsymbol{P}_\kappa$ が計算されるとは限らない．ステップ 6 でメジアン（中央値）を評価しているのは，点の位置に大きな誤りがある画像や，カメラ行列 $\boldsymbol{P}_\kappa$ が正しく計算されていない“悪い”画像を除外するためである．ステップ 7 は，“半数以上”の画像で F_κ が指定したしきい値以下になることを要求している．しかし，誤差が大きい場合はそのしきい値すら到達できないこともあるので，ステップ 8 でメジアン値がもはや減少しなくなったら反復を打ち切っている．

さらに収束を早める工夫は，A_{ijkl} を計算する式 (13.41) の右辺の $\sum_{\kappa=1}^{M}(\cdots)$ に重み W_κ を導入して，$\sum_{\kappa=1}^{M} W_\kappa(\cdots)$ とすることである．重み W_κ は，誤っている可能性のある "悪い" 画像に対しては小さく，そうでない "よい" 画像に対しては大きくとる．そのような重み W_κ としては，前のステップで計算した J_κ，$J_{\rm med}$ を用いて

$$W_\kappa = e^{-J_\kappa/J_{\rm med}} \tag{13.62}$$

とすることが考えられる．

13.4　3 次元復元の計算

ユークリッド化の射影変換行列 $\boldsymbol{H}$ と内部パラメータ行列 $\boldsymbol{K}_\kappa$ が得られれば，射影復元で求めた同次座標 $\boldsymbol{X}_\alpha$ とカメラ行列 $\boldsymbol{P}_\kappa$ を次のように変換して，各点の 3 次元位置 $(X_\alpha, Y_\alpha, Z_\alpha)$，および各カメラの並進 $\boldsymbol{t}_\kappa$ と回転 $\boldsymbol{R}_\kappa$ を定めることができる．

手順 13.7　3 次元復元

1. 各 $\boldsymbol{X}_\alpha$ を次のように射影変換する．

$$\boldsymbol{X}_\alpha \leftarrow \boldsymbol{H}^{-1}\boldsymbol{X}_\alpha \tag{13.63}$$

2. $\boldsymbol{X}_\alpha$ の成分を $X_{\alpha(1)}, \ldots, X_{\alpha(4)}$ とし，式 (13.2) によって 3 次元座標 $(X_\alpha, Y_\alpha, Z_\alpha)$ を計算する．
3. 各 $\boldsymbol{P}_\kappa$ を次のように射影変換する．

$$\boldsymbol{P}_\kappa \leftarrow \boldsymbol{P}_\kappa\boldsymbol{H} \tag{13.64}$$

4. 次の行列 $\boldsymbol{A}_\kappa$ とベクトル $\boldsymbol{b}_\kappa$ を計算する．

$$\boldsymbol{K}_\kappa^{-1}\boldsymbol{P}_\kappa = \begin{pmatrix} \boldsymbol{A}_\kappa & \boldsymbol{b}_\kappa \end{pmatrix} \tag{13.65}$$

5. スケール定数 s を

$$s = \sqrt[3]{\det \boldsymbol{A}_\kappa} \tag{13.66}$$

とおき，$\boldsymbol{A}_\kappa$, $\boldsymbol{b}_\kappa$ を次のように正規化する．

$$\boldsymbol{A}_\kappa \leftarrow \frac{\boldsymbol{A}_\kappa}{s}, \qquad \boldsymbol{b}_\kappa \leftarrow \frac{\boldsymbol{b}_\kappa}{s} \tag{13.67}$$

6. $\boldsymbol{A}_\kappa$ を次のように特異値分解する（$\boldsymbol{U}_A$, $\boldsymbol{V}_A$ は直交行列，$\boldsymbol{\Sigma}_A$ は特異値からなる対角行列）．

$$\boldsymbol{A}_\kappa = \boldsymbol{U}_A \boldsymbol{\Sigma}_A \boldsymbol{V}_A^\top \tag{13.68}$$

7. 回転 $\boldsymbol{R}_\kappa$ を次のように計算する．

$$\boldsymbol{R}_\kappa = \boldsymbol{V}_A \boldsymbol{U}_A^\top \tag{13.69}$$

8. 並進 $\boldsymbol{t}_\kappa$ を次のように計算する．

$$\boldsymbol{t}_\kappa = -\boldsymbol{R}_\kappa \boldsymbol{b} \tag{13.70}$$

9. 第 κ カメラの座標系から見た点 $(X_\alpha, Y_\alpha, Z_\alpha)$ の位置を次のように計算する．

$$\begin{pmatrix} X_{\alpha\kappa} \\ Y_{\alpha\kappa} \\ Z_{\alpha\kappa} \end{pmatrix} = \boldsymbol{R}_\kappa^\top \left(\begin{pmatrix} X_\alpha \\ Y_\alpha \\ Z_\alpha \end{pmatrix} - \boldsymbol{t}_\kappa \right) \tag{13.71}$$

10. もし

$$\sum_{\alpha=1}^{N} \mathrm{sgn}(Z_{\alpha 1}) > 0 \tag{13.72}$$

でなければ，$\boldsymbol{t}_\kappa$ と $(X_\alpha, Y_\alpha, Z_\alpha)$ の符号を変える．ただし，$\mathrm{sgn}(x)$ は $x > 0$, $x = 0$, $x < 0$ に応じてそれぞれ 1, 0, -1 を返す符号関数である．

解説　ユークリッド化の射影変換行列 $\boldsymbol{H}$ の定義より，射影復元した同次座標 $\boldsymbol{X}_\alpha$ とカメラ行列 $\boldsymbol{P}_\kappa$ に対して，それぞれ $\boldsymbol{H}^{-1}\boldsymbol{X}_\alpha$, $\boldsymbol{P}_\kappa \boldsymbol{H}^{-1}$ が正しい値である．正しいカメラ行列 $\boldsymbol{P}_\kappa$ は (11.3) より，次の形をしている．

$$\boldsymbol{P}_\kappa = \boldsymbol{K}_\kappa \begin{pmatrix} \boldsymbol{R}_\kappa^\top & -\boldsymbol{R}_\kappa^\top \boldsymbol{t}_\kappa \end{pmatrix} \tag{13.73}$$

射影復元では，カメラ行列 $\boldsymbol{P}_\kappa$ は定数倍を除いてしか計算できない．このため，射影復元が正しく，かつユークリッド化の射影変換 $\boldsymbol{H}$ が正しく計算されていれば，式 (13.65) の右辺は $(\boldsymbol{R}_\kappa^\top \ \ -\boldsymbol{R}_\kappa^\top \boldsymbol{t}_\kappa)$ の定数倍になっているはずである．ゆえに，$\boldsymbol{A}_\kappa$ を $\det \boldsymbol{A}_\kappa = 1$ に正規化すれば，$\boldsymbol{A}_\kappa$ が $\boldsymbol{R}_\kappa^\top$ に等しいはずである．しかし，射影復元やユークリッド化は必ずしも厳密に計算されているとは限らず，$\boldsymbol{A}_\kappa$

が回転行列になっているとは限らない．このため，$\boldsymbol{A}_\kappa$ を式 (13.68) のように特異値分解したとき，$\boldsymbol{A}_\kappa$ が回転行列であれば $\boldsymbol{\Sigma}_A$ は単位行列 $\boldsymbol{I}$ のはずであるが，必ずしもそうとは限らない．そこで，$\boldsymbol{\Sigma}_A$ を単位行列 $\boldsymbol{I}$ に置き換えたものを $\boldsymbol{R}_\kappa^\top$ とする．すなわち，転置して式 (13.69) を $\boldsymbol{R}_\kappa$ とする．そして，$\boldsymbol{b}_\kappa$ を式 (13.70) のように計算する．

しかし，第 5 章の 2 画像からの 3 次元復元，第 8 章の平面の 3 次元復元の場合と同様に，鏡像解の問題が生じる．これは，式 (5.1) の透視投影の数学的な表現が，「見ている点 (X, Y, Z) がカメラの前方にある」という条件を考慮していないためである．このため，カメラの後方にあって真の形状と鏡像の関係にある形状も計算される（第 12 章で示したように，これはアフィンカメラモデルを用いても生じる）．射影復元には符号の不定性があるので，上記の計算結果が鏡像解である可能性がある．これを判定するため，第 κ カメラの座標系から見た点 $(X_\alpha, Y_\alpha, Z_\alpha)$ の位置を式 (13.71) のように計算する（$\hookrightarrow$ 図 5.2，式 (5.4), (12.20)）．そして，第 1 カメラから見たすべての点の奥行き $Z_{\alpha 1}$ の符号を用いて，式 (13.72) によって鏡像解かどうかを判定する．左辺を $\sum_{\alpha=1}^{N} Z_{\alpha 1}$ としないのは，式 (5.24) と同様に，$Z_\alpha \approx \infty$ となる点が誤差によって $Z_\alpha \approx -\infty$ と計算される可能性を考慮したためである．理論的には，すべてのカメラを考えて，式 (13.72) を $\sum_{\kappa=1}^{M} \sum_{\alpha=1}^{N} \mathrm{sgn}(Z_{\alpha\kappa})$ とするべきであるが，実際問題としては第 1 カメラのみ考えれば十分である．

13.5　実験例

図 13.4 は，実験に用いた実ビデオ画像列である．実際には 200 フレームを用いたが，ここでは抜き出した 6 フレームを示している．画像中には追跡した特徴点を四角形でマークしている．これらの特徴点は初期フレームに手動で指定し，以降のフレーム上を画像上で追跡した．

図 13.5 は，これから本章の方法で各特徴点の 3 次元座標を計算し，それらを頂点とする三角形パッチに原画像をテクスチャマッピングしたものである．左側に斜めから見たもの，右側に真上から見たものを示す．**図 13.6** は，前章のアフィンカメラを仮定する自己校正法で復元した形状を同じ方向から見たものである．この物体（箱）の上部も下部も，真の形状は長方形である．しかし，透視投影をアフィン

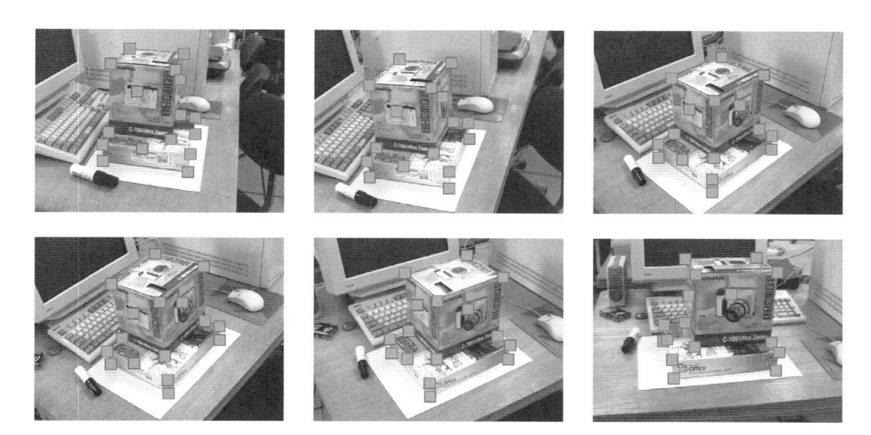

図 13.4 実ビデオ画像列（6 フレームを抜き出したもの）．用いた特徴点（四角形でマークしている）は 16 個．

図 13.5 図 13.4 のビデオ画像列から本章の方法で復元した 3 次元形状．

図 13.6 図 13.4 のビデオ画像列からアフィンカメラを仮定する自己校正で復元した 3 次元形状．

カメラで近似すると，奥行きによる透視効果が考慮されないので，カメラから遠い部分が小さく復元され，直角となるべき部分が直角になっていない．それに対して，本章の透視投影カメラに基づく自己校正法では，直角であるべき部分が直角となり，正しい 3 次元形状が復元されている．

射影復元の手順 13.2, 13.3 の式 (13.16), (13.29) の再投影誤差は，追跡した各特徴点あたりの誤差の大きさの評価であるが，この例ではほぼ 2 画素に収束した．これは，入力ビデオ画像の特徴点追跡に 2 画素程度の誤差があることを意味する．しかし，この程度の誤差でも，第 11 章のバンドル調整を施すことなく，この程度の復元ができる．

13.6　さらに勉強したい人へ

未校正カメラで撮影した複数の画像間の特徴点の対応から 3 次元形状を計算する自己校正法は，1990 年代に著しい進歩を遂げた．そして，射影幾何学に基づく精緻な数学的な解析が確立した．これはコンピュータビジョン研究の歴史で，最大の成果の一つであるといえる．その計算は，射影復元とそのユークリッド化の 2 段階から構成するという形で整理されたが，射影復元に関してもユークリッド化に関しても，いろいろな研究者によってさまざまなバリエーションが提案されている．

射影復元とユークリッド化を組み合わせる自己校正法は，観測データから代数的な計算のみによってカメラパラメータや 3 次元形状が計算できるという利点があるが，計算は射影幾何学的な原理のみに基づき，データの誤差の性質を考慮していないために精度は低い．実際問題では，その結果に第 11 章のバンドル調整を施す必要がある．本章に述べたような自己校正法は，バンドル調整のための初期値計算の方法として広く用いられている．

本章の射影復元の基本法は，Mahamud ら [72] の方法に基づいている．双対法は，Heyden ら [18] の方法に基づいている．しかし，どちらを用いても，射影復元の計算量がユークリッド化の計算よりも圧倒的に多く，計算のほとんどが射影復元の反復計算に費やされる．このため，計算の効率化が重要な課題となる．

手順 13.2 の基本法の計算量を考えてみる．まず，式 (13.12) の行列 $\boldsymbol{W}$ の列ベクトルの張る 4 次元空間の基底 $\boldsymbol{u}_1, \ldots, \boldsymbol{u}_4$ を計算する．それらは，$\boldsymbol{W}\boldsymbol{W}^\top$ の固有ベクトルであり，$\boldsymbol{W}$ を式 (13.7) のように特異値分解したときの $\boldsymbol{U}_{3M\times L}$ の各列が $\boldsymbol{W}\boldsymbol{W}^\top$ の固有ベクトルになっている．そして，固有ベクトルの計算よりも特異値分解の計算のほうがはるかに効率的である．これは次のように示せる．行列やベクトルの計算は積の和の計算からなり，加減算の回数は (項数)-1 であるが，-1 を無視すると，乗算の回数と加減算の回数が等しい．そのため，計算量の解析には乗算の回数のみを評価すれば十分である．まず，$\boldsymbol{W}\boldsymbol{W}^\top$ の計算に $(3M)^2N$ 回の乗算が必要である．固有値計算の計算量はアルゴリズムによって多少は違うが，ほぼ行列の次元の 3 乗である．ゆえに，$\boldsymbol{W}\boldsymbol{W}^\top$ の固有値計算の乗算の回数はほぼ $(3M)^2N + (3M)^3 = (3M)^2(3M+N)$ である．一方，長方行列の特異値分解の計算量はほぼ (行の次元)^2(列の次元)，あるいは (列の次元)^2(行の次元) である．転置行列の特異値分解は特異値分解の転置行列であるから，式 (13.12) の行列 $\boldsymbol{W}$ では，$3M > N$ ならほぼ $3MN^2$ であり, $3M \leq N$ ならほぼ $(3M)^2N$ であり，いずれにしても固有値計算より効率的である．同じ理由により，手順 13.2 のステップ 3(b) の $\boldsymbol{A}^{(\alpha)}$ の固有ベクトルの計算も，直接に $M \times M$ 行列 $\boldsymbol{A}^{(\alpha)}$ の固有値計算を行うのではなく，演習問題 13.1 のように $M \times 4$ 行列 $\boldsymbol{C}^{(\alpha)}$ の特異値分解に帰着させるほうが，はるかに効率的である．

演習問題 13.2 に示した部分空間 $\mathcal{L}_4$ の基底の更新は，対称行列の最大固有値に対する固有ベクトルを計算する「べき乗法」(power method) の原理を用いている．対称行列 $\boldsymbol{A}$ の固有値 $\lambda_1 \geq \cdots \geq \lambda_n$ に対応する単位固有ベクトルを $\boldsymbol{u}_1, \ldots, \boldsymbol{u}_n$ とすると，

$$\boldsymbol{A} = \lambda_1 \boldsymbol{u}_1 \boldsymbol{u}_1^\top + \cdots + \lambda_n \boldsymbol{u}_n \boldsymbol{u}_n^\top \tag{13.74}$$

と書ける．この N 乗は，$\boldsymbol{u}_1, \ldots, \boldsymbol{u}_n$ が直交する単位ベクトルであるから，

$$\boldsymbol{A}^N = \lambda_1^N \boldsymbol{u}_1 \boldsymbol{u}_1^\top + \cdots + \lambda_n^N \boldsymbol{u}_n \boldsymbol{u}_n^\top \tag{13.75}$$

となる．$\lambda_1 \geq \cdots \geq \lambda_n$ であるから，N が大きくなると，n 個の項の中で相対的に $|\lambda_1^N|$ が著しく増加し，引き続く項ほど増加は少なく，$|\lambda_n^N|$ が最も急速に減少する．したがって，任意のベクトル $\boldsymbol{a}$ に対して，$\boldsymbol{A}^N\boldsymbol{a}$ は N が大きくなるほど $\lambda_1(\boldsymbol{a}, \boldsymbol{u}_1)\boldsymbol{u}_1$ で近似できる．ゆえに，これを単位ベクトルに正規化すれば $\boldsymbol{u}_1$ が近似できる．これがべき乗法の原理である（べき乗法については教科書 [40] を参照するとよい）．ここでは，更新するのは式 (13.7) の特異値分解の行列 $\boldsymbol{U}_{3M\times L}$ であるが，その列が行列 $\boldsymbol{W}\boldsymbol{W}^\top$ の固有ベクトルであることから，$\boldsymbol{W}\boldsymbol{W}^\top$ を $\boldsymbol{u}_i$ に掛けては直交化し，大きい 4 個の固有値に対する固有ベクトルを近似している．このとき，$\boldsymbol{W}\boldsymbol{W}^\top$ を直接に計算すると $(3M)^2N$ 回の乗算が必要であり，$i = 1, \ldots, 4$ に対する積 $\boldsymbol{W}\boldsymbol{W}^\top\boldsymbol{u}_i$ に乗算が $4(3M)^2$ 回必要となり，合計 $(3M)^2(N+4)$ 回となる．それに対して式 (13.82) のようにすると，乗算は $4(3MN + 3MN) = 24MN$ 回であり，$M \geq 2N/3$ であれば式 (13.82) のほうが有利である．$\boldsymbol{W}\boldsymbol{W}^\top$ が対称行列であって上（または下）三角行列部分のみを計算すればよいことを考慮しても，結果はほとんど同じである．

以上の計算量の評価は双対法でも同様である．式 (13.24) の $\boldsymbol{W}$ の行の張る空間，すなわち $\boldsymbol{W}^\top$ の列の張る空間の基底 $\boldsymbol{v}_1, \ldots, \boldsymbol{v}_4$ は $\boldsymbol{W}^\top\boldsymbol{W}$ の固有ベクトルであるが，乗算がその計算に $3MN^2$ 回，固有値計算にほぼ N^3 回，合計 $N^2(3M+N)$ 回である．しかし，$\boldsymbol{W}$ の特異値分解は基本法と同じであり，特異値分解のほうがはるかに有利である．そして，手順 13.3 のステップ 3(b) の $N \times N$ 行列 $\boldsymbol{B}^{(\kappa)}$ の固有ベクトルの計算も，演習問題 13.6 のように $N \times 12$ 行列 $\boldsymbol{C}^{(\kappa)}$ の特異値分解に帰着させることによって効率化できる．さらに，部分空間の $\mathcal{L}_4^*$ の基底 $\boldsymbol{v}_1, \ldots, \boldsymbol{v}_4$ の更新も，べき乗法の原理を用いて演習問題 13.7 のようにして効率化できる．このとき，式 (13.88) を用いると，$N > 6M$ なら直接的な計算より有利になる．

ユークリッド化についてもさまざまな方法が研究されたが，現在，決定打とみなされているのは，Triggs [101] によって提案された式 (13.36) である．式中の行列 $\boldsymbol{\Omega}$ は，射影幾何学の考察から，「双対絶対 2 次曲面」(DAQ: dual absolute quadric) とよばれるようになった．これは，前章のアフィンカメラを仮定するユークリッド化の式 (12.18) の計量条件に対応している．すなわち，式 (13.37) の $\boldsymbol{\Omega}$ が式 (12.17) の計量行列 $\boldsymbol{T}$ に対応している．課題は，式 (13.36) の拘束条件からどのようにして $\boldsymbol{\Omega}$ を計算するかである．当初は，アフィンカメラの式 (12.18) の計量条件から $\boldsymbol{T}$ を計算するのと同じ方法，すなわち，$\boldsymbol{K}_\kappa$ の特殊な性質を利用して，式 (12.18) からカメラの内部パラメータを消去し，最小 2 乗法を用いることが試みられた．その $\boldsymbol{K}_\kappa$ の特殊な性質としては，

- カメラパラメータがフレーム間で変化しない．
- $\boldsymbol{K}_\kappa$ の (1,2) 要素と (2,1) 要素が 0 である．これは，画素が直交格子状に配置され，方向の歪みがないことを意味する．
- $\boldsymbol{K}_\kappa$ の (1,1) 要素と (2,1) 要素が等しい．これは，配列の二つの直交方向の間隔が等しく，「アスペクト比」が 1 であることを意味する．

の条件のどれか，あるいはその組み合わせが用いられた．このようにして，式 (13.36) からカメラの内部パラメータを消去した式から，最小 2 乗法によって $\boldsymbol{\Omega}$ を計算すれば，各 $\boldsymbol{K}_\alpha$ は式 (13.36) の右辺から「コレスキー分解」によって定まる ($\hookrightarrow$ 演習問題 13.10)．

それに対して，本章では各 $\boldsymbol{K}_\kappa$ の初期値を仮定して $\boldsymbol{\Omega}$ を計算し，計算した $\boldsymbol{\Omega}$ に対して式 (13.36) がよく成り立つように，各 $\boldsymbol{K}_\kappa$ を反復的に修正している．この原理は，Seo ら [89] によって提案された．本章の方法は，著者らがそれを変形したも

のである [39]．式 (13.38) は，画像に方向の歪みがなく，アスペクト比が 1 であることが仮定されている．この方法では反復の終了時に $\boldsymbol{K}_\kappa$ が得られるので，コレスキー分解は必要ない．

コレスキー分解は，連立 1 次方程式を簡便に解く「LU 分解」の変形である．LU 分解は，与えられた正方行列 $\boldsymbol{A}$ を

$$\boldsymbol{A} = \boldsymbol{L}\boldsymbol{U} \tag{13.76}$$

のように，下三角行列 $\boldsymbol{L}$ と上三角行列 $\boldsymbol{U}$ の積に分解する方法である（これを用いて連立 1 次方程式を簡単に解く原理は，教科書 [40] を見るとよい）．物理学や工学の多くの問題では，$\boldsymbol{A}$ が正値対称行列となり，$\boldsymbol{L}$ の下三角部分と $\boldsymbol{U}$ の上三角部分が等しくなる．このため，ほとんどの計算ツールでは，コレスキー分解を，与えられた正値対称行列 $\boldsymbol{A}$ に対して

$$\boldsymbol{A} = \boldsymbol{L}\boldsymbol{L}^\top \tag{13.77}$$

となる下三角行列 $\boldsymbol{L}$ を計算する方法として定義している．式 (13.91) のように上三角行列 $\boldsymbol{K}$ の積に分解するには，上式のように計算した $\boldsymbol{L}$ を転置して $\boldsymbol{K} = \boldsymbol{L}^\top$ とすればよい．

ユークリッド化で注意すべきことは，射影復元で得られる形状が真の形状と似ているとは限らないことである．場合によっては，真の形状とは似ても似つかないものが得られる．前章のアフィンカメラを用いたアフィン復元では，立方体は単に斜めに歪んだ平行六面体になるだけであるが，立方体に射影変換を施すと，閉じた箱になるとは限らない．たとえば，楕円体に内部が無限遠に写像されるような変換を施せば，物体は凸曲面が二つ向かい合う「2 葉双曲面」となり，向かい合う頂点の間に元の空間の無限遠平面が写像される（図 13.7）．射影変換による 2 次曲面の分類は，教科書 [35] を見るとよい．

ユークリッド化の計算では，データの誤差がそれほど大きくなければ，通常は手

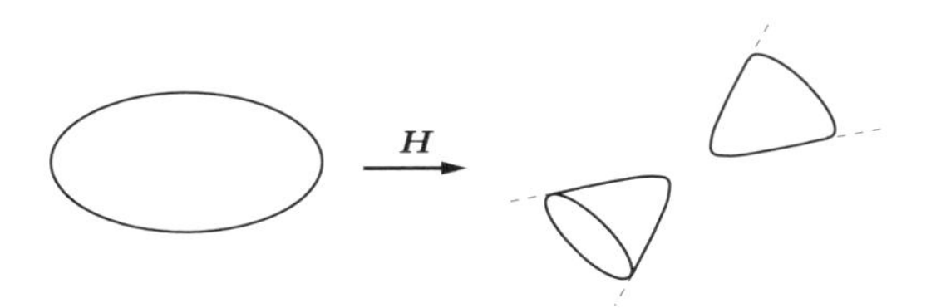

図 13.7　3 次元空間の射影変換 $\boldsymbol{H}$ により，閉曲面も無限遠に開いた二つの曲面になることがある．

順 13.6 によって数回の反復でほぼ正しい形状が得られる．しかし，データの誤差が非常に大きいと，式 (13.44) で $\sigma_2 > 0 > \sigma_3$ となり，正の固有値が 2 個，負の固有値が 2 個となる．一方，式 (13.44) は，$\boldsymbol{\Omega}$ の固有値の少なくとも 3 個がすべて正，あるいはすべて負と仮定しているので，ランク 3 の半正値の $\boldsymbol{\Omega}$ を得ることができない．そのような場合には，射影復元で得られた形状が前章のアフィンカメラによる復元の形に近づくような射影変換を最小 2 乗法で定め，そのような射影変換をあらかじめ施しておくのが有効である．

演習問題 13.11 に示したカメラ行列 $\boldsymbol{P}_\kappa$ を $\boldsymbol{K}_\kappa$, $\boldsymbol{t}_\kappa$, $\boldsymbol{R}_\kappa$ へ分解する手順の中心部分は，与えられた行列 $\boldsymbol{Q}$ を $\boldsymbol{Q} = \boldsymbol{K}_\kappa \boldsymbol{R}_\kappa^\top$ のように，上三角行列と回転行列の積に分解することである．これは，「QR 分解」を用いても解くこともできる．QR 分解とは，与えられた行列 $\boldsymbol{A}$ を直交行列 $\boldsymbol{Q}$ と上三角行列 $\boldsymbol{R}$ との積として $\boldsymbol{A} = \boldsymbol{QR}$ と表す問題である（上三角行列を $\boldsymbol{U}$ と書くことが多く，$\boldsymbol{R}$ は回転行列を表すのによく用いられ，混乱が起きやすいが，$\boldsymbol{QR}$ と書くのは歴史的な事情による習慣である）．演習問題 13.11 では，$\boldsymbol{Q} = \boldsymbol{K}_\kappa \boldsymbol{R}_\kappa^\top$ の両辺の逆行列をとれば $\boldsymbol{Q}^{-1} = \boldsymbol{R}\boldsymbol{K}_\kappa^{-1\top}$ となり，これに QR 分解を施してもよい．QR 分解は，演習問題 13.11 のようにコレスキー分解に帰着させることもできるが，シュミットの直交化（$\hookrightarrow$ 演習問題 13.2）に帰着させることもできる．与えられた n 次元ベクトル $\boldsymbol{u}_1, \ldots, \boldsymbol{u}_n$ から直交する単位ベクトル $\boldsymbol{e}_1, \ldots, \boldsymbol{e}_n$ を作り出すシュミットの直交化は（n 次元空間では n 個のベクトルしか直交化できないことに注意する），まず，$\boldsymbol{u}_1$ を $\boldsymbol{e}_1 = c_{10}\boldsymbol{u}_1$ と単位ベクトルに正規化する（c_{10} は正規化定数）．次に，$\boldsymbol{e}_2 = c_{20}\boldsymbol{u}_2 - c_{21}\boldsymbol{e}_1$ が $\boldsymbol{e}_1$ に直交する単位ベクトルになるように定数 c_{20}, c_{21} を選ぶ．さらに，$\boldsymbol{e}_3 = c_{30}\boldsymbol{u}_3 - c_{31}\boldsymbol{e}_1 - c_{32}\boldsymbol{e}_2$ が $\boldsymbol{e}_1$, $\boldsymbol{e}_2$ に直交する単位ベクトルになるように定数 c_{30}, c_{31}, c_{32} を選ぶ．以下，これを続ける．書き直すと次のようになる．

$$\boldsymbol{u}_1 = \frac{1}{c_{10}}\boldsymbol{e}_1, \quad \boldsymbol{u}_2 = \frac{1}{c_{20}}(c_{21}\boldsymbol{e}_1 + \boldsymbol{e}_2), \quad \boldsymbol{u}_3 = \frac{1}{c_{30}}(c_{31}\boldsymbol{e}_1 + c_{32}\boldsymbol{e}_2 + \boldsymbol{e}_3), \quad \cdots \tag{13.78}$$

これは次のようにも書ける．

$$\begin{pmatrix} \boldsymbol{u}_1 & \boldsymbol{u}_2 & \boldsymbol{u}_3 & \cdots \end{pmatrix} = \begin{pmatrix} \boldsymbol{e}_1 & \boldsymbol{e}_2 & \boldsymbol{e}_3 & \cdots \end{pmatrix} \begin{pmatrix} 1/c_{10} & c_{21}/c_{20} & c_{31}/c_{30} & \cdots \\ 0 & 1/c_{20} & c_{32}/c_{30} & \cdots \\ 0 & 0 & 1/c_{30} & \cdots \\ \vdots & \vdots & \vdots & \ddots \end{pmatrix} \tag{13.79}$$

すなわち，与えられたベクトルを列とする左辺の行列が，右辺で直交行列と上三角行列の積に分解されている．特異値分解，LU 分解，コレスキー分解，QR 分解など数値的計算法は，解説書 [10, 81] が詳しい．

本章の自己校正法では，前章のアフィン復元の場合と同様に，すべての観測点がすべての画像で観測されていると仮定している．いくつかの点がいくつかの画像でフレームの外に出たり，ほかの物体に隠されたりして，すべてが観測できない場合の対処も，アフィンカメラの場合と同様にいろいろ研究されている．そして，純粋に数学的な観点から，式 (13.4) の観測行列 $\boldsymbol{W}$ のランクに関する考察によって欠けた要素を推定する方法，見えている点のみから仮の復元を行って，それを基にして推定する方法，欠けた点を推定値で補って，その不確かさを表す重みを導入し，反復的に推定値と重みを更新する方法などが試みられている．

理論的な研究として，本章のような自己校正法の適用限界を明らかにする解析がある．本章のユークリッド化は式 (13.36) の双対絶対 2 次曲面の拘束式に基づいているが，この式から $\boldsymbol{\Omega}$ を定めることができないようなカメラ運動があることが知られていて，「臨界運動」(critical motion) とよばれる．第 5 章の 2 画像からの 3 次元復元では，2 台のカメラが注視の位置にあるときがその例であるが，本章の自己校正では，たとえば内部パラメータを変えないでカメラを単に平行移動させたり，中心軸の周りを，それを注視するように回転させる場合などがある．これらの射影幾何学の観点からの数学的解析は，Kahl ら [25] や Sturm [92] が行っている．

演習問題

13.1 手順 13.2 のステップ 3(b) が次の手順で計算できることを示せ．

1. 次の $C^{(\alpha)}_{\kappa(i)}$ を (κ, i) 要素とする $M \times 4$ 行列 $\boldsymbol{C}_\alpha = (C^{(\alpha)}_{\kappa(i)})$ を計算する．

$$C^{(\alpha)}_{\kappa(i)} = \frac{(\boldsymbol{x}_{\alpha\kappa}, \boldsymbol{u}_{i\kappa})}{\|\boldsymbol{x}_{\alpha\kappa}\|} \tag{13.80}$$

2. $\boldsymbol{C}^{(\alpha)}$ を次のように特異値分解する．

$$\boldsymbol{C}^{(\alpha)} = \boldsymbol{U}^{(\alpha)}\boldsymbol{\Sigma}^{(\alpha)}\boldsymbol{V}^{(\alpha)\top} \tag{13.81}$$

3. $M \times 4$ 行列 $\boldsymbol{U}^{(\alpha)}$ の第 1 列を $\boldsymbol{\xi}_\alpha$ とする．ただし，符号を式 (13.14) のように選ぶ．

13.2 (1) 式 (13.7) の特異値分解の行列 $\boldsymbol{U}_{3M \times L}$ の第 i 列は，行列 $\boldsymbol{W}\boldsymbol{W}^\top$ の固有値 σ_i^2 の単位固有ベクトルであることを示せ．

(2) 手順 13.2 のステップ 2 の $\boldsymbol{u}_1, \ldots, \boldsymbol{u}_4$ の 2 回目以降の更新を，$\boldsymbol{W}$ を特異値分解せずに，

$$\boldsymbol{v}_i = \boldsymbol{W}^\top \boldsymbol{u}_i, \qquad \boldsymbol{u}_i \leftarrow \boldsymbol{W}\boldsymbol{v}_i \qquad i = 1, \ldots, 4 \tag{13.82}$$

のように計算してから，$\boldsymbol{u}_1, \ldots, \boldsymbol{u}_4$ に次のシュミットの直交化を施してもよいことを示せ（$\mathcal{N}[\cdot]$ は単位ベクトルへの正規化）．

$$\begin{aligned}
&\boldsymbol{u}_1 \leftarrow \mathcal{N}[\boldsymbol{u}_1], \\
&\boldsymbol{u}_2 \leftarrow \mathcal{N}[\boldsymbol{u}_2 - (\boldsymbol{u}_1, \boldsymbol{u}_2)\boldsymbol{u}_1], \\
&\boldsymbol{u}_3 \leftarrow \mathcal{N}[\boldsymbol{u}_3 - (\boldsymbol{u}_1, \boldsymbol{u}_3)\boldsymbol{u}_1 - (\boldsymbol{u}_2, \boldsymbol{u}_3)\boldsymbol{u}_2], \\
&\boldsymbol{u}_4 \leftarrow \mathcal{N}[\boldsymbol{u}_4 - (\boldsymbol{u}_1, \boldsymbol{u}_4)\boldsymbol{u}_1 - (\boldsymbol{u}_2, \boldsymbol{u}_4)\boldsymbol{u}_2 - (\boldsymbol{u}_3, \boldsymbol{u}_4)\boldsymbol{u}_3]
\end{aligned} \tag{13.83}$$

(3) 式 (13.83) のシュミットの直交化によって正規直交系が得られることを示せ．

13.3 式 (13.7) の特異値分解の $\boldsymbol{U}_{3M \times L}$ の最初の 4 列 $\boldsymbol{u}_1, \ldots, \boldsymbol{u}_4$ のみから，次のようにしてカメラ行列 $\boldsymbol{P}_\kappa$ と 3 次元位置 $\boldsymbol{X}_\alpha$ が計算できることを示せ．

1. $\boldsymbol{u}_1, \ldots, \boldsymbol{u}_4$ を並べた $3M \times 4$ 行列 $\boldsymbol{U}$ を $\boldsymbol{M}$ とみなして，式 (13.5) のように切り分けて $\boldsymbol{P}_\kappa$ を定める．
2. 式 (13.4) の観測行列 $\boldsymbol{W}$ の第 α 列を $\boldsymbol{p}_\alpha$ とし，3 次元位置 $\boldsymbol{X}_\alpha = (X_{\alpha(k)})$ $(k = 1, \ldots, 4)$ を次のように計算する．

$$X_{\alpha(k)} = (\boldsymbol{p}_\alpha, \boldsymbol{u}_k) \tag{13.84}$$

13.4 式 (13.25) の正規化条件は $\|\boldsymbol{\xi}_\kappa\| = 1$ と書けることを示せ．

13.5 行列 $\boldsymbol{B}^{(\kappa)}$ を式 (13.26) のように定義すると，式 (13.32) が式 (13.33) のように書けることを示せ．

13.6 手順 13.3 のステップ 3(b) が次の手順で計算できることを示せ．

1. $N \times 4$ 行列 $\boldsymbol{C}^{(\kappa 1)} = (C_{\alpha i}^{(\kappa 1)})$, $\boldsymbol{C}^{(\kappa 2)} = (C_{\alpha i}^{(\kappa 3)})$, $\boldsymbol{C}^{(\kappa 3)} = (C_{\alpha i}^{(\kappa 3)})$ を次のようにおく．

$$C_{\alpha i}^{(\kappa 1)} = \frac{x_{\alpha\kappa} v_{i\alpha}}{f_0 \|\boldsymbol{x}_{\alpha\kappa}\|}, \qquad C_{\alpha i}^{(\kappa 2)} = \frac{y_{\alpha\kappa} v_{i\alpha}}{f_0 \|\boldsymbol{x}_{\alpha\kappa}\|}, \qquad C_{\alpha i}^{(\kappa 3)} = \frac{v_{i\alpha}}{\|\boldsymbol{x}_{\alpha\kappa}\|} \tag{13.85}$$

2. $N \times 12$ 行列 $\boldsymbol{C}^{(\kappa)}$ を次のようにおく．

$$C^{(\kappa)} = \begin{pmatrix} C^{(\kappa 1)} & C^{(\kappa 2)} & C^{(\kappa 3)} \end{pmatrix} \tag{13.86}$$

3. $\boldsymbol{C}^{(\kappa)}$ を次のように特異値分解する.

$$\boldsymbol{C}^{(\kappa)} = \boldsymbol{U}^{(\kappa)}\boldsymbol{\Sigma}^{(\kappa)}\boldsymbol{V}^{(\kappa)\top} \tag{13.87}$$

4. $N \times 12$ 行列 $\boldsymbol{U}^{(\kappa)}$ の第 1 列を $\boldsymbol{\xi}_\kappa$ とする. ただし, 符号を式 (13.27) のように選ぶ.

13.7 (1) 式 (13.7) の特異値分解の行列 $\boldsymbol{V}_{N\times L}$ の第 i 列は, 行列 $\boldsymbol{W}^\top\boldsymbol{W}$ の固有値 σ_i^2 の単位固有ベクトルであることを示せ.

(2) 手順 13.3 のステップ 2 の $\boldsymbol{v}_1, \ldots, \boldsymbol{v}_4$ の 2 回目以降の更新を, $\boldsymbol{W}$ を特異値分解せずに,

$$\boldsymbol{u}_i = \boldsymbol{W}\boldsymbol{v}_i, \qquad \boldsymbol{v}_i \leftarrow \boldsymbol{W}^\top\boldsymbol{u}_i \qquad i = 1, \ldots, 4 \tag{13.88}$$

のように計算してから, $\boldsymbol{v}_1, \ldots, \boldsymbol{v}_4$ に次のシュミットの直交化を施してもよいことを示せ ($\mathcal{N}[\cdot]$ は単位ベクトルへの正規化).

$$\begin{aligned}
&\boldsymbol{v}_1 \leftarrow \mathcal{N}[\boldsymbol{v}_1],\\
&\boldsymbol{v}_2 \leftarrow \mathcal{N}[\boldsymbol{v}_2 - (\boldsymbol{v}_1, \boldsymbol{v}_2)\boldsymbol{v}_1],\\
&\boldsymbol{v}_3 \leftarrow \mathcal{N}[\boldsymbol{v}_3 - (\boldsymbol{v}_1, \boldsymbol{v}_3)\boldsymbol{v}_1 - (\boldsymbol{v}_2, \boldsymbol{v}_3)\boldsymbol{v}_2],\\
&\boldsymbol{v}_4 \leftarrow \mathcal{N}[\boldsymbol{v}_4 - (\boldsymbol{v}_1, \boldsymbol{v}_4)\boldsymbol{v}_1 - (\boldsymbol{v}_2, \boldsymbol{v}_4)\boldsymbol{v}_2 - (\boldsymbol{v}_3, \boldsymbol{v}_4)\boldsymbol{v}_3]
\end{aligned} \tag{13.89}$$

13.8 式 (13.7) の特異値分解の $\boldsymbol{V}_{N\times L}$ の最初の 4 列 $\boldsymbol{v}_1, \ldots, \boldsymbol{v}_4$ のみから, 次のようにしてカメラ行列 $\boldsymbol{P}_\kappa$ と 3 次元位置 $\boldsymbol{X}_\alpha$ が計算できることを示せ.

1. $\boldsymbol{v}_1, \ldots, \boldsymbol{v}_4$ を並べた $N \times 4$ 行列 $\boldsymbol{V}$ の転置 $\boldsymbol{V}^\top$ を $\boldsymbol{S}$ とみなして, 式 (13.5) のようにその第 α 列を $\boldsymbol{X}_\alpha$ とする.
2. 式 (13.4) の観測行列 $\boldsymbol{W}$ の第 $3(\kappa - 1) + i$ 行を式 (13.24) のように $\boldsymbol{q}_{\kappa(i)}^\top$ とし, カメラ行列 $\boldsymbol{P}_\kappa = (P_{\kappa(ij)})$ の (i, j) 要素を次のように計算する.

$$P_{\kappa(ij)} = (\boldsymbol{q}_{\kappa(i)}, \boldsymbol{v}_j) \tag{13.90}$$

13.9 正則な上三角行列は, 群の構造をもつことが知られている. これを 3×3 行列の場合について, 次のように示せ.

(1) $\boldsymbol{K}$, $\boldsymbol{K}'$ が上三角行列のとき, それらの積 $\boldsymbol{K}'' = \boldsymbol{K}\boldsymbol{K}'$ も上三角行列であることを示せ.

(2) $\boldsymbol{K}$ が正則な上三角行列のとき, 逆行列 $\boldsymbol{K}^{-1}$ も上三角行列であることを示せ.

13.10 任意の正値対称行列 $\boldsymbol{A}$ に対して，

$$\boldsymbol{A} = \boldsymbol{K}^\top \boldsymbol{K} \tag{13.91}$$

となる正則な上三角行列 $\boldsymbol{K}$ が存在する．これを**コレスキー分解** (Cholesky decomposition) という．3×3 行列の場合に次のようになることを示せ．

$$\begin{pmatrix} a_{11} & a_{12} & a_{13} \\ a_{12} & a_{22} & a_{23} \\ a_{13} & a_{23} & a_{33} \end{pmatrix} = \begin{pmatrix} x_{11} & 0 & 0 \\ x_{12} & x_{22} & 0 \\ x_{13} & x_{23} & x_{33} \end{pmatrix} \begin{pmatrix} x_{11} & x_{12} & x_{13} \\ 0 & x_{22} & x_{23} \\ 0 & 0 & x_{33} \end{pmatrix}, \tag{13.92}$$

$$x_{11} = \sqrt{a_{11}}, \quad x_{12} = \frac{a_{12}}{x_{11}}, \quad x_{13} = \frac{a_{13}}{x_{11}},$$
$$x_{22} = \sqrt{a_{22} - x_{12}^2}, \quad x_{23} = \frac{x_{23} - x_{12}x_{13}}{x_{22}}, \quad x_{33} = \sqrt{a_{33} - x_{13}^2 - x_{23}^2} \tag{13.93}$$

13.11 3×4 カメラ行列 $\boldsymbol{P}_\kappa$ が任意に与えられたとき，式 (13.73) が成り立つような上三角行列 $\boldsymbol{K}_\kappa$，並進ベクトル $\boldsymbol{t}_\kappa$，および回転行列 $\boldsymbol{R}_\kappa$ が存在し，それらが次の手順で定まることを示せ．

1. $\boldsymbol{P}_\kappa = \begin{pmatrix} \boldsymbol{Q} & \boldsymbol{q} \end{pmatrix}$ とする．すなわち，$\boldsymbol{P}_\kappa$ の最初の 3×3 部分を $\boldsymbol{Q}$，第 4 列を $\boldsymbol{q}$ とする．
2. $\det \boldsymbol{Q} < 0$ なら $\boldsymbol{Q}$ と $\boldsymbol{q}$ の符号を変える．
3. 並進 $\boldsymbol{t}_\kappa$ を次のように定める．
$$\boldsymbol{t}_\kappa = -\boldsymbol{Q}^{-1}\boldsymbol{q} \tag{13.94}$$
4. $(\boldsymbol{Q}\boldsymbol{Q}^\top)^{-1}$ をコレスキー分解して，ある上三角行列 $\boldsymbol{C}$ によって，
$$(\boldsymbol{Q}\boldsymbol{Q}^\top)^{-1} = \boldsymbol{C}^\top \boldsymbol{C} \tag{13.95}$$
と表す．
5. $\boldsymbol{K}_\kappa$ を次のように定める．
$$\boldsymbol{K}_\kappa = \boldsymbol{C}^{-1} \tag{13.96}$$
6. 回転 $\boldsymbol{R}_\kappa$ を次のように定める．
$$\boldsymbol{R}_\kappa = \boldsymbol{Q}^\top \boldsymbol{C}^\top \tag{13.97}$$

演習問題解答

第2章

2.1 (1) $(1/N)\sum_{\alpha=1}^{N}(\boldsymbol{n},\boldsymbol{\xi}_\alpha)^2=(1/N)(\boldsymbol{n},\sum_{\alpha=1}^{N}\boldsymbol{\xi}_\alpha\boldsymbol{\xi}_\alpha^\top\boldsymbol{n})$ を最小にすればよいから，次のように書ける．

1. 次の 3×6 行列 $\boldsymbol{M}$ を計算する．

$$\boldsymbol{M}=\frac{1}{N}\sum_{\alpha=1}^{N}\boldsymbol{\xi}_\alpha\boldsymbol{\xi}_\alpha^\top$$

2. 固有値問題 $\boldsymbol{M}\boldsymbol{n}=\lambda\boldsymbol{n}$ を解いて，最小固有値 λ に対する単位固有ベクトル $\boldsymbol{n}$ を返す．

(2) 次のようになる．

$$V[\boldsymbol{\xi}_\alpha]=E[\Delta\boldsymbol{\xi}_\alpha\Delta\boldsymbol{\xi}_\alpha^\top]=E\left[\begin{pmatrix}\Delta x_\alpha\\ \Delta y_\alpha\\ 0\end{pmatrix}\begin{pmatrix}\Delta x_\alpha\\ \Delta y_\alpha\\ 0\end{pmatrix}^\top\right]$$
$$=\begin{pmatrix}E[\Delta x_\alpha^2] & E[\Delta x_\alpha\Delta y_\alpha] & 0\\ E[\Delta y_\alpha\Delta y_\alpha] & E[\Delta y_\alpha^2] & 0\\ 0 & 0 & 0\end{pmatrix}=\sigma^2\begin{pmatrix}1&0&0\\0&1&0\\0&0&0\end{pmatrix}$$

2.2 次のように書ける．

1. 次の 6×6 行列 $\boldsymbol{M}$, $\boldsymbol{N}$ を計算する．

$$\boldsymbol{M}=\frac{1}{N}\sum_{\alpha=1}^{N}\boldsymbol{\xi}_\alpha\boldsymbol{\xi}_\alpha^\top,\qquad \boldsymbol{N}=\frac{1}{N}\sum_{\alpha=1}^{N}V_0[\boldsymbol{\xi}_\alpha]$$

2. 一般固有値問題 $\boldsymbol{M}\boldsymbol{\theta}=\lambda\boldsymbol{N}\boldsymbol{\theta}$ を解いて，最小の一般固有値 λ に対する単位一般固有ベクトル $\boldsymbol{\theta}$ を返す．

2.3 次のように書ける．

1. 次の 6×6 行列 $\boldsymbol{M}$, $\boldsymbol{N}$ を計算する．

$$\boldsymbol{M} = \frac{1}{N}\sum_{\alpha=1}^{N}\boldsymbol{\xi}_\alpha\boldsymbol{\xi}_\alpha^\top,$$

$$\boldsymbol{N} = \frac{1}{N}\sum_{\alpha=1}^{N}\bigl(V_0[\boldsymbol{\xi}_\alpha] + 2\mathcal{S}[\boldsymbol{\xi}_\alpha\boldsymbol{e}^\top]\bigr)$$

$$-\frac{1}{N^2}\sum_{\alpha=1}^{N}\bigl((\boldsymbol{\xi}_\alpha, \boldsymbol{M}_5^-\boldsymbol{\xi}_\alpha)V_0[\boldsymbol{\xi}_\alpha] + 2\mathcal{S}[V_0[\boldsymbol{\xi}_\alpha]\boldsymbol{M}_5^-\boldsymbol{\xi}_\alpha\boldsymbol{\xi}_\alpha^\top]\bigr)$$

2. 一般固有値問題 $\boldsymbol{M\theta} = \lambda\boldsymbol{N\theta}$ を解いて，絶対値最小の一般固有値 λ に対する単位一般固有ベクトル $\boldsymbol{\theta}$ を返す．

2.4 (1) $\boldsymbol{x}$ と $\boldsymbol{Q}$ の定義より明らかである．

(2) 点 (x_α, y_α) から最も近い楕円上の点を $(\bar{x}_\alpha, \bar{y}_\alpha)$ とする．これらを式 (2.62) のようにベクトル $\boldsymbol{x}_\alpha$, $\bar{\boldsymbol{x}}_\alpha$ で表し，

$$\Delta\boldsymbol{x}_\alpha = \boldsymbol{x}_\alpha - \bar{\boldsymbol{x}}_\alpha$$

とおくと，$\boldsymbol{x}_\alpha$ の楕円からの距離 d_α は $f_0\|\Delta\boldsymbol{x}_\alpha\|$ と書ける．これを最小にする $\Delta\boldsymbol{x}_\alpha$ を計算する．$\bar{\boldsymbol{x}}_\alpha$ は楕円上にあるから，

$$(\boldsymbol{x}_\alpha - \Delta\boldsymbol{x}_\alpha, \boldsymbol{Q}(\boldsymbol{x}_\alpha - \Delta\boldsymbol{x}_\alpha)) = 0$$

を満たす．展開して $\Delta\boldsymbol{x}_\alpha$ の 2 次の項を無視すると，次のようになる．

$$(\boldsymbol{Q}\boldsymbol{x}_\alpha, \Delta\boldsymbol{x}_\alpha) = \frac{1}{2}(\boldsymbol{x}_\alpha, \boldsymbol{Q}\boldsymbol{x}_\alpha) \qquad (*)$$

$\boldsymbol{x}_\alpha$ も $\bar{\boldsymbol{x}}_\alpha$ も第 3 成分が 1 であるから，$\Delta\boldsymbol{x}_\alpha$ の第 3 成分は 0 である．これは $\boldsymbol{k} = (0, 0, 1)^\top$ とおけば，$(\boldsymbol{k}, \Delta\boldsymbol{x}_\alpha) = 0$ と書ける．$\|\Delta\boldsymbol{x}_\alpha\|^2$ を最小にするために，ラグランジュ乗数を導入して，

$$\|\Delta\boldsymbol{x}_\alpha\|^2 - \lambda_\alpha\left((\boldsymbol{Q}\boldsymbol{x}_\alpha, \Delta\boldsymbol{x}_\alpha) - \frac{1}{2}(\boldsymbol{x}_\alpha, \boldsymbol{Q}\boldsymbol{x}_\alpha)\right) - \mu(\boldsymbol{k}, \Delta\boldsymbol{x}_\alpha)$$

を考え，$\Delta\boldsymbol{x}_\alpha$ で微分して $\boldsymbol{0}$ とおくと次のようになる．

$$2\Delta\boldsymbol{x}_\alpha - \lambda_\alpha\boldsymbol{Q}\boldsymbol{x}_\alpha - \mu\boldsymbol{k} = \boldsymbol{0}$$

両辺に左から式 (2.65) の $\boldsymbol{P_k}$ を掛けると，$\boldsymbol{P_k}\Delta\boldsymbol{x}_\alpha = \Delta\boldsymbol{x}_\alpha$, $\boldsymbol{P_k}\boldsymbol{k} = \boldsymbol{0}$ であるから，次式が得られる．

$$\Delta\boldsymbol{x}_\alpha = \frac{\lambda_\alpha}{2}\boldsymbol{P_k}\boldsymbol{Q}\boldsymbol{x}_\alpha$$

これを式 $(*)$ に代入すると，次のようになる．

$$\left(\boldsymbol{Q}\boldsymbol{x}_\alpha, \frac{\lambda_\alpha}{2}\boldsymbol{P}_{\boldsymbol{k}}\boldsymbol{Q}\boldsymbol{x}_\alpha\right) = \frac{1}{2}(\boldsymbol{x}_\alpha, \boldsymbol{Q}\boldsymbol{x}_\alpha)$$

これから，λ_α が次のように定まる．

$$\lambda_\alpha = \frac{(\boldsymbol{x}_\alpha, \boldsymbol{Q}\boldsymbol{x}_\alpha)}{(\boldsymbol{Q}\boldsymbol{x}_\alpha, \boldsymbol{P}_{\boldsymbol{k}}\boldsymbol{Q}\boldsymbol{x}_\alpha)}$$

したがって，$\Delta\boldsymbol{x}_\alpha$ は次のように書ける．

$$\Delta\boldsymbol{x}_\alpha = \frac{(\boldsymbol{x}_\alpha, \boldsymbol{Q}\boldsymbol{x}_\alpha)\boldsymbol{P}_{\boldsymbol{k}}\boldsymbol{Q}\boldsymbol{x}_\alpha}{2(\boldsymbol{Q}\boldsymbol{x}_\alpha, \boldsymbol{P}_{\boldsymbol{k}}\boldsymbol{Q}\boldsymbol{x}_\alpha)}$$

これから次の結果を得る．

$$\|\Delta\boldsymbol{x}_\alpha\|^2 = \frac{(\boldsymbol{x}_\alpha, \boldsymbol{Q}\boldsymbol{x}_\alpha)^2\|\boldsymbol{P}_{\boldsymbol{k}}\boldsymbol{Q}\boldsymbol{x}_\alpha\|^2}{4(\boldsymbol{Q}\boldsymbol{x}_\alpha, \boldsymbol{P}_{\boldsymbol{k}}\boldsymbol{Q}\boldsymbol{x}_\alpha)^2} = \frac{(\boldsymbol{x}_\alpha, \boldsymbol{Q}\boldsymbol{x}_\alpha)^2}{4(\boldsymbol{Q}\boldsymbol{x}_\alpha, \boldsymbol{P}_{\boldsymbol{k}}\boldsymbol{Q}\boldsymbol{x}_\alpha)}$$

ただし，式 (2.65) から $\boldsymbol{P}_{\boldsymbol{k}}^2 = \boldsymbol{P}_{\boldsymbol{k}}$ であり，$\|\boldsymbol{P}_{\boldsymbol{k}}\boldsymbol{Q}\boldsymbol{x}_\alpha\|^2 = (\boldsymbol{P}_{\boldsymbol{k}}\boldsymbol{Q}\boldsymbol{x}_\alpha, \boldsymbol{P}_{\boldsymbol{k}}\boldsymbol{Q}\boldsymbol{x}_\alpha) = (\boldsymbol{Q}\boldsymbol{x}_\alpha, \boldsymbol{P}_{\boldsymbol{k}}^2\boldsymbol{Q}\boldsymbol{x}_\alpha) = (\boldsymbol{Q}\boldsymbol{x}_\alpha, \boldsymbol{P}_{\boldsymbol{k}}\boldsymbol{Q}\boldsymbol{x}_\alpha)$ となることを用いた．ゆえに，$d_\alpha^2 = f_0^2\|\Delta\boldsymbol{x}_\alpha\|^2$ が式 (2.64) のように表される．

(3) ベクトル $\boldsymbol{\xi}$, $\boldsymbol{\theta}$ と行列 $\boldsymbol{Q}$, $V_0[\boldsymbol{\xi}_\alpha]$（式 (2.15) 中の $(\bar{x}_\alpha, \bar{y}_\alpha)$ を (x_α, y_α) で置き換えている）の定義より，次の関係が恒等的に成り立つことが代入と展開によって確かめられる．

$$(\boldsymbol{x}_\alpha, \boldsymbol{Q}\boldsymbol{x}_\alpha) = \frac{1}{f_0^2}(\boldsymbol{\xi}_\alpha, \boldsymbol{\theta}), \qquad (\boldsymbol{Q}\boldsymbol{x}_\alpha, \boldsymbol{P}_{\boldsymbol{k}}\boldsymbol{Q}\boldsymbol{x}_\alpha) = \frac{1}{4f_0^2}(\boldsymbol{\theta}, V_0[\boldsymbol{\xi}_\alpha]\boldsymbol{\theta})$$

これを用いると，式 (2.64) は式 (2.66) のように書ける．

2.5 (1) 式 (2.36) の $\boldsymbol{\theta}$ に関する微分（勾配）が次のように書ける．

$$\nabla_{\boldsymbol{\theta}} J = \frac{1}{N}\sum_{\alpha=1}^{N}\frac{2(\boldsymbol{\xi}_\alpha, \boldsymbol{\theta})\boldsymbol{\xi}_\alpha}{(\boldsymbol{\theta}, V_0[\boldsymbol{\xi}_\alpha]\boldsymbol{\theta})} - \frac{1}{N}\sum_{\alpha=1}^{N}\frac{2(\boldsymbol{\xi}_\alpha, \boldsymbol{\theta})^2 V_0[\boldsymbol{\xi}_\alpha]\boldsymbol{\theta}}{(\boldsymbol{\theta}, V_0[\boldsymbol{\xi}_\alpha]\boldsymbol{\theta})^2} = 2(\boldsymbol{M} - \boldsymbol{L})\boldsymbol{\theta} = 2\boldsymbol{X}\boldsymbol{\theta}$$

ただし，$\boldsymbol{M}$, $\boldsymbol{L}$, $\boldsymbol{X}$ は式 (2.37), (2.38) で与えられる行列である．

(2) 式 (2.39) と $\boldsymbol{\theta}$ との内積をとると，$(\boldsymbol{\theta}, \boldsymbol{X}\boldsymbol{\theta}) = \lambda\|\boldsymbol{\theta}\|^2 = \lambda$ となる．反復が終了したときは，式 (2.40) より $W_\alpha = 1/(\boldsymbol{\theta}, V_0[\boldsymbol{\xi}_\alpha]\boldsymbol{\theta})$ であり，

$$\begin{aligned}(\boldsymbol{\theta}, \boldsymbol{X}\boldsymbol{\theta}) &= (\boldsymbol{\theta}, \boldsymbol{M}\boldsymbol{\theta}) - (\boldsymbol{\theta}, \boldsymbol{L}\boldsymbol{\theta}) \\ &= \frac{1}{N}\sum_{\alpha=1}^{N}\frac{(\boldsymbol{\theta}, \boldsymbol{\xi}_\alpha\boldsymbol{\xi}_\alpha^\top\boldsymbol{\theta})}{(\boldsymbol{\theta}, V_0[\boldsymbol{\xi}_\alpha]\boldsymbol{\theta})} - \frac{1}{N}\sum_{\alpha=1}^{N}\frac{(\boldsymbol{\xi}_\alpha, \boldsymbol{\theta})^2(\boldsymbol{\theta}, V_0[\boldsymbol{\xi}_\alpha]\boldsymbol{\theta})}{(\boldsymbol{\theta}, V_0[\boldsymbol{\xi}_\alpha]\boldsymbol{\theta})^2} \\ &= \frac{1}{N}\sum_{\alpha=1}^{N}\frac{(\boldsymbol{\xi}_\alpha, \boldsymbol{\theta})^2}{(\boldsymbol{\theta}, V_0[\boldsymbol{\xi}_\alpha]\boldsymbol{\theta})} - \frac{1}{N}\sum_{\alpha=1}^{N}\frac{(\boldsymbol{\xi}_\alpha, \boldsymbol{\theta})^2}{(\boldsymbol{\theta}, V_0[\boldsymbol{\xi}_\alpha]\boldsymbol{\theta})} = 0\end{aligned}$$

となる．ゆえに，$\lambda = 0$ である．

2.6 (1) ベクトル

$$\Delta\hat{\boldsymbol{x}}_\alpha = \hat{\boldsymbol{x}}_\alpha - \bar{\boldsymbol{x}}_\alpha$$

を定義すると，$\sum_{\alpha=1}^{N}\|\tilde{\boldsymbol{x}}_\alpha + \Delta\hat{\boldsymbol{x}}_\alpha\|^2$ は式 (2.47) の S を f_0^2 で割ったものになっている．$\bar{\boldsymbol{x}}_\alpha$ が楕円の式を満たすから，

$$(\hat{\boldsymbol{x}}_\alpha - \Delta\hat{\boldsymbol{x}}_\alpha, \boldsymbol{Q}(\hat{\boldsymbol{x}}_\alpha - \Delta\hat{\boldsymbol{x}}_\alpha)) = 0$$

である．展開して $\Delta\hat{\boldsymbol{x}}_\alpha$ の 2 次の項を無視すると，次のように書ける．

$$(\boldsymbol{Q}\hat{\boldsymbol{x}}_\alpha, \Delta\hat{\boldsymbol{x}}_\alpha) = \frac{1}{2}(\hat{\boldsymbol{x}}_\alpha, \boldsymbol{Q}\hat{\boldsymbol{x}}'_\alpha) \tag{$*$}$$

$\hat{\boldsymbol{x}}_\alpha$ も $\bar{\boldsymbol{x}}_\alpha$ も第 3 成分が 1 であるから，$\boldsymbol{k} = (0,0,1)^\top$ とおくと，$\Delta\hat{\boldsymbol{x}}_\alpha$ には制約 $(\boldsymbol{k}, \Delta\hat{\boldsymbol{x}}_\alpha) = 0$ がある．ラグランジュ乗数を導入し，

$$\sum_{\alpha=1}^{N}\|\tilde{\boldsymbol{x}}_\alpha + \Delta\hat{\boldsymbol{x}}_\alpha\|^2 - \sum_{\alpha=1}^{N}\lambda_\alpha\Big((\boldsymbol{Q}\hat{\boldsymbol{x}}_\alpha, \Delta\hat{\boldsymbol{x}}_\alpha) - \frac{1}{2}(\hat{\boldsymbol{x}}_\alpha, \boldsymbol{Q}\hat{\boldsymbol{x}}_\alpha)\Big) - \sum_{\alpha=1}^{N}\mu_\alpha(\boldsymbol{k}, \Delta\hat{\boldsymbol{x}}_\alpha)$$

を $\Delta\hat{\boldsymbol{x}}_\alpha$ で微分して $\boldsymbol{0}$ とおくと，次のようになる．

$$2(\tilde{\boldsymbol{x}}_\alpha + \Delta\hat{\boldsymbol{x}}_\alpha) - \lambda_\alpha\boldsymbol{Q}\hat{\boldsymbol{x}}_\alpha - \mu_\alpha\boldsymbol{k} = \boldsymbol{0}$$

両辺に左から式 (2.65) の $\boldsymbol{P}_{\boldsymbol{k}}$ を掛けると，$\tilde{\boldsymbol{x}}_\alpha$ の定義より $\boldsymbol{P}_{\boldsymbol{k}}\tilde{\boldsymbol{x}}_\alpha = \tilde{\boldsymbol{x}}_\alpha$ であるから，次式を得る．

$$2\tilde{\boldsymbol{x}}_\alpha + 2\Delta\hat{\boldsymbol{x}}_\alpha - \lambda_\alpha\boldsymbol{P}_{\boldsymbol{k}}\boldsymbol{Q}\hat{\boldsymbol{x}}_\alpha = \boldsymbol{0}$$

これから次式を得る．

$$\Delta\hat{\boldsymbol{x}}_\alpha = \frac{\lambda_\alpha}{2}\boldsymbol{P}_{\boldsymbol{k}}\boldsymbol{Q}\hat{\boldsymbol{x}}_\alpha - \tilde{\boldsymbol{x}}_\alpha$$

これを式 ($*$) に代入すると，次のようになる．

$$\Big(\boldsymbol{Q}\hat{\boldsymbol{x}}_\alpha, \frac{\lambda_\alpha}{2}\boldsymbol{P}_{\boldsymbol{k}}\boldsymbol{Q}\hat{\boldsymbol{x}}_\alpha - \tilde{\boldsymbol{x}}_\alpha\Big) = \frac{1}{2}(\hat{\boldsymbol{x}}_\alpha, \boldsymbol{Q}\hat{\boldsymbol{x}}_\alpha)$$

これから，λ_α が次のように定まる．

$$\lambda_\alpha = \frac{(\hat{\boldsymbol{x}}_\alpha, \boldsymbol{Q}\hat{\boldsymbol{x}}_\alpha) + 2(\boldsymbol{Q}\hat{\boldsymbol{x}}_\alpha, \tilde{\boldsymbol{x}}_\alpha)}{(\boldsymbol{Q}\hat{\boldsymbol{x}}_\alpha, \boldsymbol{P}_{\boldsymbol{k}}\hat{\boldsymbol{x}}_\alpha)}$$

したがって，次のようになる．

$$\Delta\hat{\boldsymbol{x}}_\alpha = \frac{\big((\hat{\boldsymbol{x}}_\alpha, \boldsymbol{Q}\hat{\boldsymbol{x}}_\alpha) + 2(\boldsymbol{Q}\hat{\boldsymbol{x}}_\alpha, \tilde{\boldsymbol{x}}_\alpha)\big)\boldsymbol{P}_{\boldsymbol{k}}\boldsymbol{Q}\hat{\boldsymbol{x}}_\alpha}{2(\boldsymbol{Q}\hat{\boldsymbol{x}}_\alpha, \boldsymbol{P}_{\boldsymbol{k}}\hat{\boldsymbol{x}}_\alpha)} - \tilde{\boldsymbol{x}}_\alpha$$

ゆえに，$\bar{\boldsymbol{x}}_\alpha$ は次のように推定される．

$$\hat{\hat{\boldsymbol{x}}}_\alpha = \boldsymbol{x}_\alpha - \frac{((\hat{\boldsymbol{x}}_\alpha, \boldsymbol{Q}\hat{\boldsymbol{x}}_\alpha) + 2(\boldsymbol{Q}\hat{\boldsymbol{x}}_\alpha, \tilde{\boldsymbol{x}}_\alpha))\,\boldsymbol{P}_{\boldsymbol{k}}\boldsymbol{Q}\hat{\boldsymbol{x}}_\alpha}{2(\boldsymbol{Q}\hat{\boldsymbol{x}}_\alpha, \boldsymbol{P}_{\boldsymbol{k}}\boldsymbol{F}\hat{\boldsymbol{x}}_\alpha)}$$

これを書き直すと，式 (2.67) となる．

(2) ベクトル $\boldsymbol{\theta}$, $\boldsymbol{\xi}^*_\alpha$ と行列 $V_0[\hat{\boldsymbol{\xi}}_\alpha]$ を用いると，演習問題 2.4(3) の解答に対応して，次の関係が成り立つことが確かめられる．

$$(\boldsymbol{Q}\hat{\boldsymbol{x}}_\alpha, \boldsymbol{P}_{\boldsymbol{k}}\boldsymbol{Q}\hat{\boldsymbol{x}}_\alpha) = \frac{(\boldsymbol{\theta}, V_0[\hat{\boldsymbol{\xi}}_\alpha]\boldsymbol{\theta})}{4f_0^2}$$

したがって，式 (2.67) は式 (2.69) のように書き直せる．

(3) 次の関係に注意する．

$$\begin{pmatrix} \theta_1 & \theta_2 & \theta_4 \\ \theta_2 & \theta_3 & \theta_5 \end{pmatrix} \begin{pmatrix} \hat{x}_\alpha \\ \hat{y}_\alpha \\ f_0 \end{pmatrix} = f_0 \begin{pmatrix} \theta_1 & \theta_2 & \theta_4 \\ \theta_2 & \theta_3 & \theta_5 \\ 0 & 0 & 0 \end{pmatrix} \begin{pmatrix} \hat{x}_\alpha/f_0 \\ \hat{y}_\alpha/f_0 \\ 1 \end{pmatrix} = f_0\boldsymbol{P}_{\boldsymbol{k}}\boldsymbol{Q}\hat{\boldsymbol{x}}_\alpha$$

(2) の関係を用いると，行列 $\boldsymbol{P}_{\boldsymbol{k}}$ の定義より $\boldsymbol{P}_{\boldsymbol{k}}^2 = \boldsymbol{P}_{\boldsymbol{k}}$ であるから，上式の 2 乗ノルムは次のようになる．

$$\begin{aligned} f_0^2\|\boldsymbol{P}_{\boldsymbol{k}}\boldsymbol{Q}\hat{\boldsymbol{x}}_\alpha\|^2 &= f_0^2(\boldsymbol{P}_{\boldsymbol{k}}\boldsymbol{Q}\hat{\boldsymbol{x}}_\alpha, \boldsymbol{P}_{\boldsymbol{k}}\boldsymbol{Q}\hat{\boldsymbol{x}}_\alpha) = f_0^2(\boldsymbol{Q}\hat{\boldsymbol{x}}_\alpha, \boldsymbol{P}_{\boldsymbol{k}}^2\boldsymbol{Q}\hat{\boldsymbol{x}}_\alpha) \\ &= f_0^2(\boldsymbol{Q}\hat{\boldsymbol{x}}_\alpha, \boldsymbol{P}_{\boldsymbol{k}}\boldsymbol{Q}\hat{\boldsymbol{x}}_\alpha) = \frac{1}{4}(\boldsymbol{Q}V_0[\hat{\boldsymbol{\xi}}_\alpha]\boldsymbol{\theta}) \end{aligned}$$

ゆえに，式 (2.69) から式 (2.34) の S が次のように近似できる．

$$\begin{aligned} S &\approx \frac{1}{N}\sum_{\alpha=1}^{N}\left((x_\alpha - \hat{\hat{x}}_\alpha)^2 + (y_\alpha - \hat{\hat{y}}_\alpha)^2\right) = \frac{1}{N}\sum_{\alpha=1}^{N}\left\|\begin{pmatrix} \hat{\hat{x}}_\alpha \\ \hat{\hat{y}}_\alpha \end{pmatrix} - \begin{pmatrix} x_\alpha \\ y_\alpha \end{pmatrix}\right\|^2 \\ &= \frac{1}{N}\sum_{\alpha=1}^{N}\frac{4(\boldsymbol{\xi}^*_\alpha, \boldsymbol{\theta})^2}{(\boldsymbol{\theta}_1V_0[\hat{\boldsymbol{\xi}}_\alpha]\boldsymbol{\theta})^2}\frac{(\boldsymbol{\theta}_1V_0[\hat{\boldsymbol{\xi}}_\alpha]\boldsymbol{\theta})}{4} = \frac{1}{N}\sum_{\alpha=1}^{N}\frac{(\boldsymbol{E}^*_\alpha, \boldsymbol{\theta})^2}{(\boldsymbol{\theta}_1V_0[\hat{\boldsymbol{\xi}}_\alpha]\boldsymbol{\theta})} \end{aligned}$$

第 3 章

3.1 $\boldsymbol{x}_\alpha$, $\boldsymbol{x}'_\alpha$ を式 (3.19) のようにおき，$(\bar{x}, \bar{y})$, $(\bar{x}', \bar{y}')$ を同様にベクトルで表したものを $\bar{\boldsymbol{x}}_\alpha$, $\bar{\boldsymbol{x}}'_\alpha$ とおく．そして，$\Delta\boldsymbol{x}_\alpha = \boldsymbol{x}_\alpha - \bar{\boldsymbol{x}}_\alpha$, $\Delta\boldsymbol{x}' = \boldsymbol{x}'_\alpha - \bar{\boldsymbol{x}}'_\alpha$ とおけば，式 (3.17) は

$$S_\alpha = f_0^2\left(\|\Delta\boldsymbol{x}_\alpha\|^2 + \|\Delta\boldsymbol{x}'_\alpha\|^2\right)$$

と書ける．式 (3.16) のエピ極線方程式は次のように書ける．

$$(\boldsymbol{x}_\alpha - \Delta\boldsymbol{x}_\alpha, \boldsymbol{F}(\boldsymbol{x}'_\alpha - \Delta\boldsymbol{x}'_\alpha)) = 0$$

展開して誤差 $\Delta\boldsymbol{x}_\alpha$, $\Delta\boldsymbol{x}'_\alpha$ の 2 次の項を無視すると，次のようになる．

$$(\boldsymbol{F}\boldsymbol{x}'_\alpha, \Delta\boldsymbol{x}_\alpha) + (\boldsymbol{F}^\top\boldsymbol{x}_\alpha, \Delta\boldsymbol{x}'_\alpha) = (\boldsymbol{x}_\alpha, \boldsymbol{F}\boldsymbol{x}'_\alpha) \tag{$*$}$$

$\boldsymbol{x}_\alpha$, $\bar{\boldsymbol{x}}_\alpha$, $\boldsymbol{y}'_\alpha$, $\bar{\boldsymbol{y}}'_\alpha$ はすべて第 3 成分が 1 であるから，$\Delta\boldsymbol{x}_\alpha$, $\Delta\boldsymbol{x}'_\alpha$ の第 3 成分は 0 である．これは $\boldsymbol{k} = (0,0,1)^\top$ とおけば，$(\boldsymbol{k}, \Delta\boldsymbol{x}_\alpha) = 0$, $(\boldsymbol{k}, \Delta\boldsymbol{x}'_\alpha) = 0$ と書ける．$\|\Delta\boldsymbol{x}_\alpha\|^2 + \|\Delta\boldsymbol{x}'_\alpha\|^2$ を最小化するために，ラグランジュ乗数を導入し，

$$\|\Delta\boldsymbol{x}_\alpha\|^2 + \|\Delta\boldsymbol{x}'_\alpha\|^2 - \lambda_\alpha\left((\boldsymbol{F}\boldsymbol{x}'_\alpha, \Delta\boldsymbol{x}_\alpha) + (\boldsymbol{F}^\top\boldsymbol{x}_\alpha, \Delta\boldsymbol{x}'_\alpha) - (\boldsymbol{x}_\alpha, \boldsymbol{F}\boldsymbol{x}'_\alpha)\right)$$
$$- \mu(\boldsymbol{k}, \Delta\boldsymbol{x}_\alpha) - \mu'(\boldsymbol{k}, \Delta\boldsymbol{x}'_\alpha)$$

を $\Delta\boldsymbol{x}_\alpha$, $\Delta\boldsymbol{x}'_\alpha$ で微分して $\boldsymbol{0}$ とおくと，次のようになる．

$$2\Delta\boldsymbol{x}_\alpha - \lambda_\alpha\boldsymbol{F}\boldsymbol{x}'_\alpha - \mu\boldsymbol{k} = \boldsymbol{0}, \qquad 2\Delta\boldsymbol{x}'_\alpha - \lambda_\alpha\boldsymbol{F}^\top\boldsymbol{x}_\alpha - \mu'\boldsymbol{k} = \boldsymbol{0}$$

両辺に左から式 (3.20) の $\boldsymbol{P_k}$ を掛けると，$\boldsymbol{P_k}\Delta\boldsymbol{x}_\alpha = \Delta\boldsymbol{x}_\alpha$, $\boldsymbol{P_k}\Delta\boldsymbol{x}'_\alpha = \Delta\boldsymbol{x}'_\alpha$, $\boldsymbol{P_k}\boldsymbol{k} = \boldsymbol{0}$ であるから，次式が得られる．

$$2\Delta\boldsymbol{x}_\alpha - \lambda_\alpha\boldsymbol{P_k}\boldsymbol{F}\boldsymbol{x}'_\alpha = \boldsymbol{0}, \qquad 2\Delta\boldsymbol{x}'_\alpha - \lambda_\alpha\boldsymbol{P_k}\boldsymbol{F}^\top\boldsymbol{x}_\alpha = \boldsymbol{0}$$

ゆえに，次のように書ける．

$$\Delta\boldsymbol{x}_\alpha = \frac{\lambda_\alpha}{2}\boldsymbol{P_k}\boldsymbol{F}\boldsymbol{x}'_\alpha, \qquad \Delta\boldsymbol{x}'_\alpha = \frac{\lambda_\alpha}{2}\boldsymbol{P_k}\boldsymbol{F}^\top\boldsymbol{x}_\alpha$$

これを式 $(*)$ に代入すると，次のようになる．

$$\left(\boldsymbol{F}\boldsymbol{x}'_\alpha, \frac{\lambda_\alpha}{2}\boldsymbol{P_k}\boldsymbol{F}\boldsymbol{x}'_\alpha\right) + \left(\boldsymbol{F}^\top\boldsymbol{x}_\alpha, \frac{\lambda_\alpha}{2}\boldsymbol{P_k}\boldsymbol{F}^\top\boldsymbol{x}_\alpha\right) = (\boldsymbol{x}_\alpha, \boldsymbol{F}\boldsymbol{x}'_\alpha)$$

これから λ_α が次のように定まる．

$$\frac{\lambda_\alpha}{2} = \frac{(\boldsymbol{x}_\alpha, \boldsymbol{F}\boldsymbol{x}'_\alpha)}{(\boldsymbol{F}\boldsymbol{x}'_\alpha, \boldsymbol{P_k}\boldsymbol{F}\boldsymbol{x}'_\alpha) + (\boldsymbol{F}^\top\boldsymbol{x}_\alpha, \boldsymbol{P_k}\boldsymbol{F}^\top\boldsymbol{x}_\alpha)}$$

したがって，$\Delta\boldsymbol{x}_\alpha$, $\Delta\boldsymbol{x}'_\alpha$ は次のようになる．

$$\Delta\boldsymbol{x}_\alpha = \frac{(\boldsymbol{x}_\alpha, \boldsymbol{F}\boldsymbol{x}'_\alpha)\boldsymbol{P_k}\boldsymbol{F}\boldsymbol{x}'_\alpha}{(\boldsymbol{F}\boldsymbol{x}'_\alpha, \boldsymbol{P_k}\boldsymbol{F}\boldsymbol{x}'_\alpha) + (\boldsymbol{F}^\top\boldsymbol{x}_\alpha, \boldsymbol{P_k}\boldsymbol{F}^\top\boldsymbol{x}_\alpha)},$$
$$\Delta\boldsymbol{x}'_\alpha = \frac{(\boldsymbol{x}_\alpha, \boldsymbol{F}\boldsymbol{x}'_\alpha)\boldsymbol{P_k}\boldsymbol{F}^\top\boldsymbol{x}_\alpha}{(\boldsymbol{F}\boldsymbol{x}'_\alpha, \boldsymbol{P_k}\boldsymbol{F}\boldsymbol{x}'_\alpha) + (\boldsymbol{F}^\top\boldsymbol{x}_\alpha, \boldsymbol{P_k}\boldsymbol{F}^\top\boldsymbol{x}_\alpha)}$$

ゆえに，$\|\Delta\boldsymbol{x}_\alpha\|^2 + \|\Delta\boldsymbol{x}'_\alpha\|^2$ が次のように書ける．

$$\|\Delta \boldsymbol{x}_\alpha\|^2 + \|\Delta \boldsymbol{x}'_\alpha\|^2 = \frac{(\boldsymbol{x}_\alpha, \boldsymbol{F}\boldsymbol{x}'_\alpha)^2(\|\boldsymbol{P_k}\boldsymbol{F}\boldsymbol{x}'_\alpha\|^2 + \|\boldsymbol{P_k}\boldsymbol{F}^\top \boldsymbol{x}_\alpha\|^2)}{((\boldsymbol{F}\boldsymbol{x}'_\alpha, \boldsymbol{P_k}\boldsymbol{F}\boldsymbol{x}'_\alpha) + (\boldsymbol{F}^\top \boldsymbol{x}_\alpha, \boldsymbol{P_k}\boldsymbol{F}^\top \boldsymbol{x}_\alpha))^2}$$
$$= \frac{(\boldsymbol{x}_\alpha, \boldsymbol{F}\boldsymbol{x}'_\alpha)^2}{(\boldsymbol{F}\boldsymbol{x}'_\alpha, \boldsymbol{P_k}\boldsymbol{F}\boldsymbol{x}'_\alpha) + (\boldsymbol{F}^\top \boldsymbol{x}_\alpha, \boldsymbol{P_k}\boldsymbol{F}^\top \boldsymbol{x}_\alpha)}$$

ただし，式 (3.20) から $\boldsymbol{P_k}^2 = \boldsymbol{P_k}$ であり，$\|\boldsymbol{P_k}\boldsymbol{F}\boldsymbol{x}'_\alpha\|^2 = (\boldsymbol{P_k}\boldsymbol{F}\boldsymbol{x}'_\alpha, \boldsymbol{P_k}\boldsymbol{F}\boldsymbol{x}'_\alpha) = (\boldsymbol{F}\boldsymbol{x}'_\alpha, \boldsymbol{P_k}^2\boldsymbol{F}\boldsymbol{x}'_\alpha) = (\boldsymbol{F}\boldsymbol{x}'_\alpha, \boldsymbol{P_k}\boldsymbol{F}\boldsymbol{x}'_\alpha)$，$\|\boldsymbol{P_k}\boldsymbol{F}^\top \boldsymbol{x}_\alpha\|^2 = (\boldsymbol{P_k}\boldsymbol{F}^\top \boldsymbol{x}_\alpha, \boldsymbol{P_k}\boldsymbol{F}^\top \boldsymbol{x}_\alpha) = (\boldsymbol{F}^\top \boldsymbol{x}_\alpha, \boldsymbol{P_k}^2\boldsymbol{F}^\top \boldsymbol{x}_\alpha) = (\boldsymbol{F}^\top \boldsymbol{x}_\alpha, \boldsymbol{P_k}\boldsymbol{F}^\top \boldsymbol{x}_\alpha)$ となることを用いた．したがって，$S_\alpha = f_0^2(\|\Delta \boldsymbol{x}_\alpha\|^2 + \|\Delta \boldsymbol{x}'_\alpha\|^2)$ が式 (3.18) で近似される．

3.2 関係 $\mathrm{tr}[\boldsymbol{A}^\top \boldsymbol{A}] = \|\boldsymbol{A}\|^2$ とトレースに関する恒等式 $\mathrm{tr}[\boldsymbol{AB}] = \mathrm{tr}[\boldsymbol{BA}]$ より，次のように示せる．

$$\|\boldsymbol{F}\|^2 = \mathrm{tr}[\boldsymbol{F}^\top \boldsymbol{F}] = \mathrm{tr}\left[\boldsymbol{V}\begin{pmatrix}\sigma_1 & 0 & 0\\ 0 & \sigma_2 & 0\\ 0 & 0 & \sigma_3\end{pmatrix}\boldsymbol{U}^\top \boldsymbol{U}\begin{pmatrix}\sigma_1 & 0 & 0\\ 0 & \sigma_2 & 0\\ 0 & 0 & \sigma_3\end{pmatrix}\boldsymbol{V}^\top\right]$$
$$= \mathrm{tr}\left[\boldsymbol{V}\begin{pmatrix}\sigma_1^2 & 0 & 0\\ 0 & \sigma_2^2 & 0\\ 0 & 0 & \sigma_3^2\end{pmatrix}\boldsymbol{V}^\top\right] = \mathrm{tr}\left[\begin{pmatrix}\sigma_1^2 & 0 & 0\\ 0 & \sigma_2^2 & 0\\ 0 & 0 & \sigma_3^2\end{pmatrix}\boldsymbol{V}^\top \boldsymbol{V}\right] = \mathrm{tr}\begin{pmatrix}\sigma_1^2 & 0 & 0\\ 0 & \sigma_2^2 & 0\\ 0 & 0 & \sigma_3^2\end{pmatrix}$$
$$= \sigma_1^2 + \sigma_2^2 + \sigma_3^2$$

3.3 (1) ベクトル $\boldsymbol{v}$ を単位法線ベクトル $\boldsymbol{u}$ 方向の直線に射影した長さは，$\boldsymbol{u}$ と $\boldsymbol{v}$ のなす角を θ とすると，

$$\|\boldsymbol{v}\|\cos\theta = \|\boldsymbol{u}\|\|\boldsymbol{v}\|\cos\theta = (\boldsymbol{u}, \boldsymbol{v})$$

である（図 3.4）．ゆえに，$\boldsymbol{v}$ の $\boldsymbol{u}$ 方向の成分は $(\boldsymbol{u}, \boldsymbol{v})\boldsymbol{u}$ である．したがって，$\boldsymbol{v}$ を平面上に射影した成分は次のように書ける．

$$\boldsymbol{u} - (\boldsymbol{u}, \boldsymbol{v})\boldsymbol{u} = \boldsymbol{u} - \boldsymbol{u}\boldsymbol{u}^\top \boldsymbol{v} = (\boldsymbol{I} - \boldsymbol{u}\boldsymbol{u}^\top)\boldsymbol{v} = \boldsymbol{P_u}\boldsymbol{v}$$

(2) 次のように示される．

$$\boldsymbol{P_u}^2 = (\boldsymbol{I} - \boldsymbol{u}\boldsymbol{u}^\top)(\boldsymbol{I} - \boldsymbol{u}\boldsymbol{u}^\top) = \boldsymbol{I} - \boldsymbol{u}\boldsymbol{u}^\top - \boldsymbol{u}\boldsymbol{u}^\top + \boldsymbol{u}\boldsymbol{u}^\top \boldsymbol{u}\boldsymbol{u}^\top$$
$$= \boldsymbol{I} - 2\boldsymbol{u}\boldsymbol{u}^\top + \boldsymbol{u}(\boldsymbol{u}, \boldsymbol{u})\boldsymbol{u}^\top = \boldsymbol{I} - 2\boldsymbol{u}\boldsymbol{u}^\top + \boldsymbol{u}\boldsymbol{u}^\top = \boldsymbol{I} - \boldsymbol{u}\boldsymbol{u}^\top = \boldsymbol{P_u}$$

3.4 (1) 誤差があるときの分数式の微小変化は，高次の項を無視すると，分母がそのままで分子のみが微小変化した項と，分子がそのままで分母のみが微小変化した項の和で表せる．しかし，誤差がないときは分子は 0 であるから，分母の変化は考える必要はない．誤差がないときは $(\bar{\boldsymbol{\xi}}_\alpha, \bar{\boldsymbol{\theta}}) = 0$ であるから，

$$(\boldsymbol{\xi}_\alpha, \boldsymbol{\theta}) = (\bar{\boldsymbol{\xi}}_\alpha, \Delta_1\boldsymbol{\theta}) + (\Delta_1\boldsymbol{\xi}_\alpha, \bar{\boldsymbol{\theta}}) + O(\sigma^2)$$

である．これを式 (3.23) の分子に代入して展開すると，式 (3.71) を得る．

(2) 式 (3.71) の分子において，$(\bar{\boldsymbol{\xi}}_\alpha, \Delta_1\boldsymbol{\theta})^2 = \Delta_1\boldsymbol{\theta}^\top \bar{\boldsymbol{\xi}}_\alpha \bar{\boldsymbol{\xi}}_\alpha^\top \Delta_1\boldsymbol{\theta} = (\Delta_1\boldsymbol{\theta}, (\bar{\boldsymbol{\xi}}_\alpha \bar{\boldsymbol{\xi}}_\alpha^\top)\Delta_1\boldsymbol{\theta})$ に注意し，式 (3.71) を $\Delta_1\boldsymbol{\theta}$ に関して微分する．それを $\mathbf{0}$ とおくと次式となる．

$$\begin{aligned}
&\frac{1}{N}\sum_{\alpha=1}^{N} \frac{2\bar{\boldsymbol{\xi}}_\alpha \bar{\boldsymbol{\xi}}_\alpha^\top \Delta_1\boldsymbol{\theta} + 2(\bar{\boldsymbol{\theta}}, \Delta_1\boldsymbol{\xi}_\alpha)\bar{\boldsymbol{\xi}}_\alpha}{(\bar{\boldsymbol{\theta}}, V_0[\boldsymbol{\xi}_\alpha]\bar{\boldsymbol{\theta}})} \\
&= 2\bar{\boldsymbol{M}}\Delta_1\boldsymbol{\theta} + 2\left(\frac{1}{N}\sum_{\alpha=1}^{N} \frac{\bar{\boldsymbol{\xi}}_\alpha \bar{\boldsymbol{\theta}}^\top}{(\bar{\boldsymbol{\theta}}, V_0[\boldsymbol{\xi}_\alpha]\bar{\boldsymbol{\theta}})}\Delta_1\boldsymbol{\xi}_\alpha\right) = \mathbf{0}
\end{aligned}$$

この式に左から $\bar{\boldsymbol{M}}^-$ を掛け，$\bar{\boldsymbol{M}}^-\bar{\boldsymbol{M}} = \boldsymbol{P}_{\bar{\boldsymbol{\theta}}}$，および $\boldsymbol{P}_{\bar{\boldsymbol{\theta}}}\Delta_1\boldsymbol{\theta} = \Delta_1\boldsymbol{\theta}$ に注意すると，式 (3.72) を得る．

(3) $\bar{\boldsymbol{M}}$ は対称行列であるから，$\bar{\boldsymbol{M}}^-$ も対称行列である．したがって，$V[\boldsymbol{\theta}] = E[\Delta_1\boldsymbol{\theta}\Delta_1\boldsymbol{\theta}^\top]$ は次のようになる．

$$\begin{aligned}
&E[\Delta_1\boldsymbol{\theta}\Delta_1\boldsymbol{\theta}^\top] \\
&= \bar{\boldsymbol{M}}^- E\left[\left(\frac{1}{N}\sum_{\alpha=1}^{N} \frac{\bar{\boldsymbol{\xi}}_\alpha \bar{\boldsymbol{\theta}}^\top}{(\bar{\boldsymbol{\theta}}, V_0[\boldsymbol{\theta}]\bar{\boldsymbol{\theta}})}\Delta_1\boldsymbol{\xi}_\alpha\right)\left(\frac{1}{N}\sum_{\beta=1}^{N} \Delta_1\boldsymbol{\xi}_\beta^\top \frac{\bar{\boldsymbol{\theta}}\bar{\boldsymbol{\xi}}_\beta^\top}{(\bar{\boldsymbol{\theta}}, V_0[\boldsymbol{\theta}]\bar{\boldsymbol{\theta}})}\right)\right]\bar{\boldsymbol{M}}^- \\
&= \bar{\boldsymbol{M}}^-\left(\frac{1}{N^2}\sum_{\alpha,\beta=1}^{N} \frac{\bar{\boldsymbol{\xi}}_\alpha \bar{\boldsymbol{\theta}}^\top E[\Delta_1\boldsymbol{\xi}_\alpha \Delta_1\boldsymbol{\xi}_\beta^\top]\bar{\boldsymbol{\theta}}\bar{\boldsymbol{\xi}}_\beta^\top}{(\bar{\boldsymbol{\theta}}, V_0[\boldsymbol{\theta}]\bar{\boldsymbol{\theta}})^2}\right)\bar{\boldsymbol{M}}^- \\
&= \bar{\boldsymbol{M}}^-\left(\frac{1}{N^2}\sum_{\alpha,\beta=1}^{N} \frac{\bar{\boldsymbol{\xi}}_\alpha \bar{\boldsymbol{\theta}}^\top \sigma^2\delta_{\alpha\beta}V_0[\boldsymbol{\xi}_\alpha]\bar{\boldsymbol{\theta}}\bar{\boldsymbol{\xi}}_\beta^\top}{(\bar{\boldsymbol{\theta}}, V_0[\boldsymbol{\theta}]\bar{\boldsymbol{\theta}})^2}\right)\bar{\boldsymbol{M}}^- \\
&= \frac{\sigma^2}{N}\bar{\boldsymbol{M}}^-\left(\frac{1}{N}\sum_{\alpha=1}^{N} \frac{\bar{\boldsymbol{\xi}}_\alpha \bar{\boldsymbol{\theta}}^\top V_0[\boldsymbol{\xi}_\alpha]\bar{\boldsymbol{\theta}}\bar{\boldsymbol{\xi}}_\alpha^\top}{(\bar{\boldsymbol{\theta}}, V_0[\boldsymbol{\theta}]\bar{\boldsymbol{\theta}})^2}\right)\bar{\boldsymbol{M}}^- \\
&= \frac{\sigma^2}{N}\bar{\boldsymbol{M}}^-\left(\frac{1}{N}\sum_{\alpha=1}^{N} \frac{\bar{\boldsymbol{\xi}}_\alpha (\bar{\boldsymbol{\theta}}^\top, V_0[\boldsymbol{\xi}_\alpha]\bar{\boldsymbol{\theta}})\bar{\boldsymbol{\xi}}_\alpha^\top}{(\bar{\boldsymbol{\theta}}, V_0[\boldsymbol{\theta}]\bar{\boldsymbol{\theta}})^2}\right)\bar{\boldsymbol{M}}^- \\
&= \frac{\sigma^2}{N}\bar{\boldsymbol{M}}^-\left(\frac{1}{N}\sum_{\alpha=1}^{N} \frac{\bar{\boldsymbol{\xi}}_\alpha \bar{\boldsymbol{\xi}}_\alpha^\top}{(\bar{\boldsymbol{\theta}}, V_0[\boldsymbol{\theta}]\bar{\boldsymbol{\theta}})}\right)\bar{\boldsymbol{M}}^- = \frac{\sigma^2}{N}\bar{\boldsymbol{M}}^-\bar{\boldsymbol{M}}\bar{\boldsymbol{M}}^- = \frac{\sigma^2}{N}\bar{\boldsymbol{M}}^-
\end{aligned}$$

ただし，$\delta_{\alpha\beta}$ はクロネッカーデルタ（$\alpha = \beta$ のとき 1，それ以外は 0）である．そして，誤差の仮定から $E[\Delta_1\boldsymbol{\xi}_\alpha \Delta_1\boldsymbol{\xi}_\beta] = \sigma^2\delta_{\alpha\beta}V_0[\boldsymbol{\xi}_\alpha]$ であること，および一般逆行列に関する恒等式 $\bar{\boldsymbol{M}}^-\bar{\boldsymbol{M}}\bar{\boldsymbol{M}}^- = \bar{\boldsymbol{M}}^-$ を用いた．

3.5 (1) 行列式

$$\det[\boldsymbol{I}-\varepsilon\boldsymbol{A}] = \begin{vmatrix} 1-\varepsilon A_{11} & -\varepsilon A_{12} & -\varepsilon A_{13} \\ -\varepsilon A_{21} & 1-\varepsilon A_{22} & -\varepsilon A_{23} \\ -\varepsilon A_{31} & -\varepsilon A_{32} & 1-\varepsilon A_{13} \end{vmatrix}$$

を展開して ε の 1 次の項を取り出すと，次のようになる．

$$(1-\varepsilon A_{11})(1-\varepsilon A_{22})(1-\varepsilon A_{33}) + O(\varepsilon^2) = 1-\varepsilon(A_{11}+A_{22}+A_{33}) + O(\varepsilon^2)$$

このことから，次の関係が得られる．

$$\begin{aligned} \det[\boldsymbol{A}-\varepsilon\boldsymbol{B}] &= \det[\boldsymbol{A}(\boldsymbol{I}-\varepsilon\boldsymbol{A}^{-1}\boldsymbol{B})] = \det\boldsymbol{A}\det[\boldsymbol{I}-\varepsilon\boldsymbol{A}^{-1}\boldsymbol{B}] \\ &= \det\boldsymbol{A}(1-\varepsilon\mathrm{tr}[\boldsymbol{A}^{-1}\boldsymbol{B}]) + O(\varepsilon^2) \\ &= \det\boldsymbol{A}\left(1-\varepsilon\mathrm{tr}\left[\frac{\boldsymbol{A}^\dagger\boldsymbol{B}}{\det\boldsymbol{A}}\right]\right) + O(\varepsilon^2) = \det\boldsymbol{A} - \varepsilon\mathrm{tr}[\boldsymbol{A}^\dagger\boldsymbol{B}] + O(\varepsilon^2) \end{aligned}$$

ここでは $\boldsymbol{A}$ を正則行列として $\boldsymbol{A}^{-1}$ の存在を仮定し，関係 $\boldsymbol{A}^{-1} = \boldsymbol{A}^\dagger/\det\boldsymbol{A}$ を用いたが，最終的な式には $\boldsymbol{A}^{-1}$ が現れない．$\boldsymbol{A}$, $\boldsymbol{B}$ の要素の多項式は，$\boldsymbol{A}$ が正則でも正則でなくても成立する．

(2) 上の関係から，$\Delta\boldsymbol{\theta}$ の高次の項を除くと次のように書ける．

$$\det[\boldsymbol{F}-\Delta\boldsymbol{F}] = \det\boldsymbol{F} - \mathrm{tr}[\boldsymbol{F}^\dagger\Delta\boldsymbol{F}] = 0$$

ベクトル $\boldsymbol{\theta}$, $\Delta\boldsymbol{\theta}$ を用いると，これは，$\mathrm{tr}[\boldsymbol{F}^\dagger\Delta\boldsymbol{F}] = \sum_{i,j=1}^{3} F_{ji}^\dagger \Delta F_{ij} = (\boldsymbol{\theta}^\dagger, \Delta\boldsymbol{\theta})$ と書ける．そして，式 (3.32) から式 (3.76) が得られる．

(3) 式 (3.76) に対するラグランジュ乗数 λ を導入し，

$$(\Delta\boldsymbol{\theta}, V_0[\boldsymbol{\theta}]^-\Delta\boldsymbol{\theta}) - \lambda\Big((\boldsymbol{\theta}^\dagger, \Delta\boldsymbol{\theta}) - \frac{1}{3}(\boldsymbol{\theta}^\dagger, \boldsymbol{\theta})\Big)$$

を $\Delta\boldsymbol{\theta}$ で微分して $\boldsymbol{0}$ とおくと，次のようになる．

$$2V_0[\boldsymbol{\theta}]^-\Delta\boldsymbol{\theta} - \lambda\boldsymbol{\theta}^\dagger = 0$$

左から $V_0[\boldsymbol{\theta}]$ を掛け，$V_0[\boldsymbol{\theta}]V_0[\boldsymbol{\theta}]^- = \boldsymbol{P}_{\boldsymbol{\theta}}$（式 (3.28) で定義される射影行列），および $\boldsymbol{P}_{\boldsymbol{\theta}}\Delta\boldsymbol{\theta} = \Delta\boldsymbol{\theta}$ であることに注意すると（一般逆行列の定義と $\boldsymbol{\theta}$ が単位ベクトルであって，その微小変化 $\Delta\boldsymbol{\theta}$ が $\boldsymbol{\theta}$ に直交することに基づく．詳細省略），次式を得る．

$$\Delta\boldsymbol{\theta} = \frac{\lambda}{2}V_0[\boldsymbol{\theta}]\boldsymbol{\theta}^\dagger \qquad (*)$$

これと $\boldsymbol{\theta}^\dagger$ との内積をとると，

$$(\boldsymbol{\theta}^\dagger, \Delta\boldsymbol{\theta}) = \frac{\lambda}{2}(\boldsymbol{\theta}^\dagger, V_0[\boldsymbol{\theta}]\boldsymbol{\theta}^\dagger)$$

である．式 (3.76) より，これは $(\boldsymbol{\theta}^\dagger, \boldsymbol{\theta})/3$ に等しい．ゆえに，

$$\frac{\lambda}{2} = \frac{(\boldsymbol{\theta}^\dagger, \boldsymbol{\theta})}{3(\boldsymbol{\theta}^\dagger, V_0[\boldsymbol{\theta}]\boldsymbol{\theta}^\dagger)}$$

であり，式 $(*)$ より式 (3.77) が得られる．

3.6 (1) $\boldsymbol{U} + \Delta\boldsymbol{U}$ が直交行列であることから，$(\boldsymbol{U} + \Delta\boldsymbol{U})(\boldsymbol{U} + \Delta\boldsymbol{U})^\top = \boldsymbol{I}$ である．したがって，

$$\begin{aligned}(\boldsymbol{U} + \Delta\boldsymbol{U})(\boldsymbol{U} + \Delta\boldsymbol{U})^\top &= \boldsymbol{U}\boldsymbol{U}^\top + \boldsymbol{U}\Delta\boldsymbol{U}^\top + \Delta\boldsymbol{U}\boldsymbol{U}^\top + \Delta\boldsymbol{U}\Delta\boldsymbol{U}^\top \\ &= \boldsymbol{I} + (\Delta\boldsymbol{U}\boldsymbol{U}^\top)^\top + \Delta\boldsymbol{U}\boldsymbol{U}^\top + \Delta\boldsymbol{U}\Delta\boldsymbol{U}^\top\end{aligned}$$

である．これが恒等的に $\boldsymbol{I}$ であるから，高次の微小量を無視すると，

$$(\Delta\boldsymbol{U}\boldsymbol{U}^\top)^\top + \Delta\boldsymbol{U}\boldsymbol{U}^\top = \boldsymbol{O}$$

である．これは $\Delta\boldsymbol{U}\boldsymbol{U}^\top$ が反対称行列であることを意味するから，ある微小定数 $\Delta\omega_1$, $\Delta\omega_2$, $\Delta\omega_3$ があって

$$\Delta\boldsymbol{U}\boldsymbol{U}^\top = \begin{pmatrix} 0 & -\Delta\omega_3 & -\Delta\omega_2 \\ \Delta\omega_3 & 0 & -\Delta\omega_1 \\ -\Delta\omega_2 & \Delta\omega_1 & 0 \end{pmatrix}$$

と書ける．$\Delta\omega_1$, $\Delta\omega_2$, $\Delta\omega_3$ を成分とするベクトルを $\Delta\boldsymbol{\omega}$ とし，右辺の行列を形式的に $(\Delta\boldsymbol{\omega}\times)$ と書く．両辺に $\boldsymbol{U}$ を右から掛けると，

$$\Delta\boldsymbol{U} = (\Delta\boldsymbol{\omega}\times)\boldsymbol{U}$$

となる．具体的に計算すると，これは式 (3.78) になっていることがわかる．

(2) 式 (3.78) の右辺は，(1) で定義した反対称行列 $(\Delta\boldsymbol{\omega}\times)$ を用いると，$\Delta\boldsymbol{V}^\top = ((\boldsymbol{\omega}'\times)\boldsymbol{V})^\top = \boldsymbol{V}^\top(\boldsymbol{\omega}'\times)^\top = -\boldsymbol{V}^\top(\boldsymbol{\omega}'\times)$ である．これを用いると，式 (3.35) の $\boldsymbol{F}$ の微小変化 $\Delta\boldsymbol{F}$ が高次の微小量を除いて次のように書ける．

$$\begin{aligned}\Delta\boldsymbol{F} =& (\Delta\boldsymbol{\omega}\times)\boldsymbol{U}\begin{pmatrix}\cos\phi & & \\ & \sin\phi & \\ & & 0\end{pmatrix}\boldsymbol{V}^\top + \boldsymbol{U}\begin{pmatrix}-\sin\phi\Delta\phi & & \\ & \cos\phi\Delta\phi & \\ & & 0\end{pmatrix}\boldsymbol{V}^\top \\ & - \boldsymbol{U}\begin{pmatrix}\cos\phi & & \\ & \sin\phi & \\ & & 0\end{pmatrix}\boldsymbol{V}^\top(\Delta\boldsymbol{\omega}'\times) + \cdots\end{aligned}$$

$$
=(\Delta\boldsymbol{\omega}\times)\boldsymbol{F}+\boldsymbol{U}\begin{pmatrix}-\sin\phi & & \\ & \cos\phi & \\ & & 0\end{pmatrix}\boldsymbol{V}^\top\Delta\phi-\boldsymbol{F}(\Delta\boldsymbol{\omega}'\times)+\cdots
$$

$$
=\begin{pmatrix}\Delta\omega_2F_{31}-\Delta\omega_3F_{21} & \Delta\omega_2F_{32}-\Delta\omega_3F_{22} & \Delta\omega_2F_{33}-\Delta\omega_3F_{23}\\ \Delta\omega_3F_{11}-\Delta\omega_1F_{31} & \Delta\omega_3F_{12}-\Delta\omega_1F_{32} & \Delta\omega_3F_{13}-\Delta\omega_1F_{33}\\ \Delta\omega_1F_{21}-\Delta\omega_2F_{11} & \Delta\omega_1F_{22}-\Delta\omega_2F_{12} & \Delta\omega_1F_{23}-\Delta\omega_2F_{13}\end{pmatrix}
$$

$$
+\begin{pmatrix}U_{12}V_{12}\cos\phi-U_{11}V_{11}\sin\phi & U_{12}V_{22}\cos\phi-U_{11}V_{21}\sin\phi & U_{12}V_{32}\cos\phi-U_{11}V_{31}\sin\phi\\ U_{22}V_{12}\cos\phi-U_{21}V_{11}\sin\phi & U_{22}V_{22}\cos\phi-U_{21}V_{21}\sin\phi & U_{22}V_{32}\cos\phi-U_{21}V_{31}\sin\phi\\ U_{32}V_{12}\cos\phi-U_{31}V_{11}\sin\phi & U_{32}V_{22}\cos\phi-U_{31}V_{21}\sin\phi & U_{32}V_{32}\cos\phi-U_{31}V_{31}\sin\phi\end{pmatrix}\Delta\phi
$$

$$
+\begin{pmatrix}\Delta\omega_2'F_{13}-\Delta\omega_3'F_{12} & \Delta\omega_3'F_{11}-\Delta\omega_1'F_{13} & \Delta\omega_1'F_{12}-\Delta\omega_2'F_{11}\\ \Delta\omega_2'F_{23}-\Delta\omega_3'F_{22} & \Delta\omega_3'F_{21}-\Delta\omega_1'F_{23} & \Delta\omega_1'F_{22}-\Delta\omega_2'F_{21}\\ \Delta\omega_2'F_{33}-\Delta\omega_3'F_{32} & \Delta\omega_3'F_{31}-\Delta\omega_1'F_{33} & \Delta\omega_1'F_{32}-\Delta\omega_2'F_{31}\end{pmatrix}+\cdots
$$

$\Delta\boldsymbol{F}$ の各要素を取り出すと，次のようになる．

$$
\begin{aligned}
\Delta F_{11}&=\Delta\omega_2F_{31}-\Delta\omega_3F_{21}+(U_{12}V_{12}\cos\phi-U_{11}V_{11}\sin\phi)\Delta\phi+\Delta\omega_2'F_{13}-\Delta\omega_3'F_{12}+\cdots,\\
\Delta F_{12}&=\Delta\omega_2F_{32}-\Delta\omega_3F_{22}+(U_{12}V_{22}\cos\phi-U_{11}V_{21}\sin\phi)\Delta\phi+\Delta\omega_3'F_{11}-\Delta\omega_1'F_{13}+\cdots,\\
\Delta F_{13}&=\Delta\omega_2F_{33}-\Delta\omega_3F_{23}+(U_{12}V_{32}\cos\phi-U_{11}V_{31}\sin\phi)\Delta\phi+\Delta\omega_1'F_{12}-\Delta\omega_2'F_{11}+\cdots,\\
\Delta F_{21}&=\Delta\omega_3F_{11}-\Delta\omega_1F_{31}+(U_{22}V_{12}\cos\phi-U_{21}V_{11}\sin\phi)\Delta\phi+\Delta\omega_2'F_{23}-\Delta\omega_3'F_{22}+\cdots,\\
\Delta F_{22}&=\Delta\omega_3F_{12}-\Delta\omega_1F_{32}+(U_{22}V_{22}\cos\phi-U_{21}V_{21}\sin\phi)\Delta\phi+\Delta\omega_3'F_{21}-\Delta\omega_1'F_{23}+\cdots,\\
\Delta F_{23}&=\Delta\omega_3F_{13}-\Delta\omega_1F_{33}+(U_{22}V_{32}\cos\phi-U_{21}V_{31}\sin\phi)\Delta\phi+\Delta\omega_1'F_{22}-\Delta\omega_2'F_{21}+\cdots,\\
\Delta F_{31}&=\Delta\omega_1F_{21}-\Delta\omega_2F_{11}+(U_{32}V_{12}\cos\phi-U_{31}V_{11}\sin\phi)\Delta\phi+\Delta\omega_2'F_{33}-\Delta\omega_3'F_{32}+\cdots,\\
\Delta F_{32}&=\Delta\omega_1F_{22}-\Delta\omega_2F_{12}+(U_{32}V_{22}\cos\phi-U_{31}V_{21}\sin\phi)\Delta\phi+\Delta\omega_3'F_{31}-\Delta\omega_1'F_{33}+\cdots,\\
\Delta F_{33}&=\Delta\omega_1F_{23}-\Delta\omega_2F_{13}+(U_{32}V_{32}\cos\phi-U_{31}V_{31}\sin\phi)\Delta\phi+\Delta\omega_1'F_{32}-\Delta\omega_2'F_{31}+\cdots
\end{aligned}
$$

これらを成分とするベクトル $\Delta\boldsymbol{\theta}$ は，式 (3.36) で定義される行列 $\boldsymbol{F}_U$, $\boldsymbol{F}_V$ と式 (3.37) で定義されるベクトル $\boldsymbol{\theta}_\phi$ を用いると，式 (3.79) のように書ける．

(3) 式 (3.23) において $\boldsymbol{\theta}$ が式 (3.79) のように変化すると，J の変化量 ΔJ は高次の変化量を無視すれば，次のように書ける．

$$
\begin{aligned}
\Delta J &= (\nabla_{\boldsymbol{\theta}}J,\Delta\boldsymbol{\theta}) = (\nabla_{\boldsymbol{\theta}}J,\boldsymbol{F}_U\Delta\boldsymbol{\omega}) + (\nabla_{\boldsymbol{\theta}}J,\boldsymbol{\theta}_\phi\Delta\phi) + (\nabla_{\boldsymbol{\theta}}J,\boldsymbol{F}_V\Delta\boldsymbol{\omega}')\\
&= (\boldsymbol{F}_U^\top\nabla_{\boldsymbol{\theta}}J,\Delta\boldsymbol{\omega}) + (\nabla_{\boldsymbol{\theta}}J,\boldsymbol{\theta}_\phi)\Delta\phi + (\boldsymbol{F}_V^\top\nabla_{\boldsymbol{\theta}}J,\Delta\boldsymbol{\omega}')
\end{aligned}
$$

これは，J の $\boldsymbol{\omega}$, $\boldsymbol{\omega}'$, ϕ に関する微分が次のように書けることを意味する．

$$
\nabla_{\boldsymbol{\omega}}J = \boldsymbol{F}_U^\top\nabla_{\boldsymbol{\theta}}J, \qquad \frac{\partial J}{\partial\phi} = \nabla_{\boldsymbol{\omega}'}J = \boldsymbol{F}_V^\top\nabla_{\boldsymbol{\theta}}J
$$

これと式 (3.46) から，$\nabla_{\boldsymbol{\omega}}J$, $\partial J/\partial\phi$, $\nabla_{\boldsymbol{\omega}'}J$ が式 (3.40) のように書ける．

(4) J の 2 階微分を求めるために，(2) の $\nabla_{\boldsymbol{\theta}} J$ を再び $\boldsymbol{\theta}$ で微分する．すなわち，$\boldsymbol{\theta}$ を $\boldsymbol{\theta}+\Delta\boldsymbol{\theta}$ で置き換えて，$\nabla_{\boldsymbol{\theta}} J$ の変化量 $\Delta\nabla_{\boldsymbol{\theta}} J$ の $\Delta\boldsymbol{\theta}$ に関する項を取り出す．このとき，ガウス－ニュートン近似を用いる．すなわち，誤差がなければ $(\boldsymbol{\xi}_\alpha, \boldsymbol{\theta}) = 0$ であるから，誤差が小さいと仮定して $(\boldsymbol{\xi}_\alpha, \boldsymbol{\theta})$ を含む項を無視する．こうすると，分子に $(\boldsymbol{\xi}_\alpha, \boldsymbol{\theta})$ が含まれているため，分母の変化は考慮する必要がない．また，$\boldsymbol{L}$ の分子は $(\boldsymbol{\xi}_\alpha, \boldsymbol{\theta})^2$ を含むから考慮する必要がない．その結果，次のようになる．

$$\Delta\nabla_{\boldsymbol{\theta}} J \approx \frac{1}{N}\sum_{\alpha=1}^{N} \frac{2(\Delta\boldsymbol{\theta}, \boldsymbol{\xi}_\alpha)\boldsymbol{\xi}_\alpha}{(\boldsymbol{\theta}, V_0[\boldsymbol{\xi}_\alpha]\boldsymbol{\theta})} = \frac{2}{N}\sum_{\alpha=1}^{N} \frac{\boldsymbol{\xi}_\alpha\boldsymbol{\xi}_\alpha^\top}{(\boldsymbol{\theta}, V_0[\boldsymbol{\xi}_\alpha]\boldsymbol{\theta})}\Delta\boldsymbol{\theta} = 2\boldsymbol{M}\Delta\boldsymbol{\theta}$$

これは，$2\boldsymbol{M}$ が J の $\boldsymbol{\theta}$ に関する 2 階微分，すなわち，ヘッセ行列であることを意味する．したがって，J の変化量 ΔJ の $\Delta\boldsymbol{\theta}$ に関する 2 次の項 $\Delta_2 J$ が次のように書ける．

$$\begin{aligned}
\Delta_2 J &= \frac{1}{2}(\Delta\boldsymbol{\theta}, 2\boldsymbol{M}\Delta\boldsymbol{\theta}) \\
&= (\boldsymbol{F}_U\Delta\boldsymbol{\omega} + \boldsymbol{\theta}_\phi\Delta\phi + \boldsymbol{F}_V\Delta\boldsymbol{\omega}', \boldsymbol{M}(\boldsymbol{F}_U\Delta\boldsymbol{\omega} + \boldsymbol{\theta}_\phi\Delta\phi + \boldsymbol{F}_V\Delta\boldsymbol{\omega}')) \\
&= (\Delta\boldsymbol{\omega}, \boldsymbol{F}_U^\top\boldsymbol{M}\boldsymbol{F}_U\Delta\boldsymbol{\omega}) + (\boldsymbol{\theta}_\phi, \boldsymbol{M}\boldsymbol{\theta}_\phi)\Delta\phi^2 + (\Delta\boldsymbol{\omega}', \boldsymbol{F}_V^\top\boldsymbol{M}\boldsymbol{F}_V\Delta\boldsymbol{\omega}') \\
&\quad + (\Delta\boldsymbol{\omega}, \boldsymbol{F}_U^\top\boldsymbol{M}\boldsymbol{F}_V\Delta\boldsymbol{\omega}') + (\Delta\boldsymbol{\omega}', \boldsymbol{F}_V^\top\boldsymbol{M}\boldsymbol{F}_U\Delta\boldsymbol{\omega}) + (\Delta\boldsymbol{\omega}, \boldsymbol{F}_U^\top\boldsymbol{M}\boldsymbol{\theta}_\phi\Delta\phi) \\
&\quad + (\boldsymbol{\theta}_\phi\Delta\phi, \boldsymbol{M}\boldsymbol{F}_U\Delta\boldsymbol{\omega}) + (\Delta\boldsymbol{\omega}, \boldsymbol{F}_V^\top\boldsymbol{M}\boldsymbol{\theta}_\phi\Delta\phi) + (\boldsymbol{\theta}_\phi\Delta\phi, \boldsymbol{M}\boldsymbol{F}_V\Delta\boldsymbol{\omega})
\end{aligned}$$

J の 2 階微分は，次式の表現によって定義される．

$$\begin{aligned}
\Delta_2 J = &\frac{1}{2}(\Delta\boldsymbol{\omega}, \nabla_{\boldsymbol{\omega}\boldsymbol{\omega}}J\Delta\boldsymbol{\omega}) + \frac{1}{2}\nabla_\phi J\Delta\phi^2 + \frac{1}{2}(\Delta\boldsymbol{\omega}', \nabla_{\boldsymbol{\omega}'\boldsymbol{\omega}}J\Delta\boldsymbol{\omega}') \\
&+ \frac{1}{2}(\Delta\boldsymbol{\omega}, \nabla_{\boldsymbol{\omega}\boldsymbol{\omega}'}J\Delta\boldsymbol{\omega}') + \frac{1}{2}(\Delta\boldsymbol{\omega}', \nabla_{\boldsymbol{\omega}'\boldsymbol{\omega}}J\Delta\boldsymbol{\omega}) \\
&+ \left(\frac{\partial\nabla_{\boldsymbol{\omega}}J}{\partial\phi}, \Delta\boldsymbol{\omega}\right)\Delta\phi + \left(\frac{\partial\nabla_{\boldsymbol{\omega}'}J}{\partial\phi}, \Delta\boldsymbol{\omega}'\right)\Delta\phi
\end{aligned}$$

これから式 (3.41)，および関係 $\nabla_{\boldsymbol{\omega}'\boldsymbol{\omega}}J = (\nabla_{\boldsymbol{\omega}\boldsymbol{\omega}'}J)^\top$ が得られる．

3.7 (1) 式 (3.32) より，ランク拘束 $\det\boldsymbol{F} = 0$ は $(\boldsymbol{\theta}^\dagger, \boldsymbol{\theta}) = 0$ と書ける．これは，$\boldsymbol{\theta}$ が $\boldsymbol{\theta}^\dagger$ に直交すること，すなわち，$\boldsymbol{\theta}$ を $\boldsymbol{\theta}^\dagger$ 方向に射影すると $\boldsymbol{\theta}$ となることを意味する．ゆえに，$\boldsymbol{P}_{\boldsymbol{\theta}^\dagger}\boldsymbol{\theta} = \boldsymbol{\theta}$ である．ランク拘束 $\det\boldsymbol{F} = 0$ は，$\boldsymbol{\theta}$ の空間にある曲面を定義する．行列式

$$\det\boldsymbol{F} = \theta_1\theta_5\theta_9 + \theta_2\theta_6\theta_7 + \theta_3\theta_4\theta_8 - \theta_3\theta_5\theta_7 - \theta_2\theta_4\theta_9 - \theta_1\theta_6\theta_8$$

を微分すると，式 (3.30) の $\boldsymbol{\theta}^\dagger$ を用いて $\nabla_{\boldsymbol{\theta}}\det\boldsymbol{F} = 3\boldsymbol{\theta}^\dagger$ と書ける．ゆえに，$\boldsymbol{\theta}^\dagger$ がこの曲面の法線方向である．J がこの曲面上で最小値をとる位置では，$\nabla_{\boldsymbol{\theta}}J$

が $\boldsymbol{\theta}^\dagger$ 方向になければならない．なぜなら，勾配 $\nabla_{\boldsymbol{\theta}} J$ がこの曲面に直交していなければ，$\boldsymbol{\theta}$ がこの曲面上をある方向に進んで J を減少させることができるからである．したがって，$\boldsymbol{P}_{\boldsymbol{\theta}^\dagger}\nabla_{\boldsymbol{\theta}} J = 0$ である．式 (3.46) より，これは

$$\boldsymbol{P}_{\boldsymbol{\theta}^\dagger}\boldsymbol{X}\boldsymbol{\theta} = \boldsymbol{0}$$

と書ける．しかし，ランク拘束 $\boldsymbol{P}_{\boldsymbol{\theta}^\dagger}\boldsymbol{\theta} = \boldsymbol{\theta}$ より

$$\boldsymbol{P}_{\boldsymbol{\theta}^\dagger}\boldsymbol{X}\boldsymbol{P}_{\boldsymbol{\theta}^\dagger}\boldsymbol{\theta} = \boldsymbol{0}$$

と書いてもよい．ゆえに，式 (3.51) の行列 $\boldsymbol{Y}$ を用いて式 (3.80) のように書ける（このように書き直すのは，対称行列の形にすると計算に都合がよいからである）．

(2) ランク拘束 $\boldsymbol{P}_{\boldsymbol{\theta}^\dagger}\boldsymbol{\theta} = \boldsymbol{\theta}$ より，次のように示せる．

$$\begin{aligned}(\boldsymbol{\theta}, \boldsymbol{Y}\boldsymbol{\theta}) &= (\boldsymbol{\theta}, \boldsymbol{P}_{\boldsymbol{\theta}^\dagger}\boldsymbol{X}\boldsymbol{P}_{\boldsymbol{\theta}^\dagger}\boldsymbol{\theta}) = (\boldsymbol{P}_{\boldsymbol{\theta}^\dagger}\boldsymbol{\theta}, \boldsymbol{X}\boldsymbol{P}_{\boldsymbol{\theta}^\dagger}\boldsymbol{\theta}) = (\boldsymbol{\theta}, \boldsymbol{X}\boldsymbol{\theta}) \\ &= \frac{1}{N}\sum_{\alpha=1}^{N}\frac{(\boldsymbol{\theta}, \boldsymbol{\xi}_\alpha\boldsymbol{\xi}_\alpha^\top\boldsymbol{\theta})}{(\boldsymbol{\theta}, V_0[\boldsymbol{\xi}_\alpha]\boldsymbol{\theta})} - \frac{1}{N}\sum_{\alpha=1}^{N}\frac{(\boldsymbol{\xi}_\alpha, \boldsymbol{\theta})^2}{(\boldsymbol{\theta}, V_0[\boldsymbol{\xi}_\alpha]\boldsymbol{\theta})^2}(\boldsymbol{\theta}, V_0[\boldsymbol{\xi}_\alpha]\boldsymbol{\theta}) \\ &= \frac{1}{N}\sum_{\alpha=1}^{N}\frac{(\boldsymbol{\xi}_\alpha, \boldsymbol{\theta})^2}{(\boldsymbol{\theta}, V_0[\boldsymbol{\xi}_\alpha]\boldsymbol{\theta})} - \frac{1}{N}\sum_{\alpha=1}^{N}\frac{(\boldsymbol{\xi}_\alpha, \boldsymbol{\theta})^2}{(\boldsymbol{\theta}, V_0[\boldsymbol{\xi}_\alpha]\boldsymbol{\theta})} = 0\end{aligned}$$

(3) 拡張 FNS 法の収束時に $\boldsymbol{Y}$ の小さい二つの固有値がともに 0 であれば，式 (3.52) より，$\hat{\boldsymbol{\theta}}$ は $\boldsymbol{Y}$ の固有値 0 の固有ベクトルの線形結合であるから，やはり $\boldsymbol{Y}$ の固有値 0 の固有ベクトルである．また，射影行列の定義より $\boldsymbol{P}_{\boldsymbol{\theta}^\dagger}\boldsymbol{\theta}^\dagger = \boldsymbol{0}$ であるから，式 (3.51) より，$\boldsymbol{\theta}^\dagger$ も $\boldsymbol{Y}$ の固有値 0 の固有ベクトルである．式 (3.53) の射影の計算は $\hat{\boldsymbol{\theta}}$ と $\boldsymbol{\theta}^\dagger$ の線形結合であるから，$\boldsymbol{\theta}'$ も $\boldsymbol{Y}$ の固有値 0 の固有ベクトルである．また，射影したものを射影しても変化しないから，$\boldsymbol{P}_{\boldsymbol{\theta}^\dagger}\boldsymbol{\theta}' = \boldsymbol{\theta}'$ である．収束時には $\boldsymbol{\theta} = \boldsymbol{\theta}'$ であるから，$\boldsymbol{\theta}$ は $\boldsymbol{Y}$ の固有値 0 の固有ベクトルであり，かつ，ランク拘束 $\boldsymbol{P}_{\boldsymbol{\theta}^\dagger}\boldsymbol{\theta} = \boldsymbol{\theta}$ を満たす．

3.8 (1) ベクトル

$$\Delta\hat{\boldsymbol{x}}_\alpha = \hat{\boldsymbol{x}}_\alpha - \bar{\boldsymbol{x}}_\alpha, \qquad \Delta\hat{\boldsymbol{x}}'_\alpha = \hat{\boldsymbol{x}}'_\alpha - \bar{\boldsymbol{x}}'_\alpha$$

を定義すると，$\sum_{\alpha=1}^{N}\left(\|\tilde{\boldsymbol{x}}_\alpha + \Delta\hat{\boldsymbol{x}}_\alpha\|^2 + \|\tilde{\boldsymbol{x}}'_\alpha + \Delta\hat{\boldsymbol{x}}'_\alpha\|^2\right)$ は式 (3.60) の S を f_0^2 で割ったものになっている．式 (3.16) のエピ極線方程式は次のように書ける．

$$(\hat{\boldsymbol{x}}_\alpha - \Delta\hat{\boldsymbol{x}}_\alpha, \boldsymbol{F}(\hat{\boldsymbol{x}}'_\alpha - \Delta\hat{\boldsymbol{x}}'_\alpha)) = 0$$

展開して $\Delta\hat{\boldsymbol{x}}_\alpha$, $\Delta\hat{\boldsymbol{x}}'_\alpha$ の 2 次の項を無視すると，次のようになる．

$$(\boldsymbol{F}\hat{\boldsymbol{x}}'_\alpha, \Delta\hat{\boldsymbol{x}}_\alpha) + (\boldsymbol{F}^\top\hat{\boldsymbol{x}}_\alpha, \Delta\hat{\boldsymbol{x}}'_\alpha) = (\hat{\boldsymbol{x}}_\alpha, \boldsymbol{F}\hat{\boldsymbol{x}}'_\alpha) \qquad (*)$$

$\hat{\boldsymbol{x}}_\alpha$, $\hat{\boldsymbol{x}}'_\alpha$ も $\bar{\boldsymbol{x}}_\alpha$, $\bar{\boldsymbol{x}}'_\alpha$ も第 3 成分が 0 であるから，$\boldsymbol{k} = (0,0,1)^\top$ とおくと，$\Delta\hat{\boldsymbol{x}}_\alpha$, $\Delta\hat{\boldsymbol{x}}'_\alpha$ には制約 $(\boldsymbol{k}, \Delta\hat{\boldsymbol{x}}_\alpha) = 0$, $(\boldsymbol{k}, \Delta\hat{\boldsymbol{x}}'_\alpha) = 0$ がある．ラグランジュ乗数を導入し，

$$\sum_{\alpha=1}^{N} \left(\|\tilde{\boldsymbol{x}}_\alpha + \Delta\hat{\boldsymbol{x}}_\alpha\|^2 + \|\tilde{\boldsymbol{x}}'_\alpha + \Delta\hat{\boldsymbol{x}}'_\alpha\|^2\right)$$
$$- \sum_{\alpha=1}^{N} \lambda_\alpha \left((\boldsymbol{F}\hat{\boldsymbol{x}}'_\alpha, \Delta\hat{\boldsymbol{x}}_\alpha) + (\boldsymbol{F}^\top\hat{\boldsymbol{x}}_\alpha, \Delta\hat{\boldsymbol{x}}'_\alpha) - (\hat{\boldsymbol{x}}_\alpha, \boldsymbol{F}\hat{\boldsymbol{x}}'_\alpha)\right)$$
$$- \sum_{\alpha=1}^{N} \mu_\alpha(\boldsymbol{k}, \Delta\hat{\boldsymbol{x}}_\alpha) - \sum_{\alpha=1}^{N} \mu'_\alpha(\boldsymbol{k}, \Delta\hat{\boldsymbol{x}}'_\alpha)$$

を $\Delta\hat{\boldsymbol{x}}_\alpha$, $\Delta\hat{\boldsymbol{x}}'_\alpha$ で微分して $\boldsymbol{0}$ とおくと，次のようになる．

$$2(\tilde{\boldsymbol{x}}_\alpha + \Delta\hat{\boldsymbol{x}}_\alpha) - \lambda_\alpha \boldsymbol{F}\hat{\boldsymbol{x}}'_\alpha - \mu_\alpha \boldsymbol{k} = \boldsymbol{0}, \qquad 2(\tilde{\boldsymbol{x}}'_\alpha + \Delta\hat{\boldsymbol{x}}'_\alpha) - \lambda_\alpha \boldsymbol{F}^\top\hat{\boldsymbol{x}}_\alpha - \mu'_\alpha \boldsymbol{k} = \boldsymbol{0}$$

両辺に左から式 (3.20) の $\boldsymbol{P_k}$ を掛けると，$\tilde{\boldsymbol{x}}_\alpha$, $\tilde{\boldsymbol{x}}'_\alpha$ の定義より $\boldsymbol{P_k}\tilde{\boldsymbol{x}}_\alpha = \tilde{\boldsymbol{x}}_\alpha$, $\boldsymbol{P_k}\tilde{\boldsymbol{x}}' = \tilde{\boldsymbol{x}}'_\alpha$ であるから，次式を得る．

$$2\tilde{\boldsymbol{x}}_\alpha + 2\Delta\hat{\boldsymbol{x}}_\alpha - \lambda_\alpha \boldsymbol{P_k}\boldsymbol{F}\hat{\boldsymbol{x}}'_\alpha = \boldsymbol{0}, \qquad 2\tilde{\boldsymbol{x}}_\alpha + 2\Delta\hat{\boldsymbol{x}}'_\alpha - \lambda_\alpha \boldsymbol{P_k}\boldsymbol{F}^\top\hat{\boldsymbol{x}}_\alpha = \boldsymbol{0}$$

これから次式を得る．

$$\Delta\hat{\boldsymbol{x}}_\alpha = \frac{\lambda_\alpha}{2}\boldsymbol{P_k}\boldsymbol{F}\hat{\boldsymbol{x}}'_\alpha - \tilde{\boldsymbol{x}}_\alpha, \qquad \Delta\hat{\boldsymbol{x}}'_\alpha = \frac{\lambda_\alpha}{2}\boldsymbol{P_k}\boldsymbol{F}^\top\hat{\boldsymbol{x}}_\alpha - \tilde{\boldsymbol{x}}'_\alpha$$

これを式 $(*)$ に代入すると，次のようになる．

$$\left(\boldsymbol{F}\hat{\boldsymbol{x}}'_\alpha, \frac{\lambda_\alpha}{2}\boldsymbol{P_k}\boldsymbol{F}\hat{\boldsymbol{x}}'_\alpha - \tilde{\boldsymbol{x}}_\alpha\right) + \left(\boldsymbol{F}^\top\hat{\boldsymbol{x}}_\alpha, \frac{\lambda_\alpha}{2}\boldsymbol{P_k}\boldsymbol{F}^\top\hat{\boldsymbol{x}}_\alpha - \tilde{\boldsymbol{x}}'_\alpha\right) = (\hat{\boldsymbol{x}}_\alpha, \boldsymbol{F}\hat{\boldsymbol{x}}'_\alpha)$$

これから，λ_α が次のように定まる．

$$\frac{\lambda_\alpha}{2} = \frac{(\hat{\boldsymbol{x}}_\alpha, \boldsymbol{F}\hat{\boldsymbol{x}}'_\alpha) + (\boldsymbol{F}\hat{\boldsymbol{x}}'_\alpha, \tilde{\boldsymbol{x}}_\alpha) + (\boldsymbol{F}^\top\hat{\boldsymbol{x}}_\alpha, \tilde{\boldsymbol{x}}'_\alpha)}{(\boldsymbol{F}\hat{\boldsymbol{x}}'_\alpha, \boldsymbol{P_k}\boldsymbol{F}\hat{\boldsymbol{x}}'_\alpha) + (\boldsymbol{F}^\top\hat{\boldsymbol{x}}_\alpha, \boldsymbol{P_k}\boldsymbol{F}^\top\hat{\boldsymbol{x}}_\alpha)}$$

したがって，次のようになる．

$$\Delta\hat{\boldsymbol{x}}_\alpha = \frac{\left((\hat{\boldsymbol{x}}_\alpha, \boldsymbol{F}\hat{\boldsymbol{x}}'_\alpha) + (\boldsymbol{F}\hat{\boldsymbol{x}}'_\alpha, \tilde{\boldsymbol{x}}_\alpha) + (\boldsymbol{F}^\top\hat{\boldsymbol{x}}_\alpha, \tilde{\boldsymbol{x}}'_\alpha)\right)\boldsymbol{P_k}\boldsymbol{F}\hat{\boldsymbol{x}}'_\alpha}{(\boldsymbol{F}\hat{\boldsymbol{x}}'_\alpha, \boldsymbol{P_k}\boldsymbol{F}\hat{\boldsymbol{x}}'_\alpha) + (\boldsymbol{F}^\top\hat{\boldsymbol{x}}_\alpha, \boldsymbol{P_k}\boldsymbol{F}^\top\hat{\boldsymbol{x}}_\alpha)} - \tilde{\boldsymbol{x}}_\alpha,$$
$$\Delta\hat{\boldsymbol{x}}'_\alpha = \frac{\left((\hat{\boldsymbol{x}}_\alpha, \boldsymbol{F}\hat{\boldsymbol{x}}'_\alpha) + (\boldsymbol{F}\hat{\boldsymbol{x}}'_\alpha, \tilde{\boldsymbol{x}}_\alpha) + (\boldsymbol{F}^\top\hat{\boldsymbol{x}}_\alpha, \tilde{\boldsymbol{x}}'_\alpha)\right)\boldsymbol{P_k}\boldsymbol{F}^\top\hat{\boldsymbol{x}}_\alpha}{(\boldsymbol{F}\hat{\boldsymbol{x}}'_\alpha, \boldsymbol{P_k}\boldsymbol{F}\hat{\boldsymbol{x}}'_\alpha) + (\boldsymbol{F}^\top\hat{\boldsymbol{x}}_\alpha, \boldsymbol{P_k}\boldsymbol{F}^\top\hat{\boldsymbol{x}}_\alpha)} - \tilde{\boldsymbol{x}}'_\alpha$$

ゆえに，$\bar{\boldsymbol{x}}_\alpha$, $\bar{\boldsymbol{x}}'_\alpha$ は次のように推定される．

$$\hat{\hat{\boldsymbol{x}}}_\alpha = \boldsymbol{x}_\alpha - \frac{\big((\hat{\boldsymbol{x}}_\alpha, \boldsymbol{F}\hat{\boldsymbol{x}}'_\alpha) + (\boldsymbol{F}\hat{\boldsymbol{x}}'_\alpha, \tilde{\boldsymbol{x}}_\alpha) + (\boldsymbol{F}^\top\hat{\boldsymbol{x}}_\alpha, \tilde{\boldsymbol{x}}'_\alpha)\big)\boldsymbol{P_k}\boldsymbol{F}\hat{\boldsymbol{x}}'_\alpha}{(\boldsymbol{F}\hat{\boldsymbol{x}}'_\alpha, \boldsymbol{P_k}\boldsymbol{F}\hat{\boldsymbol{x}}'_\alpha) + (\boldsymbol{F}^\top\hat{\boldsymbol{x}}_\alpha, \boldsymbol{P_k}\boldsymbol{F}^\top\hat{\boldsymbol{x}}_\alpha)},$$

$$\hat{\hat{\boldsymbol{x}}}'_\alpha = \boldsymbol{x}'_\alpha - \frac{\big((\hat{\boldsymbol{x}}_\alpha, \boldsymbol{F}\hat{\boldsymbol{x}}'_\alpha) + (\boldsymbol{F}\hat{\boldsymbol{x}}'_\alpha, \tilde{\boldsymbol{x}}_\alpha) + (\boldsymbol{F}^\top\hat{\boldsymbol{x}}_\alpha, \tilde{\boldsymbol{x}}'_\alpha)\big)\boldsymbol{P_k}\boldsymbol{F}^\top\hat{\boldsymbol{x}}_\alpha}{(\boldsymbol{F}\hat{\boldsymbol{x}}'_\alpha, \boldsymbol{P_k}\boldsymbol{F}\hat{\boldsymbol{x}}'_\alpha) + (\boldsymbol{F}^\top\hat{\boldsymbol{x}}_\alpha, \boldsymbol{P_k}\boldsymbol{F}^\top\hat{\boldsymbol{x}}_\alpha)}$$

これを書き直すと，式 (3.82) となる．

(2) ベクトル $\boldsymbol{\theta}$, $\boldsymbol{\xi}^*_\alpha$ と行列 $V_0[\hat{\boldsymbol{\xi}}_\alpha]$ を用いると，次の関係が成り立つことが展開して確かめられる．

$$(\hat{\boldsymbol{x}}_\alpha, \boldsymbol{F}\hat{\boldsymbol{x}}'_\alpha) + (\boldsymbol{F}\hat{\boldsymbol{x}}'_\alpha, \tilde{\boldsymbol{x}}_\alpha) + (\boldsymbol{F}^\top\hat{\boldsymbol{x}}_\alpha, \tilde{\boldsymbol{x}}'_\alpha) = \frac{(\boldsymbol{\xi}^*_\alpha, \boldsymbol{\theta})}{f_0^2},$$

$$(\boldsymbol{F}\hat{\boldsymbol{x}}'_\alpha, \boldsymbol{P_k}\boldsymbol{F}\hat{\boldsymbol{x}}'_\alpha) + (\boldsymbol{F}^\top\hat{\boldsymbol{x}}_\alpha, \boldsymbol{P_k}\boldsymbol{F}^\top\hat{\boldsymbol{x}}_\alpha) = \frac{(\boldsymbol{\theta}, V_0[\hat{\boldsymbol{\xi}}_\alpha]\boldsymbol{\theta})}{f_0^2}$$

したがって，式 (3.82) は式 (3.84) のように書き直せる．

(3) 次の関係に注意する．

$$\boldsymbol{P_k}\boldsymbol{F}\hat{\boldsymbol{x}}'_\alpha = \begin{pmatrix} F_{11} & F_{12} & F_{13} \\ F_{21} & F_{22} & F_{23} \\ 0 & 0 & 0 \end{pmatrix} \begin{pmatrix} \hat{x}'_\alpha/f_0 \\ \hat{y}'_\alpha/f_0 \\ 1 \end{pmatrix},$$

$$\boldsymbol{P_k}\boldsymbol{F}^\top\hat{\boldsymbol{x}}_\alpha = \begin{pmatrix} F_{11} & F_{21} & F_{33} \\ F_{12} & F_{22} & F_{32} \\ 0 & 0 & 0 \end{pmatrix} \begin{pmatrix} \hat{x}_\alpha/f_0 \\ \hat{y}_\alpha/f_0 \\ 1 \end{pmatrix}$$

これらは第 3 成分が 0 のベクトルであるから，次の関係が成り立つ．

$$\|\boldsymbol{P_k}\boldsymbol{F}\hat{\boldsymbol{x}}'_\alpha\|^2 = \frac{1}{f_0^2}\left\| \begin{pmatrix} F_{11} & F_{12} & F_{13} \\ F_{21} & F_{22} & F_{23} \end{pmatrix} \begin{pmatrix} \hat{x}'_\alpha \\ \hat{y}'_\alpha \\ f_0 \end{pmatrix} \right\|^2,$$

$$\|\boldsymbol{P_k}\boldsymbol{F}^\top\hat{\boldsymbol{x}}_\alpha\|^2 = \frac{1}{f_0^2}\left\| \begin{pmatrix} F_{11} & F_{21} & F_{33} \\ F_{12} & F_{22} & F_{32} \end{pmatrix} \begin{pmatrix} \hat{x}_\alpha \\ \hat{y}_\alpha \\ f_0 \end{pmatrix} \right\|^2$$

射影行列 $\boldsymbol{P_k}$ の定義より $\boldsymbol{P_k}^2 = \boldsymbol{P_k}$ であることに注意すると，

$$\|\boldsymbol{P_k}\boldsymbol{F}\hat{\boldsymbol{x}}'_\alpha\|^2 = (\boldsymbol{P_k}\boldsymbol{F}\hat{\boldsymbol{x}}'_\alpha, \boldsymbol{P_k}\boldsymbol{F}\hat{\boldsymbol{x}}'_\alpha) = (\boldsymbol{F}\hat{\boldsymbol{x}}'_\alpha, \boldsymbol{P_k}^2\boldsymbol{F}\hat{\boldsymbol{x}}'_\alpha) = (\boldsymbol{F}\hat{\boldsymbol{x}}'_\alpha, \boldsymbol{P_k}\boldsymbol{F}\hat{\boldsymbol{x}}'_\alpha),$$

$$\begin{aligned}\|\boldsymbol{P_k}\boldsymbol{F}^\top\hat{\boldsymbol{x}}_\alpha\|^2 &= (\boldsymbol{P_k}\boldsymbol{F}^\top\hat{\boldsymbol{x}}_\alpha, \boldsymbol{P_k}\boldsymbol{F}^\top\hat{\boldsymbol{x}}_\alpha) = (\boldsymbol{F}^\top\hat{\boldsymbol{x}}_\alpha, \boldsymbol{P_k}^2\boldsymbol{F}^\top\hat{\boldsymbol{x}}_\alpha) \\ &= (\boldsymbol{F}^\top\hat{\boldsymbol{x}}_\alpha, \boldsymbol{P_k}\boldsymbol{F}^\top\hat{\boldsymbol{x}}_\alpha)\end{aligned}$$

と書ける．ゆえに，式 (3.82) から式 (3.15) の S が次のように近似できる．

$$S \approx \frac{1}{N}\sum_{\alpha=1}^{N}\left((x_\alpha - \hat{\hat{x}}_\alpha)^2 + (y_\alpha - \hat{\hat{y}}_\alpha)^2 + (x'_\alpha - \hat{\hat{x}}'_\alpha)^2 + (y'_\alpha - \hat{\hat{y}}'_\alpha)^2\right)$$
$$= \frac{1}{N}\sum_{\alpha=1}^{N}\left(\left\|\begin{pmatrix}\hat{\hat{x}}_\alpha \\ \hat{\hat{y}}_\alpha\end{pmatrix} - \begin{pmatrix}x_\alpha \\ y_\alpha\end{pmatrix}\right\|^2 + \left\|\begin{pmatrix}\hat{\hat{x}}'_\alpha \\ \hat{\hat{y}}'_\alpha\end{pmatrix} - \begin{pmatrix}x'_\alpha \\ y'_\alpha\end{pmatrix}\right\|^2\right)$$
$$= \frac{1}{N}\sum_{\alpha=1}^{N}\Big(\frac{(\hat{\boldsymbol{x}}_\alpha, \boldsymbol{F}\hat{\boldsymbol{x}}'_\alpha) + (\boldsymbol{F}\hat{\boldsymbol{x}}'_\alpha, \tilde{\boldsymbol{x}}_\alpha) + (\boldsymbol{F}^\top\hat{\boldsymbol{x}}_\alpha, \tilde{\boldsymbol{x}}'_\alpha)}{(\boldsymbol{F}\hat{\boldsymbol{x}}'_\alpha, \boldsymbol{P_k}\hat{\boldsymbol{x}}'_\alpha) + (\boldsymbol{F}^\top\hat{\boldsymbol{x}}_\alpha, \boldsymbol{P_k}\boldsymbol{F}^\top\hat{\boldsymbol{x}}_\alpha)}\Big)^2$$
$$(f_0^2\|\boldsymbol{P_k}\boldsymbol{F}\hat{\boldsymbol{x}}'_\alpha\|^2 + f_0^2\|\boldsymbol{P_k}\boldsymbol{F}^\top\hat{\boldsymbol{x}}_\alpha\|^2)$$
$$= \frac{f_0^2}{N}\sum_{\alpha=1}^{N}\frac{\left((\hat{\boldsymbol{x}}_\alpha, \boldsymbol{F}\hat{\boldsymbol{x}}'_\alpha) + (\boldsymbol{F}\hat{\boldsymbol{x}}'_\alpha, \tilde{\boldsymbol{x}}_\alpha) + (\boldsymbol{F}^\top\hat{\boldsymbol{x}}_\alpha, \tilde{\boldsymbol{x}}'_\alpha)\right)^2}{(\boldsymbol{F}\hat{\boldsymbol{x}}'_\alpha, \boldsymbol{P_k}\hat{\boldsymbol{x}}'_\alpha) + (\boldsymbol{F}^\top\hat{\boldsymbol{x}}_\alpha, \boldsymbol{P_k}\boldsymbol{F}^\top\hat{\boldsymbol{x}}_\alpha)}$$

(2) の関係を用いると，これは式 (3.56) のように書ける．

第 4 章

4.1 式 (4.2) の両辺の比例定数を $C\ (\neq 0)$ とすると，

$$\frac{x}{f_0} = C(P_{11}X + P_{12}Y + P_{13}Z + P_{14}),$$
$$\frac{y}{f_0} = C(P_{21}X + P_{22}Y + P_{23}Z + P_{24}),$$
$$1 = C(P_{31}X + P_{32}Y + P_{33}Z + P_{34})$$

となる．第 3 式から $C = 1/(P_{31}X + P_{32}Y + P_{33}Z + P_{34})$ であり，これを第 1, 2 式に代入すると，式 (4.1) を得る．

4.2 (1) $\|\boldsymbol{Ax} - \boldsymbol{b}\|^2$ は，次のように書き直せる．

$$\|\boldsymbol{Ax} - \boldsymbol{b}\|^2 = (\boldsymbol{Ax} - \boldsymbol{b}, \boldsymbol{Ax} - \boldsymbol{b}) = (\boldsymbol{Ax}, \boldsymbol{Ax}) - 2(\boldsymbol{Ax}, \boldsymbol{b}) + (\boldsymbol{b}, \boldsymbol{b})$$
$$= (\boldsymbol{x}, \boldsymbol{A}^\top\boldsymbol{Ax}) - 2(\boldsymbol{x}, \boldsymbol{A}^\top\boldsymbol{b}) + \|\boldsymbol{b}\|^2$$

$\boldsymbol{x}$ の各成分で微分して $\boldsymbol{0}$ とおくと，式 (4.15) が得られる．

(2) 式 (4.15) の解は，左辺の係数行列が正則行列のとき，その逆行列を左から右辺に掛けて次のように表せる．

$$\boldsymbol{x} = (\boldsymbol{A}^\top\boldsymbol{A})^{-1}\boldsymbol{A}^\top\boldsymbol{b} = \boldsymbol{A}^-\boldsymbol{b}$$

4.3 (1) 式 (4.5) の 4 式が線形従属である条件は，係数がつくる 4×4 行列式が 0 となることであるから，次のように書ける．

$$\begin{vmatrix} f_0P_{11}-xP_{31} & f_0P_{12}-xP_{32} & f_0P_{13}-xP_{33} & f_0P_{14}-xP_{34} \\ f_0P_{21}-yP_{31} & f_0P_{22}-yP_{32} & f_0P_{23}-yP_{33} & f_0P_{24}-yP_{34} \\ f_0P'_{11}-x'P'_{31} & f_0P'_{12}-x'P'_{32} & f_0P'_{13}-x'P'_{33} & f_0P'_{14}-x'P'_{34} \\ f_0P'_{21}-y'P'_{31} & f_0P'_{22}-y'P'_{32} & f_0P'_{23}-y'P'_{33} & f_0P'_{24}-y'P'_{34} \end{vmatrix} = 0$$

行列に単位行列からなる対角ブロックを付加しても，片側の非対角ブロック内が0のみであれば行列式が同じであるから，上式の左辺は次のように変形できる．

$$\begin{vmatrix} P_{11}-xP_{31}/f_0 & P_{12}-xP_{32}/f_0 & P_{13}-xP_{33}/f_0 & P_{14}-xP_{34}/f_0 & 0 & 0 \\ P_{21}-yP_{31}/f_0 & P_{22}-yP_{32}/f_0 & P_{23}-yP_{31}/f_0 & P_{24}-yP_{33}/f_0 & 0 & 0 \\ P'_{11}-x'P'_{31}/f_0 & P'_{12}-x'P'_{32}/f_0 & P'_{13}-x'P'_{33}/f_0 & P'_{14}-x'P'_{34}/f_0 & 0 & 0 \\ P'_{21}-y'P'_{31}/f_0 & P'_{22}-y'P'_{32}/f_0 & P'_{23}-y'P'_{33}/f_0 & P'_{24}-y'P'_{34}/f_0 & 0 & 0 \\ P_{31} & P_{32} & P_{33} & P_{34} & 1 & 0 \\ P'_{31} & P'_{32} & P'_{33} & P'_{34} & 0 & 1 \end{vmatrix}$$

$$= \begin{vmatrix} P_{11} & P_{12} & P_{13} & P_{14} & x/f_0 & 0 \\ P_{21} & P_{22} & P_{23} & P_{24} & y/f_0 & 0 \\ P_{31} & P_{32} & P_{33} & P_{34} & 1 & 0 \\ P'_{11} & P'_{12} & P'_{13} & P'_{14} & 0 & x'/f_0 \\ P'_{21} & P'_{22} & P'_{23} & P'_{24} & 0 & y'/f_0 \\ P'_{31} & P'_{32} & P'_{33} & P'_{34} & 0 & 1 \end{vmatrix}$$

ただし，第5行を x/f_0 倍，y/f_0 倍して，それぞれ第1, 2行に加え，第6行を x'/f_0 倍，y'/f_0 倍して，それぞれ第3, 4行に加え（行列式は変化しない），行の順序を入れ替えた（2行を入れ替えるごとに符号が変わる）．

(2) 式(4.17)の左辺を第5列に関して余因子展開し，その結果をさらに第6列に関して余因子展開すると，次のようになる．

$$\begin{vmatrix} P_{21} & P_{22} & P_{23} & P_{24} & 0 \\ P_{31} & P_{32} & P_{33} & P_{34} & 0 \\ P'_{11} & P'_{12} & P'_{13} & P'_{14} & x'/f_0 \\ P'_{21} & P'_{22} & P'_{23} & P'_{24} & y'/f_0 \\ P'_{31} & P'_{32} & P'_{33} & P'_{34} & 1 \end{vmatrix} \frac{x}{f_0} - \begin{vmatrix} P_{11} & P_{12} & P_{13} & P_{14} & 0 \\ P_{31} & P_{32} & P_{33} & P_{34} & 0 \\ P'_{11} & P'_{12} & P'_{13} & P'_{14} & x'/f_0 \\ P'_{21} & P'_{22} & P'_{23} & P'_{24} & y'/f_0 \\ P'_{31} & P'_{32} & P'_{33} & P'_{34} & 1 \end{vmatrix} \frac{y}{f_0}$$

$$
+\begin{vmatrix} P_{11} & P_{12} & P_{13} & P_{14} & 0 \\ P_{21} & P_{22} & P_{23} & P_{24} & 0 \\ P'_{11} & P'_{12} & P'_{13} & P'_{14} & x'/f_0 \\ P'_{21} & P'_{22} & P'_{23} & P'_{24} & y'/f_0 \\ P'_{31} & P'_{32} & P'_{33} & P'_{34} & 1 \end{vmatrix}
$$

$$
=\left(\begin{vmatrix} P_{21} & P_{22} & P_{23} & P_{24} \\ P_{31} & P_{32} & P_{33} & P_{34} \\ P'_{21} & P'_{22} & P'_{23} & P'_{24} \\ P'_{31} & P'_{32} & P'_{33} & P'_{34} \end{vmatrix}\frac{x'}{f_0}-\begin{vmatrix} P_{21} & P_{22} & P_{23} & P_{24} \\ P_{31} & P_{32} & P_{33} & P_{34} \\ P'_{11} & P'_{12} & P'_{13} & P'_{14} \\ P'_{31} & P'_{32} & P'_{33} & P'_{34} \end{vmatrix}\frac{y'}{f_0}+\begin{vmatrix} P_{21} & P_{22} & P_{23} & P_{24} \\ P_{31} & P_{32} & P_{33} & P_{34} \\ P'_{11} & P'_{12} & P'_{13} & P'_{14} \\ P'_{21} & P'_{22} & P'_{23} & P'_{24} \end{vmatrix}\right)\frac{x}{f_0}
$$

$$
-\left(\begin{vmatrix} P_{11} & P_{12} & P_{13} & P_{14} \\ P_{31} & P_{32} & P_{33} & P_{34} \\ P'_{21} & P'_{22} & P'_{23} & P'_{24} \\ P'_{31} & P'_{32} & P'_{33} & P'_{34} \end{vmatrix}\frac{x'}{f_0}-\begin{vmatrix} P_{11} & P_{12} & P_{13} & P_{14} \\ P_{31} & P_{32} & P_{33} & P_{34} \\ P'_{11} & P'_{12} & P'_{13} & P'_{14} \\ P'_{31} & P'_{32} & P'_{33} & P'_{34} \end{vmatrix}\frac{y'}{f_0}+\begin{vmatrix} P_{11} & P_{12} & P_{13} & P_{14} \\ P_{31} & P_{32} & P_{33} & P_{34} \\ P'_{11} & P'_{12} & P'_{13} & P'_{14} \\ P'_{21} & P'_{22} & P'_{23} & P'_{24} \end{vmatrix}\right)\frac{y}{f_0}
$$

$$
+\left(\begin{vmatrix} P_{11} & P_{12} & P_{13} & P_{14} \\ P_{21} & P_{22} & P_{23} & P_{24} \\ P'_{21} & P'_{22} & P'_{23} & P'_{24} \\ P'_{31} & P'_{32} & P'_{33} & P'_{34} \end{vmatrix}\frac{x'}{f_0}-\begin{vmatrix} P_{11} & P_{12} & P_{13} & P_{14} \\ P_{21} & P_{22} & P_{23} & P_{24} \\ P'_{11} & P'_{12} & P'_{13} & P'_{14} \\ P'_{31} & P'_{32} & P'_{33} & P'_{34} \end{vmatrix}\frac{y'}{f_0}+\begin{vmatrix} P_{11} & P_{12} & P_{13} & P_{14} \\ P_{21} & P_{22} & P_{23} & P_{24} \\ P'_{11} & P'_{12} & P'_{13} & P'_{14} \\ P'_{21} & P'_{22} & P'_{23} & P'_{24} \end{vmatrix}\right)
$$

$$
=F_{11}\left(\frac{x}{f_0}\right)\left(\frac{x'}{f_0}\right)+F_{12}\left(\frac{x}{f_0}\right)\left(\frac{y'}{f_0}\right)+F_{13}\left(\frac{x}{f_0}\right)+F_{21}\left(\frac{y}{f_0}\right)\left(\frac{x'}{f_0}\right)+F_{22}\left(\frac{y}{f_0}\right)\left(\frac{y'}{f_0}\right)
$$

$$
+F_{23}\left(\frac{y}{f_0}\right)+F_{31}\left(\frac{x}{f_0}\right)+F_{32}\left(\frac{x}{f_0}\right)+F_{33}
$$

ただし，次のようにおいた（適当に行を入れ替えている）．

$$
F_{11}=\begin{vmatrix} P_{21} & P_{22} & P_{23} & P_{24} \\ P_{31} & P_{32} & P_{33} & P_{34} \\ P'_{21} & P'_{22} & P'_{23} & P'_{24} \\ P'_{31} & P'_{32} & P'_{33} & P'_{34} \end{vmatrix},\quad F_{12}=\begin{vmatrix} P_{21} & P_{22} & P_{23} & P_{24} \\ P_{31} & P_{32} & P_{33} & P_{34} \\ P'_{31} & P'_{32} & P'_{33} & P'_{34} \\ P'_{11} & P'_{12} & P'_{13} & P'_{14} \end{vmatrix},\quad F_{33}=\begin{vmatrix} P_{21} & P_{22} & P_{23} & P_{24} \\ P_{31} & P_{32} & P_{33} & P_{34} \\ P'_{11} & P'_{12} & P'_{13} & P'_{14} \\ P'_{21} & P'_{22} & P'_{23} & P'_{24} \end{vmatrix},
$$

$$
F_{21}=\begin{vmatrix} P_{31} & P_{32} & P_{33} & P_{34} \\ P_{11} & P_{12} & P_{13} & P_{14} \\ P'_{21} & P'_{22} & P'_{23} & P'_{24} \\ P'_{31} & P'_{32} & P'_{33} & P'_{34} \end{vmatrix},\quad F_{22}=\begin{vmatrix} P_{11} & P_{12} & P_{13} & P_{14} \\ P_{31} & P_{32} & P_{33} & P_{34} \\ P'_{11} & P'_{12} & P'_{13} & P'_{14} \\ P'_{31} & P'_{32} & P'_{33} & P'_{34} \end{vmatrix},\quad F_{23}=\begin{vmatrix} P_{31} & P_{32} & P_{33} & P_{34} \\ P_{11} & P_{12} & P_{13} & P_{14} \\ P'_{11} & P'_{12} & P'_{13} & P'_{14} \\ P'_{21} & P'_{22} & P'_{23} & P'_{24} \end{vmatrix},
$$

$$F_{31}=\begin{vmatrix} P_{11} & P_{12} & P_{13} & P_{14} \\ P_{21} & P_{22} & P_{23} & P_{24} \\ P'_{21} & P'_{22} & P'_{23} & P'_{24} \\ P'_{31} & P'_{32} & P'_{33} & P'_{34} \end{vmatrix}, \quad F_{32}=\begin{vmatrix} P_{11} & P_{12} & P_{13} & P_{14} \\ P_{21} & P_{22} & P_{23} & P_{24} \\ P'_{31} & P'_{32} & P'_{33} & P'_{34} \\ P'_{11} & P'_{12} & P'_{13} & P'_{14} \end{vmatrix}, \quad F_{33}=\begin{vmatrix} P_{11} & P_{12} & P_{13} & P_{14} \\ P_{21} & P_{22} & P_{23} & P_{24} \\ P'_{11} & P'_{12} & P'_{13} & P'_{14} \\ P'_{21} & P'_{22} & P'_{23} & P'_{24} \end{vmatrix}$$

このように定義した行列 $\boldsymbol{F} = (F_{ij})$ を用いれば，式 (4.17) は式 (4.7) の形に書ける．

4.4 (1) $\boldsymbol{x}, \boldsymbol{x}'$ を式 (4.19) のようにおき，同様に，(x, y), (x', y') をそれぞれ $(\bar{x}, \bar{y})$, $(\bar{x}', \bar{y}')$ としたベクトルを $\bar{\boldsymbol{x}}, \bar{\boldsymbol{x}}'$ とおく．そして，

$$\Delta\boldsymbol{x} = \boldsymbol{x} - \bar{\boldsymbol{x}}, \qquad \Delta\boldsymbol{x}' = \boldsymbol{x}' - \bar{\boldsymbol{x}}'$$

とおけば，$\|\Delta\boldsymbol{x}\|^2 + \|\Delta\boldsymbol{x}'\|^2$ は式 (4.8) の S を f_0^2 で割ったものになっている．式 (4.7) のエピ極線方程式は次のように書ける．

$$(\boldsymbol{x} - \Delta\boldsymbol{x}, \boldsymbol{F}(\boldsymbol{x}' - \Delta\boldsymbol{x}')) = 0$$

テイラー展開して誤差 $\Delta\boldsymbol{x}$, $\Delta\boldsymbol{x}'$ の 2 次の項を無視すると，次のようになる．

$$(\boldsymbol{F}\boldsymbol{x}', \Delta\boldsymbol{x}) + (\boldsymbol{F}^\top\boldsymbol{x}, \Delta\boldsymbol{x}') = (\boldsymbol{x}, \boldsymbol{F}\boldsymbol{x}') \qquad (*)$$

誤差は画像面内に生じるので，$\Delta\boldsymbol{x}$, $\Delta\boldsymbol{x}'$ の第 3 成分は 0 である．これは，$\boldsymbol{k} = (0,0,1)^\top$ とおけば，$(\boldsymbol{k}, \Delta\boldsymbol{x}) = 0$, $(\boldsymbol{k}, \Delta\boldsymbol{x}') = 0$ と書ける．ラグランジュ乗数を導入し，

$$\|\Delta\boldsymbol{x}\|^2 + \|\Delta\boldsymbol{x}'\|^2 - \lambda\Big((\boldsymbol{F}\boldsymbol{x}', \Delta\boldsymbol{x}) + (\boldsymbol{F}^\top\boldsymbol{x}, \Delta\boldsymbol{x}') - (\boldsymbol{x}, \boldsymbol{F}\boldsymbol{x}')\Big) - \mu(\boldsymbol{k}, \Delta\boldsymbol{x}) - \mu'(\boldsymbol{k}, \Delta\boldsymbol{x}')$$

を $\Delta\boldsymbol{x}$, $\Delta\boldsymbol{x}'$ で微分して $\boldsymbol{0}$ とおくと，次のようになる．

$$2\Delta\boldsymbol{x} - \lambda\boldsymbol{F}\boldsymbol{x}' - \mu\boldsymbol{k} = \boldsymbol{0}, \qquad 2\Delta\boldsymbol{x}' - \lambda\boldsymbol{F}^\top\boldsymbol{x} - \mu'\boldsymbol{k} = \boldsymbol{0}$$

両辺に左から式 (4.19) の $\boldsymbol{P_k}$ を掛けると，$\boldsymbol{P_k}\Delta\boldsymbol{x} = \Delta\boldsymbol{x}$, $\boldsymbol{P_k}\Delta\boldsymbol{x}' = \Delta\boldsymbol{x}'$, $\boldsymbol{P_k}\boldsymbol{k} = \boldsymbol{0}$ であるから，次のようになる．

$$2\Delta\boldsymbol{x} - \lambda\boldsymbol{P_k}\boldsymbol{F}\boldsymbol{x}' = \boldsymbol{0}, \qquad 2\Delta\boldsymbol{x}' - \lambda\boldsymbol{P_k}\boldsymbol{F}^\top\boldsymbol{x} = \boldsymbol{0}$$

ゆえに，次のように書ける．

$$\Delta\boldsymbol{x} = \frac{\lambda}{2}\boldsymbol{P_k}\boldsymbol{F}\boldsymbol{x}', \qquad \Delta\boldsymbol{x}' = \frac{\lambda}{2}\boldsymbol{P_k}\boldsymbol{F}^\top\boldsymbol{x}$$

これを式 $(*)$ に代入すると，次のようになる．

$$\left(\boldsymbol{F}\boldsymbol{x}', \frac{\lambda}{2}\boldsymbol{P_k}\boldsymbol{F}\boldsymbol{x}'\right) + \left(\boldsymbol{F}^\top\boldsymbol{x}, \frac{\lambda}{2}\boldsymbol{P_k}\boldsymbol{F}^\top\boldsymbol{x}\right) = (\boldsymbol{x}, \boldsymbol{F}\boldsymbol{x}')$$

これから λ が次のように定まる．

$$\frac{\lambda}{2} = \frac{(\boldsymbol{x}, \boldsymbol{F}\boldsymbol{x}')}{(\boldsymbol{F}\boldsymbol{x}', \boldsymbol{P_k}\boldsymbol{F}\boldsymbol{x}') + (\boldsymbol{F}^\top\boldsymbol{x}, \boldsymbol{P_k}\boldsymbol{F}^\top\boldsymbol{x})}$$

したがって，$\Delta\boldsymbol{x}$, $\Delta\boldsymbol{x}'$ は次のようになる．

$$\Delta\boldsymbol{x} = \frac{(\boldsymbol{x}, \boldsymbol{F}\boldsymbol{x}')\boldsymbol{P_k}\boldsymbol{F}\boldsymbol{x}'}{(\boldsymbol{F}\boldsymbol{x}', \boldsymbol{P_k}\boldsymbol{F}\boldsymbol{x}') + (\boldsymbol{F}^\top\boldsymbol{x}, \boldsymbol{P_k}\boldsymbol{F}^\top\boldsymbol{x})}, \quad \Delta\boldsymbol{x}' = \frac{(\boldsymbol{x}, \boldsymbol{F}\boldsymbol{x}')\boldsymbol{P_k}\boldsymbol{F}^\top\boldsymbol{x}}{(\boldsymbol{F}\boldsymbol{x}', \boldsymbol{P_k}\boldsymbol{F}\boldsymbol{x}') + (\boldsymbol{F}^\top\boldsymbol{x}, \boldsymbol{P_k}\boldsymbol{F}^\top\boldsymbol{x})}$$

ゆえに，$\bar{\boldsymbol{x}}$, $\bar{\boldsymbol{x}}'$ は次のように推定される．

$$\hat{\boldsymbol{x}} = \boldsymbol{x} - \frac{(\boldsymbol{x}, \boldsymbol{F}\boldsymbol{x}')\boldsymbol{P_k}\boldsymbol{F}\boldsymbol{x}'}{(\boldsymbol{F}\boldsymbol{x}', \boldsymbol{P_k}\boldsymbol{F}\boldsymbol{x}') + (\boldsymbol{F}^\top\boldsymbol{x}, \boldsymbol{P_k}\boldsymbol{F}^\top\boldsymbol{x})}, \quad \hat{\boldsymbol{x}}' = \boldsymbol{x}' - \frac{(\boldsymbol{x}, \boldsymbol{F}\boldsymbol{x}')\boldsymbol{P_k}\boldsymbol{F}^\top\boldsymbol{x}}{(\boldsymbol{F}\boldsymbol{x}', \boldsymbol{P_k}\boldsymbol{F}\boldsymbol{x}') + (\boldsymbol{F}^\top\boldsymbol{x}, \boldsymbol{P_k}\boldsymbol{F}^\top\boldsymbol{x})}$$

これを書き直すと，式 (4.18) となる．

(2) ベクトル $\boldsymbol{\theta}$, $\boldsymbol{\xi}$ と行列 $V_0[\boldsymbol{\xi}]$ を用いると，次の関係が成り立つことが確かめられる．

$$(\boldsymbol{x}, \boldsymbol{F}\boldsymbol{x}') = \frac{(\boldsymbol{\xi}, \boldsymbol{\theta})}{f_0^2}, \qquad (\boldsymbol{F}\boldsymbol{x}', \boldsymbol{P_k}\boldsymbol{F}\boldsymbol{x}') + (\boldsymbol{F}^\top\boldsymbol{x}, \boldsymbol{P_k}\boldsymbol{F}^\top\boldsymbol{x}) = \frac{(\boldsymbol{\theta}, V_0[\boldsymbol{\xi}]\boldsymbol{\theta})}{f_0^2}$$

したがって，式 (4.18) は式 (4.20) のように書き直せる．

(3) 式 (4.19) の $\boldsymbol{x}$, $\boldsymbol{x}'$ 内の (x, y), (x', y') を，それぞれ式 (4.14) で定義される $(\tilde{x}, \tilde{y})$, $(\tilde{x}', \tilde{y}')$ としたベクトルを $\bar{\boldsymbol{x}}$, $\bar{\boldsymbol{x}}'$ とおく．そして，

$$\Delta\hat{\boldsymbol{x}} = \hat{\boldsymbol{x}} - \bar{\boldsymbol{x}}, \qquad \Delta\hat{\boldsymbol{x}}' = \hat{\boldsymbol{x}}' - \bar{\boldsymbol{x}}'$$

とおくと，$\|\tilde{\boldsymbol{x}} + \Delta\hat{\boldsymbol{x}}\|^2 + \|\tilde{\boldsymbol{x}}' + \Delta\hat{\boldsymbol{x}}'\|^2$ は式 (4.13) の S を f_0^2 で割ったものになっている．式 (4.7) のエピ極線方程式は次のように書ける．

$$(\hat{\boldsymbol{x}} - \Delta\hat{\boldsymbol{x}}, \boldsymbol{F}(\hat{\boldsymbol{x}}' - \Delta\hat{\boldsymbol{x}}')) = 0$$

テイラー展開して $\Delta\hat{\boldsymbol{x}}$, $\Delta\hat{\boldsymbol{x}}'$ の 2 次の項を無視すると，次のようになる．

$$(\boldsymbol{F}\hat{\boldsymbol{x}}', \Delta\hat{\boldsymbol{x}}) + (\boldsymbol{F}^\top\hat{\boldsymbol{x}}, \Delta\hat{\boldsymbol{x}}') = (\hat{\boldsymbol{x}}, \boldsymbol{F}\hat{\boldsymbol{x}}') \qquad (**)$$

誤差は画像面内に生じるので，制約 $(\boldsymbol{k}, \Delta\hat{\boldsymbol{x}}) = 0$, $(\boldsymbol{k}, \Delta\hat{\boldsymbol{x}}') = 0$ がある．ラグランジュ乗数を導入して，

$$\|\tilde{\boldsymbol{x}} + \Delta\hat{\boldsymbol{x}}\|^2 + \|\tilde{\boldsymbol{x}}' + \Delta\hat{\boldsymbol{x}}'\|^2 - \lambda\Big((\boldsymbol{F}\hat{\boldsymbol{x}}', \Delta\hat{\boldsymbol{x}}) + (\boldsymbol{F}^\top\hat{\boldsymbol{x}}, \Delta\hat{\boldsymbol{x}}')\Big) - \mu(\boldsymbol{k}, \Delta\hat{\boldsymbol{x}}) - \mu'(\boldsymbol{k}, \Delta\hat{\boldsymbol{x}}')$$

を $\Delta\hat{\boldsymbol{x}}$, $\Delta\hat{\boldsymbol{x}}'$ で微分して $\boldsymbol{0}$ とおくと，次のようになる．

$$2(\tilde{\boldsymbol{x}} + \Delta\hat{\boldsymbol{x}}) - \lambda\boldsymbol{F}\hat{\boldsymbol{x}}' - \mu\boldsymbol{k} = \boldsymbol{0}, \qquad 2(\tilde{\boldsymbol{x}}' + \Delta\hat{\boldsymbol{x}}') - \lambda\boldsymbol{F}^\top\hat{\boldsymbol{x}} - \mu'\boldsymbol{k} = \boldsymbol{0}$$

両辺に左から $\boldsymbol{P_k}$ を掛けると，$\tilde{\boldsymbol{x}}, \tilde{\boldsymbol{x}}'$ の定義より $\boldsymbol{P_k}\tilde{\boldsymbol{x}} = \tilde{\boldsymbol{x}}$, $\boldsymbol{P_k}\tilde{\boldsymbol{x}}' = \tilde{\boldsymbol{x}}'$ であるから，次式を得る．

$$2\tilde{\boldsymbol{x}} + 2\Delta\hat{\boldsymbol{x}} - \lambda\boldsymbol{P_k}\boldsymbol{F}\hat{\boldsymbol{x}}' = \boldsymbol{0}, \qquad 2\tilde{\boldsymbol{x}}' + 2\Delta\hat{\boldsymbol{x}}' - \lambda\boldsymbol{P_k}\boldsymbol{F}^\top\hat{\boldsymbol{x}} = \boldsymbol{0}$$

これから次式を得る．

$$\Delta\hat{\boldsymbol{x}} = \frac{\lambda}{2}\boldsymbol{P_k}\boldsymbol{F}\hat{\boldsymbol{x}}' - \tilde{\boldsymbol{x}}, \qquad \Delta\hat{\boldsymbol{x}}' = \frac{\lambda}{2}\boldsymbol{P_k}\boldsymbol{F}^\top\hat{\boldsymbol{x}} - \tilde{\boldsymbol{x}}'$$

これを式 (**) に代入すると，次のようになる．

$$\left(\boldsymbol{F}\hat{\boldsymbol{x}}', \frac{\lambda}{2}\boldsymbol{P_k}\boldsymbol{F}\hat{\boldsymbol{x}}' - \tilde{\boldsymbol{x}}\right) + \left(\boldsymbol{F}^\top\hat{\boldsymbol{x}}, \frac{\lambda}{2}\boldsymbol{P_k}\boldsymbol{F}^\top\hat{\boldsymbol{x}} - \tilde{\boldsymbol{x}}'\right) = (\hat{\boldsymbol{x}}, \boldsymbol{F}\hat{\boldsymbol{x}}')$$

これから，λ が次のように定まる．

$$\frac{\lambda}{2} = \frac{(\hat{\boldsymbol{x}}, \boldsymbol{F}\hat{\boldsymbol{x}}') + (\boldsymbol{F}\hat{\boldsymbol{x}}', \tilde{\boldsymbol{x}}) + (\boldsymbol{F}^\top\hat{\boldsymbol{x}}, \tilde{\boldsymbol{x}}')}{(\boldsymbol{F}\hat{\boldsymbol{x}}', \boldsymbol{P_k}\boldsymbol{F}\hat{\boldsymbol{x}}') + (\boldsymbol{F}^\top\hat{\boldsymbol{x}}, \boldsymbol{P_k}\boldsymbol{F}^\top\hat{\boldsymbol{x}})}$$

したがって，次のようになる．

$$\Delta\hat{\boldsymbol{x}} = \frac{\big((\hat{\boldsymbol{x}}, \boldsymbol{F}\hat{\boldsymbol{x}}') + (\boldsymbol{F}\hat{\boldsymbol{x}}', \tilde{\boldsymbol{x}}) + (\boldsymbol{F}^\top\hat{\boldsymbol{x}}, \tilde{\boldsymbol{x}}')\big)\boldsymbol{P_k}\boldsymbol{F}\hat{\boldsymbol{x}}'}{(\boldsymbol{F}\hat{\boldsymbol{x}}', \boldsymbol{P_k}\boldsymbol{F}\hat{\boldsymbol{x}}') + (\boldsymbol{F}^\top\hat{\boldsymbol{x}}, \boldsymbol{P_k}\boldsymbol{F}^\top\hat{\boldsymbol{x}})} - \tilde{\boldsymbol{x}},$$

$$\Delta\hat{\boldsymbol{x}}' = \frac{\big((\hat{\boldsymbol{x}}, \boldsymbol{F}\hat{\boldsymbol{x}}') + (\boldsymbol{F}\hat{\boldsymbol{x}}', \tilde{\boldsymbol{x}}) + (\boldsymbol{F}^\top\hat{\boldsymbol{x}}, \tilde{\boldsymbol{x}}')\big)\boldsymbol{P_k}\boldsymbol{F}^\top\hat{\boldsymbol{x}}}{(\boldsymbol{F}\hat{\boldsymbol{x}}', \boldsymbol{P_k}\boldsymbol{F}\hat{\boldsymbol{x}}') + (\boldsymbol{F}^\top\hat{\boldsymbol{x}}, \boldsymbol{P_k}\boldsymbol{F}^\top\hat{\boldsymbol{x}})} - \tilde{\boldsymbol{x}}'$$

ゆえに，$\bar{\boldsymbol{x}}, \bar{\boldsymbol{x}}'$ は次のように推定される．

$$\hat{\hat{\boldsymbol{x}}} = \boldsymbol{x} - \frac{\big((\hat{\boldsymbol{x}}, \boldsymbol{F}\hat{\boldsymbol{x}}') + (\boldsymbol{F}\hat{\boldsymbol{x}}', \tilde{\boldsymbol{x}}) + (\boldsymbol{F}^\top\hat{\boldsymbol{x}}, \tilde{\boldsymbol{x}}')\big)\boldsymbol{P_k}\boldsymbol{F}\hat{\boldsymbol{x}}'}{(\boldsymbol{F}\hat{\boldsymbol{x}}', \boldsymbol{P_k}\boldsymbol{F}\hat{\boldsymbol{x}}') + (\boldsymbol{F}^\top\hat{\boldsymbol{x}}, \boldsymbol{P_k}\boldsymbol{F}^\top\hat{\boldsymbol{x}})},$$

$$\hat{\hat{\boldsymbol{x}}}' = \boldsymbol{x}' - \frac{\big((\hat{\boldsymbol{x}}, \boldsymbol{F}\hat{\boldsymbol{x}}') + (\boldsymbol{F}\hat{\boldsymbol{x}}', \tilde{\boldsymbol{x}}) + (\boldsymbol{F}^\top\hat{\boldsymbol{x}}, \tilde{\boldsymbol{x}}')\big)\boldsymbol{P_k}\boldsymbol{F}^\top\hat{\boldsymbol{x}}}{(\boldsymbol{F}\hat{\boldsymbol{x}}', \boldsymbol{P_k}\boldsymbol{F}\hat{\boldsymbol{x}}') + (\boldsymbol{F}^\top\hat{\boldsymbol{x}}, \boldsymbol{P_k}\boldsymbol{F}^\top\hat{\boldsymbol{x}})}$$

これを書き直すと，式 (4.21) となる．

(4) ベクトル $\boldsymbol{\theta}, \boldsymbol{\xi}^*$ と行列 $V_0[\hat{\boldsymbol{\xi}}]$ を用いると，次の関係が成り立つことが展開して確かめられる．

$$(\hat{\boldsymbol{x}}, \boldsymbol{F}\hat{\boldsymbol{x}}') + (\boldsymbol{F}\hat{\boldsymbol{x}}', \tilde{\boldsymbol{x}}) + (\boldsymbol{F}^\top\hat{\boldsymbol{x}}, \tilde{\boldsymbol{x}}') = \frac{(\boldsymbol{\xi}^*, \boldsymbol{\theta})}{f_0^2},$$

$$(\boldsymbol{F}\hat{\boldsymbol{x}}', \boldsymbol{P_k}\boldsymbol{F}\hat{\boldsymbol{x}}') + (\boldsymbol{F}^\top\hat{\boldsymbol{x}}, \boldsymbol{P_k}\boldsymbol{F}^\top\hat{\boldsymbol{x}}) = \frac{(\boldsymbol{\theta}, V_0[\hat{\boldsymbol{\xi}}]\boldsymbol{\theta})}{f_0^2}$$

したがって，式 (4.21) は式 (4.23) のように書き直せる．

第5章

5.1 (1) ベクトル $\boldsymbol{a}$, $\boldsymbol{b}$, $\boldsymbol{c}$ のつくる平行六面体の（符号付き）体積は $|\boldsymbol{a}, \boldsymbol{b}, \boldsymbol{c}|$ である．ベクトル $\boldsymbol{a}, \boldsymbol{b}, \boldsymbol{c}$ に対して $\boldsymbol{a}' = \boldsymbol{A}\boldsymbol{a}$, $\boldsymbol{b}' = \boldsymbol{A}\boldsymbol{b}$, $\boldsymbol{c}' = \boldsymbol{A}\boldsymbol{c}$ とおくと，$\boldsymbol{a}'$, $\boldsymbol{b}'$, $\boldsymbol{c}'$ のつくる平行六面体の（符号付き）体積は $|\boldsymbol{a}', \boldsymbol{b}', \boldsymbol{c}'|$ であり，次の関係が成り立つ．

$$|\boldsymbol{a}', \boldsymbol{b}', \boldsymbol{c}'| = |\boldsymbol{A}||\boldsymbol{a}, \boldsymbol{b}, \boldsymbol{c}|$$

書き直すと，次のようになる．

$$(\boldsymbol{a}' \times \boldsymbol{b}', \boldsymbol{c}') = |\boldsymbol{A}|(\boldsymbol{a} \times \boldsymbol{b}, \boldsymbol{c}) = (|\boldsymbol{A}|(\boldsymbol{a} \times \boldsymbol{b}), \boldsymbol{A}^{-1}\boldsymbol{c}') = (|\boldsymbol{A}|(\boldsymbol{A}^{-1})^\top(\boldsymbol{a} \times \boldsymbol{b}), \boldsymbol{c}')$$

これが任意の $\boldsymbol{c}'$ について成り立つから，次の関係を得る．

$$\boldsymbol{a}' \times \boldsymbol{b}' = |\boldsymbol{A}|(\boldsymbol{A}^{-1})^\top(\boldsymbol{a} \times \boldsymbol{b})$$

これを書き直すと，次のようになる．

$$(\boldsymbol{A}\boldsymbol{a}) \times \boldsymbol{b}' = |\boldsymbol{A}|(\boldsymbol{A}^{-1})^\top(\boldsymbol{a}\times)\boldsymbol{A}^{-1}\boldsymbol{b}'$$

これが任意の $\boldsymbol{b}'$ について成り立つから，次の関係を得る．

$$(\boldsymbol{A}\boldsymbol{a})\times = |\boldsymbol{A}|(\boldsymbol{A}^{-1})^\top(\boldsymbol{a}\times)\boldsymbol{A}^{-1}$$

$(\boldsymbol{A}^{-1})^\top = \boldsymbol{T}$ とおくと，$\boldsymbol{A} = (\boldsymbol{T}^{-1})^\top$, $|\boldsymbol{A}| = 1/|\boldsymbol{T}|$ であるから，上式は次のように書ける．

$$((\boldsymbol{T}^{-1})^\top\boldsymbol{a})\times = \frac{1}{|\boldsymbol{T}|}\boldsymbol{T}(\boldsymbol{a}\times)\boldsymbol{T}^\top$$

両辺に $|\boldsymbol{T}|$ を掛け，右から $(\boldsymbol{T}^{-1})^\top$ $(= (\boldsymbol{T}^\top)^{-1})$ を掛けると，式 (5.26) が得られる．

(2) 関係 $(\boldsymbol{t} \times \boldsymbol{R})^\top = \boldsymbol{R}^\top(\boldsymbol{t}\times)^\top = -\boldsymbol{R}^\top(\boldsymbol{t}\times)$ に注意すると，

$$(\boldsymbol{t} \times \boldsymbol{R})^\top\boldsymbol{t} = -\boldsymbol{R}^\top(\boldsymbol{t} \times \boldsymbol{t}) = \boldsymbol{0}$$

である．また，

$$(\boldsymbol{t} \times \boldsymbol{R})\boldsymbol{R}^\top\boldsymbol{t} = (\boldsymbol{t}\times)\boldsymbol{R}\boldsymbol{R}^\top\boldsymbol{t} = \boldsymbol{t} \times \boldsymbol{t} = \boldsymbol{0}$$

である．したがって，ベクトル $\boldsymbol{e}$, $\boldsymbol{e}'$ を式 (5.27) のように定義すると，$\boldsymbol{F}^\top\boldsymbol{e} = \boldsymbol{0}$, $\boldsymbol{F}\boldsymbol{e}' = \boldsymbol{0}$ が成り立つ．

(3) 式 (5.26) を用いると，基礎行列 $\boldsymbol{F}$ は式 (5.12) より，式 (5.27) の $\boldsymbol{e}$ を用いて次のように書ける．

$$
\boldsymbol{F} = \begin{pmatrix} f_0 & 0 & 0 \\ 0 & f_0 & 0 \\ 0 & 0 & f \end{pmatrix} (\boldsymbol{t}\times)\boldsymbol{R} \begin{pmatrix} f_0 & 0 & 0 \\ 0 & f_0 & 0 \\ 0 & 0 & f' \end{pmatrix}
$$

$$
\simeq \left(\begin{pmatrix} 1/f_0 & 0 & 0 \\ 0 & 1/f_0 & 0 \\ 0 & 0 & 1/f \end{pmatrix} \boldsymbol{t} \right) \times \begin{pmatrix} 1/f_0 & 0 & 0 \\ 0 & 1/f_0 & 0 \\ 0 & 0 & 1/f \end{pmatrix} \boldsymbol{R} \begin{pmatrix} f_0 & 0 & 0 \\ 0 & f_0 & 0 \\ 0 & 0 & f' \end{pmatrix}
$$

$$
\simeq \boldsymbol{e} \times \begin{pmatrix} 1/f_0 & 0 & 0 \\ 0 & 1/f_0 & 0 \\ 0 & 0 & 1/f \end{pmatrix} \boldsymbol{R} \begin{pmatrix} f_0 & 0 & 0 \\ 0 & f_0 & 0 \\ 0 & 0 & f' \end{pmatrix}
$$

また，$(\boldsymbol{t} \times \boldsymbol{R})^\top = \boldsymbol{R}^\top (\boldsymbol{t}\times)^\top = -\boldsymbol{R}^\top (\boldsymbol{t}\times)$ に注意すると，$\boldsymbol{F}^\top$ は式 (5.27) の $\boldsymbol{e}'$ を用いて次のように書ける．

$$
\boldsymbol{F}^\top = - \begin{pmatrix} f_0 & 0 & 0 \\ 0 & f_0 & 0 \\ 0 & 0 & f' \end{pmatrix} \boldsymbol{R}^\top (\boldsymbol{t}\times) \begin{pmatrix} f_0 & 0 & 0 \\ 0 & f_0 & 0 \\ 0 & 0 & f \end{pmatrix}
$$

$$
\simeq \left(\begin{pmatrix} 1/f_0 & 0 & 0 \\ 0 & 1/f_0 & 0 \\ 0 & 0 & 1/f' \end{pmatrix} \boldsymbol{R}^\top \boldsymbol{t} \right) \times \begin{pmatrix} 1/f_0 & 0 & 0 \\ 0 & 1/f_0 & 0 \\ 0 & 0 & 1/f' \end{pmatrix} \boldsymbol{R}^\top \begin{pmatrix} f_0 & 0 & 0 \\ 0 & f_0 & 0 \\ 0 & 0 & f \end{pmatrix}
$$

$$
\simeq \boldsymbol{e}' \times \begin{pmatrix} 1/f_0 & 0 & 0 \\ 0 & 1/f_0 & 0 \\ 0 & 0 & 1/f' \end{pmatrix} \boldsymbol{R}^\top \begin{pmatrix} f_0 & 0 & 0 \\ 0 & f_0 & 0 \\ 0 & 0 & f \end{pmatrix}
$$

(4) 式 (5.28) から

$$
\boldsymbol{F} \begin{pmatrix} 1/f_0 & 0 & 0 \\ 0 & 1/f_0 & 0 \\ 0 & 0 & 1/f' \end{pmatrix} \simeq \boldsymbol{e} \times \begin{pmatrix} 1/f_0 & 0 & 0 \\ 0 & 1/f_0 & 0 \\ 0 & 0 & 1/f \end{pmatrix} \boldsymbol{R}
$$

が得られる．辺々にその転置を右から掛けると，次のようになる．

$$
\boldsymbol{F} \begin{pmatrix} 1/f_0 & 0 & 0 \\ 0 & 1/f_0 & 0 \\ 0 & 0 & 1/f' \end{pmatrix} \begin{pmatrix} 1/f_0 & 0 & 0 \\ 0 & 1/f_0 & 0 \\ 0 & 0 & 1/f' \end{pmatrix} \boldsymbol{F}^\top
$$

$$\simeq \boldsymbol{e} \times \begin{pmatrix} 1/f_0 & 0 & 0 \\ 0 & 1/f_0 & 0 \\ 0 & 0 & 1/f \end{pmatrix} \boldsymbol{R}\boldsymbol{R}^\top \begin{pmatrix} 1/f_0 & 0 & 0 \\ 0 & 1/f_0 & 0 \\ 0 & 0 & 1/f \end{pmatrix} (\boldsymbol{e}\times)^\top$$

書き直すと，式 (5.30) となる．同様に，式 (5.29) から

$$\boldsymbol{F} \begin{pmatrix} 1/f_0 & 0 & 0 \\ 0 & 1/f_0 & 0 \\ 0 & 0 & 1/f \end{pmatrix} \simeq \boldsymbol{e}' \times \begin{pmatrix} 1/f_0 & 0 & 0 \\ 0 & 1/f_0 & 0 \\ 0 & 0 & 1/f' \end{pmatrix} \boldsymbol{R}^\top$$

が得られ，辺々にその転置を右から掛けると，次のようになる．

$$\boldsymbol{F}^\top \begin{pmatrix} 1/f_0 & 0 & 0 \\ 0 & 1/f_0 & 0 \\ 0 & 0 & 1/f \end{pmatrix} \begin{pmatrix} 1/f_0 & 0 & 0 \\ 0 & 1/f_0 & 0 \\ 0 & 0 & 1/f \end{pmatrix} \boldsymbol{F}$$

$$\simeq \boldsymbol{e}' \times \begin{pmatrix} 1/f_0 & 0 & 0 \\ 0 & 1/f_0 & 0 \\ 0 & 0 & 1/f' \end{pmatrix} \boldsymbol{R}^\top\boldsymbol{R} \begin{pmatrix} 1/f_0 & 0 & 0 \\ 0 & 1/f_0 & 0 \\ 0 & 0 & 1/f' \end{pmatrix} (\boldsymbol{e}'\times)^\top$$

書き直すと，式 (5.31) となる．

(5) 式 (5.32) のように ξ, η を定義し，ベクトル $\boldsymbol{k} = (0,0,1)^\top$ を用いると，式 (5.30), (5.31) のクルッパの方程式はそれぞれ次のように書ける．

$$\boldsymbol{F}(\boldsymbol{I} + \eta\boldsymbol{k}\boldsymbol{k}^\top)\boldsymbol{F}^\top \simeq \boldsymbol{e} \times (\boldsymbol{I} + \xi\boldsymbol{k}\boldsymbol{k}^\top) \times \boldsymbol{e},$$

$$\boldsymbol{F}^\top(\boldsymbol{I} + \xi\boldsymbol{k}\boldsymbol{k}^\top)\boldsymbol{F} \simeq \boldsymbol{e}' \times (\boldsymbol{I} + \eta\boldsymbol{k}\boldsymbol{k}^\top) \times \boldsymbol{e}'$$

次の関係が成り立つことが，両辺の要素を調べて確かめられる．

$$\boldsymbol{e} \times \boldsymbol{I} \times \boldsymbol{e} = -(\boldsymbol{e}\times)^2 (\boldsymbol{e},\boldsymbol{e})\boldsymbol{I} - \boldsymbol{e}\boldsymbol{e}^\top = \boldsymbol{P}_{\boldsymbol{e}}$$

$\boldsymbol{e} \times \boldsymbol{k}\boldsymbol{k}^\top \times \boldsymbol{e} = (\boldsymbol{e} \times \boldsymbol{k})(\boldsymbol{e} \times \boldsymbol{k})^\top$ に注意すると，上記のクルッパの方程式の第 1 式は次のように書き直せる．

$$\boldsymbol{F}\boldsymbol{F}^\top + \eta(\boldsymbol{F}\boldsymbol{k})(\boldsymbol{F}\boldsymbol{k})^\top \simeq \boldsymbol{P}_{\boldsymbol{e}} + \xi(\boldsymbol{e} \times \boldsymbol{k})(\boldsymbol{e} \times \boldsymbol{k})^\top$$

同様にして，第 2 式は次のように書き直せる．

$$\boldsymbol{F}^\top\boldsymbol{F} + \xi(\boldsymbol{F}^\top\boldsymbol{k})(\boldsymbol{F}^\top\boldsymbol{k})^\top \simeq \boldsymbol{P}_{\boldsymbol{e}'} + \eta(\boldsymbol{e}' \times \boldsymbol{k})(\boldsymbol{e}' \times \boldsymbol{k})^\top$$

これらの両辺に右から $\boldsymbol{k}$ を掛けて，$(\boldsymbol{e} \times \boldsymbol{k})^\top\boldsymbol{k} = (\boldsymbol{e} \times \boldsymbol{k}, \boldsymbol{k}) = 0$ に注意すると，

式 (5.33), (5.34) が得られる．

(6) 式 (5.33) の両辺と $\boldsymbol{k}$ との内積をとると，次のようになる．

$$(\boldsymbol{k}, \boldsymbol{F}\boldsymbol{F}^\top \boldsymbol{k}) + \eta(\boldsymbol{k}, \boldsymbol{F}\boldsymbol{k})(\boldsymbol{k}, \boldsymbol{F}\boldsymbol{k}) = c(\boldsymbol{k}, \boldsymbol{P}_{\boldsymbol{e}}\boldsymbol{k})$$

式 (5.33) の両辺と $\boldsymbol{F}\boldsymbol{k}$ との内積をとると，次のようになる．

$$(\boldsymbol{F}\boldsymbol{k}, \boldsymbol{F}\boldsymbol{F}^\top \boldsymbol{k}) + \eta(\boldsymbol{k}, \boldsymbol{F}\boldsymbol{k})(\boldsymbol{F}\boldsymbol{k}, \boldsymbol{F}\boldsymbol{k}) = c(\boldsymbol{F}\boldsymbol{k}, \boldsymbol{P}_{\boldsymbol{e}}\boldsymbol{k})$$

ここで $(\boldsymbol{k}, \boldsymbol{F}\boldsymbol{F}^\top \boldsymbol{k}) = (\boldsymbol{F}^\top \boldsymbol{k}, \boldsymbol{F}^\top \boldsymbol{k}) = \|\boldsymbol{F}^\top \boldsymbol{k}\|^2$, $(\boldsymbol{F}\boldsymbol{k}, \boldsymbol{F}\boldsymbol{F}^\top \boldsymbol{k}) = (\boldsymbol{k}, \boldsymbol{F}^\top \boldsymbol{F}\boldsymbol{F}^\top \boldsymbol{k})$，および次の関係に注意する．

$$(\boldsymbol{k}, \boldsymbol{P}_{\boldsymbol{e}}\boldsymbol{k}) = (\boldsymbol{k}, \boldsymbol{k} - (\boldsymbol{k}, \boldsymbol{e})\boldsymbol{e}) = (\boldsymbol{k}, \boldsymbol{k}) - (\boldsymbol{k}, \boldsymbol{e})^2 = 1 - \cos^2\theta = \sin^2\theta = \|\boldsymbol{e} \times \boldsymbol{k}\|^2,$$

$$\begin{aligned}(\boldsymbol{F}\boldsymbol{k}, \boldsymbol{P}_{\boldsymbol{e}}\boldsymbol{k}) &= (\boldsymbol{F}\boldsymbol{k}, \boldsymbol{k} - (\boldsymbol{k}, \boldsymbol{e})\boldsymbol{e}) = (\boldsymbol{F}\boldsymbol{k}, \boldsymbol{k}) - (\boldsymbol{k}, \boldsymbol{e})(\boldsymbol{F}\boldsymbol{k}, \boldsymbol{e}) \\ &= (\boldsymbol{k}, \boldsymbol{F}\boldsymbol{k}) - (\boldsymbol{k}, \boldsymbol{e})(\boldsymbol{k}, \boldsymbol{F}^\top \boldsymbol{e}) = (\boldsymbol{k}, \boldsymbol{F}\boldsymbol{k})\end{aligned}$$

ただし，θ は単位ベクトル $\boldsymbol{k}$, $\boldsymbol{e}$ のなす角である．また，$\boldsymbol{e}$ は定義より $\boldsymbol{F}^\top$ の固有値 0 の固有ベクトルであることに注意する．以上より，冒頭の 2 式は次のように書き直せる．

$$\begin{aligned}&\|\boldsymbol{F}^\top \boldsymbol{k}\|^2 + \eta(\boldsymbol{k}, \boldsymbol{F}\boldsymbol{k})^2 = c\|\boldsymbol{e} \times \boldsymbol{k}\|^2, \\ &(\boldsymbol{k}, \boldsymbol{F}^\top \boldsymbol{F}\boldsymbol{F}^\top \boldsymbol{k}) + \eta(\boldsymbol{k}, \boldsymbol{F}\boldsymbol{k})\|\boldsymbol{F}\boldsymbol{k}\|^2 = c(\boldsymbol{k}, \boldsymbol{F}^\top \boldsymbol{k})\end{aligned}$$

これを η, c に関する連立 1 次方程式とみなして解くと，η が式 (5.13) の第 2 式で与えられる．同様に，式 (5.34) の両辺と $\boldsymbol{k}$，および $\boldsymbol{F}^\top \boldsymbol{k}$ との内積をとると，次の 2 式を得る．

$$\begin{aligned}&\|\boldsymbol{F}\boldsymbol{k}\|^2 + (\boldsymbol{k}, \boldsymbol{F}\boldsymbol{k})^2\xi = c'\|\boldsymbol{e}' \times \boldsymbol{k}\|^2, \\ &(\boldsymbol{k}, \boldsymbol{F}\boldsymbol{F}^\top \boldsymbol{F}\boldsymbol{k}) + (\boldsymbol{k}, \boldsymbol{F}\boldsymbol{k})\|\boldsymbol{F}^\top \boldsymbol{k}\|^2\xi = c'(\boldsymbol{k}, \boldsymbol{F}\boldsymbol{k})\end{aligned}$$

これを ξ, c' に関する連立 1 次方程式とみなして解くと，ξ が式 (5.13) の第 1 式で与えられる．ξ, η が求まると，f, f' は式 (5.32) を書き直した式 (5.14) によって与えられる．

5.2 任意のベクトル $\boldsymbol{x}$ に対して，2 次形式 $(\boldsymbol{x}, \boldsymbol{A}^\top \boldsymbol{A}\boldsymbol{x})$, $(\boldsymbol{x}, \boldsymbol{A}\boldsymbol{A}^\top \boldsymbol{x})$ が非負であることが次のようにわかる．

$$(\boldsymbol{x}, \boldsymbol{A}^\top \boldsymbol{A}\boldsymbol{x}) = (\boldsymbol{A}\boldsymbol{x}, \boldsymbol{A}\boldsymbol{x}) = \|\boldsymbol{A}\boldsymbol{x}\|^2 \geq 0, \qquad (\boldsymbol{x}, \boldsymbol{A}\boldsymbol{A}^\top \boldsymbol{x}) = (\boldsymbol{A}^\top \boldsymbol{x}, \boldsymbol{A}^\top \boldsymbol{x}) = \|\boldsymbol{A}^\top \boldsymbol{x}\|^2 \geq 0$$

ゆえに，$\boldsymbol{A}^\top \boldsymbol{A}$, $\boldsymbol{A}\boldsymbol{A}^\top$ は半正値対称行列であり，固有値はすべて非負である．

5.3 $\boldsymbol{x}_\alpha$ は，第 1 カメラから見える点 P_α の方向ベクトルを Z 座標が 1 になるように正規化したものである．したがって，点 P_α の奥行き（XY 面までの距離）を Z_α とすると，点 P_α の 3 次元位置は $Z_\alpha \boldsymbol{x}_\alpha$ である（図 5.2）．同様に，$\boldsymbol{x}'_\alpha$ は第 2 カメラから見える点 P_α の方向ベクトルを Z_c 座標が 1 になるように正規化したものである．第 2 カメラに関する奥行き（$X'_c Y'_c$ 面までの距離）を Z'_α とすると，点 P_α の 3 次元位置は $X'_c Y'_c Z'_c$ 座標系に関して $Z'_\alpha \boldsymbol{x}'_\alpha$ である．しかし，$X'_c Y'_c Z'_c$ 座標系は XYZ 座標系に関して $\boldsymbol{t}$ だけ並進して $\boldsymbol{R}$ だけ回転しているから，XYZ 座標系に関する位置は $\boldsymbol{t} + Z'_\alpha \boldsymbol{R}\boldsymbol{x}'_\alpha$ である．したがって，次式が成り立つ（図 5.2）．

$$Z_\alpha \boldsymbol{x}_\alpha = \boldsymbol{t} + Z'_\alpha \boldsymbol{R}\boldsymbol{x}'_\alpha$$

両辺と $\boldsymbol{t}$ とのベクトル積をとると，

$$Z_\alpha \boldsymbol{t} \times \boldsymbol{x}_\alpha = Z'_\alpha \boldsymbol{t} \times \boldsymbol{R}\boldsymbol{x}'_\alpha = Z'_\alpha \boldsymbol{E}\boldsymbol{x}'_\alpha$$

となる．この両辺と $\boldsymbol{t} \times \boldsymbol{x}_\alpha$ との内積をとると，次のようになる．

$$Z_\alpha \|\boldsymbol{t} \times \boldsymbol{x}_\alpha\|^2 = Z'_\alpha (\boldsymbol{t} \times \boldsymbol{x}_\alpha, \boldsymbol{E}\boldsymbol{x}'_\alpha) = Z'_\alpha |\boldsymbol{t}, \boldsymbol{x}_\alpha, \boldsymbol{E}\boldsymbol{x}'_\alpha|$$

したがって，

$$|\boldsymbol{t}, \boldsymbol{x}_\alpha, \boldsymbol{E}\boldsymbol{x}'_\alpha| = \frac{Z_\alpha}{Z'_\alpha} \|\boldsymbol{t} \times \boldsymbol{x}_\alpha\|^2$$

であり，Z_α, Z'_α が同符号である条件は $|\boldsymbol{t}, \boldsymbol{x}_\alpha, \boldsymbol{E}\boldsymbol{x}'_\alpha| > 0$ である．

5.4 (1) 恒等式 $\mathrm{tr}[\boldsymbol{AB}] = \mathrm{tr}[\boldsymbol{BA}]$ $(= \sum_{i,j=1}^{3} A_{ij} B_{ji})$ に注意すると，式 (5.23) は次のように書ける．

$$\begin{aligned}
\|c\boldsymbol{E} - \boldsymbol{t} \times \boldsymbol{R}\|^2 &= \mathrm{tr}[(c\boldsymbol{E} - \boldsymbol{t} \times \boldsymbol{R})^\top (c\boldsymbol{E} - \boldsymbol{t} \times \boldsymbol{R})] \\
&= c^2 \mathrm{tr}[\boldsymbol{E}^\top \boldsymbol{E}] - 2c\mathrm{tr}[\boldsymbol{E}^\top (\boldsymbol{t} \times \boldsymbol{R})] + \mathrm{tr}[(\boldsymbol{t} \times \boldsymbol{R})^\top (\boldsymbol{t} \times \boldsymbol{R})] \\
&= c^2 \|\boldsymbol{E}\|^2 - 2c\mathrm{tr}[((\boldsymbol{t}\times)^\top \boldsymbol{E})^\top \boldsymbol{R}] + \mathrm{tr}[(\boldsymbol{t} \times \boldsymbol{R})(\boldsymbol{t} \times \boldsymbol{R})^\top] \\
&= c^2 \|\boldsymbol{E}\|^2 - 2c\mathrm{tr}[(-\boldsymbol{t} \times \boldsymbol{E})^\top \boldsymbol{R}] + \mathrm{tr}[(\boldsymbol{t}\times)\boldsymbol{R}\boldsymbol{R}^\top (\boldsymbol{t}\times)^\top] \\
&= c^2 \|\boldsymbol{E}\|^2 - 2c\mathrm{tr}[\boldsymbol{K}^\top \boldsymbol{R}] + \|\boldsymbol{t} \times\|^2
\end{aligned}$$

最後の行の第 1, 3 項は $\boldsymbol{R}$ に関係しないから（計算すると，第 3 項は $2\|\boldsymbol{t}\|^2 = 2$ となる），上式を最小にする $\boldsymbol{R}$ は，$\mathrm{tr}[\boldsymbol{K}^\top \boldsymbol{R}]$ を最大にする $\boldsymbol{R}$ である（$c > 0$ と仮定している）．

(2) $\mathrm{tr}[\boldsymbol{T\Lambda}] = T_{11}\sigma_1 + T_{22}\sigma_2$ であり，$\boldsymbol{T}$ は直交行列（行，および列が互いに直交する単位ベクトル）であるから，$|T_{11}| \leq 1$, $|T_{22}| \leq 1$ である．ゆえに，$\mathrm{tr}[\boldsymbol{T\Lambda}]$ が最大になるのは $T_{11} = T_{22} = 1$ の場合である．対角要素が 1 なら，その行および列のほかの要素はすべて 0 である．このとき，第 3 行，第 3 列の要素も

T_{33} 以外は 0 であり，$T_{33} = \pm 1$ である．$T_{33} = 1$ なら $\boldsymbol{T} = \boldsymbol{I}$，$T_{33} = -1$ なら $\boldsymbol{T} = \mathrm{diag}(1, 1, -1)$ である．

(3) 恒等式 $\mathrm{tr}[\boldsymbol{AB}] = \mathrm{tr}[\boldsymbol{BA}]$ より，$\mathrm{tr}[\boldsymbol{K}^\top \boldsymbol{R}]$ が次のように書ける．

$$\mathrm{tr}[\boldsymbol{K}^\top \boldsymbol{R}] = \mathrm{tr}[\boldsymbol{V\Lambda U}^\top \boldsymbol{R}] = \mathrm{tr}[\boldsymbol{U}^\top \boldsymbol{RV\Lambda}]$$

$\boldsymbol{U}^\top \boldsymbol{RV}$ は直交行列であるから，上式が最大になるのは $\boldsymbol{U}^\top \boldsymbol{RV} = \boldsymbol{I}$，または $\boldsymbol{U}^\top \boldsymbol{RV} = \mathrm{diag}(1, 1, -1)$ の場合である．ゆえに，$\boldsymbol{R} = \boldsymbol{UV}^\top$，または $\boldsymbol{R} = \boldsymbol{U}\mathrm{diag}(1, 1, -1)\boldsymbol{V}^\top$ である．しかし，式 (5.19) の $\boldsymbol{U}$, $\boldsymbol{V}$ は直交行列であるが，回転行列（行列式が 1）であるとは限らない．したがって，$\det(\boldsymbol{UV}^\top)$ $(= \det \boldsymbol{U} \det \boldsymbol{V})$ が 1 なら $\boldsymbol{UV}^\top$ は回転行列であり，$\det(\boldsymbol{UV}^\top)$ が -1 なら $\boldsymbol{U}\mathrm{diag}(1, 1, -1)\boldsymbol{V}^\top$ は回転行列である．これらを合わせると，式 (5.20) のように書ける．

第 6 章

6.1 次のように書ける．

1. 次の 9×9 行列 $\boldsymbol{M}$ を計算する．

$$\boldsymbol{M} = \frac{1}{N} \sum_{\alpha=1}^{N} \sum_{k=1}^{3} \boldsymbol{\xi}_\alpha^{(k)} \boldsymbol{\xi}_\alpha^{(k)\top}$$

2. 固有値問題 $\boldsymbol{M\theta} = \lambda \boldsymbol{\theta}$ を解いて，最小固有値 λ に対する単位固有ベクトル $\boldsymbol{\theta}$ を返す．

6.2 次のように書ける．

1. 次の 9×9 行列 $\boldsymbol{M}$, $\boldsymbol{N}$ を計算する．

$$\boldsymbol{M} = \frac{1}{N} \sum_{\alpha=1}^{N} \sum_{k=1}^{3} \boldsymbol{\xi}_\alpha^{(k)} \boldsymbol{\xi}_\alpha^{(k)\top}, \qquad \boldsymbol{N} = \frac{1}{N} \sum_{\alpha=1}^{N} \sum_{k=1}^{3} V_0^{(kk)}[\boldsymbol{\xi}_\alpha]$$

2. 一般固有値問題 $\boldsymbol{M\theta} = \lambda \boldsymbol{N\theta}$ を解いて，最小の一般固有値 λ に対する単位一般固有ベクトル $\boldsymbol{\theta}$ を返す．

6.3 次のように書ける．

1. 次の 9×9 行列 $\boldsymbol{M}$, $\boldsymbol{N}$ を計算する．

$$\boldsymbol{M} = \frac{1}{N} \sum_{\alpha=1}^{N} \sum_{k=1}^{3} \boldsymbol{\xi}_\alpha^{(k)} \boldsymbol{\xi}_\alpha^{(k)\top},$$

$$\boldsymbol{N} = \frac{1}{N}\sum_{\alpha=1}^{N}\sum_{k=1}^{3} V_0^{(kk)}[\boldsymbol{\xi}_\alpha]$$
$$-\frac{1}{N^2}\sum_{\alpha=1}^{N}\sum_{k,l=1}^{3}\Big((\boldsymbol{\xi}_\alpha^{(k)}, \boldsymbol{M}_8^- \boldsymbol{\xi}_\alpha^{(l)})V_0^{(kl)}[\boldsymbol{\xi}_\alpha] + 2\mathcal{S}[V_0^{(kl)}[\boldsymbol{\xi}_\alpha]\boldsymbol{M}_8^- \boldsymbol{\xi}_\alpha^{(k)}\boldsymbol{\xi}_\alpha^{(l)\top}]\Big)$$

2. 一般固有値問題 $\boldsymbol{M\theta} = \lambda \boldsymbol{N\theta}$ を解いて，絶対値最小の一般固有値 λ に対する単位一般固有ベクトル $\boldsymbol{\theta}$ を返す．

6.4 ベクトル $\boldsymbol{p}_\alpha, \bar{\boldsymbol{p}}_\alpha$ を

$$\boldsymbol{p} = \begin{pmatrix} x_\alpha \\ y_\alpha \\ x'_\alpha \\ y'_\alpha \end{pmatrix}, \qquad \bar{\boldsymbol{p}} = \begin{pmatrix} \bar{x}_\alpha \\ \bar{y}_\alpha \\ \bar{x}'_\alpha \\ \bar{y}'_\alpha \end{pmatrix}$$

とおき，$\Delta\boldsymbol{p}_\alpha = \boldsymbol{p}_\alpha - \bar{\boldsymbol{p}}_\alpha$ とおくと，式 (6.29) は $\|\Delta\boldsymbol{p}\|^2$ と書ける．$\boldsymbol{p}_\alpha$ に対する $\boldsymbol{\xi}_\alpha^{(k)}$ の値を関数として $\boldsymbol{\xi}^{(k)}(\boldsymbol{p}_\alpha)$ と書くと，$\bar{\boldsymbol{\xi}}_\alpha^{(k)} = \boldsymbol{\xi}^{(k)}(\bar{\boldsymbol{p}}_\alpha) = \boldsymbol{\xi}^{(k)}(\boldsymbol{p}_\alpha - \Delta\boldsymbol{p}_\alpha)$ であるが，Δx_α, Δy_α, $\Delta x'_\alpha$, $\Delta y'_\alpha$ が小さいとき，すなわち，$\Delta\boldsymbol{p}_\alpha$ が小さいとき，式 (6.10) の $\boldsymbol{T}_\alpha^{(k)}$ の定義より，

$$\bar{\boldsymbol{\xi}}_\alpha^{(k)} = \boldsymbol{\xi}^{(k)}(\boldsymbol{p}_\alpha - \Delta\boldsymbol{p}_\alpha) = \boldsymbol{\xi}^{(k)}(\boldsymbol{p}_\alpha) - \boldsymbol{T}_\alpha^{(k)}\Delta\boldsymbol{p}_\alpha + \cdots$$

と書ける（$\cdots$ は $\Delta\boldsymbol{p}$ の高次の項）．ゆえに，制約 $(\bar{\boldsymbol{\xi}}_\alpha^{(k)}, \boldsymbol{\theta}) = 0$ は $\Delta\boldsymbol{p}$ の高次の項を無視すれば，

$$(\boldsymbol{T}_\alpha^{(k)}\Delta\boldsymbol{p}_\alpha, \boldsymbol{\theta}) = (\boldsymbol{\xi}_\alpha^{(k)}, \boldsymbol{\theta}) \qquad (*)$$

と書ける．$\|\Delta\boldsymbol{p}_\alpha\|^2$ を最小化するために，ラグランジュ乗数を導入し，

$$\|\Delta\boldsymbol{p}_\alpha\|^2 - \sum_{k=1}^{3}\lambda_\alpha^{(k)}\Big((\boldsymbol{T}_\alpha^{(k)}\Delta\boldsymbol{p}_\alpha, \boldsymbol{\theta}) - (\boldsymbol{\xi}_\alpha^{(k)}, \boldsymbol{\theta})\Big)$$

を $\Delta\boldsymbol{p}_\alpha$ で微分して $\boldsymbol{0}$ とおくと，次のようになる．

$$2\Delta\boldsymbol{p}_\alpha - \sum_{k=1}^{3}\lambda_\alpha^{(k)}\boldsymbol{T}_\alpha^{(k)\top}\boldsymbol{\theta} = \boldsymbol{0}$$

ゆえに，次のように書ける．

$$\Delta\boldsymbol{p}_\alpha = \frac{1}{2}\sum_{k=1}^{3}\lambda_\alpha^{(k)}\boldsymbol{T}_\alpha^{(k)\top}\boldsymbol{\theta}$$

これを式 $(*)$ に代入すると，次のようになる．

$$\frac{1}{2}\left(\boldsymbol{T}_\alpha^{(k)}\sum_{l=1}^{3}\lambda_\alpha^{(l)}\boldsymbol{T}_\alpha^{(l)\top}\boldsymbol{\theta},\boldsymbol{\theta}\right)=(\boldsymbol{\xi}_\alpha^{(k)},\boldsymbol{\theta})$$

式 (6.15) より，これは次のように書き直せる．

$$\frac{1}{2}\sum_{l=1}^{3}(\boldsymbol{\theta},V_0^{(kl)}[\boldsymbol{\xi}_\alpha]\boldsymbol{\theta})\lambda_\alpha^{(l)}=(\boldsymbol{\xi}_\alpha^{(k)},\boldsymbol{\theta})$$

これは $\lambda_\alpha^{(1)}$, $\lambda_\alpha^{(2)}$, $\lambda_\alpha^{(3)}$ に関する連立 1 次方程式であるが，係数行列 $\left((\boldsymbol{\theta},V_0^{(kl)}[\hat{\boldsymbol{\xi}}_\alpha]\boldsymbol{\theta})\right)$ の行列式が 0 であることを考慮して最小 2 乗法を用いて解く．その解は，ランク 2 の一般逆行列 $\hat{W}_\alpha^{(kl)}=\left((\boldsymbol{\theta},V_0^{(kl)}[\hat{\boldsymbol{\xi}}_\alpha]\boldsymbol{\theta})\right)_2^-$ を用いて次のように書ける．

$$\frac{\lambda_\alpha^{(k)}}{2}=\sum_{l=1}^{3}W_\alpha^{(kl)}(\boldsymbol{\xi}_\alpha^{(l)},\boldsymbol{\theta})$$

したがって，$\Delta\boldsymbol{p}_\alpha$ は次のようになる．

$$\Delta\boldsymbol{p}_\alpha=\sum_{k,l=1}^{3}W_\alpha^{(kl)}(\boldsymbol{\xi}_\alpha^{(l)},\boldsymbol{\theta})\boldsymbol{T}_\alpha^{(k)\top}\boldsymbol{\theta}$$

ゆえに，$\|\Delta\boldsymbol{p}_\alpha\|^2$ が次のように書ける．

$$\begin{aligned}
\|\Delta\boldsymbol{p}_\alpha\|^2&=\left(\sum_{k,l=1}^{3}W_\alpha^{(kl)}(\boldsymbol{\xi}_\alpha^{(l)},\boldsymbol{\theta})\boldsymbol{T}_\alpha^{(k)\top}\boldsymbol{\theta},\ \sum_{m,n=1}^{3}W_\alpha^{(mn)}(\boldsymbol{\xi}_\alpha^{(n)},\boldsymbol{\theta})\boldsymbol{T}_\alpha^{(m)\top}\boldsymbol{\theta}\right)\\
&=\sum_{k,l,m,n=1}^{3}W_\alpha^{(kl)}W_\alpha^{(mn)}(\boldsymbol{\xi}_\alpha^{(l)},\boldsymbol{\theta})(\boldsymbol{\xi}_\alpha^{(n)},\boldsymbol{\theta})(\boldsymbol{T}_\alpha^{(k)\top}\boldsymbol{\theta},\boldsymbol{T}_\alpha^{(m)\top}\boldsymbol{\theta})\\
&=\sum_{k,l,m,n=1}^{3}W_\alpha^{(kl)}W_\alpha^{(mn)}(\boldsymbol{\xi}_\alpha^{(l)},\boldsymbol{\theta})(\boldsymbol{\xi}_\alpha^{(n)},\boldsymbol{\theta})(\boldsymbol{\theta},\boldsymbol{T}_\alpha^{(k)}\boldsymbol{T}_\alpha^{(m)\top}\boldsymbol{\theta})\\
&=\sum_{k,l,m,n=1}^{3}W_\alpha^{(kl)}W_\alpha^{(mn)}(\boldsymbol{\xi}_\alpha^{(l)},\boldsymbol{\theta})(\boldsymbol{\xi}_\alpha^{(n)},\boldsymbol{\theta})(\boldsymbol{\theta},V_0^{(km)}[\boldsymbol{\xi}_\alpha]\boldsymbol{\theta})\\
&=\sum_{k,l=1}^{3}W_\alpha^{(kl)}(\boldsymbol{\xi}_\alpha^{(k)},\boldsymbol{\theta})(\boldsymbol{\xi}_\alpha^{(l)},\boldsymbol{\theta})
\end{aligned}$$

ただし，$V_\alpha^{(kl)}=(\boldsymbol{\theta},V_0^{(kl)}[\boldsymbol{\xi}_\alpha]\boldsymbol{\theta})$ とおくと，一般逆行列の性質より次の恒等式が成り

立つことを用いた．

$$\sum_{l,m=1}^{3} W_\alpha^{(kl)} V_\alpha^{(lm)} W_\alpha^{(mn)} = W_\alpha^{(km)}$$

6.5 (1) $W_\alpha^{(kl)}$ を (k,l) 要素とする行列を $\boldsymbol{W}_\alpha$ と書き，$V_\alpha^{(kl)} = (\boldsymbol{\theta}, V_0^{(kl)}[\boldsymbol{\xi}_\alpha]\boldsymbol{\theta})$ を (k,l) 要素とする行列を $\boldsymbol{V}_\alpha$ と書くと，$\boldsymbol{W}_\alpha = (\boldsymbol{V}_\alpha)_2^-$ であるから，次の関係が成り立つ．

$$\boldsymbol{V}_\alpha \boldsymbol{W}_\alpha = \boldsymbol{W}_\alpha \boldsymbol{V}_\alpha = \boldsymbol{P}_\mathcal{N}$$

行列 $\boldsymbol{P}_\mathcal{N}$ は，$\boldsymbol{V}_\alpha$ および $\boldsymbol{W}_\alpha$ の像空間（固有値 0 の固有ベクトルに直交する空間）への射影行列である．$\boldsymbol{V}_\alpha$, $\boldsymbol{W}_\alpha$ の行列式が 0 になるのは，データ $\boldsymbol{\xi}_\alpha^{(1)}$, $\boldsymbol{\xi}_\alpha^{(2)}$, $\boldsymbol{\xi}_\alpha^{(3)}$ の線形従属性のためであり，$\boldsymbol{\theta}$ の値とは無関係である．したがって，$\boldsymbol{P}_\mathcal{N}$ は $\boldsymbol{\theta}$ にはよらない．ゆえに，上式の両辺を θ_i で微分すると，次のようになる．

$$\frac{\partial \boldsymbol{V}_\alpha}{\partial \theta_i}\boldsymbol{W}_\alpha + \boldsymbol{V}_\alpha \frac{\partial \boldsymbol{W}_\alpha}{\partial \theta_i} = \boldsymbol{O}$$

両辺に左から $\boldsymbol{W}_\alpha$ を掛け，$\partial \boldsymbol{W}_\alpha/\partial\theta_i$ も $\boldsymbol{W}$ と同じ像空間をもち，$\boldsymbol{W}_\alpha\boldsymbol{V}_\alpha = \boldsymbol{P}_\mathcal{N}$，および $\boldsymbol{P}_\mathcal{N}\partial\boldsymbol{V}_\alpha/\partial\theta_i = \partial\boldsymbol{W}_\alpha/\partial\theta_i$ であることに注意すると，次のようになる．

$$\frac{\partial \boldsymbol{W}_\alpha}{\partial \theta_i} = -\boldsymbol{W}_\alpha \frac{\partial \boldsymbol{V}_\alpha}{\partial \theta_i}\boldsymbol{W}_\alpha$$

両辺の (k,l) 要素を取り出すと，次のようになる．

$$\frac{\partial W_\alpha^{(kl)}}{\partial \theta_i} = -\sum_{m,n=1}^{3} W_\alpha^{(km)} \frac{\partial V_\alpha^{(mn)}}{\partial \theta_i} W_\alpha^{(nl)}$$

$\partial/\partial\theta_i$ は $\nabla_{\boldsymbol{\theta}}$ を使って表せる．そして，$V_\alpha^{(mn)} = (\boldsymbol{\theta}, V_0^{(mn)}[\boldsymbol{\xi}_\alpha]\boldsymbol{\theta})$ を $\boldsymbol{\theta}$ で微分すると $2V_0^{(mn)}[\boldsymbol{\xi}_\alpha]\boldsymbol{\theta}$ であるから，代入して整理すると式 (6.55) が得られる．

(2) 式 (6.31) より，J の微分は次のようになる．

$$\begin{aligned}
\nabla_{\boldsymbol{\theta}} J &= \frac{1}{N}\sum_{\alpha=1}^{N}\sum_{k,l=1}^{3}\Bigl(2W_\alpha^{(kl)}(\boldsymbol{\xi}_\alpha^{(l)}, \boldsymbol{\theta})\boldsymbol{\xi}_\alpha^{(k)} + \nabla_{\boldsymbol{\theta}} W_\alpha^{(kl)}(\boldsymbol{\xi}_\alpha^{(k)}, \boldsymbol{\theta})(\boldsymbol{\xi}_\alpha^{(l)}, \boldsymbol{\theta})\Bigr) \\
&= \frac{1}{N}\sum_{\alpha=1}^{N}\sum_{k,l=1}^{3}\left(2W_\alpha^{(kl)}\boldsymbol{\xi}_\alpha^{(k)}\boldsymbol{\xi}_\alpha^{(l)\top}\boldsymbol{\theta} - 2\sum_{m,n=1}^{3} W_\alpha^{(km)}W_\alpha^{(ln)}V_0^{(mn)}[\boldsymbol{\xi}_\alpha]\boldsymbol{\theta}(\boldsymbol{\xi}_\alpha^{(k)}, \boldsymbol{\theta})(\boldsymbol{\xi}_\alpha^{(l)}, \boldsymbol{\theta})\right) \\
&= \frac{2}{N}\sum_{\alpha=1}^{N}\sum_{k,l=1}^{3} W_\alpha^{(kl)}\boldsymbol{\xi}_\alpha^{(k)}\boldsymbol{\xi}_\alpha^{(l)\top}\boldsymbol{\theta} \\
&\quad - \frac{2}{N}\sum_{\alpha=1}^{N}\sum_{k,l,m,n=1}^{3} W_\alpha^{(km)}W_\alpha^{(ln)}V_0^{(mn)}[\boldsymbol{\xi}_\alpha](\boldsymbol{\xi}_\alpha^{(k)}, \boldsymbol{\theta})(\boldsymbol{\xi}_\alpha^{(l)}, \boldsymbol{\theta})\boldsymbol{\theta}
\end{aligned}$$

$$= \frac{2}{N}\sum_{\alpha=1}^{N}\sum_{k,l=1}^{3} W_\alpha^{(kl)} \boldsymbol{\xi}_\alpha^{(k)} \boldsymbol{\xi}_\alpha^{(l)\top} \boldsymbol{\theta} - \frac{2}{N}\sum_{\alpha=1}^{N}\sum_{m,n=1}^{3} v_\alpha^{(m)} v_\alpha^{(n)} V_0^{(mn)}[\boldsymbol{\xi}_\alpha]\boldsymbol{\theta}$$
$$= 2(\boldsymbol{M} - \boldsymbol{L})\boldsymbol{\theta} = 2\boldsymbol{X}\boldsymbol{\theta}$$

(3) 式 (6.35) と $\boldsymbol{\theta}$ との内積をとると，$(\boldsymbol{\theta}, \boldsymbol{X\theta}) = \lambda\|\boldsymbol{\theta}\|^2 = \lambda$ となる．反復が終了したときは，式 (6.36) より $W_\alpha^{(kl)} = \left((\boldsymbol{\theta}, V_0^{(kl)}[\boldsymbol{\xi}_\alpha]\boldsymbol{\theta})\right)_2^-$ である．そして，式 (6.32), (6.34) より，次の関係が成り立つ．

$$(\boldsymbol{\theta}, \boldsymbol{X\theta}) = \frac{1}{N}\sum_{\alpha=1}^{N}\sum_{k,l=1}^{3} W_\alpha^{(kl)} (\boldsymbol{\xi}_\alpha^{(k)}, \boldsymbol{\theta})(\boldsymbol{\xi}_\alpha^{(l)}, \boldsymbol{\theta})$$
$$- \frac{1}{N}\sum_{\alpha=1}^{N}\sum_{k,l=1}^{3} v_\alpha^{(k)} v_\alpha^{(l)} (\boldsymbol{\theta}, V_0^{(kl)}[\boldsymbol{\xi}_\alpha]\boldsymbol{\theta})$$

$V_\alpha^{(kl)} = (\boldsymbol{\theta}, V_0^{(kl)}[\boldsymbol{\xi}_\alpha]\boldsymbol{\theta})$ とおくと，式 (6.33) より次の関係が成り立つ．

$$\sum_{k,l=1}^{3} v_\alpha^{(k)} v_\alpha^{(l)} V_\alpha^{(kl)} = \sum_{k,l=1}^{3}\left(\sum_{m=1}^{3} W_\alpha^{(km)}(\boldsymbol{\xi}_\alpha^{(m)}, \boldsymbol{\theta})\right)\left(\sum_{n=1}^{3} W_\alpha^{(ln)}(\boldsymbol{\xi}_\alpha^{(n)}, \boldsymbol{\theta})\right) V_\alpha^{(kl)}$$
$$= \sum_{m,n=1}^{3}\left(\sum_{k,l=1}^{3} W_\alpha^{(mk)} V_\alpha^{(kl)} W_\alpha^{(ln)}\right)(\boldsymbol{\xi}_\alpha^{(m)}, \boldsymbol{\theta})(\boldsymbol{\xi}_\alpha^{(n)}, \boldsymbol{\theta})$$
$$= \sum_{m,n=1}^{3} W_\alpha^{(mn)}(\boldsymbol{\xi}_\alpha^{(m)}, \boldsymbol{\theta})(\boldsymbol{\xi}_\alpha^{(n)}, \boldsymbol{\theta})$$

ただし，$V_\alpha^{(kl)}$, $W_\alpha^{(kl)}$ を (k, l) 要素とする行列をそれぞれ $\boldsymbol{V}_\alpha$, $\boldsymbol{W}_\alpha$ とおけば $\boldsymbol{W}_\alpha = (\boldsymbol{V}_\alpha)_2^-$ であり，一般逆行列の性質から $\boldsymbol{W}_\alpha\boldsymbol{V}_\alpha\boldsymbol{W}_\alpha = \boldsymbol{W}_\alpha$ が成り立つことを用いた．上式より $(\boldsymbol{\theta}, \boldsymbol{X\theta}) = 0$ であり，$\lambda = 0$ となる．

6.6 ベクトル $\Delta\hat{\boldsymbol{p}}_\alpha = \hat{\boldsymbol{p}}_\alpha - \bar{\boldsymbol{p}}_\alpha$ を定義すると，式 (6.45) は $S = (1/N)\sum_{\alpha=1}^{N}\|\tilde{\boldsymbol{p}}_\alpha + \Delta\hat{\boldsymbol{p}}_\alpha\|^2$ と書ける．演習問題 6.4 の解答のように，$\boldsymbol{p}_\alpha$ に対する $\boldsymbol{\xi}_\alpha^{(k)}$ の値を関数として $\boldsymbol{\xi}^{(k)}(\boldsymbol{p}_\alpha)$ と書くと，$\bar{\boldsymbol{\xi}}_\alpha^{(k)} = \boldsymbol{\xi}^{(k)}(\hat{\boldsymbol{p}}_\alpha - \Delta\hat{\boldsymbol{p}}_\alpha)$ であるが，$\Delta\hat{\boldsymbol{p}}_\alpha$ が小さいときは

$$\bar{\boldsymbol{\xi}}_\alpha^{(k)} = \boldsymbol{\xi}^{(k)}(\hat{\boldsymbol{p}}_\alpha - \Delta\hat{\boldsymbol{p}}_\alpha) = \hat{\boldsymbol{\xi}}_\alpha^{(k)} - \hat{\boldsymbol{T}}_\alpha^{(k)}\Delta\hat{\boldsymbol{p}}_\alpha + \cdots$$

と書ける（$\cdots$ は $\Delta\hat{\boldsymbol{p}}$ の高次の項）．ゆえに，制約 $(\bar{\boldsymbol{\xi}}_\alpha^{(k)}, \boldsymbol{\theta}) = 0$ は，$\Delta\hat{\boldsymbol{p}}$ の高次の項を無視すれば，

$$(\hat{\boldsymbol{T}}_\alpha^{(k)}\Delta\hat{\boldsymbol{p}}_\alpha, \boldsymbol{\theta}) = (\hat{\boldsymbol{\xi}}_\alpha^{(k)}, \boldsymbol{\theta}) \qquad (*)$$

と書ける．式を見やすくするために，S を N 倍してラグランジュ乗数を導入し，

$$\sum_{\alpha=1}^{N}\|\tilde{\boldsymbol{p}}_\alpha+\Delta\hat{\boldsymbol{p}}_\alpha\|^2-\sum_{k=1}^{3}\lambda_\alpha^{(k)}\left((\hat{\boldsymbol{T}}_\alpha^{(k)}\Delta\hat{\boldsymbol{p}}_\alpha,\boldsymbol{\theta})-(\hat{\boldsymbol{\xi}}_\alpha^{(k)},\boldsymbol{\theta})\right)$$

を $\Delta\hat{\boldsymbol{p}}_\alpha$ で微分して $\mathbf{0}$ とおくと，次のようになる．

$$2(\tilde{\boldsymbol{p}}_\alpha+\Delta\hat{\boldsymbol{p}}_\alpha)-\sum_{k=1}^{3}\lambda_\alpha^{(k)}\hat{\boldsymbol{T}}_\alpha^{(k)\top}\boldsymbol{\theta}=\mathbf{0}$$

これから次式を得る．

$$\Delta\hat{\boldsymbol{p}}_\alpha=\sum_{k=1}^{3}\frac{\lambda_\alpha^{(k)}}{2}\hat{\boldsymbol{T}}_\alpha^{(k)\top}\boldsymbol{\theta}-\tilde{\boldsymbol{p}}_\alpha$$

これを式 $(*)$ に代入すると，次のようになる．

$$\left(\hat{\boldsymbol{T}}_\alpha^{(k)}\left(\sum_{l=1}^{3}\frac{\lambda_\alpha^{(l)}}{2}\hat{\boldsymbol{T}}_\alpha^{(l)\top}\boldsymbol{\theta}-\tilde{\boldsymbol{p}}_\alpha\right),\boldsymbol{\theta}\right)=(\hat{\boldsymbol{\xi}}_\alpha^{(k)},\boldsymbol{\theta})$$

書き直すと，次のようになる．

$$\sum_{l=1}^{3}\frac{\lambda_\alpha^{(l)}}{2}(\boldsymbol{\theta},\hat{\boldsymbol{T}}_\alpha^{(k)}\hat{\boldsymbol{T}}_\alpha^{(l)\top}\boldsymbol{\theta})=(\hat{\boldsymbol{\xi}}_\alpha^{(k)}+\hat{\boldsymbol{T}}_\alpha^{(k)}\tilde{\boldsymbol{p}},\boldsymbol{\theta})$$

$V_0^{(kl)}[\hat{\boldsymbol{\xi}}_\alpha]$ と $\boldsymbol{\xi}_\alpha^{*(k)}$ の定義を用いると，これは次のように書ける．

$$\frac{1}{2}\sum_{l=1}^{3}(\boldsymbol{\theta},V_0^{(kl)}[\boldsymbol{\xi}_\alpha]\boldsymbol{\theta})\lambda_\alpha^{(l)}=(\boldsymbol{\xi}_\alpha^{*(k)},\boldsymbol{\theta})$$

これは $\lambda_\alpha^{(1)}$, $\lambda_\alpha^{(2)}$, $\lambda_\alpha^{(3)}$ に関する連立 1 次方程式であるが，係数行列 $\left((\boldsymbol{\theta},V_0^{(kl)}[\hat{\boldsymbol{\xi}}_\alpha]\boldsymbol{\theta})\right)$ の行列式が 0 であることを考慮して，最小 2 乗法を用いて解く．その解は，ランク 2 の一般逆行列 $\hat{W}_\alpha^{(kl)}=\left((\boldsymbol{\theta},V_0^{(kl)}[\hat{\boldsymbol{\xi}}_\alpha]\boldsymbol{\theta})\right)_2^-$ を用いて次のように書ける．

$$\frac{\lambda_\alpha^{(k)}}{2}=\sum_{l=1}^{3}\hat{W}_\alpha^{(kl)}(\boldsymbol{\xi}_\alpha^{*(k)},\boldsymbol{\theta})$$

ゆえに，S は次のようになる．

$$S=\frac{1}{N}\sum_{\alpha=1}^{N}\|\tilde{\boldsymbol{p}}_\alpha+\Delta\hat{\boldsymbol{p}}_\alpha\|^2=\frac{1}{N}\sum_{\alpha=1}^{N}\left\|\sum_{k=1}^{3}\frac{\lambda_\alpha^{(k)}}{2}\boldsymbol{T}_\alpha^{(k)\top}\boldsymbol{\theta}\right\|^2$$

$$
= \frac{1}{N}\sum_{\alpha=1}^{N}\left(\sum_{k=1}^{3}\frac{\lambda_\alpha^{(k)}}{2}\boldsymbol{T}_\alpha^{(k)\top}\boldsymbol{\theta}, \sum_{l=1}^{3}\frac{\lambda_\alpha^{(l)}}{2}\boldsymbol{T}_\alpha^{(l)\top}\boldsymbol{\theta}\right)
$$

$$
= \frac{1}{N}\sum_{\alpha=1}^{N}\sum_{k,l=1}^{3}\frac{\lambda_\alpha^{(k)}\lambda_\alpha^{(l)}}{4}(\boldsymbol{\theta}, \boldsymbol{T}_\alpha^{(k)}\boldsymbol{T}_\alpha^{(l)\top}\boldsymbol{\theta}) = \frac{1}{N}\sum_{\alpha=1}^{N}\sum_{k,l=1}^{3}\frac{\lambda_\alpha^{(k)}\lambda_\alpha^{(l)}}{4}(\boldsymbol{\theta}, V_0^{(kl)}[\hat{\boldsymbol{\xi}}_\alpha]\boldsymbol{\theta})
$$

$$
= \frac{1}{N}\sum_{\alpha=1}^{N}\sum_{k,l=1}^{3}\left(\sum_{m=1}^{3}\hat{W}_\alpha^{(km)}(\boldsymbol{\xi}_\alpha^{*(m)}, \boldsymbol{\theta})\right)\left(\sum_{n=1}^{3}\hat{W}_\alpha^{(ln)}(\boldsymbol{\xi}_\alpha^{*(n)}, \boldsymbol{\theta})\right)(\boldsymbol{\theta}, V_0^{(kl)}[\hat{\boldsymbol{\xi}}_\alpha]\boldsymbol{\theta})
$$

$$
= \frac{1}{N}\sum_{\alpha=1}^{N}\sum_{k,l,m,n=1}^{3}\hat{W}_\alpha^{(km)}(\boldsymbol{\theta}, V_0^{(kl)}[\hat{\boldsymbol{\xi}}_\alpha]\boldsymbol{\theta})\hat{W}_\alpha^{(ln)}(\boldsymbol{\xi}_\alpha^{*(m)}, \boldsymbol{\theta})(\boldsymbol{\xi}_\alpha^{*(n)}, \boldsymbol{\theta})
$$

$$
= \frac{1}{N}\sum_{\alpha=1}^{N}\sum_{k,l=1}^{3}\hat{W}_\alpha^{(kl)}(\boldsymbol{\xi}_\alpha^{(k)*}, \boldsymbol{\theta})(\boldsymbol{\xi}_\alpha^{(l)*}, \boldsymbol{\theta})
$$

ただし，$\hat{V}_\alpha^{(kl)} = (\boldsymbol{\theta}, V_0^{(kl)}[\hat{\boldsymbol{\xi}}_\alpha]\boldsymbol{\theta})$ とおくと，一般逆行列の性質より次の恒等式が成り立つことを用いた．

$$
\sum_{l,m=1}^{3}\hat{W}_\alpha^{(kl)}\hat{V}_\alpha^{(lm)}\hat{W}_\alpha^{(mn)} = \hat{W}_\alpha^{(kn)}
$$

第7章

7.1 行列 $\boldsymbol{H}$ による射影変換によって点 (x, y) が点 (x', y') に写像され，行列 $\boldsymbol{H}'$ による射影変換によって点 (x', y') が点 (x'', y'') に写像されるとき，

$$
\begin{pmatrix} x'/f_0 \\ y'/f_0 \\ 1 \end{pmatrix} \simeq \boldsymbol{H}\begin{pmatrix} x/f_0 \\ y/f_0 \\ 1 \end{pmatrix}, \qquad \begin{pmatrix} x''/f_0 \\ y''/f_0 \\ 1 \end{pmatrix} \simeq \boldsymbol{H}'\begin{pmatrix} x'/f_0 \\ y'/f_0 \\ 1 \end{pmatrix}
$$

であるから，合成は

$$
\begin{pmatrix} x''/f_0 \\ y''/f_0 \\ 1 \end{pmatrix} \simeq \boldsymbol{H}'\boldsymbol{H}\begin{pmatrix} x/f_0 \\ y/f_0 \\ 1 \end{pmatrix}
$$

である．すなわち，積 $\boldsymbol{H}'\boldsymbol{H}$ に対する射影変換となる．さらに，行列 $\boldsymbol{H}''$ による射影変換と合成したものは，積 $\boldsymbol{H}''\boldsymbol{H}'\boldsymbol{H}$ に対する射影変換となる．$\boldsymbol{H}''(\boldsymbol{H}'\boldsymbol{H}) = (\boldsymbol{H}''\boldsymbol{H}')\boldsymbol{H}$ であるから，合成の順序によらない．すなわち，結合則が成り立つ．明らかに，単位行列 $\boldsymbol{I}$ に対する射影変換は恒等変換であり，逆行列 $\boldsymbol{H}^{-1}$ に対する射影変

換は $\boldsymbol{H}$ に対する射影変換の逆変換である．

7.2 点 (x, y) が正則行列 $\boldsymbol{H}$ による射影変換によって (x', y') に写像されれば，

$$\begin{pmatrix} x/f_0 \\ y/f_0 \\ 1 \end{pmatrix} \simeq \boldsymbol{H}^{-1} \begin{pmatrix} x'/f_0 \\ y'/f_0 \\ 1 \end{pmatrix}$$

が成り立つ．点 (x, y) が直線 $ax + by + cf_0 = 0$ 上にあれば，

$$ax + by + cf_0 = f_0 \left(\begin{pmatrix} a \\ b \\ c \end{pmatrix}, \begin{pmatrix} x/f_0 \\ y/f_0 \\ 1 \end{pmatrix} \right) \simeq \left(\begin{pmatrix} a \\ b \\ c \end{pmatrix}, \boldsymbol{H}^{-1} \begin{pmatrix} x'/f_0 \\ y'/f_0 \\ 1 \end{pmatrix} \right)$$
$$= \left((\boldsymbol{H}^{-1})^\top \begin{pmatrix} a \\ b \\ c \end{pmatrix}, \begin{pmatrix} x'/f_0 \\ y'/f_0 \\ 1 \end{pmatrix} \right)$$

である．これは，a', b', c' を

$$\begin{pmatrix} a' \\ b' \\ c' \end{pmatrix} = \boldsymbol{H}^{-1} \begin{pmatrix} a \\ b \\ c \end{pmatrix}$$

によって定義すれば，(x', y') が $a'x' + b'y' + c'f_0 = 0$ を満たすことを意味する．すなわち，直線 $ax + by + cf_0 = 0$ は，直線 $a'x' + b'y' + c'f_0 = 0$ に写像される．

7.3 $\Delta\hat{\boldsymbol{p}} = \hat{\boldsymbol{p}} - \bar{\boldsymbol{p}}$ をおくと，式 (7.11) は $S = \|\tilde{\boldsymbol{p}} + \Delta\hat{\boldsymbol{p}}\|^2$ と書ける．演習問題 6.4 の解答のように，$\boldsymbol{p}$ に対する $\boldsymbol{\xi}^{(k)}$ の値を関数として $\boldsymbol{\xi}^{(k)}(\boldsymbol{p})$ と書くと，$\bar{\boldsymbol{\xi}}^{(k)} = \boldsymbol{\xi}^{(k)}(\hat{\boldsymbol{p}} - \Delta\hat{\boldsymbol{p}})$ であるが，$\Delta\hat{\boldsymbol{p}}$ が小さいときは，

$$\bar{\boldsymbol{\xi}}^{(k)} = \boldsymbol{\xi}^{(k)}(\hat{\boldsymbol{p}} - \Delta\hat{\boldsymbol{p}}) = \hat{\boldsymbol{\xi}}^{(k)} - \hat{\boldsymbol{T}}^{(k)}\Delta\hat{\boldsymbol{p}} + \cdots$$

と書ける（$\cdots$ は $\Delta\hat{\boldsymbol{p}}$ の高次の項）．ゆえに，制約 $(\bar{\boldsymbol{\xi}}^{(k)}, \boldsymbol{\theta}) = 0$ は，$\Delta\hat{\boldsymbol{p}}$ の高次の項を無視すれば，

$$(\hat{\boldsymbol{T}}^{(k)}\Delta\hat{\boldsymbol{p}}, \boldsymbol{\theta}) = (\hat{\boldsymbol{\xi}}^{(k)}, \boldsymbol{\theta}) \qquad (*)$$

と書ける．ラグランジュ乗数を導入し，

$$\|\tilde{\boldsymbol{p}} + \Delta\hat{\boldsymbol{p}}\|^2 - \sum_{k=1}^{3} \lambda^{(k)} \left((\hat{\boldsymbol{T}}^{(k)}\Delta\hat{\boldsymbol{p}}, \boldsymbol{\theta}) - (\hat{\boldsymbol{\xi}}^{(k)}, \boldsymbol{\theta}) \right)$$

を $\Delta\hat{\boldsymbol{p}}$ で微分して $\mathbf{0}$ とおくと，次のようになる．

$$2(\tilde{\boldsymbol{p}}+\Delta\hat{\boldsymbol{p}})-\sum_{k=1}^{3}\lambda^{(k)}\hat{\boldsymbol{T}}^{(k)\top}\boldsymbol{\theta}=\mathbf{0}$$

これから次式を得る．

$$\Delta\hat{\boldsymbol{p}}=\sum_{k=1}^{3}\frac{\lambda^{(k)}}{2}\hat{\boldsymbol{T}}^{(k)\top}\boldsymbol{\theta}-\tilde{\boldsymbol{p}}$$

これを式 $(*)$ に代入すると，次のようになる．

$$\left(\hat{\boldsymbol{T}}^{(k)}\left(\sum_{l=1}^{3}\frac{\lambda^{(l)}}{2}\hat{\boldsymbol{T}}^{(l)\top}\boldsymbol{\theta}-\tilde{\boldsymbol{p}}\right),\boldsymbol{\theta}\right)=(\hat{\boldsymbol{\xi}}^{(k)},\boldsymbol{\theta})$$

書き直すと，次のようになる．

$$\sum_{l=1}^{3}\frac{\lambda^{(l)}}{2}(\boldsymbol{\theta},\hat{\boldsymbol{T}}^{(k)}\hat{\boldsymbol{T}}^{(l)\top}\boldsymbol{\theta})=(\hat{\boldsymbol{\xi}}^{(k)}+\hat{\boldsymbol{T}}^{(k)}\tilde{\boldsymbol{p}},\boldsymbol{\theta})$$

$V_0^{(kl)}[\hat{\boldsymbol{\xi}}]$ と $\boldsymbol{\xi}^{*(k)}$ を用いると，これは次のように書ける．

$$\frac{1}{2}\sum_{l=1}^{3}(\boldsymbol{\theta},V_0^{(kl)}[\boldsymbol{\xi}]\boldsymbol{\theta})\lambda^{(l)}=(\boldsymbol{\xi}^{*(k)},\boldsymbol{\theta})$$

これは $\lambda^{(1)}$, $\lambda^{(2)}$, $\lambda^{(3)}$ に関する連立 1 次方程式であるが，係数行列 $\big((\boldsymbol{\theta},V_0^{(kl)}[\hat{\boldsymbol{\xi}}]\boldsymbol{\theta})\big)$ の行列式が 0 であることを考慮して，最小 2 乗法を用いて解く．その解は，ランク 2 の一般逆行列 $\hat{W}^{(kl)}=\big((\boldsymbol{\theta},V_0^{(kl)}[\hat{\boldsymbol{\xi}}]\boldsymbol{\theta})\big)_2^-$ を用いて次のように書ける．

$$\frac{\lambda^{(k)}}{2}=\sum_{l=1}^{3}\hat{W}^{(kl)}(\boldsymbol{\xi}^{*(l)},\boldsymbol{\theta})$$

ゆえに，$\bar{\boldsymbol{p}}=\hat{\boldsymbol{p}}-\Delta\hat{\boldsymbol{p}}$ は次のように推定される．

$$\hat{\hat{\boldsymbol{p}}}=\hat{\boldsymbol{p}}-\left(\sum_{k=1}^{3}\frac{\lambda^{(k)}}{2}\hat{\boldsymbol{T}}^{(k)\top}\boldsymbol{\theta}-\tilde{\boldsymbol{p}}\right)=\boldsymbol{p}-\sum_{k=1}^{3}\sum_{l=1}^{3}\hat{W}^{(kl)}(\boldsymbol{\xi}^{*(l)},\boldsymbol{\theta})\hat{\boldsymbol{T}}^{(k)\top}\boldsymbol{\theta}$$

7.4 点 (x,y) が (x',y') に対応するとき，エピ極線方程式と射影変換は，それぞれ次のように書ける．

$$\left(\begin{pmatrix}x/f_0\\y/f_0\\1\end{pmatrix},\boldsymbol{F}\begin{pmatrix}x'/f_0\\y'/f_0\\1\end{pmatrix}\right)=0,\qquad\begin{pmatrix}x'/f_0\\y'/f_0\\1\end{pmatrix}\simeq\boldsymbol{H}\begin{pmatrix}x/f_0\\y/f_0\\1\end{pmatrix}$$

ゆえに，次の関係が成り立つ．

$$\left(\begin{pmatrix} x/f_0 \\ y/f_0 \\ 1 \end{pmatrix}, \boldsymbol{FH}\begin{pmatrix} x/f_0 \\ y/f_0 \\ 1 \end{pmatrix}\right) = 0$$

これは任意の (x, y) に対して成り立つから，$\boldsymbol{FH}$ の定義する 2 次形式は恒等的に 0 である．2 次形式は係数行列の対称部分によって定まるから，$\boldsymbol{FH}$ の対称部分 $(\boldsymbol{FH} + (\boldsymbol{FH})^\top)/2$ は $\boldsymbol{O}$ である．ゆえに，式 (7.13) が成り立つ．

第 8 章

8.1 (1) 行列 $\boldsymbol{A} = \boldsymbol{I} + \boldsymbol{ab}^\top$ の (i, j) 要素は $A_{ij} = \delta_{ij} + a_i b_j$ である．ただし，δ_{ij} はクロネッカーデルタ（$i = j$ のとき 1，それ以外は 0）である．行列式の定義より，$|\boldsymbol{A}| = \sum_{i,j,k=1}^{3} \varepsilon_{ijk} A_{1i} A_{2j} A_{3k}$ である．ただし，ε_{ijk} は順列符号であり，(i, j, k) が $(1, 2, 3)$ の偶順列（偶数回の入れ替え）のとき 1，奇順列（奇数回の入れ替え）のとき -1 であり，それ以外は 0 である．ゆえに，$|\boldsymbol{A}|$ は次のように書ける．

$$\begin{aligned}
|\boldsymbol{A}| &= \sum_{i,j,k=1}^{3} \varepsilon_{ijk}(\delta_{1i} + a_1 b_i)(\delta_{2j} + a_2 b_j)(\delta_{3k} + a_3 b_k) \\
&= \sum_{i,j,k=1}^{3} \varepsilon_{ijk}(\delta_{1i}\delta_{2j}\delta_{3k} + \delta_{2j}\delta_{3k}a_1 b_i + \delta_{1i}\delta_{3k}a_2 b_j + \delta_{1i}\delta_{2j}a_3 b_k + \delta_{1i}a_2 a_3 b_j b_k \\
&\qquad + \delta_{2j}a_1 a_3 b_i b_k + \delta_{3k}a_1 a_2 b_i b_j + a_1 a_2 a_3 b_i b_j b_k) \\
&= \varepsilon_{123} + \sum_{i=1}^{3} a_1 \varepsilon_{i23} b_i + \sum_{j=1}^{3} a_2 \varepsilon_{1j3} b_j + \sum_{k=1}^{3} a_3 \varepsilon_{12k} b_k + a_2 a_3 \sum_{j,k=1}^{3} \varepsilon_{1jk} b_j b_k \\
&\qquad + a_1 a_3 \sum_{i,k=1}^{3} \varepsilon_{i2k} b_i b_k + a_1 a_2 \sum_{i,j=1}^{3} \varepsilon_{ij3} b_i b_j + a_1 a_2 a_3 \sum_{i,j,k=1}^{3} \varepsilon_{ijk} b_i b_j b_k \\
&= 1 + a_1 b_1 + a_2 b_2 + a_3 b_3
\end{aligned}$$

ただし，たとえば，$\sum_{j,k=1}^{3} \varepsilon_{1jk} b_j b_k$ や $\sum_{i,j,k=1}^{3} \varepsilon_{ijk} b_i b_j b_k$ では，$b_j b_k$ を含む項と $b_i b_j$ を含む項の符号が打ち消されることを用いた．

(2) 次のように示される．

$$\begin{aligned}
\left(\boldsymbol{I} - \frac{\boldsymbol{ab}^\top}{1 + (\boldsymbol{a}, \boldsymbol{b})}\right)(\boldsymbol{I} + \boldsymbol{ab}^\top) &= \boldsymbol{I} + \boldsymbol{ab}^\top - \frac{\boldsymbol{ab}^\top}{1 + (\boldsymbol{a}, \boldsymbol{b})} - \frac{\boldsymbol{ab}^\top \boldsymbol{ab}^\top}{1 + (\boldsymbol{a}, \boldsymbol{b})} \\
&= \boldsymbol{I} + \frac{(\boldsymbol{a}, \boldsymbol{b})\boldsymbol{ab}^\top}{1 + (\boldsymbol{a}, \boldsymbol{b})} - \frac{(\boldsymbol{a}, \boldsymbol{b})\boldsymbol{ab}^\top}{1 + (\boldsymbol{a}, \boldsymbol{b})} = \boldsymbol{I}
\end{aligned}$$

(3) $\boldsymbol{I}+\boldsymbol{a}\boldsymbol{b}^\top$ が直交行列であれば，$|\boldsymbol{I}+\boldsymbol{a}\boldsymbol{b}^\top| = 1+(\boldsymbol{a},\boldsymbol{b}) = 1$ であり，$(\boldsymbol{a},\boldsymbol{b}) = 0$ であるから，$\boldsymbol{a}$ と $\boldsymbol{b}$ は直交する．一方，$\boldsymbol{I}+\boldsymbol{a}\boldsymbol{b}^\top$ が直交行列であれば，$(\boldsymbol{I}+\boldsymbol{a}\boldsymbol{b}^\top)^{-1} = \boldsymbol{I}-\boldsymbol{a}\boldsymbol{b}^\top$ は $(\boldsymbol{I}+\boldsymbol{a}\boldsymbol{b}^\top)^\top = \boldsymbol{I}+\boldsymbol{b}\boldsymbol{a}^\top$ に等しくなければならない．ゆえに，$\boldsymbol{a}\boldsymbol{b}^\top - \boldsymbol{b}\boldsymbol{a}^\top = \boldsymbol{O}$ である．非対角要素を比較すると，$\boldsymbol{a}\times\boldsymbol{b} = \boldsymbol{0}$ がわかり，$\boldsymbol{a}$ と $\boldsymbol{b}$ は平行である．二つのベクトルが直交し，かつ平行であるのは，一方または両方が $\boldsymbol{0}$ の場合のみである．これは仮定 $\boldsymbol{a}\neq\boldsymbol{0}$, $\boldsymbol{b}\neq\boldsymbol{0}$ に反する．ゆえに，$\boldsymbol{I}+\boldsymbol{a}\boldsymbol{b}^\top$ は直交行列ではない．

8.2 (1) 式 (8.9) の定義より，

$$\boldsymbol{x} = \begin{pmatrix} f_0 & 0 & 0 \\ 0 & f_0 & 0 \\ 0 & 0 & f \end{pmatrix} \begin{pmatrix} x/f_0 \\ y/f_0 \\ 1 \end{pmatrix}, \qquad \boldsymbol{x}' = \begin{pmatrix} f_0 & 0 & 0 \\ 0 & f_0 & 0 \\ 0 & 0 & f' \end{pmatrix} \begin{pmatrix} x'/f_0 \\ y'/f_0 \\ 1 \end{pmatrix}$$

であるから，次の関係が成り立つ．

$$\begin{aligned} \boldsymbol{x}' &= \begin{pmatrix} f_0 & 0 & 0 \\ 0 & f_0 & 0 \\ 0 & 0 & f' \end{pmatrix} \boldsymbol{H} \begin{pmatrix} x/f_0 \\ y/f_0 \\ 1 \end{pmatrix} \simeq \begin{pmatrix} f_0 & 0 & 0 \\ 0 & f_0 & 0 \\ 0 & 0 & f' \end{pmatrix} \boldsymbol{H} \begin{pmatrix} 1/f_0 & 0 & 0 \\ 0 & 1/f_0 & 0 \\ 0 & 0 & 1/f \end{pmatrix} \boldsymbol{x} \\ &= \tilde{\boldsymbol{H}}\boldsymbol{x} \end{aligned}$$

(2) 図 5.2 に示すように，3 次元点 (X,Y,Z) の位置ベクトルは $\boldsymbol{x}$（原点 O から画像面上の (x,y) を指すベクトル）の定数倍であり，ある定数 c を用いて $c\boldsymbol{x}$ と書ける．同様に，第 2 カメラから見たその 3 次元点の位置ベクトルは，ある定数 c' を用いて $c'\boldsymbol{x}'$ と書ける．しかし，第 2 カメラは第 1 カメラ（= 世界座標系）に対して $\boldsymbol{t}$ だけ並進し，$\boldsymbol{R}$ だけ回転しているから，XYZ 座標系に対して $\boldsymbol{t}+c'\boldsymbol{R}\boldsymbol{x}'$ である．ゆえに，

$$c\boldsymbol{x} = \boldsymbol{t}+c'\boldsymbol{R}\boldsymbol{x}'$$

である．両辺と $\boldsymbol{n}$ との内積をとると，式 (8.1) の平面の方程式より，$(\boldsymbol{n},c\boldsymbol{x}) = h$ であり，$c = h/(\boldsymbol{n},\boldsymbol{x})$ である．ゆえに，

$$\begin{aligned} \boldsymbol{x}' &= \frac{1}{c'}\boldsymbol{R}^\top(c\boldsymbol{x}-\boldsymbol{t}) = \frac{1}{c'}\boldsymbol{R}^\top\left(\frac{h\boldsymbol{x}}{(\boldsymbol{n},\boldsymbol{x})}-\boldsymbol{t}\right) = \frac{h}{c'(\boldsymbol{n},\boldsymbol{x})}\boldsymbol{R}^\top\left(\boldsymbol{x}-\frac{\boldsymbol{t}\boldsymbol{n}^\top}{h}\boldsymbol{x}\right) \\ &= \frac{h}{c'(\boldsymbol{n},\boldsymbol{x})}\boldsymbol{R}^\top\left(\boldsymbol{I}-\frac{\boldsymbol{t}\boldsymbol{n}^\top}{h}\right)\boldsymbol{x} \end{aligned}$$

である．これと式 (8.10) を比較すると，$\tilde{\boldsymbol{H}}$ が次のように書ける．

$$\tilde{\boldsymbol{H}} \simeq \boldsymbol{R}^\top\left(\boldsymbol{I}-\frac{\boldsymbol{t}\boldsymbol{n}^\top}{h}\right)$$

$|\boldsymbol{R}| = 1$ であるから，式 (8.7) より，右辺の行列式は $1 - (\boldsymbol{n}, \boldsymbol{t})/h$ である．ゆえに，正規化した $\tilde{\boldsymbol{H}}$ が式 (8.11) のように書ける．

(3) 平面 $n_1X + n_2Y + n_3Z = h$ は空間を 2 分し，片側では $n_1X + n_2Y + n_3Z > h$ であり，その反対側では $n_1X + n_2Y + n_3Z < h$ である．仮定により $h > 0$ であるから，原点 O（第 1 カメラの視点）は $n_1X + n_2Y + n_3Z < h$ の領域にある．仮定により，カメラの並進 $\boldsymbol{t} = (t_i)$ は平面の同じ側に生じるから，$n_1t_1 + n_2t_2 + n_3t_3 < h$ である．ゆえに $(\boldsymbol{n}, \boldsymbol{t}) < h$ であり，したがって $k > 0$ である．

8.3 $\boldsymbol{U}, \boldsymbol{V}^\top$ は直交行列であるから，行列式は 1 であり，$|\tilde{\boldsymbol{H}}| = |\boldsymbol{U}|\sigma_1\sigma_2\sigma_3|\boldsymbol{V}^\top| = \sigma_1\sigma_2\sigma_3$ である．これは，式 (8.3) によって 1 に正規化されている．もし $\sigma_1 = \sigma_2 = \sigma_3 = 1$ であれば，$\tilde{\boldsymbol{H}} = \boldsymbol{U}\boldsymbol{V}^\top$ は直交行列である．式 (8.11) から，もし $\tilde{\boldsymbol{H}}$ が直交行列なら，$\boldsymbol{I} - \boldsymbol{t}\boldsymbol{n}^\top/h$ も直交行列であるが，$\boldsymbol{n}$ は単位ベクトルであり，$\boldsymbol{t}$ は仮定によって $\boldsymbol{0}$ ではない．したがって，$\boldsymbol{I} - \boldsymbol{t}\boldsymbol{n}^\top/h$ は直交行列ではない（↪ 演習問題 8.1(3)）．ゆえに，$\sigma_1 = \sigma_2 = \sigma_3 = 1$ ではない．

8.4 式 (8.11) から次式を得る．

$$k^2\tilde{\boldsymbol{H}}^\top\tilde{\boldsymbol{H}} = \left(\boldsymbol{I} - \frac{\boldsymbol{n}\boldsymbol{t}^\top}{h}\right)\left(\boldsymbol{I} - \frac{\boldsymbol{t}\boldsymbol{n}^\top}{h}\right)$$

両辺に左から $\boldsymbol{V}^\top$ を，右から $\boldsymbol{V}$ を左から掛けると，$\|\boldsymbol{\tau}\|^2 = \|\boldsymbol{t}\|^2 = 1$ であるから，次のようになる．

$$\begin{aligned}k^2\boldsymbol{V}^\top\tilde{\boldsymbol{H}}^\top\tilde{\boldsymbol{H}}\boldsymbol{V} &= \boldsymbol{V}^\top\left(\boldsymbol{I} - \frac{\boldsymbol{n}\boldsymbol{t}^\top}{h}\right)\boldsymbol{V}\boldsymbol{V}^\top\left(\boldsymbol{I} - \frac{\boldsymbol{t}\boldsymbol{n}^\top}{h}\right)\boldsymbol{V} \\ &= (\boldsymbol{I} - \boldsymbol{\nu}\boldsymbol{\tau}^\top)(\boldsymbol{I} - \boldsymbol{\tau}\boldsymbol{\nu}^\top) = \boldsymbol{I} - \boldsymbol{\tau}\boldsymbol{\nu}^\top - \boldsymbol{\nu}\boldsymbol{\tau}^\top + \boldsymbol{\nu}\boldsymbol{\nu}^\top\end{aligned}$$

式 (8.2) より

$$k^2\boldsymbol{V}^\top\tilde{\boldsymbol{H}}^\top\tilde{\boldsymbol{H}}\boldsymbol{V} = k^2\begin{pmatrix}\sigma_1^2 & 0 & 0 \\ 0 & \sigma_2^2 & 0 \\ 0 & 0 & \sigma_3^2\end{pmatrix}$$

となるから，式 (8.13) が得られる．

8.5 (1) $\nu_2 = 0$ であるから，式 (8.13) から次式を得る．

$$1 - 2\nu_1\tau_1 + \nu_1^2 = k^2\sigma_1^2, \qquad 1 = k^2\sigma_2^2, \qquad 1 - 2\nu_3\tau_3 + \nu_3^2 = k^2\sigma_3^2,$$

$$-\nu_1\tau_2 = 0, \qquad -\tau_2\nu_3 = 0, \qquad -\tau_3\nu_1 - \nu_3\tau_1 + \nu_3\nu_1 = 0 \qquad (*1)$$

第 2 式から得られる $k^2 = 1/\sigma_2^2$ を第 1, 3 式に代入すると，τ_1, τ_3 が次のように

書ける．

$$\tau_1 = \frac{1-(\sigma_1/\sigma_2)^2+\nu_1^2}{2\nu_1}, \qquad \tau_3 = \frac{1-(\sigma_3/\sigma_2)^2+\nu_3^2}{2\nu_3} \tag{*2}$$

これを式 (*1) の第 6 式に代入すると，次式を得る．

$$\frac{\nu_1}{2\nu_3}\Big(1-\Big(\frac{\sigma_3}{\sigma_2}\Big)^2+\nu_3^2\Big)+\frac{\nu_3}{2\nu_1}\Big(1-\Big(\frac{\sigma_1}{\sigma_2}\Big)^2+\nu_1^2\Big)=\nu_3\nu_1$$

書き直すと，次のようになる．

$$\Big(\Big(\frac{\sigma_1}{\sigma_2}\Big)^2-1\Big)\nu_3^2=\Big(1-\Big(\frac{\sigma_3}{\sigma_2}\Big)^2\Big)\nu_1^2 \tag{*3}$$

$\sigma_1 \geq \sigma_2 \geq \sigma_3$ であるから，両辺はともに正であるか，ともに 0 であるかのどちらかである．$\nu_1 \neq 0$, $\nu_3 \neq 0$ であるから，両辺が 0 になるのは $\sigma_1=\sigma_2=\sigma_3$ のときであり，矛盾である（$\hookrightarrow$ 演習問題 8.3）．ゆえに，両辺はともにある正数 $\mu>0$ であり，$\sigma_1>\sigma_2>\sigma_3$ である．したがって，ν_1^2, ν_3^2 が次のように書ける．

$$\nu_1^2=\mu\Big(\Big(\frac{\sigma_1}{\sigma_2}\Big)^2-1\Big), \qquad \nu_3^2=\mu\Big(1-\Big(\frac{\sigma_3}{\sigma_2}\Big)^2\Big) \tag{*4}$$

これを式 (*2) の分子に代入すると，次のようになる．

$$\tau_1=\frac{(\sigma_1/\sigma_2)^2-1}{2\nu_1}(\mu-1), \qquad \tau_3=\frac{1-(\sigma_3/\sigma_2)^2}{2\nu_3}(\mu+1) \tag{*5}$$

両辺を 2 乗して式 (*4) を代入すると，次のようになる．

$$\tau_1^2=\frac{1}{4\mu}\Big(\Big(\frac{\sigma_1}{\sigma_2}\Big)^2-1\Big)(\mu-1)^2, \qquad \tau_3^2=\frac{1}{4\mu}\Big(1-\Big(\frac{\sigma_3}{\sigma_2}\Big)^2\Big)(\mu+1)^2$$

$\boldsymbol{\tau}=(\tau_i)$ は単位ベクトル $\boldsymbol{t}$ を直交行列 $\boldsymbol{V}^\top$ で変換したものであるから，やはり単位ベクトルであり，$\tau_1^2+\tau_3^2=1$ である．ゆえに，次式が成り立つ．

$$(\sigma_1^2-\sigma_3)\mu^2-2(\sigma_1^2+\sigma_3^2)\mu+(\sigma_1^2-\sigma_3)=0$$

これは μ の 2 次方程式であり，次の解をもつ．

$$\mu=\frac{\sigma_1-\sigma_3}{\sigma_1+\sigma_3},\ \ \frac{\sigma_1+\sigma_3}{\sigma_1-\sigma_3}$$

$\boldsymbol{V}^\top$ は直交行列であるから，式 (8.12) より $(\boldsymbol{\nu},\boldsymbol{\tau})=(\boldsymbol{n},\boldsymbol{t})/h$ であり，これは仮定より 1 より小さい．式 (*5) より，

$$(\boldsymbol{\nu},\boldsymbol{\tau})=\nu_1\tau_1+\nu_3\tau_3=1-\frac{1}{2\sigma_2^2}(\sigma_1^2+\sigma_3^2-(\sigma_1^2-\sigma_3^2)\mu) \tag{*6}$$

である．これは，$\mu = (\sigma_1 - \sigma_3)/(\sigma_1 + \sigma_3)$ に対しては $1 - \sigma_1\sigma_3/\sigma_2^2\ (< 1)$ に等しく，$\mu = (\sigma_1 + \sigma_3)/(\sigma_1 - \sigma_3)$ に対しては $1 + \sigma_1\sigma_3/\sigma_2^2\ (> 1)$ に等しいから，前者が選ばれる．ゆえに，式 $(*4)$ より，ν_1, ν_3 は式 (8.14)，および全体の符号を反転したものとなる．仮定により，$\nu_2 = 0$ である．式 $(*5)$ から，τ_1, τ_3 は式 (8.15)，および全体の符号を反転したものとなる．式 $(*1)$ の第 4, 5 式から $\tau_2 = 0$ である．

(2) 4 通りの場合を考える．

場合 1： $\nu_1 \neq 0, \nu_2 \neq 0, \nu_3 \neq 0$

式 (8.13) より，次式を得る．

$$-\nu_2\tau_3 - \tau_2\nu_3 + \nu_2\nu_3 = 0, \quad -\nu_3\tau_1 - \tau_3\nu_1 + \nu_3\nu_1 = 0, \quad -\nu_1\tau_2 - \tau_1\nu_2 + \nu_1\nu_2 = 0$$

ゆえに，

$$\begin{pmatrix} 0 & \nu_3 & \nu_2 \\ \nu_3 & 0 & \nu_1 \\ \nu_2 & \nu_1 & 0 \end{pmatrix} \begin{pmatrix} \tau_1 \\ \tau_2 \\ \tau_3 \end{pmatrix} = \begin{pmatrix} \nu_2\nu_3 \\ \nu_3\nu_1 \\ \nu_1\nu_2 \end{pmatrix}$$

である．左辺の行列の行列式は $2\nu_1\nu_2\nu_3$ であり，これは 0 でない．ゆえに，逆行列が存在して，解が次のように書ける．

$$\begin{pmatrix} \tau_1 \\ \tau_2 \\ \tau_3 \end{pmatrix} = \frac{1}{2\nu_1\nu_2\nu_3} \begin{pmatrix} -\nu_1^2 & \nu_1\nu_2 & \nu_1\nu_3 \\ \nu_2\nu_1 & -\nu_2^2 & \nu_2\nu_3 \\ \nu_3\nu_1 & \nu_3\nu_2 & -\nu_3^2 \end{pmatrix} \begin{pmatrix} \nu_2\nu_3 \\ \nu_3\nu_1 \\ \nu_1\nu_2 \end{pmatrix} = \frac{1}{2} \begin{pmatrix} \nu_1 \\ \nu_2 \\ \nu_3 \end{pmatrix}$$

すなわち，$2\tau_i = \nu_i$ であり，式 (8.13) の右辺の対角要素がすべて 1 となる．これは $\sigma_1 = \sigma_2 = \sigma_3$ を意味し，矛盾である（$\hookrightarrow$ 演習問題 8.3）．

場合 2： $\nu_1 = 0, \nu_2 \neq 0, \nu_3 \neq 0$

すでに調べた $\nu_1 \neq 0, \nu_2 = 0, \nu_3 \neq 0$ の場合の ν_1, ν_3 を ν_2, ν_3 に置き換えた式が成り立ち，式 $(*3)$ は次のようになる．

$$\left(\left(\frac{\sigma_2}{\sigma_1}\right)^2 - 1\right)\nu_3^2 = \left(1 - \left(\frac{\sigma_3}{\sigma_1}\right)^2\right)\nu_2^2$$

$\sigma_1 \geq \sigma_2 \geq \sigma_3$ であるから，左辺は 0 または負であり，右辺は 0 または正である．ゆえに，両辺は 0 であり，$\sigma_1 = \sigma_2 = \sigma_3$ となり，矛盾である（$\hookrightarrow$ 演習問題 8.3）．

場合 3： $\nu_1 \neq 0, \nu_2 \neq 0, \nu_3 = 0$

この場合は式 $(*3)$ は

$$\left(\left(\frac{\sigma_1}{\sigma_3}\right)^2 - 1\right)\nu_2^2 = \left(1 - \left(\frac{\sigma_2}{\sigma_3}\right)^2\right)\nu_1^2$$

となる．この場合も左辺は正または 0，右辺は負または 0，すなわち，両辺が 0 であり，$\sigma_1 = \sigma_2 = \sigma_3$ となり，矛盾である（$\hookrightarrow$ 演習問題 8.3）．

場合 4： $\nu_1 = 0, \nu_2 \neq 0, \nu_3 = 0$

式 (8.13) の対角要素を比較すると，$k^2\sigma_1^2 = 1, k^2\sigma_3^2 = 1$ であるから $\sigma_1 = \sigma_3$ である．$\sigma_1 \geq \sigma_2 \geq \sigma_3$ であるから，$\sigma_1 = \sigma_2 = \sigma_3$ となり，矛盾である（$\hookrightarrow$ 演習問題 8.3）．

(3) 仮定より $\boldsymbol{\nu} = \boldsymbol{V}^\top \boldsymbol{n}/h \neq \boldsymbol{0}$ であるから，二つの場合を考える．

場合 1： $\nu_1 \neq 0, \nu_2 = \nu_3 = 0$

式 (8.13) の非対角要素を比較すると，$\tau_2\nu_1 = 0$, $\tau_3\nu_1 = 0$ である．ゆえに，$\tau_2 = \tau_3 = 0$ である．$\boldsymbol{\tau}$ は単位ベクトルであるから $\tau_1 = \pm 1$ であるが，最終的に符号を反転したものも解になることから，$\tau_1 = -1$ としてよい．式 (8.13) の対角要素を比較すると，

$$k^2\sigma_1^2 = 1 + 2\nu_1 + \nu_1^2, \qquad k^2\sigma_2 = 1, \qquad k^2\sigma_3 = 1$$

となる．第 1 式の右辺は $(1+\nu_1)^2$ であるが，$(\boldsymbol{\nu}, \boldsymbol{\tau}) = (\boldsymbol{n}, \boldsymbol{t})/h < 1$ であるから（$\hookrightarrow$ 演習問題 8.2(3)），$-nu_1 < 1$，すなわち $1 + \nu_1 > 0$ である．ゆえに，$k\sigma_1 = 1 + \nu_1$ となる．第 2, 3 式より $\sigma_2 = \sigma_3$ であり，$k = 1/\sigma_2$ $(= 1/\sigma_3)$ である．ゆえに，

$$\nu_1 = k\sigma_1 - 1 = \frac{\sigma_1 - \sigma_2}{\sigma_2}$$

であり，$\nu_2 = \nu_3 = 0$ である．そして，$\tau_1 = -1, \tau_2 = \tau_3 = 0$ である．これは，式 (8.14), (8.15) で $\sigma_2 = \sigma_3$ のときの解になっている．

場合 2： $\nu_1 = \nu_2 = 0, \nu_3 \neq 0$

式 (8.13) の非対角要素を比較すると，$\tau_1\nu_3 = 0$, $\tau_2\nu_3 = 0$ である．ゆえに，$\tau_1 = \tau_2 = 0$ である．$\boldsymbol{\tau}$ は単位ベクトルであるが，最終的に符号を反転したものも解になることから，$\tau_1 = 1$ としてよい．式 (8.13) の対角要素を比較すると，

$$k^2\sigma_1^2 = 1, \qquad k^2\sigma_2 = 1, \qquad k^2\sigma_3 = 1 - 2\nu_3 + \nu_3^2$$

となる．第 1, 2 式より $\sigma_1 = \sigma_2$ であり，$k = 1/\sigma_1$ $(= 1/\sigma_2)$ である．第 3 式の右辺は $(1-\nu_3)^2$ であるが，$(\boldsymbol{\nu}, \boldsymbol{\tau}) = (\boldsymbol{n}, \boldsymbol{t})/h < 1$ であるから（$\hookrightarrow$ 演習問題 8.2(3)），$\nu_3 < 1$，すなわち $1 - \nu_3 > 0$ である．ゆえに，$k\sigma_3 = 1 - \nu_3$ となる．したがって，

$$\nu_3 = 1 - k\sigma_3 = \frac{\sigma_1 - \sigma_3}{\sigma_1}$$

であり，$\nu_1 = \nu_2 = 0$ である．そして，$\tau_1 = \tau_2 = 0, \tau_3 = 1$ である．これと全体の符号を変えたものは，式 (8.14), (8.15) で $\sigma_1 = \sigma_2$ のときの解となっている．

(4) $\boldsymbol{V}$ は直交行列であるから，式 (8.12) より，$\boldsymbol{t}, \boldsymbol{n}$ が次のように書ける．

$$\boldsymbol{t} = \boldsymbol{V}\boldsymbol{\tau} = \tau_1\boldsymbol{v}_1 + \tau_2\boldsymbol{v}_2 + \tau_3\boldsymbol{v}_3, \qquad \boldsymbol{n} = h\boldsymbol{V}\boldsymbol{\nu} = h(\nu_1\boldsymbol{v}_1 + \nu_2\boldsymbol{v}_2 + \nu_3\boldsymbol{v}_3)$$

ただし，$\boldsymbol{v}_1, \boldsymbol{v}_2, \boldsymbol{v}_3$ は $\boldsymbol{V}$ の第 1, 2, 3 列である．$\boldsymbol{t}, \boldsymbol{n}$ はともに単位ベクトルであるから，正規化作用素 $\mathcal{N}[\cdot]$ を用いれば，式 (8.14), (8.15) より，式 (8.5), (8.6) のように書ける．全体の符号を変えたものも解である．

(5) $\boldsymbol{n} = h(\nu_1\boldsymbol{v}_1 + \nu_2\boldsymbol{v}_2 + \nu_3\boldsymbol{v}_3)$ は単位ベクトルであるから，$h = 1/(\nu_1^2 + \nu_2^2 + \nu_1^3)$ である．式 (8.14) から，

$$\nu_1^2 + \nu_2^2 + \nu_1^3 = \frac{1}{\sigma_2^2}\frac{\sigma_1 - \sigma_3}{\sigma_1 + \sigma_3}(\sigma_1^2 - \sigma_3^2) = \frac{1}{\sigma_2^2}(\sigma_1 - \sigma_3)^2$$

である．仮定より $h > 0$ であり，$\sigma_1 \geq \sigma_3$ であるから，h が式 (8.5) のように書ける．

(6) 式 (8.11) の両辺を転置すると

$$\tilde{\boldsymbol{H}}^\top = \frac{1}{k}\Big(\boldsymbol{I} - \frac{\boldsymbol{n}\boldsymbol{t}^\top}{h}\Big)\boldsymbol{R}$$

であるから，式 (8.8) を用いると，

$$\boldsymbol{R} = k\Big(\boldsymbol{I} - \frac{\boldsymbol{n}\boldsymbol{t}^\top}{h}\Big)^{-1}\tilde{\boldsymbol{H}}^\top = k\Big(\boldsymbol{I} + \frac{\boldsymbol{n}\boldsymbol{t}^\top/h}{1 - (\boldsymbol{n}, \boldsymbol{t})/h}\Big)\tilde{\boldsymbol{H}}^\top$$

となる．式 (8.12) より $(\boldsymbol{n}, \boldsymbol{t})/h = (\boldsymbol{\nu}, \boldsymbol{\tau})$ であり，式 (∗6) より

$$(\boldsymbol{\nu}, \boldsymbol{\tau}) = \nu_1\tau_1 + \nu_3\tau_3 = 1 - \frac{\sigma_1\sigma_3}{\sigma_2^2} = 1 - \frac{1}{\sigma_2^3}$$

である．ただし，$\tilde{\boldsymbol{H}}$ は行列式が 1 であり，式 (8.4) より $\sigma_1\sigma_2\sigma_3 = 1$ であることを用いた．ゆえに，$1 - (\boldsymbol{n}, \boldsymbol{t})/h = 1/\sigma_2^3$ である．また，式 (8.11) より $k = \sqrt[3]{1 - (\boldsymbol{n}, \boldsymbol{t})/h} = \sqrt[3]{1/\sigma_2^3} = 1/\sigma_2$ である．したがって，$\boldsymbol{R}$ が式 (8.6) のように書ける．

第 9 章

9.1 式 (9.5) を用いて式 (9.1) の 2 次曲線を x 方向に $-x_c$ だけ，y 方向に $-y_c$ だけ平行移動すると，式 (9.7) より

$$Ax^2 + 2Bxy + Cy^2 = c, \qquad c = Ax_c^2 + 2Bx_cy_c + Cy_c^2 - f_0F$$

となる．xy 座標系を原点の周りに角度 θ だけ回転した $x'y'$ 座標系では標準形

$$\lambda_1 x'^2 + \lambda_2 y'^2 = c$$

となるような θ が存在する．線形代数でよく知られているように，λ_1, λ_2 は行列 $\begin{pmatrix} A & B \\ B & C \end{pmatrix}$ の固有値である．これが楕円を表すのは λ_1, λ_2 が同符号の場合，すなわち，$\lambda_1\lambda_2 > 0$ のときである．固有値 λ_1, λ_2 は固有方程式

$$\begin{vmatrix} \lambda - A & -B \\ -B & \lambda - C \end{vmatrix} = \lambda^2 - (A+C)\lambda + (AC - B^2) = 0$$

の解であるから，解と係数の関係から $\lambda_1\lambda_2 = AC - B^2$ である．ゆえに，楕円を表すのは $AC - B^2 > 0$ のときである．そして，λ_1, λ_2 が c と同符号の場合が実の楕円，異符号の場合は虚の楕円となる．放物線となるのは λ_1, λ_2 の一方が 0，すなわち $\lambda_1\lambda_2 = 0$ のときであり，双曲線となるのは λ_1, λ_2 が異符号，すなわち $\lambda_1\lambda_2 < 0$ のときである．これらは，それぞれ $AC - B^2 = 0$, $AC - B^2 < 0$ に対応する．

9.2 (1) 行列式を展開して計算すると，λ の 3 乗の項は λ^3 であり，2 乗の項は $(A_{11} + A_{22} + A_{33})\lambda^2$，すなわち，$\lambda^2 \mathrm{tr}[\boldsymbol{A}]$ であることがわかる．また，1 次の項の係数は $\boldsymbol{A}$ の各対角要素を含む行と列を除いた小行列式の和であることがわかり，$A^\dagger_{11} + A^\dagger_{22} + A^\dagger_{33} = \mathrm{tr}[\boldsymbol{A}^\dagger]$ である．定数項は，$\lambda = 0$ とすればわかるように $|\boldsymbol{A}|$ である．

(2) $\boldsymbol{A}^{-1} = \boldsymbol{A}^\dagger/|\boldsymbol{A}|$ であるから，次の関係が成り立つ．

$$|\lambda\boldsymbol{A} + \boldsymbol{B}| = |\boldsymbol{A}| \cdot |\lambda\boldsymbol{I} + \boldsymbol{A}^{-1}\boldsymbol{B}| = |\boldsymbol{A}| \cdot \left|\lambda\boldsymbol{I} + \frac{\boldsymbol{A}^\dagger}{|\boldsymbol{A}|}\boldsymbol{B}\right|$$

明らかに λ の 3 乗の項は $|\boldsymbol{A}|\lambda^3$ であり，2 乗の項の係数は (1) より $|\boldsymbol{A}|\mathrm{tr}[(\boldsymbol{A}^\dagger/|\boldsymbol{A}|)\boldsymbol{B}] = \mathrm{tr}[\boldsymbol{A}^\dagger\boldsymbol{B}]$ である．定数項は，$\lambda = 0$ とすればわかるように，$|\boldsymbol{B}|$ である．一方，次の関係に注意する．

$$|\lambda\boldsymbol{A} + \boldsymbol{B}| = \lambda^3 \left|\frac{\boldsymbol{B}}{\lambda} + \boldsymbol{A}\right|$$

この λ の項の係数は $|\boldsymbol{B}/\lambda + \boldsymbol{A}|$ の $1/\lambda^2$ の項の係数に等しく，上の結果から $\mathrm{tr}[\boldsymbol{B}^\dagger\boldsymbol{A}]$ $(= \mathrm{tr}[\boldsymbol{A}\boldsymbol{B}^\dagger])$ である．これから，式 (9.35) が得られる．以上の導出では $\boldsymbol{A}$ の逆行列 $\boldsymbol{A}^{-1}$ が存在し，また，$\lambda \neq 0$ としているが，式 (9.35) は $\boldsymbol{A}$ および λ の多項式である．ゆえに，これは恒等式であり，$|\boldsymbol{A}| = 0$, $\lambda = 0$ の場合を含めて成立する．

9.3 式 (2.1) を x について整理すると，次のようになる．

$$Ax^2 + 2(By + Df_0)x + (Cy^2 + 2f_0Ey + f_0^2F) = 0$$

これは，x について次のように因数分解される．

$$A(x-\alpha)(y-\beta)=0, \quad \alpha,\beta=\frac{-(By+Df_0)\pm\sqrt{(By+Df_0)^2-A(Cy^2+2f_0Ey+f_0^2F)}}{A}$$

$|\boldsymbol{Q}|=0$ であるから，2 次式が退化して二つの 1 次式の積に因数分解されなければならない．したがって，根号の中身

$$(B^2-AC)y^2+2f_0(BD-AE)y+f_0^2(D^2-AF)$$

が y の 1 次式の平方となるはずであり，$B^2-AC>0$ のときは次の形をしていなければならない．

$$\left(\sqrt{B^2-AC}y+f_0\frac{BD-AE}{\sqrt{B^2-AC}}\right)^2$$

ゆえに，全体が次のように因数分解される．

$$A\left(x-\frac{-(By+Df_0)+\sqrt{B^2-AC}y+f_0(BD-AE)/\sqrt{B^2-AC}}{A}\right)$$
$$\times\left(x-\frac{-(By+Df_0)-\sqrt{B^2-AC}y-f_0(BD-AE)/\sqrt{B^2-AC}}{A}\right)=0$$

これから式 (9.36) が得られる．

9.4 $n_2\neq 0$ なら，式 (9.1) に $y=-(n_1x+n_3f_0)/n_2$ を代入した

$$Ax^2-\frac{2Bx(n_1x+n_3f_0)}{n_2}+\frac{C(n_1x+n_3f_0)^2}{n_2^2}+2f_0\left(Dx-\frac{E(n_1x+n_3f_0)}{n_2}\right)+f_0^2F$$
$$=0$$

を展開して整理すると，次の x の 2 次方程式を得る．

$$(An_2^2-2Bn_1n_2+Cn_1^2)x^2+2f_0(Dn_2^2+Cn_1n_3-Bn_2n_3-En_1n_2)x$$
$$+(Cn_3^2-2En_2n_3+Fn_2^2)f_0^2=0$$

この二つの解を x_i $(i=1,\ 2)$ とし，$y_i=-(n_1x_i+n_3f_0)/n_2$ を計算すればよい．$n_2\approx 0$ なら式 (9.1) に $x=-(n_2y+n_3f_0)/n_1$ を代入した

$$\frac{A(n_2x+n_3f_0)^2}{n_1^2}-\frac{2Bx(n_2y+n_3f_0)}{n_1}+Cy^2+2f_0\left(-\frac{D(n_2y+n_3f_0)}{n_1}+Ey\right)+f_0^2F$$
$$=0$$

を展開して整理すると，次の y の 2 次方程式を得る．

$$(An_2^2 - 2Bn_1n_2 + Cn_1^2)y^2 + 2f_0(En_1^2 + An_2n_3 - Bn_1n_3 - Dn_1n_2)y$$
$$+ (An_3^2 - 2Dn_1n_3 + Fn_1^2)f_0^2 = 0$$

この二つの解を y_i $(i = 1, 2)$ とし，$x_i = -(n_2x_i + n_3f_0)/n_1$ を計算すればよい．実際の計算では，$n_2 \neq 0$ か $n_2 \approx 0$ で場合分けするのではなく，$|n_2| \geq |n_1|$ なら前者で，$|n_2| < |n_1|$ なら後者で計算するのがよい．2 次方程式が虚数解の場合は，直線は楕円と交わらない．重解の場合は接点が得られる．

9.5 直線 $n_1x + n_2y + n_3f_0 = 0$ の法線ベクトルは $(n_1, n_2)^\top$ である．曲線 $F(x, y) = 0$ 上の点 (x_0, y_0) における法線ベクトルは $\nabla F = (\partial F/\partial x, \partial F/\partial y)$ で与えられるから，式 (9.1) の曲線上の点 (x_0, y_0) における法線ベクトル $(n_1, n_2)^\top$ は

$$n_1 = Ax_0 + By_0 + f_0D, \qquad n_2 = Bx_0 + Cy_0 + f_0E$$

で与えられる．点 (x_0, y_0) を通って法線ベクトル $(n_1, n_2)^\top$ をもつ直線は，

$$n_1(x - x_0) + n_2(x - x_0) + n_3f_0 = 0$$

である．展開して $Ax_0^2 + 2Bx_0y_0 + Cy_0^2 + 2f_0(Dx_0 + Ey_0) + f_0^2F = 0$ を用いると，式 (9.8) による直線 $n_1x + n_2y + n_3f_0 = 0$ となる．

9.6 手順 2.6 において，点 (x_α, y_α) を (a, b) に変えて，楕円を更新するステップ 4 を除けばよいから，次の手順が得られる．

1. 楕円を式 (2.3) のように 6 次元ベクトル $\boldsymbol{\theta}$ で表す．そして，$J_0^* = \infty$ とし（∞ は十分大きい数），$\hat{a} = a$, $\hat{b} = b$, $\tilde{a} = \tilde{b} = 0$ とおく．
2. 式 (2.15) の $V_0[\boldsymbol{\xi}_\alpha]$ の $\bar{x}_\alpha$, $\bar{y}_\alpha$ をそれぞれ $\hat{a}$, $\hat{b}$ に置き換えた正規化共分散行列 $V_0[\hat{\boldsymbol{\xi}}]$ を計算する．
3. 次の $\boldsymbol{\xi}^*$ を計算する．

$$\boldsymbol{\xi}^* = \begin{pmatrix} \hat{a}^2 + 2\hat{a}\tilde{a} \\ 2(\hat{a}\hat{b} + \hat{b}\tilde{a} + \hat{a}\tilde{b}) \\ \hat{b}^2 + 2\hat{b}\tilde{b} \\ 2f_0(\hat{a} + \tilde{a}) \\ 2f_0(\hat{b} + \tilde{b}) \\ f_0 \end{pmatrix}$$

4. $\tilde{a}$, $\tilde{b}$, $\hat{a}$, $\hat{b}$ を次のように更新する．

$$\begin{pmatrix} \tilde{a} \\ \tilde{b} \end{pmatrix} \leftarrow \frac{2(\boldsymbol{\xi}^*, \boldsymbol{\theta})^2}{(\boldsymbol{\theta}, V_0[\hat{\boldsymbol{\xi}}]\boldsymbol{\theta})} \begin{pmatrix} \theta_1 & \theta_2 & \theta_4 \\ \theta_2 & \theta_3 & \theta_5 \end{pmatrix} \begin{pmatrix} \hat{a} \\ \hat{b} \\ f_0 \end{pmatrix}, \qquad \hat{a} \leftarrow a - \tilde{a}, \qquad \hat{b} \leftarrow b - \tilde{b}$$

5. 次の J^* を計算する

$$J^* = \tilde{a}^2 + \tilde{b}^2$$

$J^* \approx J_0$ であれば，$(\hat{a}, \hat{b})$ を返して終了する．そうでなければ，$J_0 \leftarrow J^*$ としてステップ 2 に戻る．

9.7 $\boldsymbol{A}\boldsymbol{A}^{-1} = \boldsymbol{I}$ の両辺を転置すると，$(\boldsymbol{A}^{-1})^\top \boldsymbol{A}^\top = \boldsymbol{I}$ である．これは，$(\boldsymbol{A}^{-1})^\top$ が $\boldsymbol{A}^\top$ の逆行列であることを意味する．すなわち，$(\boldsymbol{A}^{-1})^\top = (\boldsymbol{A}^\top)^{-1}$ である．

9.8 (1) 行列 $\boldsymbol{Q}$ とそれを正規化した $\bar{\boldsymbol{Q}}$ は，次のようになる．

$$\boldsymbol{Q} = \begin{pmatrix} 1 & 0 & 0 \\ 0 & \alpha & 0 \\ 0 & 0 & -\gamma/f_0^2 \end{pmatrix}, \qquad \bar{\boldsymbol{Q}} = \kappa \begin{pmatrix} 1 & 0 & 0 \\ 0 & \alpha & 0 \\ 0 & 0 & -\gamma/f^2 \end{pmatrix}, \qquad \kappa = \left(\frac{f}{\sqrt{\alpha\gamma}} \right)^{2/3}$$

長軸が x 軸方向にあるから，支持平面は y 軸方向に傾斜している．傾斜角を θ とすると，その単位法線ベクトルは $\boldsymbol{n} = (0, \sin\theta, \cos\theta)^\top$ と書ける（θ の符号は不定）．カメラを X 軸の周りに $-\theta$ だけ回転させると，支持平面はカメラに対して θ だけ回転し，画像面と平行になる．このカメラ回転は

$$\boldsymbol{R} = \begin{pmatrix} 1 & 0 & 0 \\ 0 & \cos\theta & \sin\theta \\ 0 & -\sin\theta & \cos\theta \end{pmatrix}$$

である．この結果，次の形の円が観察される．

$$x^2 + (y + c)^2 = \rho^2, \qquad c \geq 0, \qquad \rho > 0$$

これは正規化した行列 $\bar{\boldsymbol{Q}}'$ で表すと，

$$\bar{\boldsymbol{Q}}' = \kappa' \begin{pmatrix} 1 & 0 & 0 \\ 0 & 1 & c/f \\ 0 & c/f & (c^2 - \rho^2)/f^2 \end{pmatrix}, \qquad \kappa' = \left(\frac{f}{\rho} \right)^{2/3}$$

である．ゆえに，式 (9.24) より次の関係が成り立つ．

$$\kappa' \begin{pmatrix} 1 & 0 & 0 \\ 0 & 1 & c/f \\ 0 & c/f & (c^2 - \rho^2)/f^2 \end{pmatrix} = \kappa \begin{pmatrix} 1 & 0 & 0 \\ 0 & \cos\theta & -\sin\theta \\ 0 & \sin\theta & \cos\theta \end{pmatrix} \begin{pmatrix} 1 & 0 & 0 \\ 0 & \alpha & 0 \\ 0 & 0 & -\gamma/f^2 \end{pmatrix} \begin{pmatrix} 1 & 0 & 0 \\ 0 & \cos\theta & \sin\theta \\ 0 & -\sin\theta & \cos\theta \end{pmatrix}$$

両辺の $(1, 1)$ 要素を比較すると $\kappa = \kappa'$ であることがわかり，$\rho = \sqrt{\alpha\gamma}$ である．残りの部分行列は次の関係を表す．

$$\begin{pmatrix} 1 & c/f \\ c/f & (c^2-\rho^2)/f^2 \end{pmatrix} = \begin{pmatrix} \cos\theta & -\sin\theta \\ \sin\theta & \cos\theta \end{pmatrix} \begin{pmatrix} \alpha & 0 \\ 0 & -\gamma/f^2 \end{pmatrix} \begin{pmatrix} \cos\theta & \sin\theta \\ -\sin\theta & \cos\theta \end{pmatrix}$$

これは，左辺の行列の固有値が α, $-\gamma/f^2$ であり，$(\cos\theta, \sin\theta)^\top$, $(-\sin\theta, \cos\theta)^\top$ が対応する単位固有ベクトルであることを意味している．このような固有値分解（特異値分解でもある）によってトレースと行列式は変化しないから，次式が成り立つ．

$$1 + \frac{c^2-\rho^2}{f^2} = \alpha - \frac{\gamma}{f^2}, \qquad \frac{c^2-\rho^2}{f^2} - \frac{c^2}{f^2} = -\frac{\alpha\gamma}{f^2}$$

これから，$\rho = \sqrt{\alpha\gamma}$, $c = \sqrt{(\alpha-1)(\gamma+f^2)}$ が得られる．$(\cos\theta, \sin\theta)^\top$ が固有値が α の固有ベクトルであるから，

$$\begin{pmatrix} 1 & c/f \\ c/f & (c^2-\rho^2)/f^2 \end{pmatrix} \begin{pmatrix} \cos\theta \\ \sin\theta \end{pmatrix} = \alpha \begin{pmatrix} \cos\theta \\ \sin\theta \end{pmatrix}$$

である．ゆえに，次のようになる．

$$\tan\theta = \frac{\alpha-1}{c/f} = \sqrt{\frac{\alpha-1}{1+\gamma/f^2}}$$

これから式 (9.38) が得られる．支持平面までの距離 h は，画像上の円（視点から距離 f の画像面にある；図 5.1）の半径 ρ と実際の円の半径 r とを比較すれば，$h = fr/\rho$ であるから，式 (9.39) が得られる．

(2) 観測した楕円が式 (9.37) の形をしていないときは，カメラを視点の周りに回転して，式 (9.37) の形にすることができる．そのようなカメラ回転を $\boldsymbol{R}$ とする．これは，正規化した $\bar{\boldsymbol{Q}}$ を式 (9.24) より次のように対角化することに相当する．

$$\boldsymbol{R}^\top \bar{\boldsymbol{Q}} \boldsymbol{R} = \begin{pmatrix} \lambda_1 & 0 & 0 \\ 0 & \lambda_2 & 0 \\ 0 & 0 & \lambda_3 \end{pmatrix}$$

$\bar{\boldsymbol{Q}}$ の行列式は -1 に正規化されているから，$\lambda_1\lambda_2\lambda_3 = -1$ である．ただし，固有値の並べ方を $\lambda_2 \geq \lambda_1 > 0 > \lambda_3$ とする．式 (9.21) より，この楕円は次の形をしている．

$$x^2 + \frac{\lambda_2}{\lambda_1} y^2 = -f^2 \frac{\lambda_3}{\lambda_1}$$

これを式 (9.37) と比較すると，$\alpha = \lambda_2/\lambda_1$ (≥ 1), $\gamma = f^2\lambda_3/\lambda_1$ (> 0) である．ゆえに，傾き角 θ が式 (9.38) で与えられる．カメラ回転後の y 軸，z 軸はそれぞ

れ式 (9.24) における $\boldsymbol{R}$ の第 2 列 $\boldsymbol{u}_2$，第 3 列 $\boldsymbol{u}_3$ である．ゆえに，支持平面の単位法線ベクトル $\boldsymbol{n}$ は $\boldsymbol{n} = \boldsymbol{u}_2 \sin\theta + \boldsymbol{u}_3 \cos\theta$ で与えられる．そして，式 (9.38), (9.39) に含まれている α, γ を λ_1, λ_2, λ_3 で表すと，式 (9.19) が得られる．

9.9 視線方向は $(x, y, f)^\top$ であるから，ある定数 c によって $X = cx$, $Y = cy$, $Z = cf$ と表せる．この点が支持平面 $n_1X + n_2Y + n_3Z = h$ の上にあるから $c(n_1x + n_2y + n_3f) = h$ であり，$c = h/(n_1x + n_2y + n_3f)$ となる．ゆえに，X, Y, Z が式 (9.40) で与えられる．

9.10 (1) 支持平面を垂直に見ると，円は $(x - x_c)^2 + (y - y_c)^2 = r^2$ の形をしているから，これに相当する行列 $\bar{\boldsymbol{Q}}$ は次の形をしている．

$$\bar{\boldsymbol{Q}} \simeq \begin{pmatrix} 1 & 0 & -x_c/f \\ 0 & 1 & -y_c/f \\ -x_c/f & -y_c/f & (x_c^2 + y_c^2 - r^2)/f^2 \end{pmatrix}$$

この場合は $(x_c, y_c) = (x_C, y_C)$ であるから，式 (9.27) の右辺は $(0, 0, -r^2/f)^\top$ となり，確かに画像面に垂直なベクトルが得られている．

(2) カメラを視点の周りに $\boldsymbol{R}$ だけ回転すると，支持平面の法線ベクトル $\boldsymbol{n}$ はカメラに対して $\boldsymbol{n}' = \boldsymbol{R}^\top$ になる．このとき，見ている楕円の中心 (x_C, y_C) が (x'_C, y'_C) に移動したとすると，それらの視線方向 $(x_C, y_C, f)^\top$, $(x'_C, y'_C, f)^\top$ は次の関係で結ばれる（図 9.3）．

$$\begin{pmatrix} x'_C \\ y'_C \\ f \end{pmatrix} \simeq \boldsymbol{R}^\top \begin{pmatrix} x_C \\ y_C \\ f \end{pmatrix}$$

式 (9.24) に注意すると，式 (9.27) の両辺に $\boldsymbol{R}^\top$ を掛けることによって，次式を得る．

$$\boldsymbol{n}' = \boldsymbol{R}^\top \boldsymbol{n} \simeq \boldsymbol{R}^\top \bar{\boldsymbol{Q}} \begin{pmatrix} x_C \\ y_C \\ f \end{pmatrix} \simeq (\boldsymbol{R}^\top \bar{\boldsymbol{Q}} \boldsymbol{R}) \boldsymbol{R}^\top \begin{pmatrix} x_C \\ y_C \\ f \end{pmatrix} \simeq \bar{\boldsymbol{Q}}' \begin{pmatrix} x'_C \\ y'_C \\ f \end{pmatrix}$$

これは，式 (9.27) がカメラ回転後にも成立していることを示している．

9.11 Z 軸方向の単位ベクトルは $\boldsymbol{k} = (0, 0, 1)^\top$ であるから，$\boldsymbol{n}$ と $\boldsymbol{k}$ のなす角を Ω（$\boldsymbol{n}$ を $\boldsymbol{k}$ へ右ねじ方向に回すように測る）とすると，

$$\Omega = \sin^{-1} \|\boldsymbol{n} \times \boldsymbol{k}\|$$

である．$\boldsymbol{n}$ と $\boldsymbol{k}$ に直交する単位ベクトルは

$$\boldsymbol{l} = \mathcal{N}[\boldsymbol{n} \times \boldsymbol{k}]$$

である．ゆえに，$\boldsymbol{l}$ の周りに右ねじ方向に Ω だけ回転すればよい．そのような回転行列 $\boldsymbol{R}$ は式 (3.48) で与えられる．

9.12 整数画像座標 (i,j) の画素値を $I(i,j)$ とする．x, y の整数部（小数部切り捨て）を i, j とし，切り捨てた小数部を $\xi = x - i, \eta = y - j$ とする．そして，$I(x,y)$ の値を次のように計算する．

$$I(x,y) = (1-\xi)(1-\eta)I(i,j)+\xi(1-\eta)I(i+1,j)+(1-\xi)\eta I(i,j+1)+\xi\eta I(i+1,j+1)$$

これは，$I(i,j)$ と $I(i,j+1)$ を $\eta : 1-\eta$ に内分し，$I(i+1,j)$ と $I(i,j+1)$ を $\eta : 1-\eta$ に内分し，それらを $\xi : 1-\xi$ に内分するものである（先に $\xi : 1-\xi$ に内分してから $\eta : 1-\eta$ に内分しても同じ結果になる）．

第 10 章

10.1 T_{pq} を

$$T_{pq} = \sum_{i,j,k,l,m=1}^{3} \varepsilon_{ljp}\varepsilon_{mkq}T_i^{lm}x_{0(i)}x_{1(j)}x_{2(k)}$$

と定義すると，次の関係が成り立つ．

$$\sum_{p=1}^{3} T_{pq}x_{1(p)} = \sum_{i,j,k,l,m,p=1}^{3} \varepsilon_{ljp}\varepsilon_{mkq}T_i^{lm}x_{0(i)}x_{1(j)}x_{2(k)}x_{1(p)} = 0$$

なぜなら，ε_{ljp} は j, p を入れ替えると符号が変わるのに対して $x_{1(j)}x_{1(p)}$ は値が同じであり，打ち消し合うからである．したがって，T_{1q}, T_{2q}, T_{3q} のうちの二つしか線形独立でない（たとえば，T_{3q} は T_{1q}, T_{2q} の線形結合で表せる）．同様に，次の関係も成り立つ．

$$\sum_{q=1}^{3} T_{pq}x_{2(q)} = \sum_{i,j,k,l,m,p=1}^{3} \varepsilon_{ljp}\varepsilon_{mkq}T_i^{lm}x_{0(i)}x_{1(j)}x_{2(k)}x_{2(q)} = 0$$

したがって，T_{p1}, T_{p2}, T_{p3} のうちの二つしか線形独立でない．以上より，9 個の T_{pq} のうちの 4 個のみが線形独立である（たとえば，$T_{13}, T_{23}, T_{31}, T_{32}, T_{33}$ は $T_{11}, T_{12}, T_{21}, T_{22}$ の線形結合で表せる）．

10.2 各観測点 $\boldsymbol{x}_\kappa$ がすでに位置 $\hat{\boldsymbol{x}}_\kappa$ に補正されているとして（初期には $\hat{\boldsymbol{x}}_\kappa = \boldsymbol{x}_\kappa$ とする），それを最適な位置 $\bar{\boldsymbol{x}}_\kappa$ に補正することを考える．このとき，直接に $\bar{\boldsymbol{x}}_\kappa$ を推定する代わりに

$$\bar{\boldsymbol{x}}_\kappa = \hat{\boldsymbol{x}}_\kappa - \Delta\hat{\boldsymbol{x}}_\kappa, \qquad \kappa = 0, 1, 2$$

とおいて，補正量 $\Delta\hat{\boldsymbol{x}}_\kappa$ を推定する．式 (10.4) の再投影誤差 E は次のように書ける．

$$E = \sum_{\kappa=0}^{2} \|\tilde{\boldsymbol{x}}_\kappa + \Delta\hat{\boldsymbol{x}}_\kappa\|^2 \tag{$*1$}$$

ただし，次のようにおいた．

$$\tilde{\boldsymbol{x}}_\kappa = \boldsymbol{x}_\kappa - \hat{\boldsymbol{x}}_\kappa, \qquad \kappa = 0, 1, 2$$

式 (10.2) の三重線形拘束条件は，次のようになる．

$$\sum_{i,j,k,l,m=1}^{3} \varepsilon_{ljp}\varepsilon_{mkq}T_i^{lm}(\hat{x}_{0(i)} - \Delta\hat{x}_{0(i)})(\hat{x}_{1(j)} - \Delta\hat{x}_{1(j)})(\hat{x}_{2(k)} - \Delta\hat{x}_{2(k)}) = 0$$

展開して $\Delta\hat{\boldsymbol{x}}_\kappa$ の 2 次の項を無視すると，次のようになる．

$$\sum_{i,j,k,l,m=1}^{3} \varepsilon_{ljp}\varepsilon_{mkq}T_i^{lm}\left(\Delta\hat{x}_{0(i)}\hat{x}_{1(j)}\hat{x}_{2(k)} + \hat{x}_{0(i)}\Delta\hat{x}_{1(j)}\hat{x}_{2(k)} + \hat{x}_{0(i)}\hat{x}_{1(j)}\Delta\hat{x}_{2(k)}\right)$$

$$= \sum_{i,j,k,l,m=1}^{3} \varepsilon_{ljp}\varepsilon_{mkq}T_i^{lm}\hat{x}_{0(i)}\hat{x}_{1(j)}\hat{x}_{2(k)} \tag{$*2$}$$

式 (10.1) の $\boldsymbol{x}_\kappa$ の定義より，$\Delta\boldsymbol{x}_\kappa$ の第 3 成分は常に 0 である．この制約は次のように書ける．

$$\sum_{k=1}^{3} k_i\Delta\hat{x}_{\kappa(i)} = 0, \qquad \kappa = 0, 1, 2 \tag{$*3$}$$

ただし，k_i は $\boldsymbol{k} \equiv (0,\ 0,\ 1)^\top$ の第 i 成分である．式 ($*1$) を 2 で割り，式 ($*2$), ($*3$) に対するラグランジュ乗数を導入し，

$$\frac{1}{2}\sum_{\kappa=0}^{2} \|\tilde{\boldsymbol{x}}_\kappa + \Delta\hat{\boldsymbol{x}}_\kappa\|^2 - \sum_{i,j,k,l,m,p,q=1}^{3} \lambda_{pq}\varepsilon_{ljp}\varepsilon_{mkq}T_i^{lm}\Big(\Delta\hat{x}_{0(i)}\hat{x}_{1(j)}\hat{x}_{2(k)}$$

$$+ \hat{x}_{0(i)}\Delta\hat{x}_{1(j)}\hat{x}_{2(k)} + \hat{x}_{0(i)}\hat{x}_{1(j)}\Delta\hat{x}_{2(k)}\Big) - \sum_{\kappa=0}^{2}\sum_{i=1}^{3} \mu_\kappa k_i \Delta\hat{x}_{\kappa(i)}$$

を $\Delta\hat{x}_{0(i)}$, $\Delta\hat{x}_{1(i)}$, $\Delta\hat{x}_{2(i)}$ で微分して 0 とおくと，次のようになる．

$$\Delta\hat{x}_{0(i)} = \sum_{j,k,l,m,p,q=1}^{3} \lambda_{pq}\varepsilon_{ljp}\varepsilon_{mkq}T_i^{lm}\hat{x}_{1(j)}\hat{x}_{2(k)} + \mu_0 k_i - \tilde{x}_{0(i)},$$

$$\Delta\hat{x}_{1(i)} = \sum_{j,k,l,m,p,q=1}^{3} \lambda_{pq}\varepsilon_{ljp}\varepsilon_{mkq}T_i^{lm}\hat{x}_{0(i)}\hat{x}_{2(k)} + \mu_1 k_i - \tilde{x}_{1(i)},$$

$$\Delta\hat{x}_{2(i)} = \sum_{j,k,l,m,p,q=1}^{3} \lambda_{pq}\varepsilon_{ljp}\varepsilon_{mkq}T_i^{lm}\hat{x}_{0(i)}\hat{x}_{1(j)} + \mu_2 k_i - \tilde{x}_{2(i)}$$

両辺に左から式 (10.6) の行列 $\boldsymbol{P_k}$ を掛けると，$\boldsymbol{P_k}\Delta\hat{\boldsymbol{x}}_\kappa = \Delta\hat{\boldsymbol{x}}_\kappa$，$\boldsymbol{P_k}\tilde{\boldsymbol{x}}_\kappa = \tilde{\boldsymbol{x}}_\kappa$ であり，また $\boldsymbol{P_k}\boldsymbol{k} = \boldsymbol{0}$ であるから，次のようになる．

$$\Delta\hat{x}_{0(s)} = \sum_{i,j,k,l,m,p,q=1}^{3} \lambda_{pq}\varepsilon_{ljp}\varepsilon_{mkq}T_i^{lm}P_{\boldsymbol{k}}^{si}\hat{x}_{1(j)}\hat{x}_{2(k)} - \tilde{x}_{0(s)} = \sum_{p,q=1}^{3} P_{pqs}\lambda_{pq} - \tilde{x}_{0(s)},$$

$$\Delta\hat{x}_{1(s)} = \sum_{i,j,k,l,m,p,q=1}^{3} \lambda_{pq}\varepsilon_{ljp}\varepsilon_{mkq}T_i^{lm}\hat{x}_{0(i)}P_{\boldsymbol{k}}^{sj}\hat{x}_{2(k)} - \tilde{x}_{1(s)} = \sum_{p,q=1}^{3} Q_{pqs}\lambda_{pq} - \tilde{x}_{1(s)},$$

$$\Delta\hat{x}_{2(s)} = \sum_{i,j,k,l,m,p,q=1}^{3} \lambda_{pq}\varepsilon_{ljp}\varepsilon_{mkq}T_i^{lm}\hat{x}_{0(i)}\hat{x}_{1(j)}P_{\boldsymbol{k}}^{sk} - \tilde{x}_{2(s)} = \sum_{p,q=1}^{3} R_{pqs}\lambda_{pq} - \tilde{x}_{2(s)} \qquad (*4)$$

ただし，P_{pqs}，Q_{pqs}，R_{pqs} は式 (10.5) のように定義する．そして，これらを式 (*2) に代入すると，式 (10.7) のようにおいた式 (10.8) が得られる．これを解いて得られる λ_{pq} を式 (*4) に代入すれば $\Delta\hat{\boldsymbol{x}}_\kappa$ が求まる．ゆえに，位置 $\bar{\boldsymbol{x}}_\kappa$ は $\hat{\boldsymbol{x}}_\kappa - \Delta\hat{\boldsymbol{x}}_\kappa$ で与えられる．しかし，これは式 (*2) で高次の補正項を無視しているので，厳密に三重線形拘束条件が成立するとは限らない．そこで，式 (10.9) のようにこれを改めて $\hat{\boldsymbol{x}}_\kappa$ とおいて，同じ操作を反復する．そのたびに無視する項が小さくなり，最終的には $\Delta\hat{\boldsymbol{x}}_\kappa$ は $\boldsymbol{0}$ となり，三重線形拘束条件が厳密に成立する．そして，式 (*1) より再投影誤差 E が式 (10.10) で与えられるので，E がもはやほとんど減少しなくなったら終了する．

10.3 式 (10.23) は次のように書ける．

$$\begin{pmatrix} f_0P_{0(11)}-x_0P_{0(31)} & f_0P_{0(12)}-x_0P_{0(32)} & f_0P_{0(13)}-x_0P_{0(33)} & f_0P_{0(14)}-x_0P_{0(34)} \\ f_0P_{0(21)}-y_0P_{0(31)} & f_0P_{0(22)}-y_0P_{0(32)} & f_0P_{0(23)}-y_0P_{0(33)} & f_0P_{0(24)}-y_0P_{0(34)} \\ f_0P_{1(11)}-x_1P_{1(31)} & f_0P_{1(12)}-x_1P_{1(32)} & f_0P_{1(13)}-x_1P_{1(33)} & f_0P_{1(14)}-x_1P_{1(34)} \\ f_0P_{1(21)}-y_1P_{1(31)} & f_0P_{1(22)}-y_1P_{1(32)} & f_0P_{1(23)}-y_1P_{1(33)} & f_0P_{1(24)}-y_1P_{1(34)} \\ f_0P_{2(11)}-x_2P_{2(31)} & f_0P_{2(12)}-x_2P_{2(32)} & f_0P_{2(13)}-x_2P_{2(33)} & f_0P_{2(14)}-x_2P_{2(34)} \\ f_0P_{2(21)}-y_2P_{2(31)} & f_0P_{2(22)}-y_2P_{2(32)} & f_0P_{2(23)}-y_2P_{2(33)} & f_0P_{2(24)}-y_2P_{2(34)} \end{pmatrix} \begin{pmatrix} X \\ Y \\ Z \\ 1 \end{pmatrix}$$

$$= \begin{pmatrix} 0 \\ 0 \\ 0 \\ 0 \\ 0 \\ 0 \end{pmatrix}$$

これが唯一の解 (X, Y, Z) をもつ条件は，6 個の式のうち 3 個のみが独立であり，ほかはそれらの線形結合で書けること，すなわち，左辺の行列のランクが 3 となることである．したがって，任意の 4×4 小行列式が 0 となる．このことから，6 個の行のうちから 3 画像に関する量を含む 4 行を取り出してつくった小行列式を 0 とおくことによって，3 画像間の拘束条件が得られる．たとえば，第 1, 2, 3, 5 行を抜き出すと，次の式を得る．

$$\begin{vmatrix} f_0 P_{0(11)} - x_0 P_{0(31)} & f_0 P_{0(12)} - x_0 P_{0(32)} & f_0 P_{0(13)} - x_0 P_{0(33)} & f_0 P_{0(14)} - x_0 P_{0(34)} \\ f_0 P_{0(21)} - y_0 P_{0(31)} & f_0 P_{0(22)} - y_0 P_{0(32)} & f_0 P_{0(23)} - y_0 P_{0(33)} & f_0 P_{0(24)} - y_0 P_{0(34)} \\ f_0 P_{1(11)} - x_1 P_{1(31)} & f_0 P_{1(12)} - x_1 P_{1(32)} & f_0 P_{1(13)} - x_1 P_{1(33)} & f_0 P_{1(14)} - x_1 P_{1(34)} \\ f_0 P_{2(11)} - x_2 P_{2(31)} & f_0 P_{2(12)} - x_2 P_{2(32)} & f_0 P_{2(13)} - x_2 P_{2(33)} & f_0 P_{2(14)} - x_2 P_{2(34)} \end{vmatrix} = 0$$

各要素を f_0 で割って x_0/f_0, y_0/f_0, x_1/f_0, x_2/f_0 を $x_{0(1)}$, $x_{0(2)}$, $x_{1(1)}$, $x_{2(1)}$ と書き直すと，これは次のようになる．

$$\begin{vmatrix} P_{0(11)} - x_{0(1)} P_{0(31)} & P_{0(12)} - x_{0(1)} P_{0(32)} & P_{0(13)} - x_{0(1)} P_{0(33)} & P_{0(14)} - x_{0(1)} P_{0(34)} \\ P_{0(21)} - x_{0(2)} P_{0(31)} & P_{0(22)} - x_{0(2)} P_{0(32)} & P_{0(23)} - x_{0(2)} P_{0(33)} & P_{0(24)} - x_{0(2)} P_{0(34)} \\ P_{1(11)} - x_{1(1)} P_{1(31)} & P_{1(12)} - x_{1(1)} P_{1(32)} & P_{1(13)} - x_{1(1)} P_{1(33)} & P_{1(14)} - x_{1(1)} P_{1(34)} \\ P_{2(11)} - x_{2(1)} P_{2(31)} & P_{2(12)} - x_{2(1)} P_{2(32)} & P_{2(13)} - x_{2(1)} P_{2(33)} & P_{2(14)} - x_{2(1)} P_{2(34)} \end{vmatrix}$$

$$= \begin{vmatrix} P_{0(11)} - x_{0(1)} P_{0(31)} & P_{0(12)} - x_{0(1)} P_{0(32)} & P_{0(13)} - x_{0(1)} P_{0(33)} & P_{0(14)} - x_{0(1)} P_{0(34)} & 0 & 0 & 0 \\ P_{0(21)} - x_{0(2)} P_{0(31)} & P_{0(22)} - x_{0(2)} P_{0(32)} & P_{0(23)} - x_{0(2)} P_{0(33)} & P_{0(24)} - x_{0(2)} P_{0(34)} & 0 & 0 & 0 \\ P_{1(11)} - x_{1(1)} P_{1(31)} & P_{1(12)} - x_{1(1)} P_{1(32)} & P_{1(13)} - x_{1(1)} P_{1(33)} & P_{1(14)} - x_{1(1)} P_{1(34)} & 0 & 0 & 0 \\ P_{2(11)} - x_{2(1)} P_{2(31)} & P_{2(12)} - x_{2(1)} P_{2(32)} & P_{2(13)} - x_{2(1)} P_{2(33)} & P_{2(14)} - x_{2(1)} P_{2(34)} & 0 & 0 & 0 \\ P_{0(31)} & P_{0(32)} & P_{0(33)} & P_{0(34)} & 1 & 0 & 0 \\ P_{1(31)} & P_{1(32)} & P_{1(33)} & P_{1(34)} & 0 & 1 & 0 \\ P_{2(31)} & P_{2(32)} & P_{2(33)} & P_{2(34)} & 0 & 0 & 1 \end{vmatrix}$$

$$= \begin{vmatrix} P_{0(11)} & P_{0(12)} & P_{0(13)} & P_{0(14)} & x_{0(1)} & 0 & 0 \\ P_{0(21)} & P_{0(22)} & P_{0(23)} & P_{0(24)} & x_{0(2)} & 0 & 0 \\ P_{1(11)} & P_{1(12)} & P_{1(13)} & P_{1(14)} & 0 & x_{1(1)} & 0 \\ P_{2(11)} & P_{2(12)} & P_{2(13)} & P_{2(14)} & 0 & 0 & x_{2(1)} \\ P_{0(31)} & P_{0(32)} & P_{0(33)} & P_{0(34)} & 1 & 0 & 0 \\ P_{1(31)} & P_{1(32)} & P_{1(33)} & P_{1(34)} & 0 & 1 & 0 \\ P_{2(31)} & P_{2(32)} & P_{2(33)} & P_{2(34)} & 0 & 0 & 1 \end{vmatrix}$$

$$
=\begin{vmatrix}
P_{0(21)} & P_{0(22)} & P_{0(23)} & P_{0(24)} & 0 & 0 \\
P_{1(11)} & P_{1(12)} & P_{1(13)} & P_{1(14)} & x_{1(1)} & 0 \\
P_{2(11)} & P_{2(12)} & P_{2(13)} & P_{2(14)} & 0 & x_{2(1)} \\
P_{0(31)} & P_{0(32)} & P_{0(33)} & P_{0(34)} & 0 & 0 \\
P_{1(31)} & P_{1(32)} & P_{1(33)} & P_{1(34)} & 1 & 0 \\
P_{2(31)} & P_{2(32)} & P_{2(33)} & P_{2(34)} & 0 & 1
\end{vmatrix} x_{0(1)}
$$

$$
-\begin{vmatrix}
P_{0(11)} & P_{0(12)} & P_{0(13)} & P_{0(14)} & 0 & 0 \\
P_{1(11)} & P_{1(12)} & P_{1(13)} & P_{1(14)} & x_{1(1)} & 0 \\
P_{2(11)} & P_{2(12)} & P_{2(13)} & P_{2(14)} & 0 & x_{2(1)} \\
P_{0(31)} & P_{0(32)} & P_{0(33)} & P_{0(34)} & 0 & 0 \\
P_{1(31)} & P_{1(32)} & P_{1(33)} & P_{1(34)} & 1 & 0 \\
P_{2(31)} & P_{2(32)} & P_{2(33)} & P_{2(34)} & 0 & 1
\end{vmatrix} x_{0(2)}
$$

$$
+\begin{vmatrix}
P_{0(11)} & P_{0(12)} & P_{0(13)} & P_{0(14)} & 0 & 0 \\
P_{0(21)} & P_{0(22)} & P_{0(23)} & P_{0(24)} & 0 & 0 \\
P_{1(11)} & P_{1(12)} & P_{1(13)} & P_{1(14)} & x_{1(1)} & 0 \\
P_{2(11)} & P_{2(12)} & P_{2(13)} & P_{2(14)} & 0 & x_{2(1)} \\
P_{1(31)} & P_{1(32)} & P_{1(33)} & P_{1(34)} & 1 & 0 \\
P_{2(31)} & P_{2(32)} & P_{2(33)} & P_{2(34)} & 0 & 1
\end{vmatrix} = 0 \qquad (*)
$$

ただし，第 1 式から第 2 式への変形は，単位行列からなる対角ブロックを付加しても，片側の非対角ブロック内が 0 のみであれば行列式が変化しないことを用いた．また，第 2 式から第 3 式への変形は，第 5 行を $x_{0(1)}$ 倍して第 1 行に加え，$x_{0(2)}$ 倍して第 2 行に加え，第 6 行を $x_{1(1)}$ 倍して第 3 行に加え，第 7 行を $x_{2(1)}$ 倍して第 4 行に加えた（↪ 演習問題 4.3(1)）．そして，第 3 式から第 4 式への変形は，第 5 列に関して余因子展開を行った．第 4 式の第 1 項は，第 5, 6 列に関して余因子展開すれば次のようになる（↪ 演習問題 4.3(2)）．

$$
\left(-\begin{vmatrix}
P_{0(21)} & P_{0(22)} & P_{0(23)} & P_{0(24)} & 0 \\
P_{2(11)} & P_{2(12)} & P_{2(13)} & P_{2(14)} & x_{2(1)} \\
P_{0(31)} & P_{0(32)} & P_{0(33)} & P_{0(34)} & 0 \\
P_{1(31)} & P_{1(32)} & P_{1(33)} & P_{1(34)} & 0 \\
P_{2(31)} & P_{2(32)} & P_{2(33)} & P_{2(34)} & 1
\end{vmatrix} x_{1(1)} + \begin{vmatrix}
P_{0(21)} & P_{0(22)} & P_{0(23)} & P_{0(24)} & 0 \\
P_{1(11)} & P_{1(12)} & P_{1(13)} & P_{1(14)} & 0 \\
P_{2(11)} & P_{2(12)} & P_{2(13)} & P_{2(14)} & x_{2(1)} \\
P_{0(31)} & P_{0(32)} & P_{0(33)} & P_{0(34)} & 0 \\
P_{2(31)} & P_{2(32)} & P_{2(33)} & P_{2(34)} & 1
\end{vmatrix}\right) x_{0(1)}
$$

$$
=\left(\begin{vmatrix}
P_{0(21)} & P_{0(22)} & P_{0(23)} & P_{0(24)} \\
P_{0(31)} & P_{0(32)} & P_{0(33)} & P_{0(34)} \\
P_{1(31)} & P_{1(32)} & P_{1(33)} & P_{1(34)} \\
P_{2(31)} & P_{2(32)} & P_{2(33)} & P_{2(34)}
\end{vmatrix} x_{2(1)} - \begin{vmatrix}
P_{0(21)} & P_{0(22)} & P_{0(23)} & P_{0(24)} \\
P_{2(11)} & P_{2(12)} & P_{2(13)} & P_{2(14)} \\
P_{0(31)} & P_{0(32)} & P_{0(33)} & P_{0(34)} \\
P_{1(31)} & P_{1(32)} & P_{1(33)} & P_{1(34)}
\end{vmatrix}\right) x_{0(1)} x_{1(1)}
$$

$$
+\left(\begin{vmatrix}
P_{0(21)} & P_{0(22)} & P_{0(23)} & P_{0(24)} \\
P_{1(11)} & P_{1(12)} & P_{1(13)} & P_{1(14)} \\
P_{0(31)} & P_{0(32)} & P_{0(33)} & P_{0(34)} \\
P_{2(31)} & P_{2(32)} & P_{2(33)} & P_{2(34)}
\end{vmatrix} x_{2(1)} + \begin{vmatrix}
P_{0(21)} & P_{0(22)} & P_{0(23)} & P_{0(24)} \\
P_{1(11)} & P_{1(12)} & P_{1(13)} & P_{1(14)} \\
P_{2(11)} & P_{2(12)} & P_{2(13)} & P_{2(14)} \\
P_{0(31)} & P_{0(32)} & P_{0(33)} & P_{0(34)}
\end{vmatrix}\right) x_{0(1)}
$$

$$=T_1^{33}x_{0(1)}x_{1(1)}x_{2(1)}-T_1^{31}x_{0(1)}x_{1(1)}-T_1^{13}x_{0(1)}x_{2(1)}+T_1^{11}x_{0(1)}$$
$$=T_1^{33}x_{0(1)}x_{1(1)}x_{2(1)}-T_1^{31}x_{0(1)}x_{1(1)}x_{2(3)}-T_1^{13}x_{0(1)}x_{1(3)}x_{2(1)}+T_1^{11}x_{0(1)}x_{1(3)}x_{2(3)}$$
$$=\sum_{j,k,l,m=1}^{3}\varepsilon_{lj2}\varepsilon_{mk2}T_1^{lm}x_{0(1)}x_{1(j)}x_{2(k)}$$

ただし，式 (10.3) の T_i^{jk} の定義，$x_{\kappa(3)}=1$ であること，および順列符号 ε_{ijk} の性質を用いた．式 $(*)$ の第 2, 3 項を同様にして展開すれば，それぞれ

$$\sum_{j,k,l,m=1}^{3}\varepsilon_{lj2}\varepsilon_{mk2}T_2^{lm}x_{0(1)}x_{1(j)}x_{2(k)},\qquad\sum_{j,k,l,m=1}^{3}\varepsilon_{lj2}\varepsilon_{mk2}T_3^{lm}x_{0(1)}x_{1(j)}x_{2(k)}$$

が得られる．ゆえに，式 $(*)$ は式 (10.2) の三重線形拘束条件の $p=2$, $q=2$ に対する式

$$\sum_{i,j,k,l,m=1}^{3}\varepsilon_{lj2}\varepsilon_{mk2}T_i^{lm}x_{0(1)}x_{1(j)}x_{2(k)}=0$$

を表している．これは式 (10.23) の第 1, 2, 3, 5 行を抜き出した結果であるが，ほかの選び方をすればほかの p, q に対する三重線形拘束条件が得られる．

10.4 各観測点 $\boldsymbol{x}_\kappa$ がすでに位置 $\hat{\boldsymbol{x}}_\kappa$ に補正されているとして（初期には $\hat{\boldsymbol{x}}_\kappa=\boldsymbol{x}_\kappa$ とする），それを最適な位置 $\bar{\boldsymbol{x}}_\kappa$ に補正することを考える．このとき，直接に $\bar{\boldsymbol{x}}_\kappa$ を推定する代わりに

$$\bar{\boldsymbol{x}}_\kappa=\hat{\boldsymbol{x}}_\kappa-\Delta\hat{\boldsymbol{x}}_\kappa,\qquad\kappa=0,\ldots,M-1$$

とおいて，補正量 $\Delta\hat{\boldsymbol{x}}_\kappa$ を推定する．式 (10.24) の再投影誤差 E は次のように書ける．

$$E=\sum_{\kappa=0}^{M-1}\|\tilde{\boldsymbol{x}}_\kappa+\Delta\hat{\boldsymbol{x}}_\kappa\|^2\qquad(*1)$$

ただし，次のようにおいた．

$$\tilde{\boldsymbol{x}}_\kappa=\boldsymbol{x}_\kappa-\hat{\boldsymbol{x}}_\kappa,\qquad\kappa=0,\ldots,M-1$$

式 (10.25) の拘束条件は次のようになる．

$$\sum_{i,j,k,l,m=1}^{3}\varepsilon_{ljp}\varepsilon_{mkq}T_{(\kappa)i}^{lm}(\hat{x}_{\kappa(i)}-\Delta\hat{x}_{\kappa(i)})(\hat{x}_{\kappa+1(j)}-\Delta\hat{x}_{\kappa+1(j)})(\hat{x}_{\kappa+2(k)}-\Delta\hat{x}_{\kappa+2(k)})=0$$

展開して $\Delta\hat{\boldsymbol{x}}_\kappa$ の 2 次の項を無視すると，次のようになる．

$$\sum_{i,j,k,l,m=1}^{3} \varepsilon_{ljp}\varepsilon_{mkq}T_{(\kappa)i}^{lm}\bigl(\Delta\hat{x}_{\kappa(i)}\hat{x}_{\kappa+1(j)}\hat{x}_{\kappa+2(k)} + \hat{x}_{\kappa(i)}\Delta\hat{x}_{\kappa+1(j)}\hat{x}_{\kappa+2(k)} + \hat{x}_{\kappa(i)}\hat{x}_{\kappa+1(j)}\Delta\hat{x}_{\kappa+2(k)}\bigr)$$
$$= \sum_{i,j,k,l,m=1}^{3} \varepsilon_{ljp}\varepsilon_{mkq}T_{(\kappa)i}^{lm}\hat{x}_{\kappa(i)}\hat{x}_{\kappa+1(j)}\hat{x}_{\kappa+2(k)} \qquad (*2)$$

$\boldsymbol{x}_\kappa$ の定義より $\Delta\boldsymbol{x}_\kappa$ の第 3 成分は常に 0 であり，この制約は次のように書ける．

$$\sum_{k=1}^{3} k_i\Delta\hat{x}_{\kappa(i)} = 0, \qquad \kappa = 0, \dots, M-1 \qquad (*3)$$

ただし，k_i は $\boldsymbol{k} \equiv (0,\ 0,\ 1)^\top$ の第 i 成分である．式 (*1) を 2 で割り，式 (*2), (*3) に対するラグランジュ乗数を導入し，

$$\frac{1}{2}\sum_{\kappa=0}^{M-1}\|\tilde{\boldsymbol{x}}_\kappa + \Delta\hat{\boldsymbol{x}}_\kappa\|^2 - \sum_{\kappa=0}^{M-3}\sum_{i,j,k,l,m,p,q=1}^{3}\lambda_{\kappa(pq)}\varepsilon_{ljp}\varepsilon_{mkq}T_{(\kappa)i}^{lm}\bigl(\Delta\hat{x}_{\kappa(i)}\hat{x}_{\kappa+1(j)}\hat{x}_{\kappa+2(k)} + \hat{x}_{\kappa(i)}\Delta\hat{x}_{\kappa+1(j)}\hat{x}_{\kappa+2(k)} + \hat{x}_{\kappa(i)}\hat{x}_{\kappa+1(j)}\Delta\hat{x}_{\kappa+2(k)}\bigr) - \sum_{\kappa=0}^{M-1}\sum_{i=1}^{3}\mu_\kappa k_i\Delta\hat{x}_{\kappa(i)}$$

を $\Delta\hat{x}_{\kappa(n)}$ で微分して 0 とおくと，次のようになる．

$$\Delta\hat{x}_{\kappa(n)} = \sum_{j,k,l,m,p,q=1}^{3}\lambda_{\kappa(pq)}\varepsilon_{ljp}\varepsilon_{mkq}T_{(\kappa)n}^{lm}\hat{x}_{\kappa+1(j)}\hat{x}_{\kappa+2(k)} + \mu_\kappa k_n - \tilde{x}_{\kappa(n)}$$

両辺に左から式 (10.6) の行列 $\boldsymbol{P_k}$ を掛けると，$\boldsymbol{P_k}\Delta\hat{\boldsymbol{x}}_\kappa = \Delta\hat{\boldsymbol{x}}_\kappa$, $\boldsymbol{P_k}\tilde{\boldsymbol{x}}_\kappa = \tilde{\boldsymbol{x}}_\kappa$ であり，また，$\boldsymbol{P_k}\boldsymbol{k} = \boldsymbol{0}$ であるから，次のようになる．

$$\Delta\hat{x}_{\kappa(s)} = \sum_{p,q=1}^{3}P_{\kappa(pqs)}\lambda_{\kappa(pq)} + \sum_{p,q=1}^{3}Q_{\kappa(pqs)}\lambda_{\kappa-1(pq)} + \sum_{p,q=1}^{3}R_{\kappa(pqs)}\lambda_{\kappa-2(pq)} - \tilde{x}_{\kappa(s)} \qquad (*4)$$

ただし，$P_{\kappa(pqs)}$, $Q_{\kappa(pqs)}$, $R_{\kappa(pqs)}$ は式 (10.26) のように定義する．そして，これらを式 (*2) に代入すると，式 (10.27) のようにおいた式 (10.28) が得られる．これを解いて得られる $\lambda_{\kappa(pq)}$ を式 (*4) に代入すれば $\Delta\hat{\boldsymbol{x}}_\kappa$ が求まる．ゆえに，位置 $\bar{\boldsymbol{x}}_\kappa$ は $\hat{\boldsymbol{x}}_\kappa - \Delta\hat{\boldsymbol{x}}_\kappa$ で与えられる．しかし，これは式 (*2) で高次の補正項を無視しているので，拘束条件が厳密に成立するとは限らない．そこで，式 (10.29) のようにこれを改めて $\hat{\boldsymbol{x}}_\kappa$ とおいて，同じ操作を反復する．そのたびに無視する項が小さくなり，最

終的には $\Delta\hat{\boldsymbol{x}}_\kappa$ は $\boldsymbol{0}$ となり，拘束条件が厳密に成立する．そして，式 (*1) より再投影誤差 E が式 (10.31) で与えられるので，E がもはやほとんど減少しなくなったら終了する．

第 11 章

11.1 第 κ カメラの座標系が世界座標系に一致しているときは，式 (5.1) の関係が成り立つ．光軸点からのずれ $(x_{\alpha\kappa} - u_{0\kappa}, y_{\alpha\kappa} - v_{0\kappa})$ を考慮すると，

$$x_{\alpha\kappa} - u_{0\kappa} = f_\kappa \frac{X_\alpha}{Z_\alpha}, \qquad y_{\alpha\kappa} - v_{0\kappa} = f_\kappa \frac{Y_\alpha}{Z_\alpha}$$

となる．書き直すと次のようになる．

$$\begin{pmatrix} x_{\alpha\kappa}/f_0 \\ y_{\alpha\kappa}/f_0 \\ 1 \end{pmatrix} \simeq \begin{pmatrix} x_{\alpha\kappa} \\ y_{\alpha\kappa} \\ f_0 \end{pmatrix} = \begin{pmatrix} f_\kappa X_\alpha/Z_\alpha + u_{0\kappa} \\ f_\kappa Y_\alpha/Z_\alpha + v_{0\kappa} \\ f_0 \end{pmatrix} \simeq \begin{pmatrix} f_\kappa X_\alpha + u_{0\kappa} Z_\alpha \\ f_\kappa Y_\alpha + v_{0\kappa} Z_\alpha \\ f_0 Z_\alpha \end{pmatrix}$$
$$= \begin{pmatrix} f_\kappa & 0 & u_{0\kappa} \\ 0 & f_\kappa & v_{0\kappa} \\ 0 & 0 & f_0 \end{pmatrix} \begin{pmatrix} X_\alpha \\ Y_\alpha \\ Z_\alpha \end{pmatrix}$$

第 κ カメラの座標系が世界座標系に対して $\boldsymbol{t}_\kappa$ だけ並進して $\boldsymbol{R}_\kappa$ だけ回転しているときは，式 (5.4), (5.5) の関係から，上式は次のようになる．

$$\begin{pmatrix} x_{\alpha\kappa}/f_0 \\ y_{\alpha\kappa}/f_0 \\ 1 \end{pmatrix} \simeq \begin{pmatrix} f_\kappa & 0 & u_{0\kappa} \\ 0 & f_\kappa & v_{0\kappa} \\ 0 & 0 & f_0 \end{pmatrix} \begin{pmatrix} \boldsymbol{R}_\kappa^\top & -\boldsymbol{R}_\kappa^\top \boldsymbol{t}_\kappa \end{pmatrix} \begin{pmatrix} X_\alpha \\ Y_\alpha \\ Z_\alpha \\ 1 \end{pmatrix}$$

11.2 (1) 式 (11.12) を $X_\alpha, Y_\alpha, Z_\alpha$ で微分すると，次のようになる．

$$\frac{\partial p_{\alpha\kappa}}{\partial X_\beta} = \delta_{\alpha\beta} P_{\kappa(11)}, \qquad \frac{\partial p_{\alpha\kappa}}{\partial Y_\beta} = \delta_{\alpha\beta} P_{\kappa(12)}, \qquad \frac{\partial p_{\alpha\kappa}}{\partial Z_\beta} = \delta_{\alpha\beta} P_{\kappa(13)},$$
$$\frac{\partial q_{\alpha\kappa}}{\partial X_\beta} = \delta_{\alpha\beta} P_{\kappa(21)}, \qquad \frac{\partial q_{\alpha\kappa}}{\partial Y_\beta} = \delta_{\alpha\beta} P_{\kappa(22)}, \qquad \frac{\partial q_{\alpha\kappa}}{\partial Z_\beta} = \delta_{\alpha\beta} P_{\kappa(23)},$$
$$\frac{\partial r_{\alpha\kappa}}{\partial X_\beta} = \delta_{\alpha\beta} P_{\kappa(31)}, \qquad \frac{\partial r_{\alpha\kappa}}{\partial Y_\beta} = \delta_{\alpha\beta} P_{\kappa(32)}, \qquad \frac{\partial r_{\alpha\kappa}}{\partial Z_\beta} = \delta_{\alpha\beta} P_{\kappa(33)}$$

書き直すと，式 (11.16) のように書ける．

(2) 式 (11.3) の $\boldsymbol{P}_\kappa$ を f_λ で微分すると，次のようになる．

$$\frac{\partial \boldsymbol{P}_\kappa}{\partial f_\lambda} = \delta_{\kappa\lambda}\begin{pmatrix}1&0&0\\0&1&0\\0&0&0\end{pmatrix}\boldsymbol{R}_\kappa^\top\begin{pmatrix}\boldsymbol{I} & -\boldsymbol{t}_\kappa\end{pmatrix}$$

$$= \delta_{\kappa\lambda}\begin{pmatrix}1&0&0\\0&1&0\\0&0&0\end{pmatrix}\boldsymbol{K}_\kappa^{-1}\Bigl(\boldsymbol{K}_\kappa\boldsymbol{R}_\kappa^\top\begin{pmatrix}\boldsymbol{I} & -\boldsymbol{t}_\kappa\end{pmatrix}\Bigr)$$

$$= \delta_{\kappa\lambda}\begin{pmatrix}1&0&0\\0&1&0\\0&0&0\end{pmatrix}\frac{1}{f_\kappa}\begin{pmatrix}1&0&-u_{0\kappa}/f_0\\0&1&-v_{0\kappa}/f_0\\0&0&f/f_0\end{pmatrix}\boldsymbol{P}_\kappa = \frac{\delta_{\kappa\lambda}}{f_\kappa}\begin{pmatrix}1&0&-u_{0\kappa}/f_0\\0&1&-v_{0\kappa}/f_0\\0&0&0\end{pmatrix}\boldsymbol{P}_\kappa$$

$$= \frac{\delta_{\kappa\lambda}}{f}\begin{pmatrix}P_{\kappa(11)}-u_{0\kappa}P_{\kappa(31)}/f_0 & P_{\kappa(12)}-u_{0\kappa}P_{\kappa(32)}/f_0 & P_{\kappa(13)}-u_{0\kappa}P_{\kappa(33)}/f_0 & P_{\kappa(14)}-u_{0\kappa}P_{\kappa(34)}/f_0\\ P_{\kappa(21)}-v_{0\kappa}P_{\kappa(31)}/f_0 & P_{\kappa(22)}-v_{0\kappa}P_{\kappa(32)}/f_0 & P_{\kappa(23)}-v_{0\kappa}P_{\kappa(33)}/f_0 & P_{\kappa(24)}-v_{0\kappa}P_{\kappa(34)}/f_0\\ 0&0&0&0\end{pmatrix}$$

ただし，式 (11.3) の $\boldsymbol{K}_\kappa$ の逆行列が

$$\boldsymbol{K}_\kappa^{-1} = \frac{1}{f_\kappa}\begin{pmatrix}1&0&-u_{0\kappa}/f_0\\0&1&-v_{0\kappa}/f_0\\0&0&f/f_0\end{pmatrix}$$

となることを用いた．式 (11.12) を微分して上の結果を代入すると，$p_{\alpha\kappa}$, $q_{\alpha\kappa}$, $r_{\alpha\kappa}$ の f_λ に関する微分が式 (11.17) のように書ける．

(3) 式 (11.3) の $\boldsymbol{P}_\kappa$ を $u_{0\lambda}$ で微分すると，次のようになる．

$$\frac{\partial \boldsymbol{P}_\kappa}{\partial u_{0\lambda}} = \delta_{\kappa\lambda}\begin{pmatrix}0&0&1\\0&0&0\\0&0&0\end{pmatrix}\boldsymbol{R}_\kappa^\top\begin{pmatrix}\boldsymbol{I} & -\boldsymbol{t}_\kappa\end{pmatrix}$$

$$= \delta_{\kappa\lambda}\begin{pmatrix}0&0&1\\0&0&0\\0&0&0\end{pmatrix}\boldsymbol{K}_\kappa^{-1}\Bigl(\boldsymbol{K}_\kappa\boldsymbol{R}_\kappa^\top\begin{pmatrix}\boldsymbol{I} & -\boldsymbol{t}_\kappa\end{pmatrix}\Bigr)$$

$$
= \delta_{\kappa\lambda} \begin{pmatrix} 0 & 0 & 1 \\ 0 & 0 & 0 \\ 0 & 0 & 0 \end{pmatrix} \frac{1}{f_\kappa} \begin{pmatrix} 1 & 0 & -u_{0\kappa}/f_0 \\ 0 & 1 & -v_{0\kappa}/f_0 \\ 0 & 0 & f_\kappa/f_0 \end{pmatrix} \boldsymbol{P}_\kappa
$$

$$
= \frac{\delta_{\kappa\lambda}}{f_0} \begin{pmatrix} P_{\kappa(31)} & P_{\kappa(32)} & P_{\kappa(33)} & P_{\kappa(34)} \\ 0 & 0 & 0 & 0 \\ 0 & 0 & 0 & 0 \end{pmatrix}
$$

同様に，$v_{0\lambda}$ で微分すると次のようになる．

$$
\frac{\partial \boldsymbol{P}_\kappa}{\partial v_{0\lambda}} = \delta_{\kappa\lambda} \begin{pmatrix} 0 & 0 & 0 \\ 0 & 0 & 1 \\ 0 & 0 & 0 \end{pmatrix} \boldsymbol{R}_\kappa^\top \begin{pmatrix} \boldsymbol{I} & -\boldsymbol{t}_\kappa \end{pmatrix} = \frac{\delta_{\kappa\lambda}}{f_0} \begin{pmatrix} 0 & 0 & 0 & 0 \\ P_{\kappa(31)} & P_{\kappa(32)} & P_{\kappa(33)} & P_{\kappa(34)} \\ 0 & 0 & 0 & 0 \end{pmatrix}
$$

式 (11.12) を微分してこれらを代入すると，$p_{\alpha\kappa}$, $q_{\alpha\kappa}$, $r_{\alpha\kappa}$ の $u_{0\lambda}$, $v_{0\lambda}$ に関する微分が式 (11.18) のように書ける．

(4) 並進 $\boldsymbol{t}$ に関係するのは式 (11.3) の行列 $\boldsymbol{P}_\kappa$ の第 4 列であり，次のように書ける．

$$
\begin{pmatrix} P_{\kappa(14)} \\ P_{\kappa(24)} \\ P_{\kappa(34)} \end{pmatrix} = -\boldsymbol{K}_\kappa \boldsymbol{R}_\kappa^\top \boldsymbol{t}_\kappa
$$

$$
= -\begin{pmatrix} (f_\kappa R_{\kappa(11)} + u_{0\kappa} R_{\kappa(13)}) t_{\kappa 1} + (f_\kappa R_{\kappa(21)} + u_{0\kappa} R_{\kappa(23)}) t_{\kappa 2} + (f_\kappa R_{\kappa(31)} + u_{0\kappa} R_{\kappa(33)}) t_{\kappa 3} \\ (f_\kappa R_{\kappa(12)} + v_{0\kappa} R_{\kappa(13)}) t_{\kappa 1} + (f_\kappa R_{\kappa(22)} + v_{0\kappa} R_{\kappa(23)}) t_{\kappa 2} + (f_\kappa R_{\kappa(32)} + v_{0\kappa} R_{\kappa(33)}) t_{\kappa 3} \\ f_0 (R_{\kappa(13)} t_{\kappa 1} + R_{\kappa(23)} t_{\kappa 2} + R_{\kappa(33)} t_{\kappa 3}) \end{pmatrix}
$$

これから次の関係が成り立つ．

$$
\frac{\partial}{\partial t_{\lambda 1}} \begin{pmatrix} P_{\kappa(14)} \\ P_{\kappa(24)} \\ P_{\kappa(34)} \end{pmatrix} = -\delta_{\kappa\lambda} \begin{pmatrix} f_\kappa R_{\kappa(11)} + u_{0\kappa} R_{\kappa(13)} \\ f_\kappa R_{\kappa(12)} + v_{0\kappa} R_{\kappa(13)} \\ f_0 R_{\kappa(13)} \end{pmatrix},
$$

$$
\frac{\partial}{\partial t_{\lambda 2}} \begin{pmatrix} P_{\kappa(14)} \\ P_{\kappa(24)} \\ P_{\kappa(34)} \end{pmatrix} = -\delta_{\kappa\lambda} \begin{pmatrix} f_\kappa R_{\kappa(21)} + u_{0\kappa} R_{\kappa(23)} \\ f_\kappa R_{\kappa(22)} + v_{0\kappa} R_{\kappa(23)} \\ f_0 R_{\kappa(23)} \end{pmatrix},
$$

$$
\frac{\partial}{\partial t_{\lambda 3}} \begin{pmatrix} P_{\kappa(14)} \\ P_{\kappa(24)} \\ P_{\kappa(34)} \end{pmatrix} = -\delta_{\kappa\lambda} \begin{pmatrix} f_\kappa R_{\kappa(31)} + u_{0\kappa} R_{\kappa(33)} \\ f_\kappa R_{\kappa(32)} + v_{0\kappa} R_{\kappa(33)} \\ f_0 R_{\kappa(33)} \end{pmatrix}
$$

式 (11.12) を微分して，これらを代入して式 (11.20) を使って書き直すと，$p_{\alpha\kappa}$, $q_{\alpha\kappa}$, $r_{\alpha\kappa}$ の $t_{\lambda 1}$, $t_{\lambda 2}$, $t_{\lambda 3}$ に関する微分が式 (11.19) のように書ける．

(5) 回転行列 $\boldsymbol{R}_\kappa$ に $\Delta\boldsymbol{\omega}_\kappa = (\Delta\omega_{\kappa 1}, \Delta\omega_{\kappa 2}, \Delta\omega_{\kappa 3})^\top$ で表される微小回転を施すと，$\boldsymbol{R}_\kappa$ の変化は第 1 近似において $\Delta\boldsymbol{R}_\kappa = \Delta\boldsymbol{\omega}_\kappa \times \boldsymbol{R}_\kappa$ と書ける（$\hookrightarrow$ 演習問題 3.5(1)）．ただし，"$\Delta\boldsymbol{\omega}_\kappa\times$" は式 (5.10) で定義される反対称行列である．したがって，式 (11.3) の $\boldsymbol{P}_\kappa$ の変化は第 1 近似において次のように書ける．

$$\Delta\boldsymbol{P}_\kappa = \boldsymbol{K}_\kappa(\Delta\boldsymbol{\omega}_\kappa \times \boldsymbol{R}_\kappa)^\top \begin{pmatrix}\boldsymbol{I} & -\boldsymbol{t}_\kappa\end{pmatrix}$$
$$= \boldsymbol{K}_\kappa\boldsymbol{R}_\kappa^\top \begin{pmatrix} 0 & \Delta\omega_{\kappa 3} & -\Delta\omega_{\kappa 2} & \Delta\omega_{\kappa 2}t_{\kappa 3} - \Delta\omega_{\kappa 3}t_{\kappa 2} \\ -\Delta\omega_{\kappa 3} & 0 & \Delta\omega_{\kappa 1} & \Delta\omega_{\kappa 3}t_{\kappa 1} - \Delta\omega_{\kappa 1}t_{\kappa 3} \\ \Delta\omega_{\kappa 2} & -\Delta\omega_{\kappa 1} & 0 & \Delta\omega_{\kappa 1}t_{\kappa 2} - \Delta\omega_{\kappa 2}t_{\kappa 1} \end{pmatrix}$$

ただし，$(\boldsymbol{\omega} \times \boldsymbol{R})^\top = \boldsymbol{R}^\top(\boldsymbol{\omega}\times)^\top = -\boldsymbol{R}^\top\boldsymbol{\omega}\times$，および $(\boldsymbol{\omega}\times)\boldsymbol{t} = \boldsymbol{\omega} \times \boldsymbol{t}$ となることを用いた．これから，$\partial\boldsymbol{P}_\kappa/\partial\omega_{\lambda 1}$, $\partial\boldsymbol{P}_\kappa/\partial\omega_{\lambda 2}$, $\partial\boldsymbol{P}_\kappa/\partial\omega_{\lambda 3}$ が次のように書ける．

$$\frac{\partial\boldsymbol{P}_\kappa}{\partial\omega_{\lambda 1}} = \delta_{\kappa\lambda}\begin{pmatrix} 0 & -f_\kappa R_{\kappa(31)} - u_{0\kappa}R_{\kappa(33)} & f_\kappa R_{\kappa(21)} + u_{0\kappa}R_{\kappa(23)} \\ 0 & -f_\kappa R_{\kappa(32)} - v_{0\kappa}R_{\kappa(33)} & f_\kappa R_{\kappa(22)} + v_{0\kappa}R_{\kappa(23)} \\ 0 & -f_0R_{\kappa(33)} & f_0R_{\kappa(23)} \end{pmatrix.}$$
$$\left.\begin{matrix} f_\kappa(t_{\kappa 2}R_{\kappa(31)} - t_{\kappa 3}R_{\kappa(21)}) + u_{0\kappa}(t_{\kappa 2}R_{\kappa(33)} - t_{\kappa 3}R_{\kappa(23)}) \\ f_\kappa(t_{\kappa 2}R_{\kappa(32)} - t_{\kappa 3}R_{\kappa(22)}) + v_{0\kappa}(t_{\kappa 2}R_{\kappa(33)} - t_{\kappa 3}R_{\kappa(23)}) \\ f_0(t_{\kappa 2}R_{\kappa(33)} - t_{\kappa 3}R_{\kappa(23)}) \end{matrix}\right),$$

$$\frac{\partial\boldsymbol{P}_\kappa}{\partial\omega_{\lambda 2}} = \delta_{\kappa\lambda}\left(\begin{matrix} f_\kappa R_{\kappa(31)} + u_{0\kappa}R_{\kappa(33)} & 0 & -f_\kappa R_{\kappa(11)} - u_{0\kappa}R_{\kappa(13)} \\ f_\kappa R_{\kappa(32)} + v_{0\kappa}R_{\kappa(33)} & 0 & -f_\kappa R_{\kappa(12)} - v_{0\kappa}R_{\kappa(13)} \\ f_0R_{\kappa(33)} & 0 & f_0R_{\kappa(13)} \end{matrix}\right.$$
$$\left.\begin{matrix} f_\kappa(t_{\kappa 3}R_{\kappa(11)} - t_{\kappa 1}R_{\kappa(31)}) + u_{0\kappa}(t_{\kappa 3}R_{\kappa(13)} - t_{\kappa 1}R_{\kappa(33)}) \\ f_\kappa(t_{\kappa 3}R_{\kappa(12)} - t_{\kappa 1}R_{\kappa(32)}) + v_{0\kappa}(t_{\kappa 3}R_{\kappa(13)} - t_{\kappa 1}R_{\kappa(33)}) \\ f_0(t_{\kappa 3}R_{\kappa(13)} - t_{\kappa 1}R_{\kappa(33)}) \end{matrix}\right),$$

$$\frac{\partial\boldsymbol{P}_\kappa}{\partial\omega_{\lambda 3}} = \delta_{\kappa\lambda}\left(\begin{matrix} -f_\kappa R_{\kappa(21)} - u_{0\kappa}R_{\kappa(23)} & f_\kappa R_{\kappa(11)} + u_{0\kappa}R_{\kappa(13)} & 0 \\ -f_\kappa R_{\kappa(22)} - v_{0\kappa}R_{\kappa(23)} & f_\kappa R_{\kappa(12)} + v_{0\kappa}R_{\kappa(13)} & 0 \\ -f_0R_{\kappa(23)} & f_0R_{\kappa(13)} & 0 \end{matrix}\right.$$
$$\left.\begin{matrix} f_\kappa(t_{\kappa 1}R_{\kappa(21)} - t_{\kappa 2}R_{\kappa(11)}) + u_{0\kappa}(t_{\kappa 1}R_{\kappa(23)} - t_{\kappa 2}R_{\kappa(13)}) \\ f_\kappa(t_{\kappa 1}R_{\kappa(22)} - t_{\kappa 2}R_{\kappa(12)}) + v_{0\kappa}(t_{\kappa 1}R_{\kappa(23)} - t_{\kappa 2}R_{\kappa(13)}) \\ f_0(t_{\kappa 1}R_{\kappa(23)} - t_{\kappa 2}R_{\kappa(13)}) \end{matrix}\right)$$

式 (11.12) を微分して，これらを代入すると，$p_{\alpha\kappa}$, $q_{\alpha\kappa}$, $r_{\alpha\kappa}$ の $\omega_{\lambda 1}$, $\omega_{\lambda 2}$, $\omega_{\lambda 3}$ に

関する微分が式 (11.21) のように書ける.

11.3 (1) 式 (11.31) は，次の二つの方程式に分解できる.

$$\boldsymbol{A}\boldsymbol{x}+\boldsymbol{B}\boldsymbol{y}=\boldsymbol{a}, \qquad \boldsymbol{C}\boldsymbol{x}+\boldsymbol{D}\boldsymbol{y}=\boldsymbol{b}$$

第 2 式を $\boldsymbol{y}$ について解くと，式 (11.33) となる．これを第 1 式に代入すると，式 (11.32) となる.

(2) 式 (11.32) の解は，次のように書ける.

$$\boldsymbol{x}=(\boldsymbol{A}-\boldsymbol{B}\boldsymbol{D}^{-1}\boldsymbol{C})^{-1}(\boldsymbol{a}-\boldsymbol{B}\boldsymbol{D}^{-1}\boldsymbol{b})$$

これを式 (11.33) に代入すると，次のようになる.

$$\boldsymbol{y}=-\boldsymbol{D}^{-1}\boldsymbol{C}(\boldsymbol{A}-\boldsymbol{B}\boldsymbol{D}^{-1}\boldsymbol{C})^{-1}(\boldsymbol{a}-\boldsymbol{B}\boldsymbol{D}^{-1}\boldsymbol{b})+\boldsymbol{D}^{-1}\boldsymbol{b}$$

したがって，$\boldsymbol{x}$, $\boldsymbol{y}$ が次のように書ける.

$$\begin{pmatrix}\boldsymbol{x}\\ \boldsymbol{y}\end{pmatrix}=\begin{pmatrix}(\boldsymbol{A}-\boldsymbol{B}\boldsymbol{D}^{-1}\boldsymbol{C})^{-1} & -(\boldsymbol{A}-\boldsymbol{B}\boldsymbol{D}^{-1}\boldsymbol{C})^{-1}\boldsymbol{B}\boldsymbol{D}^{-1}\\ -\boldsymbol{D}^{-1}\boldsymbol{C}(\boldsymbol{A}-\boldsymbol{B}\boldsymbol{D}^{-1}\boldsymbol{C})^{-1} & \boldsymbol{D}^{-1}+\boldsymbol{D}^{-1}\boldsymbol{C}(\boldsymbol{A}-\boldsymbol{B}\boldsymbol{D}^{-1}\boldsymbol{C})^{-1}\boldsymbol{B}\boldsymbol{D}^{-1}\end{pmatrix}\begin{pmatrix}\boldsymbol{a}\\ \boldsymbol{b}\end{pmatrix}$$

これを式 (11.31) と比較すると，式 (11.34) の逆転公式が得られる.

第 12 章

12.1 (1) $2M \times 3$ 運動行列 $\boldsymbol{M}$ の列を $\boldsymbol{m}_1$, $\boldsymbol{m}_2$, $\boldsymbol{m}_3$ とすると，式 (12.8) の両辺の第 α 列は次のように書ける.

$$\begin{pmatrix}x_{\alpha 1}\\ y_{\alpha 1}\\ \vdots\\ y_{\alpha M}\end{pmatrix}=X_\alpha\boldsymbol{m}_1+Y_\alpha\boldsymbol{m}_2+Z_\alpha\boldsymbol{m}_3$$

これは，第 α 点の軌跡が $\boldsymbol{m}_1$, $\boldsymbol{m}_2$, $\boldsymbol{m}_3$ の張る 3 次元部分空間に含まれていることを意味する.

(2) よく知られているように，N 個の軌跡の張る空間の正規直交基底は，行列（統計学では「共分散行列」とよばれるものに相当する）

$$\sum_{\alpha=1}^{N}\begin{pmatrix}x_{\alpha 1}\\ y_{\alpha 1}\\ \vdots\\ y_{\alpha M}\end{pmatrix}\begin{pmatrix}x_{\alpha 1}\\ y_{\alpha 1}\\ \vdots\\ y_{\alpha M}\end{pmatrix}^\top=\boldsymbol{W}\boldsymbol{W}^\top$$

の単位固有ベクトルによって与えられる．$\boldsymbol{W} = \boldsymbol{U}\boldsymbol{\Sigma}\boldsymbol{V}^\top$（$\boldsymbol{\Sigma}$ は式 (12.10) の形の対角行列）と特異値分解されるなら，

$$\boldsymbol{W}\boldsymbol{W}^\top = \boldsymbol{U}\boldsymbol{\Sigma}\boldsymbol{V}^\top\boldsymbol{V}\boldsymbol{\Sigma}\boldsymbol{U}^\top = \boldsymbol{U}\boldsymbol{\Sigma}^2\boldsymbol{U}^\top = \sum_{i=1}^{3}\sigma_i^2\boldsymbol{u}_i\boldsymbol{u}_i^\top$$

である．これは，$\boldsymbol{u}_i$ がこの行列の固有値 σ_i^2 の単位固有ベクトルであることを意味する．

12.2 行列 $\boldsymbol{A}$ の固有値を $\lambda_1 \geq \cdots \geq \lambda_n\ (\geq 0)$ とし，対応する単位固有ベクトルの正規直交系を $\boldsymbol{u}_1, \ldots, \boldsymbol{u}_n$ とすると，$\boldsymbol{A}$ は次のように表せる．

$$\boldsymbol{A} = \sum_{i=1}^{n}\lambda_i\boldsymbol{u}_i\boldsymbol{u}_i^\top$$

行列 $\boldsymbol{B}$ を

$$\boldsymbol{B} = \sum_{i=1}^{n}\sqrt{\lambda_i}\boldsymbol{u}_i\boldsymbol{u}_i^\top$$

とすると，$(\boldsymbol{u}_i, \boldsymbol{u}_j) = \delta_{ij}$（クロネッカーデルタ）であるから，$\boldsymbol{A} = \boldsymbol{B}\boldsymbol{B}^\top$ が次のように成り立つ．

$$\boldsymbol{B}\boldsymbol{B}^\top = \sum_{i=1}^{n}\sqrt{\lambda_i}\boldsymbol{u}_i\boldsymbol{u}_i^\top\sum_{j=1}^{n}\sqrt{\lambda_j}\boldsymbol{u}_j\boldsymbol{u}_j^\top = \sum_{i,j=1}^{n}\sqrt{\lambda_i\lambda_j}(\boldsymbol{u}_i, \boldsymbol{u}_j)\boldsymbol{u}_i\boldsymbol{u}_j^\top$$
$$= \sum_{i,j=1}^{n}\delta_{ij}\sqrt{\lambda_i\lambda_j}\boldsymbol{u}_i\boldsymbol{u}_j^\top = \sum_{i=1}^{n}\lambda_i\boldsymbol{u}_i\boldsymbol{u}_i^\top = \boldsymbol{A}$$

12.3 (1) 式 (12.44) の計量条件は次のように書ける．

$$\begin{pmatrix} 1 & t_{x\kappa}^2 \\ 1 & t_{y\kappa}^2 \\ 0 & t_{x\kappa}t_{x\kappa} \end{pmatrix}\begin{pmatrix} 1/\zeta_\kappa^2 \\ \beta_\kappa^2 \end{pmatrix} = \begin{pmatrix} (\boldsymbol{u}_{\kappa(1)}\boldsymbol{T}\boldsymbol{u}_{\kappa(1)}) \\ (\boldsymbol{u}_{\kappa(1)}\boldsymbol{T}\boldsymbol{u}_{\kappa(2)}) \\ (\boldsymbol{u}_{\kappa(2)}\boldsymbol{T}\boldsymbol{u}_{\kappa(2)}) \end{pmatrix}$$

方程式が過剰であるから，最小 2 乗法を用いる．左辺の係数行列の転置を両辺に左から掛けて，次の正規方程式を得る（$\hookrightarrow$ 演習問題 4.4）．

$$\begin{pmatrix} 2 & t_{x\kappa}^2 + t_{y\kappa}^2 \\ t_{x\kappa}^2 + t_{y\kappa}^2 & t_{x\kappa}^4 + t_{y\kappa}^4 + t_{x\kappa}^2t_{y\kappa}^2 \end{pmatrix}\begin{pmatrix} 1/\zeta_\kappa^2 \\ \beta_\kappa^2 \end{pmatrix}$$
$$= \begin{pmatrix} (\boldsymbol{u}_{\kappa(1)}, \boldsymbol{T}\boldsymbol{u}_{\kappa(1)}) + (\boldsymbol{u}_{\kappa(2)}, \boldsymbol{T}\boldsymbol{u}_{\kappa(2)}) \\ t_{x\kappa}^2(\boldsymbol{u}_{\kappa(1)}, \boldsymbol{T}\boldsymbol{u}_{\kappa(1)}) + t_{x\kappa}t_{y\kappa}(\boldsymbol{u}_{\kappa(1)}, \boldsymbol{T}\boldsymbol{u}_{\kappa(2)}) + t_{y\kappa}^2(\boldsymbol{u}_{\kappa(2)}, \boldsymbol{T}\boldsymbol{u}_{\kappa(2)}) \end{pmatrix}$$

これを解いて ζ_κ, β_κ が定まる（疑似透視投影との対応から $\zeta_\kappa > 0$, $\beta_\kappa \geq 0$ としてよい）．$\beta_\kappa^2 < 0$ なら $\beta_\kappa = 0$ とする．ただし，上式で $t_{x\kappa} \approx 0$ かつ $t_{y\kappa} \approx 0$ なら，$\beta_\kappa = 0$ とし，$1/\zeta_\kappa^2$ は第 1 式のみを解いて，

$$\frac{1}{\zeta_\kappa^2} = \frac{(\boldsymbol{u}_{\kappa(1)}, \boldsymbol{T}\boldsymbol{u}_{\kappa(1)}) + (\boldsymbol{u}_{\kappa(2)}, \boldsymbol{T}\boldsymbol{u}_{\kappa(2)})}{2}$$

とする．$1/\zeta_\kappa^2 \leq 0$ なら ζ_κ は十分大きい値にとる．$g_{x\kappa}$, $g_{y\kappa}$ は式 (12.45) から次のように定まる．

$$g_{x\kappa} = \zeta_\kappa t_{x\kappa}, \qquad g_{y\kappa} = \zeta_\kappa t_{y\kappa}$$

(2) カメラ行列 $\boldsymbol{\Pi}_\kappa$ は，式 (12.42) で計算される運動行列 $\boldsymbol{M}$ と式 (12.6) の行列 $\boldsymbol{M}$ の定義から定まる．一方，(1) で定めた ζ_κ, β_κ, および $g_{x\kappa}$, $g_{y\kappa}$ を代入すると，第 κ カメラの行列 $\boldsymbol{C}_\kappa$ が式 (12.27) から

$$\boldsymbol{C}_\kappa = \begin{pmatrix} 1/\zeta_\kappa & 0 & -\beta_\kappa g_{x\kappa}/\zeta \\ 0 & 1/\zeta_\kappa & -\beta_\kappa g_{y\kappa}/\zeta \end{pmatrix}$$

と書ける．そして，式 (12.23) より $\boldsymbol{\Pi}_\kappa = \boldsymbol{C}_\kappa \boldsymbol{R}_\kappa^\top$ が成り立つ（両辺は 2×3 行列）．両辺を転置すれば $\boldsymbol{\Pi}_\kappa^\top = \boldsymbol{R}_\kappa \boldsymbol{C}_\kappa^\top$ となる（両辺は 3×2 行列）．$\boldsymbol{\Pi}_\kappa^\top$ の第 1, 2 列をそれぞれ $\boldsymbol{\pi}_{\kappa(1)}$, $\boldsymbol{\pi}_{\kappa(2)}$ とし，$\boldsymbol{R}_\kappa$ の第 1, 2, 3 列をそれぞれ $\boldsymbol{r}_{\kappa(1)}$, $\boldsymbol{r}_{\kappa(2)}$, $\boldsymbol{r}_{\kappa(3)}$ とおけば，$\boldsymbol{\Pi}_\kappa^\top = \boldsymbol{R}_\kappa \boldsymbol{C}_\kappa^\top$ は次の形に書ける．

$$\boldsymbol{\pi}_{\kappa(1)} = \frac{1}{\zeta_\kappa}(\boldsymbol{r}_{\kappa(1)} - \beta_\kappa g_{x\kappa} \boldsymbol{r}_{\kappa(3)}), \qquad \boldsymbol{\pi}_{\kappa(2)} = \frac{1}{\zeta_\kappa}(\boldsymbol{r}_{\kappa(2)} - \beta_\kappa g_{y\kappa} \boldsymbol{r}_{\kappa(3)})$$

両者のベクトル積 $\boldsymbol{\pi}_{\kappa(1)} \times \boldsymbol{\pi}_{\kappa(2)}$ を考えると，$\{\boldsymbol{r}_{\kappa(1)}, \boldsymbol{r}_{\kappa(2)}, \boldsymbol{r}_{\kappa(3)}\}$は右手正規直交系であり，$\boldsymbol{r}_{\kappa(1)} \times \boldsymbol{r}_{\kappa(2)} = \boldsymbol{r}_{\kappa(3)}$ などが成り立つから，次のようになる．

$$\boldsymbol{\pi}_{\kappa(1)} \times \boldsymbol{\pi}_{\kappa(2)} = \frac{1}{\zeta_\kappa^2}(\beta_\kappa g_{x\kappa} \boldsymbol{r}_{\kappa(1)} + \beta_\kappa g_{y\kappa} \boldsymbol{r}_{\kappa(2)} + \boldsymbol{r}_{\kappa(3)})$$

以上の式を $\boldsymbol{r}_{\kappa(1)}$, $\boldsymbol{r}_{\kappa(2)}$, $\boldsymbol{r}_{\kappa(3)}$ に関する連立 1 次方程式とみなして解くと，次のようになる．

$$\begin{aligned} \boldsymbol{r}_{\kappa(1)} &= \zeta_\kappa \boldsymbol{\pi}_{\kappa(1)} + \beta_\kappa g_{x\kappa} \boldsymbol{r}_{\kappa(3)}, \\ \boldsymbol{r}_{\kappa(2)} &= \zeta_\kappa \boldsymbol{\pi}_{\kappa(2)} + \beta_\kappa g_{y\kappa} \boldsymbol{r}_{\kappa(3)}, \\ \boldsymbol{r}_{\kappa(3)} &= \frac{\zeta_\kappa \boldsymbol{\pi}_{\kappa(1)} \times \boldsymbol{\pi}_{\kappa(2)} - \beta_\kappa\big(g_{x\kappa} \boldsymbol{\pi}_{\kappa(1)} + g_{y\kappa} \boldsymbol{\pi}_{\kappa(2)}\big)}{1 + \beta_\kappa^2 (g_{x\kappa}^2 + g_{y\kappa}^2)} \end{aligned}$$

これから $\boldsymbol{R}_\kappa$ が定まるが，ζ_κ, β_κ, $g_{x\kappa}$, $g_{y\kappa}$ や $\boldsymbol{\pi}_{\kappa(1)}$, $\boldsymbol{\pi}_{\kappa(2)}$ の計算が近似的に行われているので，得られる $\boldsymbol{R}_\kappa$ が厳密な回転行列になっているとは限らない．

そこで，$\boldsymbol{r}_{\kappa(1)}, \boldsymbol{r}_{\kappa(2)}, \boldsymbol{r}_{\kappa(3)}$ を列とする行列を

$$\begin{pmatrix} \boldsymbol{r}_{\kappa(1)} & \boldsymbol{r}_{\kappa(2)} & \boldsymbol{r}_{\kappa(3)} \end{pmatrix} = \boldsymbol{U}\boldsymbol{\Lambda}\boldsymbol{V}^\top$$

と特異値分解する（$\boldsymbol{\Lambda}$ は特異値を対角要素とする対角行列）．これが回転行列であれば $\boldsymbol{\Lambda} = \boldsymbol{I}$ でなければならないが，そうでない場合は厳密な回転行列になるように $\boldsymbol{R}_\kappa$ を次のように定める．

$$\boldsymbol{R}_\kappa = \boldsymbol{U}\boldsymbol{V}^\top$$

第 13 章

13.1 式 (13.80) のように定義すると，式 (13.13) は次のように書ける．

$$\boldsymbol{A}^{(\alpha)} = \boldsymbol{C}^{(\alpha)}\boldsymbol{C}^{(\alpha)\top}$$

これは，式 (13.81) の特異値分解により，次のように書ける．

$$\boldsymbol{A}^{(\alpha)} = \boldsymbol{U}^{(\alpha)}\boldsymbol{\Sigma}^{(\alpha)2}\boldsymbol{U}^{(\alpha)\top}$$

これは，$\boldsymbol{U}^{(\alpha)}$ が $\boldsymbol{A}^{(\alpha)}$ の固有ベクトルを並べた $M \times 4$ 行列であることを示している．したがって，$\boldsymbol{U}^{(\alpha)}$ の第 1 列が求める $\boldsymbol{\xi}_\alpha$ である．

13.2 (1) $\boldsymbol{V}_{N\times L}$ の各列は直交する単位ベクトルであるから，$\boldsymbol{V}_{N\times L}^\top \boldsymbol{V}_{N\times L} = \boldsymbol{I}_L$（$L \times L$ 単位行列）である．ゆえに，式 (13.7) より

$$\boldsymbol{W}\boldsymbol{W}^\top = \boldsymbol{U}_{3M\times L}\boldsymbol{\Sigma}_L\boldsymbol{V}_{N\times L}^\top\boldsymbol{V}_{N\times L}\boldsymbol{\Sigma}_L\boldsymbol{U}_{3M\times L}^\top = \boldsymbol{U}_{3M\times L}\boldsymbol{\Sigma}_L^2\boldsymbol{U}_{3M\times L}^\top$$

となる．これは，$\boldsymbol{U}_{3M\times L}$ が $\boldsymbol{W}\boldsymbol{W}^\top$ の固有値 $\sigma_1^2, \dots, \sigma_L^2$ の単位固有ベクトルを並べた行列であることを意味する．

(2) $\boldsymbol{W}\boldsymbol{W}^\top$ の固有値 $\lambda_1 \geq \cdots \geq \lambda_{3M}$ に対する単位固有ベクトルを $\bar{\boldsymbol{u}}_1, \dots, \bar{\boldsymbol{u}}_{3M}$ とすると，$\boldsymbol{W}\boldsymbol{W}^\top$ は次のように書ける．

$$\boldsymbol{W}\boldsymbol{W}^\top = \sum_{k=1}^{3M} \lambda_k \bar{\boldsymbol{u}}_k \bar{\boldsymbol{u}}_k^\top$$

ゆえに，

$$\boldsymbol{W}\boldsymbol{W}^\top \boldsymbol{u}_i = \sum_{k=1}^{3M} \lambda_k (\boldsymbol{u}_i, \bar{\boldsymbol{u}}_k)\bar{\boldsymbol{u}}_k$$

である．一方，$\boldsymbol{u}_i$ を $\bar{\boldsymbol{u}}_1, \dots, \bar{\boldsymbol{u}}_{3M}$ で表すと，$\sum_{k=1}^{3M}(\boldsymbol{u}_i, \bar{\boldsymbol{u}}_k)\bar{\boldsymbol{u}}_k$ である．

$\lambda_5,\ldots,\lambda_{3M}$ は反復が進むにつれ 0 に近くなるから，$\boldsymbol{W}\boldsymbol{W}^\top\boldsymbol{u}_i$ の $\mathcal{L}_4$ の直交補空間 $\mathcal{L}_4^\perp$（$\bar{\boldsymbol{u}}_5,\ldots,\bar{\boldsymbol{u}}_{3M}$ が張る $3M-4$ 次元空間）への射影成分が $\boldsymbol{u}_i$ より小さくなっている．したがって，それらにシュミットの直交化を行うと，$\mathcal{L}_4$ の正規直交系が $\boldsymbol{u}_1,\ldots,\boldsymbol{u}_4$ よりもよい精度で計算される．このとき，$\boldsymbol{W}\boldsymbol{W}^\top\boldsymbol{u}_i$ を計算するのに，$\boldsymbol{W}\boldsymbol{W}^\top$ を計算してから $\boldsymbol{u}_i$ に掛けるより，$\boldsymbol{W}$ と $\boldsymbol{W}^\top\boldsymbol{u}_i$ を掛けるほうが計算量が少ない．

(3) まず，$\boldsymbol{u}_1$ が単位ベクトルに正規化される．$\boldsymbol{u}_1,\ldots,\boldsymbol{u}_k$ が正規直交系になっているとすると，$\boldsymbol{u}_{k+1}$ をそれらの張る空間に射影した成分は $\sum_{i=1}^k(\boldsymbol{u}_i,\boldsymbol{u}_k)\boldsymbol{u}_i$ である．これを引いた $\boldsymbol{u}_{k+1}-\sum_{i=1}^k(\boldsymbol{u}_i,\boldsymbol{u}_k)\boldsymbol{u}_i$ を単位ベクトルに正規化すれば，$\boldsymbol{u}_1,\ldots,\boldsymbol{u}_{k+1}$ が正規直交系になる．これを $k=2,3,4$ と行えば，正規直交系が得られる．

13.3 $\boldsymbol{U}$ を $\boldsymbol{M}$ とみなすことは，式 (13.9) を用いることを意味する．すると，式 (13.6) は

$$\boldsymbol{W}=\begin{pmatrix}\boldsymbol{u}_1 & \boldsymbol{u}_2 & \boldsymbol{u}_3 & \boldsymbol{u}_4\end{pmatrix}\begin{pmatrix}\boldsymbol{X}_1 & \cdots & \boldsymbol{X}_N\end{pmatrix}$$

と書ける．したがって，$\boldsymbol{W}$ の第 α 列 $\boldsymbol{p}_\alpha$ は次のようになる．

$$\boldsymbol{p}_\alpha=X_{\alpha1}\boldsymbol{u}_1+X_{\alpha2}\boldsymbol{u}_2+X_{\alpha3}\boldsymbol{u}_3+X_{\alpha4}\boldsymbol{u}_4$$

すなわち，$X_{\alpha1},\ldots,X_{\alpha4}$ は，$\boldsymbol{p}_\alpha$ を正規直交系 $\boldsymbol{u}_1,\ldots,\boldsymbol{u}_4$ によって展開した展開係数である．したがって，これらが式 (13.84) で与えられる．

13.4 式 (13.23) から次のように書ける．

$$\|\boldsymbol{q}_{\kappa(1)}\|^2=\sum_{\alpha=1}^N\frac{z_{\alpha\kappa}^2x_{\alpha\kappa}^2}{f_0^2},\qquad \|\boldsymbol{q}_{\kappa(2)}\|^2=\sum_{\alpha=1}^N\frac{z_{\alpha\kappa}^2y_{\alpha\kappa}^2}{f_0^2},\qquad \|\boldsymbol{q}_{\kappa(3)}\|^2=\sum_{\alpha=1}^N z_{\alpha\kappa}^2$$

ゆえに，式 (13.25) は次のようになる．

$$\sum_{i=1}^3\|\boldsymbol{q}_{\kappa(i)}\|^2=\sum_{\alpha=1}^N z_{\alpha\kappa}^2\|\boldsymbol{x}_{\alpha\kappa}\|^2=\sum_{\alpha=1}^N\xi_{\alpha\kappa}^2=\|\boldsymbol{\xi}_\kappa\|^2=1$$

13.5 ベクトル $\boldsymbol{v}_k$ の第 α 成分を $v_{k\alpha}$ と書くと，式 (13.23) から次の式を得る．

$$\begin{aligned}\sum_{k=1}^4(\boldsymbol{q}_{\kappa(1)},\boldsymbol{v}_k)^2&=\sum_{k=1}^4\left(\sum_{\alpha=1}^N\frac{z_{\alpha\kappa}x_{\alpha\kappa}v_{k\alpha}}{f_0}\right)\left(\sum_{\beta=1}^N\frac{z_{\beta\kappa}x_{\beta\kappa}v_{k\beta}}{f_0}\right)\\&=\sum_{\alpha,\beta=1}^N\frac{z_{\alpha\kappa}z_{\beta\kappa}x_{\alpha\kappa}x_{\beta\kappa}}{f_0^2}\sum_{k=1}^4 v_{k\alpha}v_{k\beta}=\sum_{\alpha,\beta=1}^N\frac{z_{\alpha\kappa}z_{\beta\kappa}x_{\alpha\kappa}x_{\beta\kappa}}{f_0^2}(\boldsymbol{v}_\alpha,\boldsymbol{v}_\beta),\end{aligned}$$

$$\sum_{k=1}^{4}(\boldsymbol{q}_{\kappa(2)}, \boldsymbol{v}_k)^2 = \sum_{k=1}^{4}\left(\sum_{\alpha=1}^{N}\frac{z_{\alpha\kappa}y_{\alpha\kappa}v_{k\alpha}}{f_0}\right)\left(\sum_{\beta=1}^{N}\frac{z_{\beta\kappa}y_{\beta\kappa}v_{k\beta}}{f_0}\right)$$

$$= \sum_{\alpha,\beta=1}^{N}\frac{z_{\alpha\kappa}z_{\beta\kappa}y_{\alpha\kappa}y_{\beta\kappa}}{f_0^2}\sum_{k=1}^{4}v_{k\alpha}v_{k\beta} = \sum_{\alpha,\beta=1}^{N}\frac{z_{\alpha\kappa}z_{\beta\kappa}y_{\alpha\kappa}y_{\beta\kappa}}{f_0^2}(\boldsymbol{v}_\alpha, \boldsymbol{v}_\beta),$$

$$\sum_{k=1}^{4}(\boldsymbol{q}_{\kappa(3)}, \boldsymbol{v}_k)^2 = \sum_{k=1}^{4}\left(\sum_{\alpha=1}^{N}z_{\alpha\kappa}v_{k\alpha}\right)\left(\sum_{\beta=1}^{N}z_{\beta\kappa}v_{k\beta}\right) = \sum_{\alpha,\beta=1}^{N}z_{\alpha\kappa}z_{\beta\kappa}\sum_{k=1}^{4}v_{k\alpha}v_{k\beta}$$

$$= \sum_{\alpha,\beta=1}^{N}z_{\alpha\kappa}z_{\beta\kappa}(\boldsymbol{v}_\alpha, \boldsymbol{v}_\beta)$$

ゆえに，変数 $\xi_{\alpha\kappa}$ を式 (13.21) と定義し，行列 $\boldsymbol{B}^{(\kappa)} = (B_{\alpha\beta}^{(\kappa)})$ を式 (13.26) のように定義すると，次式を得る．

$$\sum_{i=1}^{3}\sum_{k=1}^{4}(\boldsymbol{q}_{\kappa(i)}, \boldsymbol{v}_k)^2 = \sum_{\alpha,\beta=1}^{N}z_{\alpha\kappa}z_{\beta\kappa}(\boldsymbol{x}_{\alpha\kappa}, \boldsymbol{x}_{\beta\kappa})(\boldsymbol{v}_\alpha, \boldsymbol{v}_\beta)$$

$$= \sum_{\alpha,\beta=1}^{N}\frac{\xi_{\alpha\kappa}}{\|\boldsymbol{x}_{\alpha\kappa}\|}\frac{\xi_{\beta\kappa}}{\|\boldsymbol{x}_{\beta\kappa}\|}(\boldsymbol{x}_{\alpha\kappa}, \boldsymbol{x}_{\beta\kappa})(\boldsymbol{v}_\alpha, \boldsymbol{v}_\beta)$$

$$= \sum_{\alpha,\beta=1}^{N}B_{\alpha\beta}^{(\kappa)}\xi_{\alpha\kappa}\xi_{\beta\kappa} = (\boldsymbol{\xi}_\kappa, \boldsymbol{B}^{(\kappa)}\boldsymbol{\xi}_\kappa)$$

13.6 式 (13.26) は次のように変形できる．

$$B_{\alpha\beta}^{(\kappa)} = \left(\frac{x_{\alpha\kappa}\boldsymbol{v}_\alpha}{f_0\|\boldsymbol{x}_{\alpha\kappa}\|}, \frac{x_{\beta\kappa}\boldsymbol{v}_\beta}{f_0\|\boldsymbol{x}_{\beta\kappa}\|}\right) + \left(\frac{y_{\alpha\kappa}\boldsymbol{v}_\alpha}{f_0\|\boldsymbol{x}_{\alpha\kappa}\|}, \frac{y_{\beta\kappa}\boldsymbol{v}_\beta}{f_0\|\boldsymbol{x}_{\beta\kappa}\|}\right) + \left(\frac{\boldsymbol{v}_\alpha}{\|\boldsymbol{x}_{\alpha\kappa}\|}, \frac{\boldsymbol{v}_\beta}{\|\boldsymbol{x}_{\beta\kappa}\|}\right)$$

したがって，$\boldsymbol{C}^{(\kappa1)}$, $\boldsymbol{C}^{(\kappa2)}$, $\boldsymbol{C}^{(\kappa3)}$, $\boldsymbol{C}^{(\kappa)}$ を式 (13.85), (13.86) のように定義すると，$\boldsymbol{B}^{(\kappa)}$ は次のように書ける．

$$\boldsymbol{B}^{(\kappa)} = \boldsymbol{C}^{(\kappa1)}\boldsymbol{C}^{\kappa(1)\top} + \boldsymbol{C}^{(\kappa2)}\boldsymbol{C}^{\kappa(2)\top} + \boldsymbol{C}^{(\kappa3)}\boldsymbol{C}^{\kappa(3)\top} = \boldsymbol{C}^{(\kappa)}\boldsymbol{C}^{(\kappa)\top}$$

これは，式 (13.87) の特異値分解により，次のように書ける．

$$\boldsymbol{B}^{(\alpha)} = \boldsymbol{U}^{(\kappa)}\boldsymbol{\Sigma}^{(\kappa)2}\boldsymbol{U}^{(\kappa)\top}$$

これは，$\boldsymbol{U}^{(\kappa)}$ が $\boldsymbol{B}^{(\alpha)}$ の固有ベクトルを並べた $N \times 4$ 行列であることを示している．したがって，$\boldsymbol{U}^{(\kappa)}$ の第 1 列が求める $\boldsymbol{\xi}_\kappa$ である．

13.7 (1) $\boldsymbol{W}_{3M\times L}$ の各列は直交する単位ベクトルであるから，$\boldsymbol{U}_{3M\times L}^\top\boldsymbol{U}_{3M\times L} = \boldsymbol{I}_L$

（$L \times L$ 単位行列）である．ゆえに，式 (13.7) より

$$\boldsymbol{W}^\top \boldsymbol{W} = \boldsymbol{V}_{N\times L}\boldsymbol{\Sigma}_L \boldsymbol{U}_{3M\times L}^\top \boldsymbol{U}_{3M\times L}\boldsymbol{\Sigma}_L \boldsymbol{V}_{N\times L}^\top = \boldsymbol{V}_{N\times L}\boldsymbol{\Sigma}_L^2 \boldsymbol{V}_{N\times L}^\top$$

となる．これは，$\boldsymbol{V}_{N\times L}$ が $\boldsymbol{W}^\top \boldsymbol{W}$ の固有値 $\sigma_1^2, \ldots, \sigma_L^2$ の単位固有ベクトルを並べた行列であることを意味する．

(2) $\boldsymbol{W}^\top \boldsymbol{W}$ の固有値 $\lambda_1 \geq \cdots \geq \lambda_N$ に対する単位固有ベクトルを $\bar{\boldsymbol{v}}_1, \ldots, \bar{\boldsymbol{v}}_N$ とすると，$\boldsymbol{W}^\top \boldsymbol{W}$ は次のように書ける．

$$\boldsymbol{W}^\top \boldsymbol{W} = \sum_{k=1}^{N} \lambda_k \bar{\boldsymbol{v}}_k \bar{\boldsymbol{v}}_k^\top$$

ゆえに，

$$\boldsymbol{W}^\top \boldsymbol{W}\boldsymbol{v}_i = \sum_{k=1}^{N} \lambda_k (\boldsymbol{v}_i, \bar{\boldsymbol{v}}_k)\bar{\boldsymbol{v}}_k$$

である．一方，$\boldsymbol{v}_i$ を $\bar{\boldsymbol{v}}_1, \ldots, \bar{\boldsymbol{v}}_N$ で表すと $\sum_{k=1}^{N}(\boldsymbol{v}_i, \bar{\boldsymbol{v}}_k)\bar{\boldsymbol{v}}_k$ である．$\lambda_5, \ldots, \lambda_N$ は反復が進むにつれ 0 に近くなるから，$\boldsymbol{W}^\top \boldsymbol{W}\boldsymbol{v}_i$ の $\mathcal{L}_4^*$ の直交補空間 $\mathcal{L}_4^{*\perp}$（$\bar{\boldsymbol{v}}_5, \ldots, \bar{\boldsymbol{v}}_N$ が張る $N-4$ 次元空間）への射影成分が $\boldsymbol{v}_i$ より小さくなっている．したがって，それらにシュミットの直交化を行うと，$\mathcal{L}_4^*$ の正規直交系が $\boldsymbol{v}_1, \ldots, \boldsymbol{v}_4$ よりもよい精度で計算される．このとき，$\boldsymbol{W}^\top \boldsymbol{W}\boldsymbol{v}_i$ を計算するのに，$\boldsymbol{W}^\top \boldsymbol{W}$ を計算してから $\boldsymbol{v}_i$ に掛けるより，$\boldsymbol{W}^\top$ と $\boldsymbol{W}\boldsymbol{v}_i$ を掛けるほうが計算量が少ない．

13.8 $\boldsymbol{V}^\top$ を $\boldsymbol{S}$ とみなすことは，式 (13.10) を用いることを意味する．すると，式 (13.6) は

$$\boldsymbol{W} = \begin{pmatrix} \boldsymbol{P}_1 \\ \vdots \\ \boldsymbol{P}_M \end{pmatrix} \begin{pmatrix} \boldsymbol{v}_1^\top \\ \boldsymbol{v}_2^\top \\ \boldsymbol{v}_3^\top \\ \boldsymbol{v}_4^\top \end{pmatrix}$$

と書ける．転置すると，

$$\boldsymbol{W}^\top = \begin{pmatrix} \boldsymbol{v}_1 & \boldsymbol{v}_2 & \boldsymbol{v}_3 & \boldsymbol{v}_4 \end{pmatrix} \begin{pmatrix} \boldsymbol{P}_1^\top & \cdots & \boldsymbol{P}_M^\top \end{pmatrix}$$

となる．ゆえに，$\boldsymbol{W}^\top$ の第 $3(\kappa-1)+i$ 列 $\boldsymbol{q}_{\kappa(i)}$ は，次のように書ける．

$$\boldsymbol{q}_{\kappa(i)} = P_{\kappa(i1)}\boldsymbol{v}_1 + P_{\kappa(i2)}\boldsymbol{v}_2 + P_{\kappa(i3)}\boldsymbol{v}_3 + P_{\kappa(i4)}\boldsymbol{v}_4$$

すなわち，$P_{\kappa(ij)}$ は $\boldsymbol{q}_{\kappa(i)}$ を正規直交系 $\boldsymbol{u}_1, \ldots, \boldsymbol{u}_4$ によって展開した展開係数である．したがって，それらは式 (13.90) で与えられる．

13.9 (1) 次のように示せる.

$$\begin{pmatrix} K_{11} & K_{12} & K_{13} \\ 0 & K_{22} & K_{23} \\ 0 & 0 & K_{33} \end{pmatrix} \begin{pmatrix} K'_{11} & K'_{12} & K'_{13} \\ 0 & K'_{22} & K'_{23} \\ 0 & 0 & K'_{33} \end{pmatrix}$$

$$= \begin{pmatrix} K_{11}K'_{11} & K_{11}K'_{12} + K_{12}K'_{22} & K_{11}K'_{13} + K_{12}K'_{23} + K_{13}K'_{33} \\ 0 & K_{22}K'_{22} & K_{22}K'_{23} + K_{23}K'_{33} \\ 0 & 0 & K_{33}K'_{33} \end{pmatrix}$$

(2) 上三角行列 $\boldsymbol{K} = (K_{ij})$ の行列式は対角要素の積であるから, $\boldsymbol{K}$ が正則なら対角要素はどれも 0 ではない. そして, 次の逆行列をもつ.

$$\begin{pmatrix} K_{11} & K_{12} & K_{13} \\ 0 & K_{22} & K_{23} \\ 0 & 0 & K_{33} \end{pmatrix}^{-1} = \frac{1}{K_{11}K_{22}K_{33}} \begin{pmatrix} K_{22}K_{33} & -K_{12}K_{33} & K_{12}K_{23} - K_{22}K_{13} \\ 0 & K_{11}K_{33} & -K_{11}K_{23} \\ 0 & 0 & K_{11}K_{22} \end{pmatrix}$$

13.10 式 (13.92) を書き直すと, 次のようになる.

$$\begin{pmatrix} a_{11} & a_{12} & a_{13} \\ a_{12} & a_{22} & a_{23} \\ a_{13} & a_{23} & a_{33} \end{pmatrix} = \begin{pmatrix} x_{11}^2 & x_{11}x_{12} & x_{11}x_{13} \\ x_{11}x_{12} & x_{12}^2 + x_{22}^2 & x_{12}x_{13} + x_{22}x_{23} \\ x_{11}x_{13} & x_{12}x_{13} + x_{22}x_{23} & x_{13}^2 + x_{23}^2 + x_{33}^2 \end{pmatrix}$$

両辺の $(1,1)$ 要素を比較して, $a_{11} = x_{11}^2$ より式 (13.93) の第 1 式を得る. x_{11} の符号は正に選ぶ. 次に, $(1,2)$ 要素を比較して, $a_{12} = x_{11}x_{12}$ より第 2 式を得る. 同様に, $(1,3)$ 要素を比較して, $a_{13} = x_{11}x_{13}$ より第 3 式を得る. $(2,2)$ 要素を比較すると $a_{22} = x_{12}^2 + x_{22}^2$ であり, x_{22} の符号を正に選ぶと第 4 式を得る. $(2,3)$ 要素を比較すると, $a_{23} = x_{12}x_{13} + x_{22}x_{23}$ であり, 第 5 式を得る. 最後に $(3,3)$ 要素を比較すると, $a_{33} = x_{13}^2 + x_{23}^2 + x_{33}^2$ であり, x_{33} の符号を正に選ぶと, 第 6 式を得る. このように順に比較すると, すでに計算した値を用いた式 (13.93) の表現が得られる. ただし, 対角要素 x_{11}, x_{22}, x_{33} の符号はどちらを選んでも式 (13.14) が成り立つので, 正の符号を選んでいる. 一般の $n \times n$ 行列の場合も同様の手順で計算できる.

13.11 $\boldsymbol{P}_\kappa = \begin{pmatrix} \boldsymbol{Q} & \boldsymbol{q} \end{pmatrix}$ とする. すなわち, $\boldsymbol{P}_\kappa$ の最初の 3×3 部分を $\boldsymbol{Q}$, 第 4 列を $\boldsymbol{q}$ とする. 符号の不定性を除くために, $\det \boldsymbol{Q} < 0$ なら $\boldsymbol{Q}$ と $\boldsymbol{q}$ の符号を変える. 求めたいのは,

$$\boldsymbol{Q} = \boldsymbol{K}_\kappa \boldsymbol{R}_\kappa^\top, \qquad \boldsymbol{q} = \boldsymbol{K}_\kappa \boldsymbol{R}_\kappa^\top \boldsymbol{t}_\kappa$$

となる上三角行列 $\boldsymbol{K}_\kappa$, 回転行列 $\boldsymbol{R}_\kappa$, および並進ベクトル $\boldsymbol{t}_\kappa$ である. まず,

$\boldsymbol{q} = -\boldsymbol{Q}\boldsymbol{t}_\kappa$ より，$\boldsymbol{t}_\kappa$ が式 (13.94) のように定まる．$\boldsymbol{R}_\kappa^\top \boldsymbol{R}_\kappa = \boldsymbol{I}$ より，次の関係を得る．

$$\boldsymbol{Q}\boldsymbol{Q}^\top = \boldsymbol{K}_\kappa \boldsymbol{K}_\kappa^\top$$

この逆行列は次のようになる（転置の逆行列は逆行列の転置に等しいことに注意する）．

$$(\boldsymbol{Q}\boldsymbol{Q}^\top)^{-1} = (\boldsymbol{K}_\kappa^{-})^\top \boldsymbol{K}_\kappa^{-1}$$

$(\boldsymbol{Q}\boldsymbol{Q}^\top)^{-1}$ をコレスキー分解して，ある上三角行列 $\boldsymbol{C}$ によって式 (13.95) のように表せば，式 (13.96) が得られる．そして，

$$\boldsymbol{Q} = \boldsymbol{C}^{-1} \boldsymbol{R}_\kappa^\top$$

と書ける．両辺を転置すると $\boldsymbol{Q}^\top = \boldsymbol{R}_\kappa (\boldsymbol{C}^\top)^{-1}$ であり，$\boldsymbol{R}_\kappa$ が式 (13.97) のように求まる．このように計算した $\boldsymbol{R}_\kappa$ は回転行列である．実際，

$$\boldsymbol{R}_\kappa \boldsymbol{R}_\kappa^\top = \boldsymbol{Q}^\top \boldsymbol{C}^\top \boldsymbol{C} \boldsymbol{Q} = \boldsymbol{Q}^\top (\boldsymbol{Q}\boldsymbol{Q}^\top)^{-1} \boldsymbol{Q} = \boldsymbol{Q}^\top (\boldsymbol{Q}^\top)^{-1} \boldsymbol{Q}^{-1} \boldsymbol{Q} = \boldsymbol{I}$$

であり，かつ $\det \boldsymbol{R}_\kappa > 0$ である．なぜなら，$\det \boldsymbol{R}_\kappa = \det \boldsymbol{Q}^\top \det \boldsymbol{C}^\top = \det \boldsymbol{Q} \det \boldsymbol{C}$ であるが，符号の調節により $\det \boldsymbol{Q} > 0$ であり，コレスキー分解では対角要素の符号を正に選ぶので $\det \boldsymbol{C} > 0$ だからである．

参考文献

[1] R. Basri, Paraperspective ≡ affine, *International Journal of Computer Vision*, Vol. 19, No. 2, pp. 169–179 (1996).

[2] S. Bougnoux, From projective to Euclidean space under any practical situation, a criticism of self calibration, *Proc. 6th International Conference on Computer Vision*, Bombay, India, pp. 790–796 (1998).

[3] M. Byröd, K. Josephson, and K. Åström, Fast optimal three view triangulation, *Proc. 8th Asian Conference on Computer Vision*, Tokyo, Japan, Vol. 2, pp. 549–559 (2007).

[4] N. Chernov and C. Lesort, Statistical efficiency of curve fitting algorithms, *Computational Statistics and Data Analysis*, Vol. 47, No. 4, pp. 713–728 (2004).

[5] W. Chojnacki, M. J. Brooks, A. van den Hengel, and D. Gawley, On the fitting of surfaces to data with covariances, *IEEE Transactions on Pattern Analysis and Machine Intelligence*, Vol. 22, No. 11, pp. 1294–1303 (2000).

[6] O. Chum, T. Pajdla, and P. Sturm, The geometric error for homographies, *Computer Vision and Image Understanding*, Vol. 97, No. 1, pp. 86–102 (2002).

[7] M. A. Fischler and R. C. Bolles, Random sample consensus: A paradigm for model fitting with applications to image analysis and automated cartography, *Communications of the ACM*, Vol. 24, No. 6, pp. 381–395 (1981).

[8] A. Fitzgibbon, M. Pilu, and R. B. Fisher, Direct least squares fitting of ellipses, *IEEE Transactions on Pattern Analysis and Machine Intelligence*, Vol. 21, No. 5, pp. 476–480 (1999).

[9] D. Forsyth, J. L. Mundy, A. Zisserman, C. Coelho, A. Heller, and C. Rothwell, Invariant descriptors for3-D object recognition and pose, *IEEE Transactions on Pattern Analysis and Machine Intelligence*, Vol. 13, No. 10, pp. 971–991 (1991).

[10] G. H. Golub and C. F. Van Loan, *Matrix Computation*, 4th ed., Johns Hopkins University Press, Baltimore, MD, U.S. (2012).

[11] R. Hartley, In defense of the eight-point algorithm, *IEEE Transactions on Pattern Analysis and Machine Intelligence*, Vol. 19, No. 6, pp. 580–593 (1997).

[12] R. Hartley and F. Kahl, Optimal algorithms in multiview geometry, *Proc. 8th Asian Conference on Computer Vision*, Tokyo, Japan, Vol. 1, pp. 13–34 (2007).

[13] R. Hartley and F. Schaffalitzky, L_∞ minimization in geometric reconstruction problems, *Proc. IEEE Conference on Computer Vision and Pattern Recognition*, Washington DC, U.S., Vol. 1, pp. 504–509 (2004).

[14] R. Hartley and Y. Seo, Verifying global minima for L_2 minimization problems,

Proc. IEEE Conference on Computer Vision and Pattern Recognition, Anchorage, AK, U.S. (2008).

[15] R. Hartley and P. Sturm, Triangulation, *Computer Vision and Image Understanding*, Vol. 68, No. 2, pp. 146–157 (1997).

[16] R. Hartley and A. Zisserman, *Multiple View Geometry in Computer Vision* 2nd Ed., Cambridge University Press, Cambridge, U.K. (2003).

[17] J. C. Hay, Optical motions and space perception: An extension of Gibson's analysis, *Psychological Review*, Vol. 73, No. 6, pp. 550–656 (1966).

[18] A. Heyden, R. Berthilsson, and G. Sparr, An iterative factorization method for projective structure and motion from image sequences, *Image and Vision Computing*, Vol. 17, No. 13, pp. 981–991 (1999).

[19] P. J. Huber, *Robust Statistics*, 2nd ed., Wiley, Hoboken, New Jersey, U.S. (2009).

[20] 岩元祐輝, 菅谷保之, 金谷健一, 3 次元復元のためのバンドル調整の実装とその評価, 情報処理学会研究報告, 2011-CVIM-175-19, pp. 1–8 (2011).

[21] 徐剛, 辻三郎, 「3 次元ビジョン」, 共立出版 (1998).

[22] F. Kahl, Multiple view geometry and the L_∞-norm, *Proc. 10th International Conference on Computer Vision*, Beijing, China, Vol. 2, pp. 1002–1009 (2005).

[23] F. Kahl, S. Agarwal, M. K. Chandraker, D. Kriegman, and S. Belongie, Practical global optimization for multiview geometry, *International Journal of Computer Vision*, Vol. 79, No. 3, pp. 271–284 (2008).

[24] F. Kahl and D. Henrion, Global optimal estimates for geometric reconstruction problems, *International Journal of Computer Vision*, Vol. 74, No. 1, pp. 3–15 (2007).

[25] F. Kahl, B. Triggs, and K. Åström, Critical motions for auto-calibration when some intrinsic parameters can vary, *Journal of Mathematical Imaging and Vision*, Vol. 13, No. 2, pp. 131–146 (2000).

[26] 金出武雄, コンラッド・ポールマン, 森田俊彦, 因子分解法による物体形状とカメラ運動の復元, 電子情報通信学会論文誌 D-II, Vol. J74-D-II, No. 8, pp. 1497–1505 (1993).

[27] K. Kanatani, *Group-Theoretical Methods in Image Understanding*, Springer, Berlin, Germany (1990).

[28] 金谷健一, 「画像理解—3 次元認識の数理—」, 森北出版 (1990).

[29] K. Kanatani, *Geometric Computation for Machine Vision*, Oxford University Press, Oxford, U.K. (1993).

[30] K. Kanatani, Renormalization for unbiased estimation, *Proc. 4th International Conference on Computer Vision*, Berlin, Germany, pp. 599–606 (1993).

[31] 金谷健一, コンピュータビジョンのためのくりこみ法, 情報処理学会論文誌, Vol. 35, No. 2, pp. 201–209 (1994).

[32] 金谷健一, 「空間データの数理—3 次元コンピューティングに向けて—」, 朝倉書店

(1995).

[33] K. Kanatani, *Statistical Optimization for Geometric Computation: Theory and Practice*, Elsevier, Amsterdam, The Netherlands (1996). Reprinted by Dover, New York, U.S. (2005).

[34] K. Kanatani, Cramer-Rao lower bounds for curve fitting, *Graphical Models and Image Processing*, Vol. 60, No. 2, pp. 93–99 (1998).

[35] 金谷健一,「形状 CAD と図形の数学」, 共立出版 (1998).

[36] 金谷健一,「これなら分かる最適化数学—基礎原理から計算手法まで—」, 共立出版 (2005).

[37] K. Kanatani, Ellipse fitting with hyperaccuracy, *IEICE Transactions on Information and Systems*, Vol. E89-D, No. 10, pp. 2653–2660 (2006).

[38] K. Kanatani, Statistical optimization for geometric fitting: Theoretical accuracy bound and high order error analysis, *International Journal of Computer Vision*, Vol. 80, No. 2, pp. 167–188 (2008).

[39] K. Kanatani, Latest progress of 3-D reconstruction from moving camera images, in X. P. Guo (Ed.), *Robotics Research Trends*, Nova Science Publishers, Hauppauge, N.Y., U.S., pp. 33–75 (2008).

[40] 金谷健一,「数値で学ぶ計算と解析」, 共立出版 (2010).

[41] K. Kanatani, A. Al-Sharadqah, N. Chernov, and Y. Sugaya, Renormalization returns: Hyper-renormalization and its applications, *Proc. 12th European Conference on Computer Vision*, Firenze, Italy, October 2012 (2012).

[42] K. Kanatani, A. Al-Sharadqah, N. Chernov, and Y. Sugaya, Hyper-renormalization: Non-minimization approach for geometric estimation, *IPSJ Transactions on Computer Vision and Applications*, Vol. 6, pp. 143–159 (2014).

[43] K. Kanatani and W. Liu, 3D interpretation of conics and orthogonality, *CVIGP: Image Understanding*, Vol. 58, No. 3, pp. 286–301 (1993).

[44] K. Kanatani and C. Matsunaga, Closed-form expression for focal lengths from the fundamental matrix, *Proc. 4th Asian Conference on Computer Vision*, Taipei, Taiwan, pp. 128–133 (2000).

[45] K. Kanatani and C. Matsunaga, Computing internally constrained motion of 3-D sensor data for motion interpretation, *Pattern Recognition*, Vol. 46, No. 6, pp. 1700–1709 (2013).

[46] K. Kanatani, A. Nakatsuji, and Y. Sugaya, Stabilizing the focal length computation for 3-D reconstruction from two uncalibrated views, *International Journal of Computer Vision*, Vol. 66, No. 2, pp. 109–122 (2006).

[47] K. Kanatani and H. Niitsuma, Optimal two-view planar triangulation, *IPSJ Transactions on Computer Vision and Applications*, Vol. 3, pp. 67–79 (2011).

[48] K. Kanatani and N. Ohta, Comparing optimal three-dimensional reconstruction for finite motion and optical flow, *Journal of Electronic Imaging*, Vol. 12, No. 3, pp. 478–488 (2003).

[49] K. Kanatani, N. Ohta, and Y. Kanazawa, Optimal homography computation with a reliability measure, *IEICE Transactions on Information and Systems*, Vol. E83-D, No. 7, pp. 1369–1374 (2000).

[50] K. Kanatani and P. Rangarajan, Hyper least squares fitting of circles and ellipses, *Computational Statistics and Data Analysis*, Vol. 55, No. 6, pp. 2197–2208 (2011).

[51] K. Kanatani, P. Rangarajan, Y. Sugaya, and H. Niitsuma, HyperLS and its applications, *IPSJ Transactions on Computer Vision and Applications*, Vol. 3, pp. 80–94 (2011).

[52] K. Kanatani and Y. Sugaya, High accuracy fundamental matrix computation and its performance evaluation, *IEICE Transactions on Information and Systems*, Vol. E90-D, No. 2, pp. 579–585 (2007).

[53] K. Kanatani and Y. Sugaya, Performance evaluation of iterative geometric fitting algorithms, *Computational Statistics and Data Analysis*, Vol. 52, No. 2, pp. 1208–1222 (2007).

[54] K. Kanatani and Y. Sugaya, Compact algorithm for strictly ML ellipse fitting, *Proc. 19th International Conference on Pattern Recognition*, Tampa, FL, U.S. (2008).

[55] 金谷健一, 菅谷保之, 幾何学的当てはめの厳密な最尤推定の統一的計算法, 情報処理学会論文誌: コンピュータビジョンとイメージメディア, Vol. 2, No. 1, pp. 53–62 (2009).

[56] K. Kanatani and Y. Sugaya, Unified computation of strict maximum likelihood for geometric fitting, *Journal of Mathematical Imaging and Vision*, Vol. 38, No. 1, pp. 1–13 (2010).

[57] K. Kanatani and Y. Sugaya, Compact fundamental matrix computation, *IPSJ Transactions on Computer Vision and Applications*, Vol. 2, pp. 59–70 (2010).

[58] K. Kanatani and Y. Sugaya, Hyperaccurate correction of maximum likelihood for geometric estimation, *IPSJ Transactions on Computer Vision and Applications*, Vol. 5, pp. 19–29 (2013).

[59] K. Kanatani, Y. Sugaya, and H. Ackermann, Uncalibrated factorization using a variable symmetric affine camera, *IEICE Transactions on Information and Systems*, Vol. E89-D, No. 10, pp. 2653–2660 (2006).

[60] K. Kanatani, Y. Sugaya, and Y. Kanazawa, Latest algorithms for 3-D reconstruction form two view, in C. H. Chen (Ed.), *Handbook of Pattern Recognition and Computer Vision*, 4th ed., World Scientific Publishing, Singapore, pp. 201–234 (2009).

[61] K. Kanatani, Y. Sugaya, and Y. Kanazawa, *Ellipse Fitting for Computer Vision: Implementation and Applications*, Morgan & Claypool, San Rafael, CA, U.S. (2016).

[62] K. Kanatani, Y. Sugaya, and H. Niitsuma, Triangulation from two views revis-

ited: Hartley-Sturm vs. optimal correction, *Proc. 19th British Machine Vision Conference*, Leeds, U.K., pp. 173–182 (2008).

[63] K. Kanatani, Y. Sugaya, and H. Niitsuma, Optimization without search: Constraint satisfaction by orthogonal projection with applications to multiview triangulation, *IEICE Transactions on Information and Systems*, Vol. E93-D, No. 10, pp. 2386–2845 (2010).

[64] Y. Kanazawa and K. Kanatani, Direct reconstruction of planar surface by stereo vision, *IEICE Transactions on Information and Systems*, Vol. E78-D, No. 10, pp. 917–922 (1995).

[65] Y. Kanazawa, Y. Sugaya, and K. Kanatani, Decomposing three fundamental matrices for initializing 3-D reconstruction from three views, *IPSJ Transactions on Computer Vision Applications*, Vol. 6 (2014).

[66] Q. Ke and T. Kanade, Quasiconvex optimization for robust geometric reconstruction, *IEEE Transactions on Pattern Analysis and Machine Intelligence*, Vol. 29, No. 10, pp. 1834–1847 (2007).

[67] Y. Leedan and P. Meer, Heteroscedastic regression in computer vision: Problems with bilinear constraint, *International Journal of Computer Vision*, Vol. 37, No. 2, pp. 127–150 (2000).

[68] H. C. Longuet-Higgins, A computer algorithm for reconstructing a scene from two projections, *Nature*, Vol. 293, No. 10, pp. 133–135 (1981).

[69] H. C. Longuet-Higgins, The reconstruction of a plane surface from two perspective views, *Proceedings of the Royal Society of London*, Ser. B, Vol. 227, pp. 399–410 (1986).

[70] M. I. A. Lourakis and A. A. Argyros, SBA: A software package for generic sparse bundle adjustment, *ACM Transactions on Mathematical Software*, Vol. 36, No. 1, pp. 2:1–30 (2009).

[71] F. Lu and R. Hartley, A fast optimal algorithm for L_2 triangulation, *Proc. 8th Asian Conference on Computer Vision*, Tokyo, Japan, Vol. 2, pp. 279–288 (2007).

[72] S. Mahamud and M. Hebert, Iterative projective reconstruction from multiple views, *Proc. IEEE Conference on Computer Vision and Pattern Recognition*, Hilton Head Island, SC, U.S., Vol. 2, pp. 430–437 (2000).

[73] J. Matei and P. Meer, Estimation of nonlinear errors-in-variables models for computer vision applications, *IEEE Transactions on Pattern Analysis and Machine Intelligence*, Vol. 28, No. 10, pp. 1537–1552 (2006).

[74] 松永力, 金谷健一, 平面パタンを用いる移動カメラの校正：最適計算，信頼性評価，および幾何学的 AIC による安定化，電子情報通信学会論文誌 A, Vol. J83-A, No. 6, pp. 686–693 (2006).

[75] T. Masuzaki, Y. Sugaya, and K. Kanatani, High accuracy ellipse-specific fitting, *Proc. 6th Pacific-Rim Symposium on Image and Video Technology*, Guanajuato,

Mexico, pp. 314–324 (2013).

[76] T. Masuzaki, Y. Sugaya, and K. Kanatani, Floor-wall boundary estimation by ellipse fitting, *Proc. IEEE 7th International Conference on Robotics, Automation and Mechatronics*, Ankor Wat, Cambodia, pp. 30–35 (2015).

[77] 岡谷貴之, バンドルアジャストメント, 情報処理学会研究報告, 2009-CVIM-167-37, pp. 1–16 (2009); 八木康史，斎藤英雄（編）「コンピュータビジョン最先端ガイド 6」, アドコム・メディア (2010).

[78] T. Okatani and K. Deguchi, On bias correction for geometric parameter estimation in computer vision, *Proc. IEEE Conference on Computer Vision and Pattern Recognition*, Miami Beach, FL, U.S., pp. 959–966 (2009).

[79] T. Okatani and K. Deguchi, Improving accuracy of geometric parameter estimation using projected score method, *Proc. 12th International Conference on Computer Vision*, Kyoto, Japan, pp. 1733–1740 (2009).

[80] C. J. Poelman and T. Kanade, A paraperspective factorization method for shape and motion recovery, *IEEE Transactions on Pattern Analysis and Machine Intelligence*, Vol. 19, No. 3, pp. 206–218 (1997).

[81] W. H. Press, S. A. Teukolsky, W. T. Vetterling, and B. P. Flannery, *Numerical Recipes: The Art of Scientific Computing*, 3rd ed., Cambridge University Press, Cambridge, U.K. (2007).

[82] P. Rangarajan and K. Kanatani, Improved algebraic methods for circle fitting, *Electronic Journal of Statistics*, Vol. 3, pp. 1075–1082 (2009).

[83] P. Rangarajan and P. Papamichalis, Estimating homographies without normalization, *Proc. International Conference on Image Processing*, Cairo, Egypt, pp. 3517–3520 (2009).

[84] P. J. Rousseeuw and A. M. Leroy, *Robust Regression and Outlier Detection*, Wiley, New York, U.S. (1987).

[85] T. Scoleri, W. Chojnacki, and M. J. Brooks, A multi-objective parameter estimation for image mosaicing, *Proc. 8th International Symposium on Signal Processing and its Applications*, Sydney, Australia, Vol. 2, pp. 551–554 (2005).

[86] P. D. Sampson, Fitting conic sections to "very scattered" data: An iterative refinement of the Bookstein Algorithm, *Computer Vision and Image Processing*, Vol. 18, No. 1, pp. 97–108 (1982).

[87] J. G. Semple and G. T. Kneebone, *Algebraic Projective Geometry*, Oxford University Press, Oxford, U.K. (1952).

[88] J. G. Semple and L. Roth, *Introduction to Algebraic Geometry*, Oxford University Press, Oxford, U.K. (1949).

[89] Y. Seo and A. Heyden, Auto-calibration by linear iteration using the DAC equation, *Image and Vision Computing*, Vol. 22, No. 11, pp. 919–926 (2004).

[90] N. Snavely, S. Seitz and R. Szeliski, Photo tourism: Exploring photo collections in 3d, *ACM Transactions on Graphics*, Vol. 25, No. 8, pp. 835–846 (1995).

[91] N. Snavely, S. Seitz and R. Szeliski, Modeling the world from internet photo collections, *International Journal of Computer Vision*, Vol. 80, No. 22, pp. 189–210 (2008).

[92] P. Sturm, Critical motion sequences for the self-calibration of cameras and stereo systems with variable focal length, *Image and Vision Computing*, Vol. 20, Nos. 5/6, pp. 415–426 (2002).

[93] Y. Sugaya and K. Kanatani, Extending interrupted feature point tracking for 3-D affine reconstruction, *IEICE Transactions on Information and Systems*, Vol. E87-D, No. 4, pp. 1031–1033 (2004).

[94] Y. Sugaya and K. Kanatani, High accuracy computation of rank-constrained fundamental matrix, *Proc. 18th British Machine Vision Conference*, Coventry, U.K., Vol.1, pp. 282–291 (2007).

[95] Y. Sugaya and K. Kanatani, Highest accuracy fundamental matrix computation, *Proc. 8th Asian Conference on Computer Vision*, Tokyo, Japan, Vol. 2, pp. 311–321 (2007).

[96] 菅谷保之, 金谷健一, 画像の三次元理解のための最適化計算 [II]—だ円の当てはめ—, 電子情報通信学会会誌, Vol. 92, No. 4, pp. 301–306 (2009).

[97] 菅谷保之, 金谷健一, 画像の三次元理解のための最適化計算 [III]—基礎行列の計算—, 電子情報通信学会会誌, Vol. 92, No. 6, pp. 463–468 (2009).

[98] Z. L. Szpak, W. Chojnacki, and A. van den Hengel, Guaranteed ellipse fitting with a confidence region and an uncertainty measure for centre, axes, and orientation, *Journal of Mathematical Imaging and Vision*, Vol. 52, No. 2, pp. 173–199 (2015).

[99] G. Taubin, Estimation of planar curves, surfaces, and non-planar space curves defined by implicit equations with applications to edge and range image segmentation, *IEEE Transactions on Pattern Analysis and Machine Intelligence*, Vol. 13, No. 11, pp. 1115–1138 (1991).

[100] C. Tomasi and T. Kanade, Shape and motion from image streams under orthography—A factorization method, *International Journal of Computer Vision*, Vol. 9, No. 2, pp. 137–154 (1992).

[101] B. Triggs, Autocalibration and the absolute quadric, *Proc. IEEE Conference on Computer Vision and Pattern Recognition*, San Juan, Puerto Rico, pp. 609–614 (1997).

[102] B. Triggs, P. F. McLauchlan, R. I. Hartley, and A. Fitzgibbon, Bundle adjustment—A modern synthesis, in B. Triggs, A. Zisserman, and R. Szeliski, (eds.), *Vision Algorithms: Theory and Practice*, Springer, Berlin, pp. 298–375 (2000).

[103] R. Y. Tsai and T. S. Huang, Estimating three-dimensional motion parameters of a rigid planar patch, *IEEE Transactions on Acoustics, Speech, and Signal Processing*, Vol. 29, No. 6, pp. 1147–1152 (1981).

[104] R. Y. Tsai and T. S. Huang, Uniqueness and estimation of three-dimensional motion parameters of rigid objects with curved surfaces, *IEEE Transactions on Pattern Analysis and Machine Intelligence*, Vol. 6, No. 1, pp. 13–27 (1984).

[105] R. Y. Tsai and T. S. Hunag, Estimating 3-D motion parameters of a rigid planar patch III: Finite point correspondences and the three-view problem, *IEEE Transactions on Acoustics, Speech, and Signal Processing*, Vol. 32, No. 2, pp. 213–220 (1984).

[106] R. Y. Tsai, T. S. Huang, and W.-L. Zhu, Estimating three-dimensional motion parameters of a rigid planar patch II: Singular value decomposition, *IEEE Transactions on Acoustics, Speech, and Signal Processing*, Vol. 30, No. 4, pp. 525–534 (1982).

索 引

人 名

英数字

あ 行

か　行

さ　行

た　行

な　行

は　行

ま　行

や　行

ら　行

著　者　略　歴

金谷　健一（かなたに・けんいち）

1972 年　東京大学工学部計数工学科（数理工学専修）卒業
1979 年　東京大学大学院博士課程修了，工学博士
1988 年　群馬大学教授
2001 年　岡山大学教授
2013 年　岡山大学名誉教授
　　　　現在に至る

【著書】
「線形代数」（共著），講談社 (1987).
「画像理解」，森北出版 (1990).
「空間データの数理」，朝倉書店 (1995).
「形状 CAD 図形の数学」，共立出版 (1998).
「これなら分かる応用数学教室」，共立出版 (2003).
「これなら分かる最適化数学」，共立出版 (2005).
「数値で学ぶ計算と解析」，共立出版 (2010).
「理数系のための技術英語練習帳」，共立出版 (2012).
「幾何学と代数系 Geometric Algebra」，森北出版 (2014).

菅谷　保之（すがや・やすゆき）

1996 年　筑波大学第三学群情報学類卒業
2001 年　筑波大学大学院工学研究科博士課程修了，博士（工学）
2001 年　岡山大学工学部情報工学科助手
2006 年　豊橋技術科学大学情報工学系講師
2009 年　豊橋技術科学大学情報工学系准教授
　　　　現在に至る

【著書】
「入門 GTK+」，オーム社 (2009).

金澤　靖（かなざわ・やすし）

1985 年　豊橋技術科学大学工学部情報工学科卒業
1987 年　豊橋技術科学大学大学院工学研究科修士課程修了
1997 年　群馬工業高等専門学校電子情報工学科講師
2001 年　豊橋技術科学大学知識情報工学系助教授
2010 年　豊橋技術科学大学情報・知能工学系准教授（学部改編による変更）
　　　　博士（工学）
　　　　現在に至る

【著書】
「マルチメディア処理入門」（共著），朝倉書店 (2002).

編集担当　福島崇史（森北出版）
編集責任　上村紗帆・石田昇司（森北出版）
組　　版　ウルス
印　　刷　創栄図書印刷
製　　本　　　同

3次元コンピュータビジョン計算ハンドブック

2016年10月19日　第1版第1刷発行
2021年10月29日　第1版第3刷発行

著　　者　金谷健一・菅谷保之・金澤　靖
発 行 者　森北博巳
発 行 所　**森北出版株式会社**
東京都千代田区富士見1–4–11（〒102–0071）
電話 03–3265–8341／FAX 03–3264–8709
https://www.morikita.co.jp/
日本書籍出版協会・自然科学書協会　会員
JCOPY <（一社）出版者著作権管理機構 委託出版物>

落丁・乱丁本はお取替えいたします.

Printed in Japan／ISBN978–4–627–81791–3